JN436495

조직행동
미래와 도전

신동엽

오홍석

ORGANIZATIONAL BEHAVIOR
FUTURE DIRECTIONS AND CHALLENGES

박영사

머리말

"선하고 의로운 조직들의 사회를 향하여"

필자들이 이 책을 쓴 목적은 선하고 의로운 미래 사회를 만드는 데 미력이나마 기여하는 데 있다. 현대 사회는 조직들의 사회로 불릴 정도로 모든 영역이 다양한 조직들로 구성되어 있다. 20세기 초에 본격화된 기업과 학교, 병원, 비영리단체, 정부공공기관 등 현대적 조직들의 급속한 확산은 전통 사회와 현대 사회를 구분하는 역사적 기준이 되었다. 따라서 조직들을 선하고 의롭게 경영하고 변화시켜 나가는 것이 선하고 의로운 미래 사회로 나아가기 위한 핵심 과제라 할 수 있다. 현대적 조직경영의 지난 100여 년의 역사는 바람직한 사회적 가치 창출과 이기적 이익 추구라는 두 가지 정반대 세력 간의 치열한 긴장 관계였다. 개인적으로 필자들은 조직의 이익추구가 고객과 사회에 대한 바람직한 가치창출의 한도 내에서만 정당성을 가질 수 있다고 믿는다.

21세기 중반으로 향해 가는 바로 지금, 인류의 삶을 근본적으로 바꿀 역사적 대변동이 또다시 빠르게 진행되고 있다. 상시적인 창조적 혁신을 추구하는 새로운 조직경영 패러다임을 중심으로 전개되는 이러한 패러다임 전환의 결과, 전대미문의 대격변이 사회의 모든 영역에서 가속화되고 있다. 100여 년 전에 현대적 조직들이 등장하면서 인류의 삶이 완전히 변화했듯이, 현재 급속하게 진행되고 있는 조직경영의 역사적 패러다임 전환은 전체 인류의 미래를 또다시 근본적으로 바꿀 것이다. 이런 역사적 대전환기를 맞아, 이 책은 다양한 현장에서 조직을 함께 이끌어가고 있는 경영자들과 구성원들, 그리고 미래의 조직경영을 책임질 학생들과 조직경영 및 사회 변동에 관심을 가진 학자들에게 현재 진행되고 있는 역사적 대전환의 성격을 정확히 이해하고 이에 대한 실천적 대응 방안을 모색하는 데 도움을 주고자 한다.

이 책은 이론과 실천 모두에서 최근의 학문적, 현실적 발전을 적극적으로 반영하고 있다. 미래 변화에 대한 예측과 이에 대한 대응에 기여하는 것이 이 책의 목적이기 때문이다. 기존의 조직행동 교과서들은 오래 전에 연구되고 검증된 주제들을 중심으로 구성되어 있어서, 지금과 같이 시대적 환경이 근본적으로 변화하고 있는 상황에서는 현실과 이론 사이에 적지 않은 괴리가 발생하게 된다. 이러한 문제의식 속에서, 이 책은 '미래와 도전'이라는 부제가 시사하듯이, 최근 환경변화와 학문적 발전을 바탕으로 조직의 미래를 예측하고 설명하는 데 초점을 둔다. 동시에 이 책은 유행하는 첨단 베스트 프랙티스를 무비판적으로 추종하는 접근을 극도로 경계하며, 철저한 논리적 체계와 검증 가능성에 기반한 펀더멘털 중심 접근법을 추구한다. 따라서 이 책에서 인용되는 내용들은 미래지향적인 문제의식을 유지하면서도 각 주제의 이론적 토대를 형성해 온 고전적 연구와 이를 확장, 발전시킨 글로벌 학계 최고 연구자들의 최신 연구를 함께 아우르는 것을 핵심 기반으로 한다.

조직행동 책의 구조를 설계하는 방법에는 다양한 대안들이 있다. 이 책의 구성 순서는 먼저 1장과 2장에서 책 전체의 기본적 토대가 되는 조직과 경영의 개념을 토론한 다음, 조직행동의 역사적 발전을 고찰하였다. 이 책의 중심 내용인 3장에서 10장까지의 세부 주제들은 미시에서 거시로의 흐름에 따라 개인성향, 동기부여, 사회적 상호작용, 집단과 다양성, 리더십, 조직 의사결정, 사회 네트워크, 조직설계와 환경의 순서로 배치하였다. 그리고 마지막 결론인 11장에서 조직과 경영의 미래 변화에 대한 예측을 제시하였다.

저자 표기는 전적으로 가나다순이다. 이 책은 두 저자 사이의 오랜 학문적 동료와 친구 관계를 통해 축적된 고도의 신뢰에 기반한 공동체적 프로젝트이다. 두 저자의 주 관심사는 미시와 거시라는 차이가 있지만 동시에 학문적 세계관에서 많은 공통점을 가진다. 두 저자 사이의 차이가 공통점을 통해 상호보완적으로 합쳐져서 조직행동이라는 전체 필드를 고르게 논의하고 있기 때문에 이 책은 독자들에게 각 주제를 글로벌 학계의 최근 발전을 중심으로 균형 있게 다루고 있다.

모든 학문적 작업은 공동체적 프로젝트이다. 이 책 역시 수많은 학문 공동체 구성원들부터 받은 도움이 절대적이다. 무엇보다 신동엽의 지도교수인 폴 디마지오와 故 찰스 퍼로우 교수, 오홍석의 지도교수인 윤세준, 마틴 킬더프, 故 다니엘 브라스 교수에게 진 학문적 빚은 측량할 수 없다. 그리고 많은 지적 자극과 배움을 베풀어 준 두 저자의 연세대 경영대학 매니지먼트 분야의 은사들과 선후배 동료 교수들에게 깊이 감사한다.

자신들은 의식하지 못하겠지만, 가나다순으로 신동엽은 진정성 넘치는 경영 사상 가이자 실천가인 서경배, 사람중심 경영의 구도자 양혁승, 깊은 사고와 따뜻한 실천의 철학자 이석재, 신앙의 소중한 스승이자 인도자인 목회자 조정민, 경영과 신앙의 일치를 추구하는 순례자 한승환, 항상 밝고 풍성하게 열려 있는 사회학자 한준으로부터 이 책의 밑거름이 된 큰 배움과 영감을 받았다. 오홍석은 오랜 시간, 학문적, 인간적으로 함께해왔으며, 이 책 집필과정에서도 큰 도움을 준 충북대 박상언 교수, 연세대 장은미 교수, 이화여대 정명호 교수, 일본 센슈대 채인석 교수, 고려대 이동섭 교수, 연세대 노현탁 교수께 깊은 고마움을 느낀다. 아울러 지난 20여 년간 조직 네트워크 연구회에서 함께 공부하며 토론해왔던 선후배 교수들과 학생들에게도 감사의 마음을 전한다.

이 책뿐 아니라 모든 학문적 여정에는 가족들의 도움이 절대적이다. 가족들의 사랑과 지지가 없었다면 그 어떤 학문적 성취도 불가능했을 것이다. 신동엽의 자녀 신재원, 신재민, 신재영, 그리고 오홍석의 자녀 오태훈, 오상훈에게 가장 깊은 사랑과 감사를 전한다. 단연 가장 중요한 감사의 대상은 두 저자의 배우자들이다. 정서적 지지, 지적 자극, 그리고 학문적 여정을 함께 견뎌 온 동반자적 동고동락에 이르기까지, 배우자들은 이 책의 실질적 공동 저자이다. 따라서 이 책의 헌정 대상은 당연히 두 저자의 배우자들이다. 최고의 사랑과 감사, 그리고 존경을 담아 이 책을 신동엽의 배우자 김성미와 오홍석의 배우자 이은영에게 헌정한다.

신동엽 오홍석

차례

CHAPTER 01

펀더멘털 중심의 조직행동론: 조직과 경영의 본질

CHAPTER 02

현대 조직의 역사적 발전: '조직들의 사회' 변천사

CHAPTER 03

개인 성향: 조직행동의 궁극적 출발점

CHAPTER 04

동기부여: 행동의 다양한 원천을 찾아서

CHAPTER 05

사회적 상호작용: 조직행동의 관계적 기반

CHAPTER 06
집단과 다양성: 협력과 갈등의 상호작용

CHAPTER 07
리더십: 영향력은 어디서 오는가?

CHAPTER 08
조직 의사결정: 합리성과 그 한계

CHAPTER 09
사회 네트워크: 조직행동의 관계구조적 관점

CHAPTER 10
조직설계: 환경-전략-조직 간 적합성

CHAPTER 11
조직의 변화와 혁신: 미래를 향한 선택

조직행동
미래와 도전

ORGANIZATIONAL BEHAVIOR

01

펀더멘털 중심의 조직행동론 : 조직과 경영의 본질

- 조직에 대한 경영 관점의 접근
- 경영의 의미: 이윤추구와 관리를 넘어서
- 조직의 개념과 본질: 현대 사회의 핵심 구성단위
- 조직행동론의 학문적 특성: 학제적 접근
- 조직은 수단인가 목적인가? 수단-목적 전도와 영원한 실패
- 조직 목적의 모호성: 경영의 궁극적 과제
- 선택과 집중 논리를 넘어: 균형의 예술

CHAPTER 01

펀더멘털 중심의 조직행동론: 조직과 경영의 본질

조직에 대한 경영 관점의 접근

조직행동론organizational behavior은 현대 사회의 핵심 구성요소인 조직을 경영이라는 특수한 관점에 초점을 맞추어 학제간 접근interdisciplinary approach을 통해 체계적으로 이해하고 실천적으로 발전시켜 나가는 학문분야이다(Ancona, Kochan, Sculley, Van Maanen, and Westney, 2004; Burrell, 2022; Pearce and Locke, 2023). 현대 사회는 모든 분야가 다양한 유형의 조직들로 구성되어 있고 대다수 구성원들이 조직에 속해 살아가는 조직들의 사회society of organizations이므로(Perrow, 1991) 조직의 본질을 정확하게 이해하고 바람직하게 발전시켜 나가는 것은 개인과 사회 모두에 중요하다.

펀더멘털 중심 조직행동론

이 책은 조직행동론을 펀더멘털 중심으로 이해하고 설명하려고 노력한다. 여기에서 펀더멘털fundamental이라는 표현은 흔히 베스트 프랙티스best practice나 패드fad 등으로 불리는 유행하는 첨단 경영기법과 최신 추세에 대한 맹목적 추종과 대비되는 의미로 사용된다.

이 책에서 펀더멘털 중심 접근은 수시로 변화하는 조직경영 현상의 표면적 특성에 대한 관심을 넘어서서 그 내면의 심층적 구조와 기반 원리를 체계적이고 논리적으로 이해하는 데 초점을 맞추는 것을 의미한다. 사회과학의 다양한 분과학문들 중 실천적 성향이 가장 강한 경영학은 최신 추세와 기법 자체에 대한 관심에 함몰되기 쉽다. 특히 조직행동론은 다양한 경영학 세부 전공들 중 리더십이나 변화, 혁신 등 주제의 특성상 자칫 유행에 휩쓸리기 쉬운 분야이므로 펀더멘털을 놓치지 않는 것이 중요하다.

펀더멘털 초점 재해석

그런데 조직행동론이 다루는 주제들을 표면적 현상과 추세를 넘어서서 깊이 있게 성찰해보면 그 어떤 전공보다 내면적 원리와 본질에 대한 체계적이고 논리적인 접근인 펀더멘털에 충실해야만 정확하게 이해하고 바람직하게 대응할 수 있는 분야이다. 조직행동론은 경영학의 다른 세부 전공분야들과 달리 인간이 궁극적 관심사이기 때문이다. 따라서 이 책은 모든 주제에서 첨단 기법이나 추세보다 펀더멘털에 집중한다. 물론 조직경영의 역사적 발전을 다루는 2장과 결론 부분의 미래 조직과 환경의 변화를 다루는 11장에서 최근 발전 상황을 토론하겠지만 결코 베스트 프랙티스 관점은 아니며, 오히려 4차 산업혁명 등과 같은 표면적으로 드러나는 현상들을 역사적 맥락에서 펀더멘털에 초점을 맞추어 재해석하는 접근법이 될 것이다.

이 책은 경영의 관점에서 조직에 접근한다. 영리기업이나 비영리단체, 공공기관 등 다양한 조직을 연구하는 학문분야는 경영학뿐 아니라 사회학, 심리학, 행정학, 정치학, 경제학 등 다양하다. 그 중에서 조직행동론은 목적지향적인 실천적 행위인 경영의 관점에서 조직현상에 접근한다는 측면에서 다른 분야들의 조직에 대한 이해와 근본적 차이가 있다. 따라서 조직행동론 관점에서 조직의 이해는 경영에 대한 이해에서 출발해야 한다. 이런 맥락에서 먼저 경영의 의미에 대해 펀더멘털 관점에서 살펴보자.

경영의 의미: 이윤추구와 관리를 넘어서

우리가 흔히 사용하는 단어인 경영이란 무슨 뜻인가? 김춘수 시인의 잘 알려진 시 〈꽃〉에서 이름을 불러주었을 때 꽃이 되었다고 했듯이 명칭은 인간의 사고와 행동은 물론, 사회적 의미의 창출에 매우 중요하다. 경영이란 무엇일까? 물론 절대적 정답은 없다. 개념concept의 정의는 사회적 합의가 핵심이다. 따라서 경영의 의미를 정확하게 이해하려면 현실적으로 사용되고 있는 다양한 용법들을 다각적이고 심층적으로 분석해봐야 한다(Jones and Friedman, 2012; Beckert, 2025).

경영의 다양한 의미들

경영이라는 개념은 흔히 알고 있는 기업의 이윤추구 행위를 지칭하는 용법 이외에도 개인 삶의 경영이나 시간경영, 국가경영 등 여러 분야의 여러 수준에서 다양한 의미로 사용되고 있다. 그리고 조직과 관련해서도 경영의 개념은 사용하는 사람에 따라 의미가 다르다.

이윤극대화 중심 경영의 한계

일반적으로 가장 흔히 듣는 대답은 경영은 이윤극대화profit maximizing를 추구하는 행위라는 전형적인 MBA 스타일의 설명일 것이다. 물론 이윤극대화는 경영행위의 중요한 한 가지 유형이다. 그렇지만 모든 경영행위를 이윤극대화로 설명할 수는 없다. 만일 영리를 추구하는 기업조직for-profit business firms만 대상으로 한정한다면 경영을 이윤극대화를 위한 행위라고 규정해도 어느 정도의 설득력이 있을 것이다.

그러나 경영은 영리기업뿐 아니라 비영리nonprofit 조직이나 공공public 조직에도 반드시 필요하다(Renz, Brown, and Anderson, 2024). 영리기업을 전공하는 교수들에 비해 상대적으로 수가 적기는 하지만 최근 전 세계 주요 경영대학원의 연구와 강의에서 강조되기 시작한 경영의 대상 중 하나는 비영리조직이다. 비영리라는 표현 자체가 시사하듯이 비영리/공공 조직에서는 이윤극대화가 절대 경영의 핵심이 될 수 없을 뿐 아니라 되어서도 안 된다. 그러나 1990년대 이래 극단적 시장만능주의를 추구하는 신자유주의가 전 세계적으로 확산되면서 영리기업의 퇴임 경영자를 공공 미술관이나 오케스트라와 같은 비영리조직의 대표로 선임하는 경우가 많았는데 그 중 상당수가 심각한 문제를 초래하였다. 영리기업과 비영리/공공 조직 간 경영의 근본적 차이를 이해하지 못하고 이윤추구를 전면에 내세웠기 때문이다.

이윤극대화를 넘어선 영리기업들

심지어 최근 21세기에 들어서는 글로벌 선도 영리기업들도 과거 기업들과 달리 이윤이 경영의 핵심 목적이라고 주장하지 않는다. 20세기 글로벌 선도 기업들에 비해 엔비디아NVIDIA, 애플Apple, 테슬라Tesla, 아마존Amazon, 구글Google 등 21세기를 대표하는 기업들의 재무제표를 자세히 들여다보면 이윤율이 그렇게 높지 않다. 이들은 이윤극대화가 아닌 가치극대화value maximization를 추구한다고 명시적으로 주장하기도 한다. 심지어 21세기형 경영을 대표하는 스티브 잡스Steve Jobs는 직접적으로 "나는 이윤을 추구하기 위해 경영해본 적이 없다.I never did it for money!"고 선언하기까지 했다. 분명히 이윤극대화가 경영의 핵심 목적으로 이해되던 시기가 있었다. 그러나 이제는 더 이상 경영이 이윤극대화를 최우선시하는 시대가 아니다.

관리로서 경영의 한계

그렇다면 관리가 경영의 본질일까? 영어로 흔히 매니지먼트management로 표현하는 관리는 분명히 경영의 핵심 영역 중 하나이다. 상대적으로 보더라도 관리가 이윤극대화보다는 훨씬 더 보편적인 경영행위에 가까울 것이다. 예를 들면, 이윤극대화가 적용되면 안 되는 비영리/공공 조직에서도 관리는 반드시 필요하다. 우리나라를 대표하는 기업인 삼성은 한때 관리의 삼성으로 불릴 정도로 관리에 뛰어났다. 그러나 관리경영에 뛰어나다는 표현은 그 자체로 이미 관리가 경영과 같은 뜻은 아니라는 것을 의미한다. 관리는 경영의 일부이거나 특정 유형이라는 의미이다. 그렇다면 회계학의 관리회계managerial accounting 등에서 집중적으로 연구하고 실행하는 조직경영의 관리management는 어떤 의미일까?(Nixon and Burns, 2005).

어떤 개념을 정확하게 이해하기 위해서는 그 개념의 어원을 찾아보는 것이 필요하다. 관리의 영어인 매니지먼트management의 어원은 라틴어로 손을 의미하는 마누스manus이다. 어떤 작업을 기계가 아닌 매뉴얼manual로 수행한다고 말할 때 수작업을 의미하는 매뉴얼과 같은 어원이다. 즉 관리로서의 매니지먼트는 핸들링handling 다시 말해 손hand으로 잘 다루는 것을 의미한다. 서커스에서 흔히 볼 수 있는 손으로 여러 개의 공을 떨어뜨리지 않고 돌리는 저글링juggling의 이미지를 생각해보면 핸들링으로서의 매니지먼트, 즉 관리의 본질을 이해할 수 있을 것이다. 저글링의 핵심은 여러 개의 공들을 다양한 속도와 높이, 궤도의 변주로 떨어뜨리지 않고 빠르게 계속 던지고 받는 행위이다. 떨어뜨리지 않고 유지maintenance, 개선improvement 및 통제control 하는 것이 관리의 핵심인 것이다. 우리가 어떤 시설을 방문한 후 "관리가 잘 되어 있다"고 말하면 원래의 설계대로 잘 유지되고 개선되고 있다는 의미일 것이다.

관리로서 경영은 조직의 유지와 개선, 통제가 핵심이다. 물론 유지와 개선은 경영에 매우 중요한 요소이다. 영리기업과 비영리/공공 조직을 막론하고 유지와 개선이 없으면 조직의 기본적 작동과 지속적 생존 자체가 어려울 것이다. 그러나 유지와 개선만 완벽하게 잘 한다고 경영이 완성되는 것은 결코 아니다. 잘못 선택된 목적을 향해 설계된 조직 구조와 프로세스, 시스템을 한치의 빈틈도 없이 완벽하게 유지하고 개선하며 관리한다고 조직이 생존할 수 있는 것은 아니다. 실제 경영 현장에서 모든 조직 구성원이 최선을 다해 자신이 맡은 업무를 완벽하게 수행해도 잘못 설정된 목적으로 인해 결국은 붕괴되는 경우가 허다하다. 따라서 경영을 정확하게 이해하고 정의하기 위해서는 좀 더 근본적인 본질fundamental nature인 목적에 초점을 맞추어야 한다.

제약조건하에서 목적 달성 행위로서 경영

시대와 분야, 대상을 막론하고 모든 경영은 목적을 중심으로 규정된다. 즉 경영의 본질은 목적 달성 행위인 것이다. 영어로는 goal, objective, purpose 등으로 다양하게 표현되는 목적은 모든 경영행위에 결코 빠질 수 없는 핵심 요소이자 출발점이다.

조직경영에서 목적과 수단

목적을 선택하고 구성원들과 함께 추구해서 달성해내는 행위가 경영인 것이다. 따라서 목적추구에 철저하게 초점을 맞추는 한 경영은 왜곡되지 않는다. 그리고 모든 목적지향적 조직에는 반드시 그 목적을 추구해서 달성해내는 행위인 경영이 필요하다. 따라서 영리기업과 비영리/공공 조직은 추구하는 목적이 다를 뿐 목적달성을 위한 경영이 필요하다는 사실은 동일하다.

그러나 실세계 조직에서는 목적 자체보다 그 목적을 달성하기 위한 특정 수단에 집착하다 원래의 목적을 잊어버리는 경우가 허다하다. 이는 이른바 수단-목적 전도means-end displacement 현상이라고 할 수 있다. 건축 공사의 예를 들면, 추구하는 목적에 따라 사용하는 수단인 공구가 달라질 뿐이지 특정 공구가 더 우월한 것은 아니다. 즉 목재를 자를 때는 톱을 사용해야 하고 못을 박을 때는 망치를 사용해야 하는 것이지 톱이나 망치 자체는 그 어느 것도 더 우월하지 않다. 목적에 따라 각 수단의 적합한 정도가 다를 뿐이다.

따라서 수단으로서 조직은 목적에 따라 달라져야 하는데, 실제 경영현장에서는 수단에 불과한 특정 조직 모델 자체가 베스트 프랙티스best practice로 불리며 광범위하게 선호되고 유행하는 경우가 많으므로 특별히 경계해야 한다. 어떤 목적을 달성하는 데 최선의 베스트 프랙티스인 조직 모델이 다른 목적추구에는 최악의 워스트 프랙티스 worst practice가 될 수 있다는 사실을 명심하고 도구주의적 관점을 탈피하여 목적과 수단간 관계의 본질에 초점을 맞추는 것이 펀더멘털 중심 경영이다. 이런 관점에서 경영자의 정체성도 수익을 창출하거나 효율성을 극대화하는 사람이 아니라 목적을 달성해내는 사람으로 재규정해야 할 것이다.

제약조건의 보편적 존재

목적에만 확실하게 초점을 맞추면 된다면 경영은 생각보다 단순한 행위일 수 있다. 그러나 영리와 비영리를 막론하고 조직의 경영이 어려운 이유는 바로 그 목적의 추구와 달성이 진공상태에서 이루어지는 것이 아니라 온갖 복잡한 요소들에 의해 영향을 받기 때문이다. 바로 내외부 환경 등으로 불리는 다양한 제약조건들constraints이다. 제약조건은 각 조직별로 유형과 영향력, 중요성 등에서 매우 다양하다. 외부의 경쟁이나 규제가 제약조건일 수도 있고 또 내부의 역량이나 자원도 제약조건이 될 수 있다. 그러나 어떤 경우에도 제약조건이 없는 경영은 없다. 제약조건은 항상 보편적으로 존재, 즉 편재omnipresent하는 것이다. 경영은 바로 이런 "다양한 내외부 제약조건하에서 목적을 달성해내는 행위"인 것이다.

그림 1-1 SWOT 관점에서 본 경영과 제약조건

경영자뿐 아니라 일반인들에게도 잘 알려진 SWOT분석은 목적을 달성해내는 데 영향을 미치는 다양한 내외부 제약조건들을 유형별로 분류한 것이다(Puyt, Lie, De Graaf, and Wilderom, 2020). 즉 모든 조직은 내부에 강점들Strengths도 있고 약점들Weaknesses도 있으며, 외부에 기회들Opportunities도 있고 위협요인들Threats도 있다. 이렇게 볼 때 SWOT 관점에서 경영이란 제약조건인 내부의 약점들을 보완하고 강점들을 활용하여, 외부의 위협에 대응하고 기회를 실현하여 목적을 달성해내는 행위라는 의미인 것이다.

제약조건과 경영마인드

이렇게 볼 때 내외부 제약조건은 경영이 필요한 이유이다. 만일 제약조건이 없다면 경영도 필요 없다. 제약조건이 없다면 누구든지 목적만 수립하면 달성할 수 있다는 의미이다. 그러나 어떤 조직은 목적을 달성하고 다른 조직은 실패한다. 바로 목적추구 과정에서 마주치는 다양한 제약조건들에 대한 대응의 차이 때문이다. 모든 의미 있는 목적의 추구와 달성 과정에는 반드시 다양한 제약조건들이 존재한다. 그 제약조건은 자원이나 역량의 부족일 수도 있고 외부 환경의 위협이나 경쟁일 수도 있다. 이런 관점에서 볼 때 경영은 "제약조건하에서 목적을 추구해서 달성해내는 행위"라고 볼 수 있다. 실제 경영행위의 대부분은 다양한 제약조건에 대한 대응이다.

이런 논리에서 볼 때 경영자가 반드시 지켜야 하는 핵심적인 행동 원칙, 즉 경영마인드가 있다. 그것은 경영자라면 절대 제약조건을 원망하거나 비판하거나 두려워해서는 안 된다는 것이다. 제약조건에 효과적으로 대응하여 목적을 달성해내는 것이 바로 경영과 경영자가 존재하는 이유이기 때문이다. 만일 제약조건이 없다면 경영자가 필요 없다. 따라서 진정한 경영자라면 오히려 제약조건을 기뻐하고 반가워해야 한다. 자신이 가치 있는 역할을 할 기회가 발생했기 때문이다. 제약조건 덕분에 경영자의 역할이 중요해지고 그 결과 큰 보상을 받는 것이다. 이런 면에서 경영마인드의 가장 중요한 출발점은 제약조건을 불평하거나 또는 핑계로 사용하는 것과 같은 부정적 관점으로 보지 않는 것이다. 오히려 제약조건이 어려울수록 진정한 경영자는 자신이 기여하고 가치를 창출할 수 있는 큰 기회가 왔다고 기뻐하고 감사해야 한다.

Because of에서 In Spite of로 전환

따라서 진정한 경영마인드는 제약조건을 실패나 포기, 타협의 핑계로 사용하는 "제약조건 때문에because of~"라는 마인드를 탈피하여 동일한 상황에서 "제약조건에도 불구하고in spite of~" 추구하는 목적을 반드시 달성해낸다는 마음 자세로 전환하는 것이다. 즉 진정한 경영마인드는 제약조건을 도전의 기회로 반기는 것이지 불평하고 회피하는 것이 아닌 것이다.

그런데 영리기업이나 비영리/공공조직을 막론하고 실제 조직경영 관련 회의나 토론, 인터뷰, 보고서, 기획안 등에서 사용되는 단어를 자세히 분석해보면 "때문에"라는 표현이 빈번하게 남발된다는 것을 금방 알 수 있다. 예를 들면, 경쟁자 때문에, 정부규제 때문에, 국제정세 때문에, 기술변화 때문에, 세대간 차이 때문에, 노조 때문에, 팬데믹과 같은 천재지변 때문에 추구하는 목적을 달성하는 것이 불가능했으므로 어쩔 수 없었다는 표현이 모든 조직경영 현장에서 매일 듣는 표현이다. 실제로 현장 경영자에게 자신이 업무와 관련하여 하루에 "때문에"라는 표현을 몇 번이나 사용하는지 빈도를 추적해보게 하면 깜짝 놀랄 정도로 자주 사용하고 있다는 것을 알 수 있다. "때문에"라고 말한 모든 표현을 "불구하고"로 대체하는 것이 진정한 경영마인드의 출발점인 것이다.

최종 결과 확보에 초점

이런 관점에서 볼 때 경영행위의 핵심 초점은 과정process이 아닌 결과outcome이다. 즉 목적달성을 위한 다양한 행동들을 수행하는 과정이 중요한 것이 아니라 어떤 제약조건에도 불구하고 기필코 목적을 달성해내는 행동의 결과가 경영의 핵심이다.

Do에서 Done으로의 전환

행동의 최종 결과인 목적달성이 경영의 핵심이라는 사실을 고려할 때 조직경영뿐 아니라 일상 생활에서도 자주 듣는 표현인 "최선을 다하라do your best!"는 자세는 경영마인드의 정반대 관점이다. 최선을 다하는 것은 행동의 결과가 아닌 과정에 초점을 맞추는 접근이기 때문에 경영마인드의 본질과 거리가 먼 사고방식이다. 경영의 진정한 본질은 목적달성이라는 행동의 결과이기 때문이다.

이렇게 본다면 경영의 본질은 목적추구의 과정으로서 행동 자체를 강조하는 "최선을 다 한다do"가 아니고 목적으로 추구하는 최종 결과를 반드시 "달성해 낸다getting things done"가 핵심이다. 즉 경영마인드는 do 사고에서 done 사고로의 전환을 의미하며, 이런 의미에서 경영의 본질은 "하는do" 것이 아니라 "해내는done" 것이다.

"Execution Without Excuse!"

이런 측면에서 잘 알려진 경영자였던 GE의 잭 웰치Jack Welch는 경영은 어떤 목적을 추구하기 위한 행동들을 시행implementation하는 것이 아니라 목적하는 결과를 확보해내는 것execution이라고 대비하기도 했다. 우리말로 정확하게 번역하기 어려운 execution은 단칼에 일도양단 하듯이 목적하는 결과를 확실하게 확보해내는 행위를 의미한다. 이런 면에서 최고경영자를 어떤 행동을 시행implementation하는 사람이 아닌 목적하는 결과를 확보해내는execution 사람이라는 표현을 사용하여 Chief Executive Officer(CEO)라고 부르는 것은 큰 시사점이 있다. 즉 경영자는 어떤 어려운 제약조건이 있더라도 목적하는 결과를 반드시 확보해내는 사람인 것이다. 따라서 우리가 흔히 듣는 "최선을 다했지만 제약조건 때문에 불가피하게~I did my best, but because of ~"와 같은 표현은 진정한 경영마인드가 아닌 것이다.

따라서 최선을 다했느냐 여부와 같은 과정은 경영의 핵심이 아니라는 관점에서 델컴퓨터Dell Computer 창업자인 마이클 델Michael Dell의 "이유 여하를 막론하고 무조건 목적을 달성해낸다Execution without excuse!"라는 발언은 함축적으로 경영마인드의 핵심을 표현한다. 즉 진정한 경영마인드는 과정이 아니라 목적을 달성해내는 것이므로 제약조건에 대한 그 어떤 핑계나 변명excuse도 통할 수 없다는 것이다. 이런 면에서 흔히 볼 수 있듯이 어떤 목적을 달성해냈다고 해서 특별히 자랑하는 행동도 진정한 경영마인드에 적합하지 않은 것이다. 따라서 아무리 어려운 목적을 달성해냈더라도 경영자가 당연히 해야 할 본업을 수행한 것뿐이므로 다음 목적의 달성을 향해 즉시 다시 행동해야 한다는 델의 또 다른 선언인 "1/1,000초만 축배를 들라NANO second celebration!"도 깊은 울림이 있다.

경영마인드 관점에서 최고경영자의 재해석

이런 면에서 조직의 최고경영자를 뜻하는 CEO라는 단어의 의미를 다시 한 번 깊이 생각해볼 필요가 있다. CEO는 "executive officer, 즉 결과를 확보해내는execution 사람 중에 최종chief 직책"이라는 뜻이다. 즉 CEO는 특정 조치나 프로세스를 단순히 시행implementation하는 역할이 아니라 목적하는 결과를 어떤 제약조건이 있더라도 무조건 달성해내는execution 역할인 것이다. 이런 면에서 조직이론가 셀즈닉Philip Selznick은 CEO가 진정한 리더십을 발휘하려면 어떤 방향을 선택해야 할지 누구도 자신 있게 말할 수 없는 극도로 불확실한 상황에서 머뭇거리거나 미루지 않고 결정적 순간critical moment에 과감한 결단을 내려야 한다고 주장한다(Selznick, 1957).

바로 이런 CEO 리더십이 가장 함축적으로 표현된 사례가 바로 미국의 34대 트루만Harry S. Truman 대통령의 "내가 최종 결정한다The buck stops here!"는 선언이다. 그는 2차 대전을 종결시킬 수 있는 거의 유일한 방법이지만 심각한 희생이 불가피한 원자폭탄 투하와 우리나라 6.25전쟁 참전 등 세계사에 결정적 영향을 끼친 논란이 많은 의사결정을 단행한 리더였다. 트루만 대통령은 이런 결정들에 대해 찬반 논란이 심각할 때 일단 양측 의견을 경청한 다음 일단 결단을 내리면 확고부동한 태도로 목적하는 결과를 이끌어냈는데 그때마다 "내가 최종 결정한다"는 CEO적 선언으로 논란을 잠재웠다고 한다.

절차적 정의가 유일한 제약조건

이런 측면에서 볼 때 진정한 최고경영자에게 가장 중요한 자질은 전문적이고 기술적인 지식이나 계산능력이 아니라 오히려 목적 자체에 대한 강한 소명의식과 비전, 열정이라고 볼 수 있을 것이다. 그러나 추구하는 목적의 달성에만 초점을 맞추는 경영은 자칫 결과만능주의에 빠질 위험이 있을 수도 있다. 즉 법에만 걸리지 않으면 수단과 방법을 가리지 않고 목적만 달성하면 된다는 식의 접근법은 반사회적 결과를 초래할 소지가 있다. 이런 관점에서 경영은 목적달성이 핵심인 것이 맞지만 그 목적추구 과정에서 반드시 지켜야 할 한 가지 제약조건이 있는데 그것이 바로 절차적 정의이다. 절차적 정의procedural justice는 결과의 정의distributive justice와 별도로 반드시 지켜야 할 투명성, 공정성, 도덕성 등과 같은 과정상의 윤리성을 말하는데 이 책 4장에서 자세히 토론하게 될 것이다(Ambrose and Arnaud, 2013).

조직의 개념과 본질: 현대 사회의 핵심 구성단위

이 책 전체의 핵심 대상은 조직이라는 구체적 사회적 개체이다. 2장의 조직경영의 역사적 발전에서 자세히 다루게 되겠지만 조직은 19세기 말 이래 전 세계적으로 가장 중요한 사회 구성단위로서 전통 사회와 현대 사회를 구분하는 핵심 기준이 되었다. 그런데 조직이라는 표현은 이 책의 주제인 영리기업이나 비영리조직과 같은 현대 사회의 구성단위를 의미하는 것 이외에도 일반명사 수준으로 다양하게 사용되고 있기 때문에 개념적 혼란을 초래할 가능성이 있다. 따라서 이 책 전체를 통해 다룰 핵심 대상인 조직의 개념을 미리 명확하게 합의해놓을 필요가 있다(Burrell, 2022).

현대 조직의 개념

이 책에서 조직은 기업이나 학교, 병원, 문화예술단체, 비영리기관, 공공기관 등과 같은 특정한 본질을 가진 사회적 개체만을 의미한다. 따라서 간혹 조직으로 불리기도 하지만 다른 본질을 가진 사회적 개체들은 이 책에서 다루는 조직에 포함되지 않는다. 예를 들면, 전체 사회society 자체도 일종의 조직이 아니냐는 입장도 있다. 실제로 사회의 조직적 측면을 다루는 사회조직social organization의 개념이 있지만(Maines, 2024) 이 책에서 다루는 주제는 아니다. 또한 물에 빠진 어린아이를 구하기 위해 지나가던 행인들이 자발적으로 협력하는 것과 같이 특수한 상황에서 일시적으로 상호작용하는 것은 조직화된 집단행동이기는 하지만 이 책에서 다루는 대상인 조직은 아니다.

조직의 다섯 가지 핵심 요건

이 책 전체의 주제인 조직은 다음 다섯 가지의 특성을 모두 가지는 사회적 개체를 지칭한다. 이 중 하나라도 빠지면 이 책이 규정하는 조직이 아니다.

복수 구성원: 조직은 복수 구성원들의 집합체이다. 즉 개인은 조직이 아니고, 또한 대중교통기관에 함께 탑승한 승객들처럼 여러 개인들이 일시적으로 함께 존재하는

것도 조직이 아니며, 반드시 복수의 개인들이 공통의 정체성을 공유하는 집합체여야 한다.

공유 목적: 복수의 구성원들이 단순히 집합체로 존재하는 것을 넘어 반드시 특정한 공유의 목적shared goal을 추구해야 조직이다. 여러 명의 구성원들이 단순히 모여서 존재하기만 하는 것은 조직이 아니다. 복수의 구성원들이 공유하는 조직 목적을 함께 추구하는 것이 중요하다. 즉 복수의 구성원들이 각자 자신의 사적인 개인 목적private goals을 추구하는 것은 조직이 아니다.

영속성: 복수 구성원들의 집합체가 특정한 공유 목적을 추구하더라도 일시적으로 그런 행동을 하는 것이 아니라 반드시 영속적으로 추구해야 조직이다. 위에서 예를 들었듯이 물에 빠진 어린아이를 지나던 행인들이 협력해서 일회성으로 구해내는 것은 조직이 아니지만, 동일한 인명구조 행동을 매일 똑같은 구성원들이 영속적으로 수행하는 긴급구조대는 조직이다.

공식 구조: 조직으로 분류되려면 반드시 미리 설계된 공식 구조formal structures를 기반으로 의도적deliberate으로 협력해서 공통의 목적을 추구해야 한다. 의도적 설계 없이 서설로 형성되는 비공식적이고 자생적인emergent 상호작용만을 통해 목적을 추구하는 것은 조직이 아니다. 흔히 극단적 유연성을 강조하는 21세기형 조직들이 공식 구조를 아예 없애려는 것으로 보일 수 있지만 착각이다. 물론 자생적인 비공식 구조가 조직 내에 미리 설계된 공식 구조와 함께 혼합되어 공존하지만 의식적으로 설계된 공식 구조가 전혀 없는 개체는 조직이 아니다. 유연한 구조는 공식 구조를 유연하게 설계한 것이지 설계를 하지 않는 것이 아니다. 자생적 집단과 조직은 다른 것이다.

공식 경계: 조직에는 반드시 내외부를 구분하는 공식 경계formal boundary가 존재한다. 조직이 속한 외부 환경인 사회와 조직간 구분이 없는 사회적 조직social organization은 이 책에서 다루는 조직이 아니다. 조직의 공식 경계는 고용계약법과 자산법 등을 통해 법적으로 명확하게 규정된다.

현대 조직의 기원과 최근 변화

바로 이런 다섯 가지 특성을 모두 가진 사회적 개체인 조직들이 19세기 말에 등장해서 급속하게 사회 전반으로 확산되면서 인류역사상 가장 중요한 분기점인 현대 사회가 탄생한 것이다(Chandler, 1977). 즉 현대 사회는 사회의 대부분이 현대적 조직으로 구성된 사회를 말하는 것이다. 이런 다섯 가지 특성을 가진 현대적 조직들이 19세기 말에 등장해서 급속하게 확산되면서 현대 산업사회를 탄생시킨 구체적 과정에 대해서는 이 책 2장에서 현대 조직의 역사적 발전을 다룰 때 자세히 살펴볼 것이다.

그런데 현대적 조직이 사회 전반으로 확산되기 시작한지 100여 년이 지난 21세기 초중반 현재 또 다른 역사적 대변동이 진행되고 있는 듯이 보인다(Schoemaker, 2008; Canals and Heukamp, 2020). 위에서 제시한 조직의 다섯 가지 요건들이 지금 모두 흔들리고 있는 것이다. 예를 들면, 프리랜서freelancer 경제 등으로 부르는 새로운 일하는 방식에서는 각 개인이 독립적으로 존재하면서 인터넷 등을 통해 일시적으로 만나 협력적으로 프로젝트를 수행한 후 다시 흩어진다. 이와 같이 전통적 조직의 다섯 가지 요건과 일치하지 않는 새로운 방식의 협력작업 모델들이 다양한 분야에서 지금 급증하고 있는 것이다. 프리랜서 수준까지는 아니더라도 최근 영화제작 등에서 흔히 관찰되듯이 각 프로젝트 단위로 임시적으로 조직이 만들어졌다가 프로젝트가 완성되면 해체하는 임시 조직temporary organization은 광범위한 영역에서 확산되고 있다.

새로운 조직형태인가, 새로운 조직화 방식인가?

이런 새로운 최근 추세가 19세기 말에 확산되기 시작하여 지난 100여 년간 전 세계 모든 영역을 주도해온 현대적 조직의 시대가 종말을 고하고 새로운 조직화 방식new types of organizing이 탄생하고 있는 것인지, 아니면 현대적 조직의 본질은 유지되지만 조직의 구조와 프로세스, 시스템 등이 바뀌는 새로운 형태의 조직new forms of organization인지는 아직 판단하기 어렵다. 어느 쪽이거나 인류 사회의 미래에 중요한 영향을 미칠 역사적 대변동이기 때문에 특별한 관심과 이해, 그리고 대응이 반드시 필요하다.

조직행동론의 학문적 특성: 학제적 접근

이 책에서 함께 공부할 경영학의 조직행동론organizational behavior은 앞에서 정의한 조직이라는 사회적 개체에 초점을 맞추어 조직과 관련된 다양한 내외부 행위자들의 행동과 이들 간 관계의 원천과 과정, 그리고 결과를 체계적이며 심층적으로 이해함으로써 궁극적으로는 더 바람직한 방향으로 발전시켜 나가고자 하는 실천적 학문분야이다. 폴 디마지오Paul J. DiMaggio는 신제도이론neo-institutional theory 관점에서 조직행동론의 연구대상인 조직필드organization field를 구성하는 행위자들에는 조직 내부의 구성원과 부서들, 조직 자체, 그리고 조직을 둘러싼 외부의 공급자나 소비자, 경쟁자, 규제자 등이 있다고 주장한다(DiMaggio and Powell, 1983). 즉 조직행동론은 이런 다양한 행위자들의 행동과 이들 간 관계가 어디서 오고, 어떻게 작동하며, 어떻게 변화하며, 어떤 결과를 창출하는지를 체계적으로 이해함으로써 이를 바람직하게 만들어가고자 하는 실천적 관심에 기반하고 있는 것이다.

학제적 접근의 이해

그런데 조직에 대한 연구는 경영학의 조직행동론뿐 아니라 사회학의 조직사회학organizational sociology, 경제학의 산업조직경제학industrial and organizational economics, 행정학의 행정조직론administrative organization, 심리학의 산업조직심리학industrial and organizational psychology 등 다양한 학문 분야에서 진행되어 왔다. 그런데 우리가 공부할 경영학의 조직행동론은 조직에 대한 이해를 추구한다는 면에서 다른 학문분야들의 조직 관련 연구와 유사하지만, 학문적 접근법에서 한 가지 매우 독특한 특성을 가지고 있다. 바로 경영학의 조직행동론은 조직에 대해 학제적學際的, interdisciplinary으로 접근한다는 것이다(Frodeman, Klein, and Pacheco, 2017).

학제적 접근의 의미

그런데 학계에서 흔히 사용되는 개념이지만 학제적 접근은 잘못 이해되는 경우가 많다. 일반적으로 학제적 접근은 특정 주제를 경영학, 경제학, 사회학, 심리학 등 다양한 학문분야들이 공동으로 연구하는 방식을 지칭하는 개념으로 사용되는데 이는 매우 부정확한 이해이다. 학제적 접근을 정확하게 이해하기 위해서는 학제적disciplinary이라는 단어 자체에 초점을 맞출 필요가 있다.

학제적學際的의 한자를 자세히 살펴보면 여기에서 제際는 국가 간을 의미하는 국제國際라는 단어에서도 알 수 있듯이 앞에 나오는 대상들 간 관계를 의미한다. 따라서 학제적은 다양한 학문분야들 간 협력관계를 통한 통합적 접근을 뜻한다고 이해될 수도 있다. 좀 더 정확한 이해를 위해 학제적의 영어 표현인 interdisciplinary라는 단어의 구성을 자세히 들여다보면 마찬가지로 다양한 학문분야들disciplines 간의 상호연결적inter 접근이라고 해석할 수 있다.

학문적 세계관으로서 Discipline

그러나 문제는 여기에서 일반적으로 학문분야 혹은 분과학문 등으로 번역되는 영어단어 discipline의 의미가 생각보다 그렇게 단순하지 않으며 대부분 잘못 이해되고 있다는 사실이다. 이때 discipline의 의미는 일반적으로 이해하는 경영학, 사회학, 경제학, 정치학, 행정학, 심리학 등과 같은 분과학문을 의미하는 것이 아니다. 분과학문들 중 discipline이 강한 분야도 있고 반대로 discipline이 약하거나 없는 분야도 있다. 예를 들면, 사회과학에서 경영학이나 정치학, 행정학 등은 discipline이 약한 학문분야이다. 반대로 사회학이나 경제학은 discipline이 강한 학문분야이다.

즉 일반적으로 분과학문으로 번역되는 discipline은 정확하게 번역하자면 "해당 학문분야에서 광범위하게 공유되어 당연시되는 학문적 세계관academic world view"을 의미한다. 학문적 세계관으로서 discipline의 정확한 의미는 경제학이나 사회학 등의 discipline이 강한 분과학문이 구체적으로 무엇인가를 살펴보면 명확하게 이해할 수 있다.

경제학적 Discipline: 피오르와 베커의 사례

학문적 세계관으로서 discipline의 정확한 의미에 기반하여 경제학의 학문적 정체성을 규정해보면 일반적으로 알려져 있듯이 시장이나 가격, 수요, 공급, 산업, 기업 등 경제현상으로 정의된 대상들을 다루는 학문이 아니라, 경제학적 세계관으로 모든 현상을 이해하고 설명하며 바람직한 방향을 제시하는 학문이다. 경제학의 학문적 세계관discipline의 개념을 정확하게 이해하기 위해서는 두 명의 경제학자를 비교해보면 된다.

한 명은 하버드Harvard 대학 경제학과에서 박사학위를 받은 후 경제학 최고의 명문인 MIT 경제학과 교수로 재직해온 마이클 피오르Michal Piore이다. 그는 내부노동시장internal labor market(Doeringer and Piore, 1985)과 유연생산시스템flexible production system(Piore and Sabel, 1984) 등의 이론을 제안하며 중요한 경제 현상들을 연구한 위대한 학자이다. 그러나 경제학에 대한 이해가 깊은 주류 경제학자들에게 피오르에 대해 물으면 대부분 "피오르는 뛰어난 학자이지만 경제학자는 아니다"는 대답을 듣게 된다.

분명히 경제 현상인 노동시장과 생산시스템을 연구하는데도 경제학자가 아니라는 것은 무슨 의미일까? 그것은 피오르가 경제 현상을 설명하는 데 사용하는 학문적 세계관discipline이 대다수의 주류 경제학자들이 믿는 효용극대화utility maximization 모형이 아니라 정치사회학적인 역사적 접근법을 채택하고 있기 때문이다. 즉 경제학의 학문적 세계관이 아닌 다른 학문적 세계관으로 경제 현상을 설명하는 접근법은 피오르 외에도 경제적 현상을 사회학적 세계관으로 설명하는 경제사회학economic sociology에서 찾을 수 있는데 주류 경제학자들이 볼 때 피오르의 학문세계관은 오히려 이들에 가깝다는 것이다(Smelser and Swedberg, 2010; Hass, 2020).

이와 정반대의 사례가 바로 게리 베커Gary Becker이다. 노벨경제학상을 수상한 거장 경제학자인 베커의 논문 주제들을 보면 일반적인 경제 현상인 시장이나 기업, 산업 등과 전혀 상관없는 결혼, 출산, 육아, 교육, 중독 등 가족관계가 주 관심사로서 도저히 경제학자라고 믿기 힘든 주제에 대한 논문들을 양산했다. 그럼에도 불구하고 경제학자들에게 베커에 대해 물으면 이구동성으로 "역대 최고의 경제학자 중 한 명"이라고 극찬한다. 그 이유는 베커는 일반적 고정관념으로는 경제적 현상이 아닌 가족이나 육아 등의 주제를 경제학적 학문 세계관, 즉 economic discipline으로 설명하기 때문이다.

경제학적 세계관에 동의하지 않는 사람이라도 학문적 세계관, 즉 discipline의 개념을 정확하게 이해하기 위해 읽어볼 만한 책이 바로 베커의 〈가족에 대한 연구A Treatise on the Family〉이다(Becker, 1981). 이 책은 결혼, 이혼, 출산, 자녀교육, 불량청소년 양육 등 가족현상을 각 구성원의 효용 극대화에 초점을 맞추어 철저하게 경제학적 학문세계관에서 설명한다. 이런 설명에 동의할 수도 있고 동의하지 않을 수도 있지만 경제학적 학문세계관, 즉 discipline이 무엇인지는 확실하게 보여준다.

사회학적 학문세계관

학문적 세계관, 즉 discipline이 강한 또 다른 학문분야인 사회학의 경우도 마찬가지이다. 사회학의 아버지로 불리는 에밀 뒤르켐Emil Durkheim은 명저 〈자살론: 사회학적 연구Suicide: A Study in Sociology〉에서 그 이전까지 희생자 각자의 개인적 심리와 사생활에서 원인을 찾았던 자살에 대한 기존 관점을 벗어나서 19세기 말 기존 전통사회가 붕괴되고 새로운 현대 산업사회로 넘어가는 역사적 전환기에서 기존 규범이 무너지고 새로운 규범은 아직 확립되지 않은 사회적 무규범상태anomie가 자살률의 급증을 초래했다는 설명을 제시함으로써 사회학적 학문세계관을 명확히 보여주었다 (Durkheim, 1951/1897).

거시적 사회 구조와 관계 등에 초점을 맞추는 학문적 세계관을 통해 모든 현상을 설명하는 학문분야가 바로 사회학인 것이다. 이런 관점에서 최근 급속히 발전하고 있는 경제사회학economic sociology도 전통적으로 경제학적 연구주제로 불리던 시장이나 산업, 기업 등의 이슈를 경제행위자들 간 사회적 관계구조의 관점에서 해석하고 있는 사회학적 학문세계관discipline의 대표적 예이다(Smelser and Swedberg, 2010).

조직행동론과 학제적 접근

이런 관점에서 조직행동론의 학문적 특성 중 하나가 조직 현상에 대한 학제적 접근이라는 사실은 특정 학문적 세계관discipline에 충실하기보다는 연구 대상인 조직 자체에 대한 다각적이며 심층적이며 풍성한 이해에 초점을 맞추어 모든 관련된 학문적 세계관들을 총동원하여 활용하겠다는 선언이다. 학제적 접근은 각 학문적 세계관의 서로 다른 상대적 장단점에 대한 인식에서 출발한다. 학문적 세계관을 렌즈에 비유한다면 어떤 대상을 바라볼 때 사용하는 렌즈의 색깔에 따라 잘 보이는 부분과 잘 안 보이는 부분이 다르다는 사실을 인식하는 것이다. 어떤 색깔의 렌즈는 대상의 특정 부분은 매우 명확하게 보여주지만 다른 부분은 보여줄 수 없다. 이런 경우 특정 렌즈 자체의 성능에 집착하여 그 렌즈가 잘 보여주는 부분만으로 대상을 이해하려고 하면 극히 편중된 한 부분을 대상 전체라고 착각하게 될 위험이 있는 것이다. 따라서 최대한 다양한 색깔의 렌즈를 총동원하며 각기 잘 보여주는 부분들을 이해하여 통합하면 그 대상의 진정한 실체에 최대한 가깝게 접근할 수 있을 것이다.

마찬가지로 조직행동론이 강조하는 학제적 접근법은 사회학, 심리학, 인류학, 경제학 등의 특정 학문적 세계관에 집착하지 않고 조직의 다양한 측면별로 이들 서로 다른 학문적 세계관들을 경계 없이 통합적으로 총동원하여 우리의 핵심 관심사인 조직을 가장 실체에 가깝게 정확하게 이해하고, 설명하며, 경영해보고자 하는 선택인 것이다. 따라서 앞으로 이 책에서도 조직행동을 구성하는 각 주제를 토론할 때 다양한 학문적 세계관들이 학제적interdisciplinary으로 자유롭게 활용될 것이다.

조직은 수단인가 목적인가? 수단-목적 전도와 영원한 실패

조직의 사회적 본질에 대한 논의에서 흥미롭지만 어려운 질문 중 하나는 과연 조직이 본질적으로 목적end인가 아니면 수단means인가의 문제일 것이다. 이 질문에 모두가 합의할 수 있는 명확한 객관적 정답은 없다. 시대마다, 학문분야마다, 학자마다, 그리고 실무 경영자마다 해석이 다양하다.

수단으로서 조직

언뜻 생각하면 조직의 본질은 수단에 가까워 보인다. 시간적 순서를 기준으로 보면 목적이 먼저 있고 그 목적을 달성하기 위한 다양한 수단들 중에서 조직이라는 수단이 선택되기 때문이다. 예를 들면, 경제적 수익창출이라는 목적이 먼저 정해지면 그 방법 즉 수단을 그 후에 선택하게 된다. 수익창출을 추구하는 수단은 개인이 될 수도 있고 가족이나 공동체가 될 수도 있다. 다양한 경제적 수익창출 수단들 중 가장 우월하다고 생각되는 수단이 기업과 같은 조직이기 때문에 조직이 선택된 것이다.

수단으로서 조직의 특이성

그런데 만일 기업과 같은 조직이 수단tool이라면 그 본질은 건축공사를 위한 수단인 망치나 톱, 드라이버 등과 같은 공구tool와 동일해야 한다. 예를 들면, 노트 필기를 하는 것이 목적이라면 그 수단은 연필, 만년필, 펜, 볼펜 등이 될 것이다. 즉 분야를 막론하고 다양한 수단들 중 자신이 추구하는 목적에 가장 적합하다고 생각하는 수단을 선택하여 목적을 추구하게 된다. 그런데 볼펜의 잉크가 굳거나 글씨가 갈라져서 나온다면 그 선택한 수단인 볼펜을 주저 없이 버린 후 다른 볼펜이나 필기 도구로 바꿀 것이다. 만일 그 본질이 수단이라면 조직의 경우도 마찬가지로 목적 추구에 부적합할 때는 서슴지 않고 버릴 수 있어야 한다.

그러나 조직이라는 수단은 다른 수단들과 전혀 다른 매우 특이한 성격을 가지고 있다. 다른 수단들과 달리 조직은 원래 추구하려던 목적 달성에 부적합하더라도 쉽게 버리지 못한다. 어떻게 하든지 그 조직을 목적 추구에 효과적으로 작동되도록 만들기 위해 온갖 노력을 기울이게 된다. 실은 경영행위의 대부분은 효과적으로 작동하지 않는 수단인 조직을 목적의 추구에 적합하게 바꾸어 보려는 노력이다.

다루기 힘든 수단

수단으로서 조직이 목적 추구를 위해 효과적으로 작동하지 않는 경우가 많은 이유는 볼트나 너트 등이 부품인 다른 수단들과 달리 조직이라는 수단의 핵심 부품이 사람이기 때문이다. 사람은 각기 다른 욕구와 감정, 선호, 이해관계를 가지고 있기 때문에 모든 구성원이 일사불란하게 조직의 목적을 추구하는 행동에만 집중하는 경우는 거의 없다. 이런 면에서 거장 조직사회학자 필립 셀즈닉Philip Selznick은 조직의 본질은 수단이 맞지만 그 구성요소가 서로 다른 욕구와 감정, 이해관계를 가진 사람이기 때문에 완전히 목적달성만 위해 활용하기 어려운 "다루기 힘든 도구recalcitrant tool"라고 규정한다(Selznick, 1949; King, 2015).

수단-목적 전도와 영원한 실패

따라서 대다수 조직들의 실제 행동방식은 정해진 목적을 추구하는 진정한 수단이 아니라 그 자체의 생존과 성장이 목적이 되는 경우가 많다. 선택된 목적의 관점에서는 조직이 언제든지 대체가능한 수단이 맞지만, 그 수단의 부품인 구성원들의 관점에서는 조직이 계속 생존하고 성장해야 자신들의 이해관계가 추구될 수 있기 때문이다.

수단과 목적의 전도

사람들로 구성된 수단인 조직이 가지는 이런 특이성은 수단과 목적의 전도means-end displacement라는 심각한 문제를 낳기도 한다(Merton, 1940). 즉 본질이 수단인 조직의 구조나 프로세스, 시스템 등이 조직의 핵심 부품인 사람들에 의해 선호되거나 당연시되면 원래의 목적을 잊어버리고 수단인 조직의 특정 형태를 계속 유지하는 것 자체가 목적처럼 여겨지게 되는 심각한 현상이 발생하는 것이다. 즉 수단과 목적이 뒤바뀌게 되는 것이다.

관료화의 정도가 높은 관공서와 같은 공공조직에 가서 어려운 요청을 하면 흔히 듣게 되는 대답인 "사정은 충분히 이해하겠지만 규정 때문에 어쩔 수 없다"는 반응은 바로 수단과 목적이 전도된 결과이다. 원래는 수단인 조직의 규정을 잘 지키는 것 자체가 목적처럼 당연시되는 기현상인 것이다. 즉 사람으로 구성된 특수한 사회적 개체인 조직은 원래 수단으로 출발한 조직 자체의 생존, 유지, 성장이 거꾸로 목적이 되어 버리는 심각한 수단–목적 전도의 위험이 있는 것이다.

영원히 실패하는 조직

이런 수단과 목적의 전도가 만연하게 되면 "영원히 실패하는 조직permanently failing organizations"이라는 더욱 심각한 현상이 발생하게 된다(Meyer and Zucker, 1987). 만일 조직이 진정한 수단이라면 영원히 실패하는 조직은 있을 수 없다. 망치나 톱, 드라이버 등과 같은 모든 수단은 목적에 부적합하다고 판명되면 서슴지 않고 버리고 우월한 수단으로 대체하기 때문이다. 그러나 조직은 수단으로 출발하나 그 핵심 부품인 사람 때문에 원래의 목적보다 수단인 그 자체의 생존과 성장이 주 목적이 되어 버리는 수단–목적 전도가 발생해서 심각한 저성과에도 쉽게 버릴 수 없다. 그 결과 생존에는 성공하면서 원래 목적 달성에는 계속 실패하는 영원히 실패하는 조직으로 전락할 수 있는 것이다.

이런 면에서 공산주의 성지인이자 이론가인 구 소련의 건국자 레닌Vladmir Lenin은 노조의 본질적 한계에 대해 비판하면서 노조를 통한 혁명은 실패할 수밖에 없다고 예측하였다(Lenin, 1954). 그는 노조를 통한 노동운동은 그 자체가 모순적 개념인데 그 이유는 노동운동과 같은 운동movement은 변화를 추구하는 것이 본질인 데 비해 노조와 같은 조직organization은 생존과 유지, 성장을 추구하기 때문에 궁극적으로 실패할 수밖에 없다는 것이다.

본질적 목적에 초점

이런 면에서 영원히 실패하는 조직의 위험을 극복하는 이상적 조직이 되기 위해서는 조직이 존재하게 된 본질적 목적을 잊지 않고 항상 여기에 초점을 맞추는 것이다. 이것이 바로 비전 등과 같이 조직의 목적을 강조하는 개념들이 중시되는 이유이다. 이런 측면에서 위대한 작곡가 베토벤Ludwig van Beethoven의 다음과 같은 선언은 경영의 관점에서 조직행동론을 공부하는 우리들에게 큰 울림을 준다.

"인간 내면의 진정한 진선미를 소리를 통해 표현할 수만 있다면 주저 없이 바꾸거나 버리지 못할 음악의 절대적 법칙이나 진리는 하나도 없다."

– L.V. Beethoven –

베토벤에게 음악이 추구하여야 하는 가장 본질적 목적은 인간 내면의 진선미를 소리를 통해 표현하는 것이다. 즉 이것이 음악이 존재하는 목적인 것이다. 대위법이나 화성악 등과 같은 복잡한 음악의 기법과 법칙들에 집착한 다른 작곡가들과 달리 베토벤은 이 목적만을 위해 모든 음악의 법칙이나 지식을 서슴지 않고 바꾸었다. 관현악인 교향곡과 성악인 합창을 합친 9번 교향곡과 같은 베토벤의 무수한 음악적 실험과 혁신은 바로 이런 목적과 수단 간 관계에 대한 명확한 인식에서 나온 것이다. 다시 한 번 강조하지만 경영은 목적이 핵심이고 조직은 그 수단이라는 사실을 항상 명심하여야 할 것이다.

조직 목적의 모호성: 경영의 궁극적 과제

이런 관점에서 보면 조직경영은 생각보다 단순하게 이해될 수도 있다. 수시로 변화하는 수단에 불과한 첨단 조직형태나 경영기법에 대한 집착을 넘어서서 근본적 목적의 달성에만 집중하면 되는 것이 경영의 핵심이라고 볼 수 있을 것이다. 한편으로는 경영의 본질에 대한 정확한 이해라고 볼 수도 있지만 문제는 조직의 목적organizational goal이 생각보다 훨씬 더 모호하고 복잡한 개념이라는 사실이다.

효율성과 효과성

조직 목적의 모호성과 복잡성을 차치하고 한 가지 단순명료한 특정 목적에만 한정하더라도 구체적으로 들여다보면 목적의 달성이라는 현상 자체가 현실 조직경영 상황에서 그렇게 간단한 개념이 아니다. 조직 목적을 달성한다는 것은 구체적으로 무슨 의미인가? 조직 목적을 성공적으로 달성했는지 여부는 어떻게 알 수 있는가? 조직 목적의 달성 정도는 어떻게 측정하고 평가할 수 있는가? 추상적인 개념 수준에서는 단순하게 보이던 조직 목적의 추구와 달성은 실제 경영 현장에서는 극도로 모호한 현상이다.

실제 성과와 성과 지표

따라서 경영 현장에서는 조직 목적의 달성 정도를 나타낼 것이라고 기대되는 몇 가지 인위적 지표indicators를 만들어 목적달성의 성과를 측정하고 평가한다(Simon, 1947). 그러나 반드시 주의해야 할 것은 모든 성과 지표는 목적달성 정도 그 자체가 아니라 목적이 달성된 결과로 표면적으로 나타날 것이라고 추론되는 증상symptoms일 뿐이다. 예를 들면, 감기라는 질병에 걸리면 체온이 올라간다. 그러나 체온 상승이 감기 그 자체는 아니며 감기라는 질병의 증상, 즉 지표indicator 중 하나일 뿐이다. 마찬가지로 성과 지표들은 성과 자체가 아니라 겉으로 드러나는 증상을 측정한 것일 뿐이다. 실제 목적달성도와 성과 지표 사이에는 불일치나 오류의 가능성이 항상 존재하므로 반드시 주의해야 한다. 실제 성과와 성과 지표 사이의 불일치는 높은 성과를 창출하는 것으로 보이던 조직이 갑자기 위기에 빠지는 현상의 원인 중 하나이다.

성과 지표의 이런 한계를 염두에 두고 실제 조직경영 현장에서 일반적으로 사용되는 목적달성도의 지표들에 대해 살펴보자. 가장 보편적으로 사용되는 조직 목적의 달성 성과goal performance를 측정하는 지표에는 크게 효율성efficiency과 효과성effectiveness이 있다. 대부분의 조직에서 사용하는 이 두 가지 성과 지표는 서로 관련이 있기는 하지만 명백히 다른 별도의 개념이다(Barnard, 1938; Daft and Armstrong, 2022). 두 가지 중 어느 지표로 조직 목적의 달성도를 평가하는지에 따라 조직 경영의 전략적 선택과 의사결정이 완전히 달라진다.

두 성과 지표

먼저 효율성은 산출/투입 비율output/input ratio을 기준으로 측정한 조직 성과인 데 비해, 효과성은 보다 직접적으로 목적달성도degree of goal-attainment를 기준으로 조직의 성과를 평가한다. 이 두 가지는 모두 중요하기 때문에 흔히 전략기획안이나 최고경영자 연설 등에서 "효율적으로 그리고 효과적으로~"라는 표현으로 함께 사용되기도 한다. 그렇다면 이 두 가지 중 어느 것이 상대적으로 더 우선적으로 고려되어야 할까?

개념 자체만 보면 경영의 본질이 목적달성 행위라는 측면에서 목적달성의 정도를 뜻하는 효과성이 더 직접적이며 근본적이라고 볼 수도 있다. 그러나 현실 세계 경영에서 목적의 추구와 달성은 결코 진공상태에서 이루어지지 않으며 자원의 제약하에서 이루어진다는 사실이 매우 중요하다. 그 제한된 자원이 바로 효율성의 분모인 투입이라는 사실과 동시에 분자인 산출이 바로 목적이라는 점을 고려하면 목적달성의 투입과 산출을 동시에 고려하는 효율성이 더 포괄적이라고 볼 수도 있다. 따라서 효율성만으로 경영의 본질인 제약조건하에서 목적달성의 성과를 측정하는 것이 가능하다고 생각할 수 있다.

효율성 함정과 생산적 효율성

이런 포괄성 때문에 효율성이 대부분의 현실 조직 경영에서 상대적으로 더 중요시되는 것은 사실이나 여기에는 반드시 경계해야 할 한 가지 잠재 위험 요소가 있다. 바로 효율성 증대의 방법에는 전혀 다른 두 가지가 있다는 것이다. 첫째는 동일한 투입에서 분자인 산출을 증가시키는 것인데 이 방법은 효과성도 동시에 높이므로 항상 바람직하다. 그러나 동일한 투입을 사용하여 산출을 증가시키는 것은 혁신이 필요한 어렵고 도전적인 과제이므로 보다 쉬운 두 번째 대안으로 마음이 끌리기 쉽다.

효율성 증대의 두 번째 방법은 바로 동일한 산출에서 분모인 투입을 감소시키는 것이다. 투입을 줄이는 것은 인력이나 사업의 구조조정 등을 통해 강제적으로 시행할 수 있으므로 단기적으로는 손쉬운 대안이다. 실제로 국내외에서 흔히 볼 수 있는 구조조정 열풍의 명분적 목적은 효율성 증대인 경우가 대부분이다. 그러나 반드시 경계해야 할 사실은 투입 축소를 통한 효율성 증대는 장기적으로 효과성의 원천을 붕괴시킬 위험이 크다는 것이다. 따라서 효율성 증대에 초점을 맞추더라도 산출을 늘리는 생산적 효율성productive efficiency에 집중해야 할 것이다. 전략경영의 자원기반관점resource- based view에서 주장하듯이 분모인 투입은 줄여야 할 비용cost이기도 하지만 가치창출의 핵심 원천이자 기반인 자원resource이기도 하다는 사실을 절대 잊으면 안 될 것이다(Wernerfelt, 1984; Ferreira and Ferreira, 2025).

조직 목적의 모호성과 복잡성

그런데 목적 추구와 달성 행위로서의 조직경영에서 가장 어려운 도전과제는 조직 목적의 실체를 정확하게 파악하고 이해하는 것이다. 심층적으로 분석해보면 조직 목적은 극도로 모호하고 복잡한 개념이다. 조직을 "공유의 목적을 추구하는 복수 구성원들의 집합"이라고 일반적으로 정의하고 있지만 과연 개인을 넘어서서 복수의 구성원들에게 공유된 조직의 목적이 구체적으로 무엇인가를 논란의 여지없이 명확하게 규정하는 것은 불가능에 가깝다. 조직의 목적은 매우 모호하고 복잡한 개념이며 심지어 객관적 실체가 없다고 주장하는 입장도 있다(Simon, 1947). 구체적으로 다음 몇 가지 문제를 살펴보면 조직 목적의 모호성과 복잡성을 이해할 수 있을 것이다.

집단들 간 목적 갈등

모든 조직은 다양한 집단들로 구성된다. 기업조직만 보더라도 주주, 경영진, 중간관리자, 현장노동자 등 다양한 집단들이 공존한다. 그런데 이 집단들이 서로 다른 목적을 추구하고 그 목적들이 충돌할 때는 과연 어느 집단이 추구하는 것이 조직의 목적인가는 매우 어렵고 복잡한 문제이다. 예를 들면, 우리가 일상에서 흔히 사용하는 개념인 노사갈등은 함께 조직을 구성하는 집단들인 경영진과 노동자가 각기 선호하는 서로 다른 목적을 전체 조직의 목적으로 만들고자 할 때 발생한다. 많은 경우 경영진은 주주 이익의 극대화를 추구하는 데 비해, 노동자는 구성원 이익의 극대화를 우선시한다. 이 중 어느 편이 진정한 조직의 목적인지는 객관적으로 판단할 수 없다.

서로 다른 이해관계와 가치관을 가진 다양한 집단들로 이루어진 조직에서 목적 갈등이 발생하는 것은 어떻게 보면 당연하다. 이런 목적 갈등이 실제 경영현장의 구체적 의사결정에서 심각한 문제를 야기하는 경우가 비일비재한데, 예를 들면 예산배분에서 경영진은 가능하면 주요 비용요소인 인건비를 줄이려고 노력하는 데 비해 노동자는 자신들의 이익에 직결되는 인건비 증대를 추구하게 되므로 노사분규가 발생하게 되는 것이다. 물론 이런 집단 간 목적 갈등에서 절대적 정답은 없으며 각 집단이 자신들이 추구하는 목적을 전체 조직의 목적이라고 주장하는 것일 뿐이다.

누구 관점의 효과성인가?

이런 측면에서 조직 내외부의 권력관계가 주관심사인 조직이론가 찰스 퍼로우Charles Perrow는 조직 목적의 달성도를 측정하는 효과성effectiveness은 객관적으로 존재하지 않으며 반드시 "누구 관점의 효과성인가effectiveness for whom?"를 명확히 규정해야 한다고 주장한다(Perrow, 1963). 유사한 관점에서 행동과학적 조직이론가인 리처드 사이어트Richard Cyert와 제임스 마아치James G. March(1963)는 조직 전체가 완벽하게 공유하는 객관적인 조직 목적은 존재하지 않으며 서로 다른 목적을 추구하는 다양한 집단 간 협상negotiation과 연맹coalition에 의해 인위적으로 조직의 목적으로 합의한 결과를 추구하는 것이라고 주장한다(Cyert and March, 1963). 따라서 각기 자신에게 유리한 목적을 조직 전체의 목적으로 규정하기 위한 집단 간 갈등은 실제로는 완전히 해소될 수 없으며 단지 해소된 듯이 합의하는 갈등의 유사 해소quasi resolution of conflict가 실제 조직의 모습이라고 강조한다.

정당한 복수 목적들 간 충돌

설사 조직 내 다양한 집단들이 모두 진심으로 합의하는 조직 목적이 있더라도 하나가 아니고 여러 가지인 경우 또 다른 문제가 발생한다. 경영현장에서 조직 구성원들의 행동 기반이 되는 조직 목적은 하나가 아니고 여러 가지인 경우가 많다. 예를 들면, 대학조직의 경우 교육과 연구라는 두 가지 서로 다른 목적을 동시에 추구하며, 대학병원의 경우도 치료와 교육이라는 두 가지 목적을 함께 추구한다. 기업조직의 경우에도 혁신성과 정확성 등 복수의 목적을 동시에 추구해야 한다.

그런데 문제는 조직의 유형을 막론하고 이 정당한 복수 목적들이 실행 현장에서 서로 충돌할 가능성이 높다는 것이다. 대학에서 교육의 목적을 잘 달성하려면 경험 많고 능력 있는 교수들이 강의를 많이 맡아야 하는데 그럴 경우 연구에 투자할 시간이 줄어들어 연구 목적은 달성하기 어려워진다. 대학병원에서 치료 목적을 잘 추구하려면 수술과 같은 환자치료를 경험이 부족한 수련의들에게 맡기지 않고 노련한 중견 의사들이 직접 담당해야 하나 그 경우 차세대 의료를 담당해야 할 수련의들의 교육은 힘들어진다. 기업조직의 경우에도 새로운 사업에 대한 과감한 창조적 혁신과 기존 사업에서 오퍼레이션의 빈틈없는 정확성이라는 두 가지 핵심 목적들이 서로 충돌하기 때문에 어느 한쪽에만 치중하다가 전체 조직이 위기에 빠지는 경우가 허다하다.

수준별 목적들 간 불일치

조직의 목적이 실제 현장에서 추구되고 달성되기 위해서는 반드시 전체 조직 수준의 목적이 하위 수준 구성단위인 사업부나 팀 같은 부서의 목적으로 분화되어야 하고, 또 각 부서의 목적은 더 하위 수준 구성단위인 각 개인 구성원의 목적으로 또 다시 분화되어 배정되어야 한다. 허버트 사이몬Herbert A. Simon은 이것을 조직 목적들 간 계층구조goal hierarchy로 부르는데 이 각 수준별 목적들 간 일관성은 매우 달성하기 어려우며 많은 경우 심각한 불일치를 경험하게 된다(Simon, 1947). 다양한 조직 수준의 상하위 목적들 간 불일치inter-level goal inconsistency로 인해 각 하위 수준에서 최고의 성과를 달성하더라도 조직 전체의 목적 달성은 심각한 한계에 봉착하는 경우가 흔히 발생하게 되는 것이다.

목적 지표들 간 충돌

조직 목적과 관련하여 실제 경영 현장에서 봉착하는 가장 어려운 문제 중 하나는 각 목적의 달성도를 구체적으로 측정하기 위한 목적의 지표화goal indexing이다. 즉 어떤 목적을 선택하거나 그 목적이 구성원들의 구체적 행동으로 연결되려면 반드시 구체적 지표indicator로 측정이 가능해야 한다. 그런데 조직 목적의 달성도를 측정하는 지표는 거의 무한대에 가까울 정도로 다양하며 끊임없이 새로운 지표들이 개발되고 있다.

예를 들면, 기업조직의 목적으로 가장 흔히 언급되는 수익성profitability의 달성도를 측정하는 성과 지표에는 자산이익률return on asset, 매출이익률return on sales, 투자이익률return on investment, 자기자본이익률return on equity 등 무수한 대안적 지표들이 존재하며, 이 중에서 어느 지표를 선택해서 목적달성도를 측정하는가에 따라 동일한 기업의 성과가 큰 폭으로 달라지게 된다. 더구나 이런 다양한 성과 지표들에 더하여 각 목적 달성도에 대한 평가 기간의 장단기까지 고려하면 우리가 흔히 조직 성과라고 말하는 지표들이 정확하게 무엇을 의미하는지 이해하기조차 어렵게 된다. 즉 일반적 인식과 달리 조직의 목적달성 정도로서 성과는 극도로 모호하고 복잡한 문제인 것이다.

선택과 집중 논리를 넘어: 균형의 예술

이상에서 간략히 살펴보았듯이 조직경영은 본질적으로 불확실성uncertainty과 복잡성complexity, 그리고 모호성ambiguity이 극도로 높은 도전적이고 어려운 과제이다.

이런 어려운 과제를 해결해야 하는 경영자들이 가장 경계해야 할 태도는 "한 가지만 확실하게 잘 하면 된다"거나 "자신의 강점에 선택과 집중하면 된다"는 식의 단순한 접근이다. 한 가지를 아무리 확실하게 잘 하더라도 다른 수많은 내외부 요소들이 끊임없이 문제를 일으키는 것이 실세계 조직경영의 본질이며 현실이다.

조직경영의 불확실성, 복잡성, 모호성

조직경영에는 수학문제를 푸는 것과 같은 한 가지의 단순 명료한 정답이란 없다. 따라서 학계의 완전합리성 가정에 근거한 극대화maximization 논리나 실무 현장의 만병통치약식 베스트 프랙티스 사고는 경영의 불확실성과 복잡성, 모호성에 대한 이해가 없는 비현실적이며 위험한 접근법이다. 노벨경제학상을 수상한 당대 최고의 미시경제학자 한 명이 자신이 수학적으로 경영행위를 모델링하는 논문을 무수히 썼지만 실제 조직경영은 전혀 경험해본 적이 없었는데 마침 한 기업에서 컨설팅 제의가 와서 실제 경영 현장에 들어가 보니 자신의 이론이 전혀 맞지 않았다고 고백한 적이 있다. 이익극대화만으로 모든 행동의 목적을 단순하게 환원시켜 이해하려는 미시경제학의 비현실성을 잘 보여주는 예이다. 실제 조직경영의 본질은 이런 단순화된 수리적 모델링과 테크닉만으로는 결코 이해할 수 없다.

균형의 예술로서 조직경영

이런 관점에서 조직을 경영하는 사람은 특정 전략이나 역량, 가치관에 대한 선택과 집중으로 불확실하고 복잡하며 모호하기 그지없는 경영현장을 단순화하려는 유혹을 넘어서야 한다. 대신 조직과 경영의 펀더멘털, 즉 본질에 대한 체계적이고 다각적이며 심층적인 이해에 기반한 자신만의 독창적인 조직경영 모델을 구축하고 실천하며 끊임없이 발전시켜 나가는 부단한 노력이 필요하다.

이런 면에서 조직경영의 본질은 한두 가지 수식으로 단순화될 수 있는 과학science이 아니라 불확실하고 복잡하며 모호하고 상호 모순적이기까지 한 다양한 요소들 사이에서 자신만의 방식으로 균형을 찾아 나가는 예술art에 더 가깝다고 볼 수 있다. 이런 관점에서 독자 각자가 자신만의 독창적인 방식으로 조직경영을 둘러싼 복잡한 요소들 간 균형의 예술art of balancing을 찾아내고 실천해 나가는 데 도움이 되고자 하는 것이 이 책의 집필 목적이다.

02

현대 조직의 역사적 발전 : '조직들의 사회' 변천사

- 조직행동에 대한 역사적 관점: '조직들의 사회' 변천사
- 역사발전의 패러다임 관점: 패러다임 전환의 원리
- 현대적 조직경영 패러다임 탄생의 역사적 배경
- 대량생산의 가능성과 기존 패러다임의 한계: 현대 조직의 초기 원형 등장
- 과학적 관리법과 관료제의 탄생과 고전 패러다임: '기계'로서의 조직
- 인간의 특수성 인식과 인간관계론 패러다임: '사회'로서의 조직
- 환경의 인식과 환경적응 패러다임: '환경의 하위 시스템'으로서 조직
- 조직경영 패러다임의 현 상황: 21세기형 패러다임으로 전환 가능성

CHAPTER **02**

현대 조직의 역사적 발전: '조직들의 사회' 변천사

조직행동에 대한 역사적 관점: '조직들의 사회' 변천사

2장에서는 현대적 조직의 역사적 변천 과정을 살펴본다. 과거의 발전 과정을 살펴보는 역사적 관점은 현재 우리가 눈앞에 직접 보고 경험하고 있는 조직 현상을 정확하게 이해하는 데 필수적일 뿐 아니라 바람직한 미래 조직을 만들어 나가는데도 반드시 필요하다. 이런 관점에서 조직경영의 역사적 등장과 발전과정을 통시적diachronic으로 살펴봄으로써 대격변의 시대를 맞고 있는 21세기 초중반 조직들과 사회 구성원들의 미래를 향한 선택에 기여하고자 한다(Jones and Zeitlin, 2008; Scott and Davis, 2017; Burrell, 2022).

역사의 이해가 필요한 이유

우리가 지금 보고 있는 다양한 종류의 현대적 조직들의 원형은 19세기 말에 처음 출현해서 100여 년간의 역사적 변천 과정을 거쳐 오늘에 이르렀다. 물론 그 이전에도 생산이나 판매 등 다양한 사회적 기능을 수행하는 집합체들collectivities이 존재했지만 지금 우리가 보고 있는 기업이나 비영리단체, 공공기관, 학교, 병원 등의 현대적 조직과는 전혀 다른 유형의 사회적 개체들이었다. 현재 우리가 살아가고 있는 삶은 이 현대적 조직들에 의해 광범위하고 심층적인 영향을 받고 있다. 따라서 우리 삶의 중요한 원천 중 하나로서 현재 우리가 보고 있는 조직의 본질과 원리를 정확하게 이해하려면 100여 년 전의 탄생과 그 이후의 변천 역사를 정확하게 이해하는 것이 반드시 필요하다.

역사적 관점은 조직경영을 비롯하여 정치, 경제, 문화 등 모든 사회 현상을 이해하고 바람직한 방향으로 발전시켜 나가는 데 반드시 필요하다. 그러나 일부 사회과학 분야들은 자연과학에 대한 모방에 빠져 몰역사적ahistorical 관점에서 사회현상도 몇 가지 일반화된 공식으로 설명이 가능하다는 심각한 오류를 저지르기도 했다. 예를 들면, 8장의 조직 의사결정에 대한 토론에서 자세히 살펴볼 합리적 선택rational choice 모형은 물리학의 필드이론field theory에서 제시한 균형equilibrium 개념을 모방하여 모든 경제현상이 역사적 맥락에 상관없이 몇 가지 공식으로 예측될 수 있다고 주장했으나 2008년 글로벌 금융위기의 원인 중 하나로 지목되며 몰락했다. 자연현상과 달리 조직경영을 비롯한 모든 사회현상의 이해와 설명, 그리고 바람직한 미래 발전방향의 선택에는 역사적 관점이 반드시 필요한 것이다. 그렇다면 구체적으로 역사적 관점은 조직과 경영의 이해와 발전에 어떤 역할을 하는 것일까? 조직과 경영의 역사적 발전 과정을 이해하는 것이 필요한 이유는 무수히 많지만 다음 네 가지가 가장 중요하다.

현재에 대한 이해: 각인과 구조적 관성

현재 우리가 보는 조직의 본질과 기반 원리를 정확하게 이해하려면 역설적으로 과거 발전과정에 대한 역사를 고찰하는 것이 반드시 필요하다. 현존하는 조직의 구조와 프로세스, 시스템과 같은 조직형태organizational form는 우리가 현재 처한 환경의 요구에 적합한 특성들만 가지고 있는 것이 아니라 과거의 특정 역사적 시점들의 요구에 대응하기 위해 설계된 것들이 혼합되어 있기 때문이다.

일반적 인식과 달리 조직의 역사적 유연성에는 한계가 있다(Hannan and Freeman, 1984). 즉 시대환경에 대한 적응에서 조직의 유연성이 높다면 특정 환경에서 요구하는 조직형태를 채택해서 운용하다가 환경이 바뀌면 새로운 환경에 적합하게 조직형태 자체를 변화시킬 것이다. 그러나 실세계의 조직들은 생각보다 그렇게 유연하지 못하기 때문에 환경변화로 더 이상 적합하지 않게 된 다양한 구성 요소들을 변화 이후에도 여전히 가지고 있는 경우가 많다. 조직의 역사적 경직성의 원인은 각인imprinting과 구조적 관성structural inertia이다.

각인: 사회학적 조직이론가 아서 스틴치콤Arthur L. Stinchcomb에 따르면 각인은 역사적 발전과정에서 변화하는 각 시대마다의 환경의 특성이 조직형태에 도장 찍히듯

이 새겨지는 현상을 말한다(Stinchcomb, 1965). 그러나 조직이 유연하다면 각인이 발생하더라도 환경이 바뀌면 과거에 각인된 조직형태를 지워버리고 새로운 시대의 환경에 적합한 형태로 전환할 것이다. 그러나 환경변화에 따른 유연한 조직변화를 가로막는 요인이 바로 조직의 구조적 관성structural inertia이다.

구조적 관성: 조직생태학자인 마이클 해넌Michael T. Hannan과 존 프리먼John Freeman에 따르면 조직의 형태는 일단 형성되면 환경이 바뀌더라도 쉽게 바꿀 수 없는 구조적 관성을 가진다(Hannan and Freeman, 1984). 특히 구조나 프로세스, 시스템 등과 같은 조직형태의 핵심적인 요소들을 바꾸려고 시도하면 그 변화과정에서 심각한 생존위기에 빠질 가능성이 높아지기 때문에 대부분의 조직들은 지엽적 요소들 이외에는 거의 바꾸지 않고 그대로 유지하는 경향이 있다. 그리고 위험을 무릅쓰고 근본적 조직변화를 시도하는 소수 조직들은 대부분 생존에 실패하기 때문에 결과적으로 생존하는 대다수 조직들은 변화를 시도하지 않은 조직들이므로 전체 조직군organizational population의 구성에서 구조적 관성이 보편적으로 관찰되는 것이다. 그러다가 환경이 더 이상 기존 형태의 적응이 어렵게 불연속적으로 바뀌면 구조적 관성에 빠진 전체 조직군이 함께 사멸하게 되는 것이다.

실제 사례: 각인과 구조적 관성은 실제 조직들에게서 흔히 관찰된다. 예를 들면, 미국의 경우를 보면 1960년대에 창업된 기업들과 1970년대에 창업된 기업들을 반 세기가 지난 현재 21세기 초에 비교해보면 1960년대에 창업된 기업들이 압도적으로 민주적 분권화 정도가 높다고 한다. 그 이유는 1960년대 미국은 킹Martin Luther King목사와 밥 딜런Bob Dylan 등으로 대표하는 저항적 청년문화와 인권운동의 영향으로 사회 전반에 걸쳐 민주화의 압력이 강력했기 때문에 당시 창업된 기업들이 조직구조 설계에서 분권화를 당연시했기 때문이다. 이에 비해 1970년대는 2차 중동전쟁과 석유파동 등으로 신보수주의 경향이 사회전반에 주도적이었기 때문에 당시 창업된 기업들은 명확한 상하 위계질서와 집권화를 당연시하게 되었다. 바로 이런 변화하는 시대환경이 각 시대의 조직에 각인된 것이다. 그 이후에 환경이 또다시 변화했으나 1960년대와 1970년대 창업된 기업들의 각인된 특성들은 쉽게 변하지 않고 구조적 관성에 의해 창업기의 시대적 환경의 요구를 여전히 반영하고 있는 것이다.

이런 관점에서 볼 때 조직에 대한 역사적 관점은 과거 발전 과정에 대한 이해를 넘어서서 현재의 조직형태를 정확하게 이해하는 데도 반드시 필요한 것이다. 즉 조직과 경영을 포함하여 모든 사회현상은 자연과학을 무분별하게 모방한 일부 기능주의적 사회과학처럼 현재의 단면만 봐서는 결코 정확하게 이해할 수 없으며 반드시 역사적 관점에서 이해되고 설명되어야 하는 것이다.

과거로부터 학습: 성공과 실패에서 학습

역사를 아는 것이 현재 조직의 경영에 중요한 가장 잘 알려진 이유가 바로 과거로부터의 학습learning from the past이다. 조직학습organization learning이론은 조직의 행동은 과거의 경험에 의해 형성된다고 주장한다(Greve, 2003). 그런데 여기에서 말하는 학습에는 과거의 성공으로부터의 학습learning from success과 과거 실패로부터의 학습learning from failure이 모두 포함된다. 또한 중요한 것은 개인과 조직과 같은 사회적 존재의 학습에서 특히 두드러지는 특징이 바로 자신의 과거 경험뿐 아니라 타인의 과거 경험으로부터의 학습learning from others' past experiences이 함께 작용한다는 것이다. 여기에 중요한 기반이 바로 사회적 존재로서 인간의 타인에 대한 관찰과 함께 문자 등과 같이 과거 경험이 오랜 시간에 걸쳐 축적되고 타인에게 전승될 수 있는 구체적 메커니즘이 있다는 사실이다.

성공방정식과 롤모델링: 역사는 자신과 타인의 과거 성공 경험으로부터 배우는 학습의 원천이다. 과거 성공으로부터의 학습을 통해 이전에 높은 성과를 창출한 긍정적 행동을 반복하게 된다. 조직경영에서 자주 듣는 자신의 성공방정식success formula에 선택과 집중하여 적극 활용하자는 주장은 자신의 과거 성공 경험으로부터 배우자는 것이다(March, 1991). 그리고 긍정적 경험이 타인이나 다른 조직에서 발생했을 때 여기에서 배우는 학습이 바로 롤모델링role modeling이다. 즉 타인의 성공방정식을 모방하는 것이다. 그러나 롤모델링에서 경계해야 할 것은 뒤에서 살펴볼 상황적합성 이론contingency theory에서 주장하듯이 모방대상과 자신과의 상황의 차이 때문에 타인에게 긍정적 결과를 창출했던 행동이 자신에게는 부정적 결과를 초래할 위험일 것이다. 역사는 자신과 타인의 과거 성공 경험으로부터 배우는 학습의 원천인 것이다.

실패로부터의 학습: 이와 반대로 자신과 타인의 부정적 과거 경험도 중요한 학습의 원천이 된다. 이것이 바로 실패로부터의 학습learning from failure이다. 흔히 언급되는 시행착오를 반복하지 말라는 말은 과거의 부정적 실패 경험으로부터의 학습을 뜻한다. 자신뿐 아니라 타인의 부정적 과거 경험도 중요한 학습의 원천이 된다. 굳이 스스

로 시행착오를 겪을 필요가 없이 타인의 부정적 과거 경험으로부터 학습할 수 있으면 훨씬 더 효율적일 것이다.

이런 측면에서 자신과 타인의 과거 경험으로부터 학습을 수행하기 위해서는 반드시 과거 역사에 대한 깊이 있는 이해가 필요하다. 즉 과거 역사에 대한 이해는 현재 바람직한 행동을 선택하고 바람직한 못한 행동을 회피할 수 있는 역량의 원천인 것이다.

그러나 뒤에서 다시 강조되겠지만 이런 과거 경험으로부터 학습이 항상 바람직한 결과를 창출하는 것은 아니며 잠재적 위험도 있다. 환경이 불연속적으로 변화하여 과거와 현재 환경의 성격이 근본적으로 달라지는 경우에는 과거 경험으로부터의 학습이 오히려 심각한 행동 오류를 초래하게 된다. 환경이 완전히 달라졌는데도 자신은 근본적 변화를 하지 못하고 과거의 성공방정식에 발목을 잡히는 성공의 덫success trap이나, 과거에 발생했던 행동과 성과 간 인과관계를 부정확하게 학습하여 현재의 행동 선택에서 오류를 저지르는 미신적 학습superstitious learning 등은 과거 역사로부터의 학습에 신중한 접근이 필요하다는 사실을 보여준다(Levitt and March, 1988).

미래의 예측: 불연속적 환경변화의 경계

조직경영에서 과거의 역사를 알아야 하는 가장 중요한 이유는 역설적으로 미래 때문이다. 즉 과거에서 현재에 이르는 역사적 과정을 명확히 이해해야 미래에 대한 정확한 예측에 기반하여 최선의 선택과 대비를 할 수 있기 때문이다. 경영의 본질은 미래지향적 행위이다. 현재 시점에서 신사업이나 신기술 투자와 같은 어떤 선택을 하면 미래 시점에 수익창출과 같은 그 선택의 결과가 실현된다. 조직경영에서 현재 선택의 결과가 즉시 실시간으로 발생되는 경우는 드물다.

따라서 현재의 다양한 대안들 중 어느 것이 미래에 가장 바람직한 결과를 창출할지를 알기 위해서는 미래에 대한 정확한 예측이 필수적이다. 그런데 미래에 대한 예측은 역사적 발전 과정에 대한 이해에 기반하여 이루어진다. 미래는 과거와 현재의 역사적 산물이기 때문이다. 즉 과거에서 현재에 이르는 역사적 발전 과정의 연속선상에서 미래가 전개되기 때문에 미래의 정확한 예측과 바람직한 대응책의 선택에는 역사에 대한 이해가 반드시 필요하다. 그러나 과거－현재 추세에서 미래를 예측하는 접근법이 항상 바람직한 것은 아니며 잠재적 위험도 있다. 불연속적 환경변화가 발생할 때이다.

그림 2-1 불연속적 환경변화와 역량파괴적 효과

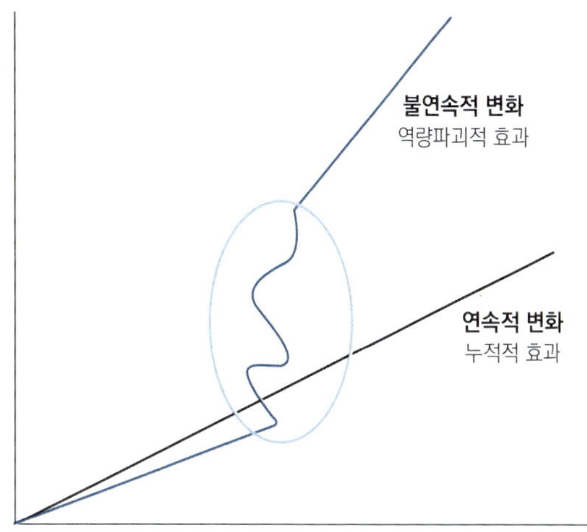

자료: Tushman and Anderson(1986)

불연속적 환경변화: 과거 역사에 대한 이해를 기반으로 미래를 예측해서 대응하는 접근법은 대부분의 경우 합리적이라고 볼 수 있으나 특별한 예외적 상황에서는 심각한 오류를 발생시킬 위험이 있다. 바로 불연속적 변화discontinuous change가 발생할 때이다(Tushman and Anderson, 1986). 대부분의 환경변화는 연속적이다. 기존 기술의 발전속도가 빨라지거나 기존 경쟁의 강도가 심해지는 것과 같은 연속적 환경변화는 과거에서 현재까지의 역사적 발전과정에 대한 이해를 기반으로 미래를 예측하여 신속하게 대응하면 충분히 극복할 수 있다.

그러나 과거에서 현재에 이르는 역사적 발전과정에 대한 이해를 통해서는 결코 미래를 정확하게 예측할 수 없는 경우가 있는데 바로 불연속적 환경변화가 발생하는 상황이다. 예를 들면, 기술의 유형 자체가 바뀌거나 경쟁의 기본 규칙 자체가 아예 달라지는 것과 같은 불연속적 환경변화는 과거에서 현재까지 진행되어온 연속선상에서 미래가 발전하지 않고 역사발전의 방향 자체가 바뀌므로 과거－현재 추세로는 미래를 예측할 수 없다. 그런데 불연속적 환경변화는 기존 조직경영 모델의 기반이 되는 역량과 지식의 가치를 파괴해버리는 역량파괴적competence-destroying 효과를 가지므로 모델 자체를 완전히 교체하지 않으면 대응이 불가능하기 때문에 무수한 기존 조직들이 한꺼번에 위기에 빠지게 된다. 따라서 과거－현재 추세에 기반한 역사적 접근이 미래에 대한 예측과 대응에 효과적이기는 하나 반드시 불연속적 환경변화의 가능성을 염두에 둔 시대 상황별 차별적 적용이 필요하다.

대안적 역사발전 가능성 탐구: 결정론과 기능주의를 넘어서

조직경영에서 역사적 관점이 필요한 이유 중 자주 거론되지는 않지만 어떻게 보면 가장 중요한 것은 역사에서 실제로 발생하지는 않았지만 충분히 발생할 수도 있었던 대안적 발전경로의 가능성을 탐색해 봄으로써 미래에 대해 열린 자세를 가지는 것이다. 즉 "역사는 필연적으로 이런 방향으로 전개될 수밖에 없었다"는 식의 역사적 결정론historical determinism이나 "당시 대안들 중에서 가장 우월했기 때문에 이 경로로 역사가 발전되어 왔다"식의 기능주의functionalism를 넘어서서 다양한 대안적인 역사발전의 가능성들에 대해 열린 자세로 생각해보는 것은 미래에 대한 선택에 임하는 태도를 근본적으로 바꿀 수 있다. 그러나 대안적 역사발전 가능성을 되돌아보는 것은 중요하지만 위험도 있다.

복고적 유혹의 경계: 대안적 역사발전의 탐구에서 경계해야 할 위험은 잘못된 선택을 수정해서 과거로 되돌아가자는 소위 복고적reactionary 행동의 유혹이다. 대안적 역사발전의 가능성을 탐구하는 것은 미래의 선택에서 일반적으로 고려하지 않는 다양한 대안적 경로들을 개방적으로 탐구해보자는 미래지향적이고 열린 자세이다. 과거에 더 잘 선택할 수도 있었으니 그때로 돌아가서 다시 시작하자는 접근은 결코 아니다. 실제로 존재하지 않았던 더 좋았을 뻔했던 시절에 대한 복고적 회귀 유혹은 미래에 대한 또 다른 형태의 결정론이 될 수 있는 위험이 있다. 이런 측면에서 로버트 프로스트Robert Frost의 유명한 시 〈가보지 않은 길The Road Not Taken〉에서 "한숨을 쉬며 두 갈래 길이 있었다고 말할 것이다"라는 구절이 시사하듯이 어떤 길을 선택하더라도 장단점이 있기 때문에 역사에 대한 고찰이 미래를 향한 학습의 원천이 되어야지 퇴행적으로 복고적 회귀의 기반이 되어서는 결코 안 될 것이다.

역사발전의 패러다임 관점: 패러다임 전환의 원리

이 책에서는 현대적 조직경영의 역사적 발생과 변천 과정을 패러다임 전환

paradigm shift의 관점에서 살펴본다. 패러다임은 역사를 이해하는 다양한 대안적 관점 중 하나로서 그 개념과 기반 원리를 정확하게 이해하는 것이 중요하다.

패러다임 전환과 역사적 불연속성

조직을 비롯한 모든 사회적 개체는 처음 생성되었을 때의 상태 그대로 머무르지 않고 다양한 이유로 시간의 흐름에 따라 변화한다. 따라서 과거에서 현재까지 역사적 변화가 진행되어온 기반 원리를 이해하는 것은 그 자체로도 중요할 뿐 아니라 바람직한 미래 건설을 위한 예측과 대응에도 반드시 필요하다. 조직과 같은 사회적 개체의 역사적 발전 원리를 이해하는 접근법은 다양하며 저마다 장단점이 있다. 그 중에서 현대적 조직경영이 탄생해서 변화해온 기반 원리의 이해에는 패러다임 전환의 관점이 특히 유용하다(Kuhn, 1962; Aryal, 2023). 먼저 패러다임의 개념을 정확하게 이해하는 것이 중요하다.

패러다임의 개념

패러다임은 특정 대상에 대한 "내적 일관성internal consistency을 가진 당연시되는 세계관taken for granted world view"이다. 과학의 발전 역사를 대상으로 패러다임 개념을 발전시킨 토마스 쿤Thomas Kuhn은 좀 더 구체적으로 그 시대의 대다수 과학공동체가 당연시해온 내적 일관성을 가진 전제와 이론들, 사고의 체계를 패러다임이라고 지칭했다(Kuhn, 1962). 그런데 특정 시대를 주도하는 기존 패러다임의 내부에서 수행되는 연구인 정상과학normal science이 해결할 수 없는 문제에 봉착하면 더 이상 기존 패러다임이 당연시되지 않게 되고 결국은 패러다임의 전환이 발생하게 된다. 예를 들면, 과학분야에서 패러다임 전환의 대표적 사례인 뉴턴Isaac Newton의 물리학과 아인쉬타인Albert Einstein의 물리학은 시공간과 같은 물리적 세계의 변하지 않는 본질에 대해 당연시되는 전제 자체가 전혀 다른 세계관에 기반하고 있었던 것이다.

패러다임 전환의 역사적 불연속성

이런 측면에서 패러다임 전환은 누적적인 과정process이 아닌 역사적 불연속성 historical discontinuity이 발생하는 간헐적 사건occasional event이다. 즉 역사의 변화와 발전은 기존 세계관 내에서 개선과 조정, 향상, 정교화 등이 발생하는 일상적인 패러다임 내부 변화within-paradigm change와 이전과 전혀 다른 새로운 세계관으로 교체되는 간헐적 패러다임 전환between-paradigm shift이라는 두 가지 전혀 다른 유형으로 구성된다고 볼 수 있다. 패러다임 전환은 역사발전의 불연속성을 통해 근본적이고 심층적 결과를 발생시킨다는 면에서 기존 패러다임 내부에서의 일상적인 변화와 전혀 다른 매우 중요한 의미를 가진다. 즉 역사발전은 대부분의 경우 동일 연속선상에서 속도가 빨라지거나 느려지는 것과 같은 누적적 변화로 진행되지만, 불연속성을 통해 본질 자체가 근본적으로 바뀌는 전환shift적 변화도 간헐적으로 발생하는 것이다. 긴 역사발전의 과정을 고찰해보면 간헐적이지만 세계관world view 자체가 아예 바뀌기도 하는 것이다.

그런데 이런 패러다임 전환의 역사적 불연속성은 결과적으로 기존 조직이나 집단에 심각한 위기를 초래하게 된다. 조직경영의 경우 불연속적 패러다임 전환의 결과 오랜 기간 당연시되어온 경쟁우위 창출의 전제들이 붕괴되면서 기존 경영 패러다임의 핵심 기반이었던 역량이나 지식, 기술의 가치가 파괴되는 역량파괴적 변화가 발생하여 결국 기존의 주도적 조직들이 대거 생존 위기에 처하게 된다(Tushman and Anderson, 1986). 특히 패러다임 전환이 진행되는 과도기에는 기존 패러다임이 더 이상 당연시되지 않게 되지만 새로운 패러다임은 여전히 미성숙하기 때문에 당연시되는 주도적 패러다임 자체가 없는 심각한 전환기적 혼란이 발생하게 된다.

패러다임으로서 조직경영 모델

조직형태organizational form 등 다양한 개념으로 불리는 조직경영 모델은 패러다임의 전형적 예이다. 즉 폴 디마지오Paul J. DiMaggio 등이 신제도이론neo-institutional theory 관점에서 조직형태organizational form라고 부르는 패러다임으로서 각 조직경영 모델은 "생산자, 소비자, 경쟁자, 납품업체, 규제기관 등과 같은 광범위한 관련 행위자들 사이에서 당연시되는 내적 일관성을 가지는 다양한 조직 구성 요소들의 집합체"이다(DiMaggio and Powell, 1983).

패러다임 구성요소: 핵심 논리와 실행방안들

각 조직경영 패러다임은 내적 일관성의 기반이 되는 핵심 논리core logic와 이 논리를 반영하는 구체적 실행방안들practices로 구성된다. 핵심 논리는 각 조직경영 패러다임이 추구하는 중심적 인과관계 논리이다. 예를 들면, 포디즘Fordism적 대량생산 패러다임의 핵심 논리는 규모의 경제를 통한 양적 효율성 극대화로서 생산량의 규모가 증가하면 고정비가 0에 수렴하면서 가격이 낮아진다는 인과관계 논리에 기반하고 있다. 그리고 대량생산 패러다임의 실행방안들practices은 양적 효율성 극대화라는 핵심 논리를 실제 생산현장에서 구현하기 위한 극단적 단순반복작업의 직무설계, 이들 간 연결조정의 효율성 극대화를 위한 컨베이어벨트 시스템, 그리고 단순반복을 동기부여하기 위한 차별성과급 등으로 구성되어 있다.

대량생산 이후에 도래한 인간관계 패러다임이나 환경적응 패러다임 등과 같은 다른 조직경영 패러다임들도 마찬가지로 각기 다른 핵심 논리와 실행방안들로 구성되어 있다. 즉 패러다임의 완성도와 내적 일관성의 정도에서 차이는 있으나 역사적으로 패러다임이라고 광범위하게 인정받은 조직경영 모델들은 예외 없이 핵심 논리와 실행방안들이 결합된 형태를 가지고 있는 것이다.

패러다임 내부 변화와 전환

그리고 무엇보다 중요한 사실은 패러다임 전환을 기점으로 그 이전과 이후 패러다임 간 핵심 논리와 실행방안들에 불연속성discontinuity이 발생한다는 것이다. 이에 반해 패러다임 내부 변화는 동일한 핵심 논리에 기반해서 실행방안들을 기존 방안들의 연속선상에서 계속 개선, 조정, 추가시켜 나가는 방식으로 진행된다. 그런데 분야를 막론하고 특정 패러다임 내부 변화within-paradigm change는 상시 진행되지만 패러다임 자체 전환paradigm shift은 역사적으로 자주 발생하지는 않는다. 따라서 먼저 이 두 가지 패러다임 관련 변화를 정확하게 구분하는 것이 중요하다. 물론 그 핵심 구분 기준은 위에서 토론한 변화의 불연속성 여부이다.

19세기 말에 현대적 조직이 처음 탄생한 이래 조직경영 모델은 몇 차례의 불연속적 변화 즉 패러다임 전환을 거치며 발전해 왔다(Jones and Zeitlin, 2008). 패러다임 전환은 왜 발생하는 것일까? 간헐적으로 조직경영의 핵심 논리와 실행방안들이 이전과 질적으로 다른 방향으로 불연속적으로 패러다임 전환하는 이유와 기반 메커니즘은 무엇일까? 수많은 조직과 경영자들에 의해 오랜 기간 당연시되어오던 조직경영의 패러다임이 어떻게 갑자기 전환의 대상으로 인식되게 되는 것일까?

자본주의 이행 논쟁의 시사점

조직경영 모델의 패러다임 전환이 발생하는 원리를 이해하기 위해서는 사회이론의 역사에서 가장 중요한 학술적 논쟁 중 하나였던 자본주의 이행the transition from feudalism to capitalism 논쟁을 참고하면 깊은 통찰력을 얻을 수 있다. 1940년대 중반에서 1950년대 중반에 이르는 10여 년에 걸쳐 학술지 〈Science & Society〉에 주로 게재된 이 논쟁 시리즈에서 경제사학자인 폴 스위지Paul Sweezy와 모리스 돕Maurice Dobb은 15세기를 전후하여 유럽 전역에서 발생한 봉건사회로부터 자본주의로의 생산양식의 근본적인 대전환의 원인을 둘러싼 공개 토론을 벌였다. 사회과학 전체의 수준을 한 단계 발전시켰다고 평가받는 이 역사적 논쟁은 생산양식뿐 아니라 조직경영 모델의 패러다임 전환과 같은 사회변화 전반에 걸쳐 중요한 통찰력을 제공한다.

내부 모순

이 논쟁에서 돕은 14세기를 전후하여 유럽의 봉건사회가 오래 지속되면서 기존의 지배계급이었던 봉건영주와 귀족, 그리고 교회 간 정치경제적 연합체의 결속력과 장악력이 약화된 것이 시발점이 되었다고 주장한다. 그 결과 기존 정치경제적 연합체가 사회적 수요를 효과적으로 충족시키기 어렵게 된 반면, 새로운 생산력을 갖춘 신흥상인과 수공업자들의 경제력이 급성장하면서 기존 봉건체제가 한계에 봉착하여 서로 갈등하는 다양한 세력들로 분화된 결과 자본주의로의 이행이 진행되었다고 주장하였다. 즉 돕은 기존 정치경제 패러다임인 봉건체제 내부의 모순과 한계가 심화되면서 새로운 패러다임인 상업 자본주의로의 역사적 전환이 발생하였다고 주장하였다.

외부 충격

이에 반해 스위지는 유럽 봉건체제 내부의 모순과 한계가 아닌 외부로 시선을 돌려 14~15세기에 급속히 진행된 유럽인들의 지리상의 발견에 초점을 맞췄다. 즉 1486년 희망봉 발견과 1492년의 아메리카대륙 도착, 1498년 인도항로 개척, 그리고 1522년 세계일주 등 지리상의 발견이 거의 동시에 발생하면서 그 이전까지 불가능했던 원거리 상업이 급속히 확대된 것이 결정적 계기가 되었다는 것이다. 그 결과 기존 유럽 사회에서는 상상도 할 수 없었던 다양한 새로운 상품과 기술, 문화, 그리고 사상 등이

유입되면서 오랜 기간 봉건체제에 갇혀 당연시되어 왔던 기존 내부 생산체제의 심각한 한계가 인식되게 된 것이다. 그 결과 자연스럽게 광범위한 지역에 걸친 원거리 상업과 무역을 강조하는 새로운 정치경제체제인 자본주의로의 이행이 진행됐다는 것이다. 즉 스위지가 강조하는 자본주의 전환의 촉발 원인은 기존 체제 내부의 한계가 아니라 외부로부터의 충격이었다.

패러다임 전환에 대한 통합적 접근법

이 두 가지 설명 중 어느 편이 실제 자본주의로의 이행이라는 거대한 역사적 사건을 정확하게 설명하는지 판단하기는 어렵다. 봉건제로부터 자본주의 정치경제 패러다임으로의 실제 전환과정은 패러다임 내부의 모순과 외부로부터의 충격이 동시에 영향을 미쳤을 가능성이 있다. 이 두 가지 설명이 모두 어느 정도 설득력이 있기 때문이다. 따라서 조직경영 패러다임의 전환을 포함한 모든 사회적 개체의 역사적 패러다임 전환을 정확하게 이해하려면 이 두 가지 설명의 논리적 장점을 통합한 새로운 접근법이 필요하다고 볼 수 있다. 이 내외부 원천을 모두 포괄하는 패러다임 전환에 대한 통합적 접근법 중 하나가 바로 변증법적 역사발전 이론이다.

패러다임 전환의 변증법적 설명: 자기파괴의 씨앗

19세기 중반 칼 맑스Karl Marx에 의해 체계화된 변증법적 패러다임 전환 이론은 그 후 광범위한 영향을 미쳐 신제도이론과 같은 거시 조직이론은 물론 현대 사회과학 전반에서 폭넓게 수용되고 있다(Marx, 1977/1867). 이념적 성향에 대해서는 찬반 논란이 있지만 사회이론으로서 맑스의 변증법적 역사발전 이론은 이념과 상관없이 조직경영의 역사적 패러다임 전환의 원리를 이해하는 데 중대한 통찰력을 제공한다.

변증법적 역사발전 이론

맑스의 변증법적 역사발전 이론은 패러다임 전환의 내부 원인과 외부 원인을 모두 포괄하는 통합적 설명을 제시한다. 맑스가 생산양식mode of production으로 부르는 모든 정치경제 패러다임은 각기 다른 스스로의 모순을 내부에 포함하고 있다. 즉 봉건제나 자본주의 같은 각 정치경제 패러다임은 장점도 있지만 돕Maurice Dobb이 주장하듯이 동시에 심각한 내부 모순contradiction을 가지고 있는 것이다. 그러나 이런 모순은 평상시에는 내부적으로 내재underlying되어 있어서 사회변동의 결정적 요인이 되지 않는다.

그러나 스위지Paul Sweezy가 제시한 지리상의 발견 등의 예에서 볼 수 있듯이 외부로부터 새로운 충격이 가해질 경우 내재되어 있던 모순이 갑자기 심화되면서 기존 패러다임으로 대처할 수 없는 심각한 패러다임 위기를 초래한다. 기존 패러다임이 심각한 위기에 빠지면 새로운 대안적 패러다임의 모델들이 서로 상당 기간 치열하게 경쟁하는 전환기가 도래하게 되고, 궁극적으로 대안들간 경쟁에서 이긴 모델이 새로운 주도적 패러다임으로 정착되게 된다는 것이다. 즉 변증법적 역사발전 이론은 기존 패러다임 내부의 모순과 외부로부터의 충격이 상호작용하며 패러다임 전환을 촉발한다고 주장하는 것이다.

자기파괴의 씨앗

그런데 이런 변증법적 패러다임 전환에 대한 설명에서 흔히 간과되는 너무나 통찰력 넘치는 개념이 하나 있다. '자기파괴의 씨앗seeds of self-destruction'이라는 흔히 들어볼 수는 없으나 맑스가 여러 저술에서 반복적으로 언급한 너무나 중요한 개념이다. 이 책은 뒤에서 조직경영 모델의 실제 역사적 패러다임 전환을 설명할 때 바로 이 중요한 개념의 핵심 논리에 초점을 맞춘다. 맑스(1977)는 모든 새로운 패러다임은 기존 패러다임의 모순을 극복하는 과정에서 그 자체의 새로운 모순을 잉태하게 된다고 지적한다. 즉 모든 패러다임은 자기파괴의 씨앗을 내포하고 있고, 이런 자기파괴의 씨앗은 평소에는 내부에 내재되어 있다가, 외부의 충격 등으로 새로운 환경이 도래하면 밖으로 표출되어 패러다임 전환의 핵심 원인으로 작용하게 된다는 것이다.

그런데 너무나 흥미로운 사실은 이런 자기파괴의 씨앗은 실은 기존 패러다임의 장점의 이면이라는 것이다. 즉 자기파괴의 씨앗은 기존 패러다임이 그 이전 패러다임의 한계를 극복할 수 있도록 만들어 준 장점을 극대화하는 과정에서 의도치 않게 형성된 "목적지향적 행위의 의도치 않은 결과unanticipated consequences of purposive action"라는 것이다(Merton, 1936). 이렇게 볼 때 조직경영 패러다임의 미래 전환 방향을 예측하려면 현재 패러다임에 내포된 자기파괴의 씨앗을 파악해야 한다. 즉 "현재의 주도적 조직경영 패러다임의 핵심 장점이 무엇이며 그 장점이 거꾸로 치명적 모순과 한계로 바꿔게 될 조건이 무엇인가를" 다각적으로 깊이 생각해보면 미래 패러다임 전환의 큰 방향을 논리적으로 예측할 수 있을 것이다.

현대적 조직경영 패러다임 탄생의 역사적 배경

기록으로 남아있는 지난 5천여 년의 인류역사에서 단연 가장 큰 분기점이 된 것은 19세기 말에서 20세기 초에 이르는 시기에 발생한 현대 산업사회의 도래이다. 학자들은 물론 대부분의 일반인들도 이 시기를 기준으로 전통 사회와 현대 사회를 구분한다. 즉 분야를 막론하고 현대modern라는 관형사를 붙이는 시기는 대략 이 즈음부터이다. 그렇다면 왜 18세기 중후반의 산업혁명이 아니라 19세기 말이 현대 산업사회의 출발점으로 인식되는 것일까? 바로 현대적 조직이 이 시기에 등장했기 때문이다 (Beckert, 2025).

19세기 말 현대적 조직의 탄생: 공통적 인식과 다양한 해석들

19세기 말에서 20세기 초에 이르는 짧은 기간 동안 여러 분야에서 다양한 변화가 발생했지만 무엇보다 중요한 역사적 사실은 바로 이 시기를 즈음하여 전체 사회가 현대적 조직들을 중심으로 근본적으로 재구성되기 시작했다는 것이다(Jones and Friedman, 2012; Scott and Davis, 2017). 표현은 다양하지만 여러 학문분야의 거장들이 동의하는 현대 사회의 가장 큰 특징은 모든 사회 영역의 핵심 구성단위가 19세기 말에 등장한 조직이라는 새로운 사회적 개체들로 바뀐 것이다. 이 시기에 등장한 조직이 현대 사회로의 역사적 전환에 결정적 계기가 됐다는 사실 자체에는 대부분의 학자들이 공통적으로 동의하지만, 그 핵심 원인과 기반 메커니즘, 주요 행위자들, 그리고 사회적 결과에 대해서는 이론적 관점에 따라 서로 다른 해석들이 다양하게 공존하고 있다.

'사회속의 조직들'에서 '조직들의 사회'로

조직이론가 찰스 페로우Charles Perrow는 이 시기를 즈음하여 인류 사회가 조직들의 사회society of organizations로 재구성되었다고 설명한다(Perrow, 1991). 그 이전에도 조직의 초기 형태와 비슷한 소규모의 사회적 개체들이 존재하기는 했으나 전체 사회에서 차지하는 비중은 미미했다. 농어민과 같은 대다수의 1차 산업 종사자들과 극소수의 정치적 지배계층, 그리고 지역공동체 등을 중심으로 구성된 전통 사회에서 수공업적 소생산자, 상인, 길드 등의 소규모 상공업 단체들이 존재했지만 그 구조적 체계성이나 규모, 활동범위, 그리고 지속성 등에서 우리가 오늘날 보는 조직과는 거리가 멀었다.

그런데 19세기 말에서 20세기 초에 이르는 시기에 갑자기 광범위한 분야에서 현대적 조직들이 등장해 급속하게 확산하며 **전체 사회**를 거의 **흡수**absorption해버렸다. 예를 들면, 미국의 경우 19세기 중반까지는 임금에 의존해서 삶을 영위하는 사람이 인구의 20%도 채 안 되는 소수에 불과했지만 현대적 조직들이 급속하게 사회를 흡수하기 시작한 20세기 중반에는 인구의 거의 90%가 조직에 소속되어 임금으로 생활하게 되었다. 그 결과 20세기 중반이 되면 산업이나 경제뿐 아니라 비영리/공공 부문을 포함한 대부분의 사회적 영역에서 조직들을 제외하면 남는 것이 거의 없게 되었다.

이런 역사적 사실을 고려할 때 조직을 사회를 구성하는 다양한 요소들 중 하나로 인식하는 것은 현대 사회의 본질을 부정확하게 파악하는 것이다. 이제는 과거의 '사회 속의 조직들organizations in society'이 아니라 '조직들의 사회society of organizations'로 근본적으로 전환한 것이다. 그런데 이런 조직들의 사회가 도래하게 된 원인에 대한 해석은 학자마다 다양하다. 예를 들면, 사회학자인 퍼로우는 현대적 조직들이 독립적 소생산자들을 내부로 흡수하여 거대 조직으로 성장하게 된 핵심 동기로 경제활동에 대한 조직 내부의 통제력이 시장의 통제력보다 훨씬 더 강하기 때문이라며 권력과 통제

그림 2-2 사회속의 조직들에서 조직들의 사회로 역사적 전환

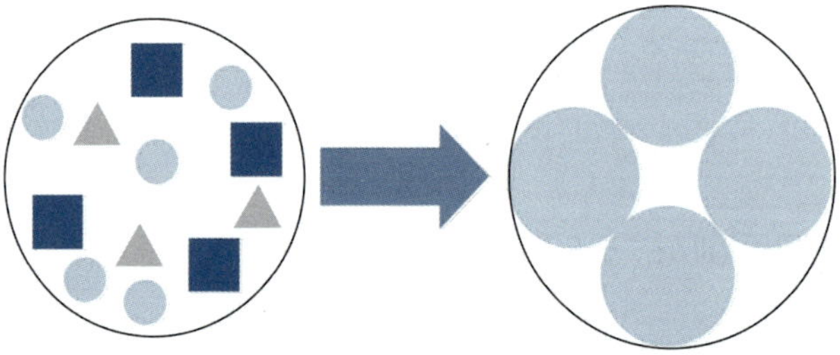

자료: Perrow(1991)

를 강조하고 있다.

'보이지 않는 손'에서 '보이는 손'으로

역사학적 조직이론의 거장 알프레드 챈들러Alfred D. Chandler는 19세기 말에서 20세기 초에 이르는 시기 동안의 동일한 역사적 대전환에 대해 경제적 논리에 초점을 맞춰 보이는 손visible hand의 등장이라는 중요한 역발상적 개념을 제시했다(Chandler, 1977). 19세기 중반 이전까지는 스미스Adam Smith가 정확하게 설명했듯이 대부분의 경제활동이 독립적 경제행위자 간 자율적 수요—공급 거래를 가격이 매개하는 시장의 보이지 않는 손invisible hand에 의해 이루어졌다(Smith, 1776). 그러나 19세기 후반부터의 역사적 대변동의 결과 이제는 대부분의 경제행위가 조직 내부 경영자들의 보이는 손visible hand에 의해 매개되게 되었다는 것이다.

그런데 여기에서 중요한 것은 단순히 경제적 활동의 장소가 외부 시장에서 조직 내부로 옮겨진 것이 아니라 그 기반 원리 자체가 근본적으로 바뀌었다는 것이다. 즉 1977년에 출간된 챈들러의 책 제목인 〈보이는 손The Visible Hand〉이 강조하는 것은 보이지 않는 손에서 보이는 손으로의 전환을 통해 시장의 가격에 기반한 자율적 통합조정 메커니즘이 조직 경영자의 권한에 기반한 강제적 통합조정으로 근본적으로 바뀌었다는 것이다. 시장과 조직은 경제적 가치창출이라는 동일한 사회적 역할을 수행하지만 그 기반이 되는 작동원리는 완전히 다르다는 것이다. 역사적 대전환의 동기에 대해 챈들러는 조직의 보이는 손이 시장의 보이지 않는 손에 비해 가지는 통합조정 비용coordination cost의 상대적 효율성 우위가 핵심이라고 강조하고 있다.

'시장'에서 '위계'로

19세기 말 현대적 조직의 등장이라는 동일한 역사적 현상에 대해 경제학적으로 설명한 이론이 거래비용경제학transaction cost economics이다(Williamson, 1975). 경제학적 조직이론을 개발한 업적으로 경제학자가 아니지만 노벨경제학상을 수상한 올리버 윌리암슨Oliver E. Williamson은 그의 1975년 저서 〈시장과 위계Markets and Hierarchies〉에서 경제적 거래를 관리하는 기반 메커니즘인 지배구조governance structure에는 시장과 위계라는 전혀 다른 두 가지 대안이 있으며 동일한 거래가 둘 중 어느 쪽으로도 관리될 수 있다고 주장한다. 윌리암슨의 이론에서 위계는 수직 계층을 가진 조직을 말한다.

그런데 대안적 지배구조인 시장과 위계 즉 조직은 각 거래의 조건에 따라 장단점이 다르기 때문에 둘 중 거래비용이 상대적으로 낮은 대안을 선택해야 한다고 주장한다.

윌리암슨에 따르면 시장은 각자 자신의 이기적 이익을 추구하는 경제행위자들 간 자율적이고 수평적인 거래가 핵심이기 때문에 유연성이라는 장점이 있다. 하지만 시장관계는 반복적 거래로 상대방과의 거래관계에 고착될 때 증가하는 기회주의적 행동의 가능성에 대한 감시, 통제, 제재 등에 높은 거래비용transaction cost이 발생하게 된다. 그런 경우 그 거래를 인수합병을 통해 조직 내부로 가져오면 위계적 권한으로 기회주의적 행동을 해결하여 거래비용을 줄일 수 있으나, 반대로 내부에서 다양한 경제활동을 직접 관리하는데서 오는 관료적 비용bureaucratic cost이라는 또 다른 형태의 거래비용이 발생한다고 한다. 이런 관점에서 윌리암슨은 19세기 말에서 20세기 초에 현대적 거대 조직들이 대거 탄생한 것은 바로 대규모 수요의 충족을 위한 대량생산에 시장에서의 자율적 거래보다 조직 내부에서의 강제력에 기반한 통합조정이 거래비용 측면에서 더 높은 효율성을 가졌기 때문이었다고 설명한다.

대체재로서 조직과 시장

이와 같이 원인과 기반 메커니즘에 대해서는 다양한 해석이 존재하지만 중요한 사실은 모든 학자들이 공통적으로 조직과 시장을 대체재로 본다는 것이다. 즉 동일한 경제적 행위를 시장에서 수행할 수도 있고 조직에서 수행할 수도 있는데 19세기 말에 기존에 시장에서 수행되던 활동들이 조직들로 흡수되면서 현대 산업 사회로의 대전환이 시작되었다는 것이다. 따라서 현대적 조직경영의 본질을 정확하게 이해하기 위해서는 대다수 전문가들이 동의하는 19세기 말 시장에서 조직으로의 역사적 대전환의 핵심 원인과 과정을 깊이 있게 살펴보는 것이 필요할 것이다.

19세기 초반까지의 역사: 독립적 소생산자 간 장기적 시장 거래

왜 19세기 후반에 현대적 조직경영이 탄생했는지 설명하려면 봉건제 붕괴 이후 19세기 초반까지 근세 시대의 역사적 환경에 대한 체계적 이해가 필요하다. 특히 19세기 초반까지 오랜 기간 주도적이었던 기존 조직화organizing 패러다임의 핵심 원리와 한계에 대한 이해가 필수적이다(Chandler, 1977; Beckert, 2025).

기존 패러다임과 자기파괴의 씨앗

새로운 패러다임의 등장 원인과 핵심 논리를 이해하려면 그 이전의 기존 패러다임에 대해 깊이 있게 알아야 한다. 새로운 패러다임으로의 전환은 환경변화로 인해 기존 패러다임 내부에 내재되어 있던 자기파괴의 씨앗이 더 이상 패러다임 내부에서 해결할 수 없을 정도로 증가할 때 발생하기 때문이다. 따라서 19세기 말 현대적 조직경영 패러다임으로의 전환 원인과 방향을 설명하려면 19세기 초반까지의 기존 지배적 패러다임의 핵심 논리와 잠재적 한계에 대해 살펴보아야 한다.

학자들마다 의견이 다르지만 유럽의 경우 중세 봉건시대를 대략 5세기에서 15세기경까지로 보는 경향이 강하다. 15세기경에 봉건제가 붕괴된 원인은 다양한데, 앞에서 돕Maurice Dobb과 스위지Paul Sweezy의 자본주의 이행 논쟁에서 설명했듯이 지리상의 발견 등으로 인한 장거리 교역의 확대와 기존 봉건적 생산양식 내부의 모순 심화 등이 상호작용하여 발생했다고 볼 수 있을 것이다. 봉건제의 핵심 구성요소 중 하나인 노동력의 핵심 기반으로서 농노제가 유럽에서 사라진 때가 이 즈음이다. 경제적 활동이 조직화되는 방식의 역사적 변천에 초점을 맞추어 19세기 말 현대 조직의 탄생을 이해하기 위해 15세기 봉건제 붕괴 이후 19세기 초반까지의 조직화 방식을 자세히 살펴보기로 하자.

19세기 초반까지의 조직화 방식

19세기 말에 현대적 조직경영이 최초로 등장한 서구 사회의 경우 봉건제가 붕괴된 15세기부터 19세기 초반까지 경제적 활동의 조직화는 "독립적 소생산자independent small-scale producers들 간 수평적 시장거래horizontal market exchange"를 중심으로 이루어졌다. 이 중 개별 생산 주체였던 독립적 소생산자는 손으로manual 무엇인가를 짜맞춘다facture라는 의미에서 수공업자manufacturer라고도 불렸으며 대부분 개인이나 가족이 소수의 인원으로 구성된 공방을 소유하고 경영했으며 단일 기능에 특화했다. 이들 특정 기능분야를 특화하는 다양한 독립적 소생산자들 간 시장거래를 통해 전체 상품이 완성되고 판매되는 구조였는데 이들 간 관계는 대등한 지위의 수평적 거래 파트너 관계였고, 거래의 형성 여부는 수요-공급이 가격에 의해 매개되는 시장 원리에 의해 결정되었다. 다양한 부품들이 필요한 상품의 제조와 판매는 각 부품을 특화하는 독립적 소생산자들과 판매를 담당하는 종합상인general merchant으로 구성된 시장관계를 통해 수행되었다.

시장 거래의 본질

그런데 독립적 소생산자들 간 거래와 같은 당시의 경제적 상호작용은 전형적 시장관계였다. 18세기 중후반에 활동한 아담 스미스 당시에도 시장의 보이지 않는 손invisible hand에 의한 거래가 전통적 경제행위자들 간 상호작용의 조직화 방식이었다(Smith, 1776). 그런데 여기에서 시장의 개념에 대해 다시 한 번 깊이 생각해볼 필요가 있다. 시장의 본질을 정확하게 이해해야 우리가 공부하는 조직의 본질을 이해할 수 있다. 그 이유는 뒤에서 자세히 토론하겠지만 기업과 같은 조직은 역사적으로 시장의 대체물로서 등장했기 때문이다.

일반적으로 시장이라고 하면 경제적 재화와 용역이 가격의 매개로 거래되는 장소를 생각하지만 실은 그보다 훨씬 더 중요한 핵심 본질이 있다. 시장과 조직은 모두 경제적 상호작용의 대안적 조직화 방식이다. 즉 거래와 같은 동일한 경제적 상호작용을 시장으로 조직화할 수도 있고 기업과 같은 조직으로 조직화할 수도 있는 것이다(Williamson, 1975).

이런 관점에서 조직화 방식으로서 시장의 핵심 본질은 "각자 자신의 이기적 이익self interest를 추구하는 독립적 경제행위자간 가격을 매개로 한 수평적이고horizontal 자발적인voluntary 교환관계"이다(Williamson, 1975). 시장거래에 참여하는 개인이나 기업 등 경제행위자들이 추구하는 것은 각자 자신의 이익 극대화이며 상대방의 이익을 고려하지 않는다. 각자가 자기의 이익을 극대화하는 선택들이 가격에 의해 서로 일치될 때 시장거래가 이루어지는 것이다. 그리고 시장관계에 참여하는 경제행위자들은 독립적이기 때문에 이들 간 관계는 철저하게 수평적이다. 즉 시장에는 높고 낮은 권한에서 나오는 강제적 명령과 순응에 의한 행동은 없으며 어떤 행동을 하느냐 여부는 철저하게 각자의 자발적 선택에 의해 결정된다. 따라서 시장경제는 흔히 자유민주주의와 연계되어서 논의되는 것이다.

시장 거래의 장단점

시장은 유연성, 속도, 다양성, 혁신 등 많은 장점을 가진다. 시장의 대표적 장점은 무엇보다 유연성이다. 자신에게 이익이 되면 거래를 하다가 상황이 변화하면 거래를 중단하면 그만이다. 그리고 시장의 또 다른 장점은 속도이다. 시장거래는 위계와 같은 복잡한 계층적 보고와 명령 등이 없는 수평적 관계이기 때문에 신속하게 거래가 진행된다. 그리고 시장은 다양한 이해관계와 역량, 자원을 가진 독립적 경제행위자들이 각자 자신의 이익을 추구하므로 혁신 창출에 효과적이다.

그러나 뒤에서 자세히 살펴볼 바와 같이 시장은 이런 장점들과 함께 흔히 시장실패market failures라고 불리는 심각한 한계들도 가지고 있다. 봉건제 붕괴 이래 4백여 년간 서구 사회에서 경제적 활동의 주도적 조직화 방식이었던 시장거래가 19세기 중후반에 갑자기 한계에 봉착하고 궁극적으로는 대안적 조직화 방식인 현대적 조직들에 의해 상당 부분 대체된 것은 바로 이런 시장실패 때문이다. 우리의 관심사인 현대적 조직의 탄생은 역사적으로 그 이전의 주도적 조직화 방식이었던 독립적 소생산자들 간 장기 시장거래에 대한 대안으로 탄생한 것이다.

그렇다면 오랜 기간 경제적 조직화의 주된 기반이었던 시장의 보이지 않는 손은 왜 갑자기 한계에 부딪히게 된 것일까? 역사의 해석에 한 가지 정답이 있을 수는 없지만 앞에서 변증법적 역사발전 모델을 통해 설명했듯이 외부로부터의 충격이 내부의 자기파괴의 씨앗을 증폭시켜 패러다임 전환을 촉발한다는 관점에서 19세기 중후반의 역사적 상황을 살펴보면 논리적 설명이 가능하다.

현대 산업사회의 탄생: 가능화와 공진화를 통한 패러다임 전환

인류 역사상 가장 중요한 분기점 중 하나인 19세기 말 20세기 초 현대 산업사회의 탄생은 19세기 중반을 전후한 역사적 환경변화에서 원인을 찾을 수 있다. 일반적으로 혁신적 경영모델이나 사업, 상품, 기술의 원천을 설명할 때 창조적 기업가들의 개인적 비전과 리더십에 초점을 맞추는 경우가 많다. 물론 역사발전에 창조적 개인들의 역할이 중요한 것은 사실이지만 그보다 먼저 그런 혁신적 시도를 할 수 있는 기회를 제공하는 시대 환경의 변화가 반드시 선행해야 한다(Chandler, 1977).

19세기 중반 패러다임 전환의 다섯 가지 역사적 원천

19세기 중반을 전후하여 연쇄적으로 발생한 1차 산업혁명의 성숙, 시장의 지리적 확장, 정치적 시민사회의 성장, 과학 혁명, 그리고 교통통신 기술의 발전 등 다섯 가지 역사적 발전들이 상호작용하여 19세기 말에 전대미문의 대규모 시장수요를 발생시키며 현대적 조직과 산업사회 탄생의 기반이 되는 시대 환경을 조성하였다.

1차 산업혁명의 성숙: 18세기 말에 증기기관의 발명과 함께 시작된 1차 산업혁명이 급속히 성숙하면서 다양한 생산 기계들이 등장하며 각 공장조직에서 생산성과 효율성을 급증시켰다. 그러나 이들 새로운 생산 기계는 과거 인력이나 자연력에 의존하던 시기에 비해 각 공장 현장에서 생산성은 급증시켰지만 광범위한 시장을 대상으로 한 대량생산으로 연결되기까지는 한계가 있었다. 광범위한 지역을 대상으로 한 대량생산을 실행하는 데 필수적인 요건인 효율적인 교통과 통신의 인프라 구조가 아직 형성되지 않았기 때문에 산업특구와 같이 인근 지역을 대상으로 한 생산과 판매에 그쳤다.

시장의 지리적 확장: 16세기에 시작되어 19세기에 더욱 가속화된 지리적 발견은 시장의 급속한 확대를 초래하였다. 특히 19세기에 접어들며 군사력이 강한 서구 국가들이 영토확장을 위해 비도덕적인 제국주의적 침략에 경쟁적으로 몰두하면서 식민지로 전락한 지역들에 심각한 비극을 초래하였지만 그 과정에서 의도치 않은 결과로 전 세계에 걸친 광범위한 지역들로 시장이 확대되었다.

시민사회의 등장: 18세기 말 미국의 독립과 프랑스 대혁명 등과 함께 시작된 정치적 민주화가 19세기에 들어 서구 사회를 중심으로 빠르게 확산되면서 현대적 시민사회의 탄생을 촉발하였다. 과거의 봉건적 질서와 달리 시민사회는 신분적 이유 때문에 특정 상품의 구매가 제한되던 전통적 제약은 없어졌기 때문에 각자의 경제적 능력만 충분하다면 무엇이나 원하는 것을 구매할 수 있었고 그 결과 대규모 소비자층이 형성되기 시작하였다.

과학혁명: 19세기는 과학혁명이 본격적으로 가속화된 시기이다. 특히 의료와 위생 관련 과학이 급속히 발전하면서 인류의 건강과 수명이 급증하였고 이 발전은 인구와 소비자층의 확대로 연결되었다. 또한 과학혁명은 새로운 상품과 기술의 발명을 촉진하면서 시장경제의 발전을 획기적으로 활성화시켰다.

교통통신 기술의 발전: 단연 가장 결정적 요인은 19세기 중후반에 집중적으로 발생한 교통과 통신 기술의 급속한 발전이었다. 현대적 통신과 교통 기술인 전화(1876년)와 전보(1844년), 철도(1825년), 자동차(1884년)는 흥미롭게도 대부분 19세기 중반에 시작되어 19세기 후반에 이르는 기간 동안 거의 동시에 발명되거나 본격적으로 사용되기 시작하였다. 경영사business history 분야를 개척한 조직이론의 거장 챈들러는 대량생산 중심의 현대 산업사회 도래의 가장 중요한 원인으로 19세기 중후반 교통통신 기술의 급속한 발전으로 서로 분리되어 있던 지역 시장들이 서로 연결되어 거대한 대규모 시장이 탄생한 사실을 강조한다(Chandler, 1977).

패러다임 전환에서 가능화와 공진화

이들 다섯 가지 역사적 발전들이 유사한 시기에 동시에 진행된 이유는 특정 분야의 발전이 가지는 가능화 효과enabling effects가 다른 분야의 발전을 가능하게 하고 자극하여 상호 영향을 미치며 함께 발전하는 공진화co-evolution가 핵심일 것이다. 다섯 가지 중에서도 특히 중요한 역사적 발전은 교통통신 기술의 발전이다. 그 이유는 교통통신 기술이 가지는 매우 특별한 가능화 효과 때문이다.

챈들러는 가능화 효과 관점에서 19세기 중후반 교통통신 기술 발전의 역사적 의의는 서로 지리적으로 떨어져서 분산되어 있던 전 세계 지역시장들을 하나로 연결해서 광범위한 지역에 걸친 대규모 생산과 판매를 가능하게 만든 것이라고 주장한다. 즉 교통과 통신이라는 특수한 기술이 발전이 생산과 판매 활동을 지역적 한계에서 해방시켜서 새로운 대량생산의 기회를 창출한 것이다.

교통통신 기술들의 동시 급발전으로 그 이전까지는 상상도 할 수 없었을 정도로 광범위한 지역에 걸쳐 지리적 한계를 넘어서서 대규모 생산과 판매를 할 수 있는 새로운 시장이 형성된 것이다. 즉 대량생산과 대량판매의 핵심 전제 조건이 19세기 중후반에 교통통신 기술의 가능화 효과를 통해 역사상 처음으로 형성된 것이다. 그러나 뒤에서 자세히 살펴볼 바와 같이 독립적 소생산자들 간 수평적 시장 거래에 기반한 기존 생산방식은 이 새로운 거대 수요를 충족시키는 데 결정적 한계가 있었다. 이제 새롭게 형성된 거대한 시장 수요를 효과적으로 충족시킬 수 있는 생산활동의 새로운 조직화 방식이 공진화 할 수 있느냐 여부가 대량생산 중심 산업사회로의 이행의 관건이 된 것이다.

18세기 1차 산업혁명의 제한적 영향력

이와 관련하여 18세기 중후반에 발생한 1차 산업혁명이 일반적 인식과 달리 실제로는 제한된 파급효과만 가졌던 사실에 대해 생각해볼 필요가 있다. [그림 2-3]이 명

그림 2-3 세계총생산(Gross World Product: GWP) 1세기~21세기

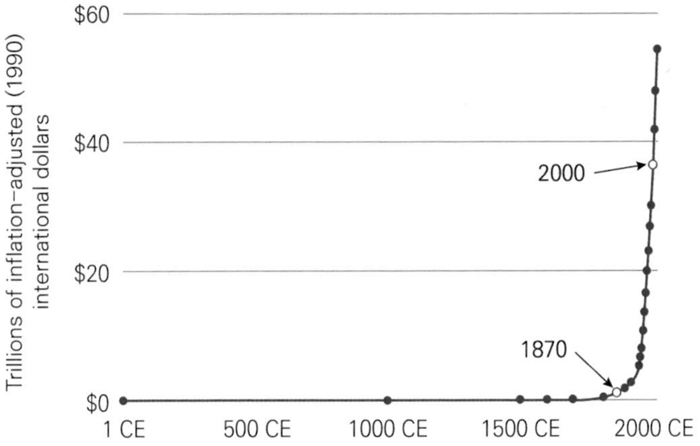

자료: https://www.darrinqualman.com/2000-years-of-economic-growth/

확히 보여주듯이 세계총생산의 역사적 변화 추세를 실제로 살펴보면 1차 산업혁명이 발생한 18세기 후반에는 소폭의 총생산 증가만 있었을 뿐이었다. 그 이유는 1차 산업혁명이 증기기관 등의 기술혁신으로 공장현장에서의 생산성은 획기적으로 증가시켰으나 교통과 통신 인프라는 여전히 말과 마차, 그리고 인편이나 비둘기로 전달되는 편지 등에 머물러 있었기 때문이었다. 따라서 아무리 공장 현장의 생산성이 증가해도 생산의 대상이 되는 시장의 규모와 범위는 지리적 한계를 벗어날 수 없었다. 그 결과 1차 산업혁명의 효과는 아직도 그 잔재가 남아있는 산업특구industrial district로 불리는 특정 지역 시장의 범위 내에서 소폭의 총생산 증가에 그치고 만 것이다.

즉 18세기 말 1차 산업혁명의 한계는 공장 현장의 생산 기술은 발전했으나 시장이 공진화co-evolution에 실패한 것이었다. 당시 공장들은 급증한 공장 현장의 생산성을 기반으로 인근 지역의 이미 알려진 소비자들을 대상으로 생산과 판매를 하는 데 그쳤다. 이런 한계는 한 세기 후인 19세기 중후반 교통통신 기술의 발전이 광범위한 지역들을 연결시켜 지리적 한계를 넘어서는 생산과 판매를 할 수 있을 때까지 지속되었다. 19세기 후반에 시작된 대량생산을 중심으로 한 2차 산업혁명 시기가 되어서야 알려지지 않은 익명의 소비자를 대상으로 한 대규모 생산과 판매가 기술적으로 가능화된 것이었다.

대량생산의 가능성과 기존 패러다임의 한계 : 현대 조직의 초기 원형 등장

19세기 중후반에 교통통신 기술의 급발전으로 형성된 광범위한 시장을 대상으로 대량생산이 실행될 수 있는 역사적 기회가 발생했으나 아직 극복해야 할 가장 중요한 과제가 남아 있었는데 바로 생산을 담당할 주체였다. 전대미문의 대규모 생산과 판매를 효율적으로 실행할 수 있는 조직화 방식이 여전히 등장하지 않았던 것이다.

기존 조직화 방식의 한계

독립적 소생산자들 간 수평적 시장거래에 기반한 기존 조직화 방식은 새롭게 창출된 대규모 수요를 효율적으로 충족시키기 어려운 몇 가지 구조적 한계를 가지고 있었다. 기존 조직화 방식의 핵심 구성요소인 독립적 소생산자와 수평적 시장거래는 두 가지 모두 대량생산의 기반이 되기는 어려웠다. 각각 다음과 같은 한계를 가지고 있었기 때문이다.

독립적 소생산자의 대체가능성 한계

장인craftsman 혹은 제조업자manufacturer 등 독립적 소생산자를 지칭하는 다양한 명칭들이 공통적으로 시사하듯이 이들의 가장 중요한 사회적 가치와 경쟁력은 높은 대체불가능성unsubstitutability에 기반하고 있었다. "장인정신을 가지라"는 표현이 시사하듯이 이들은 대다수 일반인들이나 노동자들은 모방하거나 대체할 수 없는 높은 수준의 전문 역량을 가지고 있었다. 15세기경 봉건제의 붕괴 이래 19세기 초중반까지의 기존 조직화 방식은 이들 독립적 소생산자의 대체불가능한 개인적 역량에 의존하고 있었던 것이다.

즉 전문 장인들로서 각 독립적 소생산자 간 상대적 경쟁력은 개인수준 역량의 차이에 의해 결정되었다. 이런 전문 기술자들이 생산을 담당하였으므로 이 당시 생산된 제품들을 보면 그 완성도가 예술적 경지로 불릴 정도로 높다. 예를 들면, 향수와 관련된 다양한 장인들을 다룬 쥐스킨트Patrick Süskind의 소설 〈향수: 어느 살인자의 이야기Das Parfum: Die Geschichte eines Mörders〉에서 흥미롭게 묘사하듯이(Süskind, 1985), 각 독립적 소생산자간 경쟁력 차이는 각 장인 개인의 역량 차이였고, 만들어진 제품의 완성도와 가격 또한 장인 개인의 실력에 따라 천차만별이었다.

그런데 독립적 소생산자를 중심으로 한 기존 조직화 방식의 자기파괴의 씨앗도 바로 핵심 장점인 대체불가능성이 결정적 한계가 되는 상황에서 발생하였다. 즉 대체의 가능성이 반드시 필요한 상황에서는 독립적 소생산자가 생산 시스템의 핵심 기반이 될 수 없었던 것이다. 그러나 19세기 초반까지는 지역별 시장을 대상으로 한 중소규모 생산이 경제의 보편적 구조였기 때문에 독립적 소생산자 중심의 전통적 조직화가 전혀 문제가 되지 않았다.

그런데 앞에서 설명한 19세기 중후반의 역사적 변화들로 인해 대량생산이 필요한 환경이 도래하면서 독립적 소생산자 중심의 전통적 조직화 방식이 갑자기 한계에 봉착하게 되었다. 대량생산이 가능하려면 특정 개인의 역량이 아니라 전체 시스템의 안정적 작동이 확보되어야 했으므로 대체가능성이 갑자기 필수 요건이 된 것이다. 특정 독립적 소생산자가 개인적 사정으로 생산활동을 담당할 수 없는 상황이 발생하더라도 즉시 대체자가 그 역할을 대신 수행하여 전체 시스템 수준에서 생산과 판매가 안정적으로 지속되어야 대량생산이 가능하다. 그러나 장인이나 전문 기술자 등의 표현 자체가 암시하듯이 기존 독립적 소생산자 중심의 조직화 방식의 가장 중요한 특징은 대체불가능성이었다. 바로 대체불가능성이라는 독립적 소생산자의 장점이 대체가능성을 요구하는 새로운 역사적 환경이 도래하면서 자기파괴의 씨앗으로 작용하게 된 것이다.

시장거래의 통합조정 한계

19세기 초반까지 전통적 조직화 방식의 또 다른 핵심 축은 수평적 시장거래였다. 특정 부품이나 기술을 특화하여 담당하는 독립적 소생산자들이 수평적이고 자발적인 시장거래를 통해 상품을 완성하고 판매한 것이다. 쥐스킨트의 〈향수〉를 보면 향수라는 상품을 완성하기 위해 향수 원료를 생산하는 장인, 향수 액체를 만드는 장인, 향수병을 제조하는 장인, 향수 가죽 주머니를 만드는 장인 등 다양한 장인들이 수평적 시장거래를 통해 완성된 상품으로 향수를 생산하고 판매하는 모습이 생생히 묘사되어 있다. 이 소설의 스토리는 천부적 후각을 타고난 주인공 그루누이Jean-Baptiste Grenouille가 가죽 무두장이 그리말Monsieur Grimal의 공방에 일하고 있을 때 향수 장인인 발디니Giuseppe Baldini의 장인공방에 가죽을 배달하러 왔다가 향기에 사로잡히는 장면으로 시작된다. 이들 다양한 장인들 간 관계는 수평적 시장거래였던 것이다.

봉건제 붕괴 이래 19세기 초까지 효율적으로 기능하여 왔던 수평적 시장거래를 통한 상호작용의 구조 또한 대량생산이 필요한 상황에서는 자기파괴의 씨앗에 봉착하게 된다. 시장거래의 미시적 기반인 각 행위자들의 이기적 이익 극대화self-interest maximization 본성 때문이었다. 즉 순수한 시장거래에서 각 경제행위자는 전체 시스템 수준의 이익에는 관심이 없고 각자 자신의 이익만 추구하는데, 이들 간 수요-공급 거래가 가격에 의해 매개되어 전체 시스템 수준에서 최적의 결과를 도출한다는 것이 스미스Adam Smith가 주장한 시장의 보이지 않는 손invisible hand이다(Smith, 1776). 그러나 모든 시장거래 참여자가 각자의 이익을 극대화하는 선택을 하더라도 전체 시스템 수준에는 최악의 결과인 시장실패market failure가 발생할 수 있는데, 그 대표적 예들이 잘 알려진 죄수의 딜레마prisoner's dilemma(Rapoport, 1974), 무임승차 딜레마free-riding dilemma(Olson, 1965), 공유지의 비극tragedy of the commons(Ostrom, 1990) 등이다. 대량생산의 필요성이 대두된 19세기 중반에 시장거래를 중심으로 한 기존 조직화 방식에 바로 이런 시장실패가 발생했다.

독립적 소생산자들 간 시장거래 실패 사례: 제철산업

19세기 중반 상황에 대한 다양한 경영사 연구는 각자 자신의 이익 극대화를 추구하는 독립적 소생산자들 간 시장거래가 심각한 한계에 봉착한 사례들을 생생하게 묘사하고 있다. 제철산업의 경우, 우리나라 포스코POSCO의 초기 명칭이던 포항종합제철에서 종합제철integrated steel mill은 구체적 조직형태를 의미한다. 19세기 중반까지 제철산업의 각 가치사슬 단계는 독립적 전문업체들로 이루어져 있었다. 즉 철광석을 채굴하는 업체와 공급하는 업체, 이 철광석을 녹여 쇳물을 뽑아내는 용광로 업체, 녹은 쇳물을 철근이나 철판 등 원하는 형태의 제품으로 만드는 업체, 그리고 완성된 철강 제품을 판매하는 업체가 모두 별도 기업이었다.

그런데 철광석에서 쇳물을 뽑아내는 용광로 업체와 녹은 쇳물로 다양한 제품을 만드는 업체가 지리적으로 거리가 멀어 녹은 쇳물을 운송하는 도중에 다시 굳어버리는 경우가 발생하였다. 이 경우 두 업체 중 하나가 상대방과 가까운 지역으로 공장을 이전하면 간단히 해결되겠지만 다른 업체들과도 거래해야 하기 때문에 서로 미루다 결국 문제를 해결하지 못하는 비효율성이 빈번히 발생하였다. 유일한 해결책은 이들 가치사슬 단계들을 같은 조직의 경계 내부로 통합하여 상급자의 명령에 따라 강제적으로 이전하는 것뿐이었다. 종합제철이라는 조직형태는 바로 별도의 독립 생산자들이었던 제철산업의 다양한 단계들을 하나의 동일 조직 내부로 통합하여 수직계열화한 것이다.

이런 사례는 각자 자신의 이익극대화를 추구하는 독립적 경제행위자들 간 시장거래 관계가 자발성과 유연성, 강력한 동기부여 등과 같은 다양한 장점을 가지지만 동시에 전체 시스템 수준에서 심각한 한계를 가진다는 것을 명확히 보여준다. 특히 대량생산의 실현에 필수적인 통합과 조정의 효율성 극대화는 전통적 조직화 방식으로는 불가능했다. 완전히 새로운 조직화 방식으로 패러다임 전환이 시대적으로 필요하게 된 것이다. 19세기 중반의 이런 역사적 상황에서 새로운 조직화 방식으로 등장한 것이 바로 현대적 조직의 초기 원형이다.

현대적 조직의 초기 원형 탄생과 전환기적 혼란

이런 역사적 배경에서 우리가 오늘날 보는 현대적 조직의 원형이 1870년경 미국과 영국 등 산업화에 앞선 국가들에서 처음 관찰되기 시작하여 급속히 확산되었다.

초기 원형 조직의 네 가지 특성

이때 등장한 초기 산업 조직들은 구체적 형태에서는 다양한 구조와 프로세스, 시스템을 가졌으나 대부분이 다음 네 가지 공통 특성을 보유하였다.

복수 부서: 초기 조직들은 조달이나 생산, 판매 등과 같은 각 기능별 단위가 별도의 독립적 업체였던 기존 조직화 방식과 달리 동일 조직 내부에 다양한 복수의 부서들multiple departments을 가지게 되었다. 기존 조직화 방식에서 독립적 개별 업체였던 다양한 기능이나 사업들이 수직적으로 통합vertical integration되어 단일 조직 내부의 부서들로 서로 연결되면서 초기 조직에서 처음으로 복수의 부서들이 공존하게 된 것이다.

복수의 수직적 계층: 다양한 부서들이 동일 조직 내부에 공존하게 되면서 기존 독립적 소생산자들이 주로 의존하던 대면접촉을 통한 수평적이고 자발적인 상호작용이 한계에 봉착하게 되었다. 다양한 집단 간 의견과 이해관계가 서로 충돌할 가능성이 발생했기 때문이었다. 예를 들면, 과감한 혁신을 추구하는 연구개발 부서와 정밀한 운영을

추구하는 생산 부서는 정반대의 성향을 가지고 있기 때문에 갈등이 빈번히 발생한다. 따라서 각 하위 부서의 성과가 아닌 전체 조직의 성과를 극대화하기 위해 각 하위 부서의 이익을 희생하도록 만들 수 있는 **강제력**을 가진 계층적 **권한**이 절대적으로 필요했다. 따라서 새로 등장한 초기 조직은 여러 개의 계층multiple hierarchies으로 수직적으로 분화되기 시작하였다.

전문경영자와 임금노동자: 동일 조직의 내부에 다양한 부서들이 공존하게 되고 복수의 수직적 계층들로 구조가 분화되면서 과거 독립적 소생산자 시대와 비교도 할 수 없을 정도로 조직이 커지고 복잡하게 되었다. 특히 인력 구성에서 실제 업무를 수행하는 현장 노동자부터 중간 관리자, 상위 경영진에 이르기까지 다양한 역할을 담당하는 **대규모 인력**들이 필요해지자, 과거처럼 전문 기술자인 소유주와 소수의 도제들로 이루어진 전통적 방식은 새로운 형태의 조직에 부적합하게 되었다. 특히 소유주가 아닌 **고용된 인력**employees이 대규모로 필요하게 되었는데 이들이 바로 계약에 따라 임금을 받고 역량이나 노동력을 제공하는 전문경영자와 임금노동자들이었다. 그런데 소유주의 개인 역량의 한계를 넘어서서 이 새로운 형태의 고용된 구성원들을 활용하여 업무를 수행하게 되면서 조직의 규모가 급속히 성장하였다.

법적 조직경계: 그런데 외부로부터 고용된 구성원들이 상위 계층 경영자의 수직적 권한에 기반한 명령에 복종하도록 하기 위해서는 조직 내외부를 명확하게 구분하는 법적 경계가 필요하였다. 즉 외부 시장에서의 수평적 거래관계와 달리 **조직 경계**의 **내부**에서는 구성원들이 각자의 자율적 선택에 따라 수평적으로 상호작용하는 것이 아니라 상위 계층의 **수직적 명령**에 복종하는 방식으로 이루어져야 했다(Williamson, 1985). 따라서 내외부를 구분하는 조직경계organizational boundary가 명확하게 법적으로 규정되는 것이 필요했다. 그 결과 19세기 후반에 산업화가 일찍 진행된 서구 기업들을 중심으로 **소유권법**property law과 **고용계약법**employment contract law 등이 제도화되었다. 법제도 분야의 발전과 함께 공진화한 조직의 법적 경계는 경영자들이 경계 내부에서 조직의 자원이나 구성원들에 대해 강제력을 행사할 수 있는 제도적 기반을 제공하였다. 즉 조직 경계 내부로 들어오는 순간 모든 상호작용이 외부의 수평적이고 자발적인 시장거래 논리를 벗어나 강제력을 가진 결정과 명령, 순응의 방식으로 이루어지게 된 것이다.

초기 현대 조직의 미성숙과 한계

19세기 후반에 등장한 새로운 형태의 조직은 초기에 심각한 혼란과 위기를 겪었다. 위의 네 가지 큰 원칙은 광범위하게 공유되었으나 이를 실제 조직 현장에서 실행하는 데 필요한 구체적 설계와 경영 방법론은 아직 미개발된 상태였기 때문이다. 따라서 네 가지 특징을 가진 수직계열화된 거대한 계층적 조직들이 우후죽순처럼 설립되었으나 각 조직마다 서로 다른 방식으로 관리되고 경영되면서 19세기 말 사회 전반에 심각한 대혼란을 야기했다. 새로 등장한 현대적 조직들로 전체 사회가 재편되는 과정은 현대 사회와 전통 사회의 구분 기준이 될 정도로 인류역사상 최대의 불연속적 변화였지만, 당시까지는 구체적 실행 방법론은 물론 그 본질에 대한 정확한 이해도 아직 형성되지 않은 과도기적 혼란 상태였다. 무엇보다 거대한 조직들이 대거 창업되었으나 구체적으로 조직을 어떻게 설계하고 경영해야 하는지에 대한 지식과 노하우가 전적으로 부재한 상황이었다.

주먹구구식 경영과 악마적 공장

따라서 조직마다 소유주의 임의적 선택에 따라 주먹구구식rule of thumb으로 설계되고 경영되었고(Taylor, 1911), 그 결과 대규모 투자에도 불구하고 심각한 비효율성으로 범사회적 위기가 초래되었다. 따라서 상당히 많은 조직에서는 무리해서라도 투자를 회수하기 위해 심각한 노동착취가 발생했고 당시 이 상황을 목격한 맑스가 악마적 공장satanic mills이라고까지 비판적으로 부르기도 했다(Marx, 1977). 그 결과 초기 현대 사회는 전통 사회의 조직적 기반은 급속히 와해되었지만 새로운 현대 산업사회의 기반은 여전히 불안정한 일종의 역사적 전환기로 심각한 불확실성과 혼란, 갈등의 시기였다.

전환기적 아노미

바로 이 시기에 자살이 급증하는 현상을 새로운 관점에서 설명한 학자가 현대 사회학의 아버지로 불리는 에밀 뒤르켐Emile Durkheim이다(Durkheim, 1951). 그는 자살 급증과 같은 사회적 혼란의 원인을 역사적 패러다임 전환기 동안에 오랜 기간 정상적 상태norm로 당연시되어온 기존 사회적 패러다임은 붕괴되었으나 아직 새로운 패러다임은 성숙하지 못했기 때문이라고 설명하였다. 그 결과 대다수 사회 구성원들에게 당연시되는 정상적 상태norm가 아예 없는 무규범 상태, 즉 무패러다임 상태인 아노미anomie가 심각한 사회적 불안을 고조시켜 자살률 급증을 초래했다고 해석한 것이다.

과학적 관리법과 관료제의 탄생과 고전 패러다임: '기계'로서의 조직

이런 전환기의 역사적 혼란 상황이 지속된 19세기 말에서 20세기 초에 이르는 기간 동안 이 시대적 과제를 해결하기 위한 현대적 조직경영의 첫 번째 패러다임이 미국과 유럽에서 동시에 등장하면서 세계사를 바꾸어 놓았다. 이것이 바로 미국 중심의 과학적 관리법scientific management과 대량생산mass production, 그리고 유럽 중심의 관료제bureaucracy인데 최초의 본격적 조직경영 모델이라는 의미에서 고전적 패러다임classical paradigm으로 부를 수 있을 것이다(Scott and Davis, 2017).

최초의 현대적 조직경영 패러다임: 기계론적 조직 모델

최초의 현대적 조직경영 모델인 고전적 패러다임은 미국과 유럽에서 거의 비슷한 시기에 등장했다. 물론 프레드릭 테일러Frederick W. Taylor의 과학적 관리법과 이를 기계화한 헨리 포드Henry Ford의 대량생산이 주로 기업조직을 중심으로 발전한 데 비해(Taylor, 1911) 막스 베버Max Weber가 정리한 관료제조직은 행정조직에 주 초점을 맞추었다는 차이는 있으나(Weber, 1968/1921), 핵심 논리는 거의 동일하다. 이 두 가지 모델의 역사적 발전 과정은 서로 독립적이나 유사한 시대적 환경에서 등장했고 또 그 기반 원리가 거의 동일하기 때문에 두 가지를 통합하여 최초의 현대적 조직경영이라는 관점에서 조직경영의 고전적 패러다임classical paradigm으로 함께 분류하는 것은 적절한 접근법이다.

초기 조직의 한계 극복과 기계론적 모델

고전적 패러다임으로 분류되는 이 두 가지 조직경영 패러다임의 목적은 모두 19세기 후반 전체 사회를 대혼란으로 몰아넣었던 초기 조직의 한계를 극복하는 것이었고 기반 논리와 실천적 대안도 매우 유사했다. 19세기 말에 시작되어 20세기 초에 확립된 현대적 조직경영의 고전적 패러다임은 기업뿐 아니라 비영리/공공 분야까지 급속하게 확산되며 20세기 현대 사회를 규정하는 가장 중요한 특성이 되었다. 고전적 패러다임을 구성하는 두 가지 조직경영 모델은 모두 조직을 일종의 기계로 인식하고 기계처럼 설계하고 경영하였다. 조직경영 패러다임을 규정하는 두 요소인 핵심 논리core logic와 실행방안들practices에 초점을 맞추어 구체적으로 살펴보면 과학적 관리법/대량생산과 관료제의 공통점이 훨씬 더 명확하게 이해될 것이다.

테일러의 과학적 관리법과 생산조직의 고전적 패러다임

과학적 관리법의 탄생에는 테일러리즘Taylorism이라는 명칭이 시사하듯이 테일러의 역할이 결정적이다(Taylor, 1911; Littler, 1978; Wrege and Greenwood, 1991; Merkle, 2023). 테일러는 현대 조직경영의 역사에서 단연 가장 중요한 기여를 한 인물이다. 1880년경부터 미국 펜실베이니아주의 미드베일제철Midvale Steel Company과 베들레헴제철Bethlehem Iron 등 대표적 철강회사의 고급 엔지니어 겸 컨설턴트로 일했던 테일러는 앞에서 설명한 19세기 말 초기 조직의 심각한 전환기적 혼란에 주목한다. 그는 기술적 비효율성과 태업 등으로 인해 한계에 봉착해 있던 초기 조직의 문제를 근본적으로 해결하기 위해 오랜 연구와 실험 끝에 획기적으로 새로운 패러다임인 과학적 관리법을 개발하고 확산시켜 우리가 현재 보고 있는 현대적 조직경영의 원형을 만든 선구자이다.

그림 2-4 프레드릭 테일러 Frederick Winslow Taylor(1856-1915)

자료: https://en.wikipedia.org/wiki/Frederick_Winslow_Taylor

임의적 개인 선택에서 과학으로 전환

테일러는 초기 조직들의 심각한 비효율성을 극복할 방안을 찾기 위해 자신이 일하던 철강공장들에서 다양한 실험과 혁신을 시도한다. 그 과정에서 그는 자신이 근무하던 생산 현장에서 두 가지 중요한 사실을 발견한다. 첫째, 각 노동자들이 임의적 개인 선택에 따라 같은 과업을 각기 다른 방식으로 수행한다는 사실과, 둘째, 각 수행방식에 따라 같은 과업에서 창출되는 생산성이 천차만별로 차이가 난다는 사실을 발견한 것이다. 19세기 말 당시 초기 조직에서는 각 노동자에게 과업을 배당하고 일당으로 임금을 지급했으나 구체적으로 일하는 방식이나 도구 등은 노동자 개인이 임의적으로 선택하도록 했다. 그런데 테일러는 다양한 과업수행 방식 간 생산성에 큰 차이가 발생한다는 사실을 발견한 것이다.

이 단순한 관찰에서 테일러는 세계사를 바꿀 엄청난 아이디어를 생각해내게 된다. 각 과업별로 다양한 수행방식들과 도구들의 성과를 체계적으로 분석하여 그 중 최고의 성과를 창출하는 대안을 찾아내서 모든 노동자들에게 그 최고의 대안을 획일적으로 사용하도록 요구하면 생산성이 급증할 것이라는 아이디어였다. 그는 즉시 최고의 과업수행 방식과 도구를 찾아내기 위한 실험을 시작했다. 이것은 과업수행 방식과 도구의 결정을 임의적 개인 선택에서 과학으로 전환한 획기적 시도였다.

시간과 동작 연구: 주먹구구식 작업에서 과학적 조직경영으로

다양한 과업수행 방법이나 도구들 중 항상 최고의 성과를 창출하는 최선의 대안을 찾아내기 위해 테일러는 전 세계 조직경영을 근본적으로 바꿀 일련의 역사적 실험을 시도한다. 바로 '시간과 동작 연구time and motion study'이다. 무수한 종류의 과업들 각각을 다양한 대안적 방법과 도구들로 수행해보고 그중 지속적으로 최단 시간에 최대의 생산량을 산출하는 최고의 대안을 과학적으로 찾아내는 실험을 시행한 것이다. 각 과업을 수행하는 다양한 대안적 방법들을 구성하는 동작들을 분석하고 소요 시간을 측정하여 최단 시간 내에 최대 생산량을 산출하는 동작을 계량적으로 찾아내는 실험이기 때문에 시간과 동작 연구라고 불렀다. 테일러는 모든 과업을 최소 구성 단위인 동작요소motion elements까지 나눈 다음 스톱워치로 측정해 각 동작을 최단 시간에 수행해낼 수 있는 동작들을 파악하여 이를 기준으로 표준작업시간도 규정했다.

그림 2-5 테일러의 최고의 삽 선택을 위한 시간과 동작 연구 메모

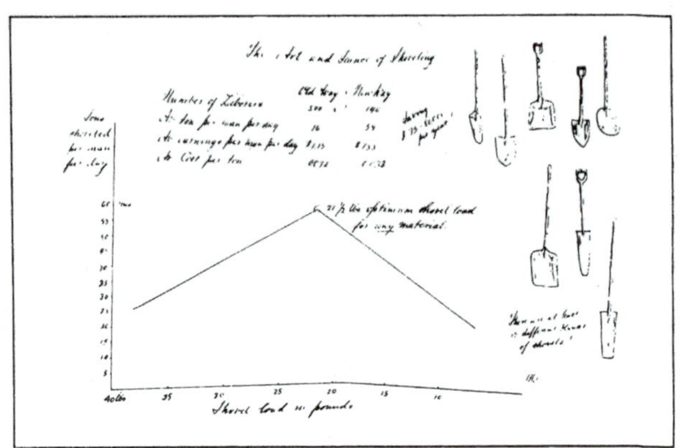

The art and science of shoveling chart drawn by Taylor indicating the optimum shovel load at 21.5 lbs. *(Photo courtesy of Stevens Institute of Technology, Taylor collection, Hoboken, N.J.)*

자료: Stevens Institute of Technology, Taylor Collection, Hoboken, New Jersey.

즉 테일러는 시간과 동작연구를 통해 조직경영의 모든 분야에서 각각 최고의 성과를 창출하는 방법을 찾아냈는데 이는 유사한 대안들 중 임의적으로 선택하는 것이 아니라 마치 과학적 연구결과와 같이 과학적으로 증명된 최고의 방법이었기 때문에 "논란의 여지가 없는 유일무이한 최고의 과업수행 방식"이라는 의미로 영어로 "the one best way(혹은 the best one way)"라고 불렀다. 논란의 여지가 없는 최고라는 의미의 "the best~" 표현을 좀처럼 쓰지 않고 최고 중의 하나라는 뜻의 "one of the best" 라고 말하는 영미권 문화의 보편적 관행을 고려할 때 the best도 아니고 "the one best way"라는 표현은 테일러가 얼마나 자신이 제시한 과학적 관리법에 강한 확신을 가지고 있었는가를 잘 보여준다. 즉 테일러에 의해 조직경영 방식의 선택이 과거의 "주먹구구 방식에서 과학으로from rule of the thumb to science" 역사적으로 전환하면서 우리가 현재 보고 있는 현대적 경영이 탄생한 것이다.

'획기적 생산성 증대'와 '노사 간 공동번영': 사회운동적 비전의 전파

1901년에 베들레헴 철강을 사직한 테일러는 20여 년의 현장 경험과 무수한 시간과 동작 연구에 기반하여 정리한 과학적 관리법을 전파하는 일종의 컨설턴트 겸 사회운동가로 변신하여 전 세계 조직경영을 근본적으로 바꿀 새로운 패러다임을 본격적으로 전파하기 시작했다. 그는 과학적 관리법을 수익창출의 수단이 아니라 인류사회를 근본적으로 바꿀 일종의 혁명과 같은 사회운동social movement으로 인식했다. 따라서 그는 사회운동가로서 무보수로 전파하고 다닌 자신의 과학적 관리법을 실천하면 다음 두 가지의 세상을 완전히 바꿀 결과가 창출될 것이라는 비전을 제시했다. 생산성productivity의 획기적 증대와 노사 간 공동번영co-prosperity의 동시 달성이다. 이 두 가지는 일시적이지만 테일러의 비전대로 실현되었다.

첫째, 과학적 관리법의 생산성 증대 효과는 테일러의 비전대로 전대미문의 수준이었으며 미국이 세계 최고의 경제강국으로 급성장하는 기반이 되었다. 대량생산 중심의 조직경영을 통한 현대 산업사회가 20세기 초에 과학적 관리법과 함께 실제로 실현된 것이다. 둘째, 노사 간 공동번영도 테일러의 비전대로 일시적이지만 1910년대 초반까지는 성공적으로 실현되었다. 노사 모두에게 엄청난 경제적 이익을 창출해준 과학적 관리법에 대해 초기에는 노사 모두 열광적으로 환영하였다. 소유주와 경영진은 과학적 관리법으로 생산성이 단숨에 수십 배 또는 수백 배까지 급증하였기 때문에 당연히 대환영이었고, 노동자들도 임금이 4~5배 급상승하고 무임금 노동이나 노골적 착취도 사라졌기 때문에 열렬히 환영했다.

그러나 세상을 바꾸겠다는 사회운동으로서 과학적 관리법이 본격적으로 전파된지 불과 10년도 채 되지 않은 1910년대 중반이 되자 갑자기 노동자들의 격렬한 반대운동이 시작되었다. 과학적 관리법에 대한 비판과 반대의 원인은 뒤에서 자세히 토론될 것이다. 이 쉽게 설명할 수 없는 급격한 역사적 등락의 원인을 정확하게 파악하려면 테일러가 전파한 과학적 관리법의 구체적 내용과 실행 방법, 그리고 그 결과에 대한 깊이 있는 이해가 필수적이다.

테일러의 <과학적 관리법의 원리들, 1911>

과학적 관리법을 이해하기 위해서는 테일러가 직접 집필한 〈과학적 관리법의 원리들The Principles of Scientific Management〉이라는 짧은 책을 일독해보는 것이 가장 효과적이다(Taylor, 1911). 과학적 관리법의 전파를 위해 집필된 이 책은 핵심 원칙들을 체계적으로 소개하고 있다. 이 책에 따르면 다음 다섯 가지가 과학적 관리법의 가장 핵심적 원리라고 강조되고 있다.

노사간 분업과 집권화를 통한 단순반복 작업

과학적 관리법은 노사간의 철저한 분업division of labor이 출발점이다. 테일러 이전의 19세기 말 초기 조직에서는 경영자가 노동자들이 수행할 업무를 배당했지만 수행 방법이나 절차, 도구는 노동자 개인의 임의적 선택에 맡겨 두었다. 그 결과 각자 생산성이 서로 다른 다양한 방법과 도구로 업무를 수행했기 때문에 전체 조직 수준에서 생산성 기여도가 천차만별이었고 엄청난 비효율성이 발생하였다.

테일러는 이 문제를 해결하기 위해 먼저 경영자와 노동자 간의 철저한 분업을 선포했다. 즉 생산 현장에서 각 노동자가 어떤 업무를 어떤 방식으로 어떤 도구를 사용하여 수행할지에 대한 결정 권한을 노동자에게서 박탈하여 전적으로 경영자의 권한으로 규정하였다. 노동자는 경영자가 시간과 동작 연구 등을 통해 과학적으로 결정한 최선의 방법the one best way과 절차대로 최선의 도구를 예외없이 사용하여 단순히 수행만 하도록 했다. 즉 고도의 분석과 의사결정이 필요한 역할은 경영자가 전담하고 미리 정해진 업무를 정해진 방법대로 정해진 도구로 단순히 수행하는 역할은 노동자가 전담하는 노사 간의 철저한 분업이 역사상 처음으로 도입된 것이다.

과학적 관리법에 의해 상위 경영자가 업무 수행 방법과 절차, 도구를 의사결정하는 권한을 독점하고 현장 노동자는 경영자의 결정을 단순히 수행하는 철저한 집권화 centralization를 통해 수직적 분업구조가 탄생한 것이다. 이에 대해 탁월한 노동이론가인 해리 브레이버만Harry Braverman은 테일러리즘의 철저한 노사간 분업에 의해 동일한 개인이 생각도 하고 행동도 하는 것이 아니라 두 가지가 분리되는 "구상과 실행의 분리separation of conception and execution"가 발생했다고 지적한다. 즉 생각할 권리는 없고 상사가 구상하고 생각한 것을 단순히 실행만 해야 하는 현대적 노동자가 탄생했다는 것이다(Braverman, 1974). 대량생산의 노동 과정을 표현하는 대표적 개념인 단순반복simple and repetitive 작업에서 단순의 측면이 바로 테일러의 철저한 노사 간 분업에 의해 탄생한 것이다.

노동자간 분업과 단순반복 작업

테일러는 노동자들 간에도 극단적 분업을 주장했다. 즉 전체 조직이 수행해야 할 모든 과업들을 수평적으로 나열했을 때 각 노동자 개인이 담당하는 직무job에 포함되는 과업task의 수를 최소화해서 각자 한두 가지의 단순한 과업만 반복 수행하도록 하겠다는 것이다. 그런데 과학적 관리법에서 노동자들 간 극단적 분업을 강조하는 목적은 일반적 분업과 다르다.

그 이전까지 분업에 대한 대표적 이론은 스미스Adam Smith가 〈국부론〉의 핀pin 제작 사례에서 설명한 숙련도 향상을 통한 효율성 증대였다(Smith, 1776). 즉 철선을 가늘게 늘이고 적절한 길이로 자른 다음 끝을 뾰족하게 갈고 구부려서 핀을 제작하는 데 포함되는 다양한 과업들을 모든 노동자가 처음부터 끝까지 수행하기보다는, 각 노동자가 한 가지 과업을 반복적으로 전담해서 수행하는 것이 숙련도 향상과 학습에 훨씬 더 효율적이라는 것이었다. 즉 스미스의 분업은 학습 효율성learning efficiency이 핵심 목적이었다.

그런데 스미스의 분업과 전혀 달리 테일러가 노동자들 간 극단적 분업을 주장하는 핵심 목적은 노동자의 대체가능성substitutability이었다. 다양한 과업들을 혼자서 모두 수행하는 노동자에게 발병이나 사고 등으로 결원이 생겼을 때는 그 여러 과업들을 다 수행할 수 있는 대체 인력을 구하기가 어렵기 때문에 전체 조직의 생산과정이 각 개인 노동자의 상황에 의해 큰 영향을 받게 된다. 그러나 한두 가지 단순 과업만 수행하는 노동자는 쉽게 대체가능하기 때문에 각 노동자의 개인적 이해관계나 사정과 상관없이 전체 조직의 생산과정은 안정적으로 계속되므로 대량생산이 가능해지는 것이다.

이와 같은 노동자들 간 극단적 분업이 집권화를 통한 노사 간 분업과 결합됨으로써 드디어 과학적 관리법의 대표적 이미지인 단순반복 작업이 탄생하게 되었다. 즉 과학적

그림 2-6 과학적 관리법과 단순반복 작업의 직무 구조

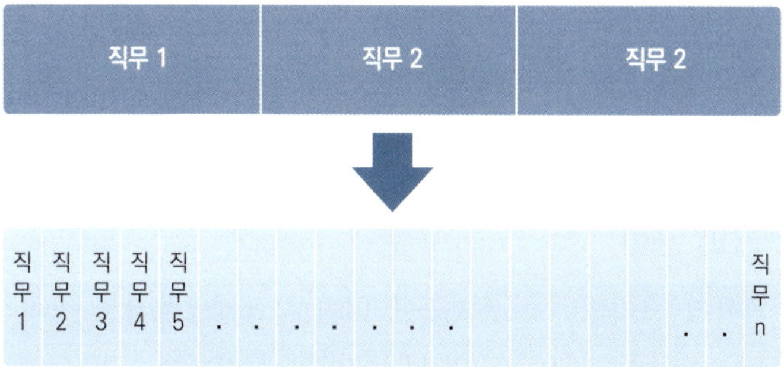

직무 1	직무 2	직무 2

↓

직무 1	직무 2	직무 3	직무 4	직무 5	.	.	.	.	.	.	.				.	.	직무 n

관리법의 각 노동자는 자신의 일에 관련된 의사결정 권한이 전혀 없이 경영진이 배정한 한두 가지 극도로 단순한 과업을 지시 받은 절차와 방법, 도구로 반복적으로 수행하는 존재가 된 것이다. 이런 현대 산업사회 노동자들의 단순반복 작업 이미지는 거장 채플린Charlie Chaplin의 걸작 영화 〈모던 타임즈Modern Times〉(1936)를 통해 생생하게 소개되어 전 세계적으로 충격을 주기도 했다. 과학적 관리법의 노동자들 간 극단적 분업을 통한 단순반복 작업의 결과 각 노동자 개인은 기술적 숙련도가 없이도 누구나 할 수 있는 단순한 일을 반복적으로 수행하는 존재가 되었는데 이를 브레이버만은 탈숙련화deskilling라고 불렀다(Braverman, 1974).

경영자 간 분업과 기능적 감독자

테일러는 경영자들 사이에서도 분업을 주장했다. 테일러는 과학적 관리법 체제에서 노동자는 단순반복 작업만 수행하면 되는 데 비해 경영자의 부담이 극도로 과중해진다고 지적했다. 과학적 관리법에서 경영자는 담당 부서 구성원들의 업무수행에 대한 일상적인 관리감독 역할을 수행하는 것에 더하여 시간과 동작 연구 등을 통해 최적의 업무수행 방식과 절차, 도구의 개발을 추가로 수행해야 하기 때문이었다. 따라서 테일러는 경영자의 역할을 두 가지로 유형으로 분업하여 각자 자신이 맡은 업무에만 집중할 것을 제안하였다.

첫 번째 유형의 경영자는 전통적인 경영관리자의 역할인 생산현장에서 노동자들의 과업수행을 지휘·감독하고 통제하는 역할을 전담하도록 하였는데 이를 일선감독자first-line supervisor라고 불렀다. 이에 비해 두 번째 유형의 경영자는 기존에 존재하지 않았던 과학적 관리법만의 새로운 경영자 역할들을 수행하였다. 예를 들면, 생산계획을 수립하고, 생산 시스템을 설계하며, 시간과 동작 연구 등을 통해 최적의 업무수행 방식과 절차, 도구 등을 찾아내는 것과 같은 고차원적이고 전문가적인 역할들을 전담하였는데 이들을 기능적 감독자functional foreman라고 불렀다. 이런 일선감독자와 기능적 감독자간 분업은 이후 현대 조직경영에서 라인-스태프 간 역할분담으로 발전한다.

과학적 선발과 훈련

테일러의 과학적 관리법은 노동자들에 대한 사람경영에서도 과학적 선발과 훈련scientific selection and training을 주장했다. 테일러 이전까지 대다수의 기업에서는 노동자가 필요하면 일당 임금만 제시하고 찾아오는 노동자들을 무차별적으로 채용해서 업무를 수행하게 했다. 그런데 테일러는 각 개인마다 다양한 직무별로 가지는 신체와 정신적 적성이 다르기 때문에 구체적인 직무별로 그 직무에 최적화된 조건을 가진 사람을 과학적으로 평가해서 선발해야 한다고 강조했다.

그리고 선발 후에도 단순히 배당된 업무를 약속한 일당 임금을 받고 각자 알아서 수행하도록 하던 기존 방식에서 탈피하여 각 직무를 수행하는 최적의 효율적 방식을 훈련시켜야 한다고 강조했다. 바로 시간과 동작 연구로 개발한 "the one best way"를 모든 노동자들이 사용하도록 의무화하고 훈련시켜야 한다는 것이었다. 현대적 인적자원관리 관점에서 보면 당연한 선발과 교육훈련이지만 이런 개념 자체가 전무하던 1900년대 초의 상황에서는 그야말로 획기적인 시도였다.

차별성과급과 경제적 동기부여

단순반복 작업과 함께 일반인들에게 가장 잘 알려진 과학적 관리법의 대표적 경영기법이 바로 차별성과급 제도differential piece-rate payment이다. 그런데 테일러의 차별성과급 제도는 일반적 성과급 제도와 조금 다른 특수한 구조를 가지고 있다. 일당이나 주급, 월급 등 기간 단위로 미리 약속된 임금을 지불하는 전통적인 고정급 제도fixed-rate payment와 달리, 단순성과급 제도straight piece-rate payment라고도 부르는 일반적 성과급 제도는 생산량에 따라 임금을 결정하는 제도이다.

그런데 테일러는 일반적 성과급과 달리 기업과 노동자가 동시에 이익을 계속적으로 증가시켜 나갈 수 있는 독특한 모델인 차별성과급 제도를 제안했다. 먼저 그는 노동자들이 평균적으로 달성할 수 있는 표준생산량을 측정했다. 그리고 표준생산량까지는 생산량과 성과급이 정비례하는 일반적인 단순성과급을 적용했다. 그러나 표준생산량을 초과하는 생산량에 대해서는 성과급 액수를 대폭 증가시켜 예외적으로 높은 성과를 창출한 노동자들은 매우 높은 임금을 받을 수 있도록 했다. 그런데 흥미로운 사실은 기존 단순성과급 제도에서는 표준생산량에 대해 제시되는 성과급에 만족하던 노동자들이 약간의 추가적 노력으로 표준생산량을 초과하기만 하면 획기적으로 높은 차별적 성과급을 받을 수 있게 되면서 자발적으로 추가적인 노력을 기울였고, 그 결과 노동자들의 평균 생산량이 대폭 증가해서 기업과 노동자에게 모두 대규모 이익증대를 가져다주었다.

그림 2-7 단순성과급과 과학적 관리법의 차별성과급

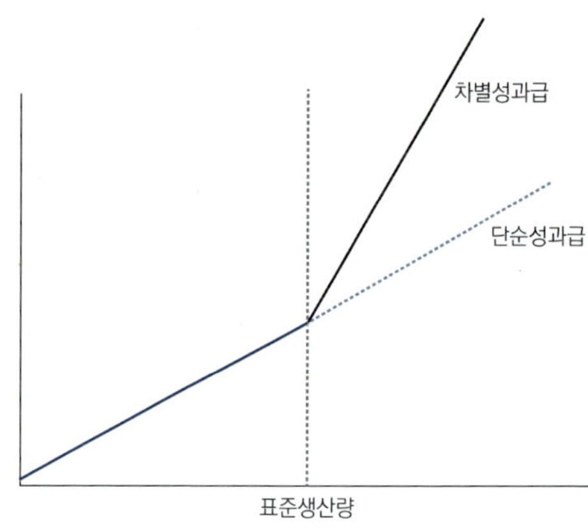

테일러의 차별성과급 제도는 기업의 생산성과 노동자의 임금을 동시에 계속 증가시킴으로써 그가 과학적 관리법을 설파하며 제시한 두 가지 비전 중 하나인 노사 간 공동번영co-prosperity의 핵심적인 제도적 기반으로 작용했다. 그런데 여기에서 한 가지 중요한 사실은 노동자들이 차별성과급을 받으려고 표준생산량을 초과하는 성과를 산출하기 위해 경쟁적으로 노력해서 대다수의 생산성이 증가하면 결과적으로 평균 생산성인 표준생산량 자체가 자동적으로 계속 상승하게 된다는 것이다.

따라서 노동자들은 높아진 표준생산량을 초과하는 성과를 창출하기 위해 더 열심히 노력할 수밖에 없게 되는 계속적인 노력 추가의 순환 구조가 형성되는 것이다. 그 결과 과학적 관리법이 과거의 장시간 노동에 의한 착취를 없앴지만 노동자들의 노동강도labor intensity는 그 이전과는 비교도 할 수 없을 정도로 높아졌다. 이런 관점에서 우리나라 많은 조직들이 1990년대 말 IMF위기를 전후하여 글로벌 스탠다드 경영기법이라는 명분하에 앞다투어 도입한 성과급 제도인 연봉제가 가지는 양면성에 대해 다각적이고 심층적으로 생각해볼 필요가 있을 것이다.

포드의 과학적 관리법 완성과 20세기 대량생산 조직경영의 탄생

테일러의 과학적 관리법이 실세계 조직경영에서 완벽에 가깝게 실현된 것은 헨리 포드Henry Ford의 대량생산mass production 시스템에 의해서이다. 포드는 치밀한 분업에 기반한 단순반복 작업 등 테일러리즘의 핵심 원리들을 생산현장에 철저하게 적용한 것에 더하여 자신만의 혁신을 한 가지 추가하여 과학적 관리법을 극단적으로 실행했기 때문에 포디즘Fordism이라는 표현이 별도로 생길 정도로 파급력이 엄청났다.

컨베이어벨트와 과학적 관리법의 기계화

테일러리즘을 한 단계 향상시킨 포디즘의 핵심은 바로 컨베이어벨트 시스템의 도입이다. 테일러의 단순반복 작업 시스템을 통해 극단적으로 분업화된 노동자들 간 연결통합의 속도를 사람이 아닌 기계로 대체한 것이다. 포드가 시카고에서 닭고기를 부위별로 분리하는 공장에서 우연히 아이디어를 얻었다는 컨베이어벨트 시스템이 도입되자 채플린의 영화 〈모던 타임즈〉에서 묘사되듯이 극도로 단순한 작업을 반복하는 노동자들이 작업하는 속도가 벨트의 속도에 의해 기계적으로 결정되게 되었다.

즉 포디즘은 기계화된 형태의 테일러리즘인 것이다. 기존 자동차공장에서는 차체를 한 대씩 작업대 위에 올려놓고 노동자들이 각자 맡은 부품을 가지고 이 작업대로 와서 조립하던 방식을 사용했다. 그런데 포디즘 공장은 노동자들이 컨베이어벨트 앞에 둘러앉아 있고 수많은 차체들을 동시에 탑재한 컨베이어벨트가 계속 돌면서 각 노동자들 앞을 지나가게 설계되었다. 그러면 각 노동자들이 쉴새 없이 자기 앞을 지나가는 차체들에 자신이 담당하는 부품 하나씩을 나사 몇 개 조이는 수준의 단순한 작업으로 조립하는 방식이었다. 컨베이어벨트가 한 바퀴 돌면 자동차를 처음부터 끝까지 혼자서 조립할 수 있는 기술자가 한 명도 없더라도 각자 나사 한두 개씩만 조이면 제품 조립이 완성되는 시스템이었다. 계속 돌아가는 컨베이어벨트 위에 수많은 차체들이 동시에 얹혀져 한 바퀴 돌면 조립이 계속 완성되는 방식이었으므로 그 생산성 증대는 가히 상상을 초월할 정도였다.

대량생산 사회의 실현

포드가 1908년에 하이랜드 파크Highland Park공장에서 컨베이어벨트 시스템을 도입하기 전 자동차산업 생산성은 1905년 기준으로 전 세계 모든 자동차업체들의 생산량이 연간 약 5만 대 정도에 머물렀고 가장 싼 자동차가 당시 환율로 2,000달러 정도였다. 그러나 포드가 새로운 방식으로 생산한 모델T 자동차의 누적 생산량은 1925년에 1,500만 대를 돌파하였고 가격은 250달러로 떨어졌다. 그야말로 대량생산mass production이 실현된 것이다. 그 후 포드식 대량생산은 전 세계 모든 국가의 모든 산업으로 급속히 확산되어 20세기 대량생산 사회를 만들어냈다. 그 후 GM이 1923년 시장 세그먼트별로 독립적인 사업부를 설립해 다양한 차종을 공급했지만 기본적으로 포드식 대량생산 시스템을 사내에 여러 개 운영하는 방식이었다. 그리고 1970년대 이후 전 세계적으로 확산된 토요타Toyota의 유연생산flexible production 방식인 토요타 생산시스템Toyota Production System도 기본적으로 포드식 대량생산을 수정·보완한 것이었다.

과학적 관리법의 등락: 범세계적 확산과 치열한 비판

조직을 기계처럼 설계하고 관리하는 테일러의 과학적 관리법은 포드에 의해 완성되어 그 후 현재까지 100여 년 이상 전 세계 모든 산업들과 심지어 비영리/공공부문에까지 지대한 영향을 미치며 현대적 조직경영의 핵심 패러다임으로 작용해 왔다.

급속한 범세계적 확산

그 이후의 다양한 조직경영 패러다임들의 등장에도 불구하고 20세기 초 이래 현재까지 모든 산업과 부문들을 통틀어 전 세계적으로 단연 가장 중대한 영향을 미친 조직경영 패러다임은 논란의 여지가 없이 테일러의 과학적 관리법이었다. 테일러가 베들레헴제철을 사직하고 본격적인 사회운동가로 나선 1900년 초 이래 과학적 관리법은 그 강도와 범위에서 조직경영 패러다임 역사상 전무후무한 파급력을 가지며 전 세계로 퍼져 나갔고 1911년에는 테일러가 자신의 과학적 관리법을 체계적으로 정리한 책까지 출간하였다. 생산성과 노동자 임금을 동시에 급증시킨 과학적 관리법은 초기에는 노사 양측으로부터 동시에 열렬히 환영을 받으며 전 세계적으로 급속히 확산되었다. 노조가 초기 과학적 관리법의 가장 큰 지지세력 중 하나였을 정도였다.

치열한 비판과 반대 운동의 시작

그런데 전혀 예상 밖으로 과학적 관리법이 본격적으로 확산되기 시작한지 10여 년도 채 안 된 1910년대 중반이 되자 갑자기 노동자들을 중심으로 격렬한 반대운동이 전개되기 시작하였다(Merkle, 2023). 테일러리즘에 대한 반대가 치열해지며 심각한 사회적 문제가 되자 정부가 개입하여 노동경제학자인 혹시Robert F. Hoxie 박사를 위원장으로 한 조사청문회인 혹시위원회Hoxie Committee를 설립해 1914년에서 1915년에 걸쳐 과학적 관리법의 문제점에 대한 대대적 조사가 실시되기도 하였다. 임금이 이전과 비교도 할 수 없을 정도로 급상승하고 노동시간도 대폭 단축되었음에도 불구하고 노동자들이 격렬하게 반대하는 이유를 기업 경영자들은 물론 정부나 테일러 자신도 도무지 이해할 수 없었다.

과학적 관리법에 대한 반대가 초래한 사회적 혼란은 1915년 테일러의 사망과 1차 세계대전의 발발로 잠시 주춤하였으나 그 후 20세기 전체에 걸쳐 수시로 발생하며 심각한 사회 문제가 되었다. 그러나 생산성 증대의 정도가 전대미문의 수준이었으므로 기업들이 이를 포기하고 과거 모델로 회귀할 수는 없었다. 그러나 뒤에서 자세히 논의하겠지만 노동자들의 탈숙련화deskilling와 단순반복 작업에 따른 소외alienation 등의 문제는 과학적 관리법이 계속 확산되고 효율화되면서 20세기 전체를 관통하는 현대 산업사회의 가장 심각한 사회문제로 끊임없이 비판을 받았다(Braverman, 1974). 과학적 관리법은 다양한 산업과 부문, 지역, 국가들로 계속 확산되었지만 동시에 반대도 점점 더 격렬해지는 두 가지 정반대의 추세가 공존하면서 역사적으로 발전하여 왔다.

관료제와 행정조직의 고전적 패러다임: '강철 우리'의 현대 사회

테일러의 과학적 관리법과 함께 조직경영의 고전 패러다임에서 양대 축을 이루는 모델이 바로 관료제bureaucracy 조직이다(Weber, 1968/1921; 1952/1904; Monteiro and Adler, 2022). 흔히 관료제의 확산에 주도적 역할을 한 사람으로 막스 베버Max Weber를 언급하는 경우가 있으나 전혀 잘못된 이해이다. 테일러가 과학적 관리법을 전 세계를 근본적으로 바꾸기 위한 사회운동으로 열렬히 전파했던 것과 달리, 베버는 당대 최고의 거장 사회이론가로서 이 새로운 조직형태를 학문적으로 연구하였다.

새로운 형태의 조직에 대한 막스 베버의 학문적 정리

베버는 관료제 조직을 실천적으로 지지하거나 전파한 것이 아니라 그 본질과 역사적 중요성을 누구보다 정확하고 깊이 있게 파악해서 학문적으로 정리한 고전 조직이론 최고의 학자였다. 그는 19세기 말에서 20세기 초에 걸쳐 관료제라는 새로운 형태의 조직이 범세계적으로 급속히 확산되는 역사적 변천 과정에 대해 이론적 의미를 부여하는 중요한 학문적 작업을 수행하였다. 그러나 베버의 연구는 모든 면에서 타의 추종을 불허할 정도로 너무나 체계적이고 깊이가 있어 관료제 조직에 대한 일종의 표준적 해석으로 인정되었으나 베버 스스로가 이 새로운 현대적 조직형태를 규범적normative으로 옹호하거나 전파한 것은 결코 아니었다. 뒤에서 자세히 살펴보겠지만 오히려 베버는 관료제가 광범위하게 확산될 수밖에 없는 다양한 장점들과 함께 본질적 모순과 한계를 가진다고 정확하게 예측하였다.

19세기 말 관료제 등장의 역사적 배경

베버는 19세기 말에서 20세기 초에 이르는 현대 사회로의 대전환기를 관통하는 핵심 논리인 **"범세계적 합리화**worldwide rationalization**"**에 초점을 맞추어 관료제 조직의 출현을 설명했다(Weber, 1968). 합리화의 구체적인 하부구조적 실행기반이 바로 관료제라는 새로운 조직형태라는 것이다. 먼저 베버는 19세기 말에 범세계적 합리화가 주도적 시대정신이 된 원인으로 다음 세 가지의 역사적 변화에 초점을 맞추었다.

시장경제: 19세기 중후반에 현대적 시장경제가 급속히 확산되고 성숙해지면서 효율성에 대한 요구가 급증한 것이 관료제 출현의 핵심 원인 중 하나였다. 18세기 후반의 미국과 프랑스 혁명을 기점으로 서구 주요국가에서 권위주의적 왕정이 연쇄적으로

그림 2-8 막스 베버 Max Weber(1864~1920)

자료: https://ko.wikipedia.org/wiki/%EB%A7%89%EC%8A%A4_%EB%B2%A0%EB%B2%84

붕괴되면서 실용적인 사고를 가진 부르주아 계층 중심으로 시장경제가 급속히 확산되었다. 시장은 이익을 추구하는 무수한 참여자들 간 경쟁이 핵심 규칙이므로 생산과 수요, 공급의 모든 단계에서 끊임없는 효율성 증대를 요구한다. 특히 19세기 중후반 교통과 통신 기술의 발전 등으로 시장의 규모와 범위가 급격히 성장하면서 효율성에 대한 요구도 비례하여 급증하였다. 그 결과 시장경제가 광범위하게 확산된 19세기 말이 되면서 사회 전반에 걸쳐 기존 조직화 방식의 비효율성을 극복하려는 추세가 극도로 강해졌기 때문에 새로운 조직화 대안이 역사적으로 절실하게 필요해진 것이다. 시장경제의 확산에 따라 급증한 효율성을 추구하는 시대정신을 반영하는 조직화 방식으로 등장한 것이 관료제 조직이라는 것이 베버의 설명이다.

과학기술 발전: 잘 알려진 대로 19세기 중후반은 세계사에 유례없을 정도로 모든 분야에서 과학기술의 발전이 전례 없이 가속화된 시기이다. 앞에서 살펴본 교통통신 기술의 발전은 물론, 파스퇴르Louis Pasteur의 세균학, 다윈Charles R. Darwin의 진화론, 맥스웰James C. Maxwell의 전기장이론, 멘델Gregor Mendel의 유전법칙 등 우리가 잘 알고 있는 현대적 과학의 혁명적 발전이 광범위한 분야에서 동시에 진행되었다. 이런 과학기술의 급발전과 확산은 사회적으로도 합리적 사고를 급증시켜서 보다 합리적인 새로운 조직화 방식을 요구하게 되었다. 즉 과학기술의 발전에 자극 받아 확산된 합리적 사고가 과학기술의 경계를 넘어 사회 전반에 걸쳐 광범위하게 확산되어 당연시되는 핵심적인 규범으로 자리잡은 것이 바로 현대 사회이며 그 핵심적 하부구조로서 시대적으로 요구된 것이 바로 합리적인 새로운 조직화 방식이었던 것이다.

민주주의: 정치적 민주화로 현대적 시민사회가 도래하면서 사회 전반에 걸친 합리성에 대한 기대가 급증하였다. 즉 기존 권위주의적 왕정질서하에서 비합리적인 현실도 수용하고 순응할 수밖에 없던 대다수 사회 구성원들이 이제는 독립적 시민이자 경제행위자로서 효율적이고 합리적인 새로운 조직화 방식을 요구하게 된 것이다. 즉 독립적이고 합리적인 사고를 하는 민주시민으로서 논리적으로 이해하고 동의할 수 있는 새로운 조직화 방식을 강하게 요구하기 시작한 것이다.

전통적 조직화 방식: 특권층 지배체제

범세계적인 합리화의 역사적 추세에도 불구하고 기존 주도적 조직화 방식은 합리성과 효율성에 대한 시대적 요구를 충족시킬 수 없었다. 베버는 기존 주도적 조직화 방식의 핵심 원리를 왕족이나 귀족, 소유주 등 소수 특권층 개인들이 중심이 된 특권층 지배체제aristocracy로 규정했다. 여기에서 지배체제를 뜻하는 영어표현인 ~cracy의 개념을 이해할 필요가 있다. 다양한 종류의 단어들 뒤에 붙는 접미사인 ~cracy는 바로 앞에 붙는 단어가 지배하는 체제라는 의미를 가진다. 예를 들면, 민주주의를 뜻하는 democracy는 민중demo이 지배cracy하는 체제라는 뜻이다.

이런 관점에서 19세기 말 이전까지 기존의 주도적 조직화 방식이었던 특권층 지배체제aristocracy는 aristo가 지배하는 체제라는 뜻이다. 일반적으로 귀족으로 번역되는 aristo는 뛰어나다 혹은 특별하다 등을 의미하는 arete라는 그리스어 단어가 어원인데 여기에서 예술을 뜻하는 art나 귀족 혹은 상위계층을 뜻하는 aristo 등의 표현이 파생되었다. 즉 특권층 지배체제로 번역할 수 있는 aristocracy는 정치적으로는 왕이나 귀족, 또 경제적으로는 소유주나 장인과 같은 대다수 구성원들과 구분되는 특별한 소수가 지배cracy, 즉 주도하는 조직화 방식을 의미했다.

특권층 지배체제에 기반한 조직화의 한계

앞에서 설명한 장인과 같은 독립적 소생산자의 사례에서 볼 수 있듯이 특권층 지배체제는 19세기 중후반의 역사적 대전환이 발생하기 이전까지 오랜 기간 정치적 영역뿐 아니라 경제적 영역에서도 중심적 조직화 방식의 역할을 수행해 왔다. 그런데 19세기 중후반에 범세계적 합리화worldwide rationalization의 역사적 요구를 기존 특권층 지배체제가 효과적으로 충족시키지 못하고 한계에 봉착하면서 새로운 대안으로 등장한 것이 바로 관료제조직이라는 것이 베버의 해석이다.

그렇다면 기존 특권층 지배체제가 19세기 말에 등장한 범세계적 합리화의 요구를 효율적으로 충족시키지 못한 원인은 무엇일까? 베버는 기존 특권층 지배체제의 핵심 장점 자체가 동시에 한계로 작용하였다고 설명한다. 위에서 설명했듯이 정치나 경제를 막론하고 특권층 지배체제가 경쟁우위와 같은 가치를 창출하는 핵심 원천은 바로 소수 특권층aristocrats의 개인적 능력이다. 예를 들면, 대표적인 특권층 지배체제인 왕정의 경쟁력은 특정 왕 개인의 정치적 지배력에 의해 좌우되었다. 따라서 귀족이나 소유주 등 특권층 개인이 유능하게 지배적 지위에 부여된 역할을 수행할 때는 그 집단은 높은 성과를 창출할 수 있다. 그러나 그 반대의 경우에는 소수 특권층의 무능이나 실패가 전체 집단을 붕괴시킬 수도 있는 양방향의 가능성이 있는 것이다.

베버는 특히 자유재량권을 독점한 특권층 개인의 임의적 행동discretionary behaviors이 비합리적 선택으로 이어질 때의 위험을 강조한다. 이런 경우 전통적 특권층 지배체제에는 이들 소수가 전체 사회나 집단에 치명적 위험을 초래할 가능성을 막을 수 있는 구조적 장치가 없는 것이다. 특히 베버는 이들 소수 특권층 개인들이 사회를 지배할 때 친인척과 같은 자신과 유사한 이해관계와 성향을 가진 소수를 등용하는 족벌주의nepotism가 전체 사회를 비합리성irrationality과 비효율성inefficiency에 빠뜨릴 위험을 강조한다. 바로 이런 전통적 특권층 지배체제의 역사적 한계를 극복하기 위해 등장한 새로운 대안이 바로 관료제 조직이라는 것이다.

관료제 조직의 본질과 핵심 특성

베버는 19세기 말 범세계적 합리화라는 새로운 시대정신의 출현으로 역사적 한계에 봉착한 기존 특권층 지배체제aristocracy를 대체할 합리적이고 효율적인 새로운 조직화 방식이 필연적으로 요구되었는데 그 결과로서 탄생하여 급속하게 확산된 것이 바로 관료제 조직bureaucracy이라고 주장한다.

관료제 명칭의 의미

앞에서 설명하였듯이 관료제bureaucracy라는 명칭의 문자적 의미는 bureau가 지배cracy하는 조직화 방식을 뜻한다. 여기에서 bureau는 원래 문서용 책상을 의미하는데 바로 이런 문서 책상들로 채워진 공간, 즉 사무실을 의미한다고 볼 수도 있다. 이런 면에서 bureau의 핵심 구성요소는 바로 문서documents이며 문서가 담고 있는 핵심 내용은 바로 문서화된 공식적 규칙과 절차formal rules and procedures 등이다. 비공식 규범informal norms과 달리, 규칙과 절차는 문서화될 때 공식적formal인 행동 기준이 된다. 이런 관점에서 관료제bureaucracy라는 명칭은 귀족, 소유주, 장인 등 특권층 개인들의 임의적discretionary 행동의 지배에서 벗어나서 문서의 지배를 받는 조직화, 즉 문서화된 공식적 규칙과 절차에 의해 모든 의사결정과 행동이 진행되는 새로운 조직화 방식을 의미한다.

관료제 조직의 핵심 특성

베버가 정리한 19세기 말부터 급속하게 확산된 관료제 조직의 핵심 특성, 즉 관료제의 원칙principles of bureaucracy은 다음과 같다.

공식 규칙과 절차: 단연 가장 중요한 관료제 조직의 특성은 공식 규칙과 절차formal rules and procedures에 의한 경영이다. 즉 모든 의사결정과 행동이 철저하게 공식 규칙과 절차에 따라 진행된다는 것이다. 특히 중요한 것이 '공식formal' 규칙과 절차이다. 여기에서 공식이란 규칙과 절차가 **미리 문서화**pre-written되었다는 것을 의미한다. 따라서 특권층과 같은 특정 개인이 자신의 임의적 판단이나 족벌주의에 의해 마음대로 의사결정할 수 없으며 반드시 사전에 명문화된 기준에 따라 행동해야 하는 것이다. 이것이 바로 문서bureau가 지배한다cracy는 관료제의 의미인 것이다. 19세기 말경부터 새로운 관료제 조직이 급속하게 확산된 결과 명확한 규칙과 절차 없이 특정 개인의 자의적 판단에 의해 경영되던 과거의 특권층 지배체제aristocracy와 비교도 할 수 없을 정도로 합리성과 효율성이 폭발적으로 급증하였다. 그러나 동시에 관료제 성격이 강한 조직에서는 아무리 내용적으로 합리적인 요구더라도 미리 규정된 공식 규칙과 절차가 없는 경우에는 담당자가 "사정은 이해하지만 규정이 없어서 도와드리기 어렵다"는 반응을 보이는 것을 흔히 경험하게 된다. 그러나 이런 한계는 특권층의 개인적 호불호에 따른 임의적 행동으로 합리성이 왜곡되는 것을 막아주는 장점의 이면이라고 볼 수 있을 것이다.

수직적 권한: 관료제 조직에서는 구체적으로 미리 규정된 규칙과 절차가 없는 사안에 대해서는 수직적 권한hierarchical authority에 기반하여 의사결정과 행동을 한다. 여기에서 수직적 권한authority은 타인의 행동을 강제적으로 통제할 수 있는 능력인 권력power과 다르다. 권한은 일종의 **정당성**legitimacy을 가진 권력으로 강제력을 행사할 수 있는 구체적 대상과 범위가 사전에 공식적으로 명문화되어 규정되어 있다. 또한 수직적 권한은 특정 개인에게 주어지는 것이 아니라 **직책**position에 공식적으로 부여된다. 따라서 관료제 조직에서 각 계층 관리자들은 미리 명문화된 규칙과 절차에 따라 자신의 직책에 부여된 공식적 업무를 수행하다가, 미리 정해진 규칙과 절차가 없는 사안에 대해서는 상위 계층 관리자의 공식 권한에 기반한 명령에 따라 행동하게 된다. 바로 이런 이유 때문에 관료제 조직에서 담당자가 "상급자의 결정을 기다리고 있다"

는 반응을 보이는 것을 흔히 관찰할 수 있다.

기능적 전문화: 수평적 차원에서 관료제는 철저한 기능적 전문화functional specialization를 강조한다. 전문화란 수평적 분업을 의미하는 것으로서 관료제는 전체 조직의 업무를 수평적으로 최대한 세분화해서 별도의 부서로 만든 다음 철저하게 자신이 맡은 업무에만 전문화하여 수행한다. 즉 관료제 조직은 타 부서의 업무나 전체 조직 수준의 업무에 대해서는 관여하지 않고 각자 맡은 담당 업무에만 전념하도록 요구하는 것이다. 바로 이런 이유 때문에 관료제 조직의 특성이 강한 관공서 등에 가서 민원을 요청하면 흔히 듣게 되는 대답이 바로 "저희 부서 담당 업무가 아니라 도와드리기 어렵다"는 반응이다. 그러나 이런 전문화는 과거 특권층 지배체제에서 소수 권력자가 임의로 모든 의사결정에 관여하던 비합리성을 제거한다는 큰 장점을 가지고 있다.

전문성 기반 계약고용: 관료제 조직에서 사람경영의 핵심 원칙은 전문성expertise과 계약고용이다. 즉 관료제는 특정 개인에 대한 의존도를 철저하게 제거하기 위하여 모든 개인 구성원과 조직 간 관계는 일시적 계약관계로 규정한다. 태생적으로 결정되고 평생 지속되며 유전되던 왕이나 귀족 같은 전통적 특권층의 자격요건과 달리, 관료제 소식에서는 어떤 사람도 영구적 구성원이 될 수 없고 공식적으로 정해진 계약기간 동안만 구성원 자격을 가지는 것이다. 그리고 관료제 조직에서 고용계약의 관계가 형성되고 유지되는 조건은 철저하게 각 개인의 업무관련 전문성이다. 따라서 원래 의미에서는 관료제 조직은 평생직장이나 고용안정 같은 개념은 존재하지 않는다. 각 개인과 조직 간 관계는 조직의 업무수행에 관한 그 사람의 전문성이 보장되는 한도 내에서만 일시적으로만 유지되는 계약관계이다.

수직적 승진: 관료제 조직의 핵심적 동기부여 방식은 수직적 승진이다. 조직의 각 계층에서 각자에게 맡겨진 전문화된 업무수행에서 높은 성과를 창출하면 상위 계층으로 승진될 것이라는 기대가 핵심적인 동기부여 원천이다. 즉 관료제 조직은 성과급 임금제도와 같은 경제적 이익추구 보다는 상향적 성장욕구의 충족을 동기부여 기반으로 더 중시한다. 물론 상향적 승진은 임금상승과 상관관계가 있기는 하지만 반드시 일치하지는 않는데, 이런 경우 관료제 조직의 구성원들은 수직적 승진을 더 중시한다.

관료제 조직의 범세계적 확산: '강철우리'의 패러독스

위에서 살펴본 다섯 가지 핵심 특성들을 중심으로 하는 관료제 조직은 19세기 후반에 본격적으로 등장한 이래 전통적인 특권층 지배체제aristocracy의 비합리성을 극복하며 급속히 범세계적으로 확산되었다. 특히 관료제 조직은 현대 사무행정 조직, 즉 화이트칼라 조직의 원형으로 확고하게 자리잡았다. 관료제 조직은 관료라는 명칭이 일반적으로 암시하는 것과 달리 공공조직에만 한정되어 확산된 것은 결코 아니다. 관료제 조직은 19세기 후반에서 20세기 초반에 걸쳐 비영리/공공 조직은 물론 영리기업까지 폭넓게 확산되며 현대 사회의 대표적 조직형태가 되었다.

흥미로운 사실은 관료제 조직은 합리성과 효율성, 그리고 현대성의 상징으로서 급속하게 확산되면서 동시에 격렬한 비판과 반대에 부딪혔다는 것이다. 예를 들면, 관료제 조직은 권위주의, 부서 이기주의, 경직성, 비인간화, 비효율성, 수단과 목적 전도 등의 다양한 한계를 가진 것으로 비판 받았다(Merton, 1940). 그러나 이런 비판에도 불구하고 관료제는 다양한 국가와 산업, 부문들로 지속적으로 확산되면서 현대 사회의 대표적 조직형태가 되었다.

'영혼 없는 전문가들'의 강철우리

관료제 조직에 대한 이런 양면적 반응의 해석과 이해에 가장 깊고 풍부한 통찰력을 제공한 사람은 이 새로운 조직형태를 최초로 정리한 베버였다. 그의 명저 〈개신교 윤리와 자본주의 정신The Protestant Ethic and the Spirit of Capitalism〉의 마지막 장chapter에서 베버는 사회이론 역사상 가장 유명하면서도 동시에 심오한 개념을 제시한다(Weber, 1952). 19세기 중후반에서 20세기 초까지 살았던 그는 당시 새로 등장해 급속하게 확산되고 있던 관료제 조직이 극도로 효율적이고 합리적이며 현대적이기 때문에 그의 표현에 따르면 "지구표면에 묻혀 있는 마지막 석탄 한 덩어리를 캐내어 다 태울 때까지 절대 없어지지 않을 것"이라고 주장한다.

그러나 동시에 그는 관료제 조직이 따뜻한 인간의 손길을 전혀 느낄 수 없이 규칙과 절차에만 의존하는 등 차갑고 비인간적인 조직형태로서 인류에게 마치 반짝거리는 튼튼한 "강철로 만든 우리iron cage" 같은 존재가 될 것이라고 예측한다. 반짝이는 강철은 튼튼하고 현대적이지만 차갑다. 관료제가 바로 그렇다는 관찰이다. 그리고 이런 강철우리 같은 관료제 조직을 지배하는 사람들은 우리가 아는 피와 살을 가진 인간이 아니라, 규칙과 절차에 대한 전문가이지만 따뜻한 가슴은 없는 "영혼 없는 전문가들 specialists without spirit"일 것이라는 섬뜩한 예언을 했다. 우리가 현재 살아가는 조직들의 사회(Perrow, 1991)를 지배하는 경영자들의 행동과 사고방식에 대한 깊은 이해를 제공하는 놀라운 통찰력이 아닐 수 없다.

두 고전 패러다임의 공통점: 기계로서 조직과 탈개인화

테일러와 베버는 서로의 존재를 모른 채 독립적으로 과학적 관리법과 관료제 조직에 대해 정리했다. 그런데 두 사람이 각기 제시한 현대적 조직경영 모델의 내용을 자세히 들여다보면 상호 소통이 없었음에도 불구하고 놀라울 정도로 유사점이 많다. 이런 면에서 학계에서는 이들이 제시한 조직경영 패러다임을 혼용하여 사용해 왔다. 예를 들면, 조직이론가 앨빈 굴드너Alvin Gouldner(1955)는 과학적 관리법과 대량생산을 산업 관료제industrial bureaucracy로 지칭했으며, 마찬가지로 조직이론가 찰스 퍼로우Charles B. Perrow(1991)는 테일러리즘을 공장 관료제factory bureaucracy로 불렀다.

과학적 관리법과 관료제의 유사성

그렇다면 과학적 관리법과 관료제는 구체적으로 어떤 유사점이 있을까? 두 고전 패러다임의 구체적 내용들을 차원별로 대비시켜 보면 놀라울 정도의 상호 유사성을 쉽게 발견할 수 있다. 다음 다섯 가지가 두 고전 패러다임의 대표적 공통점이라고 볼 수 있다.

공식 규칙과 절차: 과학적 관리법과 관료제는 모두 미리 정해진 공식적 규칙과 절차를 철저하게 준수하게 함으로써 조직경영에서 개인적personal 요소를 배제한다. 과학적 관리법은 개별 노동자의 역량이나 선호를 철저히 배제하고 정교한 시간과 동작 연구time and motion study를 통해 미리 선택된 과학적 업무수행 방식인 the one best way를 예외 없이 사용하도록 강제하였다. 마찬가지로 관료제도 개별 구성원의 임의적discretionary 행동을 철저히 배제하고 미리 정해진 공식적 규칙과 절차formal rules and procedures를 따르도록 강제했다. 즉 이 두 가지 고전적 패러다임은 인간적 요소를 최대한 제거하여 기계와 같은 합리성과 효율성, 그리고 예측가능성을 조직경영에서 실

현하고자 한 것이다.

수직적 집권화: 과학적 관리법과 관료제는 모두 권한관계에서 수직적 집권화를 강조한다. 과학적 관리법은 개인 구성원들의 임의적 행동을 배제하기 위해 노동자와 경영진간 철저한 수직적 분업을 통한 집권화를 강조했다. 즉 경영진은 시간과 동작연구를 통해 최선의 작업수행 방법을 결정하고, 노동자들은 이렇게 선택된 방법을 따라 기계적으로 단순반복 작업하는 역할을 수행하도록 만든 것이다. 관료제에서는 이런 조직화 원리를 계층적 권한hierarchical authority에 대한 복종으로 표현한다. 즉 상위 계층이 의사결정한 것을 하위 계층 구성원들은 기계적으로 실행만 하는 것이다.

수평적 분업: 과학적 관리법과 관료제는 모두 수평적 분업을 적극적으로 추구한다. 과학적 관리법은 단순반복 작업으로 불릴 정도로 노동자 간 수평적 분업을 극대화하였다. 유사한 조직화 원리가 관료제 조직에서도 강조되었는데 바로 기능적 전문화이다. 여기서 전문화란 분업을 표현하는 다른 명칭이다. 즉 명칭은 다르지만 관료제 조직도 수평적 분업을 극단적 수준으로 강조하고 있는 것이다.

능력주의: 과학적 관리법과 관료제는 모두 인력의 선발에서 능력주의를 강조한다. 테일러는 과학적 관리법의 핵심 원리인 최적의 업무수행 방식the one best way 원칙을 종업원 선발과 교육훈련에도 똑같이 적용하였다. 즉 테일러는 각 직무별로 최적의 신체와 심리적 조건을 보유했느냐 여부를 기준으로 채용하는 과학적 선발scientific selection과 선발된 노동자들에게 최적의 업무수행 방식을 훈련시키는 과학적 교육훈련scientific training을 실시하였다. 관료제조직의 고용원칙인 전문성 기반 고용과 승진은 과학적 관리법의 과학적 선발과 교육훈련과 완전히 동일한 논리에 기반하고 있다. 관료제도 사람경영의 핵심 기준을 직무관련 전문 능력으로 규정하고 있다. 즉 고전 패러다임은 공통적으로 선발과 배치, 승진, 교육훈련에서 철저한 능력주의를 추구하고 있는 것이다.

성과주의: 과학적 관리법과 관료제는 모두 보상과 동기부여에서 성과주의를 강조한다. 동기부여의 기반으로 과학적 관리법은 성과에 따른 경제적 성과급을 강조하는데 비해 관료제조직은 수직적 승진에 초점을 맞춘다. 즉 구성원 동기부여에서 과학적 관리법과 관료제는 공통적으로 인센티브와 성과 간 강한 인과관계를 강조하고 있다. 그러나 구체적인 인센티브의 내용은 두 패러다임 간 차이가 있는데 과학적 관리법은 차별성과급이라는 경제적 인센티브를 강조하는 데 비해 관료제는 보다 사회구조적 인

센티브인 승진을 강조한다. 그러나 대부분의 조직에서 승진에 따라 임금도 함께 상승한다는 사실을 고려할 때 이 두 가지는 실제 조직경영 현장에서는 서로 밀접하게 연동되어 있다고 볼 수 있다.

고전 패러다임의 기계론적 조직관

이렇게 볼 때 테일러가 제시한 과학적 관리법과 베버가 정리한 관료제 조직은 그 기반 원리가 거의 동일하며 공통적으로 19세기 말에서 20세기 초에 서구 사회를 중심으로 새롭게 등장한 현대 조직의 설계와 경영의 핵심 기반으로 광범위하게 확산됐다. 바로 위에서 살펴본 이 두 가지 패러다임의 다섯 가지 공통점은 명확하게 기계론적 조직관을 나타내고 있다.

즉 과학적 관리법과 관료제는 공통적으로 조직을 일종의 기계organization as a machine로 간주하며 기계처럼 설계하고 관리했다는 점에서 동일한 세계관, 즉 패러다임에 속한다고 볼 수 있다. 이런 측면에서 19세기 말에서 20세기 초에 이르는 기간 동안 거의 동시에 출현한 현대적 조직에 대한 최초의 본격적 경영모델인 과학적 관리법과 관료제를 조직경영의 고전적 패러다임classical paradigm으로 함께 분류하는 것은 타당하다고 볼 수 있을 것이다. 그리고 이 두 패러다임은 고전classical이라는 표현이 시사하듯이 단순히 최초라는 시간적 의미를 넘어서 그 이후 100여 년의 역사적 변천 과정에서도 쉽게 흔들리지 않는 현대 조직경영의 가장 기본적이고 중추적인 기반으로 역할을 아직까지 수행해오고 있는 것이다.

고전적 패러다임의 핵심 논리 탈개인화

두 고전적 패러다임의 기계론적 조직관의 핵심 논리에 대해 가장 명확하게 한 마디로 설명한 학자는 사회학의 거장 탈콧 파슨스Talcott Parsons일 것이다(Parsons, 1947). 파슨스는 유럽에서만 주로 알려져 있던 베버를 미국 사회과학계에 본격적으로 알린 소개 글에서 고전적 조직경영 패러다임의 핵심 논리를 탈개인화impersonalization로 규정했다. 앞에서 살펴보았듯이 과학적 관리법과 관료제 조직은 공통적으로 특정 개인의 영향력을 최소화하는 것, 즉 탈개인화가 합리적이고 현대적이며 과학적인 조직경영의 가장 중요한 핵심 요건이라고 전제했던 것이다.

고전 패러다임의 한계: 기계론적 조직관의 자기파괴의 씨앗

조직을 일종의 큰 기계로 보고 설계하고 관리한 고전 패러다임은 인류 역사상 전대미문의 엄청난 생산성 급증을 초래하며 현대 산업사회 도래의 핵심적 기반이 되었다. 그러나 초기에 노사 양측으로부터 열렬한 환영을 받았던 테일러의 과학적 관리법이 의회 청문회의 대상이 될 정도로 격렬한 반대에 부딪히고, 또 합리성과 효율성의 상징으로 극찬 받았던 관료제 조직이 경직성과 비인간화, 그리고 비효율성의 상징으로 비판받게 된 원인은 무엇일까?

핵심 강점인 탈개인화가 결정적 한계로

현대 산업사회 도래의 핵심 기반으로 인정받을 정도로 강력했던 고전 패러다임의 기계론적 조직 모델은 그 핵심 강점이 의도치 않게 결정적 약점이 된 자기파괴의 씨앗으로 인해 한계에 부딪히게 된다. 앞에서 살펴보았듯이 19세기 중후반에 현대적 조직이 탄생하게 된 원인은 기존 독립적 소생산자들 간 수평적 시장거래와 특권층 지배체제aristocracy가 특정 개인에 대한 높은 의존도 때문에 교통과 통신 기술의 급발전으로 형성된 거대 시장을 대상으로 한 안정적이고 예측가능한 생산을 담당할 수 없었기 때문이었다. 그 결과 탈개인화를 통해 개인의 영향력을 최소화한 기계와 같은 조직경영을 추구한 고전적 패러다임이 등장하여 현대 산업사회라는 인류역사상 전대미문의 엄청난 결과를 창출하였던 것이다. 즉 탈개인화가 기계론적인 고전적 조직경영 패러다임의 가장 중요한 성공방정식이었던 것이다.

그러나 기계론적 조직관의 결정적 한계는 현대 조직의 가장 핵심적 구성요소가 볼트나 너트 같은 기계 부품이 아닌 사람이라는 사실이었다. 즉 핵심 구성요소가 사람들인 조직을 부품들로 구성된 기계처럼 설계하고 경영하려고 시도했던 것이 고전 패러다임의 결정적 한계였다. 왜냐하면 기계의 부품인 볼트나 너트와 달리 조직의 부품인 인간은 기계는 절대 가질 수 없는 감정과 욕구, 생각, 사회관계 등을 가진 특별한 존재이기 때문이다. 즉 인간을 일종의 기계 부품으로 간주하고 설계하고 관리하여 엄청난 기능주의적 성과를 창출한 고전적 조직경영 패러다임은 결국 인간과 관련된 비기계적 요소들 때문에 한계에 봉착할 수밖에 없는 자기파괴의 씨앗을 태생적으로 가지게 되는 것이다. 완벽한 기계 부품이 될 수 없는 인간을 핵심 부품으로 기계와 같은 조직을 설계하고 경영한 것이 근본적 한계였던 것이다.

조직의 핵심 구성요소 인간의 한계

그렇다면 인간인 구성원들이 조직에 출근하면 자신의 감정이나 욕구 등 인간적 요소들을 철저하게 배제하고 일하며 퇴근 후 귀가해서는 다시 인간적 요소들을 회복하는 방식으로 이 문제를 해결할 수는 없을까? 우리가 흔히 듣는 공사의 구분은 바로 이런 조직 내 행동과 개인 생활 간 분리를 의미하는 개념이다. 그러나 조직이론가 필립 셀즈닉Philip Selznick은 공사 간 완벽한 분리는 불가능하다고 주장한다. 그 이유는 인간의 **분리 불가능성**inseparability 때문에 조직에 일하러 갈 때 과업수행과 관련된 역량과 지식만 가지고 가고 나머지 개인적 감정과 욕구는 집에 분리해서 남겨두는 일종의 "부분적인 조직 참여는 불가능impossibility of partial participation" 하기 때문이다. 즉 모든 개인은 부분이 아닌 "전인적 인간으로서 조직 생활에 참여하는participate as a whole" 것이다(Selznick, 1957).

그 결과 감정과 욕구를 가진 인간이 마치 기계 부품처럼 컨베이어 벨트 앞에 앉아서 하루 종일 단순반복 작업을 수행할 때 발생하는 것이 바로 자신의 행동과 사고, 그리고 육체와 정신이 분리되는 **소외**alienation 현상이다. 고전 패러다임의 기계론적으로 설계되고 관리되는 조직에서의 소외 현상은 포디즘 대량생산 공장을 풍자한 채플린의 1936년 영화 〈모던 타임즈Modern Times〉에 생생하게 묘사되어 있다.

기계론적 탈개인화를 넘어 새로운 패러다임으로

고전적 패러다임이 이런 심각한 한계에 봉착하게 된 핵심 원인은 그 가장 중요한 장점이 바로 과거 조직화 방식의 특정 개인에 대한 과도한 의존에서 초래된 비합리성과 비효율성을 극복한 철저한 탈개인화였기 때문이다. 기계론적 조직관에 기반한 탈개인화를 통해 이전 단계의 한계를 극복하고 인류 역사상 전대미문의 성장을 달성해 낸 장점의 의도치 않은 자기파괴의 씨앗seed of self-destruction이 바로 새로운 모순과 한계의 원인이었던 것이다. 따라서 새로운 패러다임 전환은 탈개인화된 고전적 패러다임의 기계론적 조직관을 넘어서 조직경영에서 인간의 문제를 해결할 수 있는 방향으로 전개되어야 했던 것이다. 그 결과 등장한 새로운 대안이 바로 조직경영의 인간관계론human relations 패러다임이다.

인간의 특수성 인식과 인간관계론 패러다임: '사회'로서의 조직

변증법적 역사발전 법칙이 제시하듯이 고전 패러다임의 모순과 한계에 대한 인식은 그 한계를 극복하는 방향으로 새로운 패러다임의 탐색을 유도하였다. 고전 패러다임이 위기에 부딪힌 가장 중요한 원인이 인간으로 구성된 조직을 기계로 간주하고 설계하고 경영했기 때문이라는 비판은 인간적 측면에 초점을 맞춘 새로운 조직경영 패러다임으로의 전환을 촉진했는데 그것이 바로 인간관계론human relations 패러다임이다(Mayo, 1933; Wright and Ritter, 2023).

기계론적 고전 패러다임의 위기: 과학적 관리법에 대한 비판과 저항

과학적 관리법에 기반한 테일러리즘과 포디즘은 대량생산을 통해 인류역사상 전대미문의 생산성 폭증과 임금의 급증을 창출하며 노사 양측에서 열렬한 환영을 받았으나 얼마 지나지 않아 노동자들의 격렬한 반대에 봉착했다.

비판 원인에 대한 몰이해

앞에서 자세히 설명했듯이 과학적 관리법의 문제를 조사하기 위해 테일러 자신이 증인으로 출석한 의회 청문회까지 개최될 정도로 심각한 사회 문제로 발전하였으나 그 원인을 명확하게 이해하기는 어려웠다. 경영자들 입장에서는 노동시간이 줄고 업무환경이 대폭 개선되었으며 무엇보다 임금이 급상승했는데 노동자들이 격렬하게 반대하는 이유를 이해하기 어려웠다. 무엇보다 경영자들은 아무리 반대가 심해도 생산성과 수익을 획기적으로 증가시킨 테일러리즘을 포기할 수는 없었다. 그러다 1914년에 1차 세계대전이 발발하고 1917년에 미국이 참전하면서 전쟁기간 동안 노사갈등과 테일러리즘에 대한 반대가 한동안 수면 아래로 가라앉아 있었다.

임시방편 대응책과 광란의 1920년대

그러나 1918년 말에 1차 세계대전이 종전되면서 전시 비상 체제가 끝나자 또다시 테일러리즘에 대한 격렬한 반대가 재개되어 경영자들을 곤혹스럽게 만들었다. 이런 상황에서 세계 최고의 부국이자 채권국으로 급성장한 미국의 기업 경영자들은 테일러리즘은 그대로 유지 강화하면서 노동자들이 불만을 표출할 때마다 임금인상 등 추가적인 경제적 보상을 제공해서 무마하는 전략을 선택했다. 이 대응 전략은 과학적 관리법에 기반한 대량생산 덕분에 생산성이 많게는 수십 배 급증했기 때문에 거기서 창출된 대규모 여유 자원으로 충분히 감당할 수 있어서 일시적으로는 큰 효과를 발휘했다.

이런 방식의 임시방편 해결책은 경영자들이 노동자들이 불만을 제기할 때마다 문제를 근본적으로 해결하기보다는 마치 자선사업 하듯이 돈을 펑펑 쓰며 달래는 방식이었으므로 자선사업식 경영philanthropic management으로 불릴 정도였다. 또 기업들의 수익이 급성장하면서 임금인상을 방만하게 남발하며 자원을 미친듯이 낭비했다는 의미에서 "광란의 1920년대the roaring twenties"라고 불리기도 한다(Stillman, 2015).

대공황과 임시방편의 한계

그런데 과학적 관리법과 대량생산의 구조적 한계인 소외와 비인간화 문제의 근본 원인은 그대로 내버려둔 채 임금인상 등 경제적 보상을 남발하며 임시방편으로 막아왔던 자선사업적 경영은 1920년대 말이 되자 더 이상 지속할 수 없게 되었다. 광란의 1920년대의 비합리성과 낭비가 대공황이라는 심각한 결과를 초래한 것이다. 대공황이 1929년부터 본격화하면서 기업들이 자선사업식 경영으로 노동자들을 달랠 수 있는 자원이 고갈되어버린 것이다. 더구나 경기가 급속히 위축되고 기업들이 연쇄 도산하며 일자리가 급감하여 해고자가 양산되자 노사 간의 갈등은 걷잡을 수 없이 심화되었다.

호손공장 실험: 테일러리즘의 오류를 찾아서

엄청난 생산성 향상을 창출해준 과학적 관리법을 절대 포기할 수는 없었지만 대공황으로 인한 경제의 악화로 임금인상 등의 임시방편으로 노동자들의 불만을 무마할 수도 없는 사면초가 상황에서 갈등이 걷잡을 수 없이 악화되자 기업 경영자들은 외부 전문가들에게 도움을 청하기로 했다.

본격적 경영컨설팅의 시작

이것이 바로 최초의 본격적인 대규모 경영컨설팅 프로젝트 중 하나였던 호손실험 Hawthorne Experiments이다(Mayo, 1933; Muldoon, 2017). 위기에 처한 기업 경영자들이

그림 2-9 호손실험의 계전기 조립실 실험 장면

자료: https://www.mbaknol.com/wp-content/uploads/2010/04/Hawthrone-Experiment-Relay-Assembly-Mbaknol.jpg

당시 하버드Harvard대학 산업사회학과 교수였던 메이요Elton Mayo를 필두로 한 헨더슨Lawrence J. Henderson, 뢰슬리스버거Fritz J. Roethlisberger, 딕슨William J. Dickson 등 학계 전문가들에게 테일러의 과학적 관리법의 문제와 한계를 전문적으로 연구해서 해결책을 제시해달라는 대규모 장기 컨설팅 프로젝트를 발주한 것이다.

경영자들은 메이요 등 참여 학자들에게 과학적 관리법의 한계를 다양한 전문적 방법론으로 현장에서 연구할 수 있도록 아예 한 공장 전체를 할당하여 원하는 모든 실험을 하도록 지원했는데 그 공장이 바로 시카고 교외의 작은 마을인 호손Hawthorne에 소재한 웨스턴전기The Western Electric의 한 공장이었다. 호손공장은 당시 미국 최대의 전구생산 공장으로서 종업원 수가 2만 명 정도였다. 여기서 그 유명한 **호손실험**Hawthorne Experiments이 1924년부터 1932년에 걸쳐 메이요를 중심으로 한 사회과학자들 주도로 시행되었다.

테일러리즘의 사회과학적 검증

호손공장의 실험들은 모두 과연 테일러리즘이 바람직한가 여부를 실제 생산현장에서 평가하기 위해 과학적 관리법의 핵심 주장들을 하나씩 실험 등과 같은 최신 사회과학적 방법들을 동원하여 검증한 것이다. 즉 호손실험은 과학적 관리법의 가정들 assumptions의 실제 조직현장에서의 타당성을 검증한 것이었다. 호손실험은 크게 조명실험illumination experiment, 계전기 조립실 실험relay room experiment, 인터뷰 실험interview experiment, 배전기 권선실 관찰실험bank-wiring room observation experiment 등으로 구성되었다.

조명실험

맨 먼저 실시된 조명실험illumination experiment은 호손공장의 엔지니어들이 주도했는데 테일러가 강조했던 작업현장의 물리적 작업조건이 과연 생산성에 결정적 영향을 미치는가를 검증하였다. 테일러는 각 작업자의 작업에 영향을 미칠 가능성이 있는 조건들을 일일이 치밀하게 미리 설계해 놓을 정도로 작업현장의 물리적 조건을 중시했다.

실험 진행자들은 전기제품 생산과정에서 극도로 정밀한 작업이 필요한 기판 납땜의 성과에 가장 중요한 물리적 작업조건인 조명이 어느 정도 영향을 미치는지를 연구했다. 그런데 조명의 밝기를 다양하게 변화시켜 보았으나 예상과 달리 생산성에 유의미한 변화가 없었다. 반대로 엔지니어들의 생산성이 실험이 시작되면 올라갔다가 실험이 끝나면 떨어지는 패턴을 보였다. 즉 자신이 선발되어 실험에 참여하고 있고 자신의 작업행동이 관찰되고 있다는 사회적 관계가 생산성에 영향을 미친 것이다. 테일러가 강조했던 물리적 작업조건 보다 오히려 사회적 관계가 생산성에 더 큰 영향을 미친다는 새로운 사실을 발견한 것이다.

계전기 조립실 실험

조명실험의 예상치 못한 결과를 기반으로 보다 더 과학적인 실험을 위해 메이요 등 하버드 교수들이 본격적으로 주도하기 시작한 계전기 조립실 실험relay assembly room experiment에서는 다양한 작업조건이 생산성에 미치는 영향을 정밀하게 연구하기 시작했다. 예를 들면, 작업 시간과 휴식 시간, 근무 날짜, 급여 등 다양한 작업조건들을 변경시켜가며 생산성에 미치는 영향을 통계적으로 분석하였다. 이 실험은 여직원들을 대상으로 자기들이 원하는 동료들로 6명 내외의 소규모 팀을 스스로 구성하게 하고 정밀한 조립 작업을 수행하게 하였다.

메이요 등 실험자들은 테일러가 과학적 관리법에서 강조했던 다양한 작업조건들을 변화시켜 보았으나 생산성에 거의 영향을 미치지 않는다는 것을 발견하였다. 오히려 동료가 아파서 결근하면 다른 팀원들이 추가적 보상이 없음에도 불구하고 평소보다 더 열심히 일해서 생산성 감소를 극복하는 과학적 관리법에서 상상하기 어려웠던 동료들 간 자발적 도움이 관찰되었다. 또 한 작업자가 작업장 조명이 너무 어둡다며 밝은 전구로 바꿔줄 것을 요구했을 때 즉시 수용하는 척하고 동일한 전구를 계속 사용했음에도 불구하고 자신의 요구가 경영진에 의해 존중된 것으로 착각하고 작업태도가 변화해 생산성이 증가한 사례도 관찰됐다. 즉 물리적 작업조건보다 동료관계와 존중 등과 같은 사회심리적 조건이 생산성 향상에 더 중요한 영향을 미친다는 것을 발견한 것이다.

인터뷰 실험

앞의 두 가지 실험에서 발견된 예상 밖의 결과의 사회심리적 기반을 이해하기 위해 실시된 인터뷰 실험interview experiment은 약 2년간에 걸쳐 호손공장의 2만여 명의 종업원들 대부분을 일일이 인터뷰하면서 회사생활에서 경험하는 개인적 애로사항이나 불만을 경청하는 실험이었다. 이 실험에서는 종업원들에게 특별한 질문을 묻기보다는 각자가 하고 싶은 말들을 자유롭게 하도록 허용하고 연구진과 경영진은 경청하는 비구조적 인터뷰 방법이 주로 활용되었다. 인터뷰에서 대부분의 종업원들은 처우 개선이나 임금, 작업환경 등과 같은 공식적이고 물리적인 조건보다는 인간적 대우나 동료관계 등과 같은 사회심리적이고 관계적인 문제들을 주로 이야기하였다.

그런데 예상 못한 결과 중 하나는 인터뷰를 하고 나면 다른 작업조건이나 처우의 개선이 없어도 종업원들의 만족도와 생산성이 대부분 높아졌다는 사실이다. 즉 시간과 동작 연구와 차별성과급 등에 기반해 물리적이고 경제적인 조건들의 설계에 초점을 맞춘 테일러의 과학적 관리법과 달리, 종업원들은 저명 학자들과 경영진들이 자신을 존중하여 의견을 경청했다는 사실 자체에 의해 동기부여가 된 것이었다.

배전기 권선실 관찰 실험

종업원들이 실험에 참여한다는 인식 자체가 행동에 영향을 미칠 수 있기 때문에 배전기 권선실 관찰 실험bank-wiring room observation experiment에서는 연구진의 개입을 최소화하고 실제 작업현장의 행동과 상호작용 과정을 있는 그대로 관찰하는 데 초점을 맞추었다. 10명 정도의 남성 노동자들로 구성된 팀이 함께 작업하는 배전기 권선은 엄청나게 굵은 원거리 전선을 큰 회전축인 배전기에 감아 이동해야 하므로 육체적 힘이 요구되는 작업이다.

그런데 경영진에 의해 임명된 공식 작업팀장이 대다수가 강건한 육체노동자들로 이루어진 팀원들에 비해 신체적으로 왜소할 때 공식 직책에도 불구하고 실제 팀작업 과정에 대한 영향력이 약하며, 반대로 공식 직책에서는 일반 팀원 신분이더라도 구성원들의 비공식적 인정과 존경을 받는 카리스마 있는 종업원이 오히려 팀 프로세스에 더 큰 영향을 미치는 것이 관찰되었다. 즉 테일러가 과학적으로 설계한 공식 조직이 실제 현장에서는 비공식 조직의 영향으로 효과적으로 작동하지 않을 가능성이 발견된 것이다.

또한 작업자들 사이에 공유되는 비공식적 규범이 있어서 조직에서 공식적으로 정해진 규칙이나 절차보다 더 우선시되는 상황도 흔히 관찰되었다. 예를 들면, 너무 방만하게 일하면 안 되지만 동시에 과도하게 열심히 일해서 동료들의 차별성과급 기준액을 높여서는 안 된다는 암묵적 행동규범이 작업자들 사이에서 자발적으로 준수되고 있는 것이었다. 따라서 테일러가 제시한 차별성과급 제도가 실제 현장에서는 이런 비공식적 규범 때문에 효과적으로 작동하지 않는다는 사실을 발견한 것이다.

인간관계론 패러다임의 형성: 기계를 넘어 사회로

호손실험은 테일러의 과학적 관리법이 치열한 반대에도 불구하고 급속하게 전 세계로 확산되고 있던 1930년대 초의 기업경영과 학계에 엄청난 충격을 주었다. 테일러의 과학적 관리법이 물리적 조건과 경제적 동기부여, 그리고 공식 조직의 설계에 초점을 맞추었던 데 반해, 호손실험은 사회적이고 비공식적이며 인간관계적인 조건들이 생산성에 더 중요하다는 완전히 새로운 관점을 제시한 것이다. 그 결과 이 새로운 조직경영 패러다임은 인간관계론Human Relations으로 불리게 되었다.

조직경영의 패러다임 전환

인간관계론은 조직경영에 대한 세계관, 즉 패러다임의 전환이었다. 기존 고전적 패러다임과 인간관계론간 관계는 연속선상의 개선이 아니라 **불연속적 전환**이었다. 즉 20세기 초에 현대적 조직경영이라는 새로운 사회적 영역을 창조하여 현대 산업사회의 도래를 촉발한 고전적 패러다임의 등장 이래 1930년 초 인간관계론의 등장은 첫 번째 패러다임 전환의 사건이었다.

인간관계론의 등장으로 조직경영의 주 관심사가 **물리적** 조건에서 **인간적** 조건으로, 그리고 **공식** 조직에서 **비공식** 조직으로 불연속적으로 전환되었다. 또한 조직의 핵심 구성요소인 인간에 대한 전제도 **경제인**economic man의 가정에서 **사회인**social man의 가정으로 완전히 달라졌다. 고전적 패러다임에서 과업수행 **기계**task machine로 인식되었던 조직의 개념이 **사회**society 혹은 더 구체적으로 인간관계로 불연속적으로 전환된 것이다. 그 결과 이전과 완전히 다른 새로운 조직경영 패러다임이 등장했는데 인간이 경영의 핵심 대상으로 인식되기 시작한 것이다.

인간관계론 패러다임의 기여

인간관계론은 그 패러다임의 이론적 완성도나 실천적 파급효과 등에서 과학적 관리법이나 관료제와 같은 고전적 패러다임에 비해서 상대적으로 영향력이 작다고 볼 수도 있지만 조직경영의 역사에 이론과 실천 양면에서 몇 가지의 중요한 영향을 미친 것은 누구도 부인할 수 없는 사실이다.

인간의 특수성 인식: 인간관계론은 인간 자체를 조직경영의 주요 대상으로 인식한 첫 번째 패러다임이다. 즉 조직경영에서 다른 생산요소들과 구별되는 인간의 특수성을 처음으로 인정하게 된 것이다. 과학적 관리법에서는 인간을 다른 기계 부품이나 원자재 등과 동일한 원가요소로 인식하였기 때문에 특수성을 인정하지 않았다. 과학적 관리법의 기계론적 조직관에서는 셀즈닉Philip Selznick이 지적했듯이 조직구성원들이 출근할 때 역량이나 기술 등 기계 부품적 요소들만 조직으로 가져오고 감정이나 사회관계 같은 인간적 요소들은 분리해서 집에 남겨 두고 왔어야 했다. 그러나 인간의 분리불가능성inseparability 때문에 함께 전인적으로 조직에 참여participate as a whole했기 때문에 끊임없이 갈등과 저항을 불러 일으킨 것이다(Selznick, 1957). 그러나 테일러는 조직을 기계로 보고 사람을 부품으로 인식했기 때문에 이런 격렬한 비판과 저항의 원인을 이해하지 못했다. 이와 달리 인간관계론은 사람은 다른 부품이나 원자재와 전혀 다른 특수한 존재로서 특별한 관리가 필요하다고 주장한다. 그 결과 특수한 존재로

서 인간만을 관리하기 위한 인사 전담부서가 인간관계론의 등장과 함께 최초로 탄생하였는데 그것이 이후에 인적자원관리부서human resource management department 등으로 다양하게 불리며 대부분의 조직들로 확산된 인사부서personnel management department이다. 인간관계론의 등장으로 사람이 경영의 핵심 요소 중 하나로 당연시되게 된 것이다.

새로운 경영 활동들의 탄생: 인간관계론 패러다임이 확산되며 그 이전까지 조직경영에서 전혀 거론되지 않았던 다양한 요소들이 경영의 핵심 요소로 새롭게 등장하였다. 예를 들면, 종업원 만족, 동기부여, 커뮤니케이션, 리더십, 제안과 참여, 상담, 사기morale, 응집력cohesiveness 등 지금은 당연시되는 다양한 조직경영 행위들이 이때 처음으로 실무 현장과 학계에 등장했다. 엔지니어 출신인 테일러에 의해 과업 수행을 위한 기계의 설계와 작동으로 인식되었던 조직경영이 인간관계론의 등장으로 사람들의 관계와 행동을 중심으로 완전히 다른 관점에서 새롭게 재인식된 것이다.

대안적 시도들 촉발: 인간관계론은 그 이후에 등장한 다양한 새로운 경영모델들의 탄생에 기여해 왔다. 대표적으로 구성원들과의 장기 신뢰 관계와 소속감, 조직 충성심, 팀워크 등을 강조하는 독특한 경영모델인 일본식 경영Japanese management은 1970년대 이래 전 세계 조직경영에 광범위한 영향을 미쳤는데 이는 인간관계론에 영향을 받아 형성된 것이다. 즉 데밍Edwards Demming과 오노Taiichi Ohno 등이 당시 인간관계론의 탄생지였던 미국 기업들의 새로운 변화를 관찰하여 모방하고 수정·보완해 개발한 것이 일본식 경영인 것이다. 그리고 최근에도 인간관계론은 이 책 11장에서 자세히 설명할 상시 창조적 혁신을 강조하는 새로운 경영환경의 도래와 함께 다시 재조명되고 있다. 즉 20세기 초에 테일러와 포드 등에 의해 고전적 조직경영 패러다임이 형성된 이래 100여 년 이상 전세계 경제를 주도해 왔던 대량생산과 달리, 21세기형 경영의 핵심 원리인 상시 창조적 혁신은 시스템으로 대체할 수 없으며 반드시 사람이 중심이 되어야 하기 때문이다. 따라서 창조와 혁신을 기업경영의 중심으로 강조하는 인간중심 경영human-centered management이 최근 강조되고 있는데 인간관계론의 21세기적 재해석이라고 볼 수 있을 것이다.

학문적 기여: 인간관계론 형성의 기반이 된 1924년에서 1932년에 이르는 기간 동안의 호손실험은 조직경영의 실무 현장뿐 아니라 경영학을 비롯한 광범위한 학문분야들에 중요한 학문적 기여를 하였다. 지금은 사회과학과 자연과학 모두에서 당연시되

는 연구방법론인 실험집단experimental group과 통제집단control group의 구분은 호손실험에서 최초로 시도된 것이었다. 그리고 호손실험 연구진들의 또 다른 중요한 학문적 기여는 풍부한 데이터와 기록의 축적이었다. 호손실험에 참여한 학자들은 연구과정에서 수집된 광범위한 데이터를 원데이터raw data 형태로 충실하게 남겼다. 그 결과 호손실험의 데이터를 새로운 이론과 방법론으로 재분석한 수많은 후속 연구가 창출되기도 했다. 호만스George Homans(1958)의 사회교환이론social exchange theory과 버트Ronald Burt(1987)의 사회 네트워크 연구는 호손실험의 데이터를 그 후에 발전된 새로운 방법론과 이론으로 재해석한 것이다. 무엇보다 인간 행동과 관련된 사회학, 심리학, 인류학 등 다양한 학문분야들 간의 학제간 접근interdisciplinary approach을 통해 1950년대에 형성되어 사회과학 발전의 핵심 접근법이 된 행동과학behavioral science은 호손실험과 인간관계론에서 출발했다고 해도 과언이 아닐 것이다.

인간관계론의 한계: 도구적 인간관계와 '젖소 사회학자'

인간관계론은 1930년대 초에 호손실험을 기반으로 제시되어 엄청난 파장을 일으키며 급속하게 확산되었다. 그리고 앞에서 언급했듯이 실무 조직경영과 학계에 공히 무수한 새로운 개념과 경영기법들을 탄생시켰다.

그러나 1930년대 말에 2차 세계대전이 발발하자 전시체제가 가동되며 더 이상의 학문적 발전은 어려워졌다. 물론 전시에 다양한 인종과 계층 출신들이 함께 군대조직에 근무하게 되면서 이들 간의 관계 관리에 상당한 기여를 하였다는 평가도 있다(Breen, 2002). 그러나 2차 세계대전 종전 후에는 별다른 주목을 끌지 못하고 그 다음 모델인 환경적응 패러다임에 주도권을 넘겨주고 만다. 특히 20세기 현대 산업사회 도래의 결정적 기반이 되었다고 평가되는 과학적 관리법과 같은 고전적 패러다임에 비해 인간관계론은 그 파급효과가 상대적으로 약했던 것은 사실이다. 결과적으로 인간관계론은 기존 주도적 패러다임이었던 과학적 관리법과 같은 고전적 패러다임의 완전 대체에는 실패하고 부분적 보완에 그치고 말았다. 인간관계론의 결정적 한계는 무엇일까?

도구주의적 인간관계의 한계

인간관계론의 가장 근본적 한계는 도구주의적 인간관계이다. 앞에서 살펴보았듯이 인간관계론 탄생의 계기는 과학적 관리법에 대한 저항과 반대를 해결하여 지속적으로 생산성 향상을 추구하는 것이었다. 메이요와 경영진을 비롯한 호손실험 주체들의 궁극적 관심사는 어떻게 하면 인간관계 갈등에서 오는 생산성 저하를 막을 수 있을 것인가 하는 것이었다. 인간관계론에서 말하는 인간관계는 그 자체가 목적이 아니라 생산성 향상의 수단이었던 것이다.

따라서 인간관계론은 종업원들과의 인간관계 향상을 강조하기는 했지만 인간에 대한 진정한 관심과 배려가 목적은 아니었다. 이런 측면에서 호손연구에서 모든 실험의 종속변수, 즉 결과변수가 생산성이었다는 점은 큰 시사점을 가진다. 즉 인간관계론은 좋은 인간관계가 종업원 만족을 낳고, 종업원 만족은 궁극적으로 생산성 향상을 가져온다는 일련의 인과관계를 전제로 하고 있는 것이다. 그 이름과 달리 결국 인간관계론의 최종 관심사는 인간이 아닌 생산성이었던 것이다.

젖소 사회학자로 비판

이런 면에서 생산성 향상의 수단으로 인간을 강조하는 인간관계론은 과학적으로 설계된 작업 방식과 시스템을 통해 생산성 향상을 추구한 과학적 관리법과 본질적으로는 다르지 않다고 볼 수도 있다. 단지 독립변수 즉 생산성 향상을 발생시키는 원인변수가 다를 뿐이다.

이런 관점에서 사회학자 다니엘 벨Daniel Bell(1956)은 자신의 선배 하버드 사회학자인 메이요 등을 "젖소 사회학자cow sociologists"로 부르며 비판하였다. 목축업자들이 우유를 많이 짜내기 위해 젖소들을 잘 닦아주고 쓰다듬어 주며 따뜻하게 대해주듯이 메이요와 호손 학자들은 노동자들의 생산성을 짜내기 위해 친밀한 인간관계를 주장하고 있다는 것이다. 즉 인간관계론에서 주장하는 인간관계는 인간 자체에 대한 진정성 있는 관심이 결여된 도구주의적 개념이라는 것이다.

생산성 수단으로서 인간의 한계

이렇게 볼 때 결국 생산성 향상의 수단으로서 인간관계론 패러다임의 운명은 그 수단성의 상대적 경쟁력에 의해 결정될 수밖에 없다. 즉 과학적 관리법과 인간관계론이 둘 다 기본적으로 생산성 향상의 수단으로 추구되었기 때문에 둘 중 어느 쪽이 더 우월한 생산성 향상의 수단인가에 따라 주도적 패러다임으로서 우열이 결정되는 것이다.

이렇게 볼 때 실무 경영자에게 이 두 가지 중 하나만 선택하라고 한다면 대다수는 과학적 관리법을 선택할 가능성이 훨씬 높을 것이다. 물론 잘 알려진 사우스웨스트Southwest항공이나 고어텍스Gore-Tex, 파타고니아Patagonia 등의 사례처럼 인간관계론을 조직경영의 핵심 기반으로 활용하여 극도로 높은 성과를 창출할 가능성도 있으나 극소수에 불과한 예외이다. 대다수의 평균적 기업이 인간중심 경영만으로 고성과를 창출하기는 매우 어려울 것이다.

'안정적' 설계와 '민감한' 설계

이에 비해 과학적 관리법은 조직의 유형에 상관없이 최소한 기본적 수준의 성과는 보장한다. 어떤 상황에서도 기본적 수준의 성과를 확실하게 창출할 수 있는 조직경영 모델을 안정적 설계robust arrangement로 분류하고, 반대로 모든 조건이 완벽하게 잘 갖추어지면 극도로 높은 고성과를 창출할 수 있지만 반대로 조금만 어긋나도 심각한 위기로 연결될 수도 있는 조직경영 모델을 민감한 설계fragile arrangement라고 구분해보자.

이 두 가지 유형 설계의 관점에서 분류해보면 테일러의 과학적 관리법은 안정적 설계인 반면에 인간관계론은 민감한 설계로 볼 수 있을 것이다. 이 두 가지 유형 중 한 가지를 선택해야 하는 상황에서 상향적 잠재력upside potential에 초점을 맞추어 극단적 고성과의 가능성을 노리고 인간관계론을 선택하는 기업들도 물론 극소수 있을 수 있으나, 대다수는 최고는 아니더라도 항상 어느 정도 수준의 성과를 보장해주는 과학적 관리법과 같은 안정적 설계를 선택할 것이다. 바로 이런 이유 때문에 인간관계론은 과학적 관리법을 대체하는 주도적 패러다임이 되는 데 실패했으며 보완적 패러다임에 그치고 말았던 것이다.

인간관계에 대한 미시적 관점과 이론적 완성도의 한계

메이요 등이 주도한 인간관계론의 또 다른 한계는 그들이 초점을 맞춘 인간관계는 조직 내부의 소집단small group 수준에서의 미시적 대인관계에 집중되었다는 것이다. 조직 내부에서도 보다 거시적 인간관계 이슈인 노사 간의 갈등 등은 관심사가 아니었으며, 사회 수준에서의 노사관계나 인간관계의 사회구조적 맥락 등은 전혀 고려되지 않았다. 따라서 메이요 등이 제시한 인간관계는 조직 내부 소집단 수준에서 직무만족이나 동료관계, 팀워크, 사기, 응집력 등을 개선하여 생산성 향상의 수단으로 활용하는 것이었다.

그리고 학문적인 완성도에 있어서도 메이요 등의 인간관계론은 인간관계적 요소들이 생산성 향상에 영향을 미친다는 일반론적 주장 이외에는 치밀한 논리체계나 풍부한 이론적 탐구가 부족하였다. 따라서 조직경영 이론의 발전사에도 그 이전의 고전적 패러다임에 비해 기여도가 훨씬 낮으며 그 결과 오래 지속되지 못하고 일시적 유행으로 끝나버렸다. 테일러의 과학적 관리법이나 관료제와 같은 고전 패러다임이 다루었던 기계론적 조직과 달리 인간관계로서의 조직은 훨씬 더 복잡하고 복합적이며 모호한 사회적 체계이다. 따라서 개인적 감정이나 사기, 직무만족 등과 같은 몇 가지 단순한 사회심리적 요소들로 조직경영을 이해하고 설명하려는 시도는 한계에 봉착할 수밖에 없었다.

이후 발전의 기반

인간관계론 패러다임이 고전 패러다임을 내체하는 수도적 패러다임이 되기에는 한계가 있었으나 1930년대 초에 이들에 의해 제기된 관점은 그 후 1950년대 이래 현재까지 행동과학behavioral science과 미시 조직행동micro organizational behavior, 인적자원관리human resource management 등 다양한 분야들로 체계화되어 학문적으로 발전하며 경영학의 중요한 축을 이루어 왔다. 특히 21세기에 접어들며 조직경영이 기존의 양적 효율성 극대화를 탈피하여 상시 창조적 혁신으로 전환하면서 창조와 혁신의 핵심 주체인 인간에 대한 관심이 급증하게 되었고 인간관계론에서 제기되었던 많은 관점들이 현재 훨씬 더 고차원적 수준에서 논의되고 있는 상황이다.

환경의 인식과 환경적응 패러다임: '환경의 하위 시스템'으로서 조직

2차 세계대전 이후 조직경영 패러다임을 포함한 사회의 모든 분야와 구성요소들은 근본적 전환을 겪게 된다. 조직경영의 경우 무엇보다 이때를 기점으로 조직 외부 환경environment의 중요성이 최초로 실무와 이론에 공히 핵심 변수로 등장하게 된 것이다(Galbraith, 2014). 그 결과 2차 세계대전 이후 1960년대에 이르는 20여 년의 기간은 환경이라는 새로운 관점을 중심으로 조직경영의 중대한 패러다임 전환기가 된다.

환경의 하위 시스템으로서 조직의 인식

환경이 조직경영뿐 아니라 모든 사회과학과 자연과학, 그리고 실세계 전체 영역에 핵심 변수로 등장한 것은 무엇보다 2차 세계대전의 영향이 결정적이었다. 2차 세계대전은 여러 의미에서 인류사에 중대한 전환기가 되었다.

외부 환경 인식의 기점으로서 2차 세계대전

무엇보다 최초의 진정한 세계대전world war이었다. 1차 세계대전은 독일과 오스트리아 등의 왕정체제 붕괴와 러시아의 공산혁명을 촉발시키는 등 전 세계 정치경제 구도에 중대한 영향을 미치기는 했으나 전쟁의 범위가 유럽과 러시아, 그리고 후반에 참전한 미국에 한정되었다. 아시아 대부분과 아프리카, 오세아니아, 남미 등은 1차 세계대전과 전혀 상관이 없었기 때문에 진정한 의미에서 세계대전은 아니었다.

그러나 2차 세계대전은 유럽과 미국, 러시아, 아시아 전역은 물론, 아프리카, 오세아니아, 남미까지 전쟁에 휩쓸려 들었던 그야말로 세계 대전이었다. 2차 세계대전이 연합군의 승리로 마무리되자 현대적 조직경영의 발전을 선도했던 미국과 유럽은 처음으로 소위 자신들의 세계인 서구의 외부에 중요한 세력들이 다양한 형태로 존재하며 이들 외부 요소들이 자신들에게 중요한 영향을 미칠 수 있다는 사실을 인식하게 된다. 즉 환경의 영향력을 처음으로 심각하게 인식하기 시작한 것이다.

진화론적 환경적응 관점의 재확산

지성사적으로 다윈의 진화론이 19세기 중반에 등장해 파란을 일으킨 후 상대적으로 정체되어 있다가 2차 세계대전 이후에 다시 조명을 받기 시작했다. 진화론의 핵심은 환경적응environmental adaptation이다. 즉 환경의 성격이 다양하므로 각 환경에 적응하는 방식도 달라져야 한다는 진화론의 적자생존survival of the fittest 논리가 다시 각광을 받게 되면서 조직경영을 포함한 다양한 영역들에 큰 영향을 미치게 되었다. 이때부터 조직경영 분야에서도 환경적응이 가장 중요한 관심사로 자리잡게 되었다.

개방적 시스템 관점과 환경의 하위 시스템으로서 조직

진화론과 함께 2차 세계대전 종전 직후 세계 지성사에 중대한 영향을 미친 관점이 바로 자연과학과 사회과학을 막론하고 공통의 언어common language로 각광을 받은 개방적 시스템 관점open system perspective이었다. 개방적 시스템 관점은 하위 시스템sub-system들이 모여 시스템을 구성하고, 또 그 시스템들이 모여 더 큰 상위 시스템super-system의 하위 시스템이 된다는 방식의 사고방식이다. 개방적 시스템 관점은 2차 세계대전 종전 직후 사회현상은 물론, 자연현상과 공학적 현상 등을 이해하고 설명하며 설계하는 데 중요한 공통의 접근법으로 급속히 확산되었다(Boulding, 1956). 개방적 시스템 관점에서 볼 때 각 조직은 더 큰 상위 시스템인 환경의 하위 시스템이므로 환경적응의 중요성이 조직경영 분야에서도 빠르게 확산되기 시작하였다.

고전 패러다임과 인간관계 패러다임의 공통적 한계

2차 세계대전 종전 후 급속히 발전한 진화론과 시스템 관점을 통합하여 조직에 적용해보면 결국 환경적응environmental adaptation이 경영의 핵심 논리라는 결론이 도출된 것이다. 이에 비해 고전적 패러다임 이래 기존 패러다임들이 추구했던 것은 모든 환경에서 최고의 성과를 창출할 수 있는 유일한 최적의 대안, 즉 the one best way였다. 이런 면에서는 과학적 관리법과 인간관계론이 공히 모든 상황에서 최고의 성과를 창출할 수 있는 절대적인 최적의 대안을 찾으려는 공통적 접근법을 가지고 있었다. 고전 패러다임이 물리적 생산기술 시스템의 최적 대안을 찾으려 시도했던 데 비해, 인간관계론은 사회관계 시스템의 최적 대안을 찾으려 했던 주 관심 대상의 차이가 있을 뿐이었다.

이런 면에서 기존 두 패러다임들은 개방적 시스템 관점에서 보면 외부 상위 시스템으로부터의 영향을 고려하지 않고 시스템 내부의 최적화를 추구한 폐쇄적 시스템closed system 관점을 가지고 있었다고 볼 수 있다. 따라서 두 패러다임은 내부의 효율성 극대화나 내부의 인간관계 극대화를 제공하는 최적의 대안이 있다고 전제하고 그것을 찾기 위해 노력한 것이다. 이런 폐쇄적 시스템 관점은 현재까지도 베스트 프랙티스나 초우량 기업의 공통점을 모방하려는 접근법의 기반으로 여전히 광범위한 영향을 미치고 있다(Collins and Lazier, 2017).

조직경영의 환경적응 패러다임의 등장

그러나 2차 세계대전 이후 진화론과 개방적 시스템 관점을 수용하여 새롭게 탄생한 조직경영의 환경적응 패러다임environmental adaptation은 기존의 폐쇄적 시스템 관점을 탈피하여 외부 상위 시스템인 **환경과 조직간 적합성**fit에 초점을 맞춘다. 환경적응 패러다임에는 1950~1960년대 조직경영 분야의 핵심 이론이었던 상황적합성 이론contingency theory과 상황적합성 이론을 규범적으로 적용하여 실천적 대안 제시를 시도하는 전략경영strategic management이 대표적이다. 그리고 1970년대 중후반 이후에는 조직과 환경과의 관계에 대한 다양한 이론들인 조직경제학organizational economics (Williamson, 1975, 1985), 사회 네트워크이론social network theory(White, Boorman, and Breiger, 1976; Granovetter, 1985; Burt, 1992), 조직생태학organizational ecology(Hannan and Freeman, 1977), 신제도이론(Meyer and Rowan, 1977; DiMaggio and Powell, 1984), 조직학습(March, 1991), 지위기반경쟁이론status-based competition(Podolny, 1993) 등 거시조직이론들macro organization theories이 계속 등장하며 조직행동론의 거시적 접근법들을 제시하였다.

상황적합성 이론과 조직-환경 적합성

조직－환경 간 적합성을 집중적으로 연구했던 대표적 이론이 1950년대 중반에서 1960년대 말까지 모든 사회과학 분야를 통틀어 가장 많은 학술논문을 양산했던 상황적합성 이론contingency theory이다(Woodward, 1965; Lawrence and Lorsch, 1967). 상황적합성 이론은 진화론과 개방적 시스템 관점을 기반으로 조직은 환경의 하위 체계이므로 상위 체계인 **환경과의 적합성**fit 여부가 성과와 생존을 결정한다고 주장한다. 그런데 조직의 상위 체계인 환경은 산업, 시장, 기술, 시기, 정치경제, 문화 등 다양한 요인들의 복합적 산물로서 거의 무한대에 가깝게 다양하고 이질적이기 때문에 모든 환경에 다 적합한 조직경영 모델은 존재할 수 없으며 각 환경의 성격에 따라 서로 다른 모델을 전략적으로 선택해야 한다는 것이 상황적합성 이론의 핵심 논리이다.

이런 관점에서 상황적합성 이론은 모든 환경에서 최고의 성과를 창출하는 유일무이한 최적의 조직모델을 찾는 데 주력했던 고전 패러다임의 "the one best way" 관점을 정면으로 부정한다. 즉 환경의 다양성을 고려할 때 the one best way란 있을 수 없으

그림 2-10 상황적합성 관점과 적합성

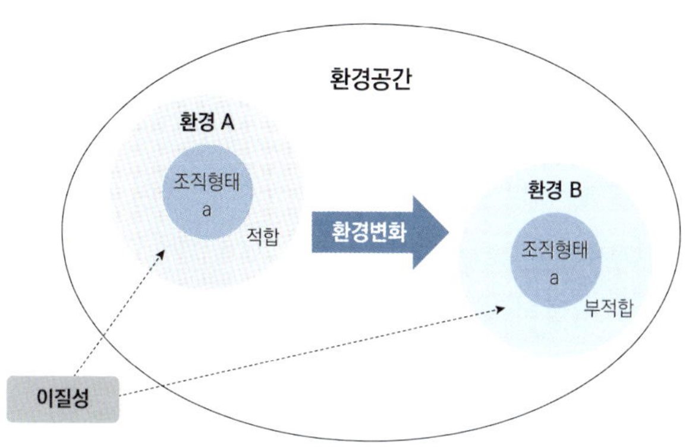

며 각 다양한 환경마다 서로 다른 다양한 조직모델이 존재한다는 것이다. 즉 환경이 다양하므로 조직모델도 다양해야 한다는 것인데 이를 조직과 환경 간 동형화 environmental isomorphism라고 부른다. 상황적합성 이론은 1950년대 중반에 형성된 이래 현재까지 조직경영의 실무와 이론에서 모두 강력한 영향력을 발휘해온 패러다임이다. 상황적합성 이론의 구체적 주장들과 실천적 시사점은 이 책 10장과 11장의 조직 설계와 변화에서 상세하게 다룰 것이다.

그런데 상황적합성 이론은 고전적 패러다임의 자기파괴의 씨앗을 잘 보여준다. 고전 패러다임의 과학적 관리법과 관료제는 모든 상황에서 항상 동일하게 작동하는 기계와 같은 조직경영의 the one best way를 과학적으로 찾아내어 특정 개인의 임의적 판단에 의해 비합리적으로 운영되어오던 조직경영을 과학으로 만들기 위해 노력했다. 고전 패러다임은 실제로 대량생산의 실현을 통해 인류역사상 유례없는 생산성과 효율성 급증을 달성하여 현대 산업사회의 핵심 기반이 되었으나 그 과정에서 의도치 않게 다양한 환경의 요구에 차별적으로 대응할 수 있는 역량을 제거해버린 자기파괴의 씨앗에 빠진 것이다. 이런 관점에서 상황적합성 이론과 같은 환경적응 패러다임은 고전 패러다임의 자기파괴의 씨앗을 극복하려는 시도라고 볼 수 있을 것이다.

전략경영의 탄생

1950년대 중반 이래 조직경영에 대한 가장 강력한 패러다임이었던 환경적응 패러다임은 조직경영 실무에 중요한 영향을 미쳐서 새로운 조직 부서와 학문 분야를 만들어냈는데 그것이 바로 전략경영strategic management이다. 전략경영은 상황적합성 관점을 규범적normative이고 실천적으로 적용하는 분야이다. 조직경영 실무에서 전략경영은 각 조직이 언제 어떻게 환경의 요구를 파악하고 적응할 것인가의 방향성과 방법론을 선택하는 역할을 수행한다.

환경적응의 중요성에 대한 인식이 급증하면서 환경의 분석과 예측, 대응방안 수립을 전문적으로 수행하는 부서가 필요해지자 1960년대에 일부 선도적 조직들에 전략기획 부서가 설치되기 시작하였다. 부서의 명칭도 초기에는 사업정책business policy 부서 등으로 불리다가 1960년대 중반부터는 조직이론의 거장 챈들러Alfred D. Chandler(1962)의 영향으로 전략strategy 부서로 불리기 시작하였고, MBA와 같은 경영교육에서도 전략경영을 핵심 과목으로 가르치기 시작하였다. 즉 챈들러(1962)가 "조직은 전략을 따른다Structure follows strategy"는 그의 강력한 명제에서 주장했듯이 환경이 전략을 결정하고, 선택된 전략에 따라 그 실행 기반인 조직경영 모델이 결정된다는 환경-전략-조직간 적합성이 조직경영의 환경적응 패러다임을 실천적으로 적용한 전략경영이 추구하는 핵심 논리인 것이다.

조직경영 패러다임의 현 상황: 21세기형 패러다임으로 전환 가능성

이렇게 볼 때 20세기 초 확립된 고전 패러다임과 초중반의 인간관계론 패러다임, 그리고 후반의 환경적응 패러다임은 상호보완적으로 20세기 현대 산업사회의 조직경영 패러다임을 구성하였다. 현대 조직경영 패러다임은 영리 기업조직에서 주로 발전하였으나 사회 각 분야로 급속하게 확산되어 다양한 산업들은 물론, 비영리/공공 조직들에 이르기까지 광범위하게 영향을 미치며 현대 사회의 핵심 구성 요소가 되었다. 앞에서 설명하였던 사회 대부분의 영역들이 현대적 조직으로 구성된 조직들의 사회가 조직경영 패러다임들의 역사적 발전과 함께 성숙된 것이다(Perrow, 1991; Jones and Friedman, 2012).

조직경영 패러다임들의 역사적 축적과 상호보완성

여기에서 중요한 것은 역사적 패러다임 전환이 항상 그 이전 패러다임을 완전히 제거하고 무에서 새롭게 시작하는 것은 아니라는 것이다. 대부분의 경우 기존 패러다임의 구성요소들 중 상당 부분은 그 다음 패러다임의 시도에도 핵심은 아니지만 잔존하여 당연시되는 기반으로 유지된다. 다만 패러다임 전환이 발생하면 그 이전 패러다임의 핵심 요소들이 더 이상 새로운 시대의 핵심으로 주도적 역할을 수행하지는 않고 주변부의 배경으로 물러나게 된다. 예를 들면, 물리학의 발전에서 20세기 초 아인슈타인 패러다임이 200여 년간 주도적 패러다임이던 뉴턴 패러다임을 대체하는 새로운 주도적 패러다임이 되었지만 뉴턴의 모든 주장들이 거짓으로 부정되는 것은 아닌 것과 마찬가지이다(Kuhn, 1962). 즉 앞에서 설명하였듯이 역사적 패러다임 전환은 그 이전 단계의 모순과 한계를 극복하는 방향으로 진행되는 것이지 그 이전 단계를 부정하고 철폐하는 것이 핵심은 아니다.

이렇게 볼 때 현재 조직경영 패러다임은 고전적 패러다임과 인간관계론 패러다임, 그리고 환경적응 패러다임이 서로 결합되어 구성되어 있는데 그동안의 패러다임 전환을 거치며 20세기 중후반 이래 환경적응 패러다임이 가장 주도적인 역할을 하고 있다고 볼 수 있다. 인체의 구성에 비유하자면 과학적 관리법과 관료제 등 고전 패러다임은 여전히 조직의 기본적인 구조적 기반으로 뼈대의 역할을 수행하고 있으며, 인간관계론은 피와 살의 역할을 하고, 환경적응 패러다임은 두뇌의 역할을 한다고 볼 수 있을 것이다.

최근 환경변화와 또 다른 패러다임 전환의 가능성

21세기 초중반 현재 앞에서 설명한 세 가지 조직경영 패러다임 간 변증법적 발전과 역사적 전환을 기반으로 형성되어온 현대 조직경영 패러다임이 또다시 불연속적으로 전환할 가능성이 최근 관찰되고 있다. 이런 최근 환경변화가 또 다른 패러다임 전환으로 연결될지 아니면 기존 패러다임의 수정보완이 될지는 아직 확실하지 않으며 독자들이 각자 판단해야 할 문제이다. 그렇지만 최근 진행되고 있는 몇 가지 중요한 환경변화의 성격과 조직경영 패러다임에 대한 잠재적 영향력에 대해서는 반드시 이해해야 할 것이다.

현재 진행 중인 전대미문의 환경변화

앞에서 살펴본 20세기형 조직경영 패러다임을 뿌리째 뒤흔들 가능성이 발생한 것은 21세기로의 전환기를 전후하여 글로벌 경제에 발생한 일련의 불연속적인 환경변화들 때문이다. 19세기 말에 미국과 유럽을 중심으로 고전적 조직경영 패러다임의 등장과 함께 시작된 현대 산업사회의 100여 년 역사에서 본 적이 없던 현상들이 최근 글로벌 경제를 강타하기 시작했다.

특히 충격적인 현상은 앞에서 살펴본 현대 산업사회형 조직경영 패러다임을 기반으로 20세기 초 이래 세계 경제를 100여 년간 지배했던 글로벌 선도 기업들이 갑자기 몰락하는 현상이 최근 빈번하게 발생하기 시작한 것이다. 불과 얼마 전까지 세계 최고 기업으로 존경받던 GM, 코닥Kodak, 모토롤라Motorola, 시어스로벅Sears Roebuck, 노키아Nokia, 제록스Xerox, 인텔Intel 등 현대 산업사회를 대표하는 기업들이 갑자기 치명적 위기에 빠지는 전대미문의 현상이 2010년경 이래 수시로 발생하고 있는 것이다.

불연속적인 역량파괴적 환경변화의 가능성

그런데 이들 20세기형 글로벌 선도 기업들이 갑자기 몰락하는 것은 결코 방만했기 때문이 아니다. 이들의 강력한 기존 경쟁력의 원천이 최근 환경의 급진적 변화로 부적합성misfit이 발생하면서 더 이상 생존과 성과의 기반으로 작용하지 않게 되었기 때문인 것이다. 불연속적 환경변화로 적합성의 기준 자체가 변화하면 과거에 성과와 생존의 기반이던 조직경영 패러다임이 더 이상 유효하지 않게 되며 치명적 위기에 빠지는데, 이런 불연속적 환경변화를 기존 경쟁력의 원천인 핵심역량을 파괴해버린다는 의미에서 역량파괴적 변화competence-destroying change라고 부른다(Tushman and Anderson, 1986). 불연속적인 역량파괴적 환경변화가 발생할 때는 새로운 환경과의 부적합성misfit 때문에 기존 조직경영 패러다임으로는 아무리 최선을 다해도 생존이 불가능하므로 조직경영의 근본적 패러다임 전환이 반드시 필요하다.

2010년대 초에서 현재에 이르는 기간이 바로 이런 패러다임 전환을 요구하는 역사적 대변동의 시기라는 것이 많은 전문가들의 견해이다. 지식경제knowledge economy, 무한경쟁boundaryless competition, 초경쟁hyper competition, 창조경제creative economy,

뉴노멀new normal 등의 개념은 비록 이론적 체계화는 아직 약하지만 모두 현재 진행 중인 글로벌 환경의 불연속성과 역량파괴적 가능성을 강조하는 표현들이다(Iansiti and Lakhani, 2020; Noble and Kauffman, 2023; Taylor and Perkins, 2026). 이 표현들은 모두 과거와는 질적으로 다른 환경이 도래했다는 사실을 강조하는 환경변화의 불연속성이 핵심이다. 그 결과 불과 얼마 전까지 오랜 기간 당연시해 왔던 조직경영의 기본적 상식들 중 상당수가 더 이상 작동하지 않게 된 것이다. 즉 현재 빠르게 진행 중인 환경변화는 불연속적일 뿐 아니라 역량파괴적인 것이다.

위기와 기회의 공존과 새로운 강자들의 등장

글로벌 경제의 규칙 자체가 최근 근본적으로 바뀌었다는 사실은 20세기 글로벌 선두 주자들의 갑작스러운 몰락과 동시에 발생하고 있는 신생 기업들의 급성장이라는 정반대의 현상을 보면 쉽게 알 수 있다. 전설적인 기존 초우량 기업들이 갑자기 무너지는 전대미문의 현상이 벌어지고 있는 2010년 초 이래 현재까지의 기간 동안 일부 신생 기업들이 창업 직후 단숨에 세계 정상으로 급부상하는 또 다른 전대미문의 현상이 동시에 벌이지고 있는 것이다. 엔비디아NVIDIA, 테슬라Tesla, 구글Google, 아마존Amazon, 메타Meta, 넷플릭스Netflix, 픽사Pixar 등 현재 글로벌 경제의 성장을 이끌고 있는 선두 주자들의 대부분이 바로 그런 기업들이다.

그런데 이런 21세기형 선두 기업들은 우리에게 익숙한 20세기형 초우량 기업들과 조직경영 패러다임이 완전히 다르다는 사실에 주목할 필요가 있다. 20세기 대표 기업들에서 강조되는 핵심적 경영 논리가 규모와 효율성이라면 21세기 대표 기업들은 창조와 혁신, 속도를 강조한다. 글로벌 환경의 규칙 자체가 100여 년 만에 근본적으로 바뀌면서 선도 기업들의 리스트가 완전히 바뀌고 있는 것이다. 기존 강자들의 갑작스러운 대거 몰락과 새로운 강자들의 급부상은 또 다른 패러다임 전환이 진행 중일 가능성을 시사한다. 만약 조직경영에서 또 다른 역사적 패러다임 전환이 현재 진행 중이라면 그 본질과 원인이 무엇이며 미래 진행 방향은 어디를 지향하고 있는지를 정확하게 이해해야 기존 조직들이 생존할 가능성이 있을 것이다. 현재 진행 중인 역사적 환경변화의 구체적 성격과 방향은 이 책의 마지막 부분인 11장에서 변화와 혁신을 다룰 때 자세히 다룰 것이다.

패러다임 전환기 역사적 관점의 중요성

만일 현재 빠르게 진행 중인 불연속적 환경변화들이 완전히 새로운 환경으로의 대전환을 초래한다면 지난 100여 년간 현대 산업사회 환경에서 세계 경제의 성장을 이끌어왔던 20세기형 조직경영 패러다임의 환경적합성environmental fit을 근본적으로 파괴하게 될 것이다. 이런 불연속적인 역량파괴적 환경변화가 급속하게 진행되는 상황에서는 각 조직이 먼저 자신이 가지고 있다고 생각하던 환경적합성이 과연 여전히 실제로 존재하는지 여부를 제로베이스에서 근본적으로 재검토해봐야 한다. 그리고 무엇보다 서둘러서 새로운 환경이 요구하는 새로운 조직경영 패러다임으로 근본적 전환을 단행해야 할 것이다.

이런 절체절명의 상황에서 무엇보다 중요한 리더의 자질은 역사적 관점에서 시대 환경의 본질을 정확하게 읽어내는 역사적 독해력이다. 지금 우리 조직이 당면한 환경변화는 불연속적인가? 만일 그렇다면 현재 진행 중인 환경변화는 우리가 가진 어떤 역량의 가치를 파괴할 위험이 있는가? 이런 새로운 환경의 요구에 대응하기 위한 전략과 조직은 어떤 논리와 원칙에 기반해야 하는 것일까? 기존 조직경영 패러다임을 새로운 환경의 요구에 적합하게 수정보완하면 대응할 수 있을 것인가? 아니면 완전히 새로운 조직경영 패러다임이 필요한 것일까? 그것도 아니면 기존의 조직organization을 넘어서서 새로운 조직화organizing 방식으로 근본적으로 전환해야 하는 것일까?

이와 같은 역사적 대전환기의 시대 상황과 대응 방안에 대한 고민은 앞으로 이 책에서 다양한 주제들과 관련하여 계속 토론될 것이다. 그리고 미래의 조직경영 패러다임에 대한 구체적 예측과 글로벌 선도 조직들이 현재 시도하고 있는 전략적 대응 방안은 이 책의 마지막 11장에서 자세히 다룰 것이다. 그러나 여기에서 다시 한 번 강조하고 넘어가야 할 것은 역사적 패러다임 전환기의 조직 경영자에게 무엇보다 중요한 역량은 역사를 정확하게 읽는 통찰력이라는 사실이다.

03

개인 성향 : 조직행동의 궁극적 출발점

- 개인 성향의 개념과 중요성
- 성격: 조직 내 개인 차이의 근원
- 개인 성향과 상황: 조직 내 행동의 설명 논쟁
- 가치: 개인의 규범적 신념 체계
- 지각: 조직 환경에 대한 개인의 해석
- 정서와 감정: 개인과 집단 행동의 정서적 과정
- 직무 관련 태도: 만족, 몰입, 열의
- 개인 성향 연구의 의의

CHAPTER 03

개인 성향: 조직행동의 궁극적 출발점

개인 성향의 개념과 중요성

조직에서 왜 이 사람은 이렇게 행동하고 저 사람은 저렇게 행동할까, 이 구성원은 성과가 좋은데 왜 저 구성원은 성과가 떨어질까? 조직행동의 주요 대상인 개인은 여러 측면에서 서로 다르다. 연구자들은 이러한 개인 차이individual differences가 개인의 행동과 성과뿐 아니라, 조직이 실제로 행동하도록 하는 주체가 사람이라는 점에서 궁극적으로 조직 전체의 성과에도 큰 영향을 미친다고 주장한다(Sackett, Lievens, Van Iddekinge, and Kuncel, 2017).

1장 '서론'에서 강조했듯이 조직행동론은 본질적으로 학제적 성격을 갖는다. 조직의 본질을 제대로 이해하기 위해 사회학, 심리학, 인류학, 경제학 등의 여러 연관 세부 학문 분야를 통합적으로 총동원하여 조직의 여러 현상에 대해 연구하는 것이다. 조직 내 개인 차이에 초점을 두는 것은 이 중 심리학적 관점을 나타내는 것인데, 조직 내 개인 차이나 개인 성향에 대한 연구는 조직행동이라는 학문 분야의 형성 초기부터 가장 중요한 관점이었다.

조직행동이라는 학문 분야는 1950년대 후반 미국에서 경영학 교육에 대한 혁신적 변화가 일어나고 그 결과로 경영학이 조직행동, 재무, 회계, 마케팅, 생산관리 등의 세부 분야로 분화되면서 경영학의 주요 세부 분야 학문 중 하나로 정립되기 시작했다(Khurana, 2007; 윤세준, 2015). 조직행동이라는 세부 학문 분야가 형성되기 시작한 초기의 교수진은 주로 심리학자들이었으며, 이들은 주로 개인의 성향이나 심리적 특성이 조직 내 개인의 행동과 성과에 어떠한 영향을 미치는가에 초점을 두고 연구를 수행하였다. 이러한 초기 연구들은 조직을 비교적 폐쇄적인 맥락으로 가정하고, 개인 내부의 특성이나 성향을 중심으로 조직행동을 설명하려는 경향이 강했다.

앞으로 이 책에서 자세히 살펴보겠지만, 이후 사회학의 영향을 받아 개인 성향에서 벗어난 집단 및 상황적 요인이나 환경적 요인의 중요성을 강조하는 연구들이 늘어났지만 심리학적 관점에 기반해서 개인 특성이나 성향에 초점을 두는 조직행동 연구는 연구의 양적 측면이나 질적 영향력 측면에서 아직까지 여전히 매우 중요하다.

이러한 연구들이 초점을 두는 개인 성향disposition은 개인의 속성attributes과는 다른 것이다. 속성은 인종, 성별, 연령 등과 같은 인구통계적demographic 특성을 포함하여 능력, 기술 등 개인이 가진 심리적, 신체적, 사회적 특성을 모두 포함하는 포괄적인 개념이다. 반면 성향은 성격 특성, 욕구, 태도, 동기 등의 심리적인 것을 의미하며, 일반적으로 특정 상황에 대해 미리 정해진 방식으로 반응하는 경향으로 간주된다. 개인차이나 성향은 안정적 특성에서 일시적 상태에 이르는 연속선stable–transitory continuum상에 위치하며, 각 성향은 변화 가능성malleability의 정도에서 차이를 보인다. 여러 성향 중 성격 특성은 변화 가능성이 가장 적은 안정적인 성향이며, 반면에 가치, 욕구, 동기, 태도, 지각, 감정 등은 더 변화가 크고 덜 안정적이다.

이 장에서는 지금까지 조직행동 연구에서 조직 내 개인의 행동과 성과에 중요한 영향을 미치는 것으로 제시되어 온 여러 개인 성향들, 즉 성격 특성, 가치, 지각, 감정, 태도가 서로 어떻게 구별되며, 이러한 요소들이 개인의 행동에 어떤 방식으로 영향을 미치는지를 차례로 살펴본다. 개인 성향 가운데 욕구와 동기에 대한 논의는 다음 제4장 '동기부여'에서 다룬다.

먼저 비교적 변화가 적고 개인 성향 연구에서 가장 널리 논의되어 온 성격에 대해 살펴본다. 이어서 개인이 무엇을 옳고 바람직하다고 판단하는 기준으로서 조직 구성원의 의사결정과 행동 선택에 중요한 영향을 미치는 가치에 대해 논의한다. 또한 개인은 객관적 현실 그 자체보다 자신이 지각한 의미와 경험한 감정에 근거해 태도와 행동을 형성하므로, 지난 30여 년간 조직행동 연구에서 중요한 주제로 지속적으로 다루어져 온 지각과 감정에 대해 살펴본다. 마지막으로 개인 성향인 동시에 성격 등 다른 개인 성향과 성과를 연결하는 매개 변수이자, 개인 성향이 조직 내에서 어떤 결과로 나타나는지를 보여주는 핵심적인 결과 변수로 중요한 태도에 대해 논의한다.

성격: 조직 내 개인 차이의 근원

왜 어떤 사람들은 조용하고 소극적인 반면에 다른 사람들은 시끄럽고 적극적일까? 어떤 특정한 성격이 특정 업무 형태에 더 적합한가? 조직 내에서 성격 차이는 구성원의 행동에 큰 영향을 미친다. 성격personality이란 개인의 행동패턴을 설명하고 묘사하는 데 사용될 수 있는 비교적 안정된 내적 특성이며 사람을 분류하기 위해 사용하는 심리적 특성의 집합이다(Li, Barrick, Zimmerman, and Chiaburu, 2014).

성격이 선천적으로 타고 나는 것이라는 주장과 후천적으로 습득되는 것이라는 두 주장 간에 논쟁이 진행되고 있다. 지금까지 많은 연구들이 유전과 환경의 영향을 분명히 구분하기 위해서 일란성 쌍둥이를 대상으로 한 실험을 해왔다. 연구자들은 일란성 쌍둥이들 중 태어나자마자 헤어져서 서로 다른 환경에서 자라난 경험을 가진 일란성 쌍둥이들이 나중에 서로 다른 성격을 갖고 있는지를 조사하였다. 일란성 쌍둥이는 유전적으로 거의 동일하므로 선천적인 점에서 이들은 거의 유사한데, 이들이 서로 다른 환경에서 자라났음에도 불구하고 여전히 비슷한 성격을 갖고 있다면 성격은 유전적으로 결정된다는 주장의 근거가 될 수 있다. 반면 다른 환경에서 자란 일란성 쌍둥이들이 서로 다른 성격을 갖고 있다면 성격이 후천적으로 습득되고 변화된다는 주장의 근거가 된다. 연구 결과는 다른 환경에서 자라난 일란성 쌍둥이들이 성격이나 행동 면에서 차이가 있지만 여전히 비슷한 점도 많다는 것이었다(Arvey, Bouchard, Segal, and Abraham, 1989). 이들은 태어나자마자 헤어져 이후 오랫동안 전혀 다른 환경에서 자랐지만, 같은 모델에 같은 색깔의 자동차를 몰고, 여름 휴가를 같은 해변에서 지내왔다. 지금까지의 연구결과에 따르면 개인 성격 차이의 50% 정도가 유전적인 요소에 의해서 설명될 수 있다고 한다(Arvey, Li, and Wan, 2016).

개인의 성격적 특성이 모두 유전적인 요소에 의해 결정된다면 개인의 성격은 태어날 때 결정되고 고정되어 절대 변하지 않을 것이다. 연구 결과에 따르면, 개인의 성격은 유전적, 생물학적 요인 외에도 종교, 문화, 인종, 부모나 형제 관계 등과 같은 사회적, 문화적 요인이나 특정한 상황요인에 의해 영향을 받아 변할 수 있다. 개인의 성격은 그 개인의 유전적인 요소와 그들이 살아나가면서 환경과의 상호작용을 통해 후천적으로 학습되는 요소 모두에 의해 영향을 받아 형성되는 것이다.

본격적인 논의를 하기 전에 전제해야 할 점은, 개인의 성격 자체를 좋거나 나쁜 것으로 규정할 수는 없다는 것이다. 성격은 평가의 대상이기보다는 개인 간 차이를 설명하는 특성으로서, 개인은 단지 서로 다른 성격을 지니고 있을 뿐이다. 지금까지 심리학자들에 의해 제시된 성격 특성의 종류는 매우 다양한데, 이하에서는 이 중에서 조직 내 개인의 행동을 이해하는 데 특히 중요한 성격 특성들을 살펴보고자 한다.

먼저 성격 5요인 모델에 대해 논의한다. 성격 연구에서 개인의 성격은 성격 구조personality structure와 성격 특성personality trait으로 구분할 수 있다. 성격 구조는 개인의 성격을 구성하는 여러 특성들이 어떻게 조직되고 위계화되어 하나의 성격 체계를 이루는지를 설명하는 상위 개념인 반면, 성격 특성은 개인의 행동과 정서를 직접적으로 설명하는 구체적 성향이나 경향성을 의미한다. 성격 5요인은 가장 대표적인 성격 구조 모델이며 성격 연구에서 가장 광범위하게 많이 쓰이고 있는 성격 이론 개념이다.

다음으로 살펴볼 핵심 자기평가는 자신의 가치와 능력을 평가하는 성향을 뜻하는데 여러 성격적 특성을 하나의 상위 평가로 묶는 개념이므로, 전통적인 성격 분류 체계라고 보기는 어렵지만 성격 구조적 측면이 있다. 세 가지 성격 특성의 묶음인 어둠의 3요소 성격은 최근 들어 많은 연구가 이루어지고 있는데, 부정적 성격이라는 특정 방향성을 공유하는 특성 집합이라고 할 수 있다.

이어서 최근 조직이 수평적 구조, 팀 기반 협업, 그리고 빠른 환경 변화에 직면하면서 그 중요성이 더욱 부각된 성격 특성인 자기감시성향과 주도적 성격에 대해 알아본다. 이 두 성격 특성은 구성원이 변화하는 상황에 어떻게 적응하고 자신의 행동을 조정하거나 변화를 주도하는지를 잘 설명해 주기 때문에, 현대 조직 변화의 맥락에서 조직행동 분야의 주요 연구 대상이 되고 있다.

성격 5요인 모델: 대표적 성격 구조 모형

여러 성격 특성에 대해 요인분석을 했을 때 비슷한 성격적 특성이 5개의 서로 다른 요인으로 구분된 것을 뜻하며, 어떤 한 개인이 가지고 있는 기본적인 성격의 특성을 종합적으로 보여주는 개념이 성격 5요인 모델Five-Factor Model(FFM) 또는 빅 파이브 성격 요인Big Five personality factor이다(McCrae and John, 1992). 연구 결과는 성격 5요인 모델이 사람의 행동을 잘 예측할 수 있다는 것을 보여주었다.

우리에게 익숙한 MBTI(Myers–Briggs Type Indicator)도 특정한 심리적 특성이 아니

라 한 개인의 성격을 총체적으로 보여준다는 점에서 성격 5요인 모델과 비슷하지만, 학술적 타당성과 신뢰성이 부족해서 실제 학술 연구에서는 거의 사용되지 않는다. 대신 학술 연구에서 개인의 성격을 포괄적으로 볼 때는 성격 5요인 모델이 주로 사용되고 있다.

그러나 성격 5요인 모델도 한편으로는 이론적 기반이 부족하다는 비판을 받기도 한다. 5개 성격 유형이 경향성으로만 제시되고 있어서, 이 5개 특성 구조가 형성되는 생물학적, 심리학적인 인과적 기제가 무엇인지 명확하지 않다는 지적이다. 또한 사람의 성격을 총체적으로 보여주는 것이 왜 이 특정한 5개의 유형이며, 어떤 사람이 5개 특성이 모두 높다는 것이 이론적으로 무엇을 의미하는지, 그리고 성격의 내면적 구조나 역동적 과정에 대한 논의가 부족하다는 것이다(Digman, 1990; Hough, Osward, and Ock, 2015).

성격 5요인

이 모델에서 제시한 5개 성격 요인은 다음과 같다.

정서적 안정성emotional stability: 개인이 스트레스나 긴장상태를 견뎌낼 수 있는 능력을 뜻한다. 이 성향이 높은 사람들은 차분하고 안정적이며 자신감 있고 편안한 특징을 갖는다. 정서적 안전성이 낮은 상태를 신경증neuroticism이라고 하는데, 신경증이 높은 사람은 걱정이 많고, 감정적이고, 긴장하고, 자신감이 없고, 불안한 감정을 자주 표출한다. 정서적 안정성이 높은 구성원의 직무만족도가 높고, 이직의도가 낮고, 새로운 과제, 상황 또는 환경적 제약의 요구에 대응하여 자신의 행동을 변화시키고 잘 적응할 수 있다.

외향성extroversion/extraversion과 내향성introversion/intraversion: 외향성이 높은 사람extroverts은 활동적, 사교적, 의욕적이며, 말하기를 좋아하고, 자기 표현을 잘하며 사람 사귀기에 능숙한 유형이다. 반면에 내향적 성향이 높은 사람introverts은 혼자 있기를 좋아하고, 조용하며, 타인과 빈번한 상호작용이 요구되는 환경에서 불편함을 느끼는 경향이 있다. 이러한 특성으로 인해 전반적으로 외향성이 높은 사람이 직무만족과 업무 성과 수준이 더 높은 것으로 보고되어 왔다.

성실성conscientiousness: 수행 가능한 목표에 관심과 노력을 집중하여 체계적이고 책임감 있게 일을 실천해내는 성향으로서 그 개인이 얼마나 믿을 만한가의 척도가 된다. 이 성향이 높은 사람들은, 근면하고, 계획적, 체계적, 성취 지향적이며, 끈기 있고 책임감이 강한 특징을 갖는다. 연구 결과는 5대 성격 유형 중 성실성이 구성원의 업무 성과에 가장 큰 긍정적 영향을 준다는 것을 보여주고 있다(Barrick and Mount, 1991). 또한 성실성이 높은 구성원은 조직시민행동을 더 많이 하고, 이직을 덜 하는 것으로 나타났다.

친화성agreeableness: 자신을 지나치게 내세우기보다는 다른 사람들과 더불어 잘 지낼 줄 아는 성향을 의미한다. 이 성향이 높은 사람들은 다른 사람들과 협력적이고 동정적이고 포용적이며, 주변 사람들을 신뢰하고 잘 보살펴주는 특징을 갖는다. 조직에서 이러한 사람들은 모든 동료들과 무리 없이 잘 지내며, 고객과도 원만한 관계를 유지할 수 있다. 친화성이 높은 구성원은 남을 돕는 조직시민행동을 더 많이 하고 이직을 덜 하는 경향을 보인다.

개방성openness to experience: 개인이 새로운 경험과 아이디어에 대해 가지는 관심의 범위와 관련된 성격 특성이다. 이 성향이 높은 개인은 지적 자극과 외부 환경의 변화에 민감하며, 호기심이 많고 변화에 대한 수용도가 높아 지속적으로 새로운 정보를 탐색하는 경향을 보인다. 또한 기존의 틀에 얽매이지 않고 새로운 것이나 혁신적인 경험을 시도하려 하며, 상상력이 풍부하고 창의적인 특성을 지닌다. 반면 개방성이 낮은 개인은 상대적으로 현실적이고 실용적인 태도를 보이며, 새로운 변화보다는 기존의 방식과 관습을 선호하는 경향이 있다. 이들은 전통적 권위와 규범에 순응적이며, 다양성보다는 의견의 통일성과 안정성을 중시하는 특성을 보인다.

HEXACO 모형

이후 국제적 어휘 연구에서는 기존의 성격 5요인 모델 외에 공통적으로 여섯 번째 요인인 정직-겸손성Honesty-Humility이 반복적으로 확인되었으며, 이를 토대로 성격 구조를 여섯 요인으로 설명하는 HEXACO 모형이 제시되었다. HEXACO 모형은 정직–겸손성Honesty-Humility, 정서성Emotionality, 외향성eXtraversion, 친화성Agreeableness, 성실성Conscientiousness, 개방성Openness to Experience으로 구성되며, 각 요인의 첫 글자를 따서 명명되었다. 그러나 HEXACO 모형은 기존의 성격 5요인 모델에 정직–겸손 요인을 단순히 추가한 모형은 아니다. 정직–겸손 차원을 포함하는 것 외에도, 기존 5요인 모델에서의 정서적 안정성과 친화성은 HEXACO 모형에서 서로 다른 방식으로 재개념화되어 있다. 특히 HEXACO 모형에 포함된 정직-겸손성은 기존 성격 5요인 모델이 충분히 포착하지 못했던 개인의 윤리적·친사회적 행동뿐 아니라 이기적·반사회적 행동을 설명하고 예측할 수 있다는 점에서 중요한 이론적 의의를 지닌다 (Ashton and Lee, 2007).

핵심 자기평가: 개인의 기본적 자기평가 성향

핵심 자기평가core self-evaluation는 개인이 자신의 가치와 능력에 대해 갖는 근본적인 평가를 뜻하며, 자아존중감self-esteem, 일반적 자기효능감generalized self-efficacy, 정서적 안정성emotional stability, 통제위치locus of control라는 네 가지 하위 개념으로 구성된다(Judge, Locke, and Durham, 1997). **자아존중감**은 개인의 자기 가치에 대한 전체적인 평가를 뜻하는데, 이 성향이 큰 사람은 성공에 대한 강한 기대를 갖고 있고, 자신의 직무에 대한 만족도가 높은 편이다. 자기효능감은 개인이 어떤 과업을 성공적으로 해낼 수 있다는 수행 능력에 대한 믿음을 의미하는데(Bandura, 1997), **일반적 자기효능감**은 특정 과업 수행 능력이 아닌 자신의 일반적 역량에 대한 믿음을 의미한다. **정서적 안정성**은 빅 파이브 성격 요인 중 하나로 제시되었던 특성으로 스트레스를 견디는 개인의 능력을 의미한다.

통제위치는 개인이 자신의 운명이나 인생의 결과에 대해 자신이 영향을 미칠 수 있다고 믿는 정도를 뜻한다. 사람들은 어떤 사건이나 결과가 자신의 행동에 의한 결과인지 아니면 외부적인 요인의 결과인지에 대해 서로 다르게 생각하는 경향을 갖는데, 인식하는 통제의 위치에 따라 내재론자와 외재론자로 구분된다. **내재론자**internals는 자기 자신을 자율적인 인간으로 보고, 자기의 운명과 일상생활에서 당면하는 상황을 통제하는 원천이 자기 자신에 있다고 믿는다. 반면 **외재론자**externals는 자기의 운명이나 삶의 결과는 자신의 통제력에 의해서가 아니라 행운이나 타인 또는 조직과 같은 외부의 여러 가지 요소에 의해 결정되며, 자기 자신은 아무런 힘이나 영향력이 없다고 믿으며 상황을 통제하는 원천이 외부에 존재한다고 생각한다. 내재론자는 보다 적극적이고 참여적이어서, 직무만족이 높고 정서적으로 안정되어 있으며 스트레스에 대한 수용력도 더 강해서 일반적으로 더 높은 성과를 보인다.

핵심자기평가가 높은 사람은 자신의 가치에 대해 긍정적인 평가를 하며, 자신의 과업수행능력을 믿고, 어려운 상황을 잘 견딜 수 있으며, 자신이 환경을 통제하여 결과를 낼 수 있다고 생각한다. 연구 결과에 따르면 이런 성향이 높은 사람은 자신이 하는 일에 대한 만족도가 높고, 다른 사람들과 좋은 관계를 가져서, 그렇지 않은 사람들에 비해 더 좋은 업무 성과를 달성할 수 있다(Chang, Ferris, Johnson, Rosen and Tan, 2012).

어둠의 3요소 성격: 부정적 성격 특성의 집합적 접근

어둠의 3요소 성격dark triad은 사회적으로 바람직하지 않은 개인의 부정적인 성격 특성 중 대표적으로 논의되는 마키아벨리즘Machiavellianism, 나르시시즘narcissism, 사이코패시psychopathy를 의미한다(LeBreton, Shiverdecker and Grimaldi, 2018). 세 가지 성격은 타인에 대해 냉담하고 공감이 결여되어 있으며, 자기중심적 목표를 추구하기 위해 타인을 도구적으로 이용하고, 조작적 행동 성향을 보이는 공통된 성향을 가진다.

마키아벨리즘은 16세기 메디치 가문의 정치 고문이었던 마키아벨리Machiavelli의 정치권력에 대한 책인 〈군주론〉의 내용에서 유래한 것이다. 이것은 개인적 이익이나 목표 달성을 위해 타인을 전략적으로 조작하고 이용하려는 성격적 성향을 의미한다. 이 성향이 강한 사람은 공감 능력과 정서적 반응 수준이 낮아, 타인의 감정이나 피해에 둔감하고 감정적 거리를 잘 유지하며, 도덕적 원칙보다는 목표 달성을 중시하고, 자신의 이익을 얻기 위해 수단과 방법을 가리지 않고 목적이 수단을 정당화할 수 있다고 믿는다. 따라서 이들은, 거짓말, 조작, 정보 은폐와 같이 일반적으로 비도덕적이거나 비윤리적으로 간주되는 행동에 대해 상대적으로 높은 수용성을 보이는 왜곡된 도덕관을 보인다.

나르시시즘 성향이 높은 개인은 자신을 특별하고 뛰어난 존재로 인식하며, 타인으로부터의 인정과 존경에 대해 과도하게 강한 욕구를 가지고 있고, 타인의 감정과 관점에 대한 공감 능력이 제한적이어서 냉담해질 수 있으며, 타인을 도구적으로 이용하는 행동을 보일 수 있다.

사이코패시는 임상적인 정신적 질환을 의미하지는 않으며 다른 사람에게 해를 끼치는 반사회적 행동을 하면서도 문제의식이나 죄책감을 느끼지 못하는 성향을 뜻한다. 이 성향이 높은 개인은 대인관계에서 거짓말이나 자신에 대한 과장된 평가를 하거나, 충동적이거나 무책임하며, 타인에 대한 공감과 죄책감이 떨어진다.

어둠의 3요소 성격과 개인의 직무성과 간의 상관관계는 전반적으로 크지 않은 것으로 보고되지만, 조직 수준의 성과에는 부정적인 영향을 미칠 가능성이 크다. 예를 들어 나르시시즘 성향이 큰 최고경영자는 과도한 자신감과 자기 확증 편향에 기반해 위험한 전략적 선택을 할 가능성이 높으며, 이는 결과적으로 조직 성과를 저해할 수 있는 요인으로 작동하는 것으로 나타났다. 또한 어둠의 3요소 성격은 구성원의 반사회적 과업행동, 비윤리적 행동, 그리고 여러 일탈행동을 증가시키는 경향이 있으며, 팀워크와 신뢰를 약화시켜서 장기적인 조직 성과와 지속 가능성 측면에서 위험 요인이 될 수 있다(Furnham, Richards, and Paulhus, 2013).

자기감시성향: 상황 적응과 행동 조정의 성격 특성

사람이 환경으로부터 단서cue를 읽고 그것을 사용하여 상대방이나 상황에 따라 자신의 행동이나 말을 바꾸려는 경향이나 그럴 수 있는 능력을 뜻한다. **자기감시성향** self-monitoring이 높은 사람은 어떤 행동이 적절한 행동인지에 대한 환경적, 사회적 신호를 잘 읽어내며, 상황변화나 만나는 상대방에 따라 자신을 잘 변화시키고 또 적응시켜가는 능력을 갖고 있는 **사회적 카멜레온** 같은 사람이다. 반면 자기감시성향이 낮은 사람은 상황에 상관없이 항상 자신의 본래 모습이나 태도를 일관되게 보이는 경향을 가진 사람이다(Snyder, 1974).

자기감시성향을 측정하는 문항의 예는 다음과 같다. "나는 상황에 따라, 그리고 만나는 사람에 따라 아주 다른 사람처럼 행동할 때가 자주 있다", "나는 필요하다면 아마 훌륭한 배우처럼 연기를 할 수 있을 것이다", "나는 겉으로 보이는 내가 항상 나인 것은 아니다."

지금까지의 연구에 따르면 자기감시성향이 높은 사람이 그렇지 않은 사람에 비해 더 좋은 성과평가를 받고 리더로 부상할 가능성이 높다. 자기감시성향이 높은 구성원은 그렇지 않은 사람보다 더 빠르게 승진하여, 조직에서 중심적인 위치를 차지할 가능성이 높은 반면, 조직에 대한 몰입도는 떨어지고 직장을 바꾸거나 자신의 경력 자체를 바꿀 가능성도 더 높다. 자기감시 정도가 높은 사람은 또한 서로 다르거나 또는 적대적인 두 집단을 조정, 협상, 소통시키는 성격의 업무에 더 적절한 것으로 나타났다

(Gangestad and Snyder, 2000).

주도적 성격: 변화 주도와 선제적 행동의 성격 특성

주도적 성격proactive personality은 개인이 상황적 제약에 상대적으로 덜 영향받으며, 자신의 환경과 역할을 변화시키기 위해 능동적이고 적극적으로 행동하려는 성향을 의미한다. 이는 특정 상황에 국한되기보다는, 다양한 맥락에서 스스로 과업을 주도적으로 수행하려는 개인의 비교적 안정적인 성격 특성으로 이해된다(Seibert, Crant, and Kraimer, 1999). 주도적 성격을 지닌 개인은 강한 자기향상 동기를 바탕으로 높은 학습 목표를 설정하고, 이를 달성하기 위해 필요한 시간과 노력을 적극적으로 투입한다. 이들은 자신의 지식과 기술을 향상시킬 수 있는 방법을 지속적으로 탐색하며, 그 과정에서 새로운 접근 방식과 문제 해결 전략을 습득하게 된다. 또한 조직의 목표를 보다 효과적으로 달성할 수 있는 새로운 방법을 모색하고, 기존에 주어진 직무 범위를 넘어 스스로 다양한 기회를 찾아 신속하게 포착하려는 경향을 보인다. 더 나아가 문제 상황에 지면했을 때 이를 회피하기보다 주도적으로 해결하려 하며, 의미 있는 변화가 실현될 때까지 인내심을 가지고 지속적으로 노력하는 특성을 지닌다.

이런 성격을 가진 개인은 높은 경력만족, 직무만족, 업무 성과를 보인다. 또한 이 성향이 높은 개인은 발언 행동을 많이 하고, 다른 사람과의 인간관계 형성에 적극적이며, 더 혁신적이고 창의적이다. 주도적 성격을 측정하는 문항의 예는 "나는 내 삶을 개선할 새로운 방법을 끊임없이 찾는다", "나는 속한 곳에서 건설적인 변화를 이끄는 역할을 해왔다", "내가 믿는 아이디어라면 어떤 장애물도 실현을 막을 수 없다"이다(Fuller and Marler, 2009).

최근 들어 주도적 성격 논의가 많아지고 있는데 이는 지난 20여 년 간의 조직 변화 과정에서 개인의 주도적 행동의 중요성이 점점 커지고 있기 때문이다. 주도적 행동은 구성원이 자신이나 자신이 속한 환경이나 조직에 영향을 미치기 위해 취하는 선제적 행동을 의미하는데, 개인과 그들이 속한 조직 모두의 성과에 영향을 미친다. 조직에서 개인이 피드백을 구하는 행위, 의견 개진, 발언 행동, 쟁점 제기, 역할 확장, 자기주도 직무 설계job crafting, 아이디어 실행 및 문제 해결, 임파워먼트, 개인 및 조직에 대해 해를 끼치는 행위 등이 포함된다(Grant and Ashford, 2008).

개인 성향과 상황: 조직 내 행동의 설명 논쟁

조직 내 개인 행동에 개인의 성향dispositions이 큰 영향을 미친다는 관점을 가진 연구자들은 집단이나 조직과 같은 상황이나 구조적 요인의 중요성을 강조하는 입장의 연구자들과 오랫동안 논쟁을 이어오고 있다. 구조와 행위 간의 관계에 대한 논의는 사회과학, 특히 사회학에서 가장 중요한 주제인데(Emirbayer and Mische, 1998), 심리학 분야에서는 이러한 논의가 개인-상황 논쟁person-situation debate으로 전개되었다. 이 논쟁은 개인의 성향과 개인을 둘러싼 상황 중 어느 요인이 개인의 행동에 더 큰 영향을 미치는지에 관한 것이다(Stewart and Barrick, 2004).

개인-상황 논쟁

미셸Walter Mischel은 성격이 개인의 행동에 미치는 영향이 상황적 요인을 고려할 때 충분히 일관된 수준으로 나타나지 않는다고 지적하며 상황적 요인의 중요성을 제기하였고, 이를 계기로 본격적인 논쟁이 시작되었다(Mischel, 1968). 상황론자들은 개인 성향의 효과는 약한 상황에서는 나타날 가능성이 높지만, 강한 상황에서는 가장 적게 작용한다고 본다. 대부분의 조직 환경은 형식적 규정과 시스템과 같은 관료적 특성, 조직문화 등으로 인해 강한 상황에 해당하므로 개인 성향이 조직 내에서 발휘될 수 있는 영향력은 제한적이라는 것이다(Davis-Blake and Pfeffer, 1989).

이에 반해 개인 성향론자들은 감옥이나 군대와 같은 일부 조직은 강한 상황으로 분류될 수 있으나 모든 조직이 그러한 것은 아니라고 본다. 구성원이 수행 업무에 대한 자율적 의사결정권을 많이 가지고 있는 조직과 같이 약한 상황에서는 구성원의 성격 특성이 개인 성과에 미치는 영향이 크다는 것이다. 또한 상황적 조건이 개인의 행동에 영향을 미치더라도 모든 개인이 상황을 동일하게 인식하는 것은 아니며, 개인 성향이 이러한 상황 인지에 영향을 미치기 때문에 동일한 상황이라 하더라도 개인의 인식, 신념, 태도는 서로 다르게 형성될 수 있다고 본다.

또한 상황의 중요성을 강조하는 연구자들은 개인은 주어진 상황에 따라 자신을 잘 변화시키고 적응할 수 있다는 것을 보여주었다. 이에 대해 개인 성향 연구자들은 같은 상황이라 하더라도 개인은 그 상황을 서로 다르게 지각하고, 개인이 가지고 있는 고유한 특성에 따라 상황에 대해 반응하거나 자신을 적응시키는 과정에서 개인 차이가 생긴다고 주장한다(House, Shane and Herold, 1996).

개인 상황을 강조하는 입장에 대한 또 다른 비판은 특성 개념의 일관성에 대한 것인데, 사람의 사회적 행동은 일관되지 않고 상황에 따라 변한다는 것이었다. 이를 알아보기 위해 어떤 시점에서 한 사람이 보인 강한 성향이 이후 다른 시점에도 여전히 유지되는지에 관한 시간에 대한 안정성과, 한 상황에서 개인이 보인 강한 성향이 다른 상황에서도 여전히 높게 나타나는지에 관한 상황에 대한 일관성 연구들이 이루어졌다. 연구 결과는 일관성에 대한 두 입장을 각각 뒷받침하는 결과가 나타났다. 개인 성향이 시간이나 상황에 상관없이 일관성을 보이는 경우도 있지만 시간이나 상황에 따라 달라진다는 증거도 제시되었다(Mischel, 1968; Epstein, 1979).

상호작용론: 개인 행동에 대한 통합적 관점

개인-상황 논쟁에서 또 다른 관점은 개인 성향과 상황적 요인이 모두 사람의 사회적 행동에 영향을 주므로 두 요인을 함께 고려해야 한다는 입장인 상호작용론 interactionist이다. 상황이 개인에게 분명 영향을 주지만 개인 성향도 행동에 영향을 준다는 것이다.

상호작용적 관점으로 특성 활성화 이론trait activation theory이 제시되었다. 이 이론에 따르면, 상황은 개인에게 보편적으로 영향을 미치는 외부 자극이 아니라, 그 상황이 개인이 지닌 특정 성격 특성과 관련될 때에만 행동에 영향을 미친다. 즉, 개인이 상황 속에서 제공되는 단서cues에 적절하게 반응할 수 있는 성격 특성을 가지고 있을 경우, 해당 특성이 활성화되어 구체적인 행동으로 발현된다. 이러한 관점에서 행동은 성격 특성만으로 결정되는 것이 아니라, 상황과 성격 특성 간의 적합성에 따라 달라진다. 예를 들어, 외향적인 사람은 사회적 상호작용이 빈번하게 요구되는 상황에서 자신의 특성이 보다 강하게 활성화되어 상대적으로 높은 성과를 낼 가능성이 크다. 결국 특성 활성화 이론은 개인의 행동을 예측하고 이해하기 위해서는 성격과 상황을 함께 고려해야 함을 강조한다(Tett, Toich, and Ozkum, 2021).

또 다른 상호작용 관점의 대표적인 논의가 개인-조직 적합성person-organization fit인데, 핵심 주장은 상황특성인 조직의 규범과 가치가 개인 성향인 개인의 가치와 부합될수록 그 개인의 직무태도나 업무 성과가 커진다는 것이다. 그런 점에서 어느 한

쪽만이 아닌, 상황 요인과 개인 성향 요인 모두 개인의 태도나 행동에 영향을 준다는 것이다.

개인-조직 적합성

개인-조직 적합성person-organization fit은 사람이 가진 고유한 성격, 가치관과 개인이 속하거나 속하고자 하는 조직의 가치관, 규범, 문화가 비슷하고 일치하는 정도를 뜻한다. 개인-조직 적합성이 높다는 것은 조직의 핵심가치나 문화에 개인의 특성이나 가치가 잘 부합된다는 것을 의미하며, 이는 개인과 조직에게 모두 긍정적인 영향을 주게 된다(Chatman, 1991). 사람이 자신의 특성이나 가치관과 일치하는 조직문화를 가진 조직에서 일하면 개인의 직무만족도, 조직몰입도가 높아지고, 이직율은 낮아지며, 개인의 성과가 높아져서 조직 전체의 성과에도 긍정적인 영향을 준다.

슈나이더의 ASA 이론: 개인 성향이 조직을 만드는 과정

개인은 자신에게 적합하다고 생각하는 조직에 매력을 느끼고 선택하게 되며, 조직 문화와 같은 조직의 특성이 자신과 적합하지 않다고 생각하면 조직을 떠나게 된다. 이를 잘 보여주는 슈나이더Benjamin Schneider의 ASA(Attraction–Selection–Attrition) 이론은 개인-상황 논쟁에서 살펴본 상호작용적 관점을 보여주는데, 왜 조직은 동질적인 구성원들로 이루어지고 그런 동질적인 개인들이 어떻게 조직문화와 같은 조직의 특성을 결정하는가에 대한 것이다. 이 이론의 세 요소 중 유인attraction은 개인이 조직을 선택할 때 자신의 성격이나 가치관과 비슷한 조직문화를 가진 조직에 끌리는 반면 그렇지 않은 개인은 호감을 느끼지 않아서 지원 자체를 하지 않는 것을 의미한다. 선발selection과정에서 조직은 기존 조직 구성원들의 특성이나 조직문화와 비슷한 특성을 보이는, 그래서 적합성이 높다고 생각되는 지원자를 선택하는 경향이 있다. 소멸attrition은 조직 특성과 맞지 않는 개인은 선발과정을 통해 조직에 들어오더라도 사회화나 업무수행 과정에서 적응하지 못하고 결국 떠날 가능성이 높다는 것이다.

이러한 일련의 단계를 거치면서 조직에는 점차 유사한 특성을 지닌 사람들만 남게 되고, 그 결과 구성원들의 개인적 특성은 시간이 지날수록 더욱 동질화된다. 이러한 동질화 과정은 단순히 개인 수준에 머무르지 않고, 구성원들이 공유하는 가치, 규범, 행동 양식으로 확장되어 특정한 조직문화와 같은 조직 차원의 특성을 형성하게 된다. 결국 이는 조직의 특성이 조직을 구성하는 사람들에 의해 형성된다는 점을 강조하며, "사람들이 조직을 만든다The people make the place"는 슈나이더의 핵심 주장으로 요약될 수 있다(Schneider, 1987).

개인-환경 적합성

개인-조직 적합성은 보다 더 넓은 의미의 개인-환경 적합성person-environment fit 논의의 일부이다. 개인-환경 적합성은 한 개인이 조직 내에서 조직, 직무, 상사, 동료에게 느끼는 가치관과 개인 자신의 가치관이 일치하는 것과 만족감을 느끼는 정도를 의미한다(Edwards, 2008). 개인-환경 적합성 논의는 환경의 내용을 세분화하여 개인-조직 적합성person-organization fit, 개인-직무 적합성person-job fit, 개인-직업 적합성person-vocation fit, 개인-집단 적합성person-team fit, 개인-상사 적합성person-supervisor fit 등으로 나누어 이루어지는데, 이 중 개인-조직 적합성 논의가 가장 활발히 연구되는 적합성이고, 그 다음이 개인-직무 적합성이다.

개인-직무 적합성 연구는 개인이 자신에게 적합한 직무를 했을 때 직무만족, 조직몰입이 높아지고 이직의도가 줄어든다는 것을 보여주고 있다. 조직은 개인의 성격이나 선호도에 맞는 직무를 부여하는 것이 효과적일 수 있다. 예를 들어 모험감수 성향이 높은 사람에게는 신시장 개척이나 영업 관련 직무를 주는 것이 좋고 모험회피성향이 높은 개인에게는 회계나 감사 업무를 부여했을 때 더 좋은 성과를 낼 수 있을 것이다(van Vianen, 2018).

가치: 개인의 규범적 신념 체계

가치value란 어떤 구체적인 행동양식이나 존재 목적이 다른 것보다 개인적으로 혹은 사회적으로 더 바람직하다는 개인의 기초적 신념을 뜻한다. 이는 무엇이 옳고 틀리며 또한 무엇이 바람직한지에 대한 개인의 판단 기준을 포함한다. 개인의 가치관은 비교적 안정적이고 지속적인 속성을 갖고 있으며, 개인의 동기, 태도, 지각, 행동 등에 큰 영향을 끼치는 중요한 개념이다. 철학이 아닌 사회과학에서 가치에 대한 체계적인 이론적 개념화를 시도한 로키치Milton Rokeach는 개인의 가치는 무엇이 옳고 중요한가에 대한 개인의 생각이 나타나 있다고 보고, 가치관을 궁극적 가치terminal values와 수단적 가치instrumental values로 나누었다. 궁극적 가치는 개인이 살아나가면서 달성하려는 존재양식이나 목표이며 자아에 직접적으로 기여하는 가치를 뜻하는데, 안락한 삶, 성취감, 행복, 평등, 평화로운 세상, 지혜 등이 예가 될 수 있다. 수단적 가치는 최종 가치를 얻는 데 선호하는 행동방식이나 수단을 말한다. 예는 사랑, 독립성, 야심, 너그러움, 책임감 등이다. 개인의 궁극적 가치와 수단적 가치가 서로 일치할수록 바람직한 가치 체계를 가졌다고 할 수 있다(Rokeach, 1973).

문화적 가치의 유형화: 홉스테드의 관점

문화적 가치에 대해 가장 널리 알려져 있는 논의가 홉스테드Geert Hofstede의 연구인데, 그는 전 세계 70개 국가 IBM지사의 현지 구성원 116,000명을 대상으로 설문조사를 실시하여 국가 간 문화적 차이에 따라 경영자와 구성원의 가치관이 다르다는 것을 밝혔다. 그가 제시한 문화적 가치 유형은 아래와 같다(Hofstede, 2001).

개인주의 대 집단주의individualism vs. collectivism: 개인주의는 개인이 자기 자신의 이해를 우선적으로 생각하는 성향을 뜻한다. 개인주의 사회에서는 개인 간의 유대관계는 느슨한 반면, 각 개인에게 주어진 도덕적 자유의 몫이 매우 크다. 반면 집단주의 사회에서는 구성원이 내집단과 타집단을 구분하고 자신의 내집단 구성원의 이익을 최우선으로 생각하는 성향이 높다.

권력격차power difference: 사회 구성원이 사회에 존재하는 부와 권력 등의 불균형에 대해서 받아들이는 정도, 권력을 갖지 못한 사람이 권력을 갖고 있는 사람의 지위를 인정하는 정도를 말한다. 조직에서 권력격차에 대한 서로 다른 인식은 권한의 상부 집중화나 독단적 리더십의 사용 가능 수준을 결정한다.

불확실성 회피성향uncertainty avoidance: 사회 또는 조직 구성원이 불확실하고 모호한 상황에 대해 불안을 느끼고 그러한 상황을 탈피하고 싶어하는 정도를 뜻한다. 높은 불확실성 회피성향을 가진 개인은 미래의 불예측성 또는 불확실성을 스스로의 노력과 의지로 극복하려는 성향이 강하다.

남성적 성향 대 여성적 성향masculinity vs. femininity: 한 사회의 가치가 어떤 성향에 의해 영향을 받는가를 뜻하는 개념이다. 남성적 성향의 사회에서는 사회의 지배가치가 결단성, 경쟁, 결과, 돈 또는 다른 물질적 수단이 되며, 여성적 성향의 사회는 타인의 행복, 복지에 대한 관심, 다른 사람과의 관계, 배려, 삶의 질에 대한 관심이 보다 중요시되는 사회이다.

홉스테드의 문화적 가치 연구는 본래 국가 간 차이를 설명하는 데 초점을 두었으나, 한 국가에 속한 모든 개인이 동일하거나 유사한 문화적 가치를 공유한다는 전제에 대해서 지속적인 비판이 제기되어 왔다. 이 개념은 여전히 국가 차원의 문화적 가치 차이를 설명하는 데 유용하게 활용되고 있으나, 최근에는 문화적 가치의 차이를 개인 수준에서도 분석해야 한다는 논의가 이루어지고 있다(Kirkman, Lowe, and Gibson, 2006). 이러한 관점에 따르면 동일한 국가 내에서도 개인에 따라 문화적 가치관은 상당한 차이를 보일 수 있으며, 예를 들어 같은 사회에 속해 있더라도 개인주의적 가치관을 지닌 개인과 집단주의적 가치관을 지닌 개인이 공존할 수 있다는 것이다.

정치적 이념: 사회를 해석하는 가치의 렌즈

많은 조직에서 정치적 논의는 공식적으로 금지되지만 지난 20여 년 동안 전 세계적으로 정치적 양극화가 크게 증가하면서 의도했든 의도하지 않든 조직 내 개인의 행동은 자신의 정치적 이념political ideology에 의해 영향을 받고 있다. 정치적 이념은 사회적 목표와 이를 달성하는 가장 좋은 방법에 대한 개인의 신념과 가치관의 집합이며, 세상을 바라보는 렌즈이다. 이념은 사람이 생각하고, 느끼고, 행동하는 방식에 영향을 주며, 어느 정도 유연할 수 있지만 시간이 지나도 매우 안정적이다. 이는 사람이 사회를 해석하고, 세상을 이해하는 기준점 역할을 하며, 자신이 바람직하다고 여기는 사회의 질서, 구조와 기능을 규정하는 규범적 틀로 작용한다(Jost, Federico, and Napier, 2009).

자유주의와 보수주의: 정치적 이념의 대표적 구분

연구자들은 가장 설득력 있고 예측 가능한 정치적 이념 분류 기준으로 자유주의liberalism 대 보수주의conservatism 스펙트럼을 제시하고 있다(Gupta, Briscoe, and Hambrick, 2016). 이 구분은 개인이 다양한 사회적 이슈에 대해 갖는 태도와 가치관의 차이를 반영하여, 선호도와 선택에 광범위하게 영향을 미친다. 먼저 두 정치적 이념은 개인이 사회변화에 대해 갖는 태도에서 차이를 보이는데, 보수주의적 이념을 가진 개인은 자신이 속한 사회, 경제, 정치 체제를 정당한 것으로 인식하고 이를 유지하려는 경향이 강하고 변화와 불확실성에 저항하는 반면, 자유주의자는 이와 반대되는 태도와 행동을 보인다. 보수주의자는 자유 시장, 재산권, 개인주의를 선호하는 반면, 자유주의자는 사회 정의와 공정성에 민감하며, 환경문제에 관심을 갖고, 사회적 약자에 대해 더 관대한 태도를 보이고, 평등주의를 선호한다.

조직 관련 차이로 중요한 것은 정치적 이념이 개인의 귀인 경향에 영향을 준다는 것이다. 보수주의자는 개인의 성과나 결과에 대해 평가할 때, 개인의 재능, 노력, 동기부여와 같은 개인의 특성으로 내적 귀인을 하는 경향이 있는 반면, 자유주의 이념을 가진 개인은 결과에 대한 책임을 사회적 구조나 관행과 같은 상황적 요인으로 외적 귀인을 더 쉽게 한다. 최근 들어 조직연구에서 정치적 이념에 대한 논의가 활발해지고 있는데, 연구 결과는 경영진과 관리자의 정치적 이념이 자원 할당, 지배구조, 재무적 투자와 같은 조직의 전략적 의사결정에 의미 있는 영향을 준다는 것을 보여주고 있다. 자유주의 이념을 가진 CEO가 이끄는 조직이 보수적 이념의 CEO가 있는 조직보다 기업의 사회적 책임Corporate Social Responsibility(CSR) 활동을 더 활발하게 하고, 보수적 성향의 경영진이나 관리자가 자유주의 성향의 경영진보다 더 적은 위험을 감수하기 때문에 더 안정적인 고용이나 투자결정을 한다는 것이다(Swigart, Anantharaman, Williamson, and Grandey, 2020).

다음으로 살펴볼 개인 속성은 지각과 감정이다. 개인의 행동은 '차가운cold 인지 과정'과 '뜨거운hot 정서 과정'이 결합된 결과로 이해할 수 있다. 지각은 정보를 선택하고 해석하여 상황을 판단하는 비교적 합리적이고 의식적인 판단 과정으로, 개인이 조직 환경을 어떻게 이해하는지를 설명해 준다. 반면 감정은 빠르고 자동적으로 발생하는 뜨거운 과정으로, 동일한 상황에서도 행동의 방향과 강도에 중대한 영향을 미친다. 따라서 조직 내 개인의 행동을 보다 정확히 이해하기 위해서는 지각이라는 차가운 인지 과정과 감정이라는 뜨거운 정서 과정을 함께 고려할 필요가 있다.

지각: 조직 환경에 대한 개인의 해석

조직에서 지각의 중요성

지각perception이란 개인이 자신이 접하는 외부 환경에 어떤 의미를 부여하기 위해 외부로부터 투입된 자극을 선택하고 조직화하여 해석하는 과정이다. 개인은 자신을 둘러싼 환경을 이해하기 위해 지각 과정을 통하여 주어진 자극을 해석하고 평가하며, 그 결과에 따라서 자신을 보호하고 유지하며 자신을 향상시키는 데 적절한 행동을 하게 된다. 이러한 지각이 조직 내 개인의 행동을 이해하는 데 중요한 이유는 일단 같은 환경이라도 개인에 따라 서로 다른 의미를 부여하기 때문이다. 예를 들어 신문에 난 같은 기사에 대해서도 자신의 과거 경험이나 현재의 개인적 상황, 그리고 그 개인의 성격이나 가치관에 따라 서로 다르게 이해할 것이다. 한 회사가 시장에서 처한 똑같은 상황에 대해서도 같은 회사의 재무팀, 생산팀, 판매팀 간에는 자신들의 이해관계에 따라 큰 지각 차이를 보일 것이다.

같은 현상이나 상황에 대해 다르게 해석한 사람은 자신이 해석한 것에 기반해서 행동을 하게 된다. 개인은 어떤 현상에 대한 객관적 사실이 아니라 자신이 다르게 해석한 지각에 따라 행동하는 것이다. 예를 들어 한 조직에서 객관적으로는 구성원에게 유리한 평가제도를 실시한다고 공표해도, 만약 과거에 이와 비슷한 제도 때문에 불이익을 당했던 경험이 있는 사람이라면, 현재의 평가제도가 구성원에게 유리한 제도라는 객관적인 실체와는 상관없이 이 평가제도에 대해 부정적인 지각을 하게 되고, 이를 실시하려는 조직변화에 저항하는 행동을 하게 될 것이다. 이렇게 지각은 조직 내 리더나 구성원의 전략적 의사결정, 신입사원 선발, 성과평가, 동료에 대한 평가, 조직에 대한 태도 등에 큰 영향을 미치기 때문에 우리는 이 현상에 대해 충분히 이해할 필요가 있다. 또한 개인은 자신이 지각하는 것이 얼마나 객관적 실체에 근접한 것인지, 아니면 지각 과정에서 오류에 빠진 것은 아닌지 유의해야 할 것이다(Hodgkinson and Healey, 2008).

지각을 설명하는 두 관점: 스키마와 센스메이킹

개인의 지각 과정을 설명하는 중요한 개념에는 크게 스키마schema와 센스메이킹sensemaking이 있다(Fiol, 2002). 사람은 자신의 뇌에 고도로 구조화된 인지구조인 스키마를 갖고 있는데, 이는 컴퓨터에 은유될 수 있다. 개인은 감각 기관을 통해 사람 또는 상황에 대해 새로운 자극이나 정보에 접하게 되면 자신 내부에 있는 스키마의 기억 위치에서 연관되는 지식을 검색하고 이를 가져와서 현재의 새로운 정보를 이해하고 해석하고 판단하여 적절한 행동을 하게 된다. 스키마는 이러한 정보 처리를 지시하는 규칙을 나타내는 고도로 구조화된 기존의 인지 구조이다. 스키마 이론은 인간의 지각 과정을 설명하는 전통적이고 대표적인 이론적 관점이다. 스키마 이론에 대한 가장 큰 비판은 스키마라는 개인의 정신적인 지식 구조 개념이 폐쇄적이라는 것이다. 새로운 정보가 나타났을 때 모든 인지 과정이 개인의 내부 머릿속에서 이루어지는 것으로 본다는 것이다. 스키마 자체는 과거의 경험이나 지식 습득에 따라 형성되겠지만 새로운 상황이나 자극과 같은 정보가 주어졌을 때는 외부와는 고립된 폐쇄적인 내적 구조에 의해서 인지과정이 일어나는 것이다(Walsh, 1995).

칼 와익Karl E. Weick이 제시한 센스메이킹 이론은 사람들이 모호하고 예측하기 어려운 상황 속에서 무엇이 일어나고 있는지 이해하고 의미를 부여하는 과정을 다른 관점으로 설명한다(Weick, 1995). 개인의 인지 과정은 단순히 내부에 존재하는 스키마에 의해 결정되는 것이 아니라, 새로운 정보에 직면했을 때 주변 환경을 탐색하고 그 과정에서 환경 및 타인과의 상호작용을 통해 신호signal를 주고받으며, 이들 정보를 통합적이고 능동적으로 해석하여 행동으로 이어진다고 보는 것이다. 센스메이킹은 연결connectionist 관점을 취한다. 즉, 인지를 개인 내부의 과정이 아니라 환경과의 끊임없는 연결 속에서 언어와 커뮤니케이션을 통해 구성되는 과정으로 이해하며, 이를 뇌brain 또는 신경 세포neuron의 네트워크에 비유한다. 실제로 팔다리를 움직일 수 있는 것은 각각의 신체 요소들이 분절적으로 작동해서가 아니라, 이를 서로 연결하는 뉴런의 작용을 통해서 가능하기 때문이다(Weick, Sutcliffe, and Obstfeld, 2005; Maitlis and Christianson, 2014).

귀인 이론: 개인 행동의 원인에 대한 판단

개인은 주어진 자극을 해석, 정리, 평가하여 상황에 의미를 부여하는 지각 과정에서 감지된 상황에 대해 원인을 찾고 그 결과에 따라 적절하게 행동한다. 개인이 지각 과정에서 자신의 행동이나 타인의 행동에 대하여 원인과 결과를 밝히는 것을 귀인attribution이라고 한다. 켈리Kelley의 인과 귀인 이론causal attribution theory에 따르면 사람은 자신이나 다른 사람의 행동을 관찰할 때 그 행동이 내적 요인에 의해 발생했는지 아니면 외적 요인에 의해 발생했는지 추론하려는 경향을 보인다. 내적 요인에 의한 행동은 그 개인의 능력이나 기술, 노력과 같이 그 개인이 통제할 수 있다고 생각되는 행동을 말하며, 외적 요인이란 업무의 특성이나 상급자의 특성, 과업의 난이도, 운 등 그러한 행동을 할 수밖에 없는 개인의 외적, 상황적, 환경적 요인을 말한다.

귀인 과정

켈리는 행동의 결과에 대한 원인을 내적 요인이나 외적 요인에서 찾는 귀인 과정에 영향을 주는 중요한 요소로 특이성distinctiveness, 합의성consensus, 일관성consistency을 제시했다(Kelley, 1973). 출근 시간에 지각을 한 홍길동 씨의 행동에 대한 귀인 과정의 예를 들어 이 개념들을 설명해보자.

그림 3-1 귀인이론

특이성은 개인이 특정 상황에서 한 행동이 다른 상황에서 한 행동들과 비교해 다를수록 높아진다. 홍길동 씨가 평소 다른 업무 수행 과정에서는 성실하고 최선을 다하는 사람이었다면, 오늘 지각을 한 그의 행동은 특이한 것이고(높은 특이성), 사람들은 그의 행동의 원인을 출근길에 교통사고 때문에 길이 많이 막혔을 수 있다는 등으로 외적 요인에서 찾으려 할 것이다(외적귀인). 홍길동 씨가 다른 업무를 수행할 때도 요령만 피우던 사람이라면 그가 지각한 것은 특이하지 않은 것이어서(낮은 특이성), 지각의 원인을 게으른 성격이라는 그의 내부에서 찾으려 할 것이다(내적귀인).

합의성은 개인이 특정 상황에서 한 행동이 같은 상황에서 다른 사람들이 한 행동과 유사할수록 높아진다. 오늘 다른 사람들도 지각을 했다면(높은 합의성), 홍길동 씨가 지각한 행동의 원인을 출근길에 교통 체증이 있었다는 등 외부에서 찾으려 할 것이다(외적귀인). 그런데 오늘 평소처럼 지각하는 사람이 거의 없었다면, 그의 행동은 다른 사람들과 비슷하지 않아서(낮은 합의성), 행동의 원인이 게으른 성격이라는 그의 내적 요인 때문이라고 판단할 것이다(내적귀인).

일관성은 개인의 특정 상황에서의 행동이 시간적으로 오랫동안 계속될수록 높아진다. 홍길동 씨가 지금까지는 전혀 지각한 적이 없었는데 오늘만 지각을 한 것이라면(낮은 일관성) 행동 원인을 교통 문제 등 외부에서 찾으려고 할 것이지만(외적귀인), 그가 상습적으로 지각을 해왔다면(높은 일관성), 사람들은 행동의 원인을 성격이나 태도와 같은 그의 내적 요인 때문이라고 생각할 것이다(내적귀인).

개인은 특이성, 합의성, 일관성이라는 세 가지 측면을 종합적으로 사용하여 귀인 판단을 내린다. 개인은 지각 과정에서 대상의 행동에 대해 높은 특이성, 높은 합의성, 낮은 일관성을 지각할수록 외적 또는 환경적 요인에서 그 원인을 찾으려고 하는 경향이 크다. 반면에 낮은 특이성, 낮은 합의성, 높은 일관성을 지각할수록 그 대상의 내적 또는 개인적 요인에 귀인하여 그 원인을 찾으려는 경향이 크게 된다.

귀인 오류: 원인 판단에서의 체계적 편향

귀인 과정에서 개인은 여러 지각 오류를 범할 수 있다. 근본적 귀인 오류 fundamental attribution error는 개인이 다른 사람의 행동에 대해 판단할 때 그 행동에 대한 외적 요인의 영향은 과소평가하고 내적 또는 개인적 요인의 영향을 과대평가하는 경향이다. 이러한 오류는 개인이 다른 사람의 행동에 영향을 줄 수 있는 여러 외적 요인에 대한 정보를 충분히 얻기 어렵기 때문에 당장 눈앞에 보이는 그 사람의 특성에 초점을 두게 되어서 발생하게 된다.

자기 본위 편향self-serving bias은 일반적으로 사람은 자신의 성공에 대해서는 그 원인을 자기 자신의 능력이나 노력과 같은 내적 요인에 귀인하는 경향이 강하고, 좋지 않거나 실패로 끝난 일에 대해서는 상황이나, 운, 다른 사람 탓 등과 같이 외적 요인에 귀인하는 경향을 말한다. 이러한 경향은 다른 사람에 대해서는 정반대로 작용한다. 다른 사람의 성공에 대해서는 원인을 외적인 것으로 귀인하고, 실패에 대해서는 원인을 그 사람의 내적인 것으로 귀인하는 경향을 갖는다. 예를 들어 승진하면 자신의 능력과 실적 때문이고 자신이 승진하지 못하면 공정하지 못한 회사의 인사제도 때문이라고 탓하면서, 자신의 동료가 승진하면 상사와의 친분과 같은 외적 요인이 작용했다고 생각하고 승진을 못했다면 그 사람의 평소 업무 능력 부족 때문이라고 생각하는 것이다.

일반적인 지각 오류: 판단과 의사결정에서의 인지적 한계

사람들은 지각과 판단을 하는 과정에서 상대방이나 상황에 대해 객관적 사실과 다른 잘못된 지각을 하게 되고 이에 따라 행동하는 과오를 범하게 된다. 조직에서 관리자의 지각 오류는 면접을 포함한 신입사원 선발이나, 여러 크고 작은 의사결정, 그리고 성과평가 등에 직접적으로 부정적인 결과를 가져올 수 있다. 사람이 일반적으로 어떤 종류의 지각 오류를 범하는지 안다면 중요한 의사결정에서 오류를 줄이는데 도움이 될 수 있다.

선택적 지각selective perception은 사람이 지각 과정에서 환경으로부터 자극을 받아들일 때 모든 자극을 이해할 수 없기 때문에 그 중 일부분만 받아들이게 되는데, 이때 자신의 관심, 배경, 경험과 태도 등 자신의 준거 체계에 유리하고 일관성 있는 자극만을 선택적으로 받아들이게 되는 것을 뜻한다. 이로 인해 상황에 대한 완전한 해석과 평가가 어려워지고, 동시에 상황에 대한 객관적 지각은 물론 정확한 의미를 부여하는 것이 불가능해진다. 왜냐하면 우리는 모호한 상황에서 자신이 보고 싶은 것만 보기 때문이다.

후광효과halo effect는 개인이 갖는 지능, 사교성, 용모 등과 같은 어느 한 특성에 대한 긍정적 평가에 기초하여 다른 특성에 대해서도 이를 일반화시켜 그 개인 전체를 긍정적으로 보는 지각 경향을 말한다. 예를 들어, 상사가 자신에게 예의 바르게 대하는 부하를 매우 성실하고 능력 있는 사람이라고 평가하는 경우가 지각 오류일 수 있다. 이때 다른 사람들이 아무리 그 부하에 대한 부정적인 얘기를 해도, 그런 부정적인 정보를 중요하지 않은 것으로 생각하거나 무의식적으로 무시하면서 자신의 후광효과를 강화하게 된다. 반대로 뿔효과horn effect는 개인의 한 특성을 부정적으로 보면 그 사람의 전체 특성을 부정적으로 평가하는 경향을 의미한다.

고정관념stereotyping은 어떤 사람을 판단할 때 그 개인의 특성이 아니라 그 개인이 속한 사회적 집단의 특성에 대한 자신의 인식을 토대로 그 개인에 대해 판단을 하는 경향을 말한다. 조직에서 그 사람의 업무능력이나 조직에 대한 공헌도가 아닌 그 사람의 성별, 나이, 출신 학교, 출신 지역에 따라 그 사람을 판단하는 경우에 생기는 지각 오류다. 고정관념은 개인이 수많은 현상과 정보로 이루어진 복잡한 현실세계를 보다 더 간단히 지각할 수 있도록 해주는 역할을 한다. 문제는 고정관념이 지각 왜곡의 주요한 원천이 되며, 사회적 편견을 만들어 조직에 크게 부정적인 결과를 가져올 수 있다는 점이다. 신입사원 선발 면접에서 면접관인 회사 임원이 여성이나 특정 지역에 대한 부정적 고정관념을 가져서 능력으로는 다른 지원자들에 비해 탁월한 지원자를 탈락시켰다면, 조직은 잠재적 핵심인재를 뽑을 기회를 잃는 큰 손실을 겪게 되는 것이다.

대조효과contrast effect는 어떤 상황이나 개인에 대한 판단을 하는 과정에서 최근에 주어졌던 정보나 대상과 비교하여 판단하는 경향을 말한다. 예를 들어, 면접 과정에서 한 사람이 면접을 비교적 잘했음에도 불구하고 앞뒤의 다른 지원자들이 너무도 탁월하다면 면접관들은 그 사람을 그냥 보통 정도의 지원자라고 생각하게 되는 것이다.

자기실현적 예언self-fulfilling prophecy, 또는 피그말리온 효과the Pygmalion effect는 사람이 다른 리더나 동료가 믿고 기대하는 바에 따라 행동하게 되어 타인이 그 사람에게 믿고 기대했던 것이 실제로 이루어지는 현상을 뜻한다(Merton, 1948). 예를 들어 팀장이 특정 팀원의 업무능력에 대해 높은 기대를 가지고 더 많은 기회와 긍정적인 피드백을 제공할 경우, 해당 팀원 역시 자신에 대한 기대 수준을 높이고 동기부여되어 실제로 탁월한 성과를 보일 가능성이 커진다.

행동경제학과 의사결정: 합리성의 한계와 휴리스틱

카너먼Daniel Kahneman과 트버스키Amos Tversky는 인지심리학적 접근을 바탕으로, 신고전파 경제이론이 가정하는 합리적 의사결정과 실제 인간의 경제적 의사결정 간에 존재하는 다양한 차이를 체계적으로 설명하는 관점을 제시하였다. 이들의 연구는 인간의 판단과 선택이 인지적 편향과 휴리스틱에 의해 구조적으로 영향을 받는다는 점을 보여주었으며, 이러한 문제의식은 이후 행동경제학이라는 독립적인 연구 분야로 발전하게 되었다(Thaler, 2016).

인지과학자들에 따르면 인간의 사고방식에는 직관적intuitive사고와 반성적reflective 사고가 있다. 직관적 사고 또는 시스템 1 사고체계에서 사고, 연상, 감정, 의도, 행동의 준비는 별다른 노력 없이 생겨난다. 직관적 사고는 우리가 이미 알고 있는 것을 토대로 빠른 결정을 제공하지만, 이를 위해 비교적 쉽고 인지 자원을 덜 이용하는 정보에 의존한다. 반면 반성적 사고 또는 시스템 2 사고체계에서는 인지와 정보처리가 느리고 더 신중하다. 반성적 사고에서는 추상적 사고가 가능하므로 신중한 결정을 해야 할 때 동원된다. 사람은 판단이나 결정을 내릴 때 직관적 사고와 반성적 사고를 모두 이용하지만 빠르고 인지적 수고가 덜하기 때문에 직관적 사고를 할 때가 많다. 사람이 직관적 사고를 할 때 일반적으로 우리가 의사결정 목표에 신속하게 도달하도록 돕지만, 때때로 판단 오류를 유발하여 잘못된 방향으로 이끄는 경향이 있는 도식화된 패턴을 휴리스틱heuristic 또는 인지편향cognitive bias이라고 한다(Kahneman, 2011).

휴리스틱의 유형: 빠른 판단을 이끄는 인지적 지름길

행동경제학에서 주로 논의하는 개인 의사결정의 휴리스틱 또는 편향에는 다음과 같은 여러 유형이 있다. 가용성availability은 개인의 의사결정이 기억에서 가장 쉽게 떠오르거나 접근할 수 있는 정보나 단서에 의해 영향을 받는 현상이다. 사람은 최근에 일어났거나, 자주 접했거나 강렬한 인상을 주었던 사건이나 경험을 더 자주 일어나거나 중요한 것으로 판단해서 이를 바탕으로 결정을 내리는 경향이 있다. 예를 들어, 뉴스에서 비행기 사고는 크게 보도하지만 자동차 사고는 거의 다루지 않기 때문에, 사람들은 실제로는 위험 확률이 낮은 비행기 여행이 더 위험하다고 생각하게 되는 것이다.

대표성representativeness은 어떤 대상이나 사건을 판단할 때 특정 집단의 전형적이거나 대표적인 특성과 얼마나 유사한지에 근거하여 평가하는 것이다. 사람이 인지적 수고를 줄이기 위해 실제적 근거보다 전형적인 이미지나 고정관념에 의존해 판단하는 경향을 말하는데, 특정 집단의 소수 표본만 보고, 그 표본이 전체 집단을 대표하는 정도를 과대평가하는 지각 오류가 생길 수 있다. 예를 들어, 이전에 선발한 몇 명의 실적이 좋지 않았던 것 때문에 그 대학 출신 전체를 부정적으로 판단하는 오류를 범하는 경우이다.

기준점과 조정anchoring and adjustment은 사람들이 불확실한 상황에서 판단하거나 결정할 때 관련성이 낮을 수 있는 기준점에 의해 영향을 받고 의존하려는 경향을 의미한다. 기준점이 되는 정보에 판단이 고정되면, 이를 중심으로 사고가 이루어져서 추가 정보를 통해 조정하더라도 조정이 충분하지 않아 최종 의사결정이 기준점에 의해 과도하게 영향을 받게 된다는 것이다. 예를 들어 무작위 숫자를 제시하고 튀르키예 인구(실제 8천 5백만 명)를 추정하는 실험에서, 참여자들은 각각 제시된 3천 5백만 명과 1억 명이라는 기준점을 중심으로 서로 다르게 추정하는 경향을 보였다.

이런 주요 휴리스틱 외에도 여러 인지편향이 있다. **과신편향**overconfidence bias은 자신의 지식, 판단, 능력 등에 대해 객관적 실제보다 큰 주관적 자신감을 갖는 경향을 의미한다. 자신의 실제 능력이나 성과를 과대평가하거나, 자신의 판단이나 지식이 정확하다는 과도한 확신을 갖거나, 다른 사람보다 자신의 성과나 능력을 과도하게 높게 평가하는 것이다. **확증편향**confirmation bias은 자신의 기존 신념, 가치관, 기대와 일치하거나 뒷받침하는 정보만 선택적으로 받아들이고 반대되는 정보는 무시하거나 과소평가하는 방식으로 정보를 검색, 해석, 선호하는 경향을 뜻한다. **사후확신편향**hindsight bias은 어떤 사건이 일어난 후에 그것이 필연적인 결론이 아니었다 하더라도 “그럴 줄 알았다”고 생각하며 그 결과를 미리 알고 있었던 것처럼 믿는 경향을 뜻한다. 예를 들어 어떤 회사 주가가 크게 오른 후에 여러 요인 때문에 당연히 주가가 상승할 줄 알았다고 말하는 것이다.

프레이밍framing은 행동경제학에 기반한 의사결정 논의에서 중요한 개념인데, 논리적으로 동일한 정보라도 언어적 표현, 맥락, 강조점에 따라 사람들의 판단이나 결정이 달라지는 것을 의미한다. 아래의 실험이 프레이밍 효과를 잘 보여준다(Bazerman, 1986).

실험 상황: 어젯밤 알래스카 부근에서 보험에 가입된 세 척의 배가 침몰했는데, 해

상 화물 전문 손해사정인인 당신의 임무는 화물 손실을 최소화하는 결정을 하는 것이다. 각 배에는 20만 달러 상당의 화물이 적재되어 있고, 72시간 내에 찾지 못하면 유실된 것으로 보아야 한다. 당신은 아래의 두 대안 중 하나를 선택해야 하고, 어떤 대안을 선택해도 실행할 때 드는 비용은 같다.

대안 A: 세 척의 배 중 20만 달러 상당의 화물이 실린 1척만 인양한다.

대안 B: 세 척의 배에 실린 총 60만 달러 상당의 모든 화물을 인양하는데, 성공할 확률은 3분의 1이고 아무것도 인양하지 못할 확률은 3분의 2다.

당신이라면 어떤 안을 선택할 것인가? 이 설문에 대해 응답자의 71%는 한 척의 배는 확실히 인양하는 A안을 선택하겠다고 대답했다. 이번에는 다른 사람들에게 같은 상황에서 다음과 같은 두 개의 대안을 제시하고 선택하라고 했는데, 결과는 달랐다.

대안 C: 세 척의 배 중 두 척을 포기해 총 40만 달러의 손실을 감수한다.

대안 D: 총 60만 달러 상당의 모든 배를 잃을 확률은 3부의 2이지만 한 척의 배도 잃지 않고 모두 구조할 확률이 3분의 1이다.

이 설문에서 응답자의 약 80%는 D안을 선택하였다. 이러한 응답 경향은 전통적인 합리성 가정에 근거해서는 설명하기 어렵다. 왜냐하면 내용적으로 보면 A안과 C안은 동일한 선택지를 제시하고 있으며, B안과 D안 역시 실질적으로 동일한 결과를 포함하고 있기 때문이다. 두 질문의 차이는 선택지의 실질적 내용이 아니라, 질문이 제시되는 방식, 즉 프레이밍뿐이었다. 이 실험 결과는 사람들이 일반적으로 불확실성을 회피하고 위험을 기피하는 경향을 보이지만, 그 경향이 이익과 손실의 맥락에 따라 비대칭적으로 나타난다는 점을 보여준다. 구체적으로, 이익의 영역에서는 확실한 이익을 선호하며 위험을 회피하려는 경향이 강한 반면, 손실의 영역에서는 확실한 손실을 피하기 위해 오히려 불확실한 손실을 선택하려는 경향을 보인다. 이는 의사결정에서 위험 회피 그 자체보다도 손실 회피가 더 강력한 영향력을 갖는다는 점을 시사한다.

전망이론: 손실 회피와 비대칭적 가치 평가

카너먼과 트버스키는 이러한 손실 회피 성향을 보다 체계적으로 이론화하여, 합리성을 전제로 하는 신고전학파 경제학에 대한 대안으로 전망이론prospect theory을 제시하였다(Kahneman and Tversky, 1979). 전망이론의 핵심 요소인 가치 함수는 사람들이 이득과 손실을 동일한 방식으로 평가하지 않으며, 그 주관적 가치가 비대칭적으로 형성된다는 점을 보여준다. 구체적으로 이 가치 함수는 기준점reference point을 중심으로 손실 영역에서의 곡선 기울기가 이득 영역보다 더 가파르게 나타나는데, 이는 사람들이 같은 규모의 이득보다 손실로 인한 심리적 충격을 더 크게 인식함을 의미한다. 그 결과 개인은 의사결정 과정에서 이득을 극대화하려 하기보다는 손실을 회피하려는 경향을 강하게 보이게 되며, 이러한 손실 회피 성향은 인간의 실제 선택 행동을 이해하는 데 핵심적인 설명 틀을 제공한다.

그림 3-2 전망이론

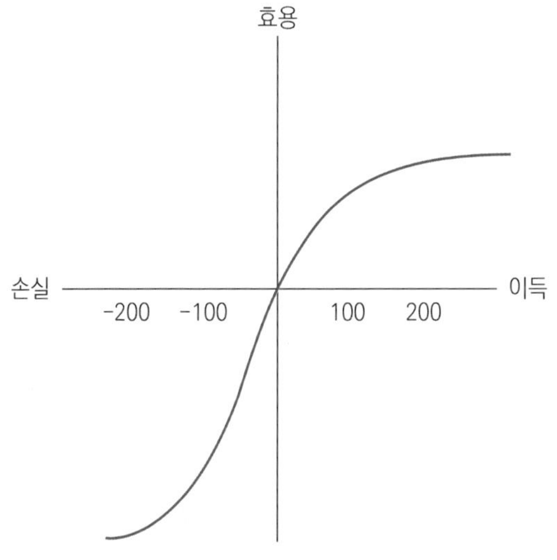

정서와 감정: 개인과 집단 행동의 정서적 과정

감정emotion과 정서affect 개념은 전통적으로 구분되어 왔는데, 감정이 특정 대상이나 사건에 대한 구체적이고 비교적 강한 반응을 의미하는 반면, 정서는 긍정-부정의 전반적 정서 상태를 포괄하는 상위 개념이다. 그러나 최근 연구에서는 거의 같은 의미로 쓰이거나 정서가 상위 개념으로 사용되는 경향이 강해졌다. 개인이 기뻐하고, 화를 내고, 슬퍼하는 정서는 행동에 큰 영향을 미치지만, 조직 연구에서는 오랫동안 충분히 주목받지 못했다. 이는 감정이 지속적이지 않고 단기적이며 비합리적이라고 여겨져 왔기 때문이다. 관료제를 기반으로 한 현대 자본주의 조직 이론은 개인의 자의적인 행동이나 감정과 같은 비합리적 요소를 배제함으로써 조직의 합리성을 강조하려는 경향이 강했고, 조직 내 감정에 대한 연구는 제한적이었다. 특히 감정 연구는 분노, 슬픔과 같은 부정적 감정에 집중되어, 감정이 조직에 부정적 영향을 미친다는 관점이 지배적이었으며 감정이 구성원과 조직 성과에 긍정적 영향을 줄 수 있다는 측면은 간과되었다.

그러나 감정이 비합리적이는 조직에 부정적 영향을 주든, 중요한 것은 감정이 조직 내 개인의 행동과 성과에 실질적인 영향을 미친다는 사실이다. 1990년대 이후 긍정심리학의 부상과 함께 지난 30여 년 동안 조직 내 감정의 다양한 측면에 대한 연구가 활발히 이루어졌다. 그 결과, 감정은 개인 성과, 의사결정, 창의성, 결근 및 이직, 조직시민행동, 갈등, 리더십, 팀 성과 등 광범위한 영역에 영향을 미친다는 것이 입증되고 있다(Ashkanasy and Dorris, 2017).

개인의 감정은 상대적으로 안정적이고, 고정적이어서 개인 성격과 유사한 특성을 보이는 특성적 정서trait affect도 있지만, 대부분은 상대적으로 좀 더 일시적으로 나타나는 개별 정서discrete affect이다. 이러한 개별 감정을 열거하면 수없이 많겠지만 사람에게 보편적으로 나타나는 원형적 감정인 기본 감정basic affect으로 논의되는 것은 크게 행복happiness, 놀람surprise, 공포fear, 슬픔sadness, 분노anger, 혐오disgust 등이며, 이 외에도 다른 수많은 개별 감정이 존재한다(Russell, 1980).

긍정 정서와 부정 정서: 창의성과 의사결정 효과에 대한 논쟁

조직 내 감정에 대한 연구가 본격화되면서, 연구자들이 가장 먼저 주목한 핵심 주제는 개인이 자신의 상황에 대해 긍정적 혹은 부정적 감정을 느낄 때, 그에 따라 나타나는 태도와 행동이 어떻게 달라지는가였다. **긍정 정서**positive affect는 개인이 느끼는 즐거움, 환희, 행복과 같은 정서를 의미하고, **부정 정서**negative affect는 분노, 슬픔, 불안과 같은 부정적인 감정을 뜻한다. 개인의 긍정, 부정 정서가 태도, 의사결정, 성과에 미치는 영향에 대한 다양한 연구가 이루어졌다. 특히 긍정 정서가 부정 정서보다 인지적 수행에 더 긍정적인 영향을 준다는 논의가 **행복하면 더 똑똑하다는**happier-and-smarter 관점이다. 이 논의는 긍정심리학의 여러 연구 결과를 토대로 사람이 기분이 좋아질 때 인지과정을 담당하는 뇌의 활성도가 증가하여 문제 해결 능력과 창의성이 향상되고, 더 나은 의사결정이 가능하다고 주장한다. 반면, 부정 정서가 더 유효할 수 있다고 주장하는 **슬프지만 더 현명하다는**sadder-but-wiser 관점도 존재한다. 이 논의는 부정 정서를 느끼는 개인이 상황을 보다 비판적으로 바라보기 때문에 위험한 의사결정을 피하고, 현재 결과에 쉽게 만족하지 않으며, 지속적으로 더 나은 해결책을 탐색하려 한다는 점을 강조한다(Staw and Barsade, 1993). 두 관점 간 논쟁은 계속되고 있지만, 긍정 정서가 부정 정서보다 창의성, 의사결정 등과 같은 성과에 더 유리한 영향을 미친다는 연구가 상대적으로 더 많이 보고되고 있다(Amabile, Barsade, Mueller, and Staw, 2005).

정서적 사건 반응 이론

조직에서 감정이 왜 발생하며, 이러한 감정이 조직에 어떤 영향을 미치는지 설명함으로써 감정이 조직행동에서 중요한 연구 주제임을 보여주는 이론이 **정서적 사건 반응 이론**Affective Events Theory(AET)이다. 이 이론에 따르면, 직무의 다양성, 업무량, 자율성 등과 같은 직무 특성과 직무 수행에 요구되는 조건과 같은 직무 환경은 업무 과정에서 다양한 구체적 사건을 발생시킨다. 예를 들어, 과도한 업무로 인해 동료 간 협력이 어려워지거나, 서로 다른 상급자로부터 상충되는 지시를 받는 상황 등이 그러하다. 이러한 사건들은 구성원에게 즐거움과 같은 긍정적 감정을 유발할 수도 있고, 분노와 같은 부정적 감정을 일으킬 수도 있다. 업무 수행 과정에서 생긴 구체적 사건에 대한 개인의 감정적 반응은 궁극적으로 개인의 조직몰입, 조직시민행동, 이직의도, 직무 성과 등에 영향을 미친다. 즉, 조직 내 감정은 개인의 행동과 성과를 이해하는 데 중요한 개념인 것이다(Weiss and Cropanzano, 1996).

감정노동: 조직이 요구하는 감정관리와 개인의 소외

대부분의 조직 구성원, 특히 서비스업종 노동자는 업무 수행 과정에서 신체적 능력뿐 아니라 인지적 능력과 감정적 역량을 요구받는다. 감정노동emotional labor이란 사람을 대하는 직무를 수행할 때, 개인이 실제로 느끼는 감정과 무관하게 조직이 요구하는 감정을 의도적으로 표현해야 하는 것을 의미한다. 개인이 실제 느끼는 감정felt emotion과 직무 수행에서 바람직하다고 여겨지는 얼굴 표정, 몸짓, 말하는 태도 등의 표현된 감정displayed emotion 간의 차이가 감정부조화emotional dissonance를 가져온다. 부조화에도 불구하고 조직이 요구하는 감정을 지속적으로 표현해야 하는 것이 육체노동과 같은 정도로 힘든 것이고, 이것이 자신의 업무 수행 과정에 매우 필요하며, 이에 대해 보상을 받는다는 점에서 이를 감정노동이라고 한다. 서비스업에서 일하는 노동자들은 고객에게 항상 친절하고 긍정적인 감정을 보여야 하며, 형사와 채권추심인은 공격적인 태도와 같은 부정적 감정노동을 수행해야 한다. 판사나 의사처럼 감정 표현이 지나치게 긍정적이거나 부정적이지 않고 객관적이거나 공정하게 보이는 중립적 감정노동이 요구되는 직종도 있다(Grandey and Gabriel, 2015).

감정노동 개념을 처음 제시한 혹실드Arlie Russell Hochschild는 항공사 승무원을 포함한 다양한 직종의 감정노동자들과 노동조합 관계자 및 관련 전문가들을 대상으로 인터뷰, 참여관찰 등 질적 연구 방법을 활용하여 연구를 수행하였다. 혹실드는 감정노동을 노동자가 고용주가 정한 규칙에 따라 자신의 감정을 관리하도록 기대되는 과정이라고 보았고, 자본주의 조직에서 노동에 대한 통제 강화와 소외의 또 다른 측면이라는 비판적인 관점에서 이를 개념화하였다. 자본주의 사회에서 지금까지 개인의 내적 특성이라고 여겨졌던 감정은 시장에서 상품화되고, 감정노동자는 감정에 대한 자율성을 빼앗겨서 더 이상 감정마저 자신의 것이 아니게 되는 소외가 일어나게 된다는 것이다(Hochschild, 1983).

감정노동이란 개념은 처음에 서비스 업종에서 고객과 직접적으로 대면하게 되는 판매사원이 고객에게 항상 웃고 친절하게 보여야 하는 것이 중요하다는 논의에서 시작되었으나 이제는 일반적인 조직에서 개인이 동료나 상사와 함께 일을 해야 하는 상황에도 적용된다. 동료에게 툭하면 화를 내고 항상 우울하게 다니는 사람을 다른 동료나 상사가 좋게 생각할 이유가 없기 때문에 조직에서 항상 자신의 감정을 억제하고, 자신의 실제 감정과는 달리 바람직하다고 생각되는 감정을 표현해야 하는 일종의 감정노동을 해야만 하는 것이다(Grandey, 2000).

감정노동의 유형: 표면 연기와 내면 연기

혹실드는 고프먼Erving Goffman의 연극적dramaturgical 방법론에 기초해서 감정노동 이론을 제기하였는데, 개인이 자신의 실제 감정을 억누르고 바람직한 감정을 표현하기 위해서 하는 감정노동은 일종의 연기를 하는 것과 같다고 보았다. 표면 연기surface acting는 자신의 내면적 감정을 숨기고 표현 규칙에 따라서 억지로 감정적 표현을 하는 연기를 하는 것이다. 반면에 내면 연기deep acting는 자신에게 요구되는 표현 규칙에 맞도록 자신이 실제 느끼는 감정 자체를 변화시키려고 하는 것이다. 예를 들어 자신의 짐이 분실된 것에 대해 거칠게 항의하는 손님의 태도에 속으로는 매우 화가 나지만 겉으로는 미소를 잃지 않고 끝까지 친절하게 응대하는 항공사 직원은 표면 연기의 감정노동을 하는 것이다. 반면 그 짐을 잃어버린 손님의 정말 난처한 입장을 생각해보면서 그 손님에게 자신을 감정이입시켜 실제 감정 자체를 바꾼 직원은 내면 연기를 하는 것이다. 실제 항공사 등 서비스업 관련 조직에 근무하는 구성원들은 자신의 현재 실제 감정이 슬프거나 화가 나 있다 하더라도 자신에게 요구되는 밝고 친절한 감정을 보여주기 위해 과거 행복했던 일 등을 의식적으로 마음속에 떠올려서 자신의 실제 감정 자체를 바꿀 수 있도록 평소에 교육과 훈련을 받는다.

감정노동의 부정적 결과

개인이 실제 느끼는 감정과 표현된 감정과의 차이인 감정부조화가 커서 감정노동을 과도하게 하게 되면 개인에게 많은 부정적인 영향을 주게 된다. 지금까지의 연구결과에 따르면 감정노동을 많이 하는 조직 구성원은 자신 스스로를 매우 위선적으로 느끼게 되고, 심한 스트레스에 시달리게 되거나, 스트레스가 과도한 경우에는 정신적인 문제가 생기기도 한다. 이는 조직에 대한 몰입도와 자신의 일에 대한 만족도, 그리고 결국 개인 성과에 부정적인 영향을 주게 된다. 연구에 따르면 실제 자신의 감정을 숨겨야 하는 표면 연기가 내면 연기를 통한 감정노동보다 개인에게 더 부정적인 영향을 준다. 감정노동으로 인해 생기는 부정적인 결과인 스트레스나 자기위선감을 해소하는 방법은 감정노동을 한 후에 그 개인이 자신의 실제 감정을 표출시킬 수 있도록 하는 것이다(Zapf, Kern, Tschan, Holman, and Semmer, 2021; 양경욱, 2024).

감정노동 문제 해결을 위한 조직의 제도적 책임과 실천

감정노동으로 인해 발생하는 다양한 문제를 완화하기 위해 조직은 여러 제도적 대응 방안을 모색하고 있다. 예를 들어 고객상담 콜센터를 운영하는 많은 조직들은 문제 고객으로부터 전화상담 직원을 보호하기 위한 보호 장치를 운영하고 있다. 이러한 제도 가운데 실제 효과성 측면에서 긍정적인 평가를 받고 있는 국내 한 기업의 엔딩 폴리시ending policy 제도를 구체적으로 살펴보자. 이 제도에 따르면, 고객이 성희롱, 폭언, 인격모독, 또는 위협적인 발언을 할 경우 상담사는 고객에게 두 차례 경고를 하게 되며, 그럼에도 불구하고 부적절한 행위가 지속될 경우 통화를 종료하고 해당 사실을 회사에 보고한다. 통화 종료는 ARS 음성을 통해 고객에게 공식적으로 안내되며, 이후 해당 고객이 다시 전화를 걸더라도 해당 상담사에게 연결되지 않고 전문상담그룹으로 자동 연결된다.

또한 해당 사건을 경험한 전화상담 직원에게는 약 30분간의 휴식 시간이 보장되며, 캡슐호텔이나 수면실 등 별도의 휴식 공간을 이용할 수 있도록 지원된다. 이와 관련된 어떠한 사유로도 인사평가에서 불이익을 받지 않도록 제도적으로 보호되며, 필요할 경우 심리상담 프로그램 또한 제공된다(김선우, 2013). 이러한 제도는 감정노동으로 인한 심리적 소진을 완화하고, 상담 직원의 안전과 존엄을 보호하기 위한 조직 차원의 적극적 개입 사례로 평가될 수 있다.

이와 같은 제도가 실질적으로 제대로 시행된다면 감정노동자들이 겪는 다양한 문제를 해결하는 데 큰 도움이 될 수 있다. 그러나 현실적으로 이러한 사례는 아직 소수에 불과하며, 대부분의 조직에서는 감정노동자를 보호하기 위한 제도가 형식적으로 도입되는 데 그치고 있다는 점이 문제로 지적된다. 우리나라에서는 2018년부터 감정노동자 보호를 의무화하는 '산업안전보건법 제41조', 일명 '감정노동자 보호법'이 시행되었다. 그러나 고객응대 노동자의 60% 이상이 문제 고객을 경험하더라도 공식적으로 문제를 제기하기보다는 참거나 모른 척한다고 응답하는 등, 감정노동자들이 여전히 실질적인 법적, 제도적 보호를 충분히 받지 못하고 있는 것이 현실이다.

이러한 문제는 고객을 직접 응대하는 감정노동자에 국한되지 않는다. 일반 업종의 조직 구성원들 역시 동료나 상사와의 관계에서 이른바 '갑질'과 같은 부당한 대우를 경험하거나, 조직 내에서 요구되는 감정 규제와 감정노동으로 인해 심리적, 정서적 어려움을 겪을 수 있다. 따라서 조직은 감정노동과 감정 규제로 인해 발생할 수 있는 부정적 영향을 최소화하기 위해, 선언적 수준을 넘어 실제로 작동하는 실질적이고 제도적인 보호 방안을 마련하려는 노력을 지속적으로 기울일 필요가 있다.

집단 정서: 감정의 사회적 구성

집단 정서group affect는 개인 수준에서 경험된 정서가 구성원 간 상호작용을 통해 집단 전체로 공유되고 확산되는 현상을 의미하며, 공유된 정서shared affect라고도 한다 (Barsade and Knight, 2015). 우리는 흔히 자신의 감정이 매우 사적이고 고유한 경험이라고 생각하지만, 실제로는 감기가 옮듯이 다른 사람의 감정에 의해 영향을 받고 동조될 수 있다. 구성원의 감정이 다른 구성원들에게 전이되어 집단 구성원들이 비슷한 정서를 형성하면서 집단 정서가 만들어진다.

이를 검증하기 위해 미국 대학 MBA 학생들을 대상으로 팀 프로젝트 토론 실험이 수행되었다. 연구자는 다른 팀원 몰래 특정 팀원에게 긍정 또는 부정 정서를 의도적으로 표현하도록 조작하고, 토론 전·후 팀원들의 정서를 측정하였다. 그 결과, 토론 초기에 서로 다른 정서를 보이던 팀원들의 감정이 토론이 끝날 무렵에는 조작된 정서를 보인 팀원과 유사한 정서로 수렴하였다. 이는 한 사람의 감정이 다른 구성원들에게 전염되어 집단 정서 형성에 영향을 미친다는 증거이다. 또한 연구 결과, 부정 정서는 긍정 정서보다 더 빠르고 강하게 확산되었으며, 조직 내 사회적 지위가 높은 구성원의 정서일수록 집단 내 전염 및 영향력이 더 큰 것으로 나타났다. 이러한 결과는 집단 정서가 단순 합이 아니라 사회적 영향 과정의 산물이라는 점을 보여준다(Barsade, 2002).

집단 정서 형성 과정

개인 수준의 정서적 경험이 결합되어 집단 정서가 구성되는 과정은 개인이 모르는 사이에 일어날 수도 있고 의도적인 상호작용을 통해 형성될 수도 있다(Kelly and Barsade, 2001). 정서 공유의 무의식적, 암묵적 과정에서는 참여하는 개인이 감정 공유 과정이 일어나고 있다는 것을 반드시 인식하지 않을 수 있다. 감정 전이emotional contagion는 한 개인의 기분과 감정이 주변의 다른 사람들에게 전달되는 과정을 의미한다. 사람은 다른 사람의 표정, 음성, 자세, 움직임을 무의식적으로 모방하고 동기화하는 경향이 있는데 그 결과 사람들 간의 감정이 수렴하는 현상이 나타나는 것이다. 상호작용 동기화interaction synchrony는 개인이 상호작용 과정에서 다른 개인과 조화되기 위해 행동을 조정하거나 수정하는 무의식적인 과정을 의미한다. 모방 정서vicarious affect는 사회 학습이론에서 논의된 것인데, 개인이 다른 사람의 특정한 정서적 표현을 인식하고 내면화하며 유사한 정서를 경험하는 과정을 의미한다. 다른 사람의 감정을 인식하고 공유하려는 능력이나 성향인 공감empathy도 이러한 감정 공유가 발생하는 과정이다.

집단 정서는 더 명시적이고 의식적인 감정 공유 과정에 의해 형성될 수도 있다. 의도적인 정서적 영향intentional affective influence은 의도적으로 다른 사람의 감정을 유도하거나 타인의 감정에 영향을 미치려고 시도하는 것이다. 조직에서 사내 엔터테인먼트 사업 등을 통해 조직 성과를 높일 수 있다고 생각해서 긍정 감정을 적극적으로 확산시키려고 시도하는 것이 예라고 할 수 있다. 정서적 인상 관리affective impression management는 개인이 목표를 달성하거나 집단에 적응하거나 집단으로부터 보상을 얻기 위해 자신의 실제 감정을 숨기고 조직이나 다른 사람이 바람직하다고 생각하는 감정을 표현하는 것을 의미한다.

감정지능: 정서 인식, 이해, 조절의 통합적 능력

자신의 현재 감정 상태를 잘 알고 다른 사람들의 감정을 잘 파악하는 사람은 직무를 더욱 효과적으로 수행할 수 있는데, 최근 들어 이러한 감정지능에 대한 관심이 증대되고 있다(Côté, 2014). 감정지능Emotional Intelligence(EQ 또는 EI)은 처음에 사회적 지능social intelligence의 한 하위요소로 제시되었는데, 사회적 지능 중 감정의 인식, 이해, 활용 및 조절과 관련된 능력에 초점을 둔 것이다. 감정지능은 자신의 감정과 타인의 감정을 지각하고, 사고하는 것을 돕기 위해 감정을 유도하거나 창출하며, 감정과 감정적 지식을 이해하고, 감정과 지적 성장을 촉진하기 위해 감정을 성찰적으로 조절하는 능력을 의미한다(Côté, 2014).

감정지능의 세부 요인 중 감정 인식, 평가 및 표현은 자신의 감정을 인식하고 다른 사람의 감정을 파악하며, 자신의 감정을 타인에게 정확하게 표현하는 능력이다. 감정이 사고를 촉진하는 능력은 감정이 사람들을 중요한 정보에 집중하도록 어떻게 이끄는지, 그리고 서로 다른 감정 상태가 문제 해결에 대한 다양한 접근법에 미치는 방식을 이해하는 것이다. 감정 이해 및 분석은 감정의 의미, 진행 과정, 감정 간의 복합적 관계를 이해하는 것이다. 자신과 타인의 감정을 조절하여 감정 및 지적 성장을 촉진하는 능력은 감정에 개방적으로 대응하고, 상황에 따라 감정을 분리하며, 자신과 타인의 감정을 관리하는 능력을 의미한다(Salovey and Mayer, 1990).

감정지능은 여러 다른 방법으로 분류되는데, 감정지능 개념을 더 구체화하고 대중화한 논의는 이를 다섯 차원으로 분류하였다(Goleman, 1995). 우리는 흔히 자신의 감정을 스스로 잘 안다고 생각되지만 실제는 그렇지 않은 경우가 더 많다. 자기 감정 인식self-awareness은 자신의 감정을 스스로 신속하고 정확히 파악하는 능력을 뜻하고, 자기 감정 관리self-management는 자신이 얼마나 자신의 감정적인 기복을 잘 조절하고 억제, 통제할 수 있는가 하는 능력이다. 자기 동기부여self-motivation는 자신이 특히 실패와 난관에 처했을 때 감정적으로 얼마나 어려움을 잘 극복하고 긍정적 감정을 유지하여 자신의 성취를 위해 스스로 동기부여할 수 있는가 하는 능력이다. 감정이입empathy은 자신이 다른 사람의 감정을 얼마나 잘 감지하고 이해하는가 하는 능력을 뜻하며, 사회적 기술social skill은 자신이 다른 사람의 감정에 적절히 반응하고 대처하여 그들의 감정을 얼마나 잘 다루는가 그리고 상대방과 원활하게 상호작용할 수 있는 능력이다.

직무 관련 태도: 만족, 몰입, 열의

태도attitudes란 어떠한 대상에 대한 믿음, 느낌, 그리고 행위 의도가 결합되어 있는 정신적 준비 상태를 의미한다. 사람이 갖는 수많은 태도 중 조직에서 중요한 것은 개인이 자신의 직무와 조직 전체에 대해 가지고 있는 긍정적이거나 부정적인 태도이다.

조직행동 연구에서는 성격이나 가치와 같은 개인 성향이 개인 성과에 직접적으로 영향을 미치기보다는, 먼저 직무만족이나 조직몰입과 같은 태도를 형성한 뒤 행동과 성과로 이어지는 것으로 이해되어 왔다. 이런 점에서 태도는 성격, 가치관, 지각과 같은 다른 개인 성향이 실제 행동과 성과로 전환되는 과정을 설명하는 핵심적인 매개 메커니즘으로 기능한다. 동시에 직무만족이나 조직몰입과 같은 태도는 성과와 함께 개인 성향 변수의 중요한 결과 변수로서, 성향이 조직 내에서 어떻게 발현되는지를 보여주는 지표로 활용되어 왔다. 태도는 개인 성향과 행동·성과를 연결하는 동시에, 개인 성향의 조직적 의미를 드러내는 중심적 개념으로 이해할 수 있다.

지금까지 중요하게 논의되어 왔던 개인의 태도에는 직무만족, 조직몰입 등이 있다. 개인의 태도는 어떠한 대상에 대한 인지적 요소, 감정적 요소, 그리고 행동 의도에 의해 구성된다. 인지적 요소cognitive component는 특정 대상에 대해 지니고 있는 일종의 지식, 견해, 정보, 믿음이나 신념을 의미한다. 감정적 요소affective component는 특정 대상에 대해 지니고 있는 느낌이나 평가를 뜻한다. 감정적 요소는 인지적 요소에 대한 반응으로 볼 수도 있다. 그러나 사람들이 서로 같은 인지적 요소를 갖는다 해도 서로 다른 감정적 반응을 보일 수 있다. 행동적 요소behavioral component는 특정 대상에 대해 행동하려는 의도나 성향을 뜻한다. 태도의 인지적 및 감정적 요소는 그 개인의 특정 대상에 대한 행동성향에 영향을 준다. 그러나 사람이 서로 같은 특정 믿음과 감정을 가져도 이해관계나 상황여건에 따라 개인의 최종 행동 성향은 다르게 나타날 수 있다.

직무만족: 일에 대한 태도와 조직 상태의 진단 지표

직무만족job satisfaction이란 개인이 자신의 직무 그 자체와 직무 수행과 관련된 다양한 측면에 대해 느끼는 즐겁고 긍정적인 감정 상태를 의미한다. 직무만족은 단일한 차원이 아니라, 여러 요소가 결합된 다차원적이고 종합적인 개념이다. 따라서 직무만족은 직무 내용이나 업무량, 물리적 작업 환경뿐 아니라, 동료와의 관계, 상사의 리더십 스타일, 경제적 보상, 승진 기회, 조직의 정책과 관행 등 다양한 요인의 영향을 받는다. 직무만족을 측정하기 위해 사용되는 설문 문항의 예로는 "대체로 나는 나의 일에 만족한다", "내가 하는 일의 내용은 나에게 흥미롭고 의미가 있다"와 같은 문항이 있다.

직무만족이 구성원의 성과에 직접적인 영향을 미친다고 생각하는 경향이 있지만, 연구 결과에 따르면, 개인의 직무만족은 개인 성과에 직접적인 영향을 미치지 않는다. 다시 말해, 자신의 직무에 만족한다고 해서 반드시 더 열심히 일하거나 더 높은 성과를 내는 것은 아니다. 오히려 높은 성과를 낸 사람들이 그에 상응하는 보상과 인정을 받을 때 직무만족이 높아지는 경우가 많다. 이러한 점에서 행복한 직원이 더 생산적이라고 할 수는 없다. 그럼에도 불구하고 직무만족은 조직과 관리자에게 여전히 중요한 의미를 갖는다. 높은 직무불만족은 결근과 이직의 증가, 그리고 신체적, 정신적 건강 문제로 이어질 가능성이 크며, 이는 궁극적으로 조직의 효율성과 성과에 부정적인 영향을 미친다. 이러한 이유로 직무만족은 조직의 현재 상태를 진단하는 유용한 지표로 활용될 수 있다. 특히 전반적인 불만족 수준이 높다는 것은 조직 내에 구조적 또는 관리적 문제가 존재함을 시사하며, 관리자는 이를 경고 신호로 인식하고 문제의 원인을 파악한 뒤 적절한 개선 조치를 취할 필요가 있다(Judge, Weiss, Kammeyer-Mueller, and Hulin, 2017).

조직몰입: 조직에 대한 태도와 헌신

조직 구성원의 태도 중에서 개인이 자신의 직무에 대해 갖는 태도가 직무만족이라면, 조직몰입organizational commitment은 개인이 조직 전체에 대해 갖는 태도를 의미한다. 조직몰입은 조직 구성원이 조직의 가치와 목표를 기꺼이 수용하고, 자신을 조직과 동일시하며, 조직을 위해 추가적인 노력을 기울이려 하고, 조직에 대해 심리적 애착을 느껴 그 조직에 계속 남아 있고자 하는 정도를 말한다. 조직몰입은 개인이 단순히 현재의 직무를 어떻게 평가하는지를 넘어, 조직과의 관계를 전반적으로 어떻게 인식하는지를 반영한다.

조직몰입을 측정하기 위해 사용되는 설문 문항의 예로는 "나는 친구들에게 이 회사가 근무할 만한 가치가 있는 훌륭한 회사라고 이야기하는 편이다", "나의 가치와 회사의 가치는 매우 비슷하다고 생각한다", "나는 이 회사의 성공을 위해 평균적으로 기대되는 수준 이상의 노력을 기울일 의사가 있다", "나는 이 회사에 오래 근무하고 싶다"와 같은 문항이 있다. 이러한 문항들은 구성원이 조직을 어떻게 평가하고, 조직과 자신을 얼마나 동일시하며, 조직에 얼마나 헌신하고 있는지를 포괄적으로 측정한다.

조직몰입이 조직행동 분야에서 중요한 개념으로 다루어지는 이유는 조직몰입 수준이 높은 구성원일수록 결근과 이직 가능성이 낮고, 조직에 지속적으로 기여하려는 의도가 높기 때문이다. 조직몰입은 구성원이 조직을 위해 노력하려는 심리적 애착과 헌신을 반영하므로, 생산성 향상과 조직 성과에도 긍정적인 영향을 미친다. 또한 조직몰입은 특정 직무에 대한 태도를 나타내는 직무만족과 비교할 때, 구성원이 조직 전체에 대해 갖는 보다 포괄적이고 지속적인 태도를 평가한다는 점에서 한층 더 유용한 지표가 될 수 있다. 구성원이 현재 수행 중인 직무에 불만족을 느끼더라도, 그것이 반드시 조직 전체에 대한 부정적 태도로 이어지는 것은 아니다. 그러나 이러한 불만이 조직 전반으로 확장될 경우, 구성원의 성과 저하뿐 아니라 이직 행동으로 이어질 위험이 크게 증가하게 된다(Meyer, Becker, and Vandenberghe, 2004).

구성원열의: 활력, 헌신, 몰두로 나타나는 긍정적 심리 상태

구성원열의employee engagement 또는 직무열의job engagement는 조직 구성원이 자신의 일이나 역할에 육체적, 인지적, 감정적 에너지를 적극적으로 투입하는 상태를 의미한다(Kahn, 1990). 이는 단순히 일을 수행하는 것을 넘어, 일에 대해 헌신하고 깊이 몰입하는 마음가짐이며, 긍정적이고 정력적이며 열정적인 심리 상태를 포함한다. 구성원열의는 직무 성과에 미치는 영향이 크며, 개인의 신체적, 정서적, 인지적 측면을 모두 아우르는 복합적 개념이라는 점에서 중요한 개념이다. 특히 최근에는 인간의 심리적 자원과 강점에 초점을 두는 긍정심리학positive psychology에 대한 관심이 증가하면서, 구성원열의에 대한 연구와 실무적 관심도 함께 확대되고 있다.

구성원열의는 일반적으로 활력vigor, 헌신dedication, 몰두absorption의 세 가지 하위 구성개념으로 이루어져 있다(Schaufeli, Salanova, González-Romá, and Bakker, 2002). 활력은 자신의 일에 대해 높은 에너지와 의욕을 느끼고, 그 에너지를 기꺼이 자신의 일에 투입하여 추가적인 노력을 기울이려는 정도를 의미한다. 이는 정신적 회복력과 강한 의지, 그리고 어려움에 직면했을 때 이를 견뎌내는 인내력을 포함한다. 헌신은 개인이 자신의 일이나 역할과 강한 일치감을 느끼고, 업무에 의미를 부여하며, 그 과정에서 열정과 감동, 자부심, 그리고 도전의식을 경험하는 상태를 의미한다. 몰두는 시간이 흐르는 것을 인식하지 못할 정도로 일에 완전히 집중한 상태로, 업무로부터 자신을 분리해 생각하기 어려운 깊은 인지적 몰입 상태를 의미한다. 구성원열의를 측정하기 위한 설문 문항의 예로는 "일을 할 때 나는 넘치는 힘을 느낀다", "나는 내 일에 자부심을 느낀다", "내 일은 매우 의미 있고 가치 있는 일이다", "직무를 수행할 때 나는 시간 가는 줄 모른다" 등이 있다. 이러한 문항들은 구성원이 자신의 일에 얼마나 에너지와 헌신을 쏟고 있는지를 포괄적으로 반영한다.

개인 성향 연구의 의의

조직행동 연구에서 개인의 성격, 지각, 감정과 같은 개인 성향에 초점을 둔 연구는 1950년대 후반 조직행동이 경영학의 한 세부 학문 분야로 형성된 이후, 학제적 성격을 지닌 조직행동 연구에서 심리학적 관점을 대표하는 핵심 연구 흐름으로 지속적으로 중요한 역할을 해왔다. 개인의 내적 특성을 통해 조직 내 행동과 성과를 설명하려는 접근은 조직행동 연구의 출발점이자 가장 기본적인 분석 틀을 제공해 왔다.

그러나 1970년대에 들어서면서 조직을 조직 내부의 개인과 그 특성만으로 설명하는 폐쇄적 관점에서 벗어나, 조직이 처한 환경과 사회적 맥락을 함께 고려해야 한다는 개방적 관점이 대두되기 시작하였다. 이러한 관점을 지닌 사회학적 배경의 연구자들이 조직행동 분야에 본격적으로 참여하면서, 개인의 행동은 개인 특성뿐 아니라 조직구조, 문화, 제도와 같은 상황적 요인에 의해 형성된다는 주장이 확산되었고, 그 결과 개인-상황 논쟁이 조직행동 연구의 중요한 쟁점으로 부상하였다.

또한 최근 들어 조직이 팀제 중심 구조로 변화하고, 집단 의사결정과 협업, 리더와 구성원 간, 그리고 동료 간 상호작용과 신뢰의 중요성이 강조되면서, 개인에 과도하게 초점을 맞춘 조직행동 연구에 대한 비판도 함께 제기되고 있다. 우리가 연구하는 대상이 조직행동Organizational Behavior임에도 불구하고, 그동안 많은 연구가 조직Organizational보다는 행동Behavior, 즉 개인의 성격과 태도, 동기와 같은 미시적 요인에 과도하게 치중해 왔다는 지적이다. 조직은 단순히 개인 행동의 집합이 아니라, 공식적 제도, 권력 구조, 조직문화, 사회적 맥락과 같은 상황 요인이 개인의 행동을 형성하고 제약하는 장임에도 불구하고, 기존 연구에서는 이러한 조직적 맥락이 충분히 고려되지 못했다는 비판이다(Porter, 1996). 이에 따라 최근의 논의들은 조직행동 연구의 과제가 개인을 배제하는 것이 아니라, 개인을 조직이라는 맥락 속에 위치시켜 연구하는 것임을 강조하고 있다(Rousseau, 2011; Johns, 2018).

그러나 개인 속성에 기반한 연구는 양적인 측면이나 영향력 측면에서 조직행동 분야에서 여전히 매우 중요한 위치를 차지하고 있다. 조직행동 연구는 "왜 조직에서 사람들은 서로 다르게 행동하는가"라는 질문에서 출발하며, 이에 대한 가장 직접적이고 설득력 있는 설명으로 개인의 성격, 가치, 지각, 감정, 태도와 같은 개인 성향 변수를 지금까지도 광범위하게 활용해 왔다. 조직이 행동하는 실질적 주체가 개인이라는 점에서, 개인 성향은 여전히 조직행동을 이해하는 출발점이자 가장 핵심적인 미시 분석 단위인 것이다.

조직 내 어떤 행동 현상이나 성과 차이를 설명하고자 할 때, 가장 일반적인 연구 접근은 개인의 비교적 안정적인 성향인 성격에서 출발하여, 상황에 대한 지각과 감정 반응, 그리고 직무만족이나 조직몰입과 같은 태도가 어떻게 형성되는지를 살펴본 뒤, 이것이 행동과 성과에 어떤 영향을 미치는지를 분석하는 것이다. 이러한 분석 패턴은 지난 수십 년간 미시 조직행동 연구의 전형적인 틀로 자리 잡아 왔다. 요컨대 조직행동 연구에서 개인 성향 연구는 특정 변수 하나를 설명하기 위한 것이 아니라, 개인의 내적 특성이 어떻게 조직 맥락 속에서 행동과 성과로 전환되는지를 이해하기 위한 가장 기본적이고 보편적인 분석 틀을 제공해 왔으며, 오늘날에도 여전히 미시 조직행동 연구의 중심축을 이루고 있다.

ORGANIZATIONAL BEHAVIOR

04

동기부여
: 행동의 다양한 원천을 찾아서

- 동기부여의 개념과 중요성
- 주요 동기부여 이론의 체계적 이해
- 내재적 동기와 외재적 동기: 인간 행동을 바라보는 두 관점
- 동기 이론의 적용과 조직 관리 방식
- 동기부여 연구의 현황과 의의

CHAPTER 04

동기부여: 행동의 다양한 원천을 찾아서

동기부여의 개념과 중요성

개인 성과는 개인이 보유한 기술과 업무지식을 포함한 능력, 과업에 투입하려는 노력의 크기를 좌우하는 동기부여 수준, 그리고 성과를 가능하게 하는 조직 내외의 환경이나 기회조건에 의해 결정된다. 이 가운데 개인의 능력은 주로 선발 과정에서 통제되는 투입요인input이며, 조직의 제도와 시스템, 외부 환경은 경영자나 조직 차원에서 장기적으로 개선해야 할 구조적 요인이다.

그러나 아무리 유능한 인재를 선발하고 우수한 조직 시스템을 갖추더라도, 실제로 과업을 수행하고 성과를 창출하는 주체는 개인이다. 동일한 능력과 조건하에서도 개인이 얼마나 노력하고, 지속적으로 몰입하며, 어려움 속에서도 과업을 수행하려는지는 동기부여에 의해 크게 달라지는 것이다. 조직행동에서 동기부여가 중요한 이유는, 동기부여가 개인 성과를 직접적으로 매개할 뿐 아니라 개인 성과를 좌우하는 여러 요인 중에서 조직이 비교적 직접적으로 관리하고 개입할 수 있는 핵심 요인이기 때문이다.

동기는 개인이 일반적으로 목표를 달성하기 위해 행동하도록 하는 원인을 의미한다. 동기는 행동의 시작initiation, 방향성direction, 강도intensity, 지속성persistence에 영향을 준다. 방향성은 개인이 어떤 목표를 추구하는가와 관련되며, 강도는 얼마나 많은 노력을 투입하고 행동을 얼마나 적극적으로 수행하는가를 의미한다. 지속성은 개인이 특정 행동을 얼마나 오랫동안 유지하는가를 나타낸다. 조직에서 사람은 가장 중요한 자원이므로, 개인 목표와 조직 목표를 동시에 달성하기 위해 동기부여되어 자신의 일을 열심히 수행하는 구성원은 조직의 경쟁우위를 형성하는 중요한 원천이 된다. 이와 같은 의미에서 동기부여란 목표 달성을 위해 개인이 조직에 유용한 방향으로 얼마나 강도 높고 지속적으로 노력하는가를 보여주는 과정이라고 정의할 수 있다. 동기부여 논의의 핵심은 개인이 왜, 그리고 어떤 심리적 과정을 거쳐 다른 사람보다 더 열심히 노력하게 되는지를 밝히는 데 있다.

동기는 개인과 환경 간의 상호작용에서 비롯되는 심리적 과정이다. 그럼에도 불구하고 관리자는 열심히 일하지 않는 구성원을 '원래 게으른 사람'으로 인식하는 등, 동기부여를 개인의 고유한 특성으로만 이해하는 오류를 범하기도 한다. 그러나 동기부여는 개인의 특성과 더불어 리더십, 직무설계, 평가 및 보상 시스템, 조직문화와 같은 다양한 상황적 요인과의 상호작용의 결과이다. 또한 개인이 동기부여되어 있다고 해서 그 행동이 반드시 높은 성과로 이어지는 것은 아니다. 따라서 조직은 구성원이 자신의 능력을 최대한 발휘하고 충분히 동기부여되어 최고의 성과를 달성할 수 있도록, 어떤 조직적 상황과 제도적 시스템을 설계하고 구축해야 하는지에 대해 지속적으로 성찰할 필요가 있다.

주요 동기부여 이론의 체계적 이해

동기부여 이론의 유형

동기 현상을 설명하는 개념적 틀로서 지금까지 수많은 동기부여 이론이 제시되었고 이들을 다양한 유형으로 분류하려는 논의들이 있었다(장은미, 진현, 2021). 먼저 동기부여 이론을 내재적 동기intrinsic motivation와 외재적 동기extrinsic motivation로 나누어 보는 관점이 있다. 내재적 동기는 즐거움이나 호기심과 같은 내적 요인에서 비롯되는 것이고, 외적 보상을 얻거나 처벌을 피하는 것과 같은 외적 요인에 의해 영향받는 외재적 동기와 대조된다.

폭넓게 쓰이는 또 다른 분류 방식은 여러 동기부여 이론을 내용 이론content theories과 과정 이론process theories으로 나누어 보는 것이다. 내용 이론은 개인의 행동을 유발하고, 그 에너지를 일정한 방향으로 조정, 유지시키는 인간 내부의 요인들(예: 욕구, 본능, 만족)에 초점을 두는 이론들이다. 많은 내용 이론들은 동기부여를 근본적으로 욕구충족 과정으로 보는 욕구 이론이다. 욕구needs란 어떤 요소가 결여된 상태, 즉 현재 자신이 가지고 있는 것과 바라는 것 사이에 존재하는 격차를 의미한다. 이러한 욕구가 충족되지 못하면, 개인은 그 결핍을 해소하기 위한 행동을 하게 되며, 욕구 충족을 위해 동기부여된다. 과정 이론은 내용 이론처럼 어떤 특정한 요인에 초점을 두는 것이 아니라 개인들이 왜, 그리고 어떻게, 어떤 과정을 거쳐서 동기부여 되는가에 대해 설명하는 것이다.

최근에는 전통적인 내용 이론과 과정 이론이라는 이분법적 구분을 확장하여, 동기부여 이론을 세 가지 근본적인 질문을 중심으로 분류하는 논의가 제시되고 있다. 첫 번째는 개인의 어떤 욕구와 필요성이 행동을 유발하는가라는 고전적 질문에 대한 내용 기반 접근법content-based approaches이다. 이러한 논의는 개인의 행동을 촉발하는 보편적 동기(예: 욕구 충족, 자율성, 공정성)나 개인차에 의해 영향을 받는 특성 기반 선호(예: 성취, 권력, 동기지향)에 초점을 둔다. 이러한 접근법의 예는 욕구 단계 이론, 공정성 이론, 인지 평가 이론, 자기 결정 이론 등이다. 두 번째는 맥락 기반 접근법context-based approaches인데 개인의 행동에 영향을 주는 기회와 제약을 제공하는 환경 요인에 초점을 두는 것이다. 직무 관련 특성, 사회구조적 변수, 물리적 조건뿐만 아니라 문화, 경제적 조건 등과 같은 더 넓은 포괄적 맥락 특성까지 고려한다. 관련되는 이론은 강화 이론, 2요인 이론, 직무 특성 모델 등이다. 세 번째, 과정 기반 접근법process-based approaches은 개인 요인과 환경 요인이 어떤 인지적, 정서적 과정과 메커니즘을 통해 개인의 행동에 영향을 미치느냐는 질문에 대한 것으로, 목표 설정 이론과 기대 이론 등이 이러한 접근법에 해당하는 동기부여 이론들이라 할 수 있다(Kanfer, Frese, and Johnson, 2017). 이하에서는 지금까지 연구자들이 제시해 온 다양한 동기부여 이론들 가운데 핵심적인 주요 이론들을 중심으로, 동기부여 이론이 어떤 문제의식 속에서 등장하고 어떻게 변화·발전해 왔는지를 보다 구체적으로 살펴본다.

강화 이론: 외적 자극에 의한 행동 조절 메커니즘

개인의 성격, 가치관, 지각, 행동과 같은 특성은 선천적 요인에 의해 형성되기도 하지만, 그 상당 부분은 외부 환경과의 지속적인 상호작용을 통해 후천적으로 습득되는 학습의 산물이다. 인간의 다양하고 복잡한 행동이 학습 과정을 통해 발현된다는 점에서, 인간 행동을 보다 정확하게 설명하고 예측하기 위해서는 학습이 어떠한 방식으로 이루어지는지에 대한 심층적인 이해가 필요하다. 학습learning이란 개인의 행동이 반복적인 연습이나 경험을 통해 비교적 영속적으로 변화하는 과정을 의미하며, 이는 개인행동 형성의 근본적인 메커니즘이다.

행동주의와 인지주의

개인의 학습과정에 대한 이론은 역사적으로 두 학파 간의 논쟁을 통해 발전해 왔는데, 대표적으로 행동주의behaviorism와 인지주의cognitive theories가 있다. 행동주의는 학습을 특정 자극이 행동을 유도하는 기계적 과정으로 간주하며 학습, 즉 행동 변화는 행동에 뒤따르는 외적 결과(보상·처벌)의 통제를 통해 이루어진다고 본다. 반면 인지주의는 학습을 환경적 요인과 개인의 기대·해석이 상호작용하는 과정으로 이해하며, 인간 고유의 인지 구조 속에 새로운 정보를 적절히 조직화하고 통합함으로써 학습이 발생한다고 주장한다. 먼저 행동주의 관점에서의 학습 형태인 조작적 조건화operant conditioning를 살펴보고, 이어서 인지주의적 관점인 사회 학습 이론social learning theory에 대해서는 이후에 설명한다.

조작적 조건화

조작적 조건화operant conditioning 논의는 스키너B. F. Skinner에 의해 발전되었는데, 학습은 단순히 자극에 대한 조건적 반응에 의해 이루어지는 것이 아니라 반응 행동으로부터의 바람직한 결과consequences를 작동시켜야 비로소 이루어진다는 것을 강조했다. 행동이란 이전 행동의 결과들의 함수라는 주장이다. 스키너는 개인의 행동을 뜨거운 물체에 손이 닿으면 얼른 손을 떼는 것과 같은 반사적 행동과 원하는 결과를 위해 의식적으로 하는 행동인 조작적 행동으로 구분한다. 반사적인 행동은 우리가 통제할 수 없는 것이기 때문에 조직행동에서는 논의 밖의 일이고, 개인의 행동과 학습이라는 점에서 우리가 관심을 갖는 것은 조작적 행동이며 그것을 가능하게 하는 조작적 조건화와 행동 수정behavior modification의 문제이다.

한 개인이 어떤 행동을 하고 그 행동의 결과로 호의적인 결과를 얻었다면 그 개인은 이후에도 그 특정 행동을 계속할 것이다. 반면 보상을 받지 못하거나 처벌이 따르는 등 호의적이지 않은 결과가 나타난 행동은 반복하지 않을 것이다. 이렇게 개인의

그림 4-1 강화이론

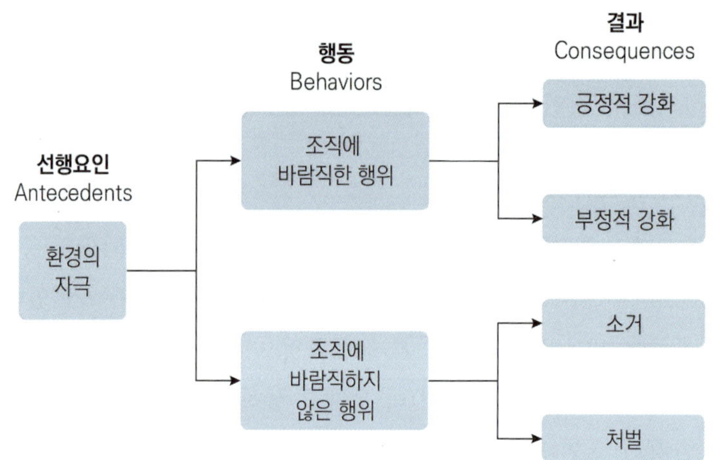

행동의 결과에 의해 그 개인이 학습을 함으로써 다음 행동을 유지하거나 변화시킨다는 것이 조작적 조건화 관점에서 개인의 학습과정을 설명하는 것이다. 개인행동은 학습을 통하여 형성된 결과라고 할 수 있다. 조직은 스키너의 조작적 조건화의 원리를 주로 응용하여 조직 내 개인을 학습시키고 조직의 성과를 높이는 방향으로 개인의 행동을 변화시키기 위해 노력해 왔다.

조직 내 학습 과정을 효율적으로 설계하고 관리하기 위한 핵심 원리 중 하나는 조작적 조건화의 원리에 기반한 강화 이론reinforcement theory이다. 강화 이론은 ABC원칙이라고 불리는데, 조작적 조건화에서 주요한 세 요인은 개인에게 가해지는 환경적인 자극 등의 선행 요인Antecedents, 그 자극에 대한 개인의 반응인 행동Behavior, 그리고 그 행동의 결과Consequences이다. 개인 행동의 학습과 변화는 다음과 같이 이루어진다. 개인은 자신의 이전 행동(B)이 조직의 입장에서 바람직하지 않은 행동이어서 부정적인 결과가 주어진다면(C), 그러한 부정적인 결과를 자신의 현재 행동의 판단기준으로 삼아서(A), 부정적인 결과를 가져왔던 자신의 이전 행동을 그만두고 조직의 입장에서 바람직한 방향으로 자신의 행동을 변화시키게 된다(B). 이러한 과정을 통해 개인의 학습이 이루어지고, 개인 행동의 수정과 강화가 이루어진다(Skinner, 1969).

강화의 유형

행동과 그 결과 간의 관계는 네 가지 강화 법칙에 의해 설명될 수 있다. 먼저, 긍정적 강화positive reinforcement는 바람직한 행동에 대해 긍정적 결과(보상·칭찬 등)를 제공함으로써 해당 행동의 발생 가능성을 증가시키는 방법이다. 예를 들어, 구성원이 신제품 개발 프로젝트를 성공적으로 마무리한 경우 이는 조직이 장려하는 행동이므로, 조직은 우수한 성과평가 결과나 인센티브를 제공할 수 있다. 이러한 긍정적 강화의 경험은 구성원이 향후 프로젝트에도 적극적으로 참여하고 성과를 내기 위해 노력하도록 동기부여한다.

부정적 강화negative reinforcement는 바람직한 행동이 나타났을 때 부정적 자극(압박, 제재, 불편 요소 등)을 제거함으로써 결과적으로 행동을 강화하는 절차를 의미한다. 예를 들어, 영업사원이 월별 판매 목표를 달성했을 경우, 팀장은 그동안 부여했던 압박적 감독이나 잔소리를 중단할 수 있다. 이때 영업사원은 바람직한 행동의 결과로 불편한 상황이 제거되는 경험을 하게 되므로, 다음 달에도 목표 달성을 위한 행동을 지속할 가능성이 높아진다.

소거extinction는 기존에 어떤 행동을 유지시키던 긍정적 강화가 더 이상 제공되지 않을 때, 그 행동의 발생 빈도가 점차 감소하는 과정을 의미한다. 예를 들어, 직원이 아침에 출근할 때마다 상사의 친절한 인사나 긍정적 관심을 받았으나, 반복적인 지각 이후 이러한 강화가 중단된다면, 직원은 지각이 더 이상 긍정적 결과를 가져오지 않는다는 것을 학습하게 된다. 그 결과 지각 행동은 점차 줄어들고 정시 출근이라는 바람직한 행동으로 수정될 수 있다.

반면 처벌punishment은 바람직하지 않은 행동에 대해 불쾌하고 부정적인 결과를 제공함으로써 해당 행동의 발생 가능성을 감소시키는 절차를 의미한다. 예를 들어, 직원이 지각했을 때 상사가 공개적으로 지적하거나 질책을 한다면, 직원은 지각이 부정적 결과를 유발한다는 것을 학습하고 이후에는 정시 출근을 하려는 동기가 강화된다.

스키너 강화학습 이론의 거시적 확장

스키너에 의해 정리된 강화학습 이론은 단순히 동물훈련이나 개인수준 행동수정을 넘어 거시적으로 인류공동체 전체에 대한 새로운 비전의 제시로까지 확장되었다.

스키너의 지적 영향력은 학제적 연구로 조직행동론 분야를 정립한 조직이론가이자 노벨경제학상 수상자이며 동시에 컴퓨터과학의 선구자인 허버트 사이몬Herbert A. Simon을 통해 계승되어(Newell and Simon, 1956) 최근 인공지능Artificial Intelligence(AI) 발전에도 결정적으로 기여하였다. 21세기 초중반 현재 인공지능 기술의 중요한 영역 중 하나인 강화학습은 다름 아닌 스키너가 제안한 학습이론을 사이몬이 발전시킨 것이 그 핵심 기반이다. 이 전설적인 거장이 보여준 지적 여정은 사회과학자의 학자적 정체성과 사회적 역할에 대해 큰 교훈을 준다.

스키너의 학문적 관심 대상이 작은 스키너 박스 속의 쥐실험에서 시작되어 점점 확장되어 전체 인류를 대상으로 한 메시지로 확장되는 과정은 경이롭기까지 하다. 스키너의 지적 관심사의 확장 궤적은 크게 3단계로 나누어 볼 수 있다.

행동공학behavioral engineering: 스키너의 초창기 주 관심사는 그의 강화학습 모형을 활용하여 바람직한 행동을 하도록 만들고 바람직하지 못한 행동을 중단하게 하는 것이었다. 바람직한 행동의 '제조engineering'를 위한 구체적 이론과 방법론을 체계적으로 제시한 스키너의 행동공학은 그 후 학교의 교육훈련, 병원의 행동수정 요법, 조직의 보상제도 등 실천적 분야들에 폭넓게 활용되었다.

인간공학human engineering: 그러나 스키너(1953)는 개인의 특정한 행동을 '제조'하는 데 그치지 않고 그 적용대상을 한 단계 급진적으로 도약시킨 새로운 주장을 한다. 행동주의자인 그에게는 인간은 곧 행동들의 합이므로 바람직한 행동만 하고 바람직한 행동은 전혀 하지 않는 사람은 완벽한 인간이었다. 그리고 바람직한 행동만 하도록 만드는 것은 그의 강화학습 모형으로 충분히 가능했으므로 자신이 완벽한 인간을 제조할 수 있다는 충격적인 선언을 한다. 그리고 실제로 어린 아이를 스키너 박스 속에 넣어서 양육하는 실험을 했다고도 전해진다. 이것이 바로 행동뿐 아니라 인간도 원하는 대로 제조할 수 있다는 스키너의 인간공학human engineering 선언이다(Skinner, 1953).

사회공학social engineering: 그러나 스키너는 인간공학을 넘어서서 자신의 강화학습 모형을 활용해 완벽한 이상향적 사회를 건설할 수 있다고 주장한다. 즉 바람직한 행동만 하는 완벽한 인간들로만 구성된 사회는 바로 '유토피아'라는 것이다. 그는 자신의 강화학습 모형을 활용한 이상향 건설의 구체적 설계도를 소설 형식으로 집필하는데, 19세기 중반 초월주의 철학자 소로Henry D. Thoreau가 집필했던 자연주의적 이상향인 〈월든Walden〉(1854)을 강화학습이라는 과학적 방법으로 실제로 현실로 구현했다는 의미에서 책 제목을 〈월든II Walden Two〉라고 명명하였다(Skinner, 1948).

스키너 논쟁

스키너가 모든 분야를 통틀어 20세기 인류 지성계에 가장 큰 영향력을 발휘한 최고의 거장 중 한 명이라는 사실에는 의심의 여지가 없다. 그러나 동시에 스키너는 끊임없이 엄청난 논란을 일으킨 강한 주장들을 제시한 극단주의적 학자였으며 그를 둘러싼 찬반 논쟁은 여전히 계속되고 있다. 그 중에서도 특히 스키너와 정반대 입장인 현상학적 인본주의 심리학phenomenological humanistic psychology의 대표적 거장 로저스Carl Rogers와 진행한 1956년 공개 토론회는 세계 지성계에 엄청난 화제를 불러 일으켰다. 스키너의 관점에 대한 비판은 로저스가 스키너와의 논쟁을 정리하여 학술지 〈사이언스〉에 발표한 논문 "인간 행동의 통제에 관한 몇 가지 이슈들Some Issues Concerning the Control of Human Behavior"을 중심으로 살펴볼 수 있다. 이 논문에서는 스키너의 행동주의 관점이 지니는 여러 문제점들이 체계적으로 제기된다(Rogers and Skinner, 1956).

인간이 다양성과 복잡성: 첫째, 스키너에 대한 가장 일반적 비판은 인간의 본성은 서로 이질적이고 다양하며, 인간 행동을 둘러싼 기대되는 행동의 종류, 선호하는 강화, 그리고 상황별로 필요한 행동 등이 너무나 복잡하기 때문에 스키너의 모형은 실세계 환경에서는 실천성이 없다는 것이다. 스키너 박스와 같이 통제된 환경과 실세계 환경 간의 다양성과 복잡성의 근본적 차이를 고려하면 강화학습 모형은 실험실에서나 작동할 수 있다고 비판받는 것이다.

환경자극의 통제 가능성: 둘째, 스키너 모형의 현실 적용 가능성이 비판받는다. 스키너 박스와 실세계 환경과의 가장 큰 차이는 완벽하게 통제되어 실험자가 원하는 자극만 전달할 수 있는 스키너 박스 속 환경과 달리 실세계 환경은 거의 무한대의 자극들로 가득 차 있다는 것이다. 따라서 실험자가 원하는 자극만 전달되도록 통제하는 것이 불가능하므로 의도치 않은 무수한 자극들이 엉뚱한 행동을 강화학습시킬 수 있는 위험을 고려할 때 스키너 모형은 실세계 환경에는 적용가능성이 낮다는 것이다.

변화 가능성: 셋째, 스키너 모형은 행동의 변화 가능성에 대해서도 비판을 받는다. 장기적 반복 경험을 통해 일단 학습된 행동은 쉽게 사라지지 않는다. 따라서 환경의 변화에 따라 새로운 행동이 필요할 때 강화학습은 행동의 변화가능성에서 심각한 한

계를 가진다는 것이다. 특히 갈수록 환경의 변화 빈도와 속도가 빨라지고 있는 현대 사회에서는 강화학습은 유연한 환경적응에 심각한 장애요인이 될 수 있다는 것이다. 따라서 스키너 방식의 강화학습에 기반한 행동학습은 변화의 빈도와 속도가 느린 정태적static 환경에만 적용될 수 있다고 비판받는다.

인간 존엄성과 가치중립성: 넷째, 무엇보다 심각한 스키너에 대한 비판은 인간 존엄성과 가치관에 대한 것이다. 스키너가 제시하는 통제된 환경에서 자극과 강화에 의해 모든 행동이 결정되는 인간은 자유와 존엄성이 박탈된 존재라는 것이다. 즉 스키너는 인간을 스키너 박스 속의 쥐와 동일하게 취급하고 있다는 것이다. 이런 면에서 어떤 행동이든지 자극받고 강화되는 대로 학습하는 인간은 결국 인간 본연의 가치가 박탈된 실험실의 쥐와 같은 존재가 될 수밖에 없는 것이다.

특히 강화학습은 원하는 행동을 학습하도록 만드는 데 효과적일 수 있지만, 어떤 행동이 바람직한가에 대한 가치판단의 기준은 전혀 없는 '가치중립성value neutrality'의 위험을 내포하고 있다고 비판받는다. 즉 강화학습을 통해 자극받고 강화되는 어떤 행동이라고 행동의 본질적 의미나 가치에 대한 인식 없이 학습하는 인간들의 삶은 소로Henry D. Thoreau(1854)가 〈월든〉에서 추구한 유토피아utopia가 아니라 오히려 오웰George Owell(1949)의 종말론적 세계인 〈1984〉와 같은 디스토피아dystopia가 될 것이라고 비판받는다.

스키너의 반론: 이 비판들에 대해 스키너는 이런 문제들은 모두 고도화된 강화학습 설계로 충분히 극복될 수 있다고 장담한다. 특히 강화학습에 기반한 사회가 인간의 자유와 존엄성을 훼손한다는 비판에 대해서는 아예 〈자유와 존엄을 넘어서Beyond Freedom and Dignity〉(Skinner, 1971)라는 저술을 통해 19세기 이래 서구 자본주의를 지배해온 값싼 자유주의적 이념이 각 개인의 자유로운 이기적 이익추구를 정당화시켜 주면서 결국 자신의 이익과 존엄성을 위해 서슴지 않고 남을 희생시키는 두 차례의 세계대전과 홀로코스트를 초래했다고 정면으로 대응했다. 그리고 실세계 환경이 배경인 소설 〈월든II〉와 다양한 실제 적용 사례들을 통해 자신의 강화학습 모형에 기반한 이상적 사회 건설이 충분히 실천적으로 가능하다고 주장하고 있다.

스키너 주장의 내용 자체에 대한 찬반은 독자 각자가 판단할 문제이다. 그러나 작은 유리박스 속의 쥐에서 시작하여 인류 전체의 삶을 바꾸겠다는 유토피아 설계에 이르기까지 격렬한 비판과 논란의 위험을 무릅쓰고 끊임없이 자신의 탐구 영역을 넓

그림 4-2 스키너(1971), 자유와 존엄을 넘어서(Beyond Freedom and Dignity)

혀간 스키너의 투철한 학자정신과 지적 여정은 학문세계에 몸담고 있는 학자들뿐만 아니라 모든 지성인들이 가져야 할 삶의 자세라고 생각된다.

욕구 단계 이론: 인본주의 심리학에 기반한 인간 욕구의 위계

매슬로우Abraham Maslow의 욕구 단계 이론hierarchy of needs theory은 인간이 생리적 욕구physiological needs, 안전 욕구safety needs, 사회적 욕구social needs, 자기존중 욕구self-esteem needs, 자아실현 욕구self-actualization needs로 구성된 다섯 단계의 욕구를 가진다고 가정한다. 인간은 충족되지 않은 욕구를 만족시키기 위해 행동하며, 하위 단계의 욕구가 충분히 충족되면 더 이상 동기부여 요인이 되지 않고, 그보다 상위 단계의 욕구가 새롭게 동기부여의 원천이 된다(Maslow, 1943). 예를 들어, 배고픔을 느끼는 사람은 음식을 찾아 섭취함으로써 생리적 욕구를 만족시킨다. 그러나 이 욕구가 충족된 이후에는 생리적 욕구의 동기부여 기능은 감소하고, 다음 단계인 안전 욕구가 상대적으로 중요해져 동기부여 요인이 된다. 또한 아직 안전 욕구 단계에 머물러 있는 개인에게 더 높은 단계인 자아실현 욕구 수준의 보상을 제공하더라도, 해당 욕구는 그 사람에게 동기부여로 작용하지 않는다는 것이 이 이론의 핵심 주장이다.

이 이론은 개인의 기본적 욕구 단계는 낮은 단계부터 5단계로 위계화되어 있다고 본다. 생리적 욕구는 인간의 가장 기본적이고 낮은 단계의 욕구이며, 의식주에 대한 욕

그림 4-3 매슬로우의 욕구 단계 이론

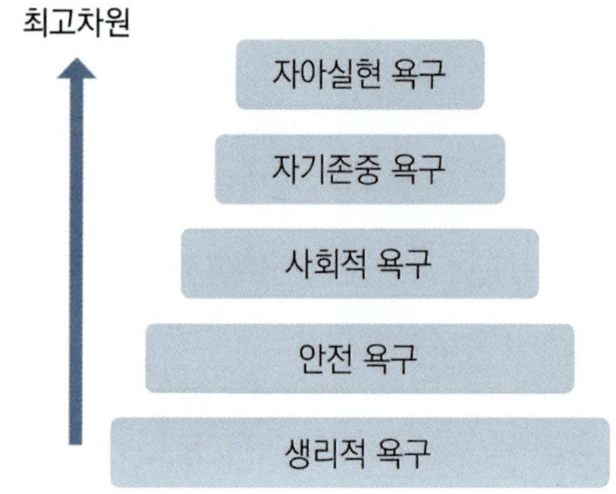

구다. 크게 보면, 인간이 직업을 찾으려는 것은 자신과 가족들을 위한 음식, 주택, 옷을 얻기 위해 돈을 벌어야 할 필요 때문이다. 조직의 금전적 보상이 생리적 욕구를 충족시키는 대표적인 방법이다. 생리적 욕구라는 원초적인 욕구가 일단 충족되면, 사람들은 두 번째 단계인 안전 욕구에 도달한다. 사람들은 안정감을 느끼고 예기치 못한 일을 회피하려는 욕구를 갖는 것이다. 안전욕구는 물리적, 심리적, 감정적, 신체적인 위협으로부터 자신을 보호하고 안전을 추구하려는 욕구를 말한다. 조직이 구성원의 안전 욕구를 충족시키는 방법은 고용을 보장하고 작업장의 안전시설을 확보하는 것이다. 생리적 욕구와 안전 욕구가 충족되고 나면, 사람은 다른 사람들과 관계를 맺을 필요성에 초점을 맞추게 되는데, 이것이 세 번째 단계인 사회적 욕구, 어떤 집단에 소속되고 싶은, 또는 다른 이들에게 집단의 일원으로 인정받고 싶은 욕구이다.

세 단계 욕구가 충족되고 나면 네 번째로 자존심, 성취감을 느끼고, 다른 사람들로부터 존경, 인정, 주목받고 싶은 욕구가 사람에게 동기부여 요인이 되는데 이것이 자기존중 욕구이다. 개인은 승진이 되거나 포상을 받아서 조직이 자신을 인정했다고 느낄 때 자기존중 욕구가 충족될 수 있다. 마지막으로 욕구 단계 이론의 최고 단계는 자신의 잠재력을 발휘하여 능력을 최대한으로 활용하고 이를 통해 자기 충족감을 얻으려는 자아실현 욕구이다. 구성원이 임파워먼트되어 자신이 하는 일을 주도할 수 있다면 자아실현 욕구를 충족시킬 가능성이 높다.

정신분석 이론과 행동주의 이론의 결정론적이고 기계론적인 인간관을 비판하면서, 인간을 자아실현을 추구하고 자유의지를 지닌 주체적 존재로 이해해야 한다고 주장한 이론적 흐름이 인본주의 심리학이다. 인본주의 심리학의 대표적 학자인 매슬로우는 하위 단계의 욕구들이 결핍 상태를 해소하기 위한 욕구인 반면, 가장 상위 단계의 욕구인 자아실현 욕구는 인간의 고유한 잠재력과 속성을 발현하려는 것으로서, 인간이 궁극적으로 추구해야 할 최고 수준의 욕구라고 강조하였다(Maslow, 1987).

2요인 이론: 위생 요인과 동기 요인, 그리고 일의 내재적 의미

허즈버그Frederick Irving Herzberg의 2요인 이론two-factor theory은 개인의 행동에 영향을 주는 요인을 위생 요인hygiene factors과 동기 요인motivating factors으로 구분한다. 이 이론의 핵심 주장은 직무에 대한 불만족을 유발하는 요인과 직무 만족과 동기부여에 영향을 주는 요인이 서로 다르다는 점이다. 위생 요인hygiene factors은 회사 정책, 감독 방식, 작업환경, 작업장의 대인관계, 급여와 복지혜택, 고용안정성 등 주로 작업 환경의 외재적인 요인에 해당되는 요소들이다. 이러한 요인들이 부족하면 사람은 직무 불만족을 경험하게 되는데, 충분히 충족되더라도 불만족을 세거할 뿐 직무만족이나 동기부여에 영향을 주지는 못한다. 반면 동기 요인motivating factors은 성취감, 인정, 일 자체의 의미, 책임, 승진, 성장 등 주로 직무에 내재하는 요소들이다. 이러한 요인이 충족되면 구성원은 직무만족과 동기부여를 경험하게 된다. 허즈버그에 따르면 직무불만족과 직무만족은 하나의 연속선상에 있는 개념이 아니라, 서로 독립적인 두 차원에 존재한다. 즉, 불만족의 반대가 만족이 아니라는 것이다(Herzberg, 1964).

조직의 위생 요인에 문제가 생기면 구성원이 불만족을 느껴서 부정적인 태도와 성과로 이어질 수 있기 때문에 위생 요인을 충족시키는 것은 중요하다. 그러나 위생 요인을 제대로 관리하고 직무에서 불만족스러운 특성들을 제거해서 구성원의 불만족을 예방할 수는 있지만, 이런 요인들이 만족감이나 동기부여의 원천으로 작용할 수는 없다. 예를 들어, 직무 불만족 요인인 열악한 작업 환경은 직무에 만족하지 못하는 사람들의 성과에 부정적인 영향을 주고 그들을 퇴직하게 할 수 있다. 위생 요인인 작업 환경을 개선하면 구성원이 이직하는 것은 막을 수는 있지만 그들을 더 열심히 일하게 하지는 못한다.

허즈버그가 강조하는 것은 구성원을 진정으로 동기부여 시키는 것은 일의 의미, 성취감, 성장 등 인간의 고차원적인 욕구라는 것이다. 동기 요인이 충족되지 않으면 불만족이나 빈약한 성과로 이어지는 것은 아니고, 사람들이 주어진 일을 적당히 하는 결과를 낳을 가능성이 높다. 조직이 구성원의 만족도를 높이고 최선을 다해서 열심히 일하도록 하고 싶다면 동기 요인을 충족시키는 것에 초점을 두어야 한다. 매슬로우의 욕구 이론도 자아실현 욕구와 같은 고차원적인 욕구가 인간을 지속적으로 동기부여시켜줄 수 있고 따라서 궁극적으로 추구해야 할 최고의 욕구라는 것을 강조한다. 그러나 욕구가 단계적으로 충족되어야 한다고 가정하기 때문에 생리적 욕구와 같은 저차원적인 욕구도 단계에 따라 인간을 동기부여시킬 수 있고, 낮은 단계의 욕구가 모두 충족되어야 상위 욕구가 동기부여시킬 수 있다고 본다. 반면, 2요인 이론은 위생 요인과 같은 저차원적인 욕구 충족 요인은 개인의 직무불만족에만 영향을 주는 독립적인 차원의 요인이기 때문에 위생 요인을 충족시키지 않아도 고차원적인 동기 요인 충족에 초점을 두면 구성원을 동기부여시킬 수 있다는 것이다.

2요인 이론에 따르면 조직은 직무불만족과 직무만족 관리를 서로 다른 과제로 인식해야 한다. 조직 구성원이 자신의 노동력을 재생산하고 제대로 된 삶을 살 수 있을 정도의 충분한 급여를 지급하고 제대로 된 안전시설과 작업 환경을 제공하는 것은 위생 요인을 충족시켜서 구성원의 직무 불만족을 방지한다는 점에서 중요하다. 그러나 고차원적인 욕구와 연관된 동기 요인을 충족시키기 위해서는 금전적 보상이 아니라 구성원에게 자신을 개발하고 성장할 수 있는 기회를 제공하고, 임파워먼트시켜서 구성원이 자신이 하는 일 자체에서 의미를 발견하고 자아실현을 할 수 있도록 해야 한다. 허즈버그의 2요인 이론은 외재적 보상이 동기부여에 미치는 영향이 제한적임을 보여주고, 일의 의미나 자율성과 같은 내재적 동기의 중요성을 강조함으로써, 이후 전개된 내재적·외재적 동기부여 논의의 중요한 이론적 출발점이 되었다(Herzberg, 1993).

기대 이론: 인지적 기대와 선택에 기반한 동기부여

브룸Victor Harold Vroom의 기대 이론expectancy theory에 따르면, 개인이 특정한 방식으로 행동할 가능성, 즉 동기부여는 개인이 자신이 열심히 노력하면 좋은 성과를 얻을 수 있고(기대감 expectancy), 좋은 성과는 임금 상승, 승진 등과 같은 조직의 보상으로 연결될 것이고(수단성 instrumentality), 이러한 보상이 자신의 목표를 만족시켜줄 것

(유의성 valence)이라는 기대를 가질 때 가능할 수 있다. 이 세 단계에서 개인의 주관적 기대가 모두 높을 때 동기부여가 일어나며, 이 중 한 단계라도 기대가 없으면 동기부여는 일어나지 않는다(Vroom, 1964). 세 가지 기대 단계를 현재 연구 프로젝트를 수행하고 있는 연구원이 어떻게 동기부여될 것인가라는 예시에 적용시켜 구체적으로 살펴보도록 한다.

그림 4-4 브룸의 기대 이론

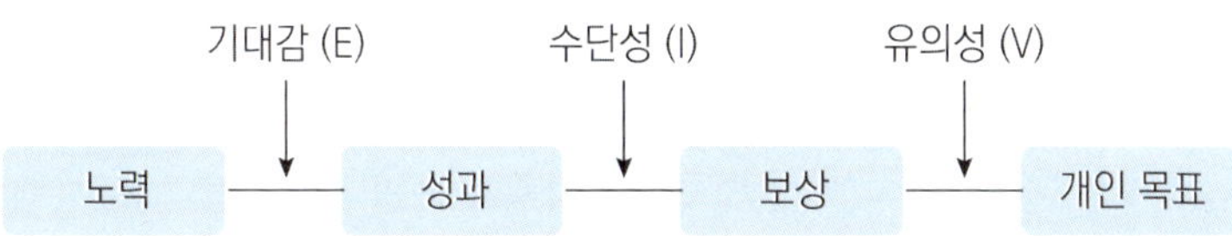

기대감은 노력effort과 성과performance 사이의 관련성, 또는 특정 정도의 노력은 특정 수준의 성과를 이끌어낼 것이라는 개인의 기대의 강도를 뜻한다. 이 관계는 개인의 자기 능력에 대한 기대나 자신감과 연결되는 것이다. 예에서 그 연구원이 현재 자신이 하고 있는 프로젝트에 대해 열심히 일을 한다면(노력), 그 프로젝트를 성공적으로 끝마칠 수 있을 것(성과)이라는 기대를 갖게 된다면 그 연구원은 동기부여가 되어 열심히 일을 하게 될 것이다. 반면 그 프로젝트가 최신 기술에 대한 이해를 바탕으로 해야 하는 등 너무 어려워서 그 연구원이 생각하기에 프로젝트를 성공적으로 끝마칠 수 있을지 자꾸 자신이 없어지고 자신의 지식이나 능력에 대해 의구심이 들기 시작한다면 그 연구원은 동기부여되기 어려울 것이다. 조직이 개인에게 충분한 교육 훈련을 제공하고 명확하고 구체적인 목표를 제시한다면 개인이 이 단계에서 갖는 주관적 기대는 높아질 것이다.

수단성은 성과performance와 결과outcome 사이의 관련성, 또는 특정 수준의 성과는 특정한 결과를 이끌어낼 것이라는 기대의 강도를 뜻한다. 즉, 만약 내가 좋은 성과평가를 받는다면, 과연 조직으로부터 높은 보상을 받을 수 있는가에 대한 이슈이다. 예에서 그 연구원이 프로젝트를 성공적으로 수행하면 그것이 승진과 같은 조직 내 결과에 직접적으로 연결된다는 확실한 기대를 갖고 있다면 동기부여가 되어 열심히 일할 것이다. 그러나 조직의 보상이 실제로는 연공서열이나 상사와의 관계와 같은 정치적 요소에 의해 이루어진다면 연구원은 성과와 결과, 즉 보상 간의 관계가 약하다고 인식해서 열심히 일하겠다는 동기부여가 떨어지게 된다. 두 번째 수단성 단계에서 조직은 객관적으로 공정한 성과보상 시스템을 갖는 것이 중요하다. 또한 관리자는 구성원 개인의 주관적 기대를 높이기 위해 조직의 성과보상 시스템이 공정하다는 것을 구성원에게 적극적으로 알리고 소통해야 한다.

세 번째, 유의성은 결과와 개인 목표 사이의 관련성, 또는 예상한 특정 결과가 그 개인의 개인적 욕구를 충족시킬 것이라고 개인이 기대한 정도를 뜻한다. "내가 보상을 받는다면 과연 이러한 보상이 나에게 매력적인 것인가?"라는 질문에 대한 기대와 관련된다. 일부 결과는 어떤 개인에게는 다른 사람보다 더 큰 가치를 지닌다. 예에서 그 연구원이 현재 자기 집도 가지고 있지 못한 상황이라면 장기 저리로 주택자금을 대출해준다는 보상책(결과)이, 월급은 크게 오르지 않으면서 일만 많아지는 팀장으로의 승진보다도 그 개인에게는 더 가치가 있는 보상이 될 수 있다.

공정성 이론: 사회적 비교와 공정성 지각

자신이 동료들과 비교해서 조직에서 얼마나 공정하게 대우받고 있는지에 대한 개인의 인식에 초점을 두는 것이 아담스John Stacey Adams의 공정성 이론equity theory이다. 공정성은 조직에서 자신들이 대우를 받는 방식과 보상에 대해 구성원이 인지한 공정성을 가리킨다. 개인은 자신이 조직으로부터 받았다고 생각하는 산출물outcomes(급여와 복지혜택)과 직무에 대한 그들의 투입물inputs(근무시간, 교육수준, 훈련시간, 노력 정도) 간의 비율을 평가하고, 그들 자신의 산출/투입 비율과 준거인물의 산출/투입 비율을 비교하게 된다. 구성원은 자신의 비율을 자신과 여러 측면에서 비슷한 개인, 즉 동료, 입사동기, 동창 등이나 객관적인 직업 표준, 산업 추세, 또는 과거 직무와 비교한다. 구성원이 자신과 비교 대상과의 산출/투입 비율이 동일하다고 지각하면 자신이 조직에서 공정하게 대우받고 있다고 인식하게 된다. 이 이론에서 공정성은 객관적인 것이 아니고 개인이 지각하는 주관적인 것이며, 자신과 준거인물의 산출/투입 비율을 비교한다는 것이 중요하다(Adams, 1965).

이 이론에 따르면, 사람은 인지한 자신과 비교 대상 간의 산출/투입 비율이 서로 달라서 불공정하다고 인식하면 심리적인 긴장 상황을 경험하게 된다. 자신이 보상을 덜 받았다고 지각했을 때는 화가 나고, 자신이 비교 대상보다 더 보상을 받았다고 생각이 들면 죄책감을 느끼게 된다. 개인은 이러한 심리적 긴장상태에 대해 불편하게 느끼게 되고 이를 해소하기 위해 어떤 행동을 선택하게 된다. 이러한 대안 선택의 결과로 개인의 성과가 높아지거나 낮아지고, 또는 결근과 이직이 증가하게 된다. 첫째, 개인은 일하는 데 노력을 덜 기울여 자신의 투입물을 줄임으로써 산출/투입 비율을 공정한 수준으로 만들 수 있다. 둘째, 단위당 성과급을 받는 등 자신의 산출물을 늘림으로써 산출/투입 비율을 공정한 수준으로 만들 수 있다. 셋째, 실제적인 산출/투입 비율을 줄이는 것이 아니라 자신의 비율에 대한 지각을 왜곡한다. 예를 들어, 자신이 항상 더 열심히 일해 왔다고 생각했는데, 이번에 자신이 동료들에 비해 그렇게 더 열심히 일하는 것은 아니라는 것을 알게 되었다고 생각한다. 넷째, 실제적인 산출/투입 비율을 줄이는 것이 아니라 다른 동료들의 비율에 대한 지각을 왜곡한다. 예를 들어, 자신의 동료가 그렇게 회사를 위해 열심히 일하는 사람인지 몰랐는데 이번에 알게 되었다고 생각한다. 다섯째, 상황을 다른 시점에서 바라보거나 다른 준거 대상을 선택한다. 여섯째, 그래도 심리적인 긴장 상태가 해소되지 않고 불만족스럽다면 조직 내 다른 부서로 옮겨줄 것을 신청하거나 그 조직을 떠나 퇴사한다.

조직 정의: 분배·절차·상호작용 차원의 공정성 지각

1960년대에 위와 같은 공정성 이론에서 시작된 문제의식은 개인이 자신의 투입과 산출의 비율을 타인과 비교함으로써 공정성을 판단한다는 점에 초점을 두었다. 이후 이 논의는 1980년대 후반에 이르러 공정성의 의미를 확장하여, 보상 결과뿐 아니라 의사결정 과정과 대인적 대우 전반에 대한 지각을 포괄하는 개념인 조직 정의 organizational justice 연구로 발전하게 된다. 이로써 공정성에 대한 논의는 개인 간 비교 수준을 넘어, 조직 전체의 제도와 상호작용을 평가하는 보다 포괄적인 관점으로 확장되었다(Greenberg, 1987).

공정성은 각 개인별로 다르게 인식하게 되는 주관적인 것이어서 어떤 사람에게는 공정한 상황이 다른 사람에게는 불공정하게 인식될 수도 있다. 또한 사람이 공정성 인식에서 중요하게 고려하는 측면이 다를 수 있다. 조직 정의는 다차원적인 것이다(Colquitt and Zipay, 2015).

분배적 정의distributive justice는 조직에서 산출물(임금, 승진, 원하는 작업환경, 배당

등)의 분배에 대해 인지하게 되는 공정성을 말한다. 투입과 결과를 비교하여 두 요소 간 분배적 정의를 느끼면 만족하지만, 분배적 정의를 인지하지 못하면 조직 정의가 충족될 수 있도록 행동을 취하게 된다는 것이다. 전통적으로 공정성 이론이 초점을 두었던 측면의 조직 정의다.

절차적 정의procedural justice는 공정성에 대한 지각은 결과물의 분배 공정성뿐 아니라 그 결과물이 결정되는 의사결정 과정에 대한 공정성에 의해서도 영향을 받게 된다는 점을 강조한다. 구성원이 바람직한 산출물 수준에 대해 자신의 의견을 피력할 수 있는 기회를 가질 수 있거나, 왜 산출물 분배가 그렇게 이루어진 것인가에 대해 조직으로부터 분명한 설명을 들을 수 있었다면 그 개인은 절차적 정의가 실현되었다고 인지하게 된다. 개인이 자신이 비교 대상에 비해 더 적게 보상을 받았다고 인식하더라도(분배적 정의) 급여 인상이 결정되는 과정에 내가 참여할 기회가 주어졌고 결과에 대한 설명도 충분히 들었다면(절차적 정의), 그 개인은 자신의 상사와 조직에 대해 신뢰를 갖게 된다. 절차적 정의는 결과물의 분배에 초점을 두는 것이 아니라 성과 수준을 평가하고, 불평과 논쟁점을 취급하는 문제에 초점을 둔다(Thibaut and Walker, 1975; Lind and Tyler, 1988).

최근 많은 논의가 이루어지고 있는 상호작용적 정의interactional justice는 결과물의 분배가 아닌 인간관계에서 상급자와 하급자 간에, 회사와 사원 간에 공정한 관계를 가졌는지 여부가 초점이 된다. 조직 구성원이 자신이 조직으로부터 존엄과 존경을 받고 있다고 생각한다면 상호작용적 정의가 실현되었다고 인식하게 된다. 분배적 정의나 절차적 정의가 회사의 공식적인 정책과 관련성이 높은 개념인 반면, 상호작용적 정의는 구성원이 조직 내 상급자와 같은 개인과 갖는 관계와 직접적으로 연관되는 개념이다.

목표 설정 이론: 목표가 행동을 조절하는 인지적 과정

로크Edwin A. Locke와 래섬Gary Latham의 목표 설정 이론goal-setting theory은 특정한 목표를 향해 행동하려는 개인의 가치와 의도가 동기부여의 핵심 요인이라고 주장한다. 이 이론에 따르면 목표는 개인에게 무엇을 해야 하는지, 그리고 목표를 달성하기 위해 어느 정도의 노력이 요구되는지를 명확히 제시함으로써 행동을 조직화한다(Locke and Latham, 2002). 즉, 목표는 개인의 주의를 특정 과업에 집중시키고, 노력의 강도와 지속성을 조절하는 기준점으로 기능한다.

목표 설정을 통해 개인을 효과적으로 동기부여하기 위해서는 목표 설정 과정에서 몇 가지 중요한 요건을 고려해야 한다(Locke and Latham, 1990). 먼저 "최선을 다하라"와 같은 막연하고 일반적인 목표보다는 구체적이고 측정 가능하며 수량화가 가능한 목표가 더 높은 성과를 이끌어낸다. 이는 목표의 구체성이 그 자체로 내재적 자극으로 작용하여 개인의 주의와 노력을 명확한 방향으로 유도하기 때문이다. 또한 목표 달성 시점에 대한 명확한 데드라인을 제시하는 것은 개인이 자신의 행동을 계획하고 진척 상황을 관리하는 데 도움을 주어 성과를 더욱 향상시킨다.

목표의 난이도 역시 성과에 중요한 영향을 미친다. 달성이 전혀 불가능하지는 않지만 일정 수준의 노력을 요구하는 도전적인 목표는 수월한 목표보다 더 높은 성과를 유발한다. 물론 쉬운 목표일수록 구성원들이 쉽게 수용할 수 있지만, 일단 수용된 어려운 목표는 개인으로 하여금 더 많은 노력을 투입하도록 만들기 때문에 결과적으로 더 높은 성과로 이어질 가능성이 크다. 다만 달성이 불가능해 보일 정도로 과도하게 어려운 목표는 오히려 개인을 좌절시키고 초기 단계에서 포기를 유발할 수 있다.

한편 목표 설성 단계에서 구성원이 참여하는 것이 항상 더 높은 성과로 이어지는지에 대해서는 학계에서 논쟁이 존재한다. 일부 연구는 목표 설정에의 참여가 목표에 대한 이해도와 수용, 몰입을 높임으로써 동기부여에 긍정적인 영향을 미친다고 주장하지만, 다른 연구들은 상급자에 의해 할당된 목표가 더 효과적이라는 것을 보여주고 있다(Latham, Erez, and Locke, 1988). 리더가 도전적이면서도 적절한 수준의 목표를 제시한다면 구성원이 목표 설정 과정에 참여하지 않아도 동기부여될 수 있는 것이다.

또한 목표 달성 과정에서 제공되는 피드백은 성과를 높여준다. 피드백은 개인이 현재의 성과 수준과 목표가 규정하는 바람직한 상태 사이의 격차를 인식하도록 돕는다. 이를 통해 개인은 자신이 목표를 향해 얼마나 잘 진전되고 있는지, 진척이 미흡하다면 그 원인이 무엇인지, 그리고 목표 달성을 위해 어떤 조정이 필요한지를 이해할 수 있다. 이러한 정보가 관리자나 조직을 통해 제공될 때, 개인은 더욱 동기부여되어 과업 수행에 적극적으로 임하게 된다(Locke and Latham, 2019).

목표에 의한 관리

목표 설정 이론은 조직에서 실제로 널리 활용되고 있는 중요한 경영관리 기법인 목표에 의한 관리Management by Objectives(이하 MBO) 프로그램이 체계화되는 데 이론적 토대를 제공하였다(Drucker, 1954). MBO는 구성원에 대한 통제 중심의 관리 방식과 달리, 목표를 중심으로 조직 성과를 향상시키기 위한 활동을 체계화한 실천적 조직 관리 기법이다. MBO의 핵심은 조직 전체의 장기적 목표나 전략 계획과 같은 상위 목표를 부서와 개인 수준의 목표로 연계하고, 리더와 구성원이 협의를 통해 구체적인 목표를 설정하는 데 있다. 조직 전체의 목표가 먼저 설정되고, 이를 달성하기 위한 사업부, 부서, 개인 목표가 단계적으로 구체화된다. 개인목표가 정해질 때 각 수준별로 정해진 목표를 고려하였으므로 각 부서의 개인이 자신의 개인 목표를 성공적으로 달성할 경우, 차례로 부서, 사업부, 조직 전체의 목표 달성으로 연결될 수 있는 것이다.

MBO 프로그램의 주요 요소는 명확하고 구체적이며 측정 가능한 목표 설정, 분명한 기한의 제시, 그리고 성과에 대한 피드백으로, 이러한 점에서 목표 설정 이론의 핵심 내용과 유사하다. 다만 MBO는 목표 설정 이론과 달리 목표 설정 과정에서 구성원의 참여를 중요한 원리로 강조한다. 최근 조직에서 권한 위임이 확대되면서 목표 설정에 실제로 참여하는 구성원의 비중도 증가하고 있는데, 이러한 참여는 구성원이 도전적인 목표라 하더라도 이를 외부에서 강요된 것이 아니라 스스로 수용한 목표로 인식하게 하여 저항을 낮추고 몰입할 수 있도록 하는 효과를 갖는다. MBO는 관리자가 개별 구성원과 협의를 통해 도전적이면서도 구체적인 목표를 설정하고, 목표 달성을 위한 보상, 훈련, 조언, 그리고 과정 중 피드백을 제공하는 방식으로 실행된다. 이후 목표 달성 결과와 문제점을 평가하여, 그 결과를 다음 목표 설정에 반영함으로써 관리 과정이 순환적으로 이루어지도록 한다.

직무 특성 모델: 직무 설계를 통한 내재적 동기 형성

조직 내 개인을 동기부여하는 방법에 대한 또 다른 중요한 논의는 구성원이 수행하고 있는 직무 자체를 변화시키는 접근법, 즉 직무 특성 모델job characteristics model이다. 직무 특성 모델은 이 책 10장에서 다룰 조직설계의 대상 가운데 하나인 직무설계job design의 대표적인 접근법 중 하나이다. 각 구성원이 수행하는 과업task들의 집합인 직무job를 설계하는 전통적 방식으로는, 2장에서 살펴본 과학적 관리법에 기반한 단순반복작업이 있다. 단순반복작업은 구성원의 대체가능성을 극대화하여 안정적인 대량생산을 추구하기 위한 직무설계 방식이다.

그러나 극도의 전문화와 분업화를 특징으로 하는 과학적 관리법과 포디즘에 기반한 대량생산 체제하에서, 단순한 직무를 반복적으로 수행하게 된 구성원들의 직무만족은 점차 낮아지고 지각과 결근은 증가하였으며, 그 결과 생산성 또한 오히려 저하되기 시작하였다. 이러한 문제의식 속에서 연구자들은 이러한 부정적인 결과를 가져온 직무 자체의 특성을 변화시킬 경우 구성원의 동기부여와 성과를 높일 수 있을 것이라고 생각하게 되었다.

이러한 관점에서 조직 구성원을 새로운 직무 재설계job redesign를 통해 동기부여할 수 있다는 직무 특성 이론은 해크먼J. Richard Hackman과 올드햄Greg R. Oldham에 의해 체계적으로 제시되었다(Hackman and Oldham, 1976, 1980). 직무 특성 모델은 과학적 관리법과 정반대의 직무설계 대안으로서, 동기부여의 원천을 보상이나 통제와 같은 외부요인이 아니라 직무 자체에 내재화시킨다는 점에서 중요한 이론적 전환을 보여준다. 특히 단순반복작업에 기반한 대량생산의 시대가 저물고 창의성과 혁신의 중요성이 증대되고 있는 오늘날의 조직 환경에서, 직무 특성 모델은 여전히 매우 중요한 실천적·이론적 의미를 지닌다(Humphrey, Nahrgang, and Morgeson, 2007).

핵심 직무 특성

이 이론에 따르면 직무는 다섯 가지 핵심 직무 특성core job characteristics으로 구분될 수 있으며, 이 핵심 직무 특성은 직무 수행자의 심리적 상태에 영향을 주게 되고, 심리적 상태는 개인의 작업 성과에 영향을 주게 된다.

핵심 직무 특성 중 기술 다양성skill variety은 직무담당자가 다양한 활동을 필요로 하는 정도로서 직무가 담당자로 하여금 얼마나 서로 다른 기술, 지식, 특기, 재능을 사용하도록 만드는가를 의미한다. 기술 다양성이 높은 직무는 담당자가 수행하는 직무의 폭이 넓은 것이다.

과업 정체성task identity은 직무의 내용이 업무를 처음부터 끝까지 독립적으로 완결할 수 있도록 구성되어 있는가, 아니면 그 직무가 업무 전체의 일부분에만 관여하도록 구성되어 있는가에 대한 것이다. 직무 담당자가 자신이 수행하고 있는 업무의 전체적인 과정을 이해하지 못한 채 전체 과정 중 일부에만 국한된 직무를 수행할 경우, 직무만족은 저하되기 쉽다.

과업 중요성task significance은 한 개인이 수행하는 직무가 조직 내·외의 다른 사람의 삶이나 업무에 중대한 영향을 미치는 정도를 뜻한다. 중요한 과업일수록 의미 있는 것이므로 관리자는 구성원이 자신이 수행하고 있는 개별 과업의 중요성을 인식하도록 하여 자신의 직무에 자부심을 가질 수 있도록 해야 한다.

자율성autonomy은 담당자가 자신의 행동에 따라 직무의 성과가 달라질 수 있다는 개인적 책임감의 정도를 뜻한다. 이 책임감은 업무 수행의 일정과 방식을 수립하는 과정에서 직무 수행자에게 허용되는 자유, 독립성, 재량권의 정도에 의해 결정된다.

피드백feedback은 그 직무 자체가 담당자가 얼마나 직무를 수행하는 도중에 직무의 성과와 효과성에 대해서 직접적이고 명확한 정보를 얻을 수 있도록 설계되었는가를 의미한다.

동기유발 잠재력 지수Motivating Potential Score(MPS)는 이상 다섯 가지 핵심 직무의 특성들이 서로 어떻게 상호작용하여 개인을 동기부여 하는가를 보여주는 지수이며 다음과 같이 표시된다.

동기유발 잠재력 지수
=(기술 다양성+과업 정체성+과업 중요성)/3×자율성×피드백

여기서는 자율성과 피드백 특성이 상대적으로 중요하게 제시되고 있다. 직무의 의미성과 연관된 기술 다양성, 과업 정체성, 과업 중요성 중 적어도 한 특성은 높아야 하지만 자율성과 피드백은 곱의 관계로 연결되므로 이 둘 중 하나라도 0에 가까우면 다른 특성들이 아무리 높아도 그 직무의 잠재적 동기 지수는 낮아지게 된다.

직무 특성 모델 요인

직무 특성 모델은 직무에 내재된 구조적 특성이 직무를 수행하는 구성원의 심리상태를 매개로 구성원의 내재적 동기, 직무만족, 성과를 체계적으로 향상시킨다고 설명한다.

다섯 가지의 핵심 직무 특성 중 처음 세 가지 특성인 직무의 기술다양성, 과업정체성, 과업중요성이 높은 직무를 수행하고 있는 구성원은 그 직무를 중요하고 가치 있는 것으로 여기게 된다. 자율성은 개인이 직무 수행 결과에 대한 개인적인 책임감을

그림 4-5 해크먼과 올드햄의 직무 특성 모델

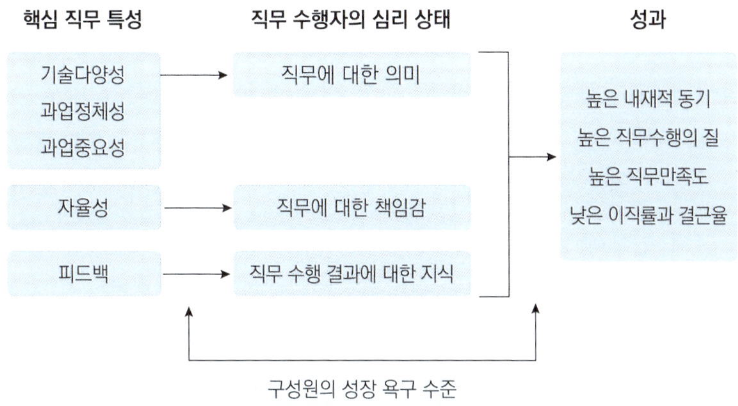

느끼게 만들고, 직무수행에 대한 피드백이 제공되면 직무수행자는 직무의 완성도, 즉 자신이 직무를 얼마나 잘 수행하고 있는지를 알게 된다. 사람이 직무 수행에서 의미를 느끼고, 업무 수행 결과에 대해 개인적으로 책임을 느끼고, 자신의 직무 수행 결과에 대해서 알 수 있을 때 개인의 내재적 동기, 직무 수행의 질, 직무만족도는 늘어나게 되고, 결근과 이직은 줄어들게 된다. 핵심 직무 특성이 개별 직무 수행자의 성과에 미치는 영향은 그 개인의 성장 욕구growth needs, 즉 개인의 자존감과 자아실현 욕구에 의해 조절된다. 성장 욕구가 큰 직무 수행자는 핵심 직무 특성이 높은 직무에서 중요 심리 상태를 경험하고 직무 수행 결과도 좋아질 가능성이 더 커진다(Hackman and Oldham, 1980).

직무 재설계 방법

직무 특성 모델에 따라 개인의 동기부여를 높여줄 수 있는 여러 직무 재설계job redesign 방법이 제시되었다. 직무순환job rotation은 한 구성원이 특정 직무를 오래 수행하여 지루하게 느끼기 시작하면 주기적으로 유사한 기능을 요구하는 다른 직무로 바꾸어 주는 것이다. 직무순환의 장점은 전문화된 특정 직무만을 반복적으로 수행함으로써 갖게 되는 일에 대한 단조로움을 줄여주고, 자신이 수행하는 업무에만 초점을 두는 것이 아니라 자신의 업무가 조직 전체에서 어떤 위치를 차지하는가를 이해할 수 있다는 것이다. 또한 구성원은 다양한 범위의 업무 관련 지식이나 기술을 배우게 된다. 직무순환의 문제점은 개인이 특정 직무에 대한 전문적인 지식이나 기술을 장기적으로 발전시키기가 어렵다는 것이다.

직무확대job enlargement는 한 구성원이 현재 수행하고 있는 특정 과업과 같은 수준의 과업의 수를 추가하여 수행하도록 해서 전체 직무를 다양하게 만드는 것이다. 이를 통해 직무를 양적으로 그리고 수평적으로 확대하는 것이다. 직무확대는 한 개인이 전문화된 하나의 직무를 수행하면서 갖게 되는 단조로움을 줄여주고, 여러 과업을 수행함으로써 전체 업무에 보다 더 관여하게 되어 자신의 직무에 대한 만족도를 높일 수 있다. 핵심직무 특성 중 기술 다양성을 높이기 위해서는 직무확대를 실시하는 것이 좋다

직무충실화job enrichment는 구성원이 스스로 직무를 계획, 실행, 평가하는 정도를 확대하여 직무를 풍요롭게 하고 수직적으로 확장하는 것이다. 직무충실화는 구성원 스스로 업무 일정을 짜고, 업무 수행 방법을 결정하며, 스스로 업무 수행을 통제하고 기술을 습득하도록 하는 것이다. 이를 통해 구성원은 단조로운 업무 수행에서 벗어나고, 자신의 업무 수행 활동을 완결하여 성취감을 가질 수 있고 자율성과 독립성을 늘리며, 책임감을 증가시키고 성장 발전 기회를 가질 수 있다. 직무충실화 개념은 성취, 책임감, 성장 등의 직무의 내적 요소들을 증가시키면 구성원들의 만족도가 높아지고 성공적으로 직무를 수행하려는 동기가 강해질 것이라는 생각에 토대를 둔 이론이다. 핵심 직무 특성 중 자율성을 높이기 위해서는 직무충실화를 실시하는 것이 좋다.

관계적 직무 설계: 직무 간 연결성과 상호의존성의 중요성

20세기 초부터 직무 설계와 조직관리의 핵심 원칙으로 자리해 온 과학적 관리와 포디즘, 그리고 이들의 한계를 극복하고자 등장한 직무 특성 모델에 이르기까지, 기존의 직무설계 논의들은 공통적으로 개별 구성원과 그가 수행하는 직무 간의 관계에 분석의 초점을 두어 왔다. 즉, 직무를 수행하는 개인과 과업의 특성에는 주목했지만, 직무 간의 연결성interconnectedness이나 구성원 간 상호의존성interdependence을 충분히 고려하지 못했다는 한계를 지닌다. 그러나 현실의 조직에서 수행되는 과업들은 정도의 차이는 있지만 본질적으로 서로 연결되어 있으며, 한 구성원의 업무 수행 결과는 필연적으로 다른 구성원의 과업과 성과에 영향을 미치게 된다.

더욱이 현대 조직은 팀 기반 구조와 네트워크 기반 구조가 확산되면서, 과거의

극단적인 분업과 과업 전문화 중심의 업무 조직 방식에서 점차 벗어나고 있다. 오늘날의 조직에서는 과업 공유와 협업을 토대로 업무가 조직되는 경우가 늘어나고 있으며, 이에 따라 구성원이 업무를 수행하는 과정에서 상급자, 동료, 다른 팀, 나아가 조직 외부의 고객 및 이해관계자와 맺는 상호의존성은 점점 더 중요해지고 있다(정명호, 2019). 이러한 변화에도 불구하고 기존 직무설계 이론들은 업무 수행 과정에서 필연적으로 수반되는 사회적·관계적 측면을 충분히 설명하지 못했다는 비판을 받아왔다.

이러한 문제의식 속에서 최근 연구자들은 업무가 지니는 관계성에 주목하는 **관계적 직무**relational job 관점을 새로운 대안적 논의로 제시하고 있다. 직무설계가 더 이상 개인과 과업 간의 관계에만 국한될 수 없으며, 업무가 타인과 맺는 사회적 관계와 그 결과를 함께 고려해야 한다고 주장하는 것이다(Grant and Parker, 2009). 관계적 직무설계에서 핵심적인 두 구성요인은 **수혜자에게 미치는 영향**impact on beneficiaries과 **수혜자와의 사회적 관계**social contact with beneficiaries이다. 여기서 수혜자란 구성원의 업무수행 결과로 직접적 또는 간접적 영향을 받는 사람들을 의미하며, 이는 조직 내부의 동료일 수도 있고 고객이나 이해관계자와 같은 조직 외부 인물일 수도 있다. 이 두 개념은 서로 구별되는 차원을 가진다. 예를 들어 항공기 조종사나 소방관의 직무는 수혜자의 생명과 안전에 중대한 영향을 미치지만, 업무 과정에서 수혜자와의 직접적인 상호작용은 상대적으로 제한적이기 때문에 사회적 관계 수준은 낮은 직무로 분류될 수 있다. 반대로 고객 응대 서비스 직무와 같이 수혜자와의 상호작용은 빈번하지만, 업무 결과의 영향이 비교적 제한적인 경우도 존재한다(Grant, 2007).

연구에 따르면 구성원들은 자신의 업무가 수혜자에게 긍정적인 영향을 미치는지 여부를 중요한 의미 원천으로 지각하며, 이러한 인식은 업무에 대한 의미감과 책임감을 크게 증대시킨다. 따라서 조직은 구성원들의 직무를 설계할 때, 수혜자에게 중요한 영향을 미치거나 수혜자와의 교류가 자연스럽게 증가할 수 있는 방향으로 과업을 구성할 필요가 있다. 이러한 관계적 직무 설계는 구성원들이 타인에게 기여하려는 책임감이나 이타성과 같은 친사회적 동기를 강화하고, 그 결과 업무에 대한 몰입 수준과 자발적 노력의 증가로 이어진다는 연구 결과들이 제시되고 있다(Grant, Campbell, Chen, Cottone, Lapedis, and Lee, 2007). 나아가 협업과 네트워크를 기반으로 하는 현대 조직 환경에서 관계적 직무 설계는 단순한 설계 기법을 넘어, 동기부여와 성과를 동시에 제고하기 위한 핵심적인 조직설계 원리로서 점점 더 중요한 의미를 지닌다.

사회학습 이론: 모방학습과 자기통제를 통한 행동 변화

사회학습 이론social learning theory은 개인의 학습과 행동 변화를 자극-반응-강화-결과로 이어지는 단순한 기계적 과정으로 설명하는 전통적 행동주의 관점에서 벗어나, 개인의 인지와 행동, 그리고 이를 둘러싼 환경 간의 지속적이고 복합적인 상호작용 과정으로 이해한다. 사람은 직접 자신의 행동 결과를 경험함으로써 학습할 뿐 아니라, 다른 사람의 행동과 그에 따른 결과를 관찰하고 이를 해석하는 과정을 통해서도 학습할 수 있다. 이러한 관점에서 사회학습 이론은 개인의 행동이 그 결과의 함수라는 조작적 조건화의 기본 원리에 동의하면서도, 학습이 반드시 개인 자신의 직접 경험에 의해서만 이루어지는 것은 아니라고 본다. 즉, 개인은 다양한 사회적 경로를 통해 행동을 학습하며, 이 과정에서 인지적 해석이 중요한 역할을 한다. 스키너가 환경의 자극과 행동의 결과에 의해 행동이 통제된다고 본 반면, 사회학습 이론을 주창한 반두라Albert Bandura는 인간의 인지적·정신적 과정이 환경 자극에 대한 반응 형태를 결정한다고 주장하였다(Bandura, 1986).

사회학습 이론의 핵심 요소 중 하나는 모방학습vicarious learning이다. 개인은 자신의 행동 결과를 통해서만 학습하는 것이 아니라, 다른 사람들의 행동과 그 행동이 초래한 결과를 관찰함으로써 학습한다. 관찰한 행동의 결과가 긍정적이고 바람직하다고 판단되면 그 행동을 모방하고, 부정적인 결과를 초래하는 행동이라면 이를 회피하게 된다. 예를 들어 조직 내에서 성과가 우수하여 보상을 받는 구성원의 행동을 관찰하고, 이를 모방하여 유사한 행동을 시도하는 경우는 모방학습의 대표적인 사례에 해당한다.

사회학습 이론에서 또 하나의 중요한 요소는 자아통제self-control이다. 개인은 외부로부터의 강화나 처벌에 기계적으로 반응하는 존재가 아니라, 자신의 인지체계를 통해 환경을 해석하고 스스로 행동을 조절할 수 있는 능력을 지닌다. 사람은 자신의 행동이 인지적 판단과 부합하고, 행동의 결과를 어느 정도 예측·통제할 수 있다고 인식하는 한, 특별한 외적 압력이나 자극이 없어도 자발적으로 자신의 행동을 통제하려는 경향을 보인다. 이러한 자아통제를 통한 학습 가능성은 조직에서 나타나는 임파워먼트나 자율관리팀이 구성원의 행동을 자발적으로 변화시킬 수 있는 이론적 근거를 제공한다.

이와 같은 논의는 이후 사회학습 이론이 사회인지 이론social cognitive theory으로 발전하는 토대가 되었다. 사회인지 이론은 관찰학습과 자아통제라는 사회 학습 이론의 핵심을 유지하면서, 인간을 환경에 수동적으로 반응하는 존재가 아니라 자신의 행동을 예측하고 조절하며 환경과 상호작용하는 능동적 행위자로 규정한다. 특히 행동, 인지, 환경이 상호작용하며 상호 영향을 미친다는 상호결정론을 통해 인간 행동을 보다 포괄적으로 설명하고자 한다(Bandura, 2001).

사회인지 이론에서 학습과 행동 변화에 핵심적인 역할을 하는 개념이 자기효능감self-efficacy이다. 자기효능감은 특정 과업을 성공적으로 수행할 수 있다는 개인의 믿음이나 자신감을 의미하며, 개인이 목표를 선택하고 노력의 수준과 지속성을 결정하는 데 중요한 영향을 미친다. 자기효능감이 높은 사람일수록 보다 도전적인 목표를 설정하고 더 많은 노력을 기울이게 되며, 그 결과 학습 효과와 성과 또한 증대된다. 이러한 자기효능감 형성에서 가장 중요한 요인은 과거의 성취 경험으로, 성공 경험은 개인의 자기효능감을 강화하고 이후의 행동과 학습을 촉진한다(Bandura, 1997).

내재적 동기와 외재적 동기: 인간 행동을 바라보는 두 관점

내재적 동기부여와 외재적 동기부여 논쟁

동기부여 연구에서 핵심적인 이론적 쟁점 중 하나는 인간의 동기부여가 내적 요인에 의해 자발적으로 형성되는가, 아니면 외부 요인에 의해 유발되는가에 대한 관점 차이다. 이러한 논의는 무엇이 인간의 행동을 촉발하고 유지시키는지에 대한 이해의 기초를 제공한다. 내재적 동기부여intrinsic motivation는 인간이 내적 동기에 의해 행동을 하게 된다는 것인데, 대체적으로 일 자체와 직접 관계되는 것으로, 일을 하면서 느끼는 성취감, 책임감, 도전감, 자기효능감, 그리고 긍지 등을 예로 들 수 있다. 외재적 동기부여extrinsic motivation는 외부로부터 주어지는 외적 보상에 의해 동기가 유발되는 것으로, 대체적으로 직무 환경과 관련이 있으며, 급여와 같은 물질적 보상, 승진, 상사와의 좋은 관계, 그리고 안전하고 쾌적한 업무 환경 등을 예로 들 수 있다.

전통적인 동기부여 이론은 외재적 동기부여와 내재적 동기부여를 서로 독립적인 동기 원천으로 구분하여, 내재적 보상에 외재적 보상을 추가하더라도 두 보상요인이 모두 개인의 성과에 긍정적인 영향을 미칠 수 있다고 보았다. 그러나 이러한 관점에 대한 비판이 제기되면서 관련 논쟁이 본격화되었다. 이 논쟁은 인간 행동을 외부 자극과 강화의 결과로 설명하는 행동주의와, 인지적 해석과 자율성을 강조하는 인지 이론 간의 오래된 이론적 대립과도 밀접하게 연관되어 있다. 나아가 현실적으로는 외재적 동기부여 관점이, 신자유주의적 흐름의 확산과 맞물리면서, 1990년대 이후 현재까지 전 세계 조직에 광범위한 영향을 미치고 있는 성과주의 패러다임의 핵심적인 이론적 토대로 작용해 왔다는 점에서 중요한 의미를 갖는다(Gerhart and Fang, 2015).

인지 평가 이론

내재적 및 외재적 동기부여 논쟁을 촉발시킨 **인지 평가 이론**cognitive evaluation theory의 주창자들은 인간은 기본적 욕구가 충족되면 외적 보상이 없어도 자신이 하는 일에 재미를 느껴서 행동하게 되는 내적 동기가 가능한데, 외재적 보상은 내적 동기에 오히려 부정적인 영향을 준다는 것이다. 내재적 보상과 외재적 보상은 서로 연관되어 있기 때문에 업무 내용 자체에서 발생하는 즐거움과 개인적 흥미, 그리고 일하는 보람을 유발시키는 내재적 보상이 제공되던 업무에 대해서 금전적 보상과 같이 외적 보상이 주어지면 내재적 동기는 사라지고 외재적 동기만 남게 되어 전반적으로 그 직무를 수행하는 개인의 만족도가 오히려 떨어진다는 것이다.

인지 평가 이론에 따르면 개인은 자신이 어떤 일을 잘 할 수 있는 능력을 갖고 있다는 자신에 대한 자신감인 **유능감**competence과 자신의 행동을 자기 스스로 결정하고 통제한다는 느낌인 **자기 결정감**self-determination을 추구하는 욕구를 갖고 있으며, 이 두 욕구에 의해 내적 동기가 결정된다. 내적으로 동기화된 사람은 보상의 획득이나 처벌의 회피와 같은 외재적 요인이 아닌 업무 수행 과정 자체를 목적으로 여기고, 업무를 더 흥미롭게 생각하고 즐기며 더 많은 노력을 기울이게 된다. 인간은 자신의 행동에 대한 원인을 규명하려는 귀인 과정을 갖는데, 처음 내재적 동기만 유발되어 있는 상태에서는 원인으로 돌릴 만한 외적 보상과 같은 다른 요인이 없기 때문에 자신이 열심히 일하는 행동의 원인을 업무를 수행하면서 느끼게 되는 흥미나 보람과 같은 일 자체의 특성 때문이라고 귀인하게 된다. 이러한 내적 귀인의 상태에서 외재적 보상이 제공되면 자신이 열심히 일하는 행위에 대한 귀인의 대상이 일 자체에서 외부로부터 주어지는 금전적 보상으로 바뀌게 된다. 개인은 다른 사람에 의해 외부에서 주어진 외재적 보상이 열심히 일하는 자신의 행동의 원인이라고 생각하게 되므로 자기 스스로 자신의 행동을 통제한다는 자기 결정감을 느끼지 못하고 자신의 행동에 대해서 자신이 통제력을 상실했다고 느끼게 되므로 내재적 동기부여 수준이 저하된다는 것이다(Deci and Ryan, 1985).

소마 퍼즐 실험: 이 논쟁에서 인지평가이론의 핵심 내용을 잘 보여주는 대표적 연구가 소마 퍼즐 실험이다. 소마 퍼즐은 여러 블록을 조합해 특정 형상을 만드는 과제로, 당시 미국 대학생들 사이에서 큰 인기를 끌었으며, 실험에 자발적으로 참여했다는 사실 자체가 참여자들이 이미 퍼즐 활동에 대해 내재적 동기부여를 지니고 있었음을 의미한다. 연구에서는 자발적 참여자들을 통제 집단과 실험 집단으로 나누어, 통제 집단에는 퍼즐 과제만 수행하게 하고 외적 보상에 대한 언급을 하지 않았다. 반면 실험 집단에는 일정 시간 퍼즐을 맞추면 외적 보상(인센티브)을 제공하겠다고 안내하였다. 이후 성과 기록을 이유로 휴식 시간을 제공하고, 이 휴식 시간 동안 참여자들의 자발적 행동을 관찰하였다. 그 결과, 인센티브를 약속받은 실험 집단은 휴식 시간 동안 퍼즐 수행을 중단하고 잡지를 보는 등 다른 행동을 한 반면, 통제 집단은 퍼즐을 계속하거나 서로 해결 전략을 논의하는 모습을 보였다. 이는 원래 퍼즐 자체의 재미로 과제에 참여했던 개인들이 외적 보상이 제시되자, 해당 활동을 내재적 만족의 원천이 아니라 보상을 위한 수단으로 인식하면서, 기존의 내재적 동기부여가 약화되었음을 보여준다(Deci, 1971).

이러한 결과는 보상이 성과와 연계될 때 동기부여 효과가 높아진다는 전통적 관점과 달리, 인지 평가 이론의 관점에서는 외재적 보상이 오히려 직무 수행 과정에서 경험되던 내재적 만족을 훼손할 위험이 있음을 시사한다. 따라서 개인의 급여나 보상을 성과와 기계적으로 연계하지 않는 것이, 경우에 따라서는 내재적 동기부여의 저하를 방지하는 방법이 될 수 있는 것이다.

인지 평가 이론에 대한 비판과 반박

외재적인 동기부여 수단인 금전적 보상이 개인의 내재적 만족과 동기부여 수준을 떨어뜨린다는 인지 평가 이론의 내용과 같이 내재적 동기부여의 중요성을 강조하는 입장에 대한 많은 비판과 논쟁이 이어졌다. 학습된 근면성 이론learned industriousness theory은 개인이 과업 수행에서 많은 노력을 기울인 것에 대해 보상을 받게 되면 근면성이 학습된다고 주장한다. 개인은 노력에 대해 강화를 받은 경험을 일반화하여 다른 과제도 열심히 수행한다는 것이다(Eisenberger, 1992). 아이젠베르거Eisenberger와 캐머런Cameron은 지금까지의 연구를 종합한 메타분석 연구를 통해 금전적 보상과 같은 외적 보상이 일에 대한 흥미를 떨어뜨리지 않는다고 주장하였다(Eisenberger and Cameron, 1996).

반면 데시Edward L. Deci와 동료들 역시 기존 실증 연구를 종합한 메타분석을 실시하였는데, 그 결과는 모든 유형의 외적 보상이 일에 대한 흥미를 떨어뜨린다는 것이었다(Deci, Koestner, and Ryan, 1999). 이후 연구는 외재적 보상 중 하나인 칭찬은 자기결정감은 낮추지만 유능감은 높이므로 개인이 자신의 과업에 더욱 집중할 수 있도록 해서 내재적 동기부여 수준을 떨어뜨리지 않지만, 금전적 보상과 같은 외재적 보상은 일보다는 보상에 더욱 관심을 갖게 해서 내재적 동기부여를 약화시킨다고 주장한다.

자기 결정 이론: 자율성, 유능감, 관계성에 기반한 동기부여

인지 평가 이론에 대해 많은 비판이 제기되었는데, 대량생산과 포디즘을 특징으로 하는 실제 자본주의 조직의 많은 업무가 내재적으로 흥미롭지 못하고, 외재적 동기부여를 일으키는 금전적 보상이 조직의 주요한 성과보상으로 더 적절하다는 것이었다. 내재적 동기부여의 중요성을 주장했던 학자들은 이러한 비판을 받아들여 조직의 실제 현실을 반영하고 인지 평가 이론을 더 유연하게 수정한 자기 결정 이론self-determination theory을 제시한다. 인간은 스스로 동기부여하는 세 유형의 기본적인 욕구를 가지고 있는데, 사회적 맥락이나 환경이 이 욕구들을 충족시키면 내재적 동기부여가 발현된다는 것이다. 세 가지 욕구의 내용은 먼저 인지 평가 이론에서 중요하게 제시되었던 유능감competence 욕구와 스스로 자신의 행동을 결정하려는 자율성autonomy 욕구, 그리고 다른 사람과 활발한 상호작용을 하고 친밀감을 유지하려는 관계성relatedness 욕구이다.

자기 결정 이론 모델에서 하나의 연속선상의 양 극단에는 무동기amotivation와 내적 동기가 있고 중간에 외적 동기가 있다. 무동기는 행동하고자 하는 의도가 결여된 동기부여가 전혀 되지 않은 상태이고, 내적 동기는 본질적으로 자율적인 동기부여이다.

내적 동기부여의 중요성을 강조하던 인지 평가 이론에서는 내적 동기만이 동기부여를 가능하게 하고 외적 동기와 무동기는 동기부여가 되지 않는다는 점에서 같은 상태로 보았다. 반면, 자기 결정 이론은 외적 동기 중에서도 자기 결정 특성이 큰 유형의 경우에는 내적 동기와 같이 동기요인이 될 수 있다고 본다(Deci, Olafsen, and Ryan, 2017).

외적 동기 개념의 유형

자기 결정 이론은 연속선상의 중간에 있는 외적 동기 개념을 크게 자율적 동기autonomous motivation와 통제적 동기controlled motivation를 기준으로 네 가지 하위 유형으로 분류한 정교화된 모델을 제시하였다. 자율적 동기는 사람이 자기 통제하에 스스로 의지volition를 갖고 행동하는 것이고, 통제적 동기는 개인의 행동이 자신의 자율적 결정이 아닌 외적 요인에 의해 통제되어 발생하는 동기 범주이다.

외적 동기 중 가장 자율성이 낮은 것은 외부 조절external regulation인데, 개인 외부에서 발생하는 조건에 의해 전적으로 영향을 받는 것으로 지금까지 일반적으로 외적 동기의 고전적인 유형으로 생각해온 개념이다. 사람은 외부로부터 원하는 보상을 얻거나 원하지 않는 결과인 치벌을 피하려는 의도로, 따라서 행동이 그런 목적에 도구적일 때만 행동에 나서게 된다.

두 번째 유형은 내면화된 조절introjected regulation인데 외적 요인에 의해 발생한 외적 동기가 개인에 의해 내면화되었지만 자신의 것으로 받아들여지지 않고 여전히 이런 외적 동기가 개인을 통제하고 있는 것이다. 이런 외적 동기를 가진 사람은 자신을 가치 있는 사람처럼 느끼기 위해, 일을 제대로 못해서 느낄 수 있는 수치심을 피하기 위해 일한다. 외부 조절과 내면화된 조절은 통제적인 외적 동기여서 동기 요인이 될 수 없다.

외적 동기의 세 번째 유형은 동일시된 조절identified regulation이다. 사람은 자신이 하는 행동이 개인적 목표와 정체성과 더 일치할 때 일이 중요하다고 여기며 자유와 의지를 느낀다. 예를 들어 간호사가 자신이 하는 일이 본질적으로 흥미롭다고 생각하지는 않아서 내적 동기에 의한 것은 아니고 여전히 외적 동기이지만, 환자의 건강과 복지를 위해 자신이 하는 일이 중요하다고 생각한다면 환자를 간호하는 어렵고 힘든 일을 할 때 상대적으로 자율성을 느낄 것이다.

외재적 동기가 진정으로 자율적으로 내면화되기 위한 가장 완전한 형태는 통합된 조절integrated regulation이다. 이 상태에서 사람은 자신이 하는 행동이 자신의 정체성의 필수적인 부분이며, 자기 자아에서 비롯된 것으로 인식하고 따라서 자신이 자율적으로 결정한 것으로 생각한다. 예를 들어 간호사가 이런 통합 상태에 도달했다면, 단지 환자의 건강과 복지를 위한 활동의 중요성을 인식하는 데 그치지 않고, 특정 행동에 대한 조절이 자신의 일 및 삶의 다른 측면과 통합되어, 간호사로서 하는 일이 자신의 정체성에 더 중심이 될 것이고 일반적으로 다른 사람을 대할 때도 간호사로서 사람들을 돌보는 것과 일치하는 방식으로 행동할 가능성이 높아진다. 외적 동기의 가장 발전된 형태인 통합된 조절은 내적 동기와 비슷한 점이 있지만 개인이 자신이 하는 일에 흥미를 느끼는 것이 아니라, 행동이 개인의 목표 달성에 도구적으로 중요하기 때문이라는 점에서 여전히 외적 동기다. 그러나 자기 결정 이론은 통합된 조절은 개인의 자기결정성이 큰 자율적 동기부여이고 동일시된 조절은 중간 수준의 자율적 동기 성격을 갖기 때문에 내재적 동기와 함께 사람을 동기부여시킨다고 본다(Gagne and Deci, 2005).

내재적 동기와 창의성

내재적·외재적 동기부여 논쟁은 동기부여의 효과를 단순히 수행량이나 속도와 같은 양적 성과에 국한하지 않고, 수행의 질적 차원까지 확장하여 이해해야 함을 시사한다. 기술 변화의 속도가 갈수록 빨라지고 경쟁이 심화되는 환경에서 조직은 지속적인 경쟁우위를 확보하기 위해 끊임없는 변화와 혁신을 요구받고 있다. 이러한 환경 속에서 조직 구성원의 업무 역시 새로운 제품, 서비스, 업무 방식에 대한 아이디어 창출뿐 아니라, 지금까지 경험하지 못한 새롭고 복잡하며 도전적인 문제에 대한 창의적인 해결을 요구하는 방향으로 변화하고 있다.

인지 평가 이론과 자기 결정 이론은 외재적 보상이 주어질 경우 단순한 과업 수행의 양이나 속도는 증가할 수 있지만, 자율성과 흥미에 기반한 내재적 동기가 약화되면 복잡한 문제 해결에서 요구되는 창의적 사고는 오히려 저해될 수 있음을 강조한다. 이러한 문제의식 속에서 많은 연구자들은 동기부여의 질적 효과를 가장 분명하게 검증할 수 있는 결과변수로 창의성에 주목해 왔다. 따라서 현대 조직의 업무 특성을 잘 반영하고, 내재적 동기부여의 이론적 함의가 가장 직접적으로 드러나는 개념으로서 창의성을 보다 구체적으로 살펴볼 필요가 있다.

창의성은 개인 또는 집단이 함께 작업하여 제품, 관행, 서비스에 대해 새롭고novel 잠재적으로 유용한useful 아이디어를 만들어내는 것을 의미한다. 창의성은 혁신 개념과 밀접하게 연관되는데, 혁신은 조직 내에서 창의적으로 생성된 아이디어가 실제로 구현되고 확산되는 과정으로 정의된다(Oldham and Cummings, 1996). 조직 혁신에 대한 논의는 이후 11장 '조직의 변화와 혁신'에서 보다 자세히 다루도록 하겠다.

애머빌의 개인 창의성 구성 요소

애머빌Teresa Amabile은 개인의 창의성을 구성하는 세 가지 주요 요소를 제시하였다(Amabile, 1988; Amabile and Pratt, 2016). 이 모델의 첫 번째 요소인 내재적 동기는 창의성을 유발하는 가장 중요한 원천이다. 사람이 일 자체에 대해 갖는 흥미, 즐거움, 호기심, 만족감, 개인적인 도전과 같이 무언가를 달성하고자 하는 욕구 등과 같은 내재적 동기부여가 창의적인 성과를 가져온다는 것이다.

두 번째 요소인 업무 영역에 대한 전문적 기술skills in the task domain은 모든 창의적 성과의 기초가 되는 토대이며 기본적인 원재료raw materials에 해당하는 것이다. 자신이 하는 일에 해당하는 영역 혹은 분야에 대한 전문 지식이나 사실적 지식factual knowledge, 해당 분야에서 업무를 수행하고 지식을 확장하는 기술적 역량technical skills, 그리고 해당 영역에 특화된 재능special talents이 포함된다. 해당 영역에 대한 지식이나 기술을 많이 가지고 있으면 주어진 작업을 수행하거나 문제를 해결할 때 사용하거나 조합할 수 있는 대안의 수가 많아진다. 또한 선택한 문제해결방법이 해당 분야에서 정말 유용한 것인지 판단하는 데도 도움이 된다. 영역 관련 기술은 인지, 지각, 운동 능력 등과 같이 타고나는 경우도 있지만 공식 교육이나 업무 수행이나 일상 경험 등의 비공식 학습과정을 통해 형성된다.

개인이 두 번째 요소인 기술적으로 우수하거나 적절한 영역 관련 기술을 갖고 있다고 해도 현대 조직이 당면한 문제의 복잡성을 고려하면 창의적 성과를 내기 위해서는 특정 영역 관련 기술을 뛰어 넘어 여러 영역에 걸쳐 적용할 수 있는 추가적인 능력이 필요하다. 이것이 세 번째 요소인 창의성 관련 프로세스creativity-relevant processes이다. 이 프로세스에는 문제에 대한 새로운 관점을 취하고 다양한 인지 경로를 탐색하고 폭넓게 생각할 수 있는 능력이나 인지 스타일, 개인이 위험을 감수하고 순응을 피하며 독립적으로 사고하고, 좌절을 잘 견디는 성격이나 개인 특성, 그리고 장시간에 걸쳐 집중력을 유지하며 자신의 과업을 지속적이고 활력 있게 추구할 수 있는 업무 스타일이 포함된다. 이러한 능력은 성격과 같이 타고난 특성도 있지만 훈련이나 경험을 통해 개발할 수도 있다.

상호작용주의 모델

조직 창의성 논의에서 개인과 상황 사이의 복잡한 상호작용의 중요성을 강조하는 논의들이 있는데, 개인, 집단 및 조직의 특성이 각 수준의 창의성 발현에 서로 영향을 준다는 것이 상호작용주의 모델interactional model of creativity이다(Woodman, Sawyer, and Griffin, 1993). 이 논의에 따르면 개인의 창의성은 인지 스타일, 능력, 성격, 내재적 동기, 관련 지식, 사회적 관계와 같은 개인 특성뿐 아니라, 다양성, 응집력, 규범과 같은 집단 특성에 의해서도 영향을 받는다. 집단 수준의 창의성은 집단 내 개인의 창의성, 집단의 특성, 그리고 조직문화나 보상 시스템과 같은 조직 특성에 의해 영향을 받아 발현된다. 그리고 조직 창의성은 집단 창의성의 특성과 조직 특성, 그리고 조직 외부의 경제적, 사회적 환경과의 복잡한 상호작용에 의해 영향을 받는다는 것이다.

동기 이론의 적용과 조직 관리 방식

시장형(통제형)과 공동체형(몰입형) 조직관리

동기부여 이론을 적용하여 실제 조직을 구체적으로 어떻게 운영할 것인가에 대해서는 인적자원관리를 중심으로 많은 논의가 이루어져 왔다. 내재적/외재적 동기부여 논쟁, 신자유주의와 성과주의, 팀 기반 조직 운영과 같은 이론적, 실무적 논의를 고려하면 실제 조직관리의 현황은 시장형(통제형)과 공동체형(몰입형) 조직관리로 특징지어질 수 있다(Adler and Heckscher, 2006; 양혁승, 2022).

[표 4-1]은 조직관리를 관통하는 동기부여 논리와 관리 원칙에 따라 시장형(통제형) 조직관리와 공동체형(몰입형) 조직관리를 대비하여 정리한 것이다. 먼저 시장형(통제형) 조직관리는 외재적 동기부여 논의에 기반하여 시장 원리와 성과주의를 핵심 원칙으

표 4-1 시장형(통제형)과 공동체형(몰입형) 조직관리

시장형(통제형) 조직관리	공동체형(몰입형) 조직관리
외재적 동기부여	내재적 동기부여
시장	공동체
통제 지향	권한위임 및 몰입 지향
성과주의	사회적 관계 및 신뢰
평가 보상 중심 성과관리	개발 및 피드백 중심 성과지원
개인 단위 책임/핵심인재	집단 단위 책임/팀 중심
경쟁	협력과 헌신
보상 차별화	보상 차별화 최소화
외부노동시장	내부노동시장
고용유연성	고용안정성

로 삼는다. 이 접근에서는 성과를 객관적으로 평가하고, 우수한 성과에는 보상을 제공하며 그렇지 못한 경우에는 제재를 가하는 통제 지향적 관리가 강조된다. 이에 따라 단기적이고 계량화 가능한 성과를 중심으로 한 평가·보상 중심의 성과관리가 이루어지며, 개인 단위 책임을 명확히 하고 핵심인재를 선별하여 보상 차별화를 크게 두는 방식으로 개인 간 경쟁을 유도한다. 인력 선발과 운영 면에서는 외부노동시장을 중시하고 고용유연성을 추구하는 방향으로 설계된다.

반면 공동체형(몰입형) 조직관리는 내재적 동기부여 논리에 기반하여 공동체적 가치와 사회적 관계, 신뢰를 중요한 관리 원칙으로 삼는다. 이 접근에서는 구성원의 자율성과 책임을 높이기 위한 권한위임과 조직에 대한 몰입의 중요성을 강조하며, 단기 성과평가보다는 학습과 성장에 초점을 둔 개발 및 피드백 중심의 성과 지원이 강조된다. 뛰어난 소수의 핵심인재보다는 구성원이 팀 단위로 협력할 때 더 나은 성과가 창출된다고 보고, 개인보다는 집단 단위 책임과 성과를 중시하며 보상 차별화 역시 최소화한다. 인력 관리 측면에서는 고용안정성을 바탕으로 한 장기 고용과 내부노동시장 강화를 지향한다.

이처럼 두 조직관리 유형은 동기부여의 원천, 성과관리 방식, 경쟁과 협력에 대한 관점, 그리고 인력 운영의 기본 철학에서 뚜렷한 대비를 보인다. 다음에서는 이러한 대비가 실제 조직에서 어떻게 구현되는지를 이해하기 위해, 이러한 시장형(통제형)과 공동체형(몰입형) 조직관리의 대표적인 조직으로 마이크로소프트Microsoft, 넷플릭스Netflix, 픽사Pixar의 사례를 살펴보겠다.

마이크로소프트, 넷플릭스, 픽사 사례

마이크로소프트, 넷플릭스, 픽사는 모두 큰 성공을 거둔 글로벌 선도 기업이다. 앞에서 구분한 조직관리의 두 유형 측면에서 이들을 보면 마이크로소프트는 시장형(통제형)에서 공동체형(몰입형)으로 변화했고, 넷플릭스는 시장형이지만 통제형은 아니라는 점에서 두 조직관리 유형의 특성을 모두 보이고 있으며, 픽사는 전형적인 공동체형(몰입형) 조직관리 시스템과 조직문화를 갖고 있다고 할 수 있다. 이 세 조직의 지난 역사와 현재를 보면서 이 두 조직관리 유형의 내용적 특성과 각 조직관리 유형이 갖는 장점과 단점에 대해 함께 생각해보겠다.

마이크로소프트의 잃어버린 15년

윈도우, MS워드, 익스플로러 등의 성공으로 2000년대 초까지 세계 최고의 기업이었던 마이크로소프트Microsoft(이후 MS)는 매출의 상당 부분을 차지하던 윈도우 부문에서 더 혁신적인 신제품을 내지 못하고 IT시장이 모바일과 인터넷 중심으로 변화하면서 점차 경쟁력을 잃어갔다. 스티브 잡스Steve Jobs가 애플Apple로 돌아온 이후 파산 직전이었던 애플이 잇단 신제품의 성공으로 극적으로 부활하고, 신생기업인 구글Google이 인터넷 시장을 중심으로 거대 기업으로 성장해가는 상황에서 MS는 2010년대 주가가 최저 22달러대로 떨어지는 등 방향을 잃고 몰락의 길을 걷게 되었다.

변화하는 IT 환경에 적절한 전략적 대응을 하지 못한 MS의 문제 원인이 빌 게이츠Bill Gates에 이어 2대 CEO가 된 스티브 발머Steve Ballmer의 조직관리 방식 문제 때문이라는 지적이 있다. 2012년 미국의 매체인 배니티 페어Vanity Fair에 전, 현직 직원들의 인터뷰를 토대로 MS의 조직관리 시스템과 조직문화를 비판하는 글이 발표되는데, 그 제목은 "마이크로소프트의 잃어버린 10년"이었다(Vanity Fair, 2012). 발머가 CEO로 재직하던 2000~2014년은 MS에게는 잃어버린 15년이었던 것이다. 발머는 GE의 잭 웰치Jack Welch가 1980년대에 제안한 스택 랭킹stack ranking 제도를 도입하고 이를 적극적으로 활용하였다. 이 제도는 상대평가 시스템인데 직원들의 성과를 평가해 정해진 비율에 따라 '최고' '양호' '평균' '빈약' 등급으로 나누어 줄세우고 20%에 해당하는 고성과자에게는 큰 보상을, 하위 10%에 할당된 저성과자는 자동으로 해고하는 방식이다.

이 제도를 시행한 결과 구성원 간에 극심한 경쟁이 생기고, 자신이 잘하기보다는 다른 동료를 깎아내리는 사내정치가 만연하게 되었다. 배니티 페어 기사에서 한 전직 엔지니어는 MS에서 습득한 가장 중요한 교훈 가운데 하나는 외형적으로는 공손함을 유지하면서도, 동료들이 자신보다 성과 평가나 순위에서 앞서지 못하도록 필요한 정보는 최소한으로만 제공하는 것이었다고 비판했다. 또 다른 직원은 스택 랭킹 제도는 성과 경쟁을 강화하기 위해 도입되었으나, 실제로는 조직 내 협업 문화를 약화시키고 구성원 이탈을 초래하였다고 평가했다. 구성원들은 구글 등의 외부 경쟁자보다 내부 동료와의 상대적 순위 경쟁에 몰두하게 되었으며, 기계적인 비율 적용으로 하위 등급자가 나오게 되고, 평가가 관리자에게 얼마나 잘 보이느냐에 따라 결정되는 등 권력관계나 정치적 판단에 의해 왜곡될 가능성이 커졌다는 것이다.

상대평가 방식이 적용되면서 팀 전체의 성과가 우수하더라도, 팀원 중 누군가는 반드시 최하위 평가를 받아 조직을 떠나야 하는 구조적 문제가 발생하였다. 이러한 상대평가제도가 얼마나 말이 안 되는지에 대해 배니티 페어 기사에서 예를 들어 설명하고 있다. 만약 MS 한 팀에 뛰어난 능력을 가지고 최고의 성과를 낸 리더로 평가받는 애플의 스티브 잡스, 페이스북Facebook의 마크 저커버그Mark Zuckerberg, 구글의 래리 페이지Larry Page, 오라클Oracle의 래리 엘리슨Larry Ellison, 그리고 아마존Amazon의 제프 베이조스Jeff Bezos 등 5명이 있다면 상대평가인 스택 랭킹 제도에 따라 반드시 1명은 최하위인 '빈약' 등급을 받고 자동으로 쫓겨나야 한다는 것이다.

MS는 이런 문제를 해결하기 위해 스택 랭킹 제도를 폐지하였고 2014년에 3대 CEO가 된 사티아 나델라Satya Nadella는 성과주의와 통제 중심의 조직문화를 몰입과 협업 중심으로 바꾸는 큰 변화를 시작했다. 그는 1년에 한 번 하던 성과평가 자체를 없애고 1년에 최소 3~4번을 만나는 **커넥트 미팅**connect meeting을 신설했는데, 이 미팅의 목적은 업무의 우선순위와 목표에 대해 함께 논의하고 성과달성 상황을 점검하고 필요한 경우에 팀 리더가 피드백을 제공하는 것이다. 성과를 평가할 때도 상대평가 대신 절대평가를 하고 자율성을 강조하고 개인 성과보다는 동료와의 관계나 팀워크를 중요시한다.

이런 혁신의 결과, IT업계에서 내리막길을 걸었던 MS는 최근 주가가 500달러대에 달하고 시가 총액 1위로 복귀하는 성공을 거두고 있다. MS의 성공은 전략적으로 윈도우 매출에 대한 의존을 줄이고 클라우드 중심으로 사업 포트폴리오를 전환한 전략적 변화의 결과이기도 하지만, 이러한 혁신을 가능하게 한 보다 근본적인 요인은 조직관리 제도와 조직문화의 변화였다고 평가된다(나델라, 2017).

넷플릭스의 규칙 없음 규칙

넷플릭스는 1997년에 창립했는데 당시 최대 경쟁자였으며 84억 달러의 기업가치를 가지고 미국 전역에 9,000여 개의 점포를 가지고 있던 블록버스터와 차별화하는 온라인 DVD 대여로 경쟁에서 승리하였고, 결국 블록버스터는 파산했다. 넷플릭스는 DVD 대여 산업 자체의 미래가 불확실해지자 2007년 온라인 스트리밍 서비스를 시작하여, 현재 우리가 보는 것과 같은 성공적인 OTT(온라인 동영상 스트리밍) 서비스 산업 자체를 창출하였고, 디즈니Disney, 워너 브라더스Warner Bros 등과 같은 전통적인 엔터테인먼트 업계의 오래된 강자들을 제치고 이 산업의 선두 기업이 되었다. 넷플릭스의 이러한 혁신과 성공은 독특한 조직관리 시스템과 조직문화 때문에 가능한 것이다(헤이스팅스, 메이어, 2020).

넷플릭스 창업자 겸 CEO인 리드 헤이스팅스Reed Hastings는 **규칙 없음이라는 규칙** no rules rules의 중요성을 강조한다. 넷플릭스는 구성원에게 **자유와 책임을 부여**하고 이를 통해 그들의 창의성이 발휘되도록 기회를 제공한다. 출근이나 근무시간, 휴가일수, 출장 경비 승인 및 비용관리 등에 대한 구체적인 규정을 없애서 절차의 덫을 제거하였다. 비용관리를 할 때 복잡한 규정과 절차로 통제하는 것이 아니라 구성원에게 자신의 돈을 사용한다고 가정하고 자유롭게 책임감을 가지고 비용을 산정하라는 것이다. 이렇게 구성원에게 결정 권한을 주면 관련된 책임을 묻는 것도 더 쉬워진다고 본다. 구성원에게 많은 자유가 주어지는 넷플릭스에서 가장 큰 문제가 되는 것은 거짓말인데, 거짓으로 업무보고를 하면 즉시 해고되는 사유가 된다. 이런 규칙이 없는 조직문화가 구성원이 창의적인 아이디어를 제안하고 실행하는 데 많은 결정 권한을 갖게 하고, 이것이 넷플릭스가 끊임없이 변화하고 혁신할 수 있는 원동력이 되는 것이다.

넷플릭스의 성공요인으로 많이 제시되는 것이 회사에 탁월한 인재를 모았다는 것인데, 이는 '규칙 없음' 조직문화의 전제가 되기도 한다. 역량이 뛰어난 구성원은 자신이 하는 일에 대해 일일이 간섭받거나 명령받지 않고 자신의 독립적인 업무 수행이나 의사결정이 최대한 보장되는 환경에서 일하고 싶어 한다는 믿음이다. 스포츠 경기에서 우승하기 위해 최고의 선수로 팀을 구성하듯이 비즈니스에서 이기려면 재능 있는 최고의 직원들로 회사를 구성해야 한다는 것이다. 넷플릭스는 업계 최고 수준의 급여를 제공하여 성공을 갈망하는 뛰어난 인재를 영입하여 **인재밀도**talent density를 높인다.

또 다른 인력 관리 방식으로는 키퍼 테스트keeper test가 있다. 이는 조직의 성장 속도가 둔화될 때나 최소 연 1회, 중간관리자가 각 구성원에 대해 '앞으로도 함께 일하고 싶은 인재인가'를 기준으로 평가하도록 하는 제도이다. 평가 결과 역량이 충분하지 않다고 판단되면 개선을 위한 피드백이 제공되지만, 이후에도 평균적 수준의 성과에 머무를 경우 후한 퇴직금을 지급하고 조직을 떠나도록 한다. 이 제도는 노력이나 의도보다 성과를 중시하며, 회사를 프로스포츠 팀에 비유해 뛰어난 성과를 지속적으로 내지 못하는 인재는 교체될 수 있다는 원칙에 기반한다. 이러한 원칙이 무자비한 대량 해고로 이어진다는 우려와 달리, 넷플릭스 미국 본사의 비자발적 이직률은 미국 평균보다 다소 높은 정도이다.

넷플릭스는 조직 성과의 핵심 전제로서 솔직한 문화culture of candor의 중요성을 강조한다. 이를 위해 넷플릭스는 익명성을 배제한 이름을 밝히는 360도 다면 평가를 실시하며, 평가의 핵심 수단으로서 피드백을 중시한다. 넷플릭스가 제시하는 **피드백의 기준은** 이른바 4A 원칙으로 요약된다. 즉, 피드백은 상대를 비판하기 위한 것이 아니라 도움을 주겠다는 의도Aim to assist에서 출발해야 하며, 구체적인 행동 변화로 이어질 수 있도록 실질적 조치Actionable를 포함해야 한다. 또한 피드백을 받는 사람은 그 자체에 대해 먼저 감사의 태도Appreciate를 보이고, 내용을 숙고한 뒤 수용하거나 선택적으로 폐기Accept or discard할 권한을 가진다.

이러한 원칙은 남을 헐뜯거나 감정을 표출하는 비생산적인 피드백을 배제하고, 솔직하면서도 건설적인 의견 교환을 촉진하기 위한 장치이다. 넷플릭스는 구성원들이 이러한 피드백을 자유롭게 주고받는 과정에서 서로의 지식과 관점을 공유하게 되고, 그 결과 개인과 조직의 학습 속도가 빨라진다고 본다. 다만 이러한 솔직한 문화는 누구에게나 자동적으로 작동하는 것이 아니라, 높은 전문성과 성숙성을 갖춘 뛰어난 인재들로 구성된 조직이라는 전제 조건하에서만 효과적으로 유지될 수 있다고 강조한다.

넷플릭스의 성공은 뛰어난 인재를 영입하여 최고의 대우를 해주고, 평범한 성과를 내는 구성원을 키퍼 테스트를 통해 내보내서 인재밀도를 높이고, 솔직한 조직문화를 통해 서로 피드백을 주고받으면서 뛰어난 다른 사람으로부터 자신의 부족한 면에 대해 배우게 되며, 이런 탁월한 인재들이 제대로 일할 수 있도록 불필요한 규칙이나 절차를 없애고 자유와 책임을 부여하는 것에서 온 것이다.

픽사의 집단 창의성

픽사는 내재적 동기부여, 공동체, 협업, 권한위임 등 몰입형 조직관리의 특성과 그 중요성을 잘 보여주는 대표적 사례이다. 3D 애니메이션 영화를 만들겠다는 꿈을 추구하는 사람들이 오랜 기간 동안 하나 둘씩 모여서 공동체를 이루고 서로 협력하여 그들의 열정으로 결국 지금의 픽사의 성공을 만들어낸 것이다. 재능이 없어서 자신이 꿈꿨던 애니메이터가 될 수 없었던 에드 캣멀Ed Catmull은 1972년 유타대에서 컴퓨터 공학 박사를 받으면서 기존 셀 애니메이션cel animation이 아닌 컴퓨터로 애니메이션을 만들겠다는 목표를 세운다. 같은 생각을 가진 사람들이 모여들면서 공동체를 이룬 이들은 1974년 뉴욕공과대, 1979년 루카스 필름Lucasfilm으로 집단으로 함께 옮겨 다니면서 그들의 꿈을 이룰 기회를 모색했고 1986년 함께 픽사를 창업했다. 그리고 이때 자신이 창업한 애플에서 쫓겨나다시피 나온 스티브 잡스가 픽사를 인수해 투자를 하게 된다. 3D 애니메이션 영화를 만드는 꿈을 이루기 위해 픽사 공동체에 모인 많은 사람들이 있는데 주요 인물로는 경영, 기획, 기술 분야를 담당하는 에드 캣멀, 엘비 레이 스미스Alvy Ray Smith, 랄프 구겐하임Ralph Guggenheim, 윌리엄 리브스William Reeves 등과 콘텐츠를 담당하는 애니메이션 감독들인 존 라세터John Lasseter, 앤드류 스탠튼Andrew Stanton, 피트 닥터Pete Docter, 리 언크리치Lee Unkrich 등이 있다.

최고경영자인 에드 캣멀과 함께 픽사를 이끈 또 다른 핵심 인물인 존 라세터는 디즈니에서 일하다 디즈니의 애니메이션 침체기인 1984년에 해고되었는데, 픽사에서 자신이 하고 싶었던 3D 애니메이션 작업으로 아카데미 단편 애니메이션 상을 받는 등 성과를 내게 된다. 그러나 픽사는 잡스가 많은 돈을 투자했지만 장편 애니메이션을 제작할 만큼의 자본은 없었기 때문에 매년 적자를 내면서 회사 사정이 계속 안 좋아지게 되었다. 이러한 상황에서 존 라세터는 '인어공주'의 성공으로 다시 애니메이션 황금기를 맞은 디즈니로부터 돌아와서 장편 3D 애니메이션 영화를 제작하라는 제안을 세 차례나 받았다. 그러나 그는 디즈니의 제안을 거절하고 파산 직전에 놓인 픽사에 남아 공동체의 열정적인 구성원들과 함께 꿈을 이루겠다는 결정을 한다. 그에게는 돈보다는 얼마나 창조적으로 일할 수 있느냐가 더 큰 동기부여가 된 것이고, "디즈니로 가서 감독이 될 수도 있겠지만 여기에 남아서 역사를 쓸 수도 있다"고 생각한 것이다.

디즈니는 이런 존 라세터와 픽사를 믿고 투자를 결정했고, 이렇게 디즈니와의 협업으로 만든 최초의 3D 장편 애니메이션 영화 '토이스토리'가 엄청난 흥행 성공을 거두고 이후 작품들이 연이어 성공하면서 픽사는 3D 애니메이션의 대표 제작사가 된다. 잡스도 픽사의 성공으로 자신의 경영 능력을 다시 한 번 입증했고 이를 발판으로 파산 직전의 애플로 돌아가 지금의 애플을 만들어냈다(프라이스, 2010).

집단 창의성: 픽사의 성공요인으로 많이 얘기되는 것이 집단 창의성collective creativity이다. 픽사는 좋은 애니메이션의 핵심은 좋은 스토리이고, 이것은 천재적인 한 개인이 아니라 좋은 사람들이 팀으로 모여 함께 협업하는 것을 통해 가능하다고 믿는다. 이를 위해 뛰어나고 창의적인 인재들을 확보하고, 그들에게 충분한 지원을 하고 많은 결정권을 주며, 구성원들이 서로 솔직한 피드백을 주고받을 수 있는 조직환경을 만드는 것이 중요하다고 본다. 먼저 픽사의 중요한 원칙은 크리에이티브 부문 리더들에게 권한을 준다는 것이다. 픽사는 창의적인 애니메이션 영화를 만드는 곳이므로 중요한 의사결정은 실제로 애니메이션을 만드는 감독과 프로듀서들이 해야 한다고 믿는다. 이들은 "우리 픽사의 리더는 영화를 제작하는 이들이다"라고 말한다. 너무나 당연하다고 생각할 수 있지만, 많은 일반 조직에서 그리고 심지어 창의성을 요구하는 영화산업에서도 실상은 대부분 그렇지 않다. 아이디어는 회사의 대규모 개발부서에서 나오고, 중요한 의사결정은 최고경영자에 의해 이루어지는 경우가 많다. 픽사의 개발 부서는 소규모 인큐베이션 팀으로 운영되는데, 회사의 주역인 애니메이션 감독들이 각자 자신의 아이디어를 발전시키는 과정을 도와주고 지원하는 역할에 초점을 둔다.

동료 문화: 픽사의 또 다른 중요한 조직문화는 모든 구성원이 좋은 성과를 낼 수 있도록 힘을 다해 서로 도와주는 동료 문화인데, 이것은 브레인 트러스트brain trust와 데일리 리뷰daily reviews를 통해 실현된다. 각자의 영화 제작 프로젝트를 진행하다가 피드백과 지원을 받아야 할 필요성을 느낀 감독과 프로듀서가 브레인 트러스트를 소집하게 되는데, 참가자는 필요한 경우에는 여러 일을 하는 많은 사람들이 참여하기도 하지만 주로 영화를 감독하거나 제작하는 핵심인재들이다. 이들은 회의를 소집한 프로젝트팀이 현재까지 작업한 영화 내용을 본 후 2~3시간 동안 영화를 더 개선하기 위

해 활발하게 토론하는데, 프로젝트에 함께 애착을 느끼고 열심히 의견을 개진하고 대부분은 서로 웃으면서 얘기를 나누지만, 때로는 형식적인 예의를 차리기보다는 신랄한 비판을 하면서 솔직한 피드백을 제공한다. 이 모임에 참여하는 사람들은 서로에 대한 존중과 신뢰가 있고 이 모임에서 심리적 안전감psychological safety을 느끼기 때문에 비판을 서로에 대한 공격이라고 생각하지 않고 나중에 더 큰 실패를 하기 전에 동료들로부터 솔직한 의견을 듣는 것이 더 낫다고 생각한다는 것이다. 심리적 안전감 개념에 대해서는 6장에서 더 자세히 설명하겠다. 참여자들은 브레인 트러스트를 '함께 퍼즐을 푸는 사람들의 모임', '의사들의 위원회'라고 부른다. 이 모임의 특이한 점은 이 모임에서 제공된 조언과 피드백을 어떻게 영화 제작에 반영할지를 결정하는 것은 이 영화 프로젝트를 실제 진행하고 있는 영화 감독과 팀에게 있다는 것이다. 픽사의 최고 수뇌부에 해당하는 핵심인재들이 모여서 몇 시간 동안 열띤 토론과 회의를 하지만 브레인 트러스트에는 어떠한 결정 권한도 없이 단지 의견을 제시하는 기능만 있고, 최종 결정은 실제 일을 하고 있는 해당 프로젝트의 감독과 프로젝트팀이 하게 된다.

데일리 리뷰daily reviews 또는 데일리스dailies는 동료 간 피드백과 의견을 교환하는 또 다른 제도이다. 픽사에서는 매일 개별 애니메이터가 작업한 내용을 전체 애니메이터들에게 보여주고 감독과 다른 동료로부터 피드백을 한꺼번에 받는다. 데일리 리뷰 미팅을 통해 애니메이션 영화 제작에 참여하는 구성원 모두가 꾸준히 피드백을 주고받고 서로의 작업으로부터 배우고 영감을 얻게 되는 것이다. 이렇게 픽사는 구성원 누구든 좋은 아이디어를 낼 수 있으며, 모든 직원이 자유롭게 발언할 수 있어야 한다고 믿는다. 또한 문제 해결을 위해서라면 구성원 모두가 조직 내 공식적인 위계와 상관없이 누구와도 자유롭게 의사소통할 수 있어야 하며, 다른 부서의 누구와도 필요한 경우에 함께 논의할 수 있는 조직문화를 만드는 것이 중요하다고 믿는다. 이러한 집단 지성을 바탕으로 집단 창의성이 가능하며 이것이 픽사가 창의적이고 독특한 애니메이션을 만드는 픽사 경쟁력의 원천이라는 것이다(캣멀, 월러스, 2014).

공동체와 몰입을 중시하는 픽사의 조직문화를 볼 수 있는 또 다른 사례가 이러한 공동체의 정신을 훼손하는 사례에 대한 대응이다. 픽사 공동체에서 기술과 경영을 담당하는 최고경영자 에드 캣멀과 함께 애니메이션의 핵심인 콘텐츠를 담당하며 지금의 픽사 성공을 이끈 가장 핵심적인 인물인 존 라세터에게 2017년 할리우드의 미투운동이 시작된 이후 과거에 픽사 내에서 저질렀던 성추행 의혹이 제기되었다. 존 라세터는 픽사 애니메이션 성공을 이끌었을 뿐만 아니라 2006년 디즈니와 합병 이후 픽사와 디즈니 애니메이션 총괄 최고 크리에이티브 책임자Chief Creative Officer(CCO)가 되어 '겨울왕국'의 성공 등 디즈니 애니메이션을 부활시킨 핵심 인물이었다. 그러나 픽사와 디즈니는 조사 기간 동안 라세터의 업무를 정지시키고 조사 결과 성추행이 확인되고 본인도 인정하자 2018년 핵심 인물이었던 존 라세터를 퇴사시켰다.

공동체형 조직관리와 내재적 동기부여

시장형과 공동체형 조직관리에 대한 위의 세 가지 사례는 조직이 성과를 창출하는 방식이 단순히 제도나 보상의 문제가 아니라, 구성원을 어떤 존재로 전제하고 어떻게 동기부여하는가에 따라 근본적으로 달라질 수 있음을 보여준다. 이하에서는 이러한 사례적 이해를 바탕으로, 조직관리 방식이 어떤 동기부여 원리에 근거하고 있는지, 그리고 그 원리가 조직 운영의 실제에서 어떻게 제도와 관행으로 구현되는지를 살펴보고자 한다.

외재적 동기부여에 관한 논의를 조직 운영 차원에서 정식화한 것이 성과주의, 고용유연성, 금전적 성과보상과 보상 차별화의 강화를 특징으로 하는 시장형(통제형) 조직관리이다. 그런데 우리는 지난 수십 년간 **신자유주의, 능력주의**meritocracy, **성과주의, 노동시장 유연화**가 조직 효율성과 경쟁력을 어떻게 제고하는지에 대해서는 비교적 익숙해져 있다. 반면, 내재적 동기부여의 원칙을 실제 조직 운영에 어떻게 적용할 수 있는지, 그리고 공동체형(몰입형) 조직관리를 구체적으로 어떻게 설계하고 실행할 수 있는지에 대해서는 상대적으로 논의가 충분히 이루어지지 않았다.

내재적 동기부여에 기반한 공동체형 조직관리는 **임파워먼트, 구성원 참여**, 그리고 **고성과 경영관리 방식**과 같은 구체적인 조직 운영 원리를 통해 실천적으로 구현된다. 이들 개념은 서로 독립적인 제도가 아니라, 내재적 동기부여를 조직 차원에서 지속적으로 작동하게 하기 위한 상호 보완적인 장치들이다. 따라서 이하에서는 내재적 동기부여 원칙이 공동체형 조직관리에서 어떻게 제도화되고 운영되는지를 이해하기 위해, 임파워먼트, 구성원 참여, 그리고 고성과 경영관리 방식을 차례로 살펴본다.

임파워먼트: 권한 부여와 자율성에 기반한 동기부여

내재적 동기부여 이론을 실제 조직 운영에 적용하는 주요한 방법은 의사결정 권한을 구성원에게 위임하는 임파워먼트를 실행하는 것인데, 이는 구조적 임파워먼트와 심리적 임파워먼트로 구분될 수 있다(Spreitzer, 1995). 구조적 임파워먼트는 경영자나 관리자로부터 일반 구성원에게 권한과 책임을 실제로 이양하는 것을 의미한다. 이를 위해 의사결정을 할 수 있는 권력과 자원에 대한 공식적 통제와 연관된 직무 설계, 조직 구조, 조직 절차나 정책을 설계하는 데 초점을 둔다. 반면 심리적 임파워먼트는 실제 권한과 책임의 이전보다는 구성원이 자신의 업무를 통제하고 있다고 인식하는 데 초점을 맞춘다. 핵심은 개인(또는 팀)이 스스로 업무를 수행할 수 있다고 믿어야 한다는 점이다. 두 관점 중 심리적 임파워먼트에 대해 더 많은 연구가 이루어졌는데, 최근 들어서는 두 관점을 통합해야 한다는 주장이 제기되면서 구조적 임파워먼트를 심리적 임파워먼트의 선행 요인으로 제시하기도 한다(Maynard, Gilson, and Mathieu, 2012; Spreitzer, 1996). 조직이 구성원들이 자원, 정보, 조직 지원을 더 받고, 학습, 혁신 및 성장할 수 있는 기회를 더 가질 수 있는 직무나 조직 관행을 설계할수록 구성원들이 심리적 임파워먼트를 더 인식하게 된다는 것이다(Llorente-Alonso, García-Ael, and Topa, 2024).

심리적 임파워먼트: 연구자들은 심리적 임파워먼트를 과업의 내재적 동기와 연계된 동기 요인으로 보고, 이러한 내재적 동기가 생기는데 중요한 네 가지 인지적 구성 요소를 제시하였다. 영향력impact은 개인이 자신의 행동이 실제로 변화를 가져오거나 전략적, 행정적 또는 운영적 결과에 영향을 미칠 수 있다고 생각하는 정도이다. 역량competence은 개인이 자신이 업무를 능숙하게 수행할 수 있다고 믿는 정도를 의미하며, 자기효능감 개념과 연관된다. 의미meaning는 주어진 일의 목표와 개인의 신념 및 가치관 간의 적합성에 대한 것인데, 개인이 특정 과업에 대해 얼마나 중요하게 생각하고 관심을 두는지를 나타내는 것이다. 자기 결정self-determination은 개인이 자신이 수행하는 작업행동과 과정에 대해 조절할 수 있는 자율성 또는 통제권을 가지고 있다고 인식하는 정도를 의미한다(Thomas and Velthouse, 1990). 연구 결과에 따르면, 이런 네 가지 인지적 구성 요소 측면에서 심리적 임파워먼트를 인지한 구성원은 자신의 조직에 대해 더 몰입하며, 직무에 대해 더 만족하고, 더 창의적이고 혁신적인 행동을 하며,

남을 돕는 조직시민행동을 하고 더 뛰어난 업무 성과를 보이는 반면, 더 낮은 스트레스와 번아웃, 그리고 이직의도를 보인다(Seibert, Wang, and Courtright, 2011).

구성원 참여: 의사결정 참여와 몰입의 확대

구성원 참여employee participation는 구성원의 몰입을 통해 조직이 성공할 수 있도록 하기 위해 구성원들을 경영에 참여시키는 것을 뜻하는데, 작업장 수준이나 전략적 수준의 경영 의사결정 참여, 성과 이익 분배 참여, 그리고 우리사주제employee stock ownership plan와 같은 자본 참여를 포함하는 개념이다. 실제 조직에서 실행되고 있는 경영 의사결정에 대한 구성원 참여는 다양하게 존재하는데, 참여경영participative management 프로그램의 특성은 구성원이 실제로 경영진이나 관리자와 상당한 의사결정 권한을 공유하는 공동 의사결정을 하는 것이다. 조직 구성원을 의사결정에 참여시키면, 해당 직무를 가장 잘 아는 구성원이 더 나은 결정을 내릴 수 있을 뿐만 아니라, 스스로 내린 결정의 실행에 더욱 적극적으로 참여하고 그 결과에 더 몰입하게 된다. 또한 이러한 과정은 구성원들이 자신의 업무 수행 과정에서 내적 보상을 느낄 수 있도록 해준다(Glew, O'Leary-Kelly, Griffin, and Van Fleet, 1995).

대표 참여representative participation는 모든 구성원이 의사결정에 직접적으로 참여하는 대신 소수의 선발된 구성원이 경영 의사결정에 참여하는 형태로서, 많은 서구 국가에서는 여러 형태로 노동자 대표의 경영 참여를 법률적으로 보장하고 있다. 이러한 제도는 기업 조직 내부의 권력을 분산하여 조직 내 중요한 이해관계 당사자인 노동자들이 경영자, 주주와 대등한 수준의 권리를 가질 수 있도록 한다. 대표 참여의 구체적인 예는 경영층이 구성원들의 인사문제와 관련된 의사결정을 할 때 반드시 직원 대표와 협의해야 하는 직장협의회와 노동자 대표가 기업의 이사회에서 조직의 전략적 의사결정 수준에 참여하는 노동이사제와 같은 이사회 대표제도가 있다.

고성과 경영관리 방식: 공동체형 조직관리의 제도적 구현

공동체형(몰입형) 조직관리는 조직 성과의 핵심 원천으로서 조직 내 사람의 중요성에 주목하며, 이러한 관점을 실제 조직 운영 차원에서 체계화한 대표적인 접근법이 바로 고성과 작업 시스템high performance work system이다. 고성과 작업 시스템은 구성원을 단순한 노동 투입요소가 아니라 조직의 핵심 자원으로 인식하고, 인적자원 관리

제도들의 개별 효과가 아니라 이들 제도가 서로 정합적으로 결합될 때 나타나는 종합적 효과에 초점을 둔다. 이 접근법에 따르면 선발, 교육훈련, 평가, 보상, 의사결정 참여와 같은 제도들은 각각 독립적으로 작동하는 것이 아니라, 구성원의 태도와 행동을 변화시키는 하나의 통합된 시스템으로 기능한다.

특히 고성과 작업 시스템은 구성원의 기술과 역량을 향상시키는 데 그치지 않고, 조직에 대한 고몰입high commitment과 고헌신high involvement을 촉진함으로써 지속적인 고성과high performance를 달성할 수 있다고 본다. 성과는 외부에서 강제되는 통제나 단기적인 금전적 유인에 의해 만들어지는 것이 아니라, 구성원이 조직과 심리적으로 결속되고 자발적으로 기여할 때 실현된다는 것이 이 접근법의 핵심 전제이다. 이러한 점에서 고성과 작업 시스템은 내재적 동기부여에 기반한 공동체형 조직관리의 운영 논리를 가장 잘 보여주는 제도적 틀로 이해할 수 있다(Jiang, Lepak, Hu, and Baer, 2012).

이와 관련하여 고성과 작업 시스템에 대한 여러 논의 가운데, 페퍼Jeffrey Pfeffer는 공동체형 조직관리의 논리를 잘 보여주는 하나의 대표적 예로서, 고몰입과 고헌신을 촉진하는 경영관리의 기본 원칙들을 제시하였다. 페퍼는 외재적 통제나 경쟁 중심의 관리보다는 신뢰와 자율성, 그리고 장기적인 관계에 기초한 관리 방식이 구성원의 헌신을 이끌어내고, 그 결과 조직의 지속적인 고성과로 이어질 수 있음을 강조하였다. 이러한 논의는 고성과 작업 시스템이 공동체형 조직관리의 규범적 이상을 조직 운영의 구체적인 제도와 관행으로 전환하려는 시도임을 잘 보여준다(Pfeffer, 2001).

첫째, 고용보장은 구성원의 자발적 기여와 장기적 관점을 유도하는 핵심 요소이다. 고용 안정성이 보장될 때 구성원은 단기 성과보다 조직 전체의 지속가능한 성과에 관심을 갖게 되며, 조직 역시 인력에 대한 장기적 투자 효과를 유지할 수 있다. 고용 안정은 구성원을 경쟁자가 아닌 조직의 핵심 자산으로 대우한다는 신호를 제공한다.

둘째, 신중한 선발관리는 고성과 작업 시스템의 출발점이다. 조직은 충분한 지원자 모집을 통해 우수 인재를 폭넓게 확보하고, 조직 성공에 중요한 역량과 태도를 명확히 한 뒤, 여러 단계의 엄격한 선발 절차를 운영해야 한다. 이러한 과정을 통해 선발된 구성원은 조직으로부터 신중히 선택되었다는 인식을 갖게 되고, 이는 조직에 대한 몰입과 책임감으로 이어진다. 셋째, 광범위한 교육훈련은 고성과 인적 자원의 기반을 형성한다. 현대 조직은 단순 반복 업무를 수행하는 노동자가 아니라, 변화에 적응하고 다양한 역할을 수행할 수 있는 다기능 숙련 인력을 요구한다. 지속적인 교육훈련은 개인 역량을 강화하는 동시에 조직의 장기적 경쟁우위를 유지하는 수단이 된다.

넷째, 조직 성과에 연계된 비교적 높은 수준의 보상은 구성원의 헌신을 강화한다. 이때 개인 간 경쟁을 촉진하는 차별적 성과급보다는, 조직이나 집단 성과에 기초한 보상이 협력과 동일시를 촉진하는 데 더 효과적이다. 예를 들어 조직 전체의 이윤 규모에 따라 구성원들에게 보상을 나누어주는 이익분배제도profit sharing는 개인 이기주의를 완화하고 구성원이 조직 전체 성과에 기여하도록 유도한다. 다섯째, 조직 내 신분 격차의 감소는 협력과 소속감을 강화한다. 언어, 호칭, 공간 배치와 같은 상징적 요소뿐 아니라, 계층 간 보상 격차를 완화하는 제도적 장치는 수평적 관계 형성과 공동 책임 의식을 촉진한다.

여섯째, 자율관리팀과 의사결정의 분권화는 고성과 조직 설계의 핵심 원리이다. 팀 기반 구조는 위계적 통제를 동료 간 상호책임으로 대체하고, 집단적 문제 해결과 창의적 대안을 가능하게 한다. 마지막으로 정보 공유는 신뢰와 참여를 촉진하는 기반이다. 조직의 재무 성과와 전략 정보를 구성원과 투명하게 공유하고, 이를 해석·활용할 수 있도록 교육하며, 구성원은 정보를 성과 개선에 적극적으로 활용할 수 있도록 지원해야 한다. 이렇게 고성과 작업 시스템은 개별 제도의 나열이 아니라, 신뢰·자율성·장기적 관계를 중심으로 구성원을 조직의 핵심 자산으로 대우하는 일관된 경영관리 철학에 기반한 접근이라 할 수 있다.

동기부여 연구의 현황과 의의

동기부여는 개인 차이, 직무 태도, 리더십, 집단과 함께 조직행동 연구의 초기부터 핵심적인 연구 주제 중 하나였다. 그러나 심리학과 조직행동 분야에서 1950년대부터 1970년대에 이르는 시기에 다양한 동기부여 이론들이 집중적으로 제시된 동기부여 연구의 황금기 이후에는, 기존 이론을 대체할 만한 획기적으로 새로운 동기부여 이론이 등장하지 않았다는 평가가 제기되었다(Steers, Mowday, and Shapiro, 2004). 이에 따라 학계에서는 동기부여 이론의 새로운 도약을 위해 몇 가지 연구 방향이 필요하다는 제언이 이루어졌다. 대표적으로는 기존 동기부여 이론들을 통합하여 보다 포괄적인 이론 체계를 구축하려는 시도, 개인 수준의 동기부여 이론을 집단이나 조직 수준의 현상과 연결시키려는 시도, 그리고 과업 특성이나 조직 구조, 제도와 같은 상황적·구조적 요인이 개인의 동기에 미치는 영향을 체계적으로 분석하려는 접근이 제안되었다. 그러나 이후의 연구들은 주로 기존 이론의 개념을 정교화하거나 측정 도구와 방법론을 발전시키는 데 초점을 두었을 뿐, 새로운 패러다임의 동기부여 이론이 등장했다고 보기는 어렵다.

그렇다고 해서 동기부여 논의가 조직행동 연구에서 갖는 중요성이 줄어들었다고 보기도 어렵다. 오히려 지난 수십 년 동안 동기부여에 대한 문제의식은 조직행동의 여러 세부 연구 영역으로 분화되며 새로운 방식으로 발전해 왔다고 할 수 있다. 예를 들어, 개인의 투입과 산출의 비교에 초점을 두었던 공정성 이론은 이후 분배적·절차적·상호작용적 정의를 포괄하는 조직 정의 연구로 확장되어, 조직 내 공정성 인식이 구성원의 태도와 행동뿐 아니라 정서적 반응에 미치는 영향을 보다 정교하게 설명하는 연구 흐름으로 발전하였다. 또한 조직 내 개인의 감정과 정서적 경험에 주목한 연구들은 감정이 어떻게 동기와 행동으로 이어지는지를 분석함으로써, 동기부여를 보다 역동적이고 과정적인 현상으로 이해하게 만들었다(Schmidt, Beck, and Gillespie, 2012).

이러한 맥락에서 동기 개념은 특정 이론 하나로 환원될 수 있는 단일한 설명 틀이라기보다는, 자발적인 행동의 시작, 방향, 강도, 지속성에서 나타나는 관찰 가능한 변화를 설명하는 다양한 개념들과 그 상호관계를 포괄하는 총칭적 개념umbrella term으로 이해되어 왔다. 조직행동 연구가 점차 세분화되고 전문화되면서, 과거와 같이 동기부여를 하나의 포괄적 이론으로 설명하려는 시도는 줄어들었지만, 이는 동기부여의 중요성이 약화되었기 때문이라기보다는 연구 대상과 설명 수준이 보다 정교해졌기 때문이라고 볼 수 있다.

실제로 조직 내 인간의 행동을 이해하려는 동기부여에 대한 문제의식은 인지적 판단 과정, 정서적 반응, 자기 개념과 정체성, 공정성 인식, 임파워먼트와 자율성, 창의성과 학습, 집단과 팀 과정 등 다양한 연구 주제로 분화되어 발전해 왔다. 이러한 연구들의 핵심에는 여전히 개인이 왜 특정 상황에서 자발적으로 노력하고, 몰입하며, 지속적으로 행동하는가라는 동기부여의 근본적인 질문이 자리하고 있다. 이처럼 동기부여 연구는 보다 미시적이고 구체적인 메커니즘을 밝히는 방향으로 확장되어 왔으며, 그 연구의 중요성과 적용 범위는 오히려 더욱 확대되고 있다고 하겠다(Kanfer, Frese, and Johnson, 2017).

ORGANIZATIONAL BEHAVIOR

05

사회적 상호작용 : 조직행동의 관계적 기반

- 조직 내 사회적 상호작용의 중요성
- 권력과 지위: 행위자 간의 사회적 위계
- 신뢰: 불확실성 속에서 형성되는 관계적 기대
- 조직시민행동: 규정된 역할을 넘어선 친사회적 행동
- 발언행동과 침묵
- 조직 내 반사회적 행동: 조직과 구성원에게 해를 끼치는 행동
- 조직 내 사회적 상호작용 논의의 의의와 시사점

CHAPTER 05

사회적 상호작용: 조직행동의 관계적 기반

조직 내 사회적 상호작용의 중요성

조직에서 사람은 혼자 지내는 존재가 아니라, 다른 사람들과 공식적, 비공식적으로 끊임없이 상호작용하며 사회적 교류를 하고 일을 함께 수행한다. 조직 내에서 개인의 역할 수행과 의사결정, 문제 해결 과정은 대부분 다른 사람과의 협력과 조정을 통해 이루어진다. 이러한 상호작용 과정에서 형성되는 기대, 신뢰, 영향력, 갈등과 협력의 양상은 개인의 태도, 행동과 성과에 직접적으로 긍정적인 또는 부정적인 영향을 미친다. 더 나아가 구성원들 간의 상호작용 방식은 지식 공유와 학습, 그리고 혁신의 가능성을 좌우하며, 이는 집단 및 조직 전체의 성과로 연결된다. 따라서 조직에서 사회적 상호작용은 개인과 조직의 성과를 이해하고 설명하는 데 핵심적인 분석 대상이다.

기존의 조직행동 연구는 이러한 사회적 상호작용을 주로 사회교환이론social exchange theory(Blau, 1964; Emerson, 1976)에 근거하여 개인–조직 간 관계, 혹은 두 행위자 간의 양자관계dyadic tie에 초점을 두어 설명해 왔다(Cropanzano and Mitchell, 2005). 사회교환이론은 개인의 사회적 관계를 상호 호혜성mutual reciprocity에 기초한 교환 관계로 보고, 관계에서 발생하는 비용cost과 이익benefit에 대한 비교, 평가를 통해 그 관계가 형성, 발전되거나 끝나는 과정을 설명하는 이론이다(Cook, Cheshire, Rice, and Nakagawa, 2013).

지금까지 조직행동 연구에서 개인과 조직 간 상호작용을 다룬 대표적인 개념으로는 심리적 계약psychological contract, 조직정의, 조직지원인식Perceived Organizational Support(POS) 등이 있다. 조직지원인식은 구성원이 자신의 조직이 자신의 기여를 가치 있게 평가하고 있으며, 자신의 복지와 안녕에 관심을 기울이고 있다고 지각하는 정도를 의미한다. 이는 업무를 효과적으로 수행하는 데 필요한 지원이 제공될 것이라는 기대뿐 아니라, 스트레스 상황에 직면했을 때에도 조직이 자신을 지지해 줄 것이라는 전반적인 확신을 포함한다(Rhoades and Eisenberger, 2002). 한편, 두 행위자 간의 양자관계에 초점을 둔 연구로는 리더-구성원 교환관계(Leader-Member Exchange, LMX)와 멘토링mentoring 관계에 대한 연구가 대표적이다

그러나 최근 많은 조직이 수평적 팀제 중심 구조로 전환하고, 협업에 기반한 혁신의 중요성이 강조되면서, 두 행위자 간의 양자관계를 넘어 한 개인이 리더뿐 아니라 여러 동료들과 맺는 사회적 상호작용의 전체적 구조와 맥락을 보다 포괄적으로 이해하려는 연구가 증가하고 있다. 이러한 흐름 속에서 연구자들은 사회교환이론뿐 아니라 사회 네트워크 이론을 비롯한 다양한 이론적 관점을 통해 조직 구성원 간 사회적 상호작용을 분석하려는 시도를 확대하고 있다.

이번 장에서는 개인이 조직과 맺는 상호작용, 구성원 간의 양자관계, 그리고 다수의 구성원들 간 사회적 상호작용 가운데 조직행동 분야에서 그동안 중요하게 논의되어 온 핵심 개념들을 상호작용의 내용과 결과적 측면에 초점을 두어 살펴본다. 상호작용과 연관된 개념 중 리더-구성원 교환관계(LMX)는 제7장 '리더십'에서, 사회 네트워크 관점에서의 사회구조적 특성에 대한 논의는 제9장 '사회 네트워크'에서 각각 다룬다.

여기서는 먼저 구성원 간 수직적 상호작용과 관련하여 사회과학에서 오랫동안 논의되어 온 권력과 지위에 대해 살펴본다. 이어서 집단과 조직 차원에서 공동의 목표 달성을 가능하게 하는 협력적 상호작용의 기반으로 중요성이 강조되어 온 신뢰에 대한 다양한 관점을 논의한다. 다음으로 사회적 상호작용을 통해 조직에 긍정적인 영향을 미치는 친사회적 행동과 관련된 개념으로 조직행동에서 많은 연구가 이루어져 온 조직시민행동, 발언과 침묵을 살펴본다. 마지막으로 조직에 부정적인 영향을 미치는 반사회적 행동 가운데 사회적 상호작용과 밀접하게 연관되어 있으며 최근 연구자들의 주목을 받고 있는 개념들에 대해 논의한다.

권력과 지위: 행위자 간의 사회적 위계

사회적 상호작용에서 행위자 간의 수직적 관계나 사회적 위계를 나타내는 대표적 개념이 권력과 지위다. 두 개념은 사회적 관계에서 위계적 차별화를 나타낸다는 점에서 연관되어 있지만, 그 본질은 서로 다르다. 권력은 한 행위자가 조직 내에서 자원에 대한 통제권이나 의사결정 영향력을 가질 수 있는 구조적 위치와 연관되는 개념이다. 이에 비해 지위는 행위자가 다른 행위자들로부터 얼마나 존중과 인정을 받는가에 대한 집단적 평가에 의해 형성된다. 즉, 지위는 다른 사람의 인식과 평가를 통해 구성되는 사회적 위상이라는 점에서 그 성격이 다르다.

권력이 없어도 지위를 획득할 수 있으며, 지위가 낮아도 권력을 갖는 경우도 있다. 그러나 실제 조직에서는 양자가 상호 강화되는 경우가 많다. 예를 들어, 가치 있는 자원을 통제하여 권력을 가진 개인이 타인으로부터 존경을 받으면 지위가 상승하고, 반대로 다른 행위자들로부터 존경을 받아서 높은 지위를 가지게 된 사람은 가치 있는 자원에 대한 통제권을 더 갖게 되어서 권력이 강화될 수 있다. 또한 높은 지위를 가진 사람이 가진 자원은 더 가치 있는 것으로 평가될 가능성이 높아져서 더 큰 권력을 가질 수 있는 것이다(Magee and Galinsky, 2008).

권력: 조직 내 영향력과 통제

권력power 개념에서 중요한 점은 권력이 행위자의 개인적 특성보다는 행위자들 간의 사회구조적 관계에서 발생한다는 것이다. 권력에 대한 정의는 비대칭적 상호 의존성, 즉 다른 사람에게 영향을 미칠 수 있는 실제적 또는 잠재적 능력을 기반으로 이루어진다. 막스 베버Max Weber는 권력을 사회적 관계에서 한 행위자가 저항에도 불구하고 자신의 의지를 실행할 수 있는 위치에 있을 확률이라고 하였는데(Weber, 1968/1921), 다른 사람에게 자신의 의지를 강요하는 능력, 재량, 수단이라고 할 수 있다. 이렇게 권력은 다른 사람의 생각, 감정 또는 행동을 의미 있는 방식으로 통제하거나 영향을 미칠 수 있는 능력으로 개념화할 수 있다.

다른 사람에 대한 영향력에 기반한 권력 개념은 관찰되거나 추론된 잠재적 행동에 의존하므로 대상의 심리적 반응 및 순응 욕구와 혼동할 수 있다. 그래서 다른 학자들은 권력을 사회관계에서 가치 있는 자원에 대한 비대칭적 통제로 정의하는데, 이는 사회 행위자 간의 상대적인 의존 상태를 나타낸다(Emerson 1962). 가치 있는 자원이란 양자관계에서 적어도 한 행위자에게 중요해야 하고 그 가치는 주관적으로 결정되는 것인데, 권력을 가진 한 행위자가 상대방이 가치 있게 여기는 자원을 가지고 있으면 상대방은 그 자원을 얻기 위해 권력자에게 의존하게 된다. 권력은 오직 다른 행위자와의 관계 속에서만 존재하는 본질적으로 관계적 개념인 것이다.

권력의 유형

권력 과정에 영향을 미치는 요인들은 권력의 기반에 따라 여러 유형으로 분류될 수 있다. 그중 합법적 권력legitimate power은 조직의 공식 위계 체계 속에서 개인이 차지하는 직위와 역할, 그리고 그 직위에 복종해야 한다는 공유된 규범과 신념에서 비롯된다. 합법적 권력은 조직이 자원을 통제하고 의사결정을 수행할 수 있도록 부여한 공식 권한을 대표하며, 개인은 이러한 구조적 지위를 통해 다른 사람의 행동에 영향을 미칠 수 있다. 보상적 권력reward power은 상대방의 말에 순응하였을 때 긍정적인 이익을 얻게 되면 사람들은 그 사람의 말을 따르게 된다는 것이다. 보상적 권력은 급여 인상, 보너스와 같은 금전적 보상, 우호적인 인사고과, 승진과 같은 보상에 대한 개인의 통제력에서 비롯된다. 강압적 권력coercive power은 한 사람이 다른 사람들에게 불이익을 줄 수 있는 개인의 능력과 다른 사람들의 이에 대한 두려움에 바탕을 둔다. 조직에서 강압적 권력은 처벌, 감봉, 정직, 좌천 등에 대한 개인의 통제력에서 비롯된다.

전문가 권력expert power은 개인이 보유한 전문적 지식, 기술, 경험의 결과로 생겨난 영향력이며, 조직에서 기술이나 지식의 중요성이 강조됨에 따라 더 중요해지고 있는 권력의 원천이다. 조직 위계에서 낮은 직위에 있는 사람이라도 더 많은 전문적 지식을 갖고 있다면 전문가 권력을 기반으로 조직 위계상의 공식적 상급자보다도 더 많은 권력을 가질 수 있다. 준거적 권력referent power은 개인이 지닌 매력, 카리스마, 인품과 같은 특성에 대해 다른 사람들이 느끼는 존경이나 동경에서 비롯된다. 사람들이 특정 개인을 존경하거나 숭배할 경우, 그를 기쁘게 하거나 그가 기대하는 방식으로 행동하려는 동기가 자연스럽게 생기기 때문에 그 개인은 높은 영향력을 행사할 수 있게 된다.

비공식적 맥락에서 보상적 권력, 전문적 권력, 준거적 권력과 같은 부드러운 영향력 수단은 상대방의 자발적 수용이나 내면화를 토대로 작동하기 때문에, 강압적 권력과 같은 가혹한 수단에 비해 상대적으로 더 높은 수준의 순응을 이끌어내는 경향이 있다. 반면 강압적 권력은 공식적 구조와 위계가 강하게 제도화된 상황에서 더 자주 나타나며, 주로 조직 내 권력의 상위 계층에 있는 사람들에 의해 행사된다. 개인은 처벌을 회피하기 위해 강압적 권력에 순응하게 되므로, 그 영향력은 감시가 존재하는 동안에만 제한적으로 유지되는 경향이 있다. 이와 같이 강압적 권력은 단기적인 통제에는 효과적일 수 있으나, 태도 변화나 지속적인 영향력을 형성하는 데에는 상대적으로 한계를 갖는다(French and Raven, 1959).

권력의 형성 요인

조직 연구에서는 권력을 결정하는 요인으로 다양한 공식적, 비공식적 구조적 특성이 제시되어 왔다. 예를 들어, 관료적 조직 구조에서 공식적 직위는 권력이 부여되는 핵심 기반으로 작동하며(Weber, 1968), 조직 내부에서는 지배적 연합dominant coalition과 같은 정치적 연합과 동맹이 권력의 형성과 유지에 중요한 역할을 한다(Cyert and March, 1963). 또한 사회 네트워크 연구는 개인이 비공식 네트워크 내에서 차지하는 중심성centrality과 같은 구조적 위치가 권력의 중요한 원천임을 강조한다. 한편, 역량competence과 같은 개인 특성도 권력의 선행 요인으로 제시되었다. 개인의 과제 관련 능력, 사회적 기술, 그리고 동료들이 인지하는 개인의 유능함은 집단 내에서 그 사람의 영향력과 권력 형성에 직접적인 영향을 미친다(Anderson and Brion, 2014). 즉, 권력은 구조적 요인뿐 아니라 개인이 지닌 능력과 사회적 역량에 의해서도 형성될 수 있다.

지위: 사회적으로 부여된 위계적 위치

지위status는 한 행위자가 다른 사람으로부터 존중deference이나 예우를 받는 정도를 의미하며(Blau, 1964), 사회적 존중을 기반으로 구성되는 사회적 위계social hierarchy 내에서 행위자가 차지하는 상대적, 계층적 위치를 가리킨다(Ridgeway and Walker, 1995). 지위는 궁극적으로 청중audience의 주관적 평가를 통해 부여되지만, 사회집단 내에서는 어떤 행위자가 어느 지위에 속하는지에 대해 높은 수준의 합의가 형성되는 경향이 있다.

행위자의 실제 성과나 역량은 종종 직접 관찰하기 어렵기 때문에, 지위는 다른 사람들에게 해당 행위자의 관찰되지 않는 능력을 암시하는 신호signal로 작용한다. 즉, 타인은 행위자의 지위를 그의 역량에 대한 대리 지표proxy로 사용해 평가한다(Podolny, 2005). 다양한 실증 연구는 높은 지위를 가진 사람이 낮은 지위의 사람보다 더 높은 성과를 보이는 경향이 있음을 보여주는데, 이는 지위가 청중의 인식과 평가에 영향을 미치는 렌즈 효과가 상당히 현실적이라는 점을 시사한다(Sauder, Lynn, and Podolny, 2012).

지위 위계

지위구조에 대한 이론인 기대 상태 이론expectation states theory에 따르면 지위 위계status hierarchies는 실제 성과가 아니라 사람들이 지위에 대해 갖고 있는 단서를 바탕으로 개별 행위자의 성과에 대해 갖는 기대performance expectation에 의해 형성된다. 과업 수행에 더 가치 있는 기여를 할 것으로 기대되는 구성원은 아이디어를 제안할 기회를 더 많이 부여받으며, 이들이 제시한 아이디어는 다른 구성원들에 의해 더 긍정적으로 평가될 가능성이 높고, 이는 지위 상승으로 이어지게 된다. 성과 기대는 이렇게 자기충족적 예언self-fulfilling prophecy 방식으로 지위 위계의 형성에 영향을 미치게 된다(Berger, Cohen, and Zelditch, 1972).

성과 기대는 지위 특성 이론status characteristics theory(Berger, Rosenholtz, and Zelditch, 1980)에서 제시하는 특정적 지위 특성specific status characteristics과 확산적 지위 특성diffuse status characteristics에 의해 형성된다. 특정적 지위 특성은 과거의 성과, 교육 수준 등과 같이 특정 과업과 밀접하게 연관된 개인의 능력이나 성과를 직접적으로 예측할 수 있는 속성을 말한다. 이러한 특성은 해당 특정 과업 영역에 한정하여 개인의 능력과 성과 가능성에 대한 기대를 형성하지만 다른 영역으로 일반화되지는 않는다. 이렇게 특정적 지위 특성에 기반한 지위는 과업 관련성이 상대적으로 높아서 상황 변화에 따라 비교적 쉽게 재평가될 수 있다. 반면 확산적 지위 특성은 성별, 인종, 연령, 태도와 같이 과업과 직접적인 관련이 없음에도 불구하고, 사회적으로 폭넓은 의미에서 능력 및 가치와 연관된다고 여겨지는 속성을 포함한다. 확산적 특성은 일반적 성과 기대를 형성하며, 사회집단 내에서 이러한 범주 기반 속성에 지위가 부여될 경우, 해당 속성이 실제 능력과 무관해도 개인이 지위를 획득하는 데 영향을 미칠 수 있다.

한 사회집단에서 확산적 지위 특성은 한 상태(예, 백인)가 다른 상태보다 더 가치 있게 평가되고, 특정 과업에서 더 유능할 것으로 기대되며, 다른 일반적 과업에서도 더 성과를 낼 것이라고 기대될 때 중요한 역할을 한다. 반면 특정 지위 특성(예, 교육)을 가진 행위자는 특정 과업에서는 더 유능할 것으로 기대되지만 광범위한 다른 과업에서 더 뛰어나다고 생각되지는 않는다는 차이가 있다. 이 논의는 성별, 인종과 같은 사회집단 간 차이가 사람들 간의 지위 차이와 불평등의 기초가 되는 방식을 잘 보여주고 있다(Ridgeway, 2014).

지위의 효과

높은 지위의 행위자는 낮은 지위에 비해 더 호의적인 대우를 받고(Stuart, Hoang, and Hybels, 1999), 더 많은 관심을 받고, 더 높은 기대치를 갖는 등 사회의 위계적 구조에서 높은 지위를 지닌 행위자는 낮은 지위를 가진 주체에 비해 다양한 특권을 누리게 되며, 비슷한 수준의 성과에 대해 더 큰 보상과 인정을 받는다. 지위 차이에 따라 행위자가 불균형적이고 차별적인 혜택을 받는 현상을 신약성경 마태복음 25장 29절 "무릇 있는 자는 받아 더 풍족하게 되고, 없는 자는 그 가진 것마저 빼앗기리라"는 구절을 인용하여 마태효과Matthew effect라고 한다. 지위가 높은 행위자가 낮은 지위의 행위자보다 결과에 대해 더 긍정적으로 평가되고 더 많은 보상을 받는 부익부 빈익빈 현상을 나타내는 개념인 것이다(Merton, 1968). 실증 연구 결과는 학계 등 전문가 집단에서 기존 지위가 높은 사람이 더 많은 명성을 얻고 필요한 자원이 그 사람에게 집중되며, 한 산업에서 지위 차이가 조직들 간의 성과 차이에 영향을 준다는 것을 보여주고 있다(Podolny, 1993).

지위 위계의 변화

지위는 행위자의 역량에 대한 인지와 그 행위자가 사회집단에 기여할 수 있는 잠재적 가치에 대한 집단적 평가에 기초하여, 청중이 부여하는 사회적 존중에 의해 결정된다. 이렇게 형성된 지위 위계는 사회집단 내 구성원들이 행위자에 대해 갖는 존중이 달라져야 변화가 일어날 수 있다. 행위자의 객관적인 성과나 역량은 구성원들의 집단적인 해석과 판단을 통해서만 지위 변동으로 이어질 수 있다. 행위자가 실제로는 이전에 비해 역량이 좋아졌거나 사회집단에 영향을 줄 만한 중요한 성과를 냈더라도 다른 구성원들이 이에 대해 잘 알지 못해서 행위자에 대한 사회적 존중을 변화시키지 않는다면 사회집단 내 지위 위계는 변하지 않을 것이다(Bendersky and Pai, 2018).

중간 지위 순응 이론

지위는 개인의 성과에 대한 기대와 그에 따른 행동 외에도, 행위 주체의 행동 전반에 다양한 영향을 미치는데, 이를 설명하는 대표적인 이론이 중간 지위 순응 이론middle status conformity theory이다. 사회집단에서 지위가 높은 구성원은 자신의 행동이 타인에게 수용될 가능성이 높다는 자신감을 가지고 있어, 기존의 규범이나 관습과는 다른 행동을 상대적으로 자유롭게 시도하는 경향이 있다. 반대로 지위가 낮은 구성원은 집단에 대한 정체성이 약하고 사회적 제재의 영향도 제한적이어서 잃을 것이 적으며, 규범을 벗어난 행동이 긍정적인 결과로 이어질 경우 차별화와 주목을 통해 지위가 상승할 가능성이 있기 때문에 비규범적 행동을 선택할 수 있다.

이에 비해 사회집단에서 중간 지위에 있는 구성원은 위계 구조상 상·하위 지위 집단 모두와 연결되어 있으나 어느 한쪽에도 완전히 속하지 않는 모호한 위치에 놓여 있다. 이들은 상위 지위로 이동할 수 있는 가능성과 동시에 규범 위반 시 지위가 하락할 수 있는 위험을 함께 인식하기 때문에, 집단의 규범과 기대에 특히 강하게 순응하는 경향을 보인다. 중간 지위 구성원은 정당성legitimacy을 확보하기 위해 상위 지위 집단과의 동일화를 추구하는 동시에, 하위 지위 집단과는 차별화를 시도한다. 이러한 이유로 이들은 다른 구성원, 즉 청중의 평가와 인정에 민감하며, 집단에 대한 소속감을 보여주기 위해 기존 규범을 따르고 현상을 유지하는 행동을 선택하게 된다.

사회집단 내 중간 지위 구성원의 높은 순응은 결과적으로 기존의 사회적 위계를 안정화하고 강화하는 데 기여한다. 이 이론에 대한 실증 연구에 따르면, 실리콘밸리의 법률 서비스 산업에서 상위 지위 조직들은 시장 점유율 확대와 새로운 기회 추구에 적극적인 반면, 중간 지위에 위치한 조직들은 정당성을 확보해 주는 기존 규범과 관행에 더 강하게 의존하는 경향을 보였다(Phillips and Zuckerman, 2001).

지위와 고정관념 내용 모형

지위는 사람이 다른 개인이나 사회적 집단을 평가하고 상호작용하는 과정에도 영향을 주는데, 이와 연관된 이론이 고정관념 내용 모형stereotype content model이다. 이 모형에 따르면 사람은 사회적 관계를 맺는 타인이나 사회집단에 대한 고정관념에 기반해 인식을 하는데, 따뜻함warmth과 유능함competence이라는 두 가지 기본 차원을 근거로 상대방을 평가하고 대상에 대한 감정적, 행동적 반응을 한다. 사회적 특성인 따뜻함은 관대함, 친절함, 정직함, 진실함, 유익함, 신뢰, 배려심 등이 포함되고, 지적 특성인 유능함은 자신감, 능률적임, 똑똑함, 할 수 있음, 솜씨 좋음, 경쟁적임 등을 의미한다(Fiske, Cuddy, and Glick, 2007).

이 모형은 또한 행위자 자신이 속한 사회 구조에서 경쟁 지향성과 지위와 같은 집단 간 관계 특성이 행위자의 대상 개인이나 집단에 대한 고정관념 내용에 영향을 준다고 제시한다. 먼저 경쟁 지향성은 대상이 내가 속한 집단과 자원을 두고 경쟁을 하거나 협력할 가능성이 있는가에 대한 행위자의 지각과 관련이 있는데, 대상 집단에 대한 따뜻함 차원 인식에 영향을 준다. 행위자가 대상 집단이 경쟁 지향성이 높다고 지각하는 것은 대상 집단이 우리 집단과 경쟁 관계에 있다는 것이어서, 대상 집단에 대해 우호적이지 않고, 신뢰할 수 없으며, 차갑다는 인식을 하게 된다. 반면 지위는 대상 집단이 우리 집단보다 경제적, 사회적 지위가 높은가에 대한 행위자의 지각과 관련이 있는데, 대상 집단에 대한 유능함 차원 판단의 기초가 된다. 행위자가 대상 집단이 지위가 높다고 지각하는 것은 대상 집단이 경제력, 교육 수준과 같은 사회적 자원을 이미 많이 가지고 있거나 이후에 획득할 가능성이 높다는 것을 의미하는 것이어서, 행위자는 대상 집단이 능력이 뛰어나고 자신감이 크다는 인식을 하게 된다. 고정관념 내용 모형에서 지위는 대상에 대한 고정관념 인식에 중요한 영향을 주는 것이다.

고정관념 내용 모형에 따르면 행위자는 경쟁 지향성과 지위라는 두 가지 측면에서 대상에 대한 지각을 하고 이는 대상에 대한 따뜻함과 유능함 인식에 영향을 주며, 이에 따라 행위자는 사람들에 대해 다른 감정을 느끼게 되고 대상에 대한 차별적인 행동을 하게 된다는 것이다. 행위자가 대상에 대해 경쟁 지향성이 낮아서 따뜻하다고 생각하고 지위가 높아서 유능하다고 인식하면 존경admiration을 느껴서 그 대상과 지속적으로 가까운 사회적 관계를 가지길 원한다. 따뜻하다고 생각하지만 지위가 낮아서 유능하지 않다고 생각하는 대상에게는 연민pity을 느끼고, 경쟁 지향성이 높아서 차갑지만 지위가 높아서 유능하다고 판단하는 대상에게는 부러움envy을 느끼며, 차갑고 유능하지 않다고 인식하는 대상에게는 경멸contempt의 감정을 느끼게 된다(Fiske, Cuddy, Glick, and Xu, 2002).

신뢰: 불확실성 속에서 형성되는 관계적 기대

신뢰의 개념과 유형

신뢰는 조직 구성원들이 불확실성과 위험을 감수하면서도 타인과 협력하도록 만드는 중요한 사회적 기반이다. 신뢰가 높은 조직에서는 구성원들이 상대방의 기회주의적 행동에 대한 의심을 덜하게 되고 협력적 상호작용에 필요한 감시와 조정 비용이 낮아진다. 그 결과 정보와 지식이 보다 원활하게 공유되고, 공동의 문제 해결과 학습이 촉진될 수 있다.

신뢰에 대해서는 사회학, 철학, 경제학, 심리학 등의 여러 학문 분야에서 많은 논의가 이루어져왔다. 신뢰가 무엇인가에 대해 여러 정의가 있는데, 고전적 사회학 정의는 신뢰는 한 행위자가 자신이 통제할 수 없는 다른 행위자가 어떤 행위를 할 것이라고 기대하고 행동하는 것인데, 다른 행위자가 자신이 기대한 대로 행동하지 않았을 때 받는 손실이 기대한 대로 행동했을 때 얻는 이익보다 큰 경우에 발생한다(Coleman, 1990). 신뢰는 이렇게 행위자가 갖는 위험과 연관되는데, 신뢰는 한 행위자가 선택하는 위험이 다른 행위자의 행위에 따라 결정되는 상황이다. 조직 연구에서 신뢰는 신뢰자가 신뢰 대상에게 취약해지려는 의지willingness of the trustor to become vulnerable라고 주로 정의된다. 신뢰하는 행위자가 신뢰 대상의 행동이 자신의 통제 범위를 벗어나는 불확실성에도 불구하고 상대가 자신에게 이로운 방향으로 행동할 것이라는 믿음 및 협력하고자 하는 의지를 뜻하는 것이다(Kramer, 1999; Schilke, Reimann, and Cook, 2021).

신뢰 개념에 대한 심리학적 논의는 주로 신뢰하는 개인trustor과 신뢰를 받는 개인trustee 간의 양자관계에 초점을 둔다. 이러한 관점에서는 신뢰가 신뢰자 개인의 성향적 특성과 더불어, 신뢰자가 지각하는 신뢰 대상의 신뢰성trustworthiness에 의해 형성된다고 본다. 신뢰성을 구성하는 핵심 요인은 신뢰 대상의 역량ability, 호의성benevolence, 정직성integrity이다. 역량은 행위자가 특정 영역에서 효과적으로 행동하고 성과를 낼 수 있는 기술, 전문지식, 그리고 관련된 개인적 특성의 집합을 의미하는데, 이는 신뢰 대상이 신뢰자에게 도움이 되는 과업 및 맥락에 특화된 능력이 있는지에 대한 인식이다. 호의성은 상대방이 자신의 이익을 추구하기보다, 신뢰자의 이익을 고려하려는 선의와 배려의 의도를 의미하는데, 신뢰 대상이 기회주의적으로 행동하지 않고, 신뢰자에게 호의적으로 행동할 것이라는 기대와 관련된 관계 지향적 요소이다. 정직성은 신뢰 대상이 신뢰자와 공유된 원칙, 가치, 규범에 따라 일관되게 행동할 것이라는 믿음을 의미한다. 이는 상대방이 약속을 지키고, 공정하며, 상황에 따라 기준을 자의적으로 변경하지 않을 것이라는 기대에 기초하며, 신뢰 판단의 도덕적 기반이 된다. 신뢰자는 이러한 세 가지 차원을 바탕으로 신뢰 대상의 신뢰성을 평가하고, 그 결과 신뢰성이 높다고 지각될 경우 위험 감수 행동을 선택함으로써 상대방을 신뢰하게 된다(Mayer, Davis, and Schoorman, 1995).

신뢰의 유형과 원천

신뢰의 유형과 원천에 대해서 많은 논의가 이루어졌다. 행위자 간의 신뢰 관계는 사람이 유능함과 따뜻함이라는 두 가지 기본 차원을 근거로 상대방을 평가하고 대상에 대한 감정적, 행동적 반응을 한다는 고정관념 내용 모형에 기반해 인지적cognitive 측면과 정서적affective 측면으로 구분된다(McAllister, 1995). 상대방의 업무 역량, 기술, 책임감 등에 관한 합리적 판단에 기반한 것이 인지적 신뢰이며 좋아함, 정서적 유대, 배려, 보살핌 등 상대에 대한 긍정적인 감정을 바탕으로 형성되는 것이 감정적 신뢰이다.

신뢰의 생산양식modes of trust production 또는 신뢰의 근거를 토대로 과정의존적process-based, 특성의존적characteristics-based, 제도의존적institutionally-based 신뢰로 나누기도 한다(Zucker, 1986). 과정의존적 신뢰는 반복적이고 지속적인 상호작용을 통해서 축적되는 것인데 교환관계에서 신뢰를 지켜서 쌓은 평판을 통해 형성되는 것이다. 특성의존적 신뢰는 개인이 속한 사회적 집단의 귀속적 특성에 의해 형성된다. 신뢰자가 상대방이 속한 사회적 집단의 지위나 권력과 같은 집단의 특성이 주는 신호에 의해서 상대방에 대한 신뢰를 갖게 된다. 신뢰자가 상대방과 유사한 사회적 집단에 속하거나 사회적 집단의 특성을 공유하는 경우에도 상대방을 신뢰할 가능성이 커지게 된다. 제도의존적 신뢰는 행위자의 평판이나 귀속적 특성과 상관없이 공식적인 조직이나 제도가 제공하는 신뢰이다. 조직이나 제도가 개별 행위자에게 학위, 자격증, 제도화된 평가 등 신뢰를 제공하고 신뢰자는 조직이나 제도 자체를 신뢰하기 때문 제도가 신뢰를 제공한 개별 행위자를 신뢰하게 되는 것이다.

누군가를 신뢰하는 이유에 따라, 즉 신뢰를 형성하기 위한 조건에 따라 제재기반deterrence-based, 지식기반knowledge-based, 동일시기반identification-based 신뢰로 구분하기도 한다(Shapiro, Sheppard, and Cheraskin, 1992). 제재기반 신뢰는 신뢰자가 배반당했을 때 상대방에게 그에 상응하는 제재나 처벌을 가할 수 있기 때문에 형성된다. 신뢰를 깼을 때 발생하는 제재에 대해 신뢰 대상이 알고 있고, 또 신뢰 대상이 제재의 내용에 대해 알고 있다는 것을 신뢰자도 알고 있을 때 생긴다. 이 신뢰가 성립하려면 신뢰자가 신뢰 대상이 자신을 배신하고 있는지를 확인해야 하는 감시비용과 제재를 가능하게 하기 위한 비용이 발생한다. 두 행위자 간의 반복적인 상호작용으로 서로 간의 혜택이 축적되면 신뢰 대상이 신뢰 관계를 깼을 때 신뢰자가 신뢰 대상과의 사회적 관계를 단절시키는 것 자체가 신뢰 대상에게 큰 제재나 손실이 될 수 있다. 지식기반 신뢰는 신뢰자가 상대방이 어떻게 행동할 것인지에 대해 예측할 수 있는 충분한 지식과 정보를 갖고 있을 때 가능하다. 이 신뢰가 가능하기 위해 신뢰자가 상대방에 대한 충분한 정보를 얻는 과정에서 비용이 발생하게 된다. 동일시기반 신뢰는 신뢰자와 신뢰 대상이 하나의 공동체를 형성하고 있다고 서로 믿을 때 발생하는 것이다. 신뢰자와 신뢰 대상이 공동의 목표를 설정하고 공통의 가치 및 규범을 형성해서 제재기반이나 지식기반 신뢰에서 발생하는 비용 없이 신뢰를 형성하는 가장 이상적이고 높은 수준의 신뢰이지만 실제로 발생하기 가장 힘든 신뢰라고 할 수 있다.

심리적 계약: 신뢰에 기반한 상호 기대와 암묵적 약속

심리적 계약은 조직과 구성원 간의 고용관계에서 형성되는 암묵적 기대와 약속으로, 상호 신뢰의 중요한 기반을 이루는 사회적 상호작용 관계이다. 조직이 구성원이 기대하는 의무와 약속을 충실히 이행할 경우, 조직에 대한 신뢰가 강화되고 구성원의 몰입과 자발적 기여가 촉진된다. 반대로 심리적 계약이 위반되었다고 지각되면, 구성원은 조직의 신뢰성을 의심하게 되고 조직에 대한 신뢰가 급격히 약화되며, 이러한 신뢰의 훼손은 구성원과 조직에 대한 부정적 결과로 이어질 수 있다.

노동자가 자신의 노동력을 자본가에게 제공하고 그 대가로 임금을 받는, 자본주의 사회의 조직에서 가장 핵심적인 사회경제적 관계인 고용임노동 관계의 본질에 대해서는 여러 관점이 있는데, 이 관점들 중 고용관계에 대한 사회교환적 접근이 심리적 계약psychological contract이다. 이 개념은 다양한 고용계약이 가진 암묵적이고 비공식적인 측면과 이와 관련된 조직 내 신뢰관계의 중요성을 잘 보여주고 있다. 조직의 고용자와 피고용자인 구성원은 공식적인 문서로 고용계약을 맺는데, 제한된 고용계약 문서에 고용관계의 여러 자세한 측면들을 모두 포함시키기 어려워서 공식적 고용계약 외에 조직과 구성원들 간의 심리적 계약이 존재하게 된다는 것이다(Rousseau and McLean Parks, 1993).

심리적 계약은 조직과 개별 구성원 간의 고용관계에서 형성되는 상호 의무와 약속에 대해 개인이 지니는 주관적 믿음을 의미한다. 이는 조직이 구성원에게 제공할 것이라고 구성원이 기대하는 보상, 지원, 공정한 대우와 같은 약속과 의무를 포함한다. 동시에 구성원이 이에 상응하여 조직에 제공할 것이라고 조직이 기대하는 노력, 성과, 몰입과 같은 의무 역시 심리적 계약의 중요한 구성 요소이다(Coyle-Shapiro, Costa, Doden, and Chang, 2019). 예를 들어 구성원은 조직이 자신을 공정하게 대하고, 평가와 보상을 적절히 수행하며, 만족스러운 작업환경과 성과에 대한 피드백을 제공할 것을 기대하는 반면, 조직은 구성원이 조직에 몰입하고 자신의 업무를 성실히 수행할 것을 기대하는 것이다. 이처럼 심리적 계약은 공식적 고용계약을 넘어, 조직과 구성원 간 관계의 사회심리적 기반을 형성하는 개념이다.

심리적 계약 위반: 이러한 약속과 의무는 상호 호혜적 성격을 지니지만 주관성과 변동성이 높아 위반되기 쉽다. 구성원이 심리적 계약을 위반할 경우 조직은 경고, 정직, 해고와 같은 공식적이고 직접적인 제재를 가할 수 있다. 반면 조직의 심리적 계약 위반은 구성원의 태도와 행동, 성과에 광범위한 영향을 미치며, 그 결과 조직 성과에도 부정적인 영향을 초래한다. 구성원이 조직이 심리적 계약을 위반했다고 지각하면 조직에 대한 신뢰가 약화되고 조직몰입이 감소하게 되는데, 이러한 이유로 기존 연구는 주로 구성원의 관점에서 심리적 계약 위반의 효과를 분석해 왔다(Morrison and Robinson, 1997).

심리적 계약의 차원: 심리적 계약은 거래적transactional 계약과 관계적relational계약의 하위차원으로 구분할 수 있다. 거래적 계약은 구체적이고 명시적이며 단시간 내에

이루어지는 교환관계의 약속을 의미하는데, 금전적 가치를 가진 유형의 경제적인 자원의 교환관계로 이루어지며, 명시적, 공식적인 협의를 요구하는 것으로 일한 시간에 대한 금전적 보상 등이 포함된다. 거래적 계약의 예는 구성원이 조직과의 관계는 계약 기간 동안 한정된 고용보장에 기반한다고 생각하고, 조직에 기대하는 것은 자신이 수행한 업무에 대한 공정한 보상이며, 조직은 자신에게 특정 프로젝트나 업무를 수행하는 동안에만 고용을 보장한다고 생각하는 것이다.

관계적 계약은 주관적이고 암묵적이며 높은 수준의 상호의존성을 가지고 명확한 시간의 틀이 없이 장기간에 걸쳐 이루어지는 약속을 의미하는데, 무형의 사회 정서적 자원의 교환관계로 이루어지며 암묵적이고 실제로는 공식적인 협의를 하지 않는 것이다. 관계적 계약의 예는 구성원이 조직이 장기적으로 자신과 함께 하고자 한다고 느끼고, 자신의 경력 개발을 위한 기회를 제공하며, 자신의 의견을 존중하며 의사결정에 참여할 수 있는 기회를 주고, 직무 능력 향상을 위해 교육 및 훈련을 제공하고, 구성원 간의 상호 신뢰를 중요하게 여기며 사람들이 서로 믿을 수 있는 환경을 조성하고, 자신은 조직과의 관계가 단순한 고용 관계를 넘어서 정서적 유대감을 포함한다고 생각한다는 것이다(Rousseau, 1995).

조직시민행동: 규정된 역할을 넘어선 친사회적 행동

조직시민행동의 개념과 중요성

조직시민행동Organizational Citizenship Behavior(이하 OCB)은 조직이 직무기술서나 조직의 규정 등을 통해 구성원에게 반드시 해야 한다고 요구하는 역할 내 행동in-role behavior이 아닌 추가로 하는 역할 외 행동extra-role이며 구성원의 자유 의사에 의해 자발적으로voluntary 하는 행동이다. 회사의 요구에 의한 것이 아니어서 조직으로부터 공식적인 평가와 보상이 주어지지 않고 구성원도 이를 기대하지 않지만formally unrewarded, 조직의 생존과 성과에 도움이 되는organizationally functional 구성원의 행동을 뜻한다(Organ, 2018). 이 개념은 구성원의 직무가 직무기술서에 비교적 명확하게 규정되어 있는 미국 조직에서 더 의미가 있다. 업무량이 많은 옆의 동료를 돕거나, 직무기술서에 규정된 자신의 직무가 아니어서 자신이 꼭 할 필요는 없지만 신입사원의 적응과 교육을 돕거나, 조직이나 부서의 발전을 위해 혁신적 제안을 하는 것 등이 조직시민행동의 예라 할 수 있다.

이런 행동은 조직의 구성원으로서 갖추어야 할 덕목을 의미하며, 국가나 사회 수준에서 말하는 시민의식과 비슷한 개념이다. 우리가 일반적으로 말하는 시민의식이나 시민행동을 조직이라는 상황에서 하는 것으로, 자신의 이익보다는 조직의 발전을 위해서 하는 행동을 의미한다. 문제가 있거나 도움이 필요한 동료를 돕고 적극적으로 조직에 혁신적인 제안을 하는 OCB는 구성원의 조직몰입이나 직무만족 등의 업무태도에 긍정적인 영향을 주고, 구성원 간의 협력을 유발하며, 조직의 긍정적인 분위기를 만드는 데 도움이 되어서 전체적으로 조직의 성과를 높일 수 있다(Organ, 1988). 이렇게 OCB는 조직에 긍정적인 영향을 주는 역할 외 행동이며 친사회적 행동prosocial behavior이다(Van Dyne, Cummings, and Parks, 1995).

그렇다면 조직에서 어떤 구성원이 이런 행동을 할까? 초기 연구는 이타주의와 같은 개인의 성향적 특성이나, 높은 직무만족과 조직몰입, 공정성 지각 등과 같이 다른 사람이나 조직을 돕고자 하는 개인의 선의와 관련된 심리적 요인을 선행 요인으로 제시하였다. 이후에는 다른 사람에게 자신에 대한 좋은 이미지를 구축하고 평판을 강화해서 자신의 사회적 지위를 높이려는 이기적이고 계산적인 인상관리 동기motive가 OCB의 진정한 원인이라는 주장도 제기되었다. OCB를 하는 구성원을 '좋은 병사good soldier'라고 생각해 왔으나 실은 '좋은 연기자good actor'라는 것이다(Bolino, 1999; Grant and Mayer, 2009).

맥락 성과: 친사회적 역할 외 행동의 성과 개념

OCB 개념은 조직에서 점점 더 중요해지고 있다. 조직 구성원이 수행해야 하는 과업이 더 복잡해지면서 개인이 주어진 업무를 잘 수행하는 것뿐 아니라 다른 팀원들과 협력하여 창의적으로 문제를 해결해야 하는 경우가 많아지고 있다. 조직에서 개인의 업무 성과task performance가 중요한 이유는 개인이 자신의 높은 업무 성과를 통해 조직 전체의 성과 향상에 공헌하기 때문이다. 개인은 OCB을 통해서도 궁극적으로 조직의 성과를 높일 수 있기 때문에 OCB도 성과의 한 측면으로 보아야 한다는 주장이 제기되었다. OCB를 구성원이 직무기술서에 규정된 자신의 직무를 수행하는 역할 행동의 결과인 업무 성과와는 구분되는 역할 외 행동에 기반한 맥락 성과contextual performance로 보는 것이다. 연구자들은 조직이 성과평가를 통해 개인의 조직에 대한 공헌도를 평가할 때 그 개인의 업무 성과뿐 아니라 맥락 성과도 함께 평가하여 그 개인에 대한 전체 보상에 반영해야 한다고 주장한다(Borman and Motowidlo, 1993).

조직시민행동은 업무 성과에 어떤 영향을 주는가?

그렇다면 적극적으로 남을 돕는 조직시민행동, 즉 맥락 성과와 업무 성과와의 관계는 어떻게 될까? OCB를 많이 하면 그 개인의 업무 성과에는 부정적인 영향을 준다는 연구 결과가 있다. 모든 개인은 제한된 자원과 시간을 가지고 있고, 특히 조직 구성원은 제한된 근무시간 내에 많은 업무를 수행해야 하기 때문에 노동강도가 큰 상황에 있다. 구성원이 남을 돕는 역할 외 행동을 추가로 한다면 상충관계trade-off가 생겨서 그 구성원이 원래 수행해야 하는 업무 성과에는 부정적인 영향을 줄 수밖에 없다는 것이다(Bergeron, 2007).

반면 남을 돕는 행동이 그 구성원의 업무 성과나 경력성공에 긍정적인 영향을 준다는 주장도 세기되었다. OCB를 많이 하는 구성원으로부터 직접적인 도움을 받은 상대방은 기회가 되면 자신에게 도움을 준 사람에게 보답해야 한다는 의무감을 갖게 된다. 직접 도움을 받지 않은 사람들도 평소에 남에게 많은 도움을 제공하는 구성원에 대해 좋게 생각하고, 언젠가 함께 일하게 되는 상황이 되었을 때 호의를 가지고 도와줄 수 있게 된다. OCB를 많이 하는 구성원은 조직 내에서 좋은 평판을 갖게 되고 그것이 자신의 업무 성과나 경력성공에 긍정적인 영향을 줄 수 있다는 것이다(Podsakoff, Whiting, Podsakoff, and Blume, 2009; 그랜트, 2013).

시간적 제약이 심한 의대생들을 대상으로 한 연구결과에 따르면, 남을 돕는 이타주의적 성향을 보인 학생의 학업성적이 그렇지 않은 학생보다 높게 나왔다. 개별 수업을 듣고 혼자 공부해서 좋은 성적을 받을 수 있었던 의대 저학년 때는 이타주의적 행동을 하는 학생들의 성적이 좋지 않았지만 고학년이 될수록 성적이 크게 좋아졌다. 이는 의대 학과 과정이 고학년으로 갈수록 실습, 인턴 등을 통해 병원 내 다른 구성원들이나 환자들과 직접적으로 상호작용을 해야 하는 상황이 많아졌기 때문이다(Lievens, Ones, and Dilchert, 2009). 다른 사람들과 어울리고 함께 일을 해야 하는 현대 사회와 조직에서 개인이 좋은 성과를 내고 경력성공을 이루기 위해 어떻게 해야 하는지에 대해 생각해 볼 만한 연구 결과이다.

그런데 남을 잘 돕는 구성원들의 업무 성과가 뛰어난 경우도 많지만 이런 행동을 하는 구성원의 업무 성과가 반대로 아주 떨어지는 경우도 있었다. 남을 돕는 이타주의적 행동을 하는 구성원의 업무 성과는 아주 뛰어나거나 아니면 반대로 아주 나쁠 수 있다는 것이다(Flynn, 2003). 이는 개인이 남을 돕는 행동을 했을 때 제한된 시간과 자원 때문에 자신이 해야 할 업무에 지장이 생길 가능성이 분명히 있다는 것을 보여준다. OCB가 조직의 성과에 도움이 되는 행동이라면 조직은 어떻게 하면 구성원이 서로 도움을 주고받는 역할 외 행동을 더 하도록 장려하면서도 그들의 업무생산성이 떨어지는 것을 막을 수 있을지에 대해 생각해봐야 한다(그랜트, 2013).

조직시민행동과 한국의 MZ세대론

미국에서 OCB에 대한 연구가 활발히 이루어진 배경에는 미국 조직관리의 구조적 특성이 중요한 역할을 한다. 직무가 비교적 명확하게 규정되어 있는 미국 조직에서 OCB는 공식적으로 규정된 역할을 넘어서는 행동임에도 불구하고, 조직과 팀의 성과에 긍정적인 영향을 미치는 친사회적 행동으로 간주되며, 특히 팀제 조직구조의 확산으로 구성원 간 협업의 중요성이 커지면서 학문적 관심의 대상이 되었다.

미국의 직무 중심 조직관리 특성

미국 조직관리의 핵심적 특징은 사람 중심이 아니라 직무 중심job-centered이라는 점이다. 조직은 구성원이 담당하는 직무를 기준으로 업무를 세분화하고 분석하여, 직무의 목적과 핵심 성과, 수행 내용과 방법, 직무 요건, 그리고 다른 직무와의 관계 등을 체계적으로 정리한 직무기술서job description를 작성한다. 또한 직무분석 결과를 바탕으로 해당 직무를 성공적으로 수행하는 데 필요한 교육 수준, 자격 요건, 지식과 기술, 경험, 적성 및 태도 등을 명시한 직무명세서job specification를 만든다.

이와 같은 직무 중심 시스템 하에서 미국 조직의 구성원들은 특정 직무에 전문화된 스페셜리스트로 경력을 개발하며, 자신의 직무 전문성을 필요로 하는 다른 조직으로 비교적 쉽게 이동하는 경력직 중심의 외부노동시장이 활성화되어 있다. 임금 또한 개인이 수행하는 직무의 중요성과 가치에 따라 결정되는 직무급 임금체계가 일반적이다. 따라서 구성원은 직무기술서에 명시된 역할과 성과에 근거하여 평가와 보상을 받게 된다. 그럼에도 불구하고 미국 조직 구성원들이 직무기술서에 명시되지 않아 수행할 의무가 없는 남을 돕는 이타적이고 친사회적인 행동, 즉 OCB를 자발적으로 수행한다는 점은 미국 조직행동 연구자들의 주목을 끌었다. 이러한 맥락에서 OCB는 직무 중심 조직에서 공식적 보상체계로는 설명되지 않는 협력과 기여를 설명하는 핵심 개념으로 자리 잡게 되었다.

한국 조직의 변화
: 일본적 연공 중시 조직에서 미국식 성과 중시 조직으로

조직시민행동 개념이 한국 조직에 갖는 함의를 최근 활발히 논의되고 있는 한국 조직의 MZ세대 담론과 연관지어 생각해볼 수 있다. 한국 조직은 1997년 IMF 외환위기 이전까지 미국식 조직관리와는 다른 일본적 조직관리 특성을 상당 부분 공유해 왔다. 미국과 일본은 모두 고도의 자본주의 사회라는 공통점을 지니지만, 역사적, 문화적 차이로 인해 상이한 조직관리 제도를 발전시켜 왔다.

일본적 조직관리의 핵심은 직무 중심이 아니라 **사람 중심**이라는 점이다. 일본 조직은 고졸이나 대졸 신입사원을 채용한 후 사내훈련과 직무순환을 통해 다양한 직무를 경험하게 하며, 특정 직무에 국한되지 않은 **제너럴리스트**로 육성한다. 이 과정에서 축적되는 지식과 경험은 자신의 조직에 특화된firm-specific 성격을 띠게 되며, 구성원은 외부 이직보다는 조직을 평생 직장으로 인식하는 경향을 보인다. 이러한 맥락에서 일본 조직은 내부 승진과 장기 고용을 전제로 하는 **내부노동시장**이 발달하였고(Doeringer and Piore, 1985; Althauser, 1989), 근속 연수를 기준으로 임금을 결정하는 **연공급 임금체계**가 일반적으로 자리 잡았다(Aoki, 1988).

그러나 1997년 IMF 외환위기를 계기로 한국 조직은 조직관리의 글로벌 스탠다드를 추구하며 미국식 성과주의를 본격적으로 도입하게 된다. 이 과정에서 한국 조직은 직무순환과 내부노동시장에 기반한 제너럴리스트 육성 방식에서 벗어나, 직무기술서에 기초한 직무 중심의 스페셜리스트 육성, 외부노동시장 활용, 직무급 임금체계를 지향하는 방향으로 변화해 왔다.

지난 30여 년간 이러한 변화가 지속되었지만, 현재 한국 조직의 모습은 일본적 사람 중심, 연공 중시 조직관리와 미국식 직무 중심, 성과 중시 조직관리의 특성이 혼재된 상태에 가깝다. 직무분석과 직무기술서, 직무명세서를 도입하려는 시도는 꾸준히 이루어져 왔으나 미국 조직에 비해 활용 수준은 여전히 제한적이다. 스페셜리스트의 비중은 증가했지만, 제너럴리스트의 장점에 대한 인식으로 인해 직무순환도 여전히 광범위하게 이루어지고 있다. 또한 정부와 기업의 직무급 임금체계 전환 노력과 성과급 확대에도 불구하고, 임금체계는 기본적으로 연공급적 성격을 상당 부분 유지하고 있다. 고용유연성 확대와 경력직 채용 증가로 외부노동시장 활용이 크게 늘어났지만, 잦은 이직에 대한 부정적 인식 등 내부노동시장적 특성 역시 여전히 한국 조직에 강하게 남아 있다.

한국조직의 변화와 MZ세대론

한국에서 조직과 관련하여 논의되는 MZ세대의 특성으로는 조직과의 관계를 공식적인 계약관계로 인식하고, 팀이나 조직보다 개인을 중시하며, 조직 내 대인관계에서도 정서적 유대보다는 업무 중심의 공식적 관계를 선호하는 경향이 자주 언급된다. 또한 일과 삶의 균형을 중요하게 여기고, 자신의 성과가 능력주의 관점에서 공정하게 평가, 보상되어야 한다고 생각하며, 조직 내 불합리한 상황에 대해서는 적극적으로 의견을 개진하거나 이직을 선택하는 성향을 보인다는 점이 지적된다(박지성, 장태수, 전상길, 2022).

이러한 특성은 연령이나 세대적 특성의 결과로 해석될 수 있지만, 동시에 변화 과정에 있는 한국 조직의 제도적 혼재에서 비롯된 현상으로 이해할 필요가 있다. 직무기술서에 명확히 규정된 직무 중심의 미국식 조직에서 동료를 돕는 행동은 할 필요가 없는 역할 외 행동이다. 이러한 맥락에서 자신의 성과에 지장을 주면서까지 타인을 돕는 OCB는 이타적 행동으로 간주되었고, 미국 연구자들의 주요 관심 대상이 되었다. 반면 사람 중심의 일본적 조직관리 특성을 지닌 조직에서는 동료를 돕는 행동은 조직 규범에 의해 기대되며, 오히려 이를 따르지 않을 경우 사회적 제재를 받을 가능성이 크다. 과거 한국 조직에서도 이러한 행동은 '인성'과 같은 항목을 통해 인사고과에 실제로 반영되는 경우가 많았다.

이제 현재 한국 조직에 속한 MZ세대 구성원의 입장에서 이 이슈를 생각해 보자. 지난 30여 년간 한국 사회와 조직은 미국식 성과주의와 고용 유연성을 강조해 왔으며, 그 결과 젊은 세대는 조직과의 관계를 평생 직장이 아닌 일시적 고용 관계로 인식하게 되었다. 이들은 조직과의 관계를 계약관계로 이해하고, 언제든 조직을 떠날 수 있다고 생각하므로 다른 구성원들과 업무 중심의 관계를 형성한다. 이는 일본식 조직에서처럼 고용이 보장되는 상황에서 동료들과 장기적 관계를 맺고, 조직에 대한 충성과 몰입을 유지해야 할 이유가 약화되었음을 의미한다. 만약 한국 조직이 완전히 미국식 조직으로 전환되었다면 이러한 태도는 문제가 되지 않았을 것이다. 그러나 현실에서는 조직의 경영진과 선배 세대 구성원들이 여전히 일본적 조직관리 특성에 기반한 기대를 유지하고 있기 때문에, 젊은 구성원들의 행동을 이해하지 못하고 이를 문제 행동으로 인식하게 된다. 그 결과 MZ세대 구성원들은 미국식 조직관리 논리에 부합하게 행동하고 있음에도 불구하고, 역할 외 행동인 OCB를 수행하지 않는다는 이유로 비판을 받게 되는 것이다. 더 나아가 조직은 고용 보장을 제공하지 않은 채 상대평가와 경쟁을 강조하면서도, 동시에 구성원에게는 조직에 대한 몰입과 충성, 자발적 협력과 도움을 요구하는 모순된 메시지를 전달하고 있다.

젊은 세대가 연공급보다 성과급을 선호하는 현상 역시 이러한 맥락에서 이해할 수 있다. 연공급은 평생 직장을 전제로 한 생활급으로, 장기 고용이 보장되는 일본식 조직에서는 합리적일 수 있다. 젊은 직원은 상대적으로 적은 임금을 받게 되지만 근속연수가 오래된 직원은 나이가 들어 금전적 수요가 많을 때 시장 평균보다 더 많은 임금을 받게 되기 때문이다. 그러나 장기적 고용이 불확실한 상황에서 현재의 보상을 유보하고 미래의 보상을 기대하는 연공급은 MZ세대에게 설득력을 갖기 어렵다. MZ세대 담론은 전 세계적으로 논의되는 세대적 현상이지만, 한국에서 특히 크게 문제가 되는 이유는 한국 조직이 겪고 있는 이러한 제도적 전환 상황, 그리고 조직시민행동 개념을 고려했을 때 보다 명확하게 이해할 수 있다.

발언행동과 침묵

발언행동: 위험을 감수한 조직 개선 의견 제시

발언행동voice behavior은 조직 구성원이 제안, 우려, 문제에 대한 정보, 업무 관련 의견이 있을 때, 상황을 변화시키거나 개선하려는 의도에서 이를 해결할 수 있는

그림 5-1 EVLN 모형

	건설적	파괴적
적극적	발언	이탈
수동적	충성	무시

조치를 취할 수 있는 사람을 대상으로 하는 공식적이고 재량적인 의사소통 행위이다. 이 행동에 대한 논의는 오래전부터 있었지만 조직 연구에서는 직무불만족에 대한 구성원들의 반응 모델에서 발언행동 개념이 구체화되었다(Hirschman, 1970; Rusbult, Farrell, Rogers, and Mainous, 1988).

EVLN 모형은 조직 구성원들의 불만족에 대한 종합적 반응 행동으로 이탈exit, 발언voice, 충성loyalty, 무시neglect를 제시하였다. 직무불만족을 느낀 구성원이 조직의 입장에서 바람직하지 않은 파괴적destructive이면서 적극적 대응을 하는 것이 조직을 떠나는 이직, 즉 이탈이다. 조직에게 파괴적이지만 수동적 대응이 무시인데, 구성원이 여러 이유로 떠나지는 않고 조직에 계속 있지만 조직 문제에 대해 관심도 없고 의욕도 없는 행동으로, 이것이 발언행동의 반대인 침묵이라고 할 수 있다. 조직의 입장에서 바람직한 건설적constructive 행동 중 수동적인 것이, 불만이 있어도 조직이 정하는 것에 그대로 따르는 충성이다. 조직에 대한 이러한 무조건적인 충성은 조직의 문제 해결에 도움을 주지 못한다는 점에서 바람직하지 못하다. 발언행동은 구성원이 불만족을 느꼈을 때 동료나 상사와 문제와 그 해결책에 대해 논의하고 해결책을 실행하기 위해 행동하는 것인데, 조직의 문제를 해결할 수 있는 가장 건설적이고 적극적인 행동이라고 할 수 있다(Morrison, 2014, 2023).

발언행동은 자신의 목소리를 내는 행동speak-up이라고도 한다. 예를 들어서 회의를 할 때 먼저 자신의 의견을 강하게 얘기하는 사람이 발언행동을 하는 것이고 말을 하지 않고 있는 것이 침묵이다. 그런데 의견이 없어서 말을 하지 않는 것은 침묵이 아니고 자신의 의견이 있지만 여러 상황 때문에 의견을 제시하지 못하는 것이 침묵이다.

조직에서 발언행동을 하는 사람은 불이익을 받을 수 있는데(Burris, 2012) 조직 전체의 정책이나 상사의 결정에 대해 문제제기를 하고 자신의 견해를 제시하기 때문이다. 조직에서 발언행동을 하는 구성원은 극히 소수이며 대부분은 특정 문제에 대한 자신의 의견이 있어도 발언하지 않고 침묵을 지키게 된다.

발언행동의 유형 구분

발언행동의 본질과 유형에 대해서는 여러 연구가 있었지만(Van Dyne, Ang, and Botero, 2003; 최용득, 이동섭, 2017) 가장 많이 논의되는 유형 구분은 도전적 특성을 기준으로 촉진적promotive과 차단적prohibitive 발언행동으로 구분하는 것이다. 촉진적 발언행동은 구성원이 자신의 팀이나 조직의 전반적인 기능을 향상시키고 개선하기 위해 새로운 아이디어와 건설적인 제안을 표명하는 것을 의미한다. 촉진적 발언 행동의 예는 부서 전체에 영향을 끼칠 가능성이 있는 중요한 이슈들에 대해 적극적으로 의견을 제시하거나, 부서에 이득이 될 만한 새로운 프로젝트를 적극적으로 제안하거나, 부서의 운영을 향상시키기 위한 건설적인 제안을 하는 것 등이다.

차단적 발언행동은 구성원이 조직의 업무관행, 특정 사안, 행동에서 앞으로 문제가 될 수 있는 요인에 대해 우려를 표명하거나 문제를 해결하려는 행동을 의미한다. 두 종류의 발언행동 중 건설적인 제안을 하는 촉진적 발언행동보다 조직이나 팀, 리더의 문제에 대해 직접적인 의견을 제시하고 해결하려는 차단적 발언행동을 하는 구성원이 불이익을 받을 가능성이 더 크고 따라서 하기가 더 어렵다. 차단적 발언 행동의 구체적인 예는 업무 성과를 저해하는 바람직하지 못한 행동에 대해 동료들에게 충고하거나, 반대의견이 있더라도 부서에 심각한 손해를 일으킬 문제에 대해 솔직히 말하고, 다른 사람을 곤란하게 할 수 있더라도 부서 효율성에 영향을 줄 수 있는 사안에 대해 망설이지 않고 의견을 제시하며, 다른 동료들과 관계가 어색해질 수 있더라도 부서 내 문제를 망설이지 않고 지적하는 것 등이다(Liang, Farh, and Farh, 2012).

발언행동과 조직 성과

발언행동은 조직에 어떤 영향을 줄까? 연구결과에 따르면 발언행동은 조직 성과에 긍정적 영향을 준다. 모든 조직에는 문제가 있고 조직은 끊임없이 변화하고 혁신해야 하는데, 대부분의 사람들은 지금까지 조직이 해왔던 관행을 비판적으로 보지 않고,

문제가 있다고 생각해도 문제제기를 하지 않고 그대로 침묵하는 경향이 있다. 소수라도 누군가가 문제 제기를 하고 이를 해결하려고 행동에 나선다면 그 조직의 문제는 표면화되고 해결될 수 있는 기회가 생긴다. 연구 결과는 조직에서 이런 문제 제기와 발언행동을 하는 사람이 많을수록 그렇지 않은 조직보다 조직이 더 혁신적이고 성과가 커진다는 것을 보여주고 있다(Detert, Burris, Harrison, and Martin, 2013).

조직에서 자신의 이해관계보다는 조직이나 다른 동료를 먼저 생각하는 사람들의 행동에 대한 연구는 계속되어왔다(Katz and Kahn, 1966; Axelrod, 1984). 자신보다 남을 먼저 생각하고 자신의 행동이 다른 사람보다 자신에게 더 적은 이익을 가져다주는 이타주의altruism(Piliavin and Chang, 1990), 자신이 해야 할 필요가 없는데도 하는 역할 외 행동(Van Dyne, Cummings, and Parks, 1995), 조직 구성원들 간의 사회적 상호작용과 집단 과정 메커니즘을 원활하게 작동하게 해서 조직의 성과에 도움이 되는 친사회적 행동(Penner, Dovidio, Piliavin, and Schroeder, 2005; Bolino and Grant, 2016)에 대한 많은 연구가 이루어졌다. 자신의 이익보다는 동료나 조직을 우선하는 것이 바람직한 조직 구성원의 시민의식을 보여준다는 점에서 자신이 할 필요가 없는데도 남을 돕는 조직시민행동 개념은 특히 많은 연구자들의 관심을 끌었다. 그러나 구성원이 조직시민행동을 하는 것이 조직에서 자신의 이미지를 좋게 하려는 이기적이고 계산적인 이유 때문일 수 있다는 주장이 제기되면서(Bolino, 1999), 자발적으로 자신의 이익을 희생하는 좋은 시민을 의미했던 이 개념의 의의는 약화되었다.

그렇다면 조직에서 진정으로 이타적인 행동을 하는 구성원은 존재하지 않는 것인가? 발언행동 연구는 조직 내에 이러한 구성원이 실제로 존재할 수 있음을 보여준다. 특히 발언행동 가운데 조직에 아이디어나 개선안을 제안하는 촉진적 발언행동보다, 조직의 문제점이나 위험 요소를 지적하고 제기하는 차단적 발언행동은 개인적 이익보다는 타인이나 조직 전체를 위해 행동하는 구성원의 모습을 보다 분명하게 드러낸다. 조직은 자신의 보상과 이익을 극대화하려는 기회주의적 개인들로만 구성되어 있지 않다. 현상을 유지하려는 상사나 동료들의 반감을 사고, 불이익을 받을 가능성이 높음에도 불구하고, 자신이 속한 팀이나 조직이 잘못된 방향으로 나아가고 있다고 인식할 경우 이를 바로잡기 위해 적극적으로 나서는 구성원이 존재할 수 있다. 이러한 발언행동은 조직의 변화와 혁신을 가능하게 하는 것이다.

발언행동이 가능한 조직 만들기

이렇게 구성원이 불이익을 받을 가능성이 높지만 발언행동을 하고, 이 행동이 조직의 혁신과 성과 향상에 도움이 된다면, 경영자와 조직은 어떻게 해야 하는가? 조직에서 개인은 발언행동을 할 것인지를 결정하는 데 두 가지 요인을 고려한다. 첫째는 효능감efficacy인데, 발언행동이 실제로 반영되어 조직 변화나 문제해결이 실행될 수 있을 것인가에 대한 구성원의 인지적 판단이다. 예를 들어 회의에서 구성원이 팀장의 의견에 반대하는 발언을 하려 할 때, 평소에 팀장이 타인의 의견을 진지하게 고려하고 함께 토론해서 합리적이라고 생각하면 자신의 의견을 바꾸고 팀원의 의견을 채택하는 경우가 많다고 생각하면, 자신의 의견이 실제 반영될 가능성인 효능감이 높다고 생각해서 발언행동을 하지만, 어차피 받아들여지지 않을 것이라고 판단하면 아예 발언하지 않고 침묵할 것이다.

둘째는 안전감safety이다. 발언행동을 했을 때 개인이 불이익을 받지 않을까 염려하는 것이다. 개인이 이 두 측면을 고려하여 자신이 한 발언행동이 실행될 가능성이 높고 불이익을 받지 않을 가능성이 높다고 생각하면 발언행동을 할 것이다(Morrison, 2011). 조직과 경영자가 해야 할 일은 구성원들이 우리 조직에서는 이 두 가지 요인이 충족되었다고 인지적으로 판단할 수 있도록, 조직 성과에 긍정적인 영향을 주는 발언행동을 더 많이 할 수 있도록, 그래서 변화가 가능하고 더 혁신적인 조직이 될 수 있도록 조직의 제도나 조직문화를 변화시켜야 할 것이다(지노, 2017).

침묵: 위험 회피를 위한 의견 표출 억제

[그림 5-1]에서 조직 구성원의 불만족에 대한 반응 행동 이론인 EVLN 모형에서, 불만이 있을 때 조직의 문제를 해결하려는 건설적이고 적극적인 행동이 지금까지 살펴본 발언행동이다. 반면 불만족을 표출하지 않고 그대로 두는 파괴적이면서 수동적인 무시나, 불만이 있음에도 불구하고 조직을 그대로 따르는 건설적이지만 수동적인 충성은 모두 침묵의 한 형태로 이해될 수 있다.

침묵silence은 구성원이 조직, 팀, 업무와 관련된 문제나 개선사항에 대해 자신의 아이디어, 의견이 있어도 의도적으로 이를 표현하지 않고 그대로 가지고 있는 행동을 의미한다. 이는 조직에서 일상적으로 흔히 볼 수 있는 현상이다. 사람들은 일반적으로 기존 상황을 변화시키기 보다는 그대로 유지하려는maintain the status quo 특성을 가지므로 조직 구성원의 대다수는 문제해결을 위해 적극적인 발언행동을 하기보다는 침묵을 선택하는 경향이 있다. 조직에서 침묵의 예는 다른 팀원의 의견에 동의하지 않지만 분란을 일으키지 않으려고 굳이 의사 표시를 하지 않거나, 개인적으로는 어떤 의견에 반대하지만 공식적으로는 지지하거나, 더 나은 방식이 있을 것이라고 생각했지만 정해진 규칙이나 절차를 따르는 것 등이다(Pinder and Harlos, 2001; Morrison, 2014).

침묵은 조직과 구성원에게 부정적 영향을 미칠 수 있는데, 조직이 문제 발견과 혁신을 통해 개선할 수 있는 기회를 놓치게 만들고, 조직 내 문제를 키우며, 이는 조직 성과 저하로 이어질 수 있다. 침묵을 경험한 구성원은 직무불만족이 커지고, 스트레스 등의 심리적 문제가 생길 수 있으며, 사기 저하나 업무 이탈disengagement 등의 다양한 부정적 결과를 겪을 수 있다.

침묵의 유형

침묵은 발언행동과 같이 다른 사람이 관찰할 수 있는 행동으로 직접 드러나지 않아서 개인이 왜 침묵하는지를 객관적으로 평가하기는 어렵지만 개인이 침묵하는 다양한 동기에 대해서 여러 연구가 이루어졌다. 개인이 발언을 했을 때 이어질 수 있는 불쾌하고 부정적인 결과에 대한 두려움 때문에 자신을 지키기 위해 하는 것이 방어적 침묵quiescent/defensive silence인데, 잠재적 피해로부터 자신을 보호하기 위해 우려를 표현하지 않거나, 부정적인 결과를 두려워하여 의견을 말하지 않는 것이다. 발언을 해서 변화를 실현할 수 있다는 희망을 포기해서 나타나는 것이 체념적 침묵acquiescent silence인데, 말해도 소용없다고 생각해서 업무 단위 개선 방안에 대한 아이디어를 숨기거나, 의견을 말해도 달라질 게 없다고 느껴서 침묵하는 것이다. 이 두 침묵 유형은 자기 보호적이고 정서적 측면이 강한 침묵이다.

정보 우위나 자기 이익을 취하기 위한 이기적 목적으로 하는 자기 중심적 의도에서 비롯된 것이 기회주의적 침묵opportunistic silence이다. 반면 동료, 상사, 조직에 이익을 제공하거나 보호하기 위한 것이 친사회적 침묵prosocial silence인데, 타인 입장 중심적이고 이타심이나 협력 동기, 또는 리더나 조직에 대한 배려에 기반한 침묵이다. 예를 들어 동료에게 불필요한 불이익이나 갈등을 초래하지 않기 위해 문제점을 공개적으로 언급하지 않거나, 다른 사람을 보호하기 위해 특정 정보를 숨기며, 조직을 보호하기 위해 특정 아이디어를 공유하지 않는 것 등이다(Knoll and van Dick, 2013; Brinsfield, 2013).

개인이 조직이나 집단에 대해 어떤 문제가 있거나 어려움이 있다고 생각하더라도 실제 이를 표현하기는 쉽지 않다. 구성원은 비교적 폐쇄된 조직이나 팀에서 다른 사람들과 맺고 있는 사회적 관계 속에서, 다수 구성원들에 의해 합의된 규범, 가치관, 의견을 따르지 않으면 자신에게 가해질 사회적 압력이나 제재sanction 등의 불이익을 피하기 위해 침묵하게 된다. 권력을 가지지 못한 개인은 자신의 의견을 개진하더라도 발언행동 내용이 조직, 집단의 다른 구성원들에 의해 받아들여질 가능성이 낮고, 다른 사람들에 의해 불평불만이 많은 사람으로 낙인찍히는 것이 두려워서 침묵할 가능성이 높다. 반면 상대적으로 개인이 권력이 있다면 이러한 사회구조적 압력의 영향을 덜 받고 좀 더 자유롭게 행동할 수 있어서 침묵하지 않고 발언행동을 할 가능성이 높아진다(Morrison, See and Pan, 2015).

조직 내 반사회적 행동: 조직과 구성원에게 해를 끼치는 행동

조직 내 반사회적 행동 논의의 중요성

조직시민행동이나 발언행동과 같이 조직과 구성원에게 긍정적인 영향을 미치는 친사회적 행동과 달리, 최근 조직행동 연구에서는 구성원과 조직 성과에 부정적인 영향을 초래하는 반사회적 행동antisocial behavior에 대한 관심이 크게 증가하고 있다(Cropanzano, Anthony, Daniels, and Hall, 2017). 특히 최근의 성과 연구에서는 전통적인 역할 내 업무 성과에 더해, 역할 외 행동인 조직시민행동과 반생산적 업무행동 Counterproductive Work Behavior(CWB)을 포함하는 방향으로 성과 개념이 확장되고 있다. 이에 따라 조직 내 개인의 성과는 업무 성과, 조직시민행동(즉, 맥락 성과), 그리고 반생산적 업무행동 등 여러 측면을 종합적으로 고려해야 하는 개념으로 이해된다. 이는 조직에서 성과가 단순한 과업 수행 수준을 넘어, 구성원의 자발적 기여를 촉진하고 부정적 행동을 억제하는 측면까지 포괄하는 개념으로 재정의되고 있음을 의미한다(Campbell and Wiernik, 2015).

이러한 반사회적 행동은 개인과 조직 모두에게 심각한 부정적 결과를 초래한다. 전 세계 62개국 약 100만 명의 구성원을 대상으로 한 543개 연구의 메타분석에 따르면, 조직에서 다른 사람들에 의해 직장 내 부당대우workplace mistreatment를 당한 경험이 있는 구성원의 비율은 평균 34%에 이르며, 전체 구성원의 44%는 직장에서 특정 형태의 부당대우를 목격한 경험이 있는 것으로 보고되었다. 이러한 발생률을 토대로 추정할 때, 병가 증가와 생산성 손실로 인한 전 세계적 비용은 연간 약 6,917억 달러에서 1조 9,700억 달러에 이를 수 있는 것으로 나타났다(Dhanani, LaPalme, and Joseph 2021). 이는 직장 내 부당대우가 개인과 조직 차원 모두에서 매우 심각한 손실 요인임을 보여준다.

조직 내 부정적 행동을 설명하기 위해 여러 연구자들에 의해 다양한 개념들이 제시되어 왔으나, 이들 개념은 내용적으로 중복되는 부분이 많아 명확한 구분 없이 사용되는 경우도 적지 않다. 일부 개념은 조직 내 부정적 행동을 포괄하는 상위 개념의 성격을 갖는 반면, 다른 개념들은 특정 상황이나 행동 유형을 설명하는 보다 구체적인 하위 개념으로 이해될 수 있다(Dhanani and Bogart, 2025).

조직 내 반사회적 행동에 대한 상위 개념들

조직과 관련된 부정적 행동을 포괄하는 상위 개념들 가운데 대표적인 것들을 살펴보면, 이들은 서로 중복되는 부분이 있으나 강조하는 초점과 분석 수준에서 차이를 보인다. 먼저 반생산적 업무행동은 구성원이 조직의 합법적 이익에 반하거나 다른 조직 구성원에게 의도적으로 해를 끼치는 모든 자발적 행동을 의미한다(Fox and Spector, 1999). 여기에는 지각, 결근, 이직과 같은 전통적인 부정적 행동뿐 아니라, 소문이나 뒷담화, 절도, 약물 남용, 과도한 소셜미디어 사용 등 다양한 형태의 행동이 포함된다. 다음으로 일탈행동deviant behavior은 구성원이 조직의 핵심 규범을 자발적으로 위반함으로써 조직이나 구성원의 안녕을 위협하는 행동을 가리킨다(Robinson and Bennett, 1995). 직장 내 공격성workplace aggression은 타인에게 해를 가하려는 적대적이고 파괴적인 의도를 가진 행동으로, 신체적 폭력과 같은 직접적 공격부터 언어적 위협, 고함, 무례행동과 같은 보다 낮은 강도의 행동까지 포괄한다(Neuman and Baron, 1998). 마지막으로 직장 내 부당대우workplace mistreatment는 구성원이 타인에게 가하거나 자신이 경험할 수 있는 모든 형태의 부정적이고 해로운 대인관계 행동을 포괄하는 개념이다(Hershcovis, 2011).

이들 부정적 행동 개념은 행동의 강도, 빈도, 지속 기간, 모호성, 의도의 유무, 대인관계성, 대상의 구체성 등 여러 측면에서 차이를 보이지만, 공통적으로 조직과 조직의 내·외부 이해관계자에게 부정적인 영향을 미친다는 점에서 일관된다. 타인에 의해 부정적 행동의 대상이 된 구성원은 불안, 우울, 분노와 같은 부정적 정서를 경험하고 스트레스가 증가하며, 심리적 웰빙이 저하된다. 또한 조직의 불공정성과 낮은 지원을 지각하게 되고, 소속감과 조직몰입이 감소하며 직무불만족이 증가한다. 이러한 심리적 결과는 성과 저하로 이어져 결근과 이직 가능성을 높인다. 나아가 연구들은 직장 내 부당대우를 경험한 구성원이 이후 반생산적 업무행동이나 타인에 대한 공격적 행동을 할 가능성이 높아진다는 점을 지적한다. 이러한 개인 수준의 부정적 결과는 조직 분위기를 악화시키고 갈등과 분쟁을 증가시켜, 궁극적으로 조직의 생산성과 재무 성과를 저하시킨다(Robinson, Wang, and Kiewitz, 2014).

상호작용과 연관된 조직 내 반사회적 행동의 구체적 유형

조직 내 부정적 상호작용을 포괄적으로 설명하는 직장 내 공격성이나 직장 내 부당대우와 같은 상위 개념과 달리, 연구자들은 보다 정밀한 분석을 위해 특정한 특징을 지닌 구체적인 부정적 행동 유형들을 구분하여 심층적인 연구를 수행해 왔다. 이러한 유형들은 발생 조건, 행동의 형태와 강도, 지속성, 그리고 개인과 조직에 미치는 영향 측면에서 서로 다른 특성을 지닌다. 이에 따라 여기서는 조직 내 부정적 상호작용과 밀접하게 연관된 반사회적 행동 가운데, 학계에서 주요하게 논의되어 온 직장 내 괴롭힘, 무례행동, 따돌림, 사회적 훼손, 비인격적 감독 개념을 중심으로 살펴본다.

직장 내 괴롭힘

조직 구성원이 상사, 동료, 하급자에 의해 행해지는 부당대우와 집단 수준의 적대적 표현 및 행동에 반복적이고 지속적으로 노출되어 있는 상황을 직장 내 괴롭힘 workplace bullying이라고 한다. 이는 일회적 갈등과는 달리, 시간이 지남에 따라 누적적으로 피해를 유발하며 조직 내에서 심각한 심리적·사회적 문제를 초래한다. 직장 내 괴롭힘의 구체적인 예는 이유 없는 비난이나 질책, 언어폭력, 공격적인 말, 지속적인 놀림, 실수를 과도하게 부각시키거나 공개적인 망신 주기, 직장을 그만두라는 암시나 위협, 사회적 배제나 집단적 따돌림 등이다(Einarsen, 2000).

직장 내 무례행동

직장 내 무례행동workplace incivility은 조직 구성원 간에 상호 존중과 예의를 지켜야 한다는 규범을 어기는 언어적, 비언어적 반사회적 행동을 의미한다. 물리적인 공격이 수반되지는 않으며 강도가 낮은 심리적인 것이고, 다른 구성원에게 해를 끼치려는 의도가 모호하기 때문에 법적 제재의 대상이 되기 어려워서 조직에서 구성원들 간에 광범위하게 일어나고 있는 현상이다. 이러한 무례행동은 조직 내 상사, 동료, 고객 등 다양한 조직 구성원에 의해 이루어질 수 있다. 무례행동의 대표적인 예는 다른 사람의 업무시간을 방해하거나 빼앗기, 타인의 물건이나 개인적 공간 침범하기, 이메일이나 공식 커뮤니케이션 규범 무시하기, 비하적 호칭 사용 또는 경멸적 어조로 말하기, 따돌리거나 무시하기 등이 있다(Anderson and Person, 1999).

직장 내 따돌림

직장 내 따돌림workplace ostracism은 상사나 동료와 같은 다른 구성원들이 대상 구성원을 의도적으로 배제하거나 무시하여, 그 구성원이 조직에 동화되고 적응하는 것을 방해하는 부당대우를 하는 상황이 반복적으로 노출되는 현상을 의미하며, 그 결과 대상 구성원은 자신이 무시되거나 배제된다는 생각을 하게 된다. 직접 접촉하거나 적대감 표출이 거의 없고, 상대적으로 동기가 명확하지 않거나 애매해서 다른 형태의 부정적 행동보다 부정적인 영향이 크지만, 이러한 현상이 조직에 의해 금지될 수 있는 가능성이 낮다.

대표적인 따돌림 행동은 직장에서 다른 사람들이 대상이 되는 구성원이 대화에 참여할 때 눈을 마주치지 않거나 무시하며, 말을 걸지 않거나, 피하거나, 대화에서 배제시키거나, 대화하기를 거부하거나, 특정 구성원의 의견을 조직적으로 배제하거나, 구성원이 들어오면 대화를 중단하거나 자리를 뜨는 행동들이다. 이러한 행동들이 반복되면 대상자는 직장에서 자신이 마치 '존재하지 않는 사람처럼' 느끼게 되며, 심리적 고통과 고립감이 가중된다. 직장 내 따돌림은 겉으로 드러나는 공격성이 약하다는 점 때문에 조직에서 쉽게 간과되지만, 실제로는 강도가 높은 다른 형태의 부정적 행동보다 심리적 피해가 더 크다(Ferris, Brown, Berry, and Lian, 2008).

사회적 훼손

특정 구성원을 대상으로 의도적으로 부정적인 감정을 표현하거나 그 사람의 특성, 행동, 노력에 대해 지속적으로 비판하거나 폄하하는 등의 부정적인 평가를 해서 그 사람이 목표를 달성하지 못하도록 하는 의도적 행동을 **사회적 훼손**social undermining이라고 한다. 이러한 행동은 대개 대상자에 대해 싫어하거나 분노를 느끼는 것과 같은 부정적인 감정에서 비롯될 수 있다.

조직에서 사회적 훼손의 예는 업무 절차를 질문할 때마다 무시하며, 대상 구성원에 대해 마음에 들지 않는 점이 있다고 알리며, 등 뒤에서 험담하고, 모욕하며, 구성원이나 그 사람의 아이디어를 깎아내리고, 소문을 퍼뜨리며, 무능력하다고 느끼게 하고, 하대하며, 구성원의 아이디어나 성과를 폄하하며, 구성원이 긍정적인 대인 관계, 업무 관련 성공 및 좋은 평판을 구축하고 유지하지 못하도록 일을 지연시켜 그 사람을 나쁘게 보이게 하고, 특정 작업에 대한 잘못되거나 오해의 소지가 있는 정보를 다른 동료에게 제공하고, 사람들이 그 사람에 대해 나쁘게 말할 때 변호하지 않는 행동들이 있다(Duffy, Ganster, and Pagon, 2002; Duffy, Scott, Shaw, Tepper, and Aquino, 2012).

비인격적 감독

비인격적 감독abusive supervision은 부정적 리더십destructive leadership의 대표적 개념으로, 리더가 구성원에게 물리적, 신체적 접촉을 제외한 적대적인 언어적·비언어적 행동을 지속적으로 표현한다고 구성원이 인지하는 상태를 의미한다(Tepper, 2000). 이는 개별 하급자가 상급자의 행동에 대해 주관적으로 평가하는 것이고 또한 상급자의 적의를 지속적으로 느끼는 것이다. 비인격적 감독은 리더가 고의적으로 하는 행동이지만 하급자에게 해를 가하거나 괴롭히려는 의도를 꼭 갖지 않고 더 나은 성과를 내기 위해 하더라도 하급자는 적의를 느낄 수 있는 행동이다.

비인격적 감독 개념을 측정하는 항목의 예는 리더가 하급자를 비웃고, 생각이나 감정이 바보 같다고 말하고, 다른 사람들 앞에서 무시하고, 사생활을 침해하고, 과거의 실수와 실패를 계속 상기시키며, 많은 노력이 필요한 일에 대해 공로를 인정하지 않고, 다른 이유로 화가 났을 때 하급자에게 화풀이를 하고, 다른 사람들에게 하급자에 대해 부정적인 말을 하고, 무례하게 대하고, 하급자가 무능력하다고 말하고, 거짓말을 하는 행동들이다.

리더의 비인격적 감독의 영향에 대한 많은 연구 결과는 이 행동이 개인의 업무 성과와 더 나아가 조직의 성과에 부정적인 영향을 주며, 개별 구성원의 사적 영역에도 심각한 부정적 결과를 초래할 수 있다는 것을 보여주었다. 비인격적 감독은 하급자의 심리적 고통과 스트레스 증가, 낮은 직무만족, 낮은 직무 성과, 조직시민행동 감소, 창의성 감소 등의 부정적인 결과를 가져온다는 것이다(Tepper, Simon, and Park, 2017).

조직 내 사회적 상호작용 논의의 의의와 시사점

조직 내 사회적 상호작용은 단순한 인간관계 차원을 넘어, 개인의 행동과 성과는 물론 조직의 혁신과 성과를 좌우하는 핵심적인 사회적 메커니즘이다. 조직에서 구성원은 혼자 일하는 존재가 아니며, 권력과 지위가 형성하는 수직적 위계, 신뢰를 기반으로 한 다른 사람과의 협력, 기대와 의무에 대한 상호 인식, 그리고 긍정적·부정적 사회적 관계를 통해 끊임없이 다른 구성원들과 상호작용한다. 이러한 사회적 상호작용의 구조와 특성은 조직 내에서 개인이 어떤 행동을 하는지, 그리고 그 행동이 조직 전체에 어떠한 결과를 낳는지를 결정한다.

먼저 권력과 지위는 조직 내 사회적 상호작용의 수직적 구조를 형성한다. 경영자는 공식적 직위뿐 아니라 비공식적 영향력과 지위 신호가 조직 내 행동을 어떻게 왜곡하거나 강화하는지를 이해하고 이를 관리할 필요가 있다. 또한 신뢰가 형성된 조직에서는 구성원들이 상대방의 기회주의적 행동을 과도하게 경계하지 않아도 되므로 협력 비용이 감소하고, 지식 공유와 공동 문제 해결이 촉진된다. 따라서 경영자는 제도와 리더십을 통해 신뢰가 지속적으로 축적될 수 있는 환경을 조성해야 한다. 조직과 구성원 간 사회적 상호작용의 내용과 범위를 규정하는 중요한 인식 틀인 심리적 계약이 위반될 경우 조직에 대한 신뢰에 큰 문제가 생겨서 몰입 저하, 이탈과 같은 부정적 결과로 이어질 수 있다. 이는 조직이 성과 관리뿐 아니라 구성원과의 관계 관리와 신뢰 관리에 적극적으로 나서야 함을 의미한다.

구성원이 자발적으로 동료를 돕고 조직을 위해 추가적인 노력을 기울이는 조직 시민행동은 협력과 신뢰를 강화하고 조직 전체의 성과를 향상시키는 중요한 메커니즘이다. 조직은 제도와 평가 체계를 통해 이러한 시민행동이 합리적으로 발현될 수 있도록 설계할 필요가 있다. 발언행동은 조직의 문제를 표면화하고 개선을 가능하게 하여 조직의 변화와 혁신을 이끄는 핵심 요인이지만, 침묵이 확산된 조직은 학습과 혁신의 기회를 상실하게 된다. 따라서 경영자는 구성원들이 불이익에 대한 두려움 없이 의견을 제시할 수 있도록 심리적 안전감과 발언의 효능감을 높이는 조직문화를 조성해야 한다.

마지막으로 반복적인 무례, 배제, 사회적 훼손, 비인격적 감독과 같은 부정적이고 반사회적인 상호작용은 개인의 심리적 웰빙과 성과를 훼손할 뿐 아니라, 조직 전반의 신뢰와 협력을 붕괴시켜 조직 성과에 심각한 손실을 초래할 수 있다. 따라서 조직은 이러한 부정적 상호작용을 개인의 문제로 환원하기보다, 구조와 문화 차원에서 예방하고 체계적으로 관리해야 한다.

이번 장에서 살펴본 조직 내 사회적 상호작용에 대한 핵심 논의는 조직을 단순한 과업 수행 체계가 아니라 사회적 관계의 장으로 이해해야 함을 분명히 보여준다. 이는 조직이 성과 관리 못지않게 관계와 상호작용을 설계하고 관리해야 할 필요성이 있음을 시사한다. 이 책을 읽는 여러분은, 현재 혹은 미래에 속하게 될 조직이 변화와 혁신을 통해 지속적으로 성장하기 위해 어떤 상호작용이 이루어지는 조직이 바람직한지 고민해 볼 필요가 있다. 나아가 그러한 조직이 가능해지기 위해 어떠한 조직 문화와 시스템이 구축되어야 하는지도 함께 생각해 보기 바란다.

ORGANIZATIONAL BEHAVIOR

06

집단과 다양성 : 협력과 갈등의 상호작용

- 집단이란 무엇인가?
- 집단의 주요 특성: 구조와 상호작용의 기본 요소
- 다양성의 중요성
- 팀제 조직구조: 협업과 상호의존성을 기반으로 한 조직 설계
- 다양성 관리의 중요성

CHAPTER 06

집단과 다양성: 협력과 갈등의 상호작용

집단이란 무엇인가?

집단의 개념에 대해서는 다양한 견해가 존재하지만, 공통적으로는 두 명 이상의 개인이 동일한 목표를 공유하고, 직접적인 대면 상호작용 또는 최근 들어 증가하는 가상 환경에서의 상호작용을 통해 사회적으로 연결되며, 조직적으로 관련된 과업을 수행하기 위해 함께 모인 사회적 단위를 의미한다. 집단 구성원들은 과업수행 과정과 그 결과에 대해 상호 의존적인 관계를 가지며, 서로 다른 역할과 책임을 수행한다. 또한 집단은 좀 더 포괄적인 조직 시스템에 내재되어 있으며, 외부의 광범위한 시스템 및 과업 환경과 경계를 형성하고 이를 연결하는 고리를 갖는다(Hackman, 1987; Kozlowski and Ilgen, 2006).

집단은 개념적 기준에 따라 여러 유형으로 구분될 수 있는데, 가장 일반적인 구분은 공식집단과 비공식집단이다. 공식집단은 조직이 목표달성을 위해 의도적으로 설계한 집단으로, 명확하게 규정된 과업과 역할을 가지며 조직의 인가를 받아 운영된다. 공식집단 구성원의 행동은 조직의 목표를 달성하는 방향으로 취해진다. 비공식집단은 공식적 구조와는 무관하게 구성원 간의 자발적인 사회적 상호작용을 통해 형성되며, 소속감이나 사회적 욕구 충족과 같은 구성원 각자의 개인적 만족을 위해 자연스럽게 만들어진다. 실제 조직에서는 이 두 유형의 집단이 명확히 구분되기보다는 개념적으로 중첩되며 서로 영향을 주고받으면서 조직 기능과 구성원 행동에 함께 영향을 미친다(Mathieu, Hollenbeck, Knippenberg, and Ilgen, 2017).

집단의 본질적 특성

사회적 상호작용과 발현적 특성

인간은 본질적으로 사회적 존재이며, 다른 사람들과 함께 살아가고 협력하는 과정은 대부분 다양한 형태의 집단을 통해 이루어진다. 집단의 기본적 실체는 집단 내에서 이루어지는 개인 간의 사회적 상호작용에 있으며, 집단의 특성은 개별 구성원들이 지닌 개인적 특성들의 단순한 합이 아니라 구성원 간 상호작용의 과정에서 새롭게 형성되는 발현적emergent 특성이다. 집단은 사회적 상호작용에 의해 규정된다는 점에서 본질적으로 사회적 실체이며, 개인과는 구별되는 개인 외부의 존재로 이해될 수 있다. 또한 집단이 일단 형성되면, 집단 내에서 나타난 규범, 분위기와 같은 집단의 다양한 특성이 다시 개인의 인식, 태도, 행동에 사회적 영향을 미치게 된다.

다층적 구조와 분석 수준

집단은 개별 단위인 개인과는 구별되는 본질적인 다층적multilevel 특성을 가지며, 개인 수준과 조직 수준을 연결하는 중간 수준meso-level의 분석 단위로 기능한다. 이는 집단이 개인 행위자들 간의 직접적인 상호작용이 일어나는 기본 단위이기 때문이다. 구성원들은 상호작용 과정에서 하위 집단subgroup을 형성하기도 하며(Festinger, Schachter, and Back, 1950), 이러한 개인 간 상호작용이 누적되어 집단이 구성되고, 다시 여러 집단이 모여 조직이 형성된다. 이러한 점에서 집단은 개인과 조직을 통합적으로 이해하게 해주는 핵심 개념이자, 조직행동 연구에서 필수적인 분석 단위이다(Manson, 1993).

개인-집단 관계의 이중성

집단은 개인과의 관계에서 이중성duality이라는 본질적 속성을 지닌다. 한편으로 집단은 공통의 이해관계, 개인적 친분, 사회적 지위를 기반으로 개인들이 함께 모이고 상호작용한 결과 형성된 사회적 산물이다. 다른 한편으로 개인은 자신이 속한 여러 집단과의 소속관계affiliation를 통해 정체성을 형성한다. 개인이 어떤 집단에 속해 있으며 그 집단들과 어떤 관계 패턴을 이루고 있는가는 개인의 개성individuality, 독특성uniqueness, 나아가 정체성identity을 규정하는 중요한 기준이 된다(Simmel, 1950). 이처럼 개인과 집단은 서로를 구성하고 영향을 미치는 상호구성적 관계에 있으며, 이 점이 집단을 이해하는 데 중요한 이론적 기반을 제공한다(Breiger, 1974).

집단의 경계와 외부 환경

집단은 외부 환경에 존재하는 다양한 사회적 주체들과 구분되는 명확한 경계를 가진 구조화된 시스템이다. 집단의 경계 밖에는 조직 내부의 다른 팀뿐 아니라 조직 외부의 고객, 이해관계자 등 보다 넓은 환경이 존재한다. 집단은 이러한 외부 환경과의 관계를 관리하기 위해 경계 연결 활동boundary spanning을 수행하며, 이를 통해 정보와 자원을 교환하고 과업 수행에 필요한 협력을 형성한다. 따라서 집단을 이해하기 위해서는 집단 내부의 구조와 상호작용뿐 아니라, 외부 행위자들과의 관계가 집단 기능에 미치는 영향도 함께 고려해야 한다(Ancona, 1993; Marrone, 2010).

집단 연구의 중요성

집단은 개인과 조직을 연결하는 사회적 상호작용의 핵심 단위이기 때문에, 사회현상과 조직 현상을 설명하는 데 필수적인 연구 대상이다. 이러한 이유로 집단은 사회과학 전반과 조직행동 분야에서 오랫동안 중요한 분석 단위로 연구되어왔다. 특히 현대 조직에서는 팀 기반의 상호의존적 과업 수행이 보편화되면서, 집단이 지니는 특성이 개인의 행동과 태도뿐 아니라 조직의 성과와 경쟁력에 직접적인 영향을 미치고 있다. 집단은 한편으로 창의성, 혁신, 학습의 중요한 원천이 되어 조직 성과를 촉진할 수 있지만, 다른 한편으로는 갈등, 의사결정 지연, 무임승차와 같은 비효율을 초래할 위험도 함께 지닌다. 이러한 이중적 가능성 때문에 집단이 언제, 어떤 조건에서 효과적으로 기능하는지를 체계적으로 이해할 필요가 있다.

이 장에서는 먼저 집단 효과성group effectiveness 개념을 중심으로, 집단의 구조와 과정, 그리고 구성원 간 상호작용이 집단 성과와 어떻게 연결되는지를 살펴본다. 이를 통해 집단이 단순히 개인의 집합이 아니라, 고유한 작동 원리를 지닌 사회적 체계임을 이해하고자 한다. 다음으로 최근 조직 환경 변화 속에서 중요성이 크게 부각되고 있는 집단의 다양성diversity에 대해 보다 심층적으로 논의한다. 다양성은 집단의 성과와 창의성뿐 아니라 갈등과 통합 과정까지 전반적으로 영향을 미치는 중요한 개념이 되었기 때문에 이에 대한 정확한 이해가 필요하다. 이어서 이러한 이론적 논의를 바탕으로 집단 특성이 실제 팀제 조직의 운영과 집단 효과성에 어떻게 작용하는지를 살펴보고, 마지막으로 한국 조직의 다양성 현황과 조직의 경쟁우위를 확보하기 위한 다양성 관리 방안을 논의한다. 이를 통해 집단에 대한 이론적 논의가 실제 조직 관리 문제와 어떻게 연결되는지를 종합적으로 제시하고자 한다.

집단의 주요 특성: 구조와 상호작용의 기본 요소

지금까지 많은 연구들이 집단 구성원이나 집단의 성과에 영향을 주는 요인들을 제시했지만, 많은 현실 조직이 팀제 조직구조로 전환한 후에 여러 가지 문제를 경험하고 있으며, 흔히 말하는 고성과 팀high performance team이 목표에만 그치는 경우가 적지 않다. 여기에는 여러 가지 이유가 있겠지만 우리가 집단이 조직 내 개인이나 조직의 특성과 구분되는, 집단 역학의 본질적 특성을, 그래서 팀의 성과를 향상시킬 수 있는 요인에 대해 아직 정확히 모르고 있는 것도 하나의 이유가 될 것이다.

전통적인 IPO 모델에서 IMOI 모델로의 변화

집단 연구에서 중요한 집단 특성을 분류하는 대표적인 모델은 투입-과정-산출(Input-Process-Output, 이하 IPO) 모델이다(McGrath, 1964). 이 모델에서 구성원이 팀 내에서 상호작용을 하기 전에 조건으로 주어진 투입 요인인 집단 구성원의 특성, 과업 특성 등이 집단 과정에 영향을 미치고, 집단 내 구성원 간 상호작용의 결과로 나타나는 과정 요인이 집단 효과성이라는 산출물에 영향을 준다.

투입 요인 중 집단 구성원의 개인적 특성 요인으로는 구성원 개인의 능력, 성격, 역할 분담, 집단 구성의 다양성, 집단 크기 등이 영향을 준다. 과업 특성은 그 집단이 수행하는 과업의 자율성, 기술 다양성, 과업 정체성, 과업 중요성이 그 집단의 효과성에 영향을 준다. 집단 산출에 영향을 주는 과정 요인으로는 구성원이 자기 집단에 대해 갖는 자신감 정도인 집단효능감, 구성원 간의 갈등, 구성원이 자신의 팀에 끌리는 정도 즉 서로의 공동체 의식이라 할 수 있는 응집력 등이 있다. 최종 결과물인 산출

즉 집단의 효과성은 집단 생산성, 집단의 실적에 대한 관리자의 평가, 그리고 집단 구성원들의 자신의 집단에 대한 만족도에 의해 정의된다.

그러나 전통적인 IPO 모델은 집단을 정태적이고 선형적인 체계로 가정함으로써, 시간이 경과함에 따라 변화하고 적응하는 집단의 동태적 특성을 충분히 설명하지 못한다는 비판을 받아왔다. 특히 기존 연구에서는 갈등이나 응집력과 같은 비교적 고정된 상태 변수를 중심으로 집단 과정을 이해해 왔으나, 집단 과정은 단순한 상태나 단일한 행동이 아니라 구성원 간 상호작용을 통해 지속적으로 형성되고 변화하는 행위적이며 발현적인 특성emergent properties으로 이해해야 한다는 주장이 제기되었다(Marks, Mathieu, and Zaccaro, 2001).

이러한 문제의식에 기반하여, 전통적인 과정 개념을 넘어 집단 수준의 정서나 인지와 같은 다양한 요인을 포괄하는 매개 메커니즘mediating mechanisms을 핵심 요소로 강조하는 투입-매개-산출Input-Mediator-Outcome(IMO) 모델이 제시되었다. IMO 모델은 매개 과정에 대한 초점 외에도, 산출이 다시 이후의 투입과 매개 과정에 영향을 미치는 투입-매개-산출-투입(Input-Mediator-Outcome-Input, IMOI)이라는 순환적 구조를 강조함으로써 팀 학습과 적응, 그리고 성과 변화 과정을 보다 현실적으로 설명할 수 있는 이론적 틀로 평가된다(Ilgen, Hollenbeck, Johnson, and Jundt, 2005).

집단 크기: 상호작용을 가능하게 하는 규모

집단의 크기size가 커질수록 구성원은 집단의 의사결정 과정에 참여할 기회가 줄어들고, 다른 구성원과의 의사소통 및 정보 교환이 원활하지 않게 된다. 그 결과 집단에 대한 만족도가 낮아지고, 구성원 간 협조 수준이 떨어지며, 집단의 일에 대한 책임을 회피하려는 경향이 나타날 수 있다. 또한 개인이 혼자 일할 때는 적극적으로 노력하지만 집단으로 일할 때는 누군가 대신 해줄 것이라고 생각하여 목표 달성을 위한 노력을 줄이는 사회적 태만social loafing 현상(Liden, Wayne, Jaworski, and Bennett, 2004)도 집단의 크기가 커질수록 더욱 심화될 가능성이 높다.

집단의 크기와 집단 성과의 관계는 특정한 상황이나 조건에 따라 달라지기도 한다. 크기가 작은 집단이 정해진 기간까지 신속하게 과업을 완수해야 하는 경우에 더 높은 성과를 거두는 반면, 크기가 큰 집단의 경우에는 큰 집단에서 사용 가능한 구성원들의 능력, 지식, 관점 등의 자원을 이용함으로써 복잡한 문제를 해결해야 하는 상황에서 더 높은 성과를 올릴 수 있었다.

연구결과에 따르면 여러 측면에서 가장 효과적인 집단이나 팀의 크기는 5~7명 정도이며, 팀의 크기는 짝수보다는 홀수가 더 좋다고 한다. 팀 내 구성원의 숫자가 짝수이면 의견이 갈려서 의사결정을 할 수 없는 반면, 홀수이면 다수결이라도 집단에서 의사결정이 가능하기 때문이다. 또한 5명에서 7명 정도로 구성된 집단은 집단 구성원들로부터 다양한 의견이나 성과에 대한 투입이 가능할 정도로 충분히 크면서도 소수 구성원에 의한 지배, 무임승차 경향, 의사결정에 많은 시간이 걸리는 등, 흔히 규모가 큰 집단에서 나타나는 부정적인 결과를 피할 수 있을 만큼은 충분히 작다.

집단 규범: 집단 행동의 기준과 사회적 압력

집단 규범norm이란 집단 구성원이 공유하고 있기 때문에 다른 구성원에게도 지키기를 기대하는 행동의 규칙이나 패턴을 뜻한다. 규범이란 어떤 행동이나 태도가 이 집단에서 용인되고, 또 어떤 것이 위반 시에 제재를 받게 되는가를 구성원에게 알려주고 따라서 구성원의 태도나 행동의 준거 틀을 제시한다. 집단 구성원이 규범을 받아들이기로 동의한다면, 규범은 구성원들의 행동에 영향을 미치는 최소한의 통제 수단이 된다. 이러한 규범은 집단 속에서 오랜 기간을 두고 서서히 강화되고 정착되기도 하지만 어떤 규범은 하나의 사건 직후에 갑자기 자리를 잡을 수 있다.

개인들이 집단의 규범에 어떻게 동조하고 따라서 집단의 규범이 어떻게 개인의 행동에 영향을 주는가 하는 것은 한 유명한 연구에서 잘 설명되고 있다. 솔로몬 애쉬Solomon Asch는 [그림 6-1]과 같은 두 개의 카드를 보여주고 실험 대상자가 K와 같은 길이의 선이 A, B, C 선 중에서 어느 것인지 맞추는 실험을 실시했다. 보이는 것처럼 정답이 A라는 것은 너무도 명확했고, 정상적인 상황에서 실험 대상자들은 정답을 선택하는데 오직 1% 미만의 오차만을 보였다. 그러나 애쉬는 7~8명 정도로 된 실험 협조자들과 미리 약속을 하여 실험 대상자의 앞에서 이 사람들이 모두 틀린 답인 B를 말하도록 했다. 결과는 여러 번의 실험에서 실험 대상자의 75%가 적어도 한 번, 58%가 두 번 이상, 틀린 정답이었지만 집단의 규범에 동조하여 B라고 답변하였다. 이런 결과가 발생한 이유는 첫째, 실험 대상자가 불확실하기 때문에 다른 사람의 결정에 더

그림 6-1 솔로몬 애쉬 규범 동조실험

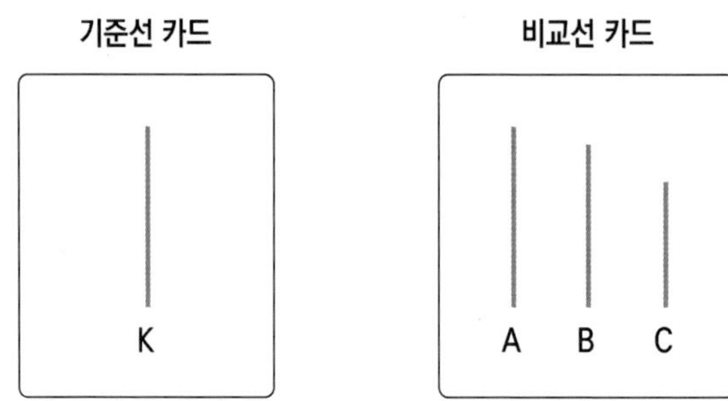

의존하게 되고 자기 눈을 의심한 것이다. 둘째, 실험 대상자가 자신의 결정을 확신했다고 해도 집단으로부터 소외되는 것이 싫었기 때문에 무조건 동조했던 것이다(Asch, 1951).

왜 개인은 집단의 규범에 동조하는가? 집단의 한 개인은 불확실한 상황 속에서 어떻게 처신해야 할지 모를 때 규범을 통해 어떻게 행동해야 하는지를 쉽게 익힐 수 있고, 타인과의 관계를 원활히 하면서 조직에 공헌할 수 있다. 반면, 규범에 동조하지 않을 경우 고립되거나 심리적 불이익을 당할 수도 있기 때문이다. 동시에 규범에 동조할수록 타인들과 함께 집단에 소속되어서 자신의 욕구를 효율적으로 성취할 수 있다.

집단 규범과 성과

조직 내 작업 집단은 일반적으로 집단 구성원들이 얼마나 열심히 일해야 하며, 과업을 어떻게 수행해야 하는지, 생산량과 불량률은 어느 정도여야 하는지 등과 관련된 눈에 보이지 않는 성과 규범을 갖고 있다. 집단의 성과 규범은 높은 집단 성과를 달성하기 위해 구성원이 최선을 다해야 한다는 긍정적인 규범이 있는 반면, 조직 내 대립적인 노사관계나 팀장과 팀원 간의 갈등 때문에 성과 규범이 낮거나 아예 성과에 대한 부정적 규범이 형성될 수도 있다. 이러한 부정적인 성과 규범을 가진 집단에서는 오히려 업무를 열심히 수행하는 소수 구성원을 다수 구성원들이 집단의 규범을 위반한 것으로 간주해 제재하게 될 것이다. 물론 긍정적인 성과 규범을 갖고 있는 집단의 성과가 더 크다.

집단 응집력: 집단을 하나로 묶는 결속의 정도

집단 응집력cohesiveness은 구성원 간의 상호작용과 상호 영향의 정도를 의미한다. 구성원들이 서로 친밀하다고 느끼고 집단에 매력을 느끼거나, 공통의 목표를 이루기 위해 상호 신뢰를 바탕으로 협력하고 단결하고 있다고 인식할수록 집단 응집력은 높아진다. 이러한 응집력은 구성원이 해당 집단에 계속해서 남아 있고자 하는 정도뿐 아니라, 기업 방침 변화와 같은 집단 외부의 영향에 대해 거부하려는 경향으로도 나타난다. 어떤 집단은 구성원이 많은 시간을 함께 지내기 때문에, 집단의 크기가 작아서 많은 상호작용을 촉진시키기 때문에, 아니면 외부로부터의 위협을 함께 겪었기 때문에 응집력이 강할 수 있다.

이러한 응집력은 집단 성과에 중요한 영향을 미치지만, 응집력이 높다고 해서 항상 성과가 향상되는 것은 아니다(Mullen and Copper, 1994). 응집력과 집단 성과의 관계는 집단이 공유하는 과업 관련 성과 규범performance norms에 따라 달라진다. 집단의 성과 규범이 긍정적일 경우, 응집력은 구성원들이 공통의 목표를 향해 협력하고 노력을 결집하도록 만들기 때문에 생산성을 높이는 방향으로 작용한다. 반대로 성과 규범이 부정적일 경우, 응집력이 높은 집단은 오히려 더 큰 성과 저하를 경험하게 된다. 예를 들어, 응집력이 강한 집단이 경영자와 갈등을 겪고 있으며 "열심히 일할 필요가 없다"는 부정적인 성과 규범을 공유하고 있다면, 구성원들은 서로 강하게 동조하며 이러한 규범을 더욱 강화하게 된다. 그 결과 역시 부정적 성과 규범을 가졌지만 응집력이 낮은 집단보다 오히려 성과가 더 낮아질 수 있다. 즉, 응집력이 높다고 해서 모든 집단의 성과가 향상되는 것이 아니라, 그 집단이 갖는 성과 규범의 내용이나 정도에 따라 성과 수준이 달라진다. 또한 이 책 8장의 조직 의사결정에서 자세히 다루겠지만, 응집력이 높은 집단은 극단적으로 비합리적인 선택에도 만장일치로 동조하는 집단사고groupthink 경향으로 인해 대참사 수준의 부정적 결과를 초래할 수도 있다(Janis, 1972).

역할: 집단 내에서 기대되는 행동의 패턴

집단 내에서 구성원이 집단의 목표를 달성하고 자신의 지위를 유지하기 위해 기대되는 행동적 패턴을 총칭하는 것이 역할role이다(Biddle, 1986). 역할의 중요성을 잘 보여주는 사례로 널리 알려진 것이 스탠포드 감옥 실험Stanford Prison Experiment이다(Haney, Banks, and Zimbardo, 1973). 스탠포드대학교 심리학 교수 짐바르도Philip Zimbardo는 1971년 대학원생들을 대상으로 '가상 감옥 체험' 실험을 실시하였다. 그는 강의실을 실제 감옥과 유사하게 개조한 뒤, 지원자들을 무작위로 간수 역할과 죄수 역할로 배정하였다. 간수 역할을 맡은 학생들은 카키색 제복과 선글라스를 착용하고 죄수를 지휘, 감시하도록 지시받았다. 반면 죄수 역할을 맡은 학생들은 체포 상황을 재현한 후 수갑과 포승줄에 묶여 감옥으로 이송되었고, 지문 채취와 신체 검사까지 받으며 죄수의 지위를 부여받았다. 실험이 진행되면서 평범했던 대학원생들은 자신에게 부여된 역할을 빠르게 습득해 행동하기 시작했다. 간수 역할의 학생들은 점차 권위적이고 공격적인 행동을 보였으며, 일부는 과도할 정도로 규율을 강요하거나 죄수를 제압하려 했다. 반면 죄수 역할을 맡은 학생들은 급속히 무기력해지고 복종적인 태도를 보이며 간수의 권위를 인정하게 되었다. 간수들의 강압적 통제 방식이 강화될수록 죄수들은 더 큰 심리적 압박과 병리적 반응을 보이기도 했다. 결국 간수의 과도한 폭력성과 죄수들의 극심한 스트레스 반응이 문제로 부각되면서, 2주간 진행될 예정이었던 실험은 단 6일 만에 중단되었다. 이 실험은 개인의 성격이 크게 다르지 않더라도 부여된 역할과 상황적 압력이 개인의 행동을 극적으로 변화시킬 수 있음을 보여주는 대표적 사례로 꼽힌다.

역할과 관련된 주요 개념

대부분의 사람들은 가정, 조직, 집단 등 다양한 맥락에서 복수의 역할을 수행한다. 집단 내 역할과 관련된 주요 개념 중 첫 번째는 **역할 지각**role perception이다. 이는 특정 상황에서 자신이 어떻게 행동해야 하는지를 개인이 스스로 이해하고 해석하는 방식이다. 동일한 개인이라도 공식적 조직구조에서의 역할, 비공식적 집단 내 역할, 개인적, 사회적 역할에 대해 서로 다른 지각을 가질 수 있으며, 개인 간에도 역할 지각에는 차이가 존재한다. 집단은 구성원이 자신의 역할을 명확히 이해할 수 있도록 지원해야 하며, 이러한 역할의 명료성은 결국 집단 성과 향상으로 이어진다. 두 번째 개념은 **역할 기대**role expectation이다. 이는 다른 사람이 특정 상황에서 그 개인이 어떤 행동을 해야 한다고 생각하는 기대를 의미한다. 구성원들은 이러한 다양한 역할 기대의 영향을 받으며 집단 내에서 행동하게 된다.

그러나 개인이 동시에 여러 역할을 수행하다 보면 서로 충돌하는 요구에 직면할 수 있다. 개인이 특정 역할을 수행하는 것이 다른 역할의 요구를 충족하기 어렵게 만들거나, 서로 모순되는 기대가 부과될 때 역할 갈등role conflict이 발생한다. 역할 갈등은 개인에게 심리적 스트레스를 유발하고 성과를 저해할 수 있으므로, 관리자는 구성원의 역할 갈등을 완화할 수 있는 환경을 조성해야 한다. 또한 개인이 새로운 직무를 맡거나 새로운 집단이나 조직에 들어가면 자신이 무엇을 해야 하는지 명확히 알지 못하는 역할 모호성role ambiguity을 경험할 수 있다. 역할 모호성이 지속되면 직무만족이 감소하고 성과에도 부정적 영향을 미치기 때문에, 관리자는 구성원이 역할 기대와 책임을 명확히 이해해서 역할 모호성을 줄일 수 있도록 정보와 지침을 제공해야 한다.

집단 학습: 상호작용을 통한 지식의 공유와 축적

조직구조가 점차 팀 중심으로 변화하면서, 많은 조직에서 팀은 전략 수립, 신제품 개발과 생산, 조직 문제 해결 등 핵심적 과업을 수행하는 기본 단위가 되고 있다. 혁신과 성과 향상의 기반이 되는 조직학습organizational learning 역시 팀 수준에서의 학습 능력에 크게 의존하게 되었으며, 이에 따라 팀이 어떻게 학습하고 팀 학습을 가능하게 하는 요인이 무엇인지에 대한 이해가 점점 더 중요해지고 있다. 집단 학습group learning은 집단 내 구성원들이 상호작용을 통해 지식을 공유하고 저장하며 전환하여, 새로운 지식을 창출하고 집단 차원의 과업 수행 능력을 향상시키는 과정을 의미한다. 집단 학습은 크게 두 가지 관점에서 논의된다. 하나는 구성원들이 의사소통과 조정을 통해 집단 차원의 지식 구조를 형성하고, 이를 바탕으로 집단이 수행해야 하는 상호의존적 과업을 점차 숙달해 나가는 과업 학습task mastery에 초점을 두는 관점이다. 다른 하나는 구성원 간 상호작용을 통해 형성되는 인지적, 행동적 특성에 주목하여, 집단 수준의 사고방식과 상호작용 패턴이 어떻게 학습을 가능하게 하는지를 설명하는 관점이다(Edmondson, Dillon, and Roloff, 2009). 이제 이러한 집단 학습에 대한 대표적인 이론적 논의들을 보다 구체적으로 살펴보겠다.

팀 멘탈 모델: 집단 구성원 간의 공유된 이해 틀

팀이 복잡한 문제를 해결하고 높은 성과를 달성하기 위해서는 구성원 간 효과적인 협업을 가능하게 하는 공유된 인지 구조가 필요하다. **팀 멘탈 모델**Team Mental Model(이하 TMM)은 팀과 관련된 환경의 핵심 요소에 대해 팀원들이 공유하는 지식으로, 관련 정보에 대한 체계적이고 조직화된 이해를 바탕으로 형성된 팀 수준의 인지적 지식 구조를 의미한다(Cannon-Bowers, Salas, and Converse, 1993; Klimoski and Mohammed, 1994). TMM은 팀원들이 정보를 유사한 방식으로 해석하고, 미래 상황에 대해 공통된 기대와 예측을 가지며, 현재 사건의 원인에 대해 일관된 인과적 설명을 발전시키는 등 다양한 기능을 수행한다. 다시 말해, TMM이 잘 발달한 팀은 '무슨 일이 벌어지고 있는지', '앞으로 어떤 일이 발생할 가능성이 있는지', '왜 그런 일이 일어나는지'에 대해 공통된 관점을 가진다.

이러한 공통된 인지 구조는 팀이 문제를 해결하는 과정에서 무엇을 예상하고, 어떤 자원이 필요한지 판단하며, 현재 상황을 해석하는 데 있어 팀원 간 유사한 사고방식을 가능하게 한다. 이를 통해 팀은 업무 요구에 맞추어 행동과 작업 절차를 더 효과적으로 조정하고, 의사결정 과정의 질을 향상시켜 팀의 전반적 효과성을 높일 수 있다(Mohammed, Ferzandi, and Hamilton, 2010). TMM 연구는 팀 구성원들이 업무 절차, 역할과 책임, 상호의존성, 의사소통 패턴, 팀원의 기술과 선호도 등에 대해 유사한 지식 구조를 공유할 때, 그렇지 않은 팀보다 높은 팀 효과성을 보인다는 점을 강조한다. 즉, TMM은 팀이 복잡한 과제를 수행하는 데 필요한 인지적 기반을 제공하는 핵심 메커니즘으로 평가된다.

팀 분산 교류 기억: 분업화된 지식의 인지적 조정 메커니즘

팀 인지 구조 연구의 대표적 개념 중 하나인 팀 분산 교류 기억Transactive Memory System(이하 TMS)은 팀 구성원들이 각자 보유한 지식과, 누가 무엇을 알고 있는지에 대한 인식이 결합된 팀 수준의 인지 체계를 의미한다. TMS는 과업 수행 과정에서 정보의 분배와 할당을 통해 형성되며, 그 결과 구성원들은 자신의 전문 분야를 보다 심화시키고 팀 전체에 유용한 차별화된 지식 구조를 갖추게 된다. 이러한 지식의 전문화는 개인의 인지적 부하를 감소시키고, 팀 구성원들이 개별 능력만으로는 접근하기 어려운 확장된 지식 영역에 접근할 수 있도록 도와준다. 또한 팀 차원에서 중복된 노력을 줄이고, 팀이 보유하는 정보의 양과 질을 향상시킨다(Wegner, 1987). 높은 수준의 TMS가 구축된 팀에서는 구성원들이 서로의 전문성을 효율적으로 활용하며, 개인의 기억 수준을 뛰어넘는 더 크고 복잡한 집단 지식 체계를 형성하게 된다.

실증 연구 역시 TMS가 잘 발달된 팀이 그렇지 않은 팀보다 과업을 더 정확하게 수행하고, 전반적 성과에서도 우수한 결과를 나타낸다는 점을 보여준다(Ren and Argote, 2011). 즉, 구성원들이 팀 내 누가 전문가인지, 어떤 정보가 누구에게 있는지를 알고 있을 때, 더 적절한 의사결정을 내릴 수 있으며 팀의 성과 또한 향상된다. 이는 팀 내 전문성 인식이 문제 해결, 역할 배분, 적시 대응 등 실제 작업 과정에서 중요한 기능을 수행함을 의미한다.

TMS는 일반적으로 다음 네 가지 차원으로 구성되는데, 집단 지식 총량knowledge stock, 지식 출처에 대한 합의agreement on knowledge sources, 전문 지식의 전문화specialization of expertise, 지식 식별의 정확성accuracy of knowledge identification이다(Austin, 2003). 집단 지식 총량은 구성원 각자가 보유한 지식을 합한 것으로, 팀이 전체적으로 얼마나 많은 지식을 보유하고 있는지를 의미한다. 이는 팀의 잠재적 문제 해결 능력과 혁신 역량을 결정하는 기본적 요소가 된다. 지식 출처에 대한 합의는 구성원들이 누가 어떤 지식을 보유하고 있는지에 대해 어느 정도 일치된 인식을 갖고 있는지를 의미한다. 다시 말해, 팀 내 지식이 어떻게 분배되어 있는지에 대한 공유된 이해의 정도이다.

전문 지식의 전문화는 각 집단 구성원이 서로 다른 전문 영역에서 깊이 있는 지식 기반을 갖추는 것을 의미한다. 구성원들이 자신의 전문 분야에서 고유한 지식과 기술을 확보하면, 그들은 자신의 역할을 넘어 다양한 정보에 더 쉽게 접근할 수 있어 전문성을 확장할 수 있다. 이는 팀원 개개인의 인지적 부담을 줄이고, 중복되는 노력을 방지하여, 집단이 각 구성원의 역량을 더 효과적으로 활용하도록 돕는다. 더불어 집단이 여러 전문 영역의 구성원들로 이루어져 있을 경우, 서로의 전문성을 보다 명확하게 식별할 수 있게 되며, 이는 지식 출처에 대한 합의와 지식 식별의 정확성을 높이는 데 기여한다. 지식 식별의 정확성은 구성원이 다른 팀원이 어떤 지식을 실제로 보유하고 있는지를 얼마나 정확하게 파악하고 있는지를 의미한다. 구성원들이 서로의 전문성을 정확하게 인식하고 있어야, 필요한 상황에서 적절한 사람에게 과업을 배분할 수 있으며 문제가 발생했을 때 가장 적합한 전문가가 개입할 수 있게 된다.

심리적 안전감: 학습과 발언을 가능하게 하는 집단 조건

집단 의사결정 과정에서 활발한 토론을 통해 창의적이고 혁신적인 아이디어를 이끌어내기 위해서는 구성원들이 두려움 없이 자유롭게 의견을 표현할 수 있는 분위기를 조성하는 것이 중요하다(Kahn, 1990). 이러한 심리적 기반을 설명하는 개념이 심리적 안전감psychological safety이다. 이 개념을 이론적으로 체계화한 에드먼슨Amy Edmondson은 심리적 안전감을 집단 내 대인 관계에서 위험을 감수하는 행동이 초래할 수 있는 결과에 대한 인식이라고 정의하였다(Edmondson, 1999). 즉, 집단 구성원들이 질문을 하거나 오류를 보고하고, 새로운 아이디어나 의견을 제시하는 과정에서 자신의 이미지, 지위, 혹은 경력에 생길 수 있는 부정적 결과에 대한 두려움 없이 자신을 드러낼 수 있다고 믿는 공유된 신념이다. 구성원들이 도움을 요청하는 것이 어렵지 않고, 의견 차이를 자유롭게 표현할 수 있으며, 실수를 해도 비난받지 않는다고 공통적으로 느낄수록 그 집단의 심리적 안전감은 높다고 할 수 있다. 심리적 안전감은 개인 차원이 아닌 집단 차원의 공유된 인식이며, 구성원들이 위험을 감수해도 안전하다고 믿는 집단 분위기다.

에드먼슨은 병원 조직을 대상으로 한 자신의 연구 경험을 통해 심리적 안전감 개념의 핵심 아이디어를 얻었다고 설명한다. 일반적으로 팀워크가 뛰어난 팀은 실수나 의료 과실이 적을 것이라고 예상할 수 있으나, 실증 연구에서는 오히려 팀워크가 좋은 팀일수록 더 많은 실수를 보고하는 것으로 나타났다. 후속 심층 인터뷰 결과, 이는 팀워크가 좋은 팀의 구성원들이 실수를 숨기지 않고 더욱 적극적으로 보고하며, 의료 과실의 위험성과 예방 방법에 대해 더 개방적으로 토론하기 때문이라는 사실이 밝혀졌다. 즉, 보고된 실수의 양이 단순히 발생한 실수의 양이 아니라 공개적으로 드러나는 실수의 양이었던 것이다. 이러한 행동은 장기적으로 더 큰 의료 사고를 예방하는 데 기여하였다.

구성원이 자신의 팀에 대해 높은 심리적 안전감을 가지면, 동료가 자신의 의견을 거절하거나 불편해하거나 비난할 것이라는 두려움 없이 업무 개선을 위한 아이디어와 정보를 더 적극적으로 제기하고 공유하게 된다(에드먼슨, 2019).

실제로 심리적 안전감이 높은 집단에서는 구성원들이 신제품 개발과 같은 공동 과업을 수행하기 위해 자발적이고 주도적으로 행동하며, 지식 공유와 제안 활동에도 활발히 참여한다. 연구 결과 역시 심리적 안전감이 확산적 사고divergent thinking, 창의성, 위험 감수, 학습 참여를 촉진하여 팀과 조직의 성과를 향상시킨다는 점을 보여준다(Edmondson and Lei, 2014). 또한 심리적 안전감은 최근 구글의 "완벽한 팀을 찾기 위한 프로젝트Project Aristotle"에서도 팀 효과성을 설명하는 핵심 요소로 확인되며 대중적 관심을 받았다(New York Times Magazine, 2016).

집단 외부 활동: 집단과 환경을 연결하는 경계 활동

지금까지 살펴본 집단에 대한 논의는 주로 집단 내부의 특성에 초점을 두어 왔지만, 집단은 조직 내 다른 실체들과 구분되는 명확한 경계를 갖고 있다는 점이 중요하다. 집단은 이러한 경계를 넘어서 조직 내 다른 집단 및 개인과 다양한 사회적 관계를 형성하며, 이러한 대외적 관계는 집단의 특성과 효과성에 직접적인 영향을 미친다. 집단 외부 활동은 대체로 집단 리더에 의해 수행되지만, 구성원들 역시 조직 내 다른 부서 사람들과 지속적으로 상호작용하기 때문에 자연스럽게 외부 지향적 활동에 참여하게 된다.

집단 외부 활동의 유형

집단의 외부 지향적 활동과 관련하여 여러 유형의 개념이 제시되어 왔다. 외교관ambassador 활동은 구성원이 외부 이해관계자와 소통하여 필요한 자원과 지원을 요청하고 확보하며, 집단을 외부에 정당화하고 외부로부터의 영향이나 압력을 완화하는 등 집단을 보호하는 정치적 활동을 의미한다. 이는 주로 조직의 경영층과 같이 수직적으로 연결된 외부 구성원과의 관계에서 이루어진다. 업무조정자task coordinator 활동은 조직 내 다른 팀과 같이 수평적으로 연결된 외부 구성원과의 관계에서 발생하며, 공동 업무 과정에서 생기는 작업 흐름, 기술적 문제, 피드백 등을 논의하고 조정하고 협상하는 활동을 포함한다. 그리고 정보탐색자scout 활동은 시장 상황, 경쟁자 동향, 기술 변화 추세와 같은 외부 환경 정보를 탐색하고 분석하여 집단 내부로 전달하는 정보 수집 기능을 수행하는 것이다(Ancona, 1992).

경계 연결 활동

집단의 외부 활동은 조직 연구에서 오랫동안 논의되어 온 경계 연결 활동boundary spanning의 핵심을 이룬다. 경계 연결 활동 연구는 조직이 외부와 어떻게 연결되고, 외부 정보가 어떻게 조직 내부로 유입되며, 이러한 외부 네트워크가 조직과 개인의 행동과 성과에 어떠한 영향을 미치는지에 초점을 맞춘다. 이는 외부 구성원과의 관계가 지식 획득, 자원 확보, 혁신 창출에 있어 결정적 역할을 한다는 점을 강조한다(Tushman, 1977). 경계 연결 활동은 어떤 조직 실체의 내부와 외부를 동시에 연결한다는 점에서 본질적으로 이중성duality을 지닌다. 한편으로 경계 연결은 외부의 새로운 정보와 자원을 집단 내부로 가져와 혁신과 학습을 촉진하는 긍정적 효과를 가진다. 그러나 다른 한편으로는 외부에서 유입된 정보가 집단의 안정성을 해치거나 혼란을 초래할 수 있으며, 집단 내부의 정보나 자원이 외부로 유출되는 부정적 결과를 낳을 수도 있다.

이러한 경계 연결의 이중성은 경계 연결 활동을 수행하는 경계 연결자에 대한 영향에도 적용된다. 경계 연결자boundary spanner는 조직 경계에 위치해서 외부로부터 오는 정보를 거르는 동시에 이를 내부에 전달하는 역할을 하며, 자신이 속한 조직 외부에 있는 구성원과 의미 있는 상호작용을 하고, 갈등을 관리하고 조정하는 역할을 담당한다(Richter, West, Van Dick, and Dawson, 2006). 경계 관리자는 집단 외부의 네트워크를 통해 집단의 경계를 자유롭게 넘나들며, 집단 내 다른 사람들은 접근할 수 없는 새롭고 다양한 지식과 기술을 확보하고 이를 집단에 제공하기 때문에 조직 내 지위와 영향력, 권력이 커지는 이점을 가진다. 반면 종종 자신이 속한 집단 내부의 구성원과 자신과 사회적 관계로 연결되어 있는 집단 외부 구성원 간의 상충되는 요구, 기대, 압력 때문에 역할 과부하, 갈등, 모호성을 경험하게 된다(Marrone, Tesluk, and Carson, 2007). 경계 연결자는 본질적으로 이중 정체성과 자아 개념의 딜레마를 갖게 된다. 자신이 속한 집단의 구성원이기 때문에 집단과 강한 동일시를 하지만 동시에 경계를 설정하고 유지하는 개인은 집단 외부에 있는 다른 조직 구성원과 사회적 관계를 갖기 때문에 조직에도 강하게 동일시할 수 있다.

다양성의 중요성

앞 절에서 살펴본 집단 구조와 과정, 상호작용의 중요성에 대한 논의는 자연스럽게 집단을 구성하는 사람들의 차이가 집단에 어떤 의미를 갖는가라는 질문으로 이어진다. 이러한 맥락에서 집단 다양성diversity은 집단 성과에 영향을 미치는 가장 중요한 집단 특성 중 하나로 주목되어 왔다.

조직에서 팀을 활용하는 가장 핵심적인 이유는 여러 구성원이 보유한 서로 다른 지식, 경험, 관점이 집단 의사결정 과정에 반영될 수 있기 때문이다. 다양한 배경을 지닌 구성원으로 이루어진 집단은 개인이 혼자서는 도달하기 어려운 수준의 정보 처리와 문제 해결을 가능하게 하며, 이는 집단 의사결정이 개인 의사결정보다 효과적일 수 있는 이론적 근거로 제시되어 왔다. 그러나 동시에 이러한 차이는 집단 내 갈등, 분열, 의사소통의 어려움을 초래할 위험도 내포하고 있다.

이처럼 다양성은 집단 성과에 대해 잠재적으로 긍정적 자원이 될 수도 있고, 부정적 요인이 될 수도 있는 양면적 특성을 지닌다. 이에 따라 조직행동 연구에서는 다양성과 성과의 관계를 둘러싼 이론적 논쟁이 진개되어 왔으며, 그 효과가 언제, 어떤 조건에서 나타나는지를 설명하려는 다양한 접근이 시도되었다. 또한 연구의 초점은 집단 수준의 다양성 효과를 넘어, 집단 내 개인이 상대적으로 얼마나 다른 존재로 위치하는지가 개인의 태도와 행동에 미치는 영향으로 확장되었다. 더 나아가 다양성이 무엇을 의미하는지, 어떤 종류의 차이가 집단 역학에 중요한지를 구분하려는 개념적 정교화도 이루어졌다. 이하에서는 이러한 문제의식을 바탕으로, 다양성과 집단 성과의 관계에 대한 주요 이론적 논의, 다양성 효과를 설명하는 구조적 메커니즘, 개인 수준에서의 다양성 경험, 그리고 다양성과 갈등의 관계를 체계적으로 살펴보고자 한다(Joshi and Neely, 2018).

다양성-성과 논쟁

집단 다양성에 대한 지금까지의 실증연구는 일관되지 않은 결과를 보여주고 있는데, 이는 다양성이 본질적으로 긍정적인 측면과 부정적인 측면이라는 양면성을 갖고 있기 때문이다(Roberson, 2019). 다양성의 부정적 측면에 대한 이론적 견해는 사회정체성 이론social identity theory(Tajfel, 1978), 사회범주화 이론social categorization theory, 그리고 유사성－매력 이론the similarity-attraction paradigm에 기반하고 있다(Ashforth and Mael, 1989; Tajfel and Turner 1979). 사회정체성 이론은 사람이 자신이 특정 사회적 집단에 소속되고 그 집단과 연결된 가치관을 갖고 있다는 사실을 스스로 알고 있으며 자신을 그 집단과 동일시하는 것을 의미한다(Turner, 1982). 사회범주화 이론은 사람이 유사한 특성을 가진 사회적 집단을 구분하고 다른 사람들을 특정 사회적 집단의 일원으로 분류하여 이해하는 것을 말한다. 그리고 유사성-매력 이론에 따르면, 사람은 자신과 여러 특성 면에서 비슷한 사람들에게 매력을 느끼기 쉽다는 것이다(Byrne, 1971).

이 이론들에 따르면, 사람은 다른 사람과의 사회적 비교social comparison를 통해 스스로의 자존감을 유지하고 향상시키고자 하는 욕구를 갖고 있다. 사회적 비교는 본인이 속한 사회적 범주social category 및 집단, 예를 들어 성별, 나이, 인종 등 인구통계적 속성으로 대표되는 관계적 특성과 업무 배경, 교육 배경 등의 과업 관련 특성에 근거하여 이루어진다. 사람은 집단 구분 과정에서 다른 집단 구성원 중 자신과 유사한 특성을 갖는 사람들을 내집단in-group으로 구분하는데, 내집단 구성원을 더 좋아하고 신뢰하며 우호적인 태도를 보이고 협력하려고 한다. 반면, 자신이 동일시하는 사회적 집단에 속하지 않는 사람은 외집단out-group으로 구분하여, 그들에 대한 편견, 차별, 이질감 등의 태도를 갖고 부정적인 행동을 보이게 된다(Tajfel, 1982). 이 이론들에 따르면 다양한 구성원들로 이루어진 팀은 다른 가치관 및 경험을 가진 다른 구성원에게 부정적인 편견과 선입견, 태도 등을 가질 수 있고, 이는 팀 내 사회적 상호작용과 의사소통을 방해하며, 구성원 간 갈등을 증가시켜서 팀 성과를 떨어뜨리는 결과를 초래할 수 있다.

다른 연구자들은 반대로 이질적인heterogeneous 구성원으로 이루어진 집단의 성과가 더 높게 나타난다는 연구결과를 제시하였다. 다양성이 큰 집단은 문제를 해결하는 과정에서 서로 다른 구성원 간의 다양한 관점과 견해에 대해 논의하고 또 집단사고에 빠질 위험도 상대적으로 적어지기 때문이다. 다양성의 긍정적인 측면에 대한 논의는 주로 정보·의사결정 관점에 근거를 두고 있다. 이 관점에 따르면 다양한 구성원으로 이루어진 집단은 서로 중복되지 않는 다양한 기술, 지식, 정보를 보유하고 있고, 과업에 대한 서로 다른 견해와 관점을 가지고 있기 때문에 서로 간의 토론을 통해 보다 창의적이고 혁신적인 아이디어를 도출해낼 수 있어서 집단의 성과를 높일 수 있다는 것이다.

다양성과 집단 성과의 관계에 대한 두 관점이 대립적이지 않고, 어떤 한 관점이 맞다고 볼 수 없으며, 이 관계는 여러 상황적 요인에 따라 달라진다는 주장도 있다. 동질적인 구성원으로 이루어진 집단이 이질적인 구성원으로 이루어진 집단보다 데드라인이 정해진 과업을 빨리 완수해야 하는 경우에는 더 높은 성과를 보인다. 그러나 지금까지 본 적이 없는 새롭고, 복잡한 문제를 해결하거나 좀 더 창의성이 요구되는 과업을 수행하는 경우에는 다양성이 높은 집단이 더 효과적이라는 것이다. 다양성이 성과에 미치는 영향에 대한 이론적, 실증적 논쟁이 계속되면서 다양성 개념을 여러 측면에서 새롭게 보려는 이론적 논의들이 시도되었다(Jackson and Joshi, 2011).

다양성 효과에 대한 구조적 접근: 집단 분단선

다양성 연구는 오래 지속되어왔지만 여전히 성과에 대한 부정적인 영향과 긍정적인 영향을 보이는 혼재된 결과를 보여주고 있다. 이를 해결하기 위한 새로운 관점 중 하나가 집단 다양성을 평가할 때 여러 특성을 한꺼번에 고려해야 한다는 것이다. 집단 다양성에서 특정한 속성의 구성compositional 비율에 따라 집단 구성원이 다양한지 동질적인지를 구분하는데, 중요한 것은 구성 비율 자체가 아니라 이 구성 비율이 구성원의 상호작용에 영향을 주는 구조적 특성이라는 점이다. 구성원은 자신과 비슷한 특성을 갖는 사람에게 호감을 가져서 상호작용을 하려 하지만 자신과 다른 사람에게는 편견을 가지게 되어 상호작용을 하지 않거나 부정적인 행동을 하게 되는 것이다.

그러나 사람이 자신이 소속되어 있다고 생각하고 자신을 동일시하는 사회정체성은 하나가 아닌 여러 사회적 집단에 의해 동시에 규정될 수 있다. 그런데 지금까지 다양성 연구는 구성원이 갖는 성별, 나이, 인종, 교육 정도 등과 같은 여러 사회적 특성을 결합해서 보지 않고 개별 특성에 의한 다양성을 살펴보았다. 즉, 팀에서 한 팀원이 다른 팀원을 자신과 비슷하다고 생각해서 호의를 가지고 사회적 관계를 갖는 데 영향을 주는 것은 특정한 사회적 특성이 아니라 여러 사회적 특성들이 결합된 구조적 특성이다. 예를 들어 내가 팀에서 성별 측면에서는 다수 집단에 속할 수 있지만 나이라는 사회적 특성 측면에서는 소수자일 수 있는 것이다(Thatcher and Patel, 2012).

집단 분단선faultline은 두 가지 이상의 인구통계적 특성을 동시에 고려해 구성원을

그림 6-2 집단 분단선 예

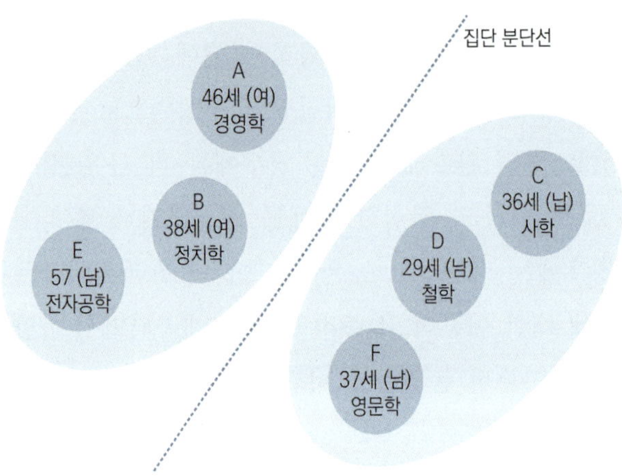

상대적으로 비슷한 특성을 공유하는 하위 집단들로 나누는 가상의 구분선을 뜻한다(Lau and Murnighan, 1998). 한 집단에서 여러 사회적 특성 측면에서 비슷한 특징을 함께 가진 구성원들끼리 서로 상호작용을 하는 하위 집단을 형성하고 있고, 가상의 집단 분단선이 이 하위 집단들을 나누고 있다고 본다. 여러 사회적 특성들이 어떻게 구성되고 배열되는가에 의해 새로운 집단 다양성 개념인 집단 분단선이 결정되고 이것이 집단 성과에 영향을 준다는 것이다.

예를 들어 한 팀에 40대 경영학 전공 여성 A, 30대 정치학 전공 여성 B, 30대 사학 전공 남성 C, 20대 철학 전공 남성 D, 50대 전자공학 전공 남성 E, 30대 영문학 전공 남성 F가 있다. 이 팀의 다양성을 성별, 나이, 전공이라는 개별 사회적 특성으로 평가하는 것이 아니라 이 세 가지 사회적 특성을 동시에 고려한다면 이 팀은 대략적으로 20~30대 나이, 인문학과 어학 전공, 남성이라는 특성 면에서 유사한 C, D, F와 30~50대 나이, 사회과학과 공학 전공, 여성이라는 특성 면에서 유사한 A, B, E라는 두 개의 하위 집단으로 나누어져 있다고 할 수 있다. 이 두 하위 집단의 사회적 특성은 일부 겹치기는 하지만 상대적으로 뚜렷하게 구분되기 때문에 이 팀의 집단 분단선 강도는 상대적으로 크다.

집단 내 사회적 특성의 동질성과 그 특성의 현저성salience에 따라 하나의 집단 안에는 여러 개의 집단 분단선이 형성될 수 있다. 특정 하위 집단 내부에서 구성원들이 공유하는 사회적 특성의 동질성이 높고, 다른 하위 집단과의 차이가 클수록 집단 분단선의 강도는 커진다고 할 수 있다. 집단 분단선 강도가 큰 경우, 하위 집단 간에는 집단 전체의 목표나 비전에 대해 서로 다른 인식이 형성되기 쉽고, 그 결과 과업 갈등과 관계 갈등이 증가하게 된다. 이러한 갈등은 집단 통합을 약화시키며, 궁극적으로 집단 전체의 과업 성과를 떨어뜨리게 된다(Li and Hambrick, 2005).

다양성의 개인 수준 효과: 관계적 인구통계 접근

다양성은 주로 집단 수준의 특성과 성과에 대한 논의이지만 다양성이 개인에게 미치는 영향에 대한 논의는 관계적 인구통계relational demography 연구로 이루어졌다. 집단 내 개인이 성별, 인종, 나이 같은 인구통계적 특성 측면에서 집단 내 다른 구성원들과 비교했을 때 그 개인이 가지는 상대적인 차이나 거리를 비유사성dissimilarity이라고 한다. 비유사성은 개인이 집단에 자신을 동일시하는데 부정적 영향을 주게 되고, 타인과의 비유사성이 클수록 조직몰입, 이직의도와 같은 개인의 태도나 행동에 부정적인 영향을 준다(Riordan, 2000; Tsui, Egan, and O'Reilly, 2002).

개인들 간의 상호작용은 그들이 속한 구조의 특징에 의해 결정되는데, 나와 다른 속성을 가진 사람들의 상대적 비율은 상호작용에 영향을 미치는 중요한 구조적 특성이다. 집단에서 개인과 다른 특정 속성을 가진 구성원의 비율이 커질수록 그 개인이 소수자라는 것이 더 현저하게 나타나게 되고 소수자에 대한 차별적 요소가 발생할 가능성이 높아진다. 집단에서 개인의 태도나 행동에 영향을 주는 것은 개인이 갖는 인구통계적 특징 그 자체보다는 지속적인 상호작용을 하는 집단 내 다른 구성원과의 인구통계적 특성의 상대적 차이인 것이다. 예를 들어 남성과 여성이라는 특징 자체보다는, 집단 구성원 다수가 남성이어서 여성인 개인이 소수 위치에 있을 때와 구성원 다수가 여성이어서 여성인 개인이 같은 다수 집단에 속할 때 그 개인의 행동이 달라지게 된다는 것이다(Guillaume, Brodbeck, and Riketta, 2012).

다양성의 유형과 의미

표면적 다양성과 심층적 다양성

우리가 다양성을 생각하면 흔히 성별, 인종, 나이처럼 눈에 쉽게 띄는 특성을 먼저 생각한다. 그러나 다양성의 핵심은 사람들이 서로를 유사하다고 인식하는지, 혹은 다르다고 인식하는지에 따라 상호작용 방식이 달라진다는 점에 있다. 그렇다면 인구통계적 특성 외에도 다양성 역학에 영향을 주는 다양한 속성이 존재할 수 있다.

먼저, 성별, 인종, 민족, 나이와 같이 쉽게 파악할 수 있는 인구통계적 특성에서 비롯되는 차이를 표면적 다양성surface-level diversity이라고 한다. 이러한 특성 자체가 개인의 사고나 감정을 직접적으로 반영하지는 않지만, 성별, 인종, 나이 등의 표면적 다양성은 사회적으로 형성된 고정관념과 편견을 자극해 차별을 유발할 수 있다.

반면 심층적 다양성deep-level diversity은 가치관, 성격, 태도 등과 같이 외형상 쉽게 드러나지 않는 특성을 의미한다. 이러한 속성은 시간이 지나 상호작용이 누적되면서 비로소 파악할 수 있는 특성들이며, 구성원 간 상호작용이 지속될수록 그 영향력이 점차 커진다(Harrison, Price, Gavin, and Florey, 2002).

조직에서 사람들이 처음 만나는 시점에는 주로 눈에 띄는 표면적 다양성이 판단의 기준이 된다. 이는 상대방에 대한 정보가 부족한 초기 단계에서 사람들은 성별, 인종, 나이와 같이 쉽게 눈에 띄는 단서에 의존해 상대를 분류하고 고정관념에 기반한 판단을 내리기 때문이다. 그러나 시간이 흐르고 상호작용이 증가함에 따라, 사람들은 상대방의 인구통계적 특성보다는 성격, 태도, 가치관 등 자신과의 심층적 유사성을 더 중요한 판단 기준으로 삼게 된다. 즉, 초기에는 표면적 다양성이, 장기적으로는 심층적 다양성이 집단 내 사회적 관계와 상호작용에 더 큰 영향을 미치게 된다.

격차, 분리, 다양함

기존 연구들은 집단 다양성을 이질성heterogeneity이나 다양함variety의 관점에서만 고려해 왔는데, 다르다 또는 차이가 있다는 뜻인 다양성이 내포하는 의미는 매우 다를 수 있어서 다양성을 한 가지가 아니라 격차disparity, 분리separation, 다양함variety의 세 가지로 나누어서 해석해야 한다는 주장이 있다(Harrison and Klein, 2007). 격차는 구성원 간에 사회적으로 가치 있는 자원을 보유한 비율의 수직적 차이를 의미하며, 소수에게 가치 있는 자원이 집중되고 사회적 자원의 집중도가 불균형을 이루는 것을 나타낸다. 일부 구성원이 특권을 누리고, 수직적 차이로 인해 불평등이 생기며, 이로 인해 발생하는 차별에 대한 설명을 가능하게 한다. 격차 다양성의 요소는 명성, 사회적 지위, 사회적 권력, 수입, 의사결정 권한 등이다. 예를 들어 팀원들이 직급이나 명성, 사회적 지위 면에서 다른 태스크포스팀을 생각해보자. 한 팀원이 팀이 수행해야 하는 과업 관련 지식이 많은 것으로 회사 내에서 명성이 높은 반면, 나머지 팀원들은 관련 지식 면에서 부족하다. 이 팀은 사회적 자원의 불균형과 연관된 격차 의미의 다양성을 갖고 있고 구성원 간 상호작용에서 불평등이 발생할 수 있다.

분리는 단위 구성원들이 의견, 신념, 가치 및 태도의 차이를 나타내는 단일 연속선상에서 수평적 거리를 두고 좌우 측면으로 나뉘어 있는 의견 불일치 또는 반대 상황을 반영한다. 분리를 의미하는 다양성은 서로 간의 갈등, 불신을 야기하고, 집단 응집력을 감소시켜서 집단 성과를 저하시킬 수 있다. 예를 들어 구성원들이 문제 해결의 방향에 대해 두 개의 서로 다른 의견으로 나누어 대립하는 팀을 생각해보자. 이 팀은 분리 의미의 다양성을 보이고 있다.

다양함은 단위 구성원이 갖는 관련 지식과 경험의 종류, 원천 및 범주의 차이, 또는 개별 구성원이 갖는 고유하거나 차별적인 정보를 의미한다. 집단이 이런 의미의 다양성을 가진 구성원으로 이루어져 있으면 복잡한 문제를 해결할 때 다양한 지식과 관점이 논의과정에서 공유되고, 더 많고 다양한 대안들이 고려될 수 있다. 결과적으로 집단의 창의성이 향상되고 혁신이 이루어지며, 유연성이 증가해서 의사결정의 질이 향상될 수 있다. 예를 들어 신제품 개발을 위해 마케팅, 영업, 생산, 인사, 회계와 같은 회사 내 여러 기능 부서에서 온 팀원들로 구성된 태스크포스팀이 있다. 서로 다른 업무 기능 분야가 다양함 측면의 다양성을 반영하고 있으며, 다양한 기능 분야 전문성을 활용해 혁신적인 성과를 내는 데 도움이 될 수 있다.

다양성이라는 개념의 분류와 해석은 집단다양성 연구에 보다 정교하고 흥미로운 기회를 제공하고 있고, 다양성을 연구하는 데 있어 각각의 속성들에 적합한 이해와 해석이 선행되어야 함을 시사하고 있다. 다양성을 맥락에 따라 적합한 의미로 해석하는 것이 바람직하다는 제언을 하고 있는 것이다.

다양성과 갈등

지금까지 이질적이고 다양한 구성원들로 이루어진 집단의 가장 큰 문제점으로 지적되어 왔던 것은 이러한 다양성이 높은 집단이 동질적인 구성원들로 이루어진 집단보다 구성원들 간의 갈등이 생길 가능성이 높다는 점이다. 그렇다면 우리는 조직 내 갈등에 대해 어떻게 인식하고 이러한 갈등을 어떻게 관리해야 하는가?

조직 내 개인 간 및 집단 간 갈등에 대한 전통적인 관점은 갈등을 본질적으로 부정적인 현상으로 간주하였다. 이 관점에서는 모든 형태의 갈등이 조직 구성원 간의 불신과 폐쇄적인 관계를 초래하고, 관리자의 권위를 약화시키며, 궁극적으로 조직 성과에 부정적인 영향을 미친다고 보았다. 따라서 조직 내에서는 가능한 한 갈등을 예방해야 하며, 갈등이 발생할 경우에는 신속히 해소해야 한다는 것이 지배적인 인식이었다.

그러나 최근 들어 조직 내 갈등은 완전히 회피할 수 없는 현상이라는 인식이 확산되면서, 조직은 갈등의 존재를 자연스러운 것으로 받아들이고 이를 효과적으로 관리하는 역량을 갖추어야 한다는 관점이 강조되고 있다. 오늘날의 갈등 관점에 따르면, 조직 내 갈등은 그 유형과 강도에 따라 부정적인 결과뿐만 아니라 긍정적인 결과를 초래할 수도 있다. 이에 따라 조직은 갈등을 단순히 억제하거나 제거해야 할 대상으로 보기보다, 조직 성과를 향상시킬 수 있도록 의도적이고 전략적으로 관리해야 할 대상으로 인식할 필요가 있다(Tjosvold, Wong, and Chen, 2014).

갈등의 강도와 조직 성과와의 관계

갈등의 강도와 조직 성과와의 관계에 대한 지금까지의 연구결과에 따르면 구성원 간 갈등이 거의 없는 것이 반드시 좋은 현상만은 아니라는 것이다. 구성원들 간에 건설적인 비판에 기반한 긴장감이 존재하지 않고 따라서 현상 유지적이고 무사안일적인 태도와 분위기가 만연하고 환경변화에 따른 조직 내 변화를 회피하게 되며 매너리즘에 빠져서 혁신하지 못하게 되기 때문이다. 반면 조직 내 구성원들 간의 갈등의 강도가 너무 높은 경우에는, 조직에 불만과 혼란이 야기되고, 서로 갈등하고 있는 개인 간 및 집단 간의 분열과 대립이 심해지고, 조직 내 구성원 간의 상호조정기능이 결여되면서 조직 전체로서의 목적의식이 불분명해지게 되고 결국 조직의 성과에 부정적인 영향을 미치게 된다. 따라서 지금까지의 연구결과는 조직 내 갈등이 전혀 없거나 너무

많은 경우, 갈등이 조직 성과에 부정적인 영향을 미치는 반면, 조직 내 갈등이 어느 정도 존재하면서도 너무 지나치게 높지 않은 경우에는 오히려 조직 내 갈등이 조직 성과에 긍정적인 영향을 준다고 한다.

갈등의 유형

또한 조직 내 갈등은 그 유형에 따라 조직 성과에 서로 다른 영향을 미친다. 일반적으로 갈등은 두 가지로 구분된다. 업무적 갈등task conflict은 수행 중인 과업의 내용, 목표, 절차 등에 대한 의견 차이에서 발생하는 갈등을 의미한다. 관계적 갈등relationship conflict은 개인 간의 감정적 대립, 반감, 긴장 등 인간관계에서 비롯되는 모든 갈등을 포함한다. 최근 연구결과는 업무적 갈등이 갈등의 강도에 따라 조직 성과에 긍정적일 수 있는 반면, 관계적 갈등은 거의 항상 조직 성과에 역기능적이라는 결과를 제시하고 있다. 왜 그런가? 관계적 갈등에 내재하고 있는 사람 간의 적대감과 대립 등이 사람 간의 성격상의 충돌과 상호 이해를 감소시킴으로써 조직의 과업을 달성하는 것을 방해하게 된다. 결국 조직 내 갈등의 강도가 중간 정도 수준이면서 갈등의 유형이 업무적 갈등인 경우에 조직 내 갈등이 오히려 조직의 성과에 긍정적인 영향을 줄 수 있나는 것이다.

갈등이 왜 긍정적일 수 있는가?

그렇다면 왜 갈등이 조직 성과를 높일 수 있는지 살펴보도록 하자. 조직 내 갈등은 잠재되어 있던 문제를 표면화하고, 문제의 원인을 분석함으로써 상황에 대한 새로운 인식을 가능하게 하며, 이를 바탕으로 다양한 해결 방안을 모색하고 보다 효과적인 대안을 선택하는 계기를 제공한다. 특히 기술 발전과 시장 변화로 인해 조직 환경의 불확실성이 커지는 상황에서, 조직 내 갈등은 구성원들이 갈등 해소 과정을 통해 이러한 변화를 적극적으로 수용하고 변화에 대한 적응력을 축적하도록 돕는다. 나아가 이러한 과정은 기존의 관행이나 사고방식에 대한 재검토를 촉진하여 보다 혁신적인 사고와 문제 해결을 가능하게 한다. 그 결과, 변화에 역행하거나 무사안일적인 태도를 지닌 구성원들로 인해 조직이 정체되는 것을 방지하는 데 기여할 수 있다(Jehn, 1995).

팀제 조직구조: 협업과 상호의존성을 기반으로 한 조직 설계

앞서 살펴본 집단의 본질적 특성과 다양성에 대한 이론적 논의는 단순한 개념적 논의에 그치지 않고, 실제 조직구조의 변화 속에서 구체적으로 구현되어 왔다. 특히 집단의 상호작용, 발현적 특성, 다층적 구조에 대한 이해는 전통적 위계 조직을 넘어 팀을 중심으로 한 조직 설계의 확산으로 이어졌다. 오늘날 대부분의 조직에서 과업 수행의 기본 단위는 개인이 아니라 팀이며, 이러한 팀제 조직구조의 확산은 집단이 조직 행동 연구에서 갖는 현실적 중요성을 더욱 부각시키고 있다. 이에 따라 다음 절에서는 집단 이론이 실제 조직에 적용되어 등장한 팀제 조직구조의 특성에 대해 살펴본다.

팀제 조직구조의 등장

현대 조직에서 팀의 중요성은 지속적으로 증가하고 있다. 여러 통계에 따르면, 포춘Fortune 선정 미국 500대 기업의 약 70~80%가 적어도 부분적으로 구성원을 팀 단위로 배치하고 있다. 이는 급변하는 환경에 보다 유연하게 대응하기 위해 전통적인 위계적 조직 구조에서 벗어나 수평적이고 자율적인 팀 기반 조직으로 전환하려는 경향이 확산되고 있음을 보여준다. 오늘날 조직 경영의 가장 두드러진 추세가 조직 목표 달성을 위해 팀을 핵심적 운영 단위로 활용한다는 점이다. 팀 구조는 개인과 집단의 동기부여 및 성과를 향상시키는 데에도 긍정적인 역할을 한다. 팀 기반 구조의 확산에는 역사적 배경이 있다. 포디즘Fordism에 기반한 대량생산 체계에서 노동자는 극도로 세분화된 단순 과업을 반복 수행하였고, 이는 직무만족의 저하와 생산성 감소로 이어졌다. 이러한 문제를 해결하기 위해 1940년대부터 조직 내 과업 수행 단위로서 집단이 보다 널리 활용되기 시작하였다(Mohrman, Cohen, and Morhman, 1995).

품질 분임조(QC)의 한계 극복

본격적인 팀제 조직구조는 1980년대 말부터 전 세계적으로 확산되었다. 이 변화에는 여러 요인이 존재하는데, 그 중 하나는 포디즘의 한계를 극복하기 위해 1980년대에 도입된 품질 분임조Quality Circle(이하 QC) 제도의 한계를 보완할 필요가 있었다는 점이다. QC를 비롯한 문제해결팀problem-solving team은 같은 부서 또는 전문 영역에 속한 구성원들로 이루어지며, 전통적인 포디즘 방식처럼 관리자의 지시를 단순히 집행하는 데 그치지 않는다. 대신 이들은 정기적으로 모임을 갖고 정보를 공유하며, 자신이 담당하는 기능 영역의 공정과 절차를 개선할 수 있는 방안을 함께 논의하였다. QC의 기본 전제는 직무 관련 문제를 가장 잘 파악하고, 그 해결방안을 가장 효과적으로 제시할 수 있는 주체가 관리자보다 직접 업무를 수행하는 구성원이라는 점이었다. 이러한 접근은 도입 초기 조직 성과 향상에 큰 효과를 나타냈으며, 그 결과 많은 조직에서 QC 제도를 적극적으로 채택하게 되었다.

그러나 QC는 구성원들이 아이디어와 개선 대안을 제시할 수는 있지만, 이를 실제로 실행하거나 집행할 권한과 자율성은 갖지 못했다는 구조적 한계를 가지고 있었다. 그 결과 문제해결팀 구성원은 자신들이 제안한 해결책이 실행되지 않거나 조직 내에서 충분히 반영되지 않는 상황을 경험하게 되었고, 이는 새로운 아이디어를 제시하려는 동기를 점차 약화시켰다. 시간이 흐르면서 참여자의 의욕이 떨어지고 활동의 실효성이 감소하자, 문제 해결 팀은 점차 폐지되는 경향을 보였으며 현재는 일부 기업의 생산부서에서 제한적으로만 운영되고 있다.

이러한 한계를 극복하기 위해 등장한 것이 자율관리팀self-managing team이다. 자율관리 팀은 문제해결팀이 가진 강점, 즉 직접 과업을 수행하는 구성원이 문제를 잘 이해하고 효과적인 해결방안을 도출할 수 있다는 점을 유지하되, 팀원이 의사결정과 해결책 실행에까지 책임과 권한을 갖도록 팀의 기능을 확장한 고도의 자율적 집단이다. 자율관리팀은 구성원에게 과업 수행 과정 전반에 대한 통제권을 부여함으로써 문제해결 과정의 효과를 높이고 구성원의 주도적 참여를 촉진하는 현대적 팀 구조의 한 형태로 자리 잡았다.

환경변화에 대한 빠른 대응

자율관리팀을 중심으로 한 팀제 조직구조에서는 조직이 환경 변화에 대한 빠른 대응을 하는 것이 가능해진다. 과거 기능주의적 부서제는 조직이 직급과 직책 등 엄격한 위계체계로 나누어지고, 조직의 의사결정은 중앙집권화되어 조직의 최고 경영진에 의해 이루어지는 수직적 조직구조였다. 이러한 수직적 조직구조는 조직을 둘러싼 환경이 급변할 때 이에 빠르게 대응하는 데 한계를 보였다. 예를 들어 소비자와 직접 접촉하는 일선 현장 구성원frontline worker이 소비자의 기호 변화와 같은 시장 상황이 변했다는 것을 인지한 경우를 생각해보자. 많은 결재 단계에 있는 중간관리자들을 거쳐서 수직 구조의 상층부로 보고되고 최고경영진이 협의하고 결정하여 다시 수직적인 위계 체계를 거쳐 현장 구성원에게 전달되어 문제해결을 하게 되면 대응이 늦어지게 된다. 팀제 조직구조에서는 복잡한 위계 체계와 결재 단계를 없애고 직급과 직책 체계를 팀장과 팀원으로 단순화하여 보다 더 수평적인 조직구조로 변했고, 의사결정이 조직화의 기본 단위인 팀에 분산되어서 외부 환경 변화에 빠르게 대응할 수 있게 되었다.

집단 의사결정: 참여와 상호작용에 기반한 결정

팀제 조직구조의 또 다른 특징은 중요한 의사결정이 개인이 아닌 집단 의사결정에 의해 이루어진다는 것이다. 한 사람이 아무리 똑똑해도 한 개인이 의사결정을 한다는 것은 본질적으로 지각적 오류나 편견을 가질 수밖에 없다. 개인 의사결정이 갖는 이러한 한계는 여러 사람이 모여서 함께 논의하여 결정하는 집단 의사결정으로 해결할 수 있다는 주장이 제기되었다. 팀제 조직구조에서는 팀장이 중요한 논의를 결정하는 것이 아니라 팀원들이 회의를 통해 함께 논의하고 집단적으로 결정하는데, 이러한 집단 의사결정이 한 개인이 하는 것보다 더 나은 의사결정 방식이라는 것이다(Kerr and Tindale, 2004).

집단 의사결정의 장점에 대해 살펴보면, 집단은 구성원으로부터 다양한 정보를 얻어 의사결정 과정에 더 많은 정보와 지식을 투입하는 것이 가능하고, 다양한 관점을 제공하고, 문제에 다각도로 접근할 수 있기 때문에 훨씬 많은 대안을 창출하여, 한 개인에 의한 의사결정보다 수준 높은 결정을 하게 된다. 집단 구성원의 참여는 의사결정의 결과가 구성원들에 의해 받아들여질 가능성도 높여준다. 조직에서는 흔히 결정된 사항을 구성원이 받아들이지 않기 때문에 많은 결정이 결국에는 실패로 돌아가게 되는데, 집단에 의해 의사결정이 이루어지게 되면 이 과정에 참여했던 구성원들은 열정적으로 그 결정을 지지하는 경향이 있고 또한 다른 사람들도 그 결정을 받아들이도록 설득하게 된다.

물론 집단 의사결정의 문제점도 있다. 가장 큰 문제는 집단이 해결책에 도달하는 시간은 일반적으로 개인이 혼자 하는 것보다 오래 걸려서 의사결정 시간이 지연될 수 있다. 또한 토론과정에서 적극적인 한 명 또는 소수의 참여자들이 의사결정 과정을 지배할 수도 있고, 다수의 집단 구성원들이 의견 불일치의 가능성을 줄이면서, 다른 사람에게 결정에 따르라는 압박을 가할 수 있다. 이때 다른 구성원은 자신이 집단에 의해 받아들여지는 것을 원하기 때문에 아무 비판 없이 결정에 억지로 동의하는 경향이 생길 수 있다. 이러한 집단사고의 문제는 8장 조직 의사결정에서 자세히 논의하겠다. 또한 집단 결정의 결과에 대한 책임을 특정인에게 부과하기가 어렵기 때문에, 집단은 자신들의 결정에 대한 책임감이 부족하다.

프로젝트팀의 활성화

환경변화에 대한 유연한 대응과 회의를 통한 집단 의사결정을 중시하는 팀제 조직구조의 또 다른 특징은 프로젝트팀 또는 태스크포스팀Task Force Team(이하 TFT)이 활성화된다는 것이다. 프로젝트팀은 현안 문제를 해결하거나 특정 과업을 수행하기 위해 구성된 임시 팀을 의미한다. 기능적 부서 간 경계 구분이 과도해서 터널 비전tunnel vision 문제가 심각했던 과거 기능적 부서제와 달리 팀제에서는 과업수행을 위해 각 기능 부서에서 필요한 전문 지식을 가진 인력을 모아서 함께 주어진 문제를 해결하는 교차기능팀cross-functional team을 적극적으로 활용하고 있다. 교차기능팀은 동일한 위계 수준에 있지만 조직의 상이한 기능 분야에서 선발된 구성원들로 이루어지는데, 주어진 문제를 해결할 때까지 함께 일하고 특정 프로젝트를 완수하면 해체되어 본래 자신이 속한 기능 부서나 팀으로 돌아가는 임시 팀이다. 교차기능팀은 전문분야가 다양하고 여러 수준에서 온 사람들이 각자가 보유한 전문성과 자원을 한데 모으고, 새로운 아이디어를 개발하며, 문제를 해결하고, 복잡한 프로젝트를 조정할 수 있게 해준다.

자율관리팀: 자율성과 자기 통제를 기반으로 한 팀

최근 들어 급증하고 있는 팀제 조직구조의 가장 중요한 특징은 급변하는 시장상황과 같은 외부의 환경변화에 신속하게 대응할 수 있도록 자율관리팀self-managed work team이 조직의 기본 하부 단위가 되고, 또 이 팀이 자율적인 의사결정을 할 수 있도록 의사결정 권한이 실질적으로 각 자율관리팀에게 주어지는 것이다. 자율관리팀은 10~15명 정도의 인원으로 구성되며 팀 내의 여러 다른 업무를 능숙하게 수행할 능력이 있고 임파워먼트된 다기능 작업자multi-skilled worker로 이루어져 있다. 완전한 형태의 자율관리팀에서는 팀 구성원들이 자신의 작업목표설정, 작업 활동의 계획과 스케줄링, 새로운 팀원의 선발, 원자재의 구매신청, 예산, 팀 성과의 평가 등을 자율적으로 결정한다. 완전한 형태의 자율관리팀에서는 조직이 공식적으로 관리자를 임명하는 것이 아니라 자율관리팀 구성원들이 투표에 의해 스스로 자신들의 리더를 뽑거나 서로 번갈아 가며 리더를 하면서 팀이 스스로 관리한다(Manz and Sims, 1993). 팀 성과에 대해 최종 책임을 지는 공식 리더인 외부 리더external leader는 자율관리팀과 더 넓은 조직 사이의 경계를 넘나들면서 자율관리팀과 경영진을 연결하는 역할을 한다(Druskat and Wheeler, 2004).

물론 이런 완전한 형태의 자율관리팀이 실제로 실현된 기업은 그렇게 많지는 않지만, 정도의 차이는 있더라도 전반적인 추세는 미국이나 한국의 많은 조직들이 팀제 조직구조로 운영되고 있다. 그리고 그 방향은 자기주도적self-directed이고 자율적인 autonomous 요소를 더 도입하여 전통적인 관료제적 조직에서 벗어나 분권화와 권한 위임을 이루려는 것이다. 팀제 조직구조에서 교차기능 팀으로 구성된 임시 TFT나 조직구조의 기본 단위인 영구적인 기능 분야 팀 모두 자율관리팀으로 운영될 수 있다.

자율관리팀은 1980년대 말에 팀제 조직구조가 광범위하게 조직에 도입되면서 갑자기 나타난 개념이 아니다. 이미 1940년대부터 집단을 중심으로 한 일의 조직화와 자율관리의 효과성에 대한 논의가 시작되었다. 당시 영국의 석탄 광산에서 채굴하는 과정은 테일러의 과학적 관리법과 포디즘을 토대로 분업에 기반한 순차적인 작업 수행이 일반적이었는데, 이와 달리 영국 사우스요크셔의 석탄 광산 노동자들은 독자적으로 팀을 구성하고 감독자의 관리를 최소한 한 상황에서 자신의 과업 수행 방식을 자율적으로 결정하여 큰 성과 향상을 이룰 수 있었다(Trist and Bamforth, 1951). 이러한 자율관리의 중요성은 유럽의 여러 조직에서 참여 경영이나 산업민주주의의 형태로 구체화되기도 했다. 예를 들어 스웨덴 볼보Volvo 자동차의 칼마르Kalmar 공장은 자율관리팀을 도입하여 불량률을 크게 감소시켰다. 그 외에도 GM의 새턴Saturn, 제너럴 밀즈General Mills, 고어Gore, 홀푸드마켓Whole Foods Market 등이 자율관리팀을 활용해서 큰 생산성 향상을 거둔 대표적인 조직들이다.

다양성 관리의 중요성

앞서 이 장에서는 집단의 본질적 특성과 집단 효과성에 대한 이론적 논의, 그리고 다양성이 집단과 팀의 성과와 과정에 미치는 영향을 살펴보았다. 이러한 논의는 다양성이 단순한 구성원의 차이 문제가 아니라, 집단의 상호작용 방식과 성과를 좌우하는 중요한 구조적 요인임을 보여준다. 이제 여기서는 이러한 이론적 이해를 토대로, 실제 조직에서 다양성이 어떻게 나타나고 있으며, 조직이 이를 어떻게 관리해야 하는지를 보다 구체적으로 살펴보고자 한다.

조직 연구에서 다양성에 대한 관심이 지속적으로 증대되고 있는 가장 중요한 이유는 현실 조직의 인력 구성이 빠르게 변화하고 있기 때문이다. 한국은 물론 현대적 조직이 먼저 발전한 미국에서도 20세기 중반까지 조직 구성원은 대부분 백인 남성이었으나, 최근에는 여성, 다른 인종이나 외국인, 고령자, 장애인 등 그동안 소수자 minority에 속하던 구성원의 비중이 크게 증가하였다. 이러한 변화는 조직 내 상호작용 방식과 팀 운영, 성과 창출 과정 전반에 새로운 도전과 가능성을 동시에 제기하고 있다. 그 결과 조직과 집단의 다양성이 개인의 태도와 행동, 나아가 팀과 조직의 성과에 어떤 영향을 미치는지에 대한 연구와 실무적 논의가 활발히 이루어지고 있다.

더 나아가 21세기 들어서는 단순한 다양성 개념을 넘어, 공정성과 포용성을 함께 강조하는 DEI(Diversity, Equity, and Inclusion)라는 보다 확장된 논의 틀이 등장하였다. 다양성은 서로 다른 배경과 특성을 지닌 구성원이 조직에 존재한다는 사실을 인정하는 데 초점을 둔다면, 공정성은 각기 다른 조건에 놓인 구성원들이 실질적으로 동등한 기회를 가질 수 있도록 제도와 관행을 설계해야 한다는 점을 강조한다. 포용성은 이러한 공정한 기회 제공을 넘어, 모든 구성원이 조직에서 존중받고 참여하며 소속감을 느낄 수 있는 환경을 조성하는 데 초점을 둔다.

이처럼 다양성 관리의 중요성이 부각되면서, 조직이 다양성을 어떤 관점에서 이해하고 활용해 왔는지에 대한 체계적인 검토가 필요하다. 먼저 조직과 집단의 다양성을 바라보는 관점이 시간의 흐름에 따라 어떻게 변화해 왔는지를 살펴보며, 다양성 논의의 이론적 토대를 정리한다. 이어서 한국 조직의 다양성 현황과 그 이면에 존재하는 구조적 문제를 검토하고, 다음으로 조직이 취할 수 있는 다양성에 대한 여러 관리적·제도적 접근을 논의하며, 대표적인 조직 사례와 전담 관리 직위의 역할을 통해 다양성 관리의 실제 운영 방식을 살펴보도록 한다.

다양성 패러다임의 변화

그렇다면 집단이나 조직의 다양성은 성과에 어떤 영향을 주며 관리자로서 이러한 다양성을 어떤 관점에서 고려해야 하는가? 성별 다양성 외에도 인종 문제 때문에 일찍부터 다양성 문제에 대해 많은 논의가 이루어졌던 미국에서의 다양성 관점 변화에 대해 알아보자.

미국에서 다양성에 대해 조직이 가진 첫 단계 관점은 여성이나 소수 인종도 같은 사람이기 때문에 차별을 해서는 안 된다는 차별과 공정성discrimination and fairness 관점이다. 1950~1960년대 미국에서 여성운동과 흑인 민권운동이 활발해지면서 대학 진학이나 채용할 때 소수 집단 구성원에게 혜택을 주는 적극적 우대조치affirmative action가 법제화된다. 이러한 정치적, 사회적, 법적 변화에 대해 미국 조직은 모든 사람은 성별과 인종에 관계없이 같기 때문에 평등한 기회를 제공하고, 공정하게 대우해야 하며 그렇게 함으로써 기업의 사회적 책임을 다하고 기업의 이미지를 높일 수 있다고 보았다. 이 관점은 다양성이 조직의 성과에 미치는 영향에 대해서는 고려하지 않는 다양성에 대한 도덕적, 규범적 접근이었다.

1980년대와 1990년대의 경쟁적인 분위기와 더 커지는 문화적 다양성 속에서 단순히 규범적 관점에서 벗어나 다양성과 조직 성과와의 연관성에 주목하기 시작한 새로운 논리가 등장했다. 두 번째 단계는 여성이나 소수 인종 구성원을 통해 기업에 중요한 시장, 즉 그들이 대변하는 소수 인종이나 여성 소비자의 다양한 선호도와 견해에 대한 정보를 얻을 수 있고 더 효과적으로 대응할 수 있다는 접근 및 정당성access and legitimacy 관점이다. 다양한 성별과 문화적 배경을 가진 고객을 더 잘 이해하고 더 나은 서비스를 제공하며 고객과의 정당성을 확보하는 데 그 문화에 대한 이해와 언어 능력을 갖춘 직원이 접근하는 것이 필요하다는 것이다. 이제 다양성은 단순히 공정하기 때문에 중요한 것이 아니라 조직 성과와 연관되는 합리적 이유로 중요하다고 인식되기 시작했다.

그러나 이 관점은 다양성이 조직 성과에 미치는 영향에 대해 제한된 인식에 머물렀고, 소수자 직원을 해당되는 각 사회적 집단에 속한 고객이라는 틈새 시장에서의 역할로만 한정시켜 소수집단 직원의 역량을 오히려 쉽게 차별화된 틀에 가두어 놓는 결과를 가져왔다. 예를 들어 흑인 직원은 흑인 대상 업무에 더 효과적이라고 생각해서 흑인 고객 영업에 한정시켰고 다수인 백인 고객을 대상으로 한 업무는 백인 직원이 전담하게 되면서 백인 직원의 유용성이 오히려 더 강조되고 지위가 흑인 직원보다 더 높아지는 결과를 가져왔다.

비교적 최근에 등장한 세 번째 관점은 지식경영적 관점에서 다양한 성별과 인종 간의 서로 다른 관점을 통해 주어진 문제에 대해 더 혁신적인 아이디어와 지식을 창출해낼 수 있다는 통합 및 학습integration and learning 관점이다. 소수 집단 직원이 다양한 문화적 정체성 집단의 구성원으로 생활하면서 얻게 된 다양한 삶의 경험, 통찰력, 지식, 기술은 팀이나 조직의 업무 수행에 대한 대안적 관점을 제시하고 최적의 방안을 도출할 수 있는 잠재적으로 귀중한 자원이다. 집단 구성원은 문화적 차이를 토대로 서로 다른 관점으로 문제를 분석하고 해결 방안을 논의하면서 서로 학습할 수 있는 기회를 갖게 되고 토론 과정을 통해 더 창의적이고 혁신적인 방법으로 문제해결을 할 수 있다. 이전 관점들과 달리 다양성이 조직의 혁신과 성과에 미치는 보편적인 긍정적 영향을 강조하고, 다양성의 중요성에 대한 적극적인 주장을 펴는 세 번째 관점이 대두되면서 다양성과 조직 성과 간의 관계에 대한 본격적인 논쟁이 시작되었다(Ely and Thomas, 2001).

한국 조직의 다양성 현황

이러한 다양성에 대한 이론적 논의와 관점의 변화를 토대로, 다음에서는 한국 조직에서 실제로 나타나고 있는 다양성의 현황을 살펴본다. 한국 조직에서도 지난 30여 년 동안 여성, 고령자, 외국인, 장애인 등 소수 집단에 속하는 구성원이 크게 늘어나고 있다. 상주 외국인 수는 2024년 150만 명을 넘어 크게 증가하고 있으며 노동 여건이 열악한 산업에서 일하는 외국인 노동자들도 많아졌다. 정부의 장애인 고용법 등 법적 규제나 사회적 지원이 늘어나면서 장애인 취업도 예전에 비해 늘어났다. 한국이 OECD 국가 중에서도 가장 빠른 속도로 초고령화가 진행되면서, 전 사회적으로 그리고 조직 차원에서도 고령 인력 문제는 갈수록 중요해지고 있고 앞으로 한국 경제와 조직의 생존과 발전에 가장 큰 이슈가 될 가능성이 높다.

현재 한국 사회와 조직에서 중요한 또 다른 현상은 여성 인력의 증가이다. 주요 기업 신입사원 중에서 여성 비율이 갈수록 늘어나고 있으며, 법률가, 예술계, 의료계, 학계 등의 전문가 조직에서도 과거의 남성인력 일변도에서 벗어나 인력구성 면에서 다양성을 보이고 있다. 한국 사회와 조직의 성별 다양성에 대해서는 사회적, 정치적, 학술적으로 많은 논의가 이루어지고 있는데, 여기서는 한국 조직 성별 다양성의 현황에 초점을 두고 살펴보겠다.

객관적인 지표로 봤을 때 한국 사회나 조직은 DEI 측면에서 문제가 많은 상황이다. 고위직 여성 현황을 보면, 기업 이사회 여성 비율 통계에서 한국은 8.8%로 조사 대상 50개 국가 중에서 최하위 5개국에 속한다. 이전에 비해서는 늘었지만 글로벌 평균이 23.3%인 것을 고려하면, 세계 10위권의 경제 대국인 한국의 위상 측면에서 굉장히 낮은 수준이다. 상장 기업의 여성 임원은 29개 OECD 국가 평균이 25.6%인데 한국은 5.2%이다. 한국 여성 직원 비율은 28.5%였다(연합뉴스, 2025).

'유리천장'glass ceiling 개념은 유리로 된 천장은 밑에서 위가 보이기 때문에 위로 올라갈 수 있다고 생각하지만 일정 단계가 지나면 천장으로 막혀 있어서 위가 보이기는 하지만 더 이상 올라갈 수는 없다는 의미이다. 조직에서 여성이나 소수자는 조직의 공식적인 제도 측면에서는 제한이 없어서 자신이 승진 등으로 계속 조직의 위계 단계를 올라갈 수 있다고 생각하지만, 공식적이지는 않지만 실제로는 존재하는 유리천장, 즉 차별과 제한 때문에 조직의 고위직으로 올라갈 수 없는 현상을 빗대어 표현한 개념인 것이다.

영국의 유력 경제지인 이코노미스트The Economist는 매년 29개 OECD 국가들을 대상으로 성별 다양성 순위인 유리천장지수를 발표한다. 2013년부터 발표해 온 이 지수에서 한국은 2024년까지 12년 연속 최하위를 기록했으나 2025년에 처음으로 28위(29위는 튀르키예)로 상승했다. 1위는 아이슬란드, 스웨덴, 핀란드 등의 북유럽 국가들이 주로 차지한다. 한국의 점수는 100점 만점에 20점대로 80점대인 1위 국가와의 차이가 큰데, 더 큰 문제는 이 상황이 10년 동안 개선되지 않고 있는 것이다(The Economist. 2025). 한국 사회에서 다양성 개념 자체가 이슈가 되고 있지만 한국 조직의 성별 다양성은 글로벌 스탠다드 측면에서 매우 낮고 상당히 심각한 수준이라는 것을 알 수 있다.

이 조사 결과의 세부 내용을 보면 여성 국회의원 비율에서는 비례대표에서 남녀

동수 선발을 해야만 하는 제도가 있어서 20% 정도였지만, 이사회 여성 비율은 17.2%로 최하위권이었다. 여성 관리자 비율도 OECD 국가 평균이 34.2%인 반면에 한국은 16.3%인데, 이는 굉장히 큰 문제가 될 수 있다. 한국 조직 여성 고위직은 현재도 매우 적은데, 앞으로 임원이 되어야 할 여성 관리자의 비율조차 이렇게 낮다는 것은 앞으로 당분간은 여성 고위 임원이 크게 늘어나기는 어렵다는 것을 의미한다. 성별 임금 격차의 경우에도 OECD 평균이 11.4인데 한국은 29.3이다. 남성이 임금으로 100을 받는다면 여성의 임금은 70.7인 것이다.

한국 조직의 다양성 문제

이러한 한국 조직의 다양성 현상은 단순한 개인 선택의 결과라기보다는, 보다 구조적이고 제도적인 요인에 의해 형성된 측면이 크다. 이런 상황의 원인은 출산 및 육아 때문에 여성의 경력 단절이 일어나고 있기 때문이다. 최근 한국 대학의 학부와 대학원의 여학생 비율은 40~50%이며, 과거에 여학생이 얼마 없었던 경영대, 법대, 의대, 사회과학대, 자연대, 공과대에도 여학생이 많아지는 등 고등교육을 받은 많은 여성 고급 인력이 사회로 배출되고 있다. 그러나 연령대별 남녀 고용률을 보면 20대 후반까지는 한국에서 남녀 차이가 거의 없고 여성도 30~34세까지는 70%를 유지하다가, 30대 중반부터 남성은 계속해서 90%대를 유지하지만 여성은 60% 중반대로 하락하기 시작해서 이후 50세까지 20% 중반이 넘는 남녀 고용률 격차가 유지된다(연합뉴스, 2025). 출산 및 육아 때문에 조직을 떠났다가 다시 회사로 돌아온 비율은 50%가 안 되기 때문에 신입사원 단계에서는 거의 없던 성별 격차가 중간관리자, 나아가 고위직에서 크게 나타나게 되는 것이다.

한국 조직에서 다양성 이슈는 단순히 규범적 차원에서만 접근할 수 있는 문제가 아니다. 앞으로 한국 조직의 지속가능성과 더 나아가 한국경제의 성장과 유지에 결정적인 영향을 미칠 수 있는 구조적 과제인 것이다. 특히 인구 구조의 급격한 변화는 한국 조직이 직면한 환경을 근본적으로 바꾸고 있다. 한국 사회의 심각한 문제 중 하나는 출산율의 지속적인 하락이다. 출산율은 1972년 4.12로 정점을 기록한 이후 꾸준히 감소하여, 최근에는 약 0.7 수준으로 세계 최하위권에 머물고 있다. 그 결과 인구 자연감소는 당초 예상보다 훨씬 빠른 시점인 2020년부터 이미 시작되었다.

이와 동시에 한국 사회는 세계에서 가장 빠른 속도로 고령화가 진행되고 있다.

한국은 2017년에 65세 이상 인구 비중이 14%를 넘어 고령화 사회에 진입한 이후 불과 8년 만인 2025년에 초고령화 사회, 즉 65세 이상 인구가 전체의 20%를 넘는 단계에 도달하였다. 이러한 인구 감소와 급속한 고령화는 상호 결합되어 한국 경제와 조직에 중대한 압력을 가하고 있다. 경제 활동에 참여하여 생산을 담당하는 인구는 빠르게 줄어드는 반면, 퇴직한 고령 인구는 지속적으로 증가하고 있기 때문이다. 그 결과 한국경제 전반의 활력과 성장 잠재력이 약화될 가능성이 커지고 있다.

한국 조직에서 여성, 고령자, 외국인 등 다양한 인력의 문제는 조직 내 차별discrimination의 문제에만 국한될 것이 아니라, 그동안 저활용underutilization되어 온 이들의 역량과 기여 가능성을 어떻게 효과적으로 발휘하도록 할 것인가를 통해 한국 조직과 한국 경제의 경쟁력과 활력을 어떻게 유지·강화할 것인가의 문제로 인식 전환이 필요하다. 성별 다양성 면에서 문제가 많고 출산율도 최하위권인 한국과 달리 성별 다양성 지수가 높은 북미나 유럽 국가들의 출산율은 오히려 상대적으로 높은 편이다. OECD 출산율 평균은 1.37이고, 미국, 독일, 프랑스, 영국 등 주요 국가의 출산율은 대체로 1.5 내외이다. 이는 성별 다양성 문제가 개개인의 문제나 성별 차이의 문제가 아니고 국가나 조직 차원의 구조적인 문제이며, 국가나 기업 조직의 제도나 문화적 변화에 따라 개선될 수 있다는 것을 보여준다.

한국 조직은 우수한 고급 여성 인력이 어떻게 경력 단절이 일어나지 않고 조직에서 중요한 역할을 담당하는가, 그리고 경험 많고 숙련된 고령 인력이 자신의 의지와 상관없이 퇴직하지 않고 계속 조직에서 일할 수 있는 방안에 대해 진지한 고민을 해야 할 것이다. 지난 20여 년 동안 한국 조직에서 많은 노력이 있었고 일정 정도의 진전이 이루어졌지만 각종 통계 자료에서 보듯이 한국 조직의 현실은 다른 글로벌 경쟁국가 조직에 비해 아직 많이 부족한 상황이다.

다양성 관리의 조직적 접근

이처럼 구조적인 다양성 문제를 해결하기 위해 조직은 개인의 노력에만 의존하기보다는, 조직 차원에서 체계적인 관리 전략과 제도적 접근을 마련할 필요가 있다. 이렇게 중요한 조직 다양성을 실현하기 위해 조직들은 여러 구체적인 노력을 해왔다. 예를 들어 IBM은 다양성을 조직의 전략적 자산으로 만드는 것을 목표로 정하고 성별,

인종(흑인, 히스패닉, 아시아), 성적 취향, 연령, 장애인 등 여러 다양성 측면에서 각 분야의 외부 전문가와 임원급 내부 구성원으로 TFT를 구성했다. 각 다양성 유형에 해당하는 소수자 직원들을 대상으로 광범위한 인터뷰를 진행했는데, 자신이 IBM 직원으로 일하면서 자신의 특정한 소수자 특성 때문에 겪게 되는 문제가 무엇인지를 파악하는 것에 초점을 두었다. 수집한 자료를 토대로 각 다양성 유형별로 문제를 정리하고 외부 전문가와 함께 구체적인 해결 방안을 만들어 이를 IBM의 선발, 교육, 평가, 승진 등의 HR 제도, 공식 조직구조, 규정 등에 반영하여 실제로 문제를 해결하도록 하였다.

예를 들어, 다양성 유형 중 성별 다양성 측면에서 소수자인 여성이 IBM 직원으로 일하면서 겪은 문제로 꼽은 순서는 네트워킹, 커리어 관리, 성공, 가사, 리더의 지원 등이었다. 여성 구성원에게 네트워킹이 가장 큰 문제로 인식된다는 점은, 다수 집단인 남성들이 자신들만의 네트워크를 형성하고 그들 간에 공유되는 정보와 지원이라는 사회적 자본에서 여성이 배제되고 있음을 의미한다. 이러한 배제는 여성이 자신의 경력 개발에 심각한 제약으로 인식하는 핵심 요인이다(Thomas, 2004).

조직의 다양성을 높이기 위해서는 구성원의 일과 삶의 균형(워라밸 work and life balance)이 이루어져야 한다. 조직에서 이를 가능하게 하는 유연성, 휴가, 육아 측면에서의 구체적인 방법에 대해 살펴보자. 팬데믹을 겪으면서 현실에서 이슈가 된 유연근무는 재택근무, 출근시간과 퇴근시간에 대한 유연시간제, 집중주일근무(1일 13~14시간씩 1주 3일 근무 등) 등이 있다. 미국에서는 출산 및 의료 문제 관련해서 12주의 무급휴가를 법적으로 의무화하고 있는데 최근 들어 많은 기업들이 유급휴가 혜택을 제공하고 있다. 메타Meta는 12주 유급휴가를, 넷플릭스는 최대 1년간 유급 육아휴직을 주고 있다. 육아지원 프로그램으로는 사내 보육센터가 대표적이고, 직원들에게 육아 보조금을 지원하는 육아 바우처 제도가 있다(칼레브, 도빈, 2022).

이런 제도를 실행해 실질적인 변화를 이끌어낸 조직의 사례는 이러한 다양성이나 소수자 문제가 성별이나 개인의 노력이나 능력의 문제가 아니라 구조적이고 제도적 문제라는 것을 보여주고 있다. 다른 조직에서 경력을 시작한 사람들과는 달리 구글Google이나 피앤지P&G 출신의 여성이 성공을 거둔 이유는 이 조직들이 여성 직원이 자신의 경력을 개발할 수 있는 제도를 갖추고 있었기 때문이다. 어떤 조직이든 제도나 구조를 바꾼다면 다양성을 성공적으로 이룰 수 있다.

구글의 다양성 관리 사례

구글은 미국의 여성 최고경영자(CEO)들을 배출하는 일종의 사관학교 역할을 하고 있다는 평가를 받는데, 구글에서는 여성 직원이 중요한 역할을 담당하거나 구글에서 좋은 성과를 내서 다른 회사 임원이 되는 경우가 많다(Fortune, 2015) 수전 워치츠키Susan Wojcicki는 구글의 첫 마케팅 관리자였으며 구글의 유튜브YouTube 인수를 주도했고 오랫동안 유튜브 CEO로 활약했다. 머리사 마이어Marissa Mayer는 구글의 첫 번째 여성 엔지니어였고 구글서치와 구글맵 등을 개발하는 데 주요한 역할을 했으며, 이후 야후Yahoo CEO를 지냈다. 이외에 다른 회사에서 임원으로 일한 전직 여성 구글 구성원으로는 셰릴 샌드버그Sheryl Sandberg 페이스북Facebook 최고운영책임자(COO), 메건 스미스Megan Smith 미연방 최고기술책임자(CTO), 레이첼 웨트스톤Rachel Whetstone 우버Uber와 넷플릭스 최고 커뮤니케이션 책임자(CCO), 프랑수아즈 브루어Francoise Brougher 핀터레스트Pinterest 최고운영책임자(COO), 케이티 스탠턴Katie Stanton 트위터Twitter 글로벌미디어부사장, 클레어 휴즈 존슨Claire Hughes Johnson 스트라이프Stripe 최고운영책임자(COO) 등이 대표적이다.

구글은 전체 직원 중 여성 비율이 30% 정도로 다른 IT 기업에 비해 다양성 측면에서 부족하지만, 래리 페이지Larry Page와 세르게이 브린Sergey Brin이 창립 때부터 다양성의 중요성을 강조했고, 창업 때부터 함께 했던 수전 워치츠키는 구글이 이런 가족친화적 조직문화를 만드는 데 결정적 역할을 한다. 구글은 12주 유급 육아휴직제를 시행하던 것을 24주로 확대하였으며, 출산 이후에는 세탁이나 청소 대행 서비스를 이용할 수 있도록 별도의 보너스를 지원하고 있다. 이러한 제도적 지원은 여성 구성원들이 경력 단절의 부담 없이 자신의 역량을 충분히 발휘할 수 있는 환경을 조성하는 데 기여한다. 그 결과, 구글 내 유능한 여성 인재들은 조직의 성장과 발전에 주도적인 역할을 수행하게 되며, 이러한 성과를 바탕으로 다른 기업에서 더 좋은 조건으로 일할 기회를 얻기도 한다.

최고 다양성 책임자

개별 사례를 넘어 다양성 관리가 조직 전반에서 지속적으로 실행되기 위해서는, 이를 전담하고 조정하는 공식적인 조직 내 역할이 필요하다. 다양성을 존중하고 이를 조직 차원에서 실현하려는 조직들은 주요 경영진 직위 중 하나로 최고 다양성 책임자 Chief Diversity Officer(이하 CDO)를 두고 있다. CDO는 조직 전반에서 다양성과 포용성을 증대시키기 위한 전략을 수립하고, 관련 프로그램을 개발·운영하며 이를 지속적으로 관리하고 지원하는 역할을 담당한다. 구체적으로 CDO는 다양한 인력을 확보하기 위한 인사관리 정책을 수립하고, 잠재적 후보 인력을 대상으로 외부 네트워크를 구축한다. 또한 조직 내 특정 소수자 집단이 직면한 문제를 파악하고 이를 해결하기 위한 제도적 장치를 마련하며, 구성원에 대한 차별이나 괴롭힘 문제가 적절히 예방, 해결될 수 있도록 감독한다. 나아가 다양성과 포용의 중요성에 대한 인식이 경영진과 현업 부서 전반에 공유되고, 관련 정책과 실천이 유기적으로 연계될 수 있도록 조정, 지원하는 역할을 수행한다(한국경제신문, 2022).

형식적 다양성을 넘어선 실질적 조직 다양성

DEI를 실현시키고 우수한 여성 인력을 전략적으로 활용할 수 있도록 국가나 조직 차원에서 다양성을 증대시키기 위한 여러 제도를 시행하는 것도 중요하지만 이것이 규범적인 구호에 그치지 않고 실제적 효과를 볼 수 있도록 해야 한다. 한국은 다양성에 대한 많은 제도가 존재하지만 당사자의 실제 사용률은 매우 낮은데, 이유는 법적, 공식적 제도가 존재해도 구조적으로 이를 사용할 수 없는 규범이나 문화가 존재하기 때문이다. 예를 들어 육아휴직을 공식적으로는 남성과 여성이 모두 사용할 수 있지만 남성이 사용하면 비정상으로 생각하고 큰 불이익이 생기기 때문에 결국 여성이 사용하게 된다. 이것이 남성과 여성의 취업률 차이와 여성의 경력 단절을 가져오고 더 나아가 선발 단계부터 출산·육아를 전담하는 여성 직원보다 남성 직원을 선호하게 된다.

이런 문제를 해결하기 위해 육아휴직 기간 중 일정 기간은 반드시 남성이 사용하도록 제도화한 것이 스웨덴, 노르웨이, 독일, 호주 등에서 시행되고 있는 육아휴직 남성 할당제이다. 예를 들어 아이당 480일의 부모휴가 중 최소한 90일은 특정 성별만 사용 가능하기 때문에 여성의 육아 부담을 줄이고 남성의 육아 참여를 늘려서 육아에 대한 양성 평등을 향상시키는 효과가 있다. 그런데 그보다 더 큰 효과는 어차피 남성도 일정 기간 육아휴직을 사용해야 하므로 기업이 직원을 선발할 때 여성보다 남성을 선호하는 경향이 줄어든다는 점이다.

조직이 다양성이 주는 이점을 활용해서 조직의 효과성을 실제로 높이기 위해서는 조직 다양성을 확보할 수 있는 제도를 갖추고 소수자 인력 비중을 물리적으로 늘리는 것 이상의 노력을 기울여야 한다. 인력 구성이 다양한 집단의 성과가 더 좋아진다는 연구 결과가 있지만, 단순히 더 많은 여성 인력을 조직으로 유입하고 승진시킨다고 해서 그것이 더 나은 조직 성과로 바로 이어지지는 않는다. 조직이 소수 계층 직원에 대한 차별 문제가 적절하게 제기되고 해결될 수 있는, 다양한 구성원들이 서로 신뢰하고 심리적 안전감을 가질 수 있는, 그리고 구성원들이 서로의 차이를 인정하고 포용하고 그로부터 배우는 다양성 문화diversity culture와 다양성 풍토diversity climate를 만들었을 때 비로소 조직은 다양성이 갖는 이점의 혜택을 보게 될 것이다(Gonzalez and Denisi, 2009: 엘리, 토머스, 2020).

ORGANIZATIONAL BEHAVIOR

07

리더십
: 영향력은 어디서 오는가?

- 리더십이란 무엇인가?
- 리더 중심 이론
- 상황적합성 이론: 보편적 리더십의 한계를 넘어서
- 카리스마 리더십과 변혁적 리더십 이론
- 관계적 리더십 이론: 리더-구성원 교환이론
- 리더십의 최근 경향
- 리더십 개념에 대한 도전
- 리더십 본질에 대해 다르게 생각하기

CHAPTER 07

리더십: 영향력은 어디서 오는가?

리더십이란 무엇인가?

리더십이 무엇인가에 대해 많은 이론적 논의가 이루어져왔고, 리더십을 보는 관점에 따라 리더십에 대한 서로 다른 정의가 제시되었다. 리더십에 대한 합의된 정의는 없지만 리더십이란 본질적으로 한 사람이 다른 사람에게 영향을 미쳐 그들의 인식, 태도, 행동을 변화시키는 과정이라 할 수 있다. 이러한 영향력이 집단이나 조직의 목표 달성으로 이어질 때, 리더십은 효과적으로 발휘되었다고 평가된다. 이 점에서 리더십은 조직행동론뿐 아니라 경영학 전체와 조직경영 현장에서 가장 대중적이고 인기 있는 연구주제 가운데 하나이다.

다른 사람의 행동을 변화시킬 수 있는 능력이 권력이라는 점에서, 리더십은 집단의 목적을 달성하기 위해 권력을 행사하고 조정하는 사회적 과정이며, 사회적 행위자 간 권력 관계의 문제로 이해될 수 있다. 이러한 이유로 리더십은 조직행동 연구뿐만 아니라, 권력과 영향력, 지배와 정당성의 문제를 다루는 정치학, 행정학, 사회학, 역사학 등 다양한 사회과학 분야에서 오랫동안 공통의 관심사가 되어 왔다. 실제로 인간사회에서 권력 관계가 형성된 이후의 역사 자체가 리더십의 다양한 형태가 전개되어 온 과정이라고 볼 수 있으며, 이 점이 리더십 연구가 학제적interdisciplinary 성격을 갖는 근본적인 이유이다(Day, 2012).

현대적 리더십 논의의 발전 과정

현대적 의미의 리더십 연구가 이루어진 지난 100여 년 동안 연구자들은 리더십 효과성에 긍정적인 영향을 주는 요인이 무엇인가에 대해 많은 이론적 관점을 제시해 왔다. 현대 리더십 논의는 처음 리더에게 초점을 두었다. 좋은 리더는 태어날 때부터 위대한 리더로 만드는 타고난 특성이 있다는 리더십 특성 이론, 그리고 좋은 리더의 특성이 타고나는 것은 아니지만 좋은 리더는 어떤 일정한 스타일이나 행위 패턴을 보인다는 리더십 이론들이다. 초기 현대 리더십 이론이 왜 리더의 타고난 특성에 초점을 두었을까? 인류 역사 전반에 걸쳐, 동서양을 불문하고 지배체제는 주로 세습적 군주제와 전제적 통치 형태에 의해 규정되어 왔다. 이에 비해, 공화정의 제도적 정착과 더불어 신분, 재산, 성별의 구속을 초월하여 모든 개인에게 권리가 보장되는 현대적 의미의 민주주의가 실제로 구현된 시기는 불과 지난 약 100여 년에 지나지 않는다.

고대 그리스와 로마에서의 공화정과 민주주의는 오늘날 우리가 전제하는 보편적 정치 제도가 아니라, 노예 신분이 아니거나 일정 수준 이상의 재산을 소유한 자유민, 그리고 남성에게만 정치적 참여권을 제한적으로 부여하는 체제였다. 프랑스의 경우 근대적 공화정의 성립은 장기간의 혁명과 반혁명의 격동의 과정을 통해 이루어졌다. 1789년 프랑스 대혁명과 제1공화국 수립을 시작으로, 나폴레옹의 쿠데타에 따른 제1제정, 그의 실각 이후 브루봉 왕조의 복고, 1830년 7월 혁명을 통한 입헌군주제의 도입, 시민왕 루이 필리프 치하의 권위주의적 통치, 1848년 2월 혁명과 제2공화국 수립, 루이 나폴레옹 보나파르트 대통령의 친위 쿠데타와 제2제정, 그리고 프랑스-프로이센 전쟁의 패배를 계기로 한 1870년 제3공화국의 성립에 이르기까지, 약 100여 년간의 전진과 후퇴를 거쳐서 비로소 공화정이 안정적으로 정착되었다.

이에 비해, 구체제의 모순적 정치, 사회 구조로부터 상대적으로 자유로웠던 미국에서는 1776년 독립과 함께 공화정이 출범하였으나, 1863년 노예해방 이전까지는 흑인 노예제가 존속하였고, 현재와 같은 대중 민주주의는 20세기 초에 이르러서야 가능해졌다. 특히 현대 민주주의의 실질적 출발점은 인류 구성원의 절반을 차지하는 여성들이 치열한 참정권 운동을 통해 정치적 권리를 획득하고 공화정과 민주정치의 주체로 참여할 수 있게 된 20세기 초중반 이후라고 할 수 있다.

따라서 21세기 초 현재 우리가 소수 엘리트에 의한 왕정이나 귀족정치가 아닌 공화정,

그리고 절대권력에 의한 독재체제가 아닌 민주주의를 자명하고 보편적인 정치체제로 인식하는 것은, 불과 한 세기 전만 하더라도 결코 당연시될 수 없었던 역사적 산물이다. 이런 역사적 맥락에서 20세기 초 당시 많은 사람들에게 익숙한 리더의 개념은 오늘날과는 달리 위대한 개인, 즉 평범한 보통 사람들과는 구별되는 탁월한 자질과 천부적 능력을 지닌 예외적 존재로 인식되는 경향이 강했다.

1970년대에 접어들면서 연구자들은 리더에게 초점을 집중하던 것에서 벗어나 리더 외에 다른 요인, 즉 리더십이 발휘되는 상황, 맥락, 이를 둘러싼 환경에 주목하기 시작했다. 집단이나 조직의 성과를 높이는 가장 좋은 단일한 특성이나 행위 패턴이 있는 것은 아니라는 인식이 확산되었고 리더의 어떤 특성은 상황에 따라 집단이나 조직의 성과에 긍정적인 영향을 줄 수도 있고, 또 부정적인 영향을 줄 수도 있다는 것이다. 특정한 리더십 특성이나 행위가 주어진 상황에 적합할 때 그 특정한 리더의 행위는 조직 성과를 높일 수 있다는 상황적합성 리더십 논의가 제시되었다.

1970년대 말 이후 리더십 연구는 리더의 개인적 특성과 주어진 상황 간의 적합성에 초점을 두는 논의를 넘어, 조직 성과에 영향을 미치는 핵심 요인이 리더의 특성 그 자체가 아니라 리더와 추종자follower 간에 형성되는 관계의 특성이라는 관점, 즉 관계적 리더십relational leadership 논의로 확장되었다. 이러한 관점 전환은 조직 성과를 궁극적으로 좌우하는 주체가 실제로 업무를 수행하는 추종자들이며, 리더가 조직 성과에 미치는 영향은 미미하거나 기존 연구에서 과도하게 강조되어 왔을 가능성이 있다는, 리더십 개념 자체에 대한 최근의 도전과도 맞닿아 있다. 이하에서는 주요 리더십 이론들을 차례대로 살펴보며, 이러한 리더십 이론의 변화 흐름을 보다 구체적으로 살펴보겠다(Lord, Day, Zaccaro, and Avolio, 2017; Fischer, and Sitkin, 2023).

리더 중심 이론

특성 이론: 효과적인 리더의 개인적 특성 탐색

20세기 현대 리더십 이론은 처음에 리더에게 초점을 두었는데 리더가 다른 평범한 사람과 구별되는 남다른 특성을 타고난다고 보는 것이다. 외모와 같은 신체 특성,

지능, 그리고 통찰력, 외향성, 자신감, 결단력, 성실성, 사교성, 책임감 등과 같은 성격 특성 등 리더십 효과성을 높이는 리더의 개인 특성이 무엇인지를 찾으려 했다. 중요한 타고난 특성을 파악할 수 있다면 그런 특성을 가진 위대한 사람을 찾아서 우리 조직의 리더로 영입하면 조직의 성과가 커질 것이라는 위인 이론great man theory적 접근 방법이었다.

리더십 특성 이론은 많은 비판을 받았다. 각 연구마다 서로 다른 리더의 특성을 리더십 효과성에 영향을 주는 특성으로 제시하였고, 공통되고 일관된 결과를 보여주는 리더 개인의 특성을 찾을 수 없었다. 상황적 요인이 미치는 영향에 대한 설명이 부족하다는 비판도 제기되었다. 리더십 특성 이론의 이러한 한계가 지적되면서 다음 단계의 리더십 논의인 리더십 행위 이론이 제기되었다.

그러나 리더 특성을 중시하는 이론적 관점은 없어지지 않고 이후에도 성격 5요인 모델 등의 성격 특성이나 정서지능이 리더십에 미치는 영향 등에 대한 연구로 이어지고 있다. 특성 이론 연구가 지금도 여전히 많이 이루어지고 있다는 것은 사람들이 리더에 대해 가지고 있는 일반적인 생각을 잘 보여주고 있다. 리더가 우리와 조직에게 큰 변화를 만들어 줄 수 있고, 리더는 평범한 우리와는 다른 비범한 사람이며, 그런 위대한 리더의 특성은 타고나는 것이라고 믿는 것이다.

행위 이론

초기의 리더십 특성 이론에 대해 많은 비판이 제기되면서 연구자들은 리더가 집단이나 조직을 이끄는 과정에서 보이는 행동에 주목하기 시작했다. 리더십 행위 이론에서는 리더십 효과에 영향을 주는 것은 리더의 선천적인 특성이 아닌 그 리더가 추종자에게 구체적으로 보여주는 행동양식이나 스타일이라고 주장한다. 행위 이론에서는 이런 리더의 여러 행동양식이나 스타일 중에서 가장 바람직한 최선의 리더십 스타일을 찾아내는 데 초점을 두었다. 여러 리더십 스타일이 제시되었는데 가장 대표적인 것이 리더의 행동유형을 크게 과업지향적 리더십task-oriented leadership스타일과 관계지향적 리더십relationship-oriented leadership스타일로 분류한 것이다. 과업지향적 리더십은 주어진 과업의 성취에 역점을 두는 리더십 스타일이다. 구성원에게 일방적으로 지시를 내리고 과업을 할당하며, 집단 내 각 구성원의 역할과 직무수행의 절차를 정하거나 지시, 보고 등을 포함한 집단 내의 의사소통 경로를 조직화한다. 이러한 스타일을 보이는 리더의 주요 관심은 주어진 과업을 완수하는 것이다. 관계지향적 리더십 스타일은 과업을 완수하는 것도 중요하지만 그 과정에서 구성원과의 상호 신뢰관계, 구성원들의 만족에 역점을 두고 구성원들의 참여와 자율성을 존중하는 리더십 스타일이다. 쌍방의사소통, 의견수렴, 우정, 따뜻함, 구성원들의 아이디어에 대한 존중, 그들의 감정에 대한 관심 등을 표시하는 행위를 뜻한다.

오하이오주립대와 미시간주립대 연구

리더십 행위 이론은 1940년대말에 오하이오주립대학Ohio State University 연구진에 의해 제기되었다. 연구자들은 조직구성원을 대상으로 리더의 행동에 대한 설문조사를 실시하였고, 이 결과 리더의 행동을 과업지향적 성격을 갖는 구조주도initiating structure와 관계지향적 성격을 갖는 배려consideration라는 두 가지 유형으로 분류하였다. 구조주도는 리더가 구성원의 역할이나 직무를 규정하고 조직하는 정도를 말하는데, 분명한 직무를 정해주고, 명확한 성과 기준을 제시하고, 마감기한을 중시하는 리더의 행위를 의미한다. 배려는 리더가 구성원의 아이디어와 의견을 존중하고, 서로 신뢰하고, 존중하는 정도를 의미하는데, 구성원을 친구처럼 대해주고 쉽게 다가올 수 있도록 하며, 평등하게 대하고, 구성원의 개인적인 문제에도 신경을 써주고 도움을 주는 리더의 행위가 포함된다(Stogdill, 1948).

이 연구에서는 두 리더십 행동을 단일 차원의 연속체에 존재하는 것이 아니라 별개의 독립적인 차원의 리더십 스타일로 보았는데, 예를 들어 한 리더가 높은 수준의 구조주도와 배려 행동을 동시에 보일 수 있다는 것이다. 연구결과는 과업지향적 행동인 구조주도가 높고 관계지향적 행동인 배려도 모두 높은 수준을 보이는 리더가 가장 효과적인 리더라고 제시하였다(Stogdill, 1948).

1950년대에 미시간대학University of Michigan의 연구진은 다른 내용의 리더십 행위 이론을 제시하였다. 그들은 리더 행동을 생산지향production-oriented과 종업원지향employee-oriented으로 구분하였는데, 과업지향적 성격을 갖는 생산지향 리더 행동과 관계지향적 성격을 갖는 종업원지향 리더 행동을 단일한 연속체상의 양극단에 있는 것으로 보았다. 어떤 리더가 과업 지향적 행동을 보인다면 그는 관계지향적 리더십을 발휘할 수는 없다고 보았다. 이 중 더 생산적이며 이상적인 리더십은 관계 지향적 리더십인

종업원지향 리더십 스타일이라고 주장하였다(Bowers and Seashore, 1966).

관리격자도 모델

관리격자도managerial grid 모델은 오하이오주립대학 연구의 결과를 확장시켜 리더의 행동유형을 더 세분화하여 고려한 논의이다. 가로축에는 생산에 대한 관심, 즉 과업중심의 리더십 스타일 정도를 파악할 수 있도록 9등급으로 분류하고, 세로축에는 인간에 대한 관심, 즉 관계중심의 리더십 스타일 정도를 파악할 수 있도록 9등급으로 세분하여 분류하였다. 크게 가로축과 세로축으로 나누어져 있는 9등급의 과업중심과 9등급의 관계중심 리더십 스타일을 서로 조응시켰을 때 총 81개의 서로 다른 리더십 스타일이 가능하다.

81개의 가능한 스타일 중 중요한 리더십 스타일은 다음의 5가지 리더십 스타일이다. (1.1)형은 무기력형impoverished인데, 인간에 대한 관심과 생산에 대한 관심이 모두 최소 수준에 머무르는 리더의 유형으로 이때 리더는 상위자로부터 하위자로 단순히 정보를 전달하는 사람에 불과하다. (1.9)형인 친목형country club은 생산에 대한 관심은 매우 낮으나, 인간에 대한 관심은 매우 높은 리더의 유형이다. (9.1)형은 과업형task인데 인간관계의 유지에는 적은 관심을 보이지만, 생산에 대해서는 지대한 관심을 보이는 유형이다. (5.5)형은 절충형middle of the road인데 생산과 인간관계의 유지에 모두 적당한 정도의 관심을 보이는 리더의 유형이다. (9.9)형은 단합형team인데 생산과 인간관계 모두에 지대한 관심을 보이는 유형으로 구성원의 자아실현 욕구를 만족시켜 주고 신뢰와 지원의 분위기를 이루며, 생산 측면의 욕구도 충족시키는 리더의 유형이다. 이 이론에 따르면 81가지의 리더십 유형 중 단합형 리더십 유형이 가장 이상적이며, 관리자들이 가장 이상적인 단합형 리더 행동을 보이도록 이들을 훈련시켜야 한다는 것이다(Blake and Mouton, 1964).

행위 이론의 특성과 비판

리더십 행위 이론은 여전히 리더에 초점을 둔 리더 중심 이론이었지만, 리더의 타고난 특성의 중요성을 강조하는 리더십특성 이론과 달리 변화가 가능한 리더의 행위나 스타일에 초점을 두었기 때문에 리더십은 교육, 훈련을 통해 개발될 수 있다는 가정을 가능하게 하였고 리더십 훈련의 가능성과 필요성을 암시하였다. 이후 전 세계적으로 많은 조직들이 매년 큰 비용을 들여 경영자와 관리자들에 대한 리더십 교육과 훈련을 체계적으로 실시하게 되었다. 리더십행위 이론에 따르면 우리가 어떤 상황에서도 효과적인 **하나의 최적 리더십 스타일**one best style of leadership을 찾아내고 그런 특정한 리더십 스타일을 갖도록 리더를 훈련시킨다면 리더십의 문제는 해결될 수 있다는 것이다.

그러나 우리가 현실에서 체험하는 리더십의 문제는 그렇게 모든 상황에 상관없이 하나의 답이 존재하는 간단한 문제가 아니다. 행위 이론에서는 대체적으로 인간관계 중심적 리더 스타일이 과업중심적 리더 스타일보다 더 효과적이라고 제시하였지만, 실제로 어떤 경우에는 관계중심적 리더보다 과업중심적 리더 스타일이 더 효과적이라는 실증연구 결과가 보고되어 왔다. 관리격자도 모델을 포함한 리더십 행위 이론에 대한 비판은 어떤 상황에서도 효과적인 하나의 최적화된 리더십 유형은 존재하지 않는다는 것이다. 상황에 따라서는 관리격자도 모델에서 가장 효과적이지 않다고 여겨지는 무기력형(1.1형)도 효과적일 수 있다는 주장이다. 이후 연구자들은 하나의 최적화된 리더십 행위 유형에 초점을 둔 리더 행위론을 비판하며, 상황에 따라 효과적인 리더십 스타일은 달라질 수밖에 없다고 주장하였다. 이처럼 리더십 효과성에 대한 논의가 리더 중심 관점에서 벗어나 상황 요인을 본격적으로 고려하게 되면서, 리더십 이론은 다음 단계인 상황적합성 이론으로 발전하게 되었다.

상황적합성 이론: 보편적 리더십의 한계를 넘어서

상황적합성 이론은 리더십 행위 이론과는 달리 과업중심의 리더십 스타일이나 관계중심의 리더십 스타일 중 어느 하나가 더 효과적이라는 것이 아니라 각 스타일의 효과성이 상황조건에 따라 다르다고 주장한다. 조직을 둘러싼 환경의 중요성에 대한 논의가 커지면서 조직과 환경 간의 관계에 대한 상황적합성 이론contingency theory이 조직이론 전반에 걸쳐 큰 영향을 주었는데, 이런 이론적 추세가 리더십에도 반영된 것이 상황적합성 리더십 이론이다. 여러 상황적 요인에 초점을 두는 다양한 상황적합성 리더십 이론이 제시되었다. 하우스Robert House의 **경로목표 이론**path-goal theory은 동기부여 이론인 브룸Vroom의 기대 이론을 근거로 리더가 구성원이 보상을 받을 수 있는 경로를 명확히 제시하고 구성원이 목표를 달성했을 때 원하는 보상을 해줘서 구성원의 주관적 기대를 높이는 것이 리더의 역할이라고 본다. 이를 위해 상황조건에 따라 구성원을 동기부여시킬 수 있는 서로 다른 리더십 행동을 제시한다. 리더-참여 모델 leader-participation은 리더가 상황에 따라 추종자를 의사결정 과정에 참여시키는 정도가 의사결정의 효과성에 미치는 영향에 대해 설명하는 이론이다. 각 상황적합성 이론은 리더십 스타일의 유형을 구분하고, 고려해야 할 상황조건을 제시한 후, 구체적인 리더십 스타일과 구체적인 상황조건의 적합성에 대해 논의한다. 여러 상황적합성 이론 중 중요한 두 이론을 통해 상황적합성 리더십 관점의 구체적인 내용에 대해 살펴보겠다.

피들러의 상황적합 이론

프레드 피들러Fred Fiedler의 상황적합 리더십 이론contingency leadership theory은 리더십 연구에서 상황적합성 관점을 최초로 체계화하여 제시한 이론이다(Fiedler, 1967). 이 이론에서 먼저 피들러가 구분한 리더십 유형을 살펴보고, 이어서 리더십 효과성에 영향을 미치는 핵심 상황변수를 검토한 뒤, 마지막으로 리더십 유형과 상황 간의 적합성이 어떻게 성과 차이로 이어지는지에 대해 차례대로 논의하고자 한다.

리더십 유형 분류

먼저 리더십 유형의 분류는 가장 덜 선호하는 동료Least Preferred Coworker(LPC) 설문지 점수를 사용한다. 이 설문지는 16쌍의 대비되는 일련의 형용사(예를 들어, 즐거운/불쾌한, 능률적인/비능률적인, 열려 있는/폐쇄적인, 호의적인/적대적인)로 이루어져있다. 설문 방식은 응답하는 리더들에게 지금까지 함께 일해 왔던 동료들 중에서 가장 싫어하는 동료, 즉 같이 일하는 데 가장 애로를 느꼈던 한 사람을 생각하고, 그 사람의 특성에 대해 16쌍의 형용사 측면에서 1(부정적인 묘사)부터 8(긍정적인 묘사)까지 점수로 평가하여 기술하게 한다. 이때 LPC점수가 낮을수록, 즉 자신이 가장 싫어하는 동료의 특성에 대해 더 부정적으로 평가할수록, 그 리더는 과업 지향적인 리더일 가능성이 크고, LPC점수가 높을수록 그 리더는 인간관계 지향적인 리더일 가능성이 높다고 간주하였다. 자신이 가장 함께 일하기 싫어하는 동료에 대해서도 그 사람과의 관계나 지금

그림 7-1 피들러의 상황적합 리더십 이론

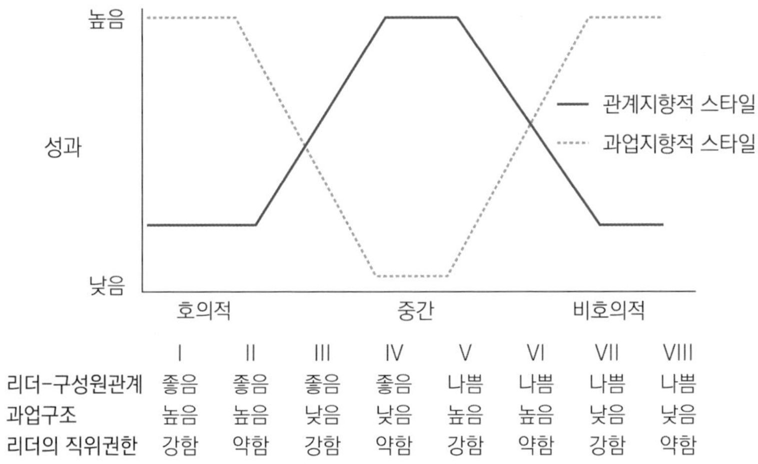

자료: Fiedler, F. E. (1967), *A Theory of Leadership Effectiveness*. New York: McGraw-Hill. 토대로 그림

까지의 인간적인 정을 고려하여 좋게 평가하는 사람이라면 다른 사람과의 관계를 중요시하는 사람일 것이라고 보는 것이다.

상황변수

상황변수는 상황이 리더에게 얼마나 호의적인가를 판단하기 위한 것으로 다음의 세 가지 측면을 고려하였다. **리더-구성원 관계**leader-member relations는 구성원들이 리더를 어느 정도 신뢰하고 좋아하며, 리더의 말을 기꺼이 따르려 하는가, 리더가 그 구성원들에게 얼마나 받아들여지는가 하는 정도에 따라 좋음, 나쁨으로 구분하였다. 좋은 리더-구성원 관계가 리더에게 호의적인 상황이 된다. **과업구조**task structure는 과업의 요구 조건들과 과업수행방법이 어느 정도 명확하게 규정되어 있는가, 과업을 수행하고 나서 그 결과를 알 수 있는 정도, 과업에 대한 최적의 해답이나 결과가 존재하는 정도에 따라 구조화가 높음, 낮음으로 구분하였다. 구조화 정도가 높을수록 리더가 구성원들이 하는 과업의 내용을 파악할 수 있고 성과통제가 용이하므로 리더에게 호의적인 상황이 된다. **리더의 직위권한**leader position power은 리더가 갖고 있는 공식 직위에 집단 구성원을 지도하고 평가하고 상과 벌을 줄 수 있는 권한이 주어진 정도에 따라 강함, 약함으로 구분하였다. 직위권한이 강할수록 지도력 행사가 용이하고 따라서 리더에게 호의적인 상황이 된다.

이러한 세 가지 상황변수의 결합이 리더에 대한 상황의 호의성, 즉 상황이 리더로 하여금 집단에 영향력을 행사할 수 있게 하는 정도를 결정한다. 종합적으로 상황은 리더에게 매우 호의적인 상황, 중간 정도로 호의적인 상황, 그리고 리더에게 아주 호의적이지 않은 상황으로 각각 나눌 수 있다. 리더에게 가장 호의적인 상황은 집단 구성원들이 모두 리더를 따르고 존경하고 좋아하며(좋은 리더-구성원 관계), 리더가 명확하고 구체적으로 정의된 직무를 지시할 수 있으며(높은 과업구조), 리더가 구성원에게 보상을 주거나 처벌을 가할 수 있을 만큼 상당한 권한을 갖고 있는(강한 직위권한) 경우이다.

리더십 유형과 상황의 적합성

피들러의 이론에 따르면, 상황이 리더에게 매우 호의적이거나 매우 호의적이지 않은 경우에는 과업지향적 리더십이 최선의 성과를 가져다준다. 반면, 중간 정도로 호의적인 상황에서는 상황의 모호성과 민감성으로 인해 구성원의 신뢰와 협력을 이끌어 내는 것이 중요하므로 대인관계 능력을 갖고 있는 인간관계지향적 리더가 더 효과적이라는 것이다.

상황적합성 논의를 받아들인다면 이를 현실에 어떻게 적용할 수 있을까? 이 이론의 주장은 리더십 스타일과 상황적 조건을 일치시켜야 한다는 것이다. 상황에 적합하도록 리더가 자신의 리더십 스타일을 바꾸거나, 그것이 쉽지 않다면 리더에게 매우 불리한 위기 상황에서 조직은 현재 인간관계지향적 스타일을 보이는 리더를 과업지향적 리더로 교체해야 할 것이다. 또 다른 대안은 과업을 재조정하여 더 구조화시키거나, 통제권한을 리더에게 더 주는 등 상황을 리더에게 유리하도록 변화시키는 것이다.

허쉬와 블랜차드의 상황 이론

허쉬Paul Hersey와 블랜차드Ken Blanchard의 상황적 리더십 이론situational leadership theory은 학술적으로는 실증적 근거가 제한적이라는 비판을 받아왔지만, 직관성과 실용성 때문에 전 세계적으로 기업의 리더십 훈련 및 개발 프로그램에서 가장 널리 활용되어 온 리더십 모델 중 하나이다. 이 이론은 리더를 받아들이고 거부하는 사람이

그림 7-2 허쉬와 블랜차드의 상황 이론

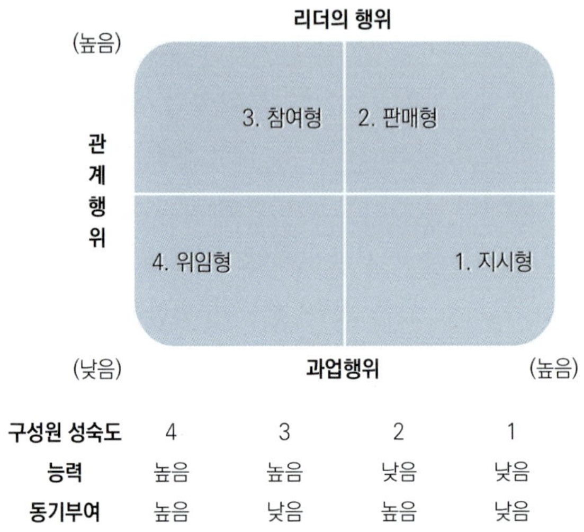

구성원 성숙도	4	3	2	1
능력	높음	높음	낮음	낮음
동기부여	높음	낮음	높음	낮음

바로 구성원이며, 리더가 무엇을 하든 실제로 과업을 수행해서 집단이나 조직의 성과에 변화를 일으키고 결국에는 리더십 효과성에 영향을 주는 것은 구성원들이라는 점에서 구성원의 중요성을 강조한다. 리더십 효과성은 구성원의 특성인 그들의 준비 정도와 성숙도에 의해 달라진다고 본다(Hersey and Blanchard, 1969).

이 이론은 리더의 행위 유형을 서로 독립적인 과업행위task behavior와 관계행위relationship behavior로 나누고 두 유형별로 각각 높은 경우와 낮은 경우를 고려하여 총 네 가지 리더십 스타일을 제시하였다. 지시형telling은 구성원에게 구체적 지시를 하고 그들이 하는 일을 밀착해서 감독한다. 판매형selling은 리더가 내린 결정을 설명해주고 구성원이 그 결정을 습득할 수 있는 기회를 부여한다. 참여형participating은 의사결정 과정에 구성원을 참여시켜 아이디어와 정보를 공유한다. 위임형delegating은 리더의 개입을 최소화하고 대부분의 의사결정과 실행 책임을 구성원에게 넘겨준다.

상황변수는 구성원의 성숙도readiness level에 따라 상황을 정의하였다. 성숙도란 구성원의 일에 대한 능력과 의지를 뜻하는데 네 단계로 나뉜다. 1단계는 능력도 없고 의지도 없는 상태이고, 2단계는 능력은 여전히 부족하지만 일을 해보겠다는 의지나 동기부여가 생기는 상황이며, 3단계는 일을 하는 능력은 생겼지만 의지나 동기부여가 떨어지는 상태이다. 그리고 4단계는 구성원이 능력과 의지를 모두 갖추고 있는 상황이다.

리더 행위 유형과 상황의 적합성

리더와 상황의 적합성은 구성원의 성숙도가 제일 낮은 경우, 즉 능력과 의지가 모두 부족한 경우에는 높은 과업행위와 낮은 관계행위로 특징지어지는 지시형 리더십이 효과적이다. 구성원의 능력이 떨어지므로 구체적인 지시를 해줘야 하며, 의지나 자신감이 부족한 상황이기 때문에 그들이 제대로 일을 하고 있는가에 대해 밀착해서 감독해야 하는 것이다.

구성원이 능력은 아직 모자라지만 의지와 어느 정도의 자신감을 갖게 되면 높은 과업행위와 높은 관계행위로 특징지어지는 판매형 리더십이 효과적이다. 구성원의 능력이 떨어지므로 여전히 리더가 내린 결정에 대해서 상세히 설명해주어야 하지만 그들이 하려는 의지를 갖고 있으므로 지시형 리더십처럼 밀착해서 감독할 필요는 없고 구성원이 리더가 바라는 것을 받아들일 수 있도록 높은 관계지향적 리더십 스타일을 보여줄 필요가 있다.

구성원이 능력은 갖추었으나 동기부여가 되어 있지 않아 의지가 낮은 단계에 있다면 낮은 과업행위, 높은 관계행위로 특징지어지는 참여형 리더십이 효과적이다. 구성원이 능력이 충분하므로 리더는 되도록이면 구성원을 의사결정에 참여시키고 지원해줘서 그들의 과업의지를 북돋워주어야 한다.

구성원이 능력과 의지 모든 면에서 완전히 성숙하고 준비가 되어 있는 마지막 단계에서는 낮은 과업행위, 낮은 관계행위로 특징지어지는 위임형 리더십이 효과적이다. 이 단계에서 리더는 과업행위든 관계행위든 구성원에 대한 자신의 간섭을 될 수 있으면 배제하는 것이 오히려 더 효과적이라는 것이다. 상황에 적합하지 않은 리더십 스타일을 적용할 경우, 예를 들어 능력과 의지 모든 면에서 성숙한 구성원에게 지시형 리더십을 사용하거나, 반대로 구성원의 능력과 의지가 모두 미성숙한 상황에서 위임형 리더십을 썼을 때 어떤 부적합성과 문제가 발생할지 생각해본다면 상황적 리더십 이론의 기본적인 개념을 이해할 수 있을 것이다.

카리스마 리더십과 변혁적 리더십 이론

카리스마 리더십charismatic leadership과 변혁적 리더십transformational leadership은 1970년대 중반부터 새로운 리더십 논의의 일환으로 제기되었다. 이 논의에 따르면 이전의 전통적 리더십은 리더와 구성원 간의 거래적 관계에 초점을 두었는데, 리더는 목표와 방향을 제시하고 필요한 지원을 하고, 구성원이 목표를 달성했을 때의 보상과 그렇지 않았을 때의 처벌을 통해 구성원의 행동을 유도하는 것이었다. 반면 새로운 리더십 이론은 리더가 구성원이 기대 이상의 성과를 이룰 수 있도록 하는 카리스마와 같은 리더의 특별한 형태의 영향력, 그리고 리더와 구성원 간의 정서적 교감을 강조하는 이론이다. 변화를 촉진시키는 과정에서는 변혁적 리더의 중심적 역할을 강조하지만 변화를 실현시키는 과정에서는 리더와 구성원 간의 결속이 요구된다는 것을 강조한다. 카리스마 리더십과 변혁적 리더십은 리더십의 폭넓은 범위를 설명할 수 있는 포괄적인 접근방법이며 지금까지도 가장 많이 연구되는 리더십 이론이다. 두 이론은 내용 면에서 매우 비슷하며 동의어로 쓰이는 경우가 많다(Knippenberg and Sitkin, 2013), 두 이론 중에서는 변혁적 리더십 연구가 더 많이 이루어지고 있다.

카리스마 리더십

두 이론의 역사적 발전과정을 구체적으로 살펴보면, 구성원과 조직에 근본적인 변화를 가져올 수 있는 비범한 능력을 가진 리더의 개념으로 카리스마 리더십이 제시되었다(House, 1977). 카리스마charisma란 개념은 막스 베버Max Weber에 의해 제기된 것인데, 카리스마는 개인이 가진 초인간적이고 비범하며 천부적인 특성을 뜻한다(Weber, 1968/1921). 베버는 지배를 위한 정당성의 근거로 전통적 지배traditional authority, 합법적 지배legal authority, 그리고 카리스마적 지배charismatic authority의 세 가지 지배유형론을 제시하였다. 전통적 지배는 역사적으로 근대 이전에 동서양에 존재하였던 관습적 권위에 기초해서 사적이고 자의적인 권력행사를 하는 지배 형태를 뜻한다. 합법적 지배는 근대사회의 합리성에 기초해서 법과 규칙의 권위에 기초해 지배하는 것을 말하는데 이를 토대로 관료제가 발전하게 된다. 카리스마적 지배는 초인간적이고 특별히 예외적인 힘과 자질을 가지고 있다고 간주되는 특정 개인의 비범한 개인적 권위에 기초해 추종자들이 그를 따르거나 헌신하는 경우에 이루어진다.

카리스마적 지배는 비범한 특성을 가진 특정 개인에 의한 예외적인 지배 방식인데, 그런 개인이 영원히 권력을 가질 수는 없기 때문에 승계의 문제가 생기게 되고 카리스마의 일상화the routinization of charisma와 비인격화가 불가피하게 일어나게 된다. 베버는 비합리적인 카리스마적 지배가 일상화되는 과정이 역사적 변화를 거치면서 반권위주의적 국민주권주의 형태로 변형된 것이 근대 민주주의라고 보았다. 베버에 따르면 카리스마적 권위의 정당성은 전적으로 피지배자의 인정에, 그들의 눈앞에 현시되는 '증거'에 달렸다. 이런 점에서 민주주의 제도에서 선출된 지도자는 자기가 지배하는 자들의 하인이 된다는 것이다. 민주주의에서 지도자가 투표에 의해 인정받게 되기 때문에 그는 피지배자의 충성을 공고히 하기 위해 전쟁을 통한 영광이나 물질적 복지 증대와 같은 성과를 내려고 하고, 그러한 시도가 성공하면 그것이 카리스마의 증명이 된다는 것이다. 이런 점에서 카리스마 리더는 추종자들의 인정을 받을 수 있는 민주적 정당성을 필요로 한다(Weber, 1968).

카리스마 리더십이란 카리스마적 권위에 기초하는 리더십으로 구성원의 리더에 대한 지각, 즉 구성원이 리더가 남들이 갖고 있지 못한 천부적인 특성을 갖고 있다고 느끼게 될 때 리더는 카리스마 리더십을 발휘할 수 있게 된다. 추종자들은 특정한 가치 중심적, 상징적 또는 감정이 담긴 리더의 행동을 관찰할 때, 그러한 리더에게 영웅적이거나 비범한 리더십 능력이 있다고 여기게 된다. 구성원이 리더가 갖는 어떤 특성을 실제보다 큰 것으로 느끼게 되고, 리더에게 감정적인 애착을 가지게 되며, 리더를 초인적 영웅이라고 믿게 된다면 자신의 리더는 어떤 불가능한 상황도 헤쳐나갈 것이라고 믿고 리더를 따르게 된다. 카리스마 리더십 이론은 카리스마라는 리더의 특성을 중요시하는 논의처럼 보이지만, 카리스마라는 개념 자체가 추종자의 리더에 대한 지각의 문제이므로 리더와 구성원 간의 관계를 중요하게 고려하는 최근의 리더십 논의와 맥락을 같이 한다(Shamir, House, and Arthur, 1993).

카리스마 리더는 현 상태에 근본적으로 불만족을 느끼며 항상 변화시키려고 노력하고, 구성원의 능력을 제대로 파악해내고 그들의 욕구와 감정에 민감하게 반응하고 적절히 대응하며 해결 의지를 표현한다. 또한 구성원에게 현 상태를 크게 뛰어넘는 미래에 대한 이상적 비전을 제시하고 바람직한 가치관을 함축하고 있는 이념적 목표를 구성원이 이해하고 공유할 수 있도록 명확하게 설명한다. 카리스마 리더는 추종자에게 리더의 높은 기대를 표시하고 추종자의 능력에 대한 강한 신뢰를 보이며, 리더 자신이 큰 개인적 위험을 떠안고, 비전을 달성하기 위해 자신을 기꺼이 희생하려는 정신을 실제 행동으로 나타내는 등 모범 행동을 보이며, 기존의 규범이나 관습에 얽매이지 않는 새롭고 자유로운 비정형적unconventional 행동을 보여준다. 또한 추종자의 마음속에 내재되어 있는 협력, 자존감과 같은 과업과 관련된 동기요인을 일깨운다(Conger and Kanungo, 1987).

카리스마 리더십의 결과는 리더에 대한 추종자들의 믿음, 리더-추종자 간의 믿음의 동질화, 리더에 대한 무조건적 수용, 리더에 대한 자발적 복종과 애정, 리더의 사명에 대한 감성적 몰입, 과업 관련한 추종자들의 성과 향상, 사명 달성에 기여할 수 있다는 추종자들의 믿음 등으로 나타나게 된다.

변혁적 리더십

카리스마 리더십 이론이 나온 비슷한 시기에 번스James MacGregor Burns는 리더십에서 중요한 것은 공식적 권력을 가진 리더가 아니라 리더와 구성원 간의 관계이며, 리더가 구성원의 동기와 욕구를 충족시켜주고 그들이 능력을 최대로 발휘할 수 있도록 해주는 것을 강조하는 변혁적 리더십 이론을 제시하였다(Burns, 1978). 변혁적 리더십은 기존 리더십 이론이 리더와 구성원 간의 교환관계에 기초한 거래적 리더십transactional leadership에 치중했다고 비판하였다. 변혁적 리더는 거래적 리더가 하는 일은 기본적으로 하면서도 거래적 리더의 모습을 뛰어넘는 추가적인 특징을 보여주어야 한다. 변혁적 리더십은 문화 자체를 변혁시키고 집단의 욕구체계를 바꾸려는 것이다. 비전을 설정할 뿐 아니라 그 비전을 달성하기 위한 자신감을 고취시키며 조직에 대한 몰입을 강조한다. 변혁적 리더는 자유, 평등, 정의 등과 같은 가치에 호소하여 추종자들의 의식, 가치관, 태도의 혁신을 추구한다.

전범위 리더십 모델

바스Bernard M. Bass는 1980년대 중반에 기존의 카리스마 리더십과 변혁적 리더십 논의를 수정하고 확장시켰는데, 거래적 리더십과 변혁적 리더십을 서로 독립적인 차원이 아닌 단일선상의 연속적인 개념으로 보았다(Bass, 1985). 그의 수정된 변혁적

그림 7-3 전범위 리더십 모델

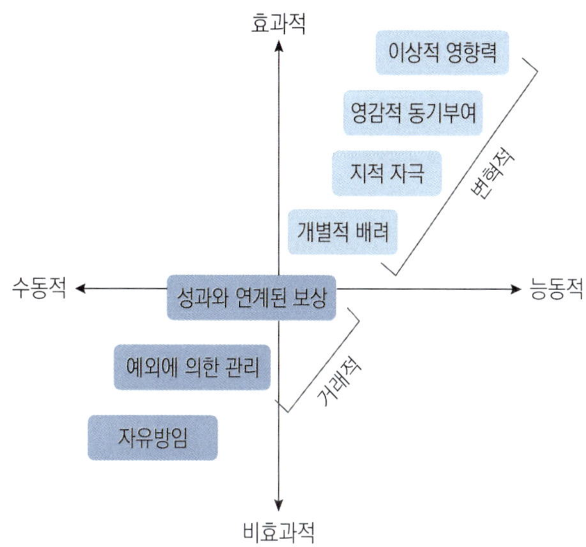

자료: Bass, B. M., and Avolio, B. J. (1994), *Improving Organizational Effectiveness through Transformational Leadership*. Sage. 토대로 그림

리더십 이론은 리더십 전반에 대해 포괄적으로 살펴보는 전 범위 리더십 모델full range of leadership model에 잘 나타나 있다(Bass and Avolio, 1994).

이 모델의 첫 번째 요인은 자유방임laissez-faire인데, 이는 리더십이 없는 상태를 뜻하며, 이 단계의 리더는 책임을 포기하고 구성원과 업무와 관련된 거래적 관계도 없고 구성원을 도와 그들의 욕구를 충족시키려는 노력도 하지 않는다. 다음 개념인 거래적 리더십은 리더와 구성원이 서로 합의한, 리더가 원하는 목표와 구성원들이 원하는 보상 간의 교환관계가 효율적으로 달성되도록 하는 리더십을 의미한다. 거래적 리더십의 주요한 두 요인 중, 성과와 연계된 보상 개념은 리더는 구성원에게 어떻게 해야 그들이 원하는 보상을 받을 수 있는지를 알려주고 서로 합의한 목표를 달성했을 때 보상을 제공하는 것이다. 예외에 의한 관리는 리더가 구성원이 부여받은 임무를 수행하도록 목표가 달성될 때까지 간섭하지 않지만, 구성원이 목표를 달성하지 못하거나 규정이나 기준에서 벗어나는 예외적인 행동을 했을 때만 간섭하여 제재를 가하고 수정 조치를 취하는 것이다. 거래적 리더십은 변혁적 리더십과 달리 일상적인 조직생활에서 전형적인 관리자가 보이는 리더의 모습이라고 할 수 있다.

변혁적 리더십은 4개의 주요 요인이 있는데, 먼저 카리스마 또는 이상적 영향력idealized influence은 리더가 추종자에게 미래에 대한 비전을 제시하고 사명감을 제공하며, 바람직한 가치관과 자신감 등을 심어주고 그들로부터 무한한 존경과 신뢰를 얻는 것을 의미한다. 리더가 도덕적, 윤리적 행동기준을 갖고 올바른 일을 하는 것으로 간주되며, 구성원은 역할모델이 되는 리더와 자신을 동일시하고 행동을 본받으려 한다. 영감적 동기부여inspirational motivation는 리더가 구성원에게 높은 기대를 표시하고 구성원들이 공유된 비전을 실현하는 데 헌신하도록 동기부여시키는 것을 뜻한다. 리더는 구성원 각자가 자신의 개별적 이익 추구를 뛰어넘어 집단의 더 큰 목표달성에 초점을 맞추도록 정서적 호소나 상징적 행동을 보이고 팀 정신을 강조하는 것이다. 지적 자극intellectual stimulation은 리더가 구성원의 창의성과 혁신을 자극하여 그들이 조직의 문제를 분석하고 해결하려 할 때 기존의 합리적 틀을 뛰어넘어 세심한 문제해결을 하도록 촉진시켜서 조직을 새롭게 바꿔나가려 하는 것이며, 구성원이 스스로 판단을 내리고 신중히 문제를 해결하도록 하는 것이다. 개별적 배려individualized consideration는 리더가 구성원의 개인적 욕구에 세심한 관심을 보이고 지원적 분위기를 조성하며, 그들의 성취동기를 강화하고 능력이 개발될 수 있도록 코치하고 조언하며 임파워먼트를 활용하는 것을 의미한다.

카리스마 리더십과 변혁적 리더십의 본질적 특성

카리스마 리더십과 변혁적 리더십에 대한 중요한 논의 중 하나는 이 리더십 이론이 카리스마라는 리더 개인의 특성을 강조하는가, 아니면 리더가 구성원과 갖는 사회적 관계를 중요시하는가에 대한 것이다(Kark, Shamir, and Chen, 2003). 카리스마라는 개념 자체가 평범한 사람들과는 다른 비범한 자질을 가진 특정 사람이 변화와 혁신을 만들어내는 데 중요한 역할을 한다는 것을 강조한다. 많은 연구가 카리스마 형성에 영향을 주는 리더의 신체적, 성격적 특성을 제시하였고, 구성원이 리더에게 감정적 애착과 몰입을 보이고 복종하고 의존하는 측면을 강조하였다.

반면 카리스마 개념을 처음으로 제시하였던 베버와 이 이론의 주요 연구자들은 카리스마의 의미가 리더가 가지고 있는 고유하고 타고난 특성보다는 리더가 추종자들과 사회적 관계를 맺고, 그들과 함께 변화를 만들어내면서 추종자에 의해 카리스마를 인정받는 데 있다는 것을 강조한다. 변혁적 리더의 네 가지 특성에서 알 수 있듯이, 변화와 혁신을 실제로 만들어 내는 주체는 리더가 아니라 추종자들이다. 변혁적 리더는 추종자들의 잠재적 능력이 최대한 발휘되어 집단의 성취가 이루어질 수 있도록 이를 돕고 촉진하는 역할을 수행한다. 이러한 관점에서 리더와 추종자의 관계는 임파워먼트로 특징지어질 수 있다. 따라서 카리스마 리더는 어려움에 처한 추종자들을 구해주는 영웅적 존재가 아니며, 평범한 사람들과 질적으로 다른 신비로운 존재도 아니다.

유사 변혁적 리더십

카리스마 리더는 가치중립적 개념이기 때문에 부정적인 의미의 카리스마 리더도 가능하다는 주장이 있다. 간디나 킹 목사뿐만 아니라 히틀러도 카리스마 리더일 수 있다는 것이다. 히틀러는 카리스마 리더의 특성으로 많이 제시되는 에너지, 자신감, 권력욕구, 신비감, 웅변술 등을 갖고 있었고, 독일 국민의 열광적이고 감정적인 애착, 충성과 헌신, 무조건적인 복종과 숭배를 이끌어냈으며 그들을 변화시켜 전쟁을 일으켰다. 히틀러는 참모였던 괴벨스가 선전, 선동을 통해, 뛰어난 영화감독이었던 레니 리펜슈탈의 유명한 나치 전당대회나 1936년 베를린 올림픽 기록영화를 통해 교묘하게 이미지를 조작하는 등의 방법으로 추종자들이 자신을 카리스마 리더로 인식하도록 만들었다. 제1차 세계대전 패망과 정치적, 경제적 혼란이라는 당시 독일의 위기 상황은 이를 더 가능하게 했다.

그러나 리더와 추종자의 사회적 관계에 초점을 두는 본원적 의미에서 보면 변혁적 리더는 자신의 이익을 취하지 않고 전체 집단의 공동의 이익을 위해 추종자에게 영향을 미치는 도덕적 가치를 추구하는 것이다. 히틀러와 같이 자신의 이해관계를 추구하기 위해 추종자를 착취하고 희생시키고 권력을 추구하는 독재자는 유사 변혁적 리더pseudo transformational leader이며 진정한 의미의 변혁적 리더나 카리스마 리더라고 할 수 없다(Bass and Steidlmeier, 1999).

카리스마의 주요 요소: 리더, 추종자와의 관계, 적합한 환경

카리스마를 불에 비유한 한 연구의 주장은 카리스마와 변혁적 리더의 본질적 특성을 잘 보여준다. 카리스마는 추종자들의 에너지와 헌신을 불태워 기대 이상의 결과를 이끌어내는 불과 같은데, 이는 세 가지 요소의 결합으로 만들어진다. 불꽃a spark인 카리스마 특성을 지닌 리더, 가연성 물질flammable material인 카리스마 리더에 열려 있는 추종자들, 그리고 산소oxygen에 해당하는 카리스마 형성에 적합한 환경이라는 것이다. 불은 불꽃만으로 생겨날 수 없다. 카리스마는 불꽃과 가연성 물질과 산소 이 세 가지가 결합될 때 나타나는 결과이다. 카리스마, 즉 리더십은 카리스마적 특성을 지닌 리더 혼자서 이룰 수 있는 것이 아니라 그 카리스마에 열려 있는 추종자와의 관계, 그리고 이를 뒷받침하는 환경이 갖추어졌을 때 효과가 나타나는 것이다(Klein and House, 1995).

관계적 리더십 이론: 리더-구성원 교환이론

집단이나 조직의 성과에 영향을 주는 리더십 효과성에 대한 논의는 리더의 특성이나 행위에 대한 논의, 그리고 상황요인과의 적합성이 중요하다는 논의를 지나 조직의 성과를 높이도록 실제로 일을 하는 구성원의 중요성에 주목하고 있다. 이러한 논의 중 하나가 리더와 구성원 관계의 중요성에 초점을 두는 리더-구성원 교환이론Leader-Member Exchange(이하LMX)이다. 이전 리더십 이론의 가정은 리더가 규범적으로 구성원을 하나의 집단으로 간주하고, 같은 리더십 스타일을 보이며, 그들 각자와 모두 똑같은 수준의 사회 관계를 형성한다는 것이었다. LMX이론은 실제로는 리더가 개인의 시간이나 자원 면에서의 내재적인 한계나 인지적 한계로 인해 구성원 개개인과 서로 다른 관계를 형성하게 된다고 본다.

리더와 개별 구성원과의 양자dyadic 관계는 높은 수준의 리더-구성원 교환 관계(LMX)와 낮은 수준의 리더-구성원 교환 관계(LMX)로 나누어진다. 리더가 구성원과 높은 수준의 LMX관계를 가지면 빈번한 커뮤니케이션을 보이며 서로 비슷한 가치관을 갖게 되고 신뢰, 존경, 공동운명의식 등을 나누어 갖게 된다. 구성원은 리더와 긴밀한 교류를 통하여 공식적 관계를 벗어난 비공식적 관계를 갖는 것이다. 반면 리더는 자신과 낮은 수준 LMX 관계로 연결되는 구성원에 대해서는 공식적인 리더 구성원 관계를 가지고 최소한의 감독자 역할에 초점을 두게 된다.

리더 구성원 교환관계(LMX)를 측정하기 위해 사용하는 문항 중 대표적인 것은 다음과 같다. "귀하가 업무상의 문제점을 해결하는 데 귀하의 팀 리더가 자신의 권한을 사용할 가능성은 어느 정도입니까?" "귀하의 팀 리더가 본인이 손해를 보면서도 귀하를 곤경에서 구해줄 가능성은 어느 정도입니까?" "나는 만약 내 팀 리더가 없더라도 팀 리더의 결정을 옹호하고 대변할 정도로 팀 리더에 대해 충분한 확신이 있다." "귀하는 귀하와 팀 리더 간의 업무관계가 얼마나 효과적이라고 생각하십니까?" 구성원이 이러한 문항들에 대해 높은 점수를 준다면 그 구성원과 리더의 양자관계는 높은 LMX를 형성하고 있는 것이다.

리더-구성원 교환관계의 선행요인과 효과성

리더 구성원 교환관계에서 그렇다면 어떤 특성을 가진 구성원이 리더와 높은 수준의 LMX 관계를 맺게 되는가? 연구결과는 여러 개인 특성 면에서의 유사성과 구성원의 업무성과가 리더 구성원 교환관계 형성에 영향을 준다는 것을 보여주고 있다. 성별, 연령, 학력과 같은 인구 통계적인 특성이나 성격 면에서 리더와 비슷한 특성을 갖는 구성원이 리더와 높은 LMX관계를 형성할 가능성이 크다. 구성원의 업무성과가 좋은 경우에도 그 구성원과 리더가 높은 수준의 LMX를 형성할 가능성이 커진다.

지금까지의 연구결과에 따르면 리더와 구성원이 어떤 관계를 갖는가에 따라 조직에서 구성원의 태도, 행동, 성과가 달라지게 된다. 리더와 높은 LMX 관계를 형성한 구성원들은 낮은 LMX관계를 갖는 구성원들에 비해 직무만족과 조직몰입이 더 크고, 리더에 대해서 더 만족하며, 동료를 돕는 등 더 많은 조직시민행동을 하고, 더 좋은 업무성과를 보인다. 또한 리더가 더 많은 구성원 개개인과 긴밀한 양자 관계를 만들수록 리더십 효과성이 커진다. 리더가 구성원과 높은 수준의 LMX 관계를 갖는 비율이 더 클수록 그 리더가 이끄는 집단의 성과가 커지는 것이다(Martin, Guillaume, Thomas, Lee, and Epitropaki, 2016).

리더-구성원 교환관계가 리더에게 주는 함의점

LMX이론은 리더가 의도적으로 어떤 구성원을 편애하는 상황과는 다른 논의이다. 리더가 구성원들을 불공정하게 대한다면 리더가 이끄는 집단 성과에는 크게 부정적인 영향을 주게 된다. 집단을 이끌어서 좋은 성과를 내야 하는 공식적인 책임을 갖는 리더가 모든 구성원들을 똑같이 공정하게 대하고 더 많은 구성원들과 좋은 LMX 관계를 갖기 위해 노력하는 것은 규범적으로 기본 전제가 된다.

리더십 교육과 훈련을 통해 리더는 더 많은 집단 구성원과 높은 수준의 LMX 관계를 가질 수 있다. 예를 들어 10명의 팀원을 가진 팀의 리더가 10명 팀원 모두와 좋은 LMX관계를 갖게 된다면 그 팀의 성과는 제일 높아진다고 논리적으로 생각할 수 있지만, LMX이론은 리더의 시간, 자원, 인식면에서의 한계 때문에 리더가 모든 구성원과 긴밀한 양자 관계를 형성하는 것은 거의 불가능하다고 본다.

또한 사회적 관계는 상호적이어서 리더가 모든 구성원에게 똑같은 호의를 베풀고 좋은 관계를 갖기 위해 노력해도 상대방인 구성원이 리더를 어떻게 생각하는가에 따라 서로 다른 LMX 관계가 형성된다. 리더가 구성원을 똑같이 대해도 리더에게 동질감과 친밀감을 느껴서 리더를 신뢰하는 구성원이 있는가 하면 여러 이유로 리더에게 호감을 느끼지 못하는 구성원이 있을 수 있는 것이다. 리더가 아무리 노력한다고 해도 상대방인 구성원을 완전히 통제해서 자신을 신뢰하게 만들 수는 없기 때문에 리더가 모든 개별 구성원과 똑같이 높은 수준의 LMX를 형성하는 것이 현실적으로는 불가능하다. 리더는 자신이 갖고 있는 시간과 자원과 같은 제한된 자원을 어떻게 효율적으로 활용하여 팀의 성과를 극대화할 수 있는 리더 구성원 교환 관계를 형성할 수 있는가를 생각해봐야 한다(Graen and Uhl－Bien, 1995).

리더십의 최근 경향

조직이 사람들이 모여서 공동의 목적을 추구하는 집합체라면, 리더십은 개인 또는 집단이 조직 내 사람들이 공동의 목적을 추구하도록 영향을 미치는 과정이라는 점에서 리더십은 조직 연구에서 중요한 주제이다. 조직을 둘러싼 환경이 변하면서 조직의 운용 방식이 달라지게 되고 이에 따라 임파워링 리더십, E－리더십, 도구적 리더십, 전략적 리더십 등 새로운 관점과 현상에 주목하는 리더십 이론과 개념들이 제시되어 왔다(Avolio, Walumbwa, and Weber, 2009). 이러한 리더십에 대한 최근 경향 중 가장 두드러진 것은 리더십을 윤리적 관점으로 보는 것과 리더십을 집단의 특성이라는 관점으로 접근하는 것이다(노스하우스, 2023).

윤리적 리더십

경영학에서 윤리경영은 중요한 세부 분야로 발전되어왔는데 리더십을 윤리적 관점으로 접근하는 것은 비교적 최근의 흐름이다. 윤리적 리더는 먼저 자신이 윤리적 특성을 갖는 도덕적 인간이 되어야 한다. 또한 윤리의 중요성을 구성원들에게 알리고 윤리기준을 설정하며 그에 맞춰서 구성원이 윤리적 책임감을 갖도록 관리하는 도덕적 관리자가 되어야 한다(Brown, Treviño, and Harrison, 2005).

윤리적 리더십ethical leadership의 중요한 원칙은 다음과 같다. 윤리적 리더는 다른 사람을 존중한다. 리더는 다른 사람의 생각을 신뢰하고 그들을 존경할 만한 가치가 있는 한 인간으로 대해야 한다. 이러면 구성원들은 자신이 하는 일에 대해 자존감을 느끼게 될 것이다. 윤리적 리더는 다른 사람을 섬긴다. 리더는 자신의 개인적인 이해관계를 넘어서 구성원의 이익을 최우선에 두고 그들이 정당한 이익과 목적을 추구하고 실현시키는 것을 돕는 방향으로 행동해야 한다는 것이다. 윤리적 리더는 공정해야 하는데, 조직에서 구성원에게 보상과 처벌을 할 때 그들이 특별한 배려나 차별을 받지 않도록 법이나 원칙을 적용해야 한다. 윤리적 리더는 정직해야 한다. 리더가 정직하지 못하면 구성원은 리더를 믿을 수 없게 되고 리더를 더 이상 존경하지 않게 되며 리더가 구성원에게 미치는 영향력은 줄어들게 된다. 윤리적 리더는 공동체를 구축한다. 리더는 그가 이끄는 집단이 리더와 구성원 모두에게 이익이 되는 공동의 목표를 추구하도록 해야 하며, 모든 목표는 조직, 지역사회, 그리고 전체 사회의 공동의 선과 이익을 고려하여 결정해야 한다.

서번트 리더십

서번트 리더십servant leadership은 리더가 하인처럼 추종자, 고객, 지역 사회 등 다른 사람들을 섬기는 역할에 헌신하는 것을 강조하는 타인 지향의 리더십이다. 추종자의 이익을 자기 자신의 것보다 더 우선시하고, 그들의 욕구와 이해를 우선 순위를 정하여 충족시키고, 그들의 개발과 발전을 강조한다. 서번트 리더십은 추종자가 자율적으로 자신의 일을 해가도록 하는 것이며, 업무 효율성, 커뮤니티 책임감, 자기 동기 부여, 미래 리더십 역량 등의 분야에서 추종자의 잠재력을 최대한 개발하는 데 중점을 둔다. 추종자만이 아니라 조직과 지역사회에서 자신의 이익보다 타인의 이익을 위해서 헌신하는 리더십을 뜻한다. 서번트 리더는 자신을 따르는 추종자와 그가 속한 조직이나 이해관계자들에게도 강력한 도덕적 행동(모범)을 보여야 한다. 서번트 리더십 개념은 1970년대에 처음으로 제시되었으나(Greenleaf, 1977) 규범적인 리더십 원칙으로 여겨지다 최근 들어 이론적·실무적으로 많은 논의가 이루어지고 있지만, 개념적 정의와 구체적인 내용에 대해서는 서로 다른 주장이 제기되고 있고 연구자 간의 합의가 부족하다.

리더십 초기 논의에 기반하여 서번트 리더십의 특성으로 제시된 10가지 요인 중 경청은 추종자와의 의사소통의 시작이며 그들의 생각을 알게 되는 것, 공감은 추종자를 이해하고 수용하는 것, 치유는 추종자가 개인적 문제를 스스로 극복하도록 도와주는 것, 자각은 리더 자신이 추종자에게 미치는 영향이 무엇인지 잘 이해하는 능력, 설득은 지위의 힘이 아닌 대화를 통해 추종자가 깨닫고 변화하게 하는 것, 개념화는 리더가 미래 비전을 확립하고 조직의 목표에 대해 충분히 자각하는 것, 선견지명은 과거와 현재 상황을 토대로 미래에 어떤 일이 일어날 것인지 직관적으로 예견하는 것, 스튜어드십은 자신에게 주어진 역할에 대해 책임을 지는 정신, 구성원 성장에 대한 헌신은 추종자가 개인적, 정신적, 전문적으로 성장하도록 환경과 자원을 지속적으로 제공하는 것, 공동체 및 지역사회의 구축은 공동체를 구축하여 추종자가 안정감을 느끼고 다른 사람과의 연대감을 느끼는 공간을 제공하는 것이다.

이후 논의에서 서번트 리더의 행동은 7가지로 제시되었다. 개념화conceptualization는 리더가 조직의 목표와 복잡성에 대해 철저히 이해하는 것을 의미하며, 이를 통해 조직의 문제를 다면적 시각에서 보게 하여 문제해결에 대한 창의적 접근을 가능하게 한다. 정서적 치유emotional healing는 리더가 추종자의 개인적 관심사와 복지에 대해 갖는 민감성을 뜻하는데, 추종자의 문제점을 인식하고 문제 해결을 위해 애쓰는 것이다. 추종자 우선putting followers first은 서번트 리더십의 필수적 행동이고, 말과 행동을 통해 추종자의 관심사가 리더 자신의 것 보다 더 우선이라는 것을 보이는 것이다. 추종자의 성장과 성공 지원helping followers grow and succeed은 추종자가 개인적 목표를 이뤄 자기실현을 하고 잠재능력을 충분히 발휘하여 경력 성공을 할 수 있도록 멘토링하고 지원을 제공하는 것이다. 서번트 리더는 강한 윤리기준을 따르고, 공개적이고, 정직하며, 공정한 윤리적 행동behaving ethically을 해야 한다. 임파워먼트는 리더가 통제권과 권력을 추종자에게 위임하여 추종자가 자율적으로 의사결정을 하도록 허용하는 것이다. 그리고 지역사회를 위한 가치창출creating values for the community은 리더 자신이 지역사회 활동에 참여하고 추종자들이 자원하여 지역사회에 봉사하도록 해서, 조직의 목표를 보다 넓은 지역사회의 목표와 연결시키는 것이다(Liden, Wayne, Zhao, and Henderson, 2008).

진성 리더십

진성 리더십authentic leadership은 진정성 있는 리더십과 리더십의 사이비 형태인 유사 변혁적 리더십을 구분하기 위해 제시되었고, 리더십 연구에서 윤리의 중요성을 강조하는 데 도움이 되었다(Gardner, Cogliser, Davis, and Dickens, 2011). 리더가 꾸밈없는 진실한 리더십을 보이고 바른 신념을 가지고 현실에 맞는 실질적이고 독창적인 리더십을 발휘하는 것이다. 진정한 리더는 조직에서 기대하는 역할 요구에 구속받지 않고 자신에게 진실한 방식으로 행동하며, 구성원을 자신의 목적을 위해 이용하지 않고, 구성원을 존중하고 행동의 일관성을 보여주며, 자신의 행동에 대한 책임을 다하고 자신의 실수를 인정하는 리더이다. 반면에 진정성이 없는 리더는 조직에서의 역할에 매몰되어 부여받은 역할 이상의 노력을 하지 않고, 구성원들을 사람이 아닌 수단처럼 대우하며, 자신의 행동에서 오는 부정적 결과나 실수에 대해 구성원을 '희생양'으로 활용한다. 진성 리더십은 관계적인 것이고 리더와 구성원들이 함께 만들어가는 것이다. 진정성은 리더 혼자의 노력에서만 나오는 것이 아니라 리더가 시도한 변화의 메시지가 추종자들의 가치에 부합해야만 그 변화가 이루어지는 것이고, 리더십이 구성원에게 영향을 주고 구성원이 리더에게 영향을 주는 과정을 통해 리더와 구성원들 간의 상호작용에 의해 나타난다.

진성 리더십의 구성요인은 다음과 같이 정리할 수 있다. 자아인식self-awareness이란 리더가 자신의 장점과 단점을 포함한 자신의 다면적인 본성, 가치관, 감정, 동기에 대해 알고, 이를 다른 사람에게 노출함으로써 자신에 대한 통찰력을 얻고, 다른 사람에게 미치게 될 자신의 영향을 이해하는 것이다. 리더가 자신을 알고, 자신이 누구이며, 무엇을 위해 일하고 있는가를 잘 인식하고 있다는 것이다. 내면화된 도덕적 시각internalized moral perspective은 리더가 자기 조절을 통해 집단, 조직, 사회적 압력보다 자신의 내면적 도덕적 기준과 가치에 따라 내재화된 가치와 일치하는 의사결정과 행동을 보이는 것이다. 추종자는 리더의 행동이 그의 도덕적 기준이나 신념과 일치하기 때문에 진성 리더로 인식하게 된다. 균형 잡힌 정보처리balanced processing는 리더가 의사결정을 내릴 때 관련 정보와 자료를 객관적으로 분석하고 다른 사람의 의견을 검토하고 고려하는 것이다. 관계의 투명성relational transparency은 자신과 가까운 사람과 진실되게 공개적으로 의사소통하는 것을 뜻한다. 자신의 긍정적인 측면뿐 아니라 부정적인 측면도 보이는 것이고, 왜곡된 자신이 아닌 자신의 진실된 모습을 다른 사람에게 보여주는 것이다(Walumbwa, Avolio, Gardner, Wernsing, and Peterson, 2008).

팀 리더십

대부분의 리더십 이론은 리더 개인 또는 리더와 추종자 간의 인지적, 정서적, 심리적 측면에 초점을 두어 왔으나, 리더십이 실제로 행사되고 그 효과가 발휘되는 사회적 맥락에 대해서는 상대적으로 관심이 부족했다. 그러나 리더십은 본질적으로 리더와 구성원 간에 이루어지는 사회적 영향력과 권력의 상호작용 과정이며, 특히 집단과 팀은 이러한 상호작용이 구체적으로 전개되는 핵심 단위이기 때문에 리더십 효과를 좌우하는 중요한 사회 구조이자 맥락으로 볼 수 있다.

최근 팀 기반 조직 구조가 일반화되면서, 팀 성과를 결정짓는 요인들과 팀 맥락에서의 리더십 연구의 중요성은 더욱 강조되고 있다. 실제로 상황적합성 이론이나 변혁적 리더십 이론 등 전략적 리더십을 제외한 대부분의 리더십 논의는 중간관리자 수준의 팀 리더가 팀 성과에 미치는 영향을 중심으로 발전해 왔다. 궁극적으로 리더십 효과성이 향상된다는 것은 리더가 이끄는 팀의 성과가 높아진다는 의미이므로, 리더십 연구는 리더 개인의 특성이나 행동에만 국한할 것이 아니라, 기존 집단 연구에서 강조해 온 팀 수준의 특성과 맥락적 요인을 함께 고려해야 한다(Kozlowski, Mak, and Chao, 2016).

공유/분산 리더십

리더십은 전통적으로 한 리더가 구성원에게 하향식으로 영향을 미치는 것으로 여겨져 왔지만, 연구자들은 집단 구성원이 서로 상호작용하고 영향력을 발휘해서 함께 계획을 세우고, 조직화하고, 문제를 해결해서 집단 또는 조직의 목표를 달성하는 것의 중요성에 주목하기 시작했다. 팀제 조직구조의 기본 특성 중 하나로 제시되고 있는 자율관리팀에서 리더는 최소한의 조정자 역할을 하고 팀은 팀원의 자율적 의사결정을 통해 운영된다. 공식 리더가 있는 일반 팀의 경우에도 팀 운영의 책임이나 의사결정 권한이 공식 리더에만 있는 것이 아니라 전체 팀원들이 책임을 나누어 맡고 함께 논의하여 의사결정을 하는 것이 공유된 리더십이다. 리더십은 공식적인 리더와 팀원 간의 수직적 과정으로만 이루어진 것이 아니고, 팀 내에는 여러 명의 실질적 리더가 있을 수 있다는 것이 공유shared 리더십이나 분산distributed 리더십의 주요한 논의이다.

공유 리더십 논의의 세 가지 주요 내용들은 다음과 같다(Zhu, Liao, Yam, and Johnson, 2018). 리더에 의한 수직적 리더십과 구성원들 간의 상호작용과 영향력에 의해 발현되는emergent 공유 리더십은 팀에 영향을 주는 두 가지 리더십 원천으로 모두 중요하다. 또한 공유 리더십은 집단 구성원들의 상호작용을 통해 발현되는 특성이므로 개인 수준이 아닌 집단 수준에서 분석되어야 한다는 것이다. 공유 리더십 논의는 리더십 효과성 논의가 공식 리더와 구성원들, 그리고 그들이 상호작용을 통해 형성하는 여러 집단의 특성과 연관되는 집단 수준 논의라는 것을 명확하게 보여준다. 더 나아가 공유 리더십은 리더십 역할과 영향력이 구성원들 사이에 광범위하게 분산되는 분산 리더십 현상에 초점을 둔다.

공유 리더십은 팀원들이 팀 목표에 대해 유사한 이해를 가지고 이를 서로 공유하며, 상호 간에 정서적, 심리적 지지를 제공하여 자신의 의견이 가치 있고 인정받는다고 느끼게 하고, 팀 성과에 대한 공동 책임감을 발달시키는 팀 내적 특성을 가질 때 발현될 가능성이 크다. 또한 의사결정 과정이나 토론·논쟁에서 팀원들이 적극적으로 자신의 의견을 개진하는 높은 수준의 발언 행동이 활발할 때 공유 리더십이 더욱 강화되며, 공식 리더가 서번트 리더십이나 변혁적 리더십을 보일 경우 공유 리더십 가능성이 더욱 커진다(Carson, Tesluk, and Marrone, 2007). 공유 리더십의 효과에 대한 연구 결과에 따르면 공유 리더십은 팀의 업무성과를 향상시키는 데 긍정적인 역할을 하며, 팀 혁신과 창의성을 높이는 데도 중요한 역할을 한다.

리더십 개념에 대한 도전

최근 들어 일부 연구자들은 현대 사회에서 일반 사람들이 정치, 기업, 스포츠팀의 리더에게 갖는 리더십 만능주의 태도에 대해 문제를 제기하고 있다. 옛날에 사람들은 자신에게 일어난 좋은 일이든 나쁜 일이든 그 원인을 이해할 수 없을 때 그것을 신의 탓으로 돌렸다. 풍년이 들어 풍족한 수확물을 거두었을 때, 자신이나 가족에게 불행한 일이 생겼을 때 모든 것은 신의 섭리라고 생각했다. 이제 사람들은 우리 주변에서 일어나는 모든 중요한 일의 원인을 신 대신에 리더 탓으로 돌리고 있다.

국가의 경제상황이 좋지 않으면 대부분의 경우에 집권당은 정권을 잃게 된다. 경제규모가 작은 국가는 말할 것도 없고 전 세계에서 10위권의 경제규모를 가진 한국뿐 아니라 한국의 15배에 달하는 엄청난 GDP 규모의 미국도 마찬가지이다. 엄청난 경제 규모를 가진 국가의 경제 실적이 한 리더의 판단에 의해 영향을 받는다고 사람들은 믿는 것이다. 프로스포츠 팀의 경우에 작년에 우승을 해서 큰 칭송을 받았던 감독도 이번 시즌에 성적이 너무 좋지 않으면 시즌 중간에 경질되는 경우도 있다. 기업이 큰 실적을 거두었을 때도 사람들은 그 공을 돌릴 누군가를 필요로 하는데 이때 전형적으로 그 기업의 최고 경영자에게 성공의 공적을 돌리게 된다. 비슷한 식으로 기업이 실적이 좋지 않으면 사람들은 나쁜 실적에 대해 책임을 질 사람들을 필요로 하게 되고 이때도 일반적으로 그 기업의 최고경영자가 그 비난을 감수하는 역할을 맡게 된다.

그러나 실제로 조직의 성공이나 실패의 많은 부분은 한 조직의 리더가 어찌할 수 없는 영향력 밖의 세계 경제나 국내의 경기변동이나 다른 환경적인 변화와 같은 요인에 의해 결정되는 경우가 많다. 결국 리더의 성공이나 실패는 그가 특정한 시기에 적절하게 그 자리에 있었거나 잘못된 시기에 그 자리에 있었기 때문에 생겨난 일이라는 것이다. 또한 대부분의 조직에서 조직구성원에게 영향을 주는 데 필요한 조직 내 자원을 완전히 통제할 수 있는 리더는 현실적으로 거의 없다.

리더십 효과성을 실증적으로 검증하는 연구도 시도되었는데, 최고경영자의 교체가 기업의 매출이나 손익에 미치는 영향을 보거나(Lieberson and O'Connor, 1972; Thomas, 1988), 리더십 유형이 집단의 성과에 미치는 영향에 대한 메타 연구가 이루어졌으나(Avolio, Reichard, Hannah, Walumbwa, and Chan, 2009) 서로 상반된 결과가 나오는 등 명확한 결론을 내리기는 어려운 상황이다.

리더는 조직에서 공식적인 권력을 가지고 있기 때문에 리더가 능력이 없거나 비윤리적이거나 잘못된 결정을 하면 조직을 망치거나 조직에 부정적인 영향을 줄 수 있다. 그러나 리더가 어떻게 해서 과연 우리 팀이나 조직의 성과를 높이는 데 큰 영향을 줄 수 있는가, 즉 리더십이 진정으로 효과가 있는가에 대해서는 의문을 제기하는 주장들이 있다. 현대사회에서도 많은 사람들은 한 명의 혁신적 영웅이 나타나서 세계를, 조직을, 그리고 우리를 구할 수 있다고 생각하는 경향이 있는데, 이러한 리더십에 대한 신화나 환상에서 벗어나야 한다는 것이다.

지금까지의 리더십 논의와는 달리 집단이나 조직의 리더십 효과가 리더의 특성이 아니라 실제로는 리더와 구성원들 간의 관계의 특성이나, 추종자들의 특성에 의해 결정된다는 논의도 있다. 이런 점에서 이제는 리더십이 아니라 실제 일을 해서 성과에 직접적인 영향을 주는 추종자가 중요하다는 팔로워십followership 논의나 추종자 관점follower-centric으로 리더십 효과성을 봐야 한다는 것이다(Howell and Shamir, 2005). 또한 리더십 효과는 실제로는 우리가 생각해온 것보다는 그렇게 중요한 것이 아니거나 실제 성과에 직접적인 영향을 주기보다는 상징적인 중요성이 있다는 주장도 제기되고 있다. 관련되는 몇 가지 중요한 이론들을 통해 리더십 효과성 개념에 도전하는 연구들의 구체적인 내용에 대해 살펴보겠다.

리더십 대체 이론

리더십이 항상 중요한 것은 아닐 수도 있다는 논의는 1970년대 말에 상황적합성 이론 중 하나인 리더십 대체 이론substitutes for leadership으로 시작되었다(Kerr and Jermier, 1978). 이 이론은 구성원, 직무, 또는 조직의 어떤 특성은 리더십의 효과성을 대체하거나 중립화시킬 수 있다고 주장한다. 예를 들어, 구성원이 충분한 직무훈련을 받고, 오랫동안 일을 해와서 자신이 하는 일에 대한 경험과 지식이 많거나, 스스로를 자신의 직무에 대한 전문가라고 생각하거나, 조직의 규칙과 절차가 과업수행에 대해 매우 구체적으로 제시하고 있는 경우에는 리더가 일일이 과업에 대해 설명해주고 지시할 필요가 없으므로 과업지향적 리더십 기능이 대체된다. 조직 내에 이러한 리더십 대체 요인들이 많이 있으면 있을수록 구성원의 태도나 조직 성과에 대한 리더의 영향은 그만큼 줄어들게 된다. 지금까지의 연구결과에서도 상황요인 같은 리더십 대체 요인들이 리더십 효과에 못지않게 구성원의 만족도나 몰입도, 그리고 성과에 큰 영향을 미치는 것으로 나타났다.

리더십 대체 요인으로는 구성원 개인특성과 관련해서는 능력, 경험, 훈련, 지식,

전문가 지향 성향, 조직의 보상에 무관심한 정도가, 직무특성과 관련해서는 업무의 구조화 정도, 완성도에 대한 피드백 제공 유무, 내재적으로 만족을 주는 정도가 있다. 조직 특성 요인으로는 목표의 공식화 정도, 규칙, 절차 등의 경직성, 작업집단의 유대감과 응집력 정도가 제시되었다.

슈퍼 리더십과 셀프 리더십

리더십이 한 개인이 다른 개인의 행동에 영향을 주는 것이라면 리더십에서 무엇보다도 중요한 것은 추종자 개인이 리더의 영향에 의해 변하지 않고 스스로를 리드하여 자신의 행동을 변화시키는 셀프 리더십self-leadership이라는 주장이 제기되었다. 그리고 리더의 역할은 추종자가 스스로 리드해 나가는 역량과 기술을 갖춰서 셀프 리더가 될 수 있도록 하는 슈퍼 리더십super-leadership을 발휘해야 한다는 것이다(Manz and Sims, 1987).

이 주장에 따르면 추종자가 스스로 의사결정할 수 있는 셀프 리더가 되는 순간 슈퍼 리더의 역할은 끝나게 되고 추종자가 리더를 대체하게 된다. 이 이론에서 성공적인 슈퍼 리더는 추종자들이 셀프 리더가 되어 더 이상 리더를 필요로 하지 않는 상태로 이끌어서 리더인 자신을 무용지물로 만드는 것이다. 셀프 리더십 논의의 기본 가정은 사람은 원래 책임감이 있으며, 외부 제약이 없이도 적절한 지원만 주어진다면 목표달성을 위해 스스로 자신을 통제할 수 있다는 것이다. 팀제 조직구조가 늘어나면서 팀원들이 권한을 위임받아 스스로 업무와 관련된 여러 의사결정을 하는 자율관리팀에서 이러한 자발적인 개인을 필요로 하게 되었고 갈수록 셀프 리더십의 중요성이 증가하고 있다.

슈퍼 리더가 되기 위한 7가지 단계

슈퍼 리더가 되기 위한 7가지 단계는 다음과 같다. ① 다른 사람을 이끌기 전에 먼저 자신이 자기 자신을 이끌 줄 아는 셀프 리더가 되어야 한다. 자신의 행동에 대한 관찰에서 시작하여 변화의 목표를 세우고, 실습을 하며 결과에 대해 스스로 보상이나 처벌을 가해야 한다. 또한 승진이나 보너스와 같은 외적 보상이 아닌, 자신의 일 자체에 대한 즐거움이나 보람 같은 내재적 보상을 추구한다. 또한 자신의 믿음과 자아 개념을 긍정적이고 건설적인 방향으로 바꾸는 일종의 자기 통제를 해야 한다. ② 자신의 셀프 리더적 면모를 추종자에게 보여주어서 그들이 자신을 모델로 삼도록 한다. ③ 슈퍼 리더가 추종자에게 도전적인 목표를 스스로 설정하도록 독려해서 그들이 목표설정 행위를 학습하도록 한다. ④ 추종자에게 격려나 칭찬을 통해 그들의 역량에 대한 믿음을 표현함으로써 추종자들이 자신감을 갖고 긍정적인 사고방식을 갖도록 도와준다. ⑤ 슈퍼 리더는 보상과 건설적 비판을 통해 추종자가 외적인 보상보다는 일 자체에 대한 내재적 보상을 추구하도록 가르쳐서 그들을 셀프 리더로 육성한다. ⑥ 팀원 각자가 셀프 리더가 되고 팀 자체가 자율관리팀의 성격을 갖도록 해서 팀원이 더 이상 팀장에게 의존하지 않고 팀워크를 통해 스스로 판단하고 결정하도록 한다. ⑦ 집단이나 조직 전체가 셀프 리더십의 가치를 받아들여 실천에 옮길 수 있도록 셀프 리더십 문화를 배양하도록 한다(Stewart, Coutright, and Manz, 2019).

리더십 귀인 이론: 리더십 낭만화

리더십에서 중요한 것은 추종자들이 어떤 과정을 거쳐서 자신들의 리더의 특성을 지각하느냐는 것이다. 리더십 효과는 추종자의 변화된 행동, 그리고 그것의 결과로서 조직 성과의 변화로 나타나게 되는데, 개인은 객관적인 실체가 아닌 자신이 지각한 것에 기반해서 행동을 한다. 리더십 귀인 이론attribution theory of leadership은 리더십의 효과가 리더의 객관적인 특성 그 자체보다, 추종자가 자신의 리더를 어떻게 지각하고 어떤 이미지를 부여하는가에 의해 좌우된다고 본다. 즉, 리더십이란 추종자가 리더에게 부여하는 귀인의 결과에 불과하며, 이러한 귀인은 추종자의 행동뿐 아니라 조직의 성과 인식에도 영향을 미친다. 추종자들은 조직에서 발생하는 다양한 현상이나 리더의 행동에 대해 그 원인을 끊임없이 해석하려는 경향이 있는데, 원인을 명확히 파악하기 어려울수록 그 책임을 리더십에 귀인하기 쉽다. 특히 조직이 극히 긍정적이거나 부정적인 성과를 보일 때, 사람들은 그 성과의 원인을 리더십으로 돌리는 경향을 보인다.

리더십 낭만화

리더십 귀인 이론과 비슷한 맥락의 논의가 리더십의 낭만화romantic theory of leadership 논의이다(Meindl, Ehrlich, and Dukerich, 1985). 사람들은 조직의 성과가 아주

좋거나 나쁠 때 조직 성과가 좋아지거나 나빠진 실제 원인과는 상관없이 경영자의 리더십 때문에 성과가 달라졌다고 생각하는 경향이 있다는 것이다. 실제보다 조직 성과에 대한 리더나 리더십의 효과성을 더 크게 인식하는 경향이 있는데, 이것을 **리더십의 낭만화**라고 한다.

대부분의 리더십 연구에서는 구성원들에게 그들의 리더 특성에 대해 설문 방법을 통해 알아보고 그 리더의 특성과 그 팀이나 조직의 성과를 비교하여 리더십이 팀이나 조직의 성과에 영향을 주었다고 결론을 내리게 된다. 구성원은 자신의 팀이나 조직의 성과의 원인이 무엇인지를 생각해내는 과정에서, 그들이 상황으로부터 주어지는 모든 정보를 알 수도 없고 알더라도 그 정보를 활용해서 자신들이 판단하는 데는 어려움이 있게 된다. 원인이 될 만한 여러 요인 중 가장 눈에 띄는 요인을 성과의 원인이라고 생각하게 되는데 그것이 팀이나 조직의 리더라는 것이다. 귀인 과정에서 외재적 요인의 영향은 과소평가하고 내재적 또는 개인적 요인의 영향을 과대평가하는 경향인 **근본적 귀인 오류**fundamental attribution error가 발생하는 것이다.

리더에 대한 평가에서 자신의 팀이나 조직의 성과가 좋지 않으면 구성원은 자신의 리더에 대해 좀 더 부정적인 평가를 하게 되고 성과가 좋으면 리더에 대해 좀 더 긍정적인 평가를 하게 된다. 사람들은 리더의 특성이 조직의 성과를 결정한다고 생각하지만, 실제로는 구성원이 자신의 리더의 특성에 대해 갖는 인식이 조직 성과에 의해서 영향을 받게 되고, 그들이 성과의 원인을 리더에게 귀인시키기 때문에 리더십과 조직의 성과와의 관계는 기존 생각과는 달리 원인과 결과가 뒤바뀌어 있는 것이다. 즉 **성과 신호 효과**performance cue effect가 발생하는 것이다.

리더십의 낭만화를 주장한 사람들은 최근 리더십 논의들, 즉 카리스마 리더십이나 변혁적 리더십의 조직 성과에 대한 효과가 실제보다 과장되어 있으며 리더십을 극도로 낭만화시킨 논의라고 비판한다. 카리스마 리더십이나 변혁적 리더십이 강조하는 것이 리더의 실체라기보다는 추종자들이 자신의 리더를 어떻게 인식하고 받아들이느냐의 문제라는 점에서 이 이론은 우리가 리더십의 여러 측면에 대해서 다시 한 번 생각해볼 수 있는 문제제기를 하고 있다(Bligh, Kohles, and Pillai, 2011).

리더십 본질에 대해 다르게 생각하기

인류 역사 약 5천여 년 동안, 그리고 지난 100여 년간의 현대 리더십 연구에서 리더십의 중요성은 지속적으로 강조되어왔다. 실제 역사와 현실에서도 리더의 영향력이 조직과 사회의 성패를 좌우하는 결정적 요인으로 작용한 경우가 많다. 예컨대 스티브 잡스Steve Jobs나 이순신 장군과 같은 리더들은 조직과 사회에 근본적인 변화를 일으킨 대표적인 슈퍼히어로 리더의 전형이라고 할 수 있다. 잡스는 개인용 컴퓨터와 스마트폰을 상용화하여 우리의 일상생활 방식을 근본적으로 변화시켰을 뿐만 아니라, 1997년 CEO로 복귀했을 당시 파산 위기에 처해 있던 애플Apple을 지금의 세계적 초우량 기업으로 탈바꿈시켰다. 이순신 장군은 전쟁 발발 후 한 달도 되지 않아 수도 한양이 함락된 절박한 상황에서 남해의 제해권을 장악하여 임진왜란이라는 동아시아 국제전쟁의 흐름을 근본적으로 뒤바꾸었다.

그러나 한편으로는 최근 들어 리더십의 절대적 중요성에 도전하는 여러 비판적인 논의도 활발히 제기되고 있다(정명호, 2024). 그렇다면 잡스와 이순신 장군 같은 슈퍼히어로 리더는 어떻게 설명할 수 있을까? 먼저, 지난 역사와 현실에서 이들과 같이 국가나 조직에 큰 변화를 일으킨 위대한 리더는 분명 존재하지만, 그런 경우는 극히 예외적이라는 점을 인식할 필요가 있다. 우리가 그런 사람이 되거나 그런 사람을 우리의 리더로 갖게 될 확률은 매우 낮다는 것이다. 대부분의 조직과 사회는 소수의 비범한 개인이 아니라 다수의 평범한 리더와 구성원들에 의해 운영된다. 리더십 개념은 평범한 사람들이 조직에서 리더의 역할을 어떻게 효과적으로 수행할 수 있는가에 초점을 두는 실행 가능하고 인간 중심적인 리더에 대한 논의인 것이다.

나아가 위대한 업적을 이룩한 잡스나 이순신 장군이 정말로 다른 사람들과 근본적으로 다른 슈퍼히어로 리더였는가에 대해서도 생각해볼 필요가 있다. 이들이 조직의 공식적인 권력을 가진 리더로서 어떤 구체적인 모습을 보여서 조직의 성공을 이끌어냈는지를 살펴보는 것은 리더십의 작동 메커니즘을 보다 체계적으로 이해하는 데 도움이 될 수 있다.

스티브 잡스의 리더십: 최고의 인재와 관계를 중심으로 한 위임형 리더십

지금까지 스티브 잡스의 리더십을 설명하는 요인으로는 혁신적 아이디어에 도전하는 사람들을 중시하는 태도, 비전과 열정에 대한 강한 집착, 끈질긴 집중력, 직관에 기반한 의사결정 방식 등이 주로 제시되어 왔다. 또한 그의 개인적 특성으로는 강한 카리스마, 독선적 태도, 다혈질적 성격, 독설과 괴팍함, 집요함, 거만함, 무자비함, 권위주의적 리더십 스타일 등이 주로 논의되어 왔다. 그러나 잡스와 오랜 기간 가까이에서 조직을 함께 운영했던 핵심 경영진들은 공식 리더로서 그가 보여준 또 다른 면을 언급한다. 특히 1985년 스컬리Scully가 주도한 이사회 반란으로 자신이 창업한 애플에서 쫓겨난 이후, 약 10년 만에 CEO로 복귀한 잡스는 여전히 자기중심적이고 때때로 감정을 표출하는 모습도 보였지만, 리더로서는 이전과는 분명히 달라진 모습을 보였다.

그는 최고의 인재를 찾아 도전적인 과제를 지속적으로 부여했고, 구성원 간의 논쟁과 토론을 적극적으로 장려했다. 논쟁 과정에서 상대의 주장이 설득력이 있다고 판단하면 고집을 부리지 않고 중요한 의사결정 권한을 상대에게 과감히 위임했다. 또한 문제 상황을 당연하게 받아들이지 않고 끊임없이 질문을 던짐으로써 구성원이 새로운 관점에서 사고하도록 자극했으며, 때로는 의도적으로 논쟁을 유도하거나 자신의 생각과 반대되는 의견을 제시하기도 했다. 잡스는 구성원에게 오늘 몇 번이나 다른 사람에게 '아니오'라고 말했는가라는 질문을 던지며, 기존 사고방식에 도전하는 태도를 독려했다. 특히 뛰어나고 신뢰할 만한 인재에게는 실질적인 권한과 책임을 부여하고, 지속적인 요구와 질문, 토론을 이어가면서도 최종 판단은 그들에게 맡겼다(아이작슨, 2011).

이런 잡스의 리더로서의 모습을 잘 보여주는 것이 그의 주변에 있었던 뛰어난 사람들의 존재와 그들과의 관계이다. 1997년 그가 돌아온 이후 애플의 극적인 반전 신화에서 핵심적인 역할을 한 요인 중 하나는 아이팟iPod, 아이폰iPhone 등에서 볼 수 있는 디자인 혁신이었다. 이는 무엇보다도 최고디자인 책임자인 조너선 아이브Jonathan Ive의 창의적 역량에 의해 가능했다. 잡스는 당시 영국에서 작은 디자인 하우스를 운영하던 아이브를 적극적으로 영입하고, 제품 디자인에 관한 실질적인 전권을 주었다. 이전의 애플을 포함한 대부분의 조직에서는 엔지니어가 새로운 전자기기를 설계하면 디자이너가 그에 맞춰 외형을 디자인하는 것이 일반적이었는데, 아이브는 디자인을 제품 설계의 출발점으로 삼는 프로세스 혁신을 주도했다. 잡스는 그의 결정을 전적으로 믿으면서도 동시에 끊임없는 압박과 자극을 통해 결과의 완성도를 극대화했고, 아이브는 때때로 이에 대해 불평하면서도 최고의 성과를 만들어냈다.

잡스가 팀 쿡Tim Cook을 자신의 후계자로 선택한 이유는 쿡이 잡스가 가지지 못한 강점을 가진 경영자였기 때문이다. 당시 애플은 수요 예측 실패로 인한 재고 누적, 부품 수급 불안정, 생산 지연 등 생산, 유통, 물류 부문에서 많은 문제가 있었다. 쿡은 이 부문에 대한 전권을 받아 생산 아웃소싱 확대, 물류 체계 효율화, 재고, 생산공정, 자재공급처를 대폭 줄이는 혁신을 이루었다. 그는 특히 운영 관리에서 탁월한 전문성을 발휘함으로써 애플의 제품 혁신이 실제 시장에서 안정적으로 구현될 수 있는 기반을 마련했다.

나아가 쿡은 잡스와 달리 경영에서 윤리적 가치와 기업의 사회적 책임을 강조하였다. 그가 최고경영자가 된 이후 애플은 구성원의 노동권 보호, 환경지속가능성, 포용성과 다양성 제고와 같은 사회적 이슈에 적극적으로 대응하기 시작했다. 그는 사람이 가치관을 가지듯, 기업 역시 가치관을 가져야 한다고 주장한다. 사람들은 자신들의 기대와 달리 쿡이 잡스와 너무 다르다는 점에 실망했지만, 잡스는 쿡이 자신과 다르다는 것을 잘 알고 있었다. 잡스는 쿡에게, 잡스였다면 어떻게 할지 생각하지 말고 자신이 옳다고 생각하는 것을 하라는 마지막 조언을 남겼다.

특정 분야나 이슈에서 자신보다 뛰어난 인재를 존중하고 그들에게 중요한 의사결정을 맡기는 잡스의 리더로서의 모습은 픽사 공동체의 주요 인물들과의 관계에서 가장 잘 드러난다. 잡스가 1997년에 다시 애플로 돌아올 수 있었던 가장 중요한 요인은 그가 투자했던 컴퓨터 애니메이션 회사인 픽사Pixar Animation Studios의 성공이었다. 잡스는 픽사에서 기술과 경영 부문의 대표이며 최고경영자인 에드 캣멀Ed Catmull, 콘텐츠 부문을 담당하는 애니메이션 총감독인 존 라세터John Lasseter, 그 외에도 픽사 공동체의 중요한 구성원인 엘비 레이 스미스Alvy Ray Smith, 랄프 구겐하임Ralph Guggenheim, 앤드류 스탠튼Andrew Stanton, 피트 닥터Pete Docter 등 핵심 인물들의 능력과 열정을 전적으로 신뢰했다. 그는 애니메이션 분야에 대해 잘 모른다는 것을 인정했고, 자신의 의견을 강요하지 않았으며 픽사 구성원의 전문적 판단과 결정을 존중했다. 잡스는 픽사 구성원에게 조언할 때 “난 사실 영화제작자가 아니니 내 말을 모두 무시해도 상관없지만”이라고 말을 시작했다. 물론 그 이후에는 격렬한 말이 오가는 토론으로 이어지기도 하지만, 잡스는 논쟁에서 상대방의 말이 타당하다고 판단되면 자신의 생각을 강요하거나 관철시키지 않고 바로 자신의 생각을 굽혔다(캣멀, 월리스, 2014).

스티브 잡스에 대한 일반적인 평가를 종합하면 우리는 자신의 이상을 독단적으로 추구하고, 변화를 거부하며, 카리스마로 상대방을 압도하여 자신의 결정에 따르도록 만드는 제왕적인 공식 리더를 쉽게 떠올리게 된다. 그러나 실제 그의 리더십 행위를 구체적으로 살펴보면 다른 모습을 보게 된다. 그는 자신보다 특정 영역에서 더 뛰어난 최고의 인재를 발굴해 함께 일하며, 기존과는 전혀 다른 파괴적 혁신의 비전을 제시하고, 구성원에게 최고의 성과를 기대하고, 지적이고 도전적인 과제를 제시하고, 끊임없이 함께 토론하고 논쟁하지만, 구성원의 능력과 열정을 믿으면 핵심 의사결정 권한을 과감히 위임하는 리더의 모습을 보였던 것이다.

이순신 장군의 리더십: 원칙과 시스템을 작동시킨 리더십

또 다른 위대한 리더의 대표적 사례인 이순신 장군의 성공요인에 대해 생각해보자. 그는 명량해전에서 보여주었듯이 절망적인 상황 속에서도 부하들에게 승리의 비전과 구체적 전략을 제시하며 영감적 동기부여를 하였다. 또한 휘하 장군과 병사들의 창의성을 자극해 혁신적으로 당면한 문제를 해결하도록 지적 자극을 가했으며, 개별 구성원에게 세심한 관심을 보이고 성장하도록 권한을 위임하는 카리스마, 변혁적 리더로서의 모습을 보인다.

그러나 또 다른 관점에서 조선 수군의 승리를 설명할 수 있는 요인으로는 무기, 전함, 편제라는 시스템의 우월성이 만들어낸 전투력을 들 수 있다. 임진왜란 육상 전투에서는 일본군의 조총에 의해 조선군이 열세에 놓였지만, 해전에서는 화포 중심의 무기 체계와 판옥선이라는 우수한 전함을 바탕으로 우위를 점할 수 있었다. 일본 수군의 전술은 육전과 마찬가지로 조총의 화력에 의한 살상과 빠른 접근 후 백병전을 수행하는 방식이었다. 반면 조선 수군은 배의 전면과 측면, 후면에 이동식 화포를 배치하여 적과 거리를 유지하며 무쇠탄을 발사해 상대 전함을 격침하는 방식으로 전투를 운영했다. 판옥선은 격군과 전투병을 포함해 약 130명이 승선하는 대형 전함으로, 일본군의 주력선인 안택선보다 크고 튼튼해 충돌 시 상대 배를 파괴할 수 있었고, 화포 발사 충격을 견딜 수 있는 구조였다. 고려 말 최무선의 화약 발명 이후, 조선은 사거리, 휴대성, 파괴력 측면에서 다양한 화포를 개발하고 이를 중심으로 하는 해전 전략에 적합하도록 판옥선 체계를 고도화했다.

이순신 장군의 전략적 통찰과 전술적 능력은 두말할 필요가 없다. 그러나 공식 리더로서 그의 진정한 위대함은 주어진 시스템이 요구하는 원칙을 철저히 준수하며, 이를 최대한 활용해 구조와 체계가 제대로 작동하도록 이끈 리더십에서 찾을 수 있다. 그는 병법의 기본을 지키는 장수였다. 전투에 앞서 다수의 척후병을 파견해 적의 규모와 위치를 파악했으며, 충분한 정보가 확보되기 전에는 진군하지 않았다. 또한 지형과 조수 간만의 차를 면밀히 고려해 병력을 배치하고, 전투 장소와 시기를 조선 수군에 유리하도록 선택했다. 무엇보다 이순신 장군은 화포와 판옥선의 우수성을 최대한 활용하는 전략을 구축하고 실행했다. 일본군이 전국시대 100여 년 동안의 오랜 실전 경험을 바탕으로 근접전에 최적화된 검술과 조총 전투에 강점을 지닌 만큼, 그는 근접전을 회피하고 거리 유지 전술을 일관되게 유지함으로써 조선 수군의 장점을 극대화했다.

기본 원칙을 준수함으로써 승리를 이끌어낸 이순신 장군의 면모는, 무엇보다 당시 조선의 군사 제도인 제승방략制勝方略 시스템을 제대로 작동시킨 점에서 분명하게 드러난다. 제승방략은 상비군을 대규모로 운영하지 않고, 유사시 각 지역 수령들이 소속 병력을 이끌고 지정된 거점으로 집결하여 중앙에서 파견된 장수 또는 해당 지역의 군사 지휘관의 통솔 아래 전투를 수행하는 방식이었다. 전라좌수사로 부임한 이순신 장군은 5관(순천·보성·낙안·흥양·광양)과 5포(방답·사도·녹도·발표·여도) 등 총 10개 지역을 관할했다. 그는 1591년 부임 이후 약 1년 동안 관할 지역을 직접 순시하며, 제승방략 체제가 요구하는 함선, 병력, 무기, 훈련 준비 상태를 일일이 점검했고, 미비 사항이 있을 경우 즉시 보완하도록 조치하거나 관계자를 문책했다. 즉, 전쟁 준비를 제도적 원칙에 따라 철저히 수행한 것이다. 그 결과 임진왜란 발발 직후, 전라좌수영 관할 10개 지역의 수령들(예: 사도첨사 이완, 녹도만호 정운, 순천부사 권준, 광양현감 어영담)은 소속 병력을 이끌고 전라좌수영이 있는 여수에 집결했고, 판옥선 24척으로 함대가 구성되었다. 이순신 장군은 군사령관으로서 함대를 지휘하였고, 각 지방 수령들은 그의 휘하 장수로서 전투를 수행했다.

반면 조선이 임진왜란 초기 육지와 바다에서 연달아 패배한 중요한 원인은, 공식 리더들의 무능과 무책임으로 인해 제승방략 시스템이 작동하지 않았기 때문이었다. 전쟁이 발발하자 다수의 지방 수령과 지휘관들은 도주하거나, 규정된 병력과 무기를 미리 준비해서 확보해놓지 못해 실제 전투를 제대로 할 수 없는 상황이었다. 경상도 수군의 경우 일본군이 부산에 상륙해서 직접 침략을 받았다는 점을 감안하더라도 침공에 효과적으로 대응하지 못했다. 경상좌수사 박홍은 싸우지도 않고 도주하여 경상좌수군 체제(부산, 2관 12포)가 사실상 붕괴되었다. 경상우수영(거제, 8관 16포)에는 기록상으로 70여 척의 전함이 존재했으나, 경상우수사 원균은 병력을 제대로 모으지 못했고, 결국 적에게 함선을 빼앗기는 것을 우려해 2척을 제외한 대부분의 배를 스스로 침몰시켰다. 결과적으로 임진왜란 당시 존재하던 조선 수군 5개 진영(충청, 전라우수, 전라좌수, 경상우수, 경상좌수) 중, 제승방략 체제에 따라 규정된 절차대로 군함과 병력을 정비해서 함대를 구성하고 실제 전투에 나간 것은 이순신 장군이 이끈 전라좌수영밖에 없었다.

이순신 장군은 군인이 수행해야 할 기본 역할을 원칙에 따라 충실히 실행한 공식 리더였다. 그는 장교 시절부터 군인으로서 원칙을 지키고자 상관의 잘못된 결정에 반대하며 직언을 했고, 그로 인해 승진이 늦어지기도 했다. 삼도수군통제사로서 한산도에 군영을 설치하고 남해의 제해권을 장악하여, 남해안 곳곳에서 왜성을 축조하며 농성하던 일본군을 오랜 기간 철저히 봉쇄하였다. 정유재란 당시 일본군이 거짓 정보를 흘려 조선 수군을 함정으로 유인했을 때도, 그는 병사들을 지키기 위해 처벌을 각오하고 출전하라는 왕명을 거부하여 죽음 직전까지 가게 된다. 이처럼 이순신 장군의 기본 원칙을 지키는 올곧은 태도가 조선군의 여러 시스템이 가진 장점을 극대화하고 병사들의 정신력과 전투력에 영향을 미쳐 전쟁에서 승리할 수 있는 요인이 되었다.

기본 원칙을 지키는 좋은 리더의 모습

좋은 리더십은 리더십 현상의 본질에 대한 정확한 이해에서 출발한다. 탁월한 조직 성과의 원천을 리더의 개인적 역량과 결단에서 찾는 경우가 많다. 그러나 뛰어난 성과를 창출한 조직들을 실제로 들여다보면 리더 개인을 넘어서서 무수한 요소들이 복합적으로 상호작용한 결과라는 것을 알 수 있다. 따라서 좋은 리더십은 이런 다양한 요소들과의 관계에서 규정되어야 한다.

좋은 리더는 개인적 카리스마나 일시적인 성과 창출 능력보다, 자신이 속한 조직의 목표가 지속적으로 실현될 수 있도록 조직의 제도와 규정이 요구하는 기본 원칙을 충실히 지키는 데서 출발한다. 리더십은 새로운 규칙을 만들어내는 능력 이전에, 이미 합의된 규칙과 절차가 일관되게 작동하도록 보장하는 책임을 포함한다. 이러한 관점에서 리더는 조직이 가진 제도적 강점을 이해하고, 시스템이 안정적으로 작동할 수 있는 환경을 조성해야 한다.

동시에 리더는 조직이 추구해야 할 올바른 가치에 기반한 비전을 명확히 제시함으로써, 구성원들이 자신의 역할과 노력이 조직 전체의 방향성과 어떻게 연결되는지를 이해하도록 도와야 한다. 가치에 뿌리를 둔 비전은 단기적 성과 압박을 넘어, 조직의 의사결정과 행동에 일관된 기준을 제공하며 제도의 의미를 구성원에게 설득력 있게 전달하는 역할을 한다.

특히 공식적 권한을 가진 리더는 개인의 이해관계나 단기적 성과보다 조직과 구성원의 장기적 이익을 우선시해야 하며, 공정한 인재 선발과 직책 부여를 통해 예측가능성과 신뢰를 구축해야 한다. 능력과 역할 적합성에 따른 인사 운영과 제도적 기준의 일관된 적용은 조직의 공식 시스템에 정당성을 부여하고 구성원의 자발적 협력을 이끌어낸다.

또한 좋은 리더는 자신의 판단이 언제나 옳을 수 없음을 인식하고, 구성원의 건설적인 비판과 이견을 적극적으로 수용한다. 이는 권위를 약화시키는 것이 아니라, 조직이 변화하는 환경 속에서 학습하고 비전을 지속적으로 현실에 맞게 조정할 수 있도록 하는 핵심 조건이다. 이러한 기본 원칙은 당연해 보이지만 실제 현실 조직에서는 자주 무시되거나 형식적으로만 지켜지는 경우가 많다. 그러나 리더가 가치에 기반한 비전 제시와 제도적 원칙의 일관된 준수를 함께 실천할 때, 조직의 제도와 구조는 비로소 제대로 작동하며 리더십의 효과성도 안정적으로 발휘될 수 있다.

결국 좋은 리더십이란 개인의 영웅적 행동이나 일시적 성과에 의존하는 것이 아니라, 조직이 추구해야 할 올바른 가치에 기반한 비전을 분명히 제시하고, 그 비전이 제도와 규범을 통해 일관되게 실현되도록 관리하는 책임 있는 실천이라 할 수 있다. 즉, 구성원이 스스로 성과를 창출할 수 있도록 방향과 기준을 제시하고, 그 조건이 지속적으로 유지·강화되도록 만드는 것이 좋은 리더십의 핵심이라고 할 수 있다.

ORGANIZATIONAL BEHAVIOR

08

조직 의사결정 : 합리성과 그 한계

- 의사결정의 개념: 행동의 '한 가지' 원천
- 합리적 선택: 주도적 의사결정 모형
- 제한된 합리성과 만족화: 조직행동론이 제시한 대안
- 몰입의 상승: 감정적 몰입과 의사결정의 왜곡
- 쓰레기통 조직 의사결정: 조직이 개인보다 합리적일까?
- 집단사고의 희생자들: 일사불란한 집단 의사결정의 위험성
- 바보스러움의 기술: 장난스러운 의사결정의 합리성
- 행동선행적 의사결정: 의사결정 없는 행동의 합리성
- 합리성과 의사결정에 대한 근본적 재검토가 필요하다!

CHAPTER **08**

조직 의사결정: 합리성과 그 한계

의사결정의 개념: 행동의 '한 가지' 원천

경영현장과 경영학에서 공히 가장 많이 사용되는 단어 중 하나는 합리적 의사결정rational decision making일 것이다(March, 1994; Shapira, 2002; van Knippenberg, Dahlander, Haas, and George, 2015). 의사결정은 합리적이어야 한다는 주장은 누구도 반론을 제기하지 않을 정도로 당연시되어 왔다. 이 책에서 다루는 다른 주제들인 동기부여, 리더십, 네트워크, 조직설계, 변화와 혁신 등 다양한 조직행동의 영역들에서는 복수의 대안들 중 선택하는 의사결정이 수시로 필요한데 그 의사결정의 핵심 기준은 합리성이라는 것이 상식이다.

합리적 의사결정의 개념적 모호성

그런데 막상 의사결정의 합리성이 구체적으로 무엇인가를 심사숙고해보면 생각보다 훨씬 모호한 개념이라는 것을 알 수 있다. 예를 들면, 의사결정의 결과가 좋으면 합리적인가, 아니면 과정이 논리적이면 합리적인가? 또 의사결정의 수준별 주체인 개인, 집단, 조직의 선택이 서로 충돌하면 그중 어느 것이 합리적인가? 합리성은 과연 바람직한 의사결정에 반드시 선행되어야 할 필요조건인가? 이 기본적인 질문들도 각각 무수한 논란이 있을 정도로 합리적 의사결정은 그 실체 자체부터 명확한 합의가 어려운 모호한 개념이다.

합리성과 의사결정의 2중 모호성

그 결과 합리성이라는 추상적 개념을 기준으로 의사결정 행동을 실행해야 하는 경영현장에서는 복잡한 함의를 생략하고 뒤에서 살펴볼 합리적 선택rational choice 모형의 기본적 주장을 준용하여 "다양한 대안들 중 자신의 이익극대화가 기대되는 대안을 선택하는 것"으로 단순화되어 사용하는 경우가 많았다. 그러나 합리성의 문제를 좀 더 깊이 들여다보면 심지어 합리적 의사결정이 과연 바람직한가 여부도 근본적으로 검토해봐야 할 정도로 복잡하고 어려운 주제이다. 학문적으로도 합리성rationality과 의사결정decision making은 사회이론 전체에서 단연 가장 중요하고 동시에 가장 어려운 주제로서 조직이론과 조직행동론은 물론, 사회학, 심리학, 경제학, 정치학, 행정학 등 각 분야 거장들이 집중적으로 연구해왔지만 여전히 논란의 중심에 있다.

합리적 의사결정의 개념적 복잡성을 이해하려면 각자 스스로에게 물어보면 된다. 자신의 과거 의사결정들 중 과연 몇 퍼센트 정도가 합리적이었다고 생각하는가? 비합리적이었던 경우 핵심 원인은 무엇이었나? 그리고 합리성 여부를 평가할 때 합리적이라는 것은 어떤 의미였나? 이 질문들에 대답해보면 그렇게 단순한 문제가 아니라는 것을 금방 깨닫게 된다. 그리고 독자 나름대로의 대답은 전혀 다른 방향으로 해석될 수도 있다. 일반적으로 통용되는 상식적 담론을 넘어 합리성을 깊이 있게 이해하는 것은 조직 의사결정에서 진정한 합리성을 실천하는 데 무엇보다 중요하다. 이제 의사결정과 합리성의 기본 개념부터 다시 살펴보기로 하자(Shapira, 2002).

무엇보다 어려운 문제는 합리성과 의사결정이 모두 객관적 정의가 어려운 모호한 개념이라는 사실이다. 그러나 이 문제는 객관적 합의가 이루어지기 어려우므로 다수가 상식적으로 동의할 수 있는 일반적 수준의 대략적 개념 정의로 일단 토론을 시작하고 논의를 전개해 나가는 과정에서 다양한 이슈들을 깊이 있게 들여다보기로 하자.

의사결정의 기본적 정의

의사결정은 구체적으로 무엇을 의미하는 것일까? 의사결정의 개념 정의는 매우 다양하지만 논의의 시작을 위해 우선 대다수가 동의할 수 있는 가장 상식적인 요소들에 초점을 맞추면 대략 다음과 같이 정의될 수 있을 것이다. 의사결정은 개인과 집단,

조직, 국가 등 다양한 수준에서 이루어지는데 공통적으로 "어떤 목적을 추구하기 위해 다양한 대안들 중에서 특정 대안을 의도적으로 선택하는 사건event of deliberate choice among multiple alternatives of action with a purpose"이라고 일단 정의할 수 있을 것이다(van Knippenberg, Dahlander, Haas, and George, 2015).

루틴과 대안적 행동 기반

이 개념 정의는 언뜻 모든 목적지향적 행동에 적용될 수 있는 상식적 접근으로 보이지만 실은 다음의 한 가지 제약조건은 간과하면 절대 안 된다. 의사결정은 목적지향적 행동의 한 가지 원천a source of purposeful action이라는 사실이다. 즉 모든 목적지향적 행동이 의사결정에 의해 이루어지는 것은 결코 아니라는 사실이 중요하다. 조직 경영뿐 아니라 일상 생활에서 의사결정이 아닌 목적지향적 행동의 대안적 원천에는 무엇이 있을까?

단연 가장 중요한 행동 원천이지만 흔히 간과되는 것이 루틴routine이다(Cyert and March, 1963; Feldman, Pentland, D'Adderio, and Lazaric; 2016). 루틴은 분명히 목적을 추구하는 행동이지만 일단 정착되면 의도적 선택에 기반하지 않고 자동으로 실행되는 일련의 행동들의 연쇄 배열sequence이다. 그런데 조직에서 발생하는 구성원들의 실제 일과를 자세히 들여다보면 의도적 의사결정 사건보다 루틴에 기반한 행동의 비중이 훨씬 큰 경우가 많다는 것을 알 수 있다. 이 중 일부는 공식 조직 프로세스에 반영되기도 하지만 상당수는 비공식적 루틴으로 남아있다. 또 루틴은 구성원 개인뿐 아니라 팀이나 전체 조직 등 다양한 수준에서 형성되고 실행된다. 이런 면에서 조직행동의 핵심 기반은 의사결정이라는 의도적 이벤트보다는 매일 자동으로 실행되는 무수한 루틴으로 봐야 한다는 주장까지 제기된다(Levitt and March, 1988).

결정적 사건과 의사결정

루틴이 조직행동의 기반으로 차지하는 양적 비중이 큰 것은 부인할 수 없는 사실이다. 그러나 창업이나 폐업, 신사업 진출, 시장 진입과 철수, 조직 변화와 혁신, 위기 대응 등과 같은 조직 전반의 운명에 중대한 영향을 미치는 결정적 사건critical event은 대부분 의사결정이라는 의도적 선택 행동을 통해 발생한다. 따라서 의사결정이 조직경영에서 가장 중요한 행동 중 하나라는 사실은 루틴의 역할과 상관없이 변하지 않는다.

의사결정 유형의 다양성

조직행동과 관련된 의사결정에는 무수한 기준들에 따라 분류될 수 있는 다양한 유형들이 있다. 예를 들면, 수평적으로 각 기능분야나 사업별로 서로 다른 의사결정 기준과 프로세스들이 있으며, 수직적 수준들levels에 따라서도 개인수준 의사결정, 팀이나 부서 수준 의사결정, 사업부 수준 의사결정, 전체 조직수준 의사결정, 그리고 조직 간 관계나 산업 수준의 의사결정 등 다양한 수준의 의사결정들이 복잡하게 상호작용하며 진행된다. 시간적으로도 장기 의사결정과 단기 의사결정은 서로 다른 원리에 따라 이루어진다. 이런 일반적 기준들 외에도 의사결정 유형을 나눌 수 있는 무수한 기준과 차원들이 있다.

이들 다양한 유형의 의사결정은 각기 서로 다른 목적과 기준, 프로세스를 가지기도 하지만 동시에 모든 수준의 의사결정을 관통하는 공통의 역학도 존재한다. 따라서 의사결정이라는 행동 자체의 펀더멘털에 대해 깊이 있고 체계적으로 이해하는 것이 반드시 필요하다. 이 책에서는 독자와의 소통 편의성을 위해 조직을 중심으로 발생하는 다양한 수준의 모든 의사결정들, 즉 조직 내 개인 의사결정, 팀이나 부서 등에 의한 집단 의사결정, 그리고 전체 조직의 의사결정을 일단 모두 조직 의사결정organizational decision making이라고 부르기로 한다.

극도로 복잡하고 모호한 여러 유형의 조직 의사결정 원리를 정확하게 이해하기 위해서는 다양한 대안적 의사결정 모형들을 체계적으로 비교하며 살펴보는 것이 가장 효과적이다. 조직 의사결정 모형은 매우 다양하므로 이들 각 모형의 핵심 주장과 가정, 실천적 제안 등에 대한 깊이 있는 이해와 체계적 비교를 통해 각자 나름대로의 의사결정 모형을 구축하는 것이 필요하다. 의사결정이 사회이론의 관점에서 체계적으로 연구되고 실천되기 시작한 20세기 중반 이래 단연 가장 강력한 의사결정 모형은 합리적 선택rational choice이다. 따라서 합리적 선택 모형을 시작으로 이에 대한 다양한 비판과 대안적 관점들을 공부해보기로 한다.

합리적 선택: 주도적 의사결정 모형

개인, 집단, 조직, 국가 등 수준의 미시－거시를 막론하고 현대 의사결정 분야의 발전 과정을 역사적으로 살펴보면 20세기 중반 이래 압도적 주류, 즉 헤게모니 hegemony의 위치를 점유해온 합리적 선택rational choice 모형과 이에 대해 비판적인 다양한 대안적 모형들 간 경쟁과 대립을 통해 발전해왔다. 즉 강력한 주류 이론으로서 합리적 선택 모형은 학계와 실무 경영계를 막론하고 지난 반세기 이상 광범위한 영역에서 폭넓게 받아들여져 실천되어 왔으나 역사적 대전환이 진행되고 있는 21세기에 접어들면서 최근 한계에 부딪히며 근본적 변화가 급속하게 진행되고 있다(Kahneman, Sibony and Sunstein, 2021).

합리적 선택의 학문적 자리매김

합리적 선택은 우리가 흔히 들어온 경제인economic man이나 합리적 행위자 rational actor 등의 기반이 되는 의사결정 모형이다. 학문적 뿌리를 살펴보면 합리적 선택 모형은 18세기 중후반 스미스의 보이지 않는 손invisible hand 이론에서 시작되어(Smith, 1776), 마샬의 한계효용marginal utility 이론 등을 거쳐 발전한 신고전주의 전통 neoclassical tradition이 기반이다(Marshall, 1890).

균형 분석

합리적 선택은 19세기 말 물리학에서 제시된 필드이론field theory의 균형분석 equilibrium analysis 등과 같은 계량적 방법론을 경제현상에 적용하여 20세기 중반에 이론적 모형이 체계화되었다. 20세기 중반 이후 출간된 거의 대다수 경제학 논문은 합리적 선택 모형에 기반하고 있다고 봐도 무방할 정도이다. 특히 의사결정 분야에서는 합리적 선택 모형은 경제학의 범위를 넘어서 정치학 등 거의 대부분의 사회이론 분야들에 광범위한 영향을 미치며 의사결정 연구분야의 단연 가장 강력한 이론으로서 헤게모니적 지위를 차지했다.

합리적 선택 모형은 효용극대화utility maximization 등과 같은 몇 가지 핵심 개념에만 초점을 맞춰 단순화시켜 이해하면 그 기반이 되는 복잡한 이론적 본질을 놓치기 쉽다. 뒤에서 설명할 신자유주의neoliberalism에 대한 토론에서 자세히 다루겠지만 합리적 선택 모형은 매우 중요한 학문과 실천적 시사점을 가지고 있다. 이론적 모형으로 합리적 선택은 다음 몇 가지의 학문적 전제에 기반하고 있다(Wittek, Snijders, and Nee, 2013).

도구적 행동

합리적 선택 모형은 인간의 모든 행동은 도구적 행동instrumental action이라고 간주한다. 즉 모든 인간 행동은 그 자체로 중요한 것이 아니라 어떤 목적을 추구하는 수단 즉 도구로 인식되는 것이다. 이런 면에서 합리적 선택 모형의 인간관은 내재적 동기intrinsic motivation 등과 같이 행동 자체가 가치를 가지는 비도구적 행위non-instrumental action란 존재하지 않는다고 부인한다. 이런 관점에서 합리적 선택 모형에서 의사결정은 궁극적 목적을 추구하기 위해 최선의 수단을 선택하는 도구적 행동이 본질이다.

경제인

합리적 선택 모형의 행위자는 경제인economic actor의 가정을 기반으로 한다. 경제인으로서 의사결정자의 모든 행동이 추구하는 목적이 바로 효용utility으로 불리는 자신의 이기적 이익self interest의 극대화이다. 경제행위자의 모든 행동은 자신의 효용극대화utility maximization를 위한 최고의 수단을 선택하는 것이라는 관점이 경제인의 가설이다 경제인의 가설을 전제로 하는 합리적 선택 모형에서 의사결정의 원칙은 다양한 대안들 중 의사결정자 자신이 생각하는 주관적 기대 효용subjective expected utility을 극대화할 것으로 판단되는 최선의 대안을 선택하는 것이다. 따라서 경제행위자가 어떤 선택을 하면 그것은 그 선택이 여러 대안들 중 자신의 기대효용에 가장 크게 기여하기 때문이라고 해석하는 것이 합리적 선택 모형의 이론적 논리이다.

합리인

합리적 선택 모형은 그 이름이 시사하듯이 합리인rational actor을 가정한다. 합리적 선택이라는 명칭에 반영된 합리인의 가정은 경제행위자는 의사결정에서 다양한 대안들 중 자신의 주관적 기대 효용을 극대화할 최선의 대안을 선택하는 데 필요한 합리성 즉 계산능력computational ability을 보유하고 있다고 전제하는 것이다. 경제행위자들의 선택은 그 행동이 추구하는 목적과 행동의 기반이 되는 능력에서 모두 합리적 선택을 한다는 것이 합리인의 전제이다.

거시적 균형

합리적 선택 모형은 각 경제행위자들이 개인 수준에서 자신의 주관적 기대 효용을 극대화하는 선택을 하면 별도의 인위적 개입이나 조정이 필요 없이 이것들이 균형equilibrium을 달성하여 전체 집단이나 조직, 사회 등 거시적 시스템 수준에서 최적의 결과optimal outcome를 달성하게 된다고 주장한다. 즉 합리적 선택 모형은 미시적 수준에서 각 경제행위자 개인의 자유로운 이익추구가 거시적 시스템 수준의 최적화로 연결된다고 믿기 때문에 거시적 결과를 미시적 행위로 설명하는 방법론적 개인주의methodological individualism 입장을 취하고 있다.

따라서 최적의 사회 시스템을 구축하려면 거시적 수준에서 강제적 규제나 정책적 관리와 같은 인위적 개입을 완전히 제거하고 각 개인이 자유롭게 자신의 이익을 극대화하는 선택을 하도록 허용해야 한다는 것이 합리적 선택 모형의 주장이다. 바로 이 이유 때문에 합리적 선택 모형은 1990년대와 2000년대 중반까지 전 세계를 아무런 경계와 규제가 없는 하나의 완전경쟁시장으로 만들려고 시도한 극단적 자유시장주의 정치경제 이념인 신자유주의Neoliberalism의 이론적 기반이 되었다(Campbell and Pedersen, 2001). 2008년 글로벌 경제위기의 원인 중 하나로 비판 받는 신자유주의는 거의 이론 그대로의 이상형ideal type에 가까운 수준으로 합리적 선택 모형을 전 세계 모든 영역에서 실제로 실행해보려는 역사적 시도였던 것이다.

합리적 선택의 효용 극대화 의사결정 프로세스

그렇다면 가장 강력한 의사결정 이론인 합리적 선택 모형은 구체적으로 어떻게 개인이나 집단, 조직의 의사결정을 설명할까? 합리적 선택 모형의 구조와 의사결정 프로세스를 정확하게 이해하기 위해서는 합리적 선택뿐 아니라 대다수의 다른 모형에도 적용되는 이론적 모형의 일반적 구조를 알아야 한다. 분야를 막론하고 이론적 모형은 일반적으로 가정들assumptions, 변수들variables, 그리고 그 변수들 간 인과관계들causalities로 구성된다. 이런 이론적 모형의 일반적 구조를 기반으로 합리적 선택 모형의 구조를 분석적으로 살펴보기로 하자(Wittek, Snijders, and Nee, 2013).

네 가지 가정

먼저 대부분의 이론적 모형은 몇 가지 가정들assumptions을 전제로 하고 있다. 가정은 연구의 직접 대상이 아니고 실제 연구 대상의 보편적 특성에 대한 단순화된 전제이다. 예를 들면, 곧 살펴볼 합리적 선택모형의 완전 합리성perfect rationality 가정은 일반적으로 대부분의 경제행위자는 의사결정에 필요한 완전한 합리성을 가지고 있다고 전제하고 연구를 진행하는 것이다. 만일 완전 합리성을 가지고 있다고 전제한다면 이런 행위자는 구체적으로 어떻게 의사결정을 할지를 논리적으로 예측하고 설명하는 것이 이론theory이다. 즉 가정은 연구의 대상이 아니고 그 이론을 주장하는 연구자가 믿는 인간관 혹은 세계관이며 이를 전제로 이론의 핵심 본체인 변수들 간 관계를 연구하는 것이다. 합리적 선택모형은 완전 선호체계, 완전 대안, 완전 정보, 완전 합리성이라는 네 가지 핵심 가정을 전제하고 있다.

완전 선호체계: 합리적 선택 모형은 완전 선호체계complete systems of preferences의 가정을 전제한다. 개인이나 조직과 같은 경제행위자는 의사결정을 할 때 어떤 대안을 선택할지를 평가하는 판단 기준이 되는 호불호의 선호체계preference system를 완벽하게 가지고 있다는 것이다. 여기에서 완벽한 선호체계란 자신이 어떤 대안을 더 좋아하고 덜 좋아하는지 평가하는 기준을 스스로 알고 있고known, 그리고 이 선호체계는 쉽게 바뀌지 않는 안정성을 가지며stable, 그리고 이전성transitivity을 가지고 있어서 대안들을 호불호 선호체계를 기준으로 일렬로 순서를 정할 수 있다는 것이다.

완전 대안: 합리적 선택모형은 완전 대안perfect alternatives을 가정한다. 완전 대안 가정은 경제행위자가 어떤 의사결정을 할 때 그 최종 선택의 후보가 될 가능성이 있는 모든 대안들을 완벽하게 미리 알고 있다는 것이다. 즉 더 좋은 다른 대안이 있는데 그 존재를 몰라서 고려하지 않아 최적의 대안을 선택하지 못하는 경우는 없다고 전제하는 것이다.

완전 정보: 합리적 선택모형은 완전 정보perfect information를 가정한다. 완벽한 선호체계로 모든 대안들을 비교하여 호불호의 순서대로 가장 선호하는 대안부터 가장 불호하는 대안까지 줄을 세우는 데 필요한 모든 정보를 다 알고 있다는 것이다. 따라서 정보의 부족이나 오류로 잘못된 평가를 하지 않는다는 것이다.

완전 합리성: 합리적 선택 모형은 완전 합리성perfect rationality을 가정한다. 즉 경제행위자는 완전한 선호체계를 기준으로 선택의 후보가 될 만한 완전 대안들을 다 가지고 이들을 완전한 정보를 활용하여 최선부터 최악의 대안까지 순서를 정하는 데 필요한 합리성, 즉 완전한 계산능력computational ability을 가지고 있다는 것이다.

효용 극대화의 합리적 선택

이런 네 가지 가정을 전제로 합리적 선택 모형은 경제행위자가 모든 대안들을 모든 정보를 활용해 동시 비교simultaneous comparison하여 자신이 가장 선호하는 대안부터 가장 불호하는 대안까지 선호도 순서를 정한 다음 그 중에서 자신이 최고로 선호하는 대안, 즉 최대 효용을 제공할 것으로 기대되는 대안을 선택하는 의사결정을 한다는 것이다. 이것이 바로 소위 합리적 선택rational choice이다. 즉 경제행위자는 모든 대안들 중 1등 즉 최고의 대안을 선택한다는 면에서 자기의 이기적 이익과 효용을 극대화utility maximization하는 합리적 선택의 의사결정을 한다는 것이다. 다시 말해, 합리적 선택 모형의 선택 기준은 모든 대안들 중 단연 최고의 대안을 선택하는 극대화이며 이 극대화가 합리적이라는 표현의 의미이다.

합리적 선택 모형의 위상: 이론과 실천의 헤게모니

합리적 선택 의사결정 모형은 본격적으로 체계화되어 확산된 20세기 중반 이래 광범위한 사회이론 분야에서 가장 강력한 주류 의사결정 이론의 지위를 지켜왔다. 합리적 선택 모형은 뚜렷한 장점뿐 아니라 명확한 한계도 가지고 있지만 사회이론 전체에서 가장 강력한 주도적 지위를 점유해왔으며 동시에 끊임없는 논란의 중심에 있었다.

직관적 장점

합리적 선택모형의 장점은 직관적으로도 명확하다. 개인과 조직을 막론하고 대다수가 원하는 바람직한 의사결정은 당연히 모든 대안들 중 단연 최고의 이익을 제공하는 대안을 선택하는 것이기 때문에 모형의 핵심 논리 자체가 상식적 수준에서 기대하는 합리성과 매우 가깝다. 그 결과 합리적 선택모형은 광범위한 분야들에 수용되며 가장 대표적 의사결정 모형이 되었다. 특히 합리적 선택 모형은 물리학에서 한때 유행하던 필드이론field theory의 균형equilibrium 분석 등을 참조한 수학적 모델링을 채택하여 경제학을 중심으로 다양한 사회이론의 계량화에 광범위한 영향을 미쳤다.

지배적 사회이론

특히 경제학의 경우 대다수 경제학자들이 최근까지 합리적 선택모형을 거의 종교적으로 당연시해 왔다. 정치학 분야에서도 대표적 학자의 상당 수가 합리적 선택 이론을 기반으로 연구를 했으며(Shelpsle, 1989), 심지어 구조주의적 성향이 강한 사회학에서도 거장 콜만James Coleman이 합리적 선택을 중심으로 〈사회이론의 기반Foundations of Social Theory〉을 전면적으로 재구축하는 두꺼운 책을 저술하기도 했다(Coleman, 1990).

또한 경제학자들이 경제정책 등을 통해 실천적 영역에 적극 진출하고, 또한 대표적 실천학문인 경영학과 정치학, 행정학 등에서도 합리적 선택 모형을 적극적으로 활용하면서 기업의 경영 의사결정과 정치행정 조직의 정책 의사결정에서도 합리적 선택 사고에 기반한 의사결정 프로세스가 확산되었다. 즉 합리적 선택은 이론과 실천 모두에서 20세기 중반 이래 압도적 주류 의사결정 모형이었다. 의사결정 모형의 발전시에서 합리적 선택은 20세기 초중반부터 2008년 글로벌 금융위기를 계기로 신자유주의가 한풀 꺾이기 전까지 압도적 주류 이론으로서 헤게모니를 점유하였다. 특히 경제학 분야에서는 21세기 초에 조직행동론의 이론적 뿌리였던 학제적 행동과학interdisciplinary behavioral science의 영향을 뒤늦게 받아들인 행동경제학behavioral economics 등 대안적 패러다임들이 등장하기 전까지 거의 모든 경제학자들이 절대적으로 신봉한 강력한 의사결정 모형이었다.

실천적 영향과 신자유주의

합리적 선택 모형은 실천적으로도 큰 영향을 미쳤다. 20세기 중반 이래 전 세계 우파 정권들의 경제정책에 핵심 이론적 논리로 활용되었을 뿐 아니라 1990년대에는 신자유주의 세계화의 기반이 되었다. 1990년대를 전후하여 미국과 영국 등 강대국들 사이에 전 세계를 경계 없는 하나의 완전경쟁 시장으로 만들려는 극우파 정치경제 이념인 신자유주의neoliberalism가 확산되면서 WTO체제를 중심으로 세계화가 급속하게 진행되었다. 우리나라도 1994년에 WTO에 가입하며 이 추세에 가담하였다가 1997년 말에 IMF위기 사태를 맞기도 하였지만, 2008년 글로벌 금융위기로 타격을 입기 전까지 신자유주의는 전 세계적으로 단연 가장 강력한 정치경제 모형이었는데 그 핵심 기반이 바로 합리적 선택 이론이었다(Campbell and Pedersen, 2001).

합리적 선택 모형의 비판: 이론과 실천의 논란

그러나 합리적 선택 모형은 경제학자들처럼 종교적 수준의 지지자들이 많지만, 그 못지않게 엄청난 반대와 비판을 동시에 받아오다가 결국 2008년 글로벌 금융위기로 실질적 파산선고를 받았다. 그런데 합리적 선택 모형에 대한 비판과 대안 제시의 주축이 된 학자들의 핵심은 바로 조직행동을 연구하는 다양한 사회이론 분야의 학제적interdisciplinary 거장들이었다. 특히 현대 조직행동의 아버지격인 허버트 사이몬Herbert Simon은 합리적 선택 모형이 본격적으로 정립된 직후인 1940년대 중후반에 이미 가장 중요한 대안적 관점인 제한된 합리성bounded rationality 모형을 제시하여 합리적 선택을 상당 부분 대체하는 주요 의사결정 모형이 되었다(Simon, 1947).

현대 인류 지성사 전체의 관점에서 보면 개인과 집단, 조직 의사결정의 합리성을 절대적으로 신봉하는 합리적 선택 모형과 반대로 합리성의 한계에 초점을 맞추는 대안적 이론들 간 논쟁은 20세기 중반 이래 최근 21세기 초까지 사회이론 모든 분야를 통틀어 가장 치열하고 수준 높은 지적 상호작용이었다. 그렇다면 대안적 관점들을 구체적으로 살펴보기 전에 합리적 선택 모형에 대한 비판의 핵심은 무엇인지 생각해보는 것이 도움이 될 것이다.

비현실적 가정

합리적 선택 모형에 대한 가장 직접적인 비판은 앞에서 살펴본 네 가지 핵심 가정들assumptions의 비현실성이다. 언제 어디서나 동일한 규칙이 적용되는 자연 현상과 달리, 분야를 막론하고 사회이론의 가정들은 사회 현상의 특성상 모든 상황에 예외 없이 적용될 수는 없다. 그렇지만 사회이론의 가정들도 대다수 일반인이 상식 수준에서 동의할 수 있을 정도의 적정 수준 현실성appropriate level of realism은 반드시 가지고 있어야 한다.

그러나 앞에서 살펴본 완전 선호체계, 완전 대안, 완전 정보, 완전 합리성이라는 합리적 선택 모형의 네 가지 가정들을 현실 세계에 실존하는 인간에게서는 발견하기 어려운 비현실적 가정이다. 따라서 합리적 선택 모형의 네 가지 가정들에 대해 사이몬 Hebert Simon이나 윌리암슨Oliver E Williamson 등 조직이론가들은 마치 신화에나 나오는 비현실적 영웅들이나 가질 수 있는 비현실적 가정이라는 의미에서 "영웅적 가정들 heroic assumptions"이라고 비판한다(Williamson, 1985). 따라서 이런 비현실적 가정에 기반하여 도출된 이론은 결코 실세계 의사결정을 정확하게 설명하거나 예측할 수 없다고 비판받는 것이다.

방법론적 개인주의와 환원주의

합리적 선택모형은 각 개인 의사결정자가 자신의 이익, 즉 기대효용을 극대화 maximizing하면 이것들이 합산되어 전체 시스템 수준에서 최적optimal의 결과를 산출한다는 균형 이론적 관점을 가지고 있다. 즉 미시적 개인 수준에서 최선의 결과는 별도의 개입 없이도 자동적으로 거시적 전체 사회 수준의 최선의 결과로 연결된다는 것이다. 이런 면에서 합리적 선택 모형은 최선의 거시적 수준 결과는 최선의 미시적 수준 행동에 의해 결정된다고 당연시하는 방법론적 개인주의methodological individualism라고 비판을 받으며, 또한 전체 사회 수준의 바람직한 상태를 각 개인 수준의 이해관계로 환원시켜reduce 설명한다는 측면에서 환원주의reductionism라는 비판을 받는다.

이런 면에서 합리적 선택을 기반으로 연구하는 다양한 분야의 학자들도 이런 방법론적 개인주의와 환원주의가 한계를 부분적으로 인정하며 그런 한계가 두드러지게 나타나는 상황들을 1970년대를 전후하여 연구하기 시작하였다. 잘 알려진 무임승차 딜레마free-riding dilemma(Olson, 1965)와 공유지의 비극the common's tragedy(Ostrom, 1990) 등은 미시적 개인 수준에서 합리적 선택이 거시적 집단이나 사회 수준에서 비합리적 결과를 도출할 수밖에 없는 상황을 분석함으로써 방법론적 개인주의가 가지는 환원주의적 한계들을 토론한 대표적인 시도들이다. 그러나 이런 시도들마저 여전히 방법론적 개인주의의 기본적인 사고 틀을 활용하여 진행되었다는 측면에서 강력한 패러다임 내부에서의 한계극복 시도가 가지는 구조적 한계를 여실히 보여준다.

윤리적 딜레마

이기적 이익을 극대화하는 것이 합리적이라고 주장하는 합리적 선택 모형의 전제 자체가 윤리적으로 심각한 한계를 가진다는 지적이 가장 직접적 비판이다. 복잡한 이론적 논쟁을 차치하고 간단하게 직접적으로 말하면 합리적 선택 모형의 핵심 논리는 이기적selfish인 것이 합리적rational이라는 주장으로 압축될 수 있다. 그런데 이런 합리적 선택 모형의 위험한 가치관이 1980년대 후반에서 2008년 글로벌 금융위기 때까지 전 세계를 휩쓴 극단적 극우파 시장주의 정치경제 이념인 신자유주의neoliberalism와 결합되면서 소위 무한 경쟁의 세계를 만들어 결국은 2008년 전 세계 경제의 동시 붕괴를 초래했다는 비판을 받는 것이다. 즉 합리적 선택 모형은 그 가정과 이론이 모두 심각한 윤리적 딜레마를 내포하고 있다는 것이다.

규범성과 서술성

합리적 선택의 학문적 자리매김의 측면에서 과연 이 잘 알려진 의사결정 모형이 규범적prescriptive 방향 제시인지 혹은 서술적descriptive 설명인지에 대한 논쟁이 치열하다. 설사 신자유주의자들이 주장하듯이 각 개인이 자신의 이기적 이익을 추구하는 것이 규범적으로 바람직하다고 받아들이더라도, 과연 실세계 사람들의 의사결정 행동이 이 이론에서 제시하듯이 완전 선호체계에 따라 완전 대안과 완전 정보를 활용하여 효용을 극대화하는 방식으로 실제로 이루어지는가에 대해 의문이 제기된다. 대부분의 경제학자들을 포함한 합리적 선택 모형을 믿는 사람들은 이 이론이 규범적으로 바람직할 뿐 아니라 서술적으로도 실제 인간행동은 대부분 이런 효용극대화 방식으로 이루어진다고 주장한다.

그러나 반대 입장에서는 인간의 모든 의사결정은 자신의 이기적 이익 극대화를 추구하고, 이에 필요한 완전한 정보와 계산능력을 가지고 있으며, 이런 이기적 행동이 바람직하다는 비현실적 가정과 비윤리적 가치관을 실제 인간의 본성이라고 믿는 합리적 선택은 이론theory이라기보다는 일종의 종교적 신조dogma에 가깝다고 비판한다.

합리적 선택을 넘어: 다양한 가능성의 탐색

합리적 선택 모형의 형성 초기부터 계속되어온 이런 치열한 비판과 논란에도 불구하고 이 의사결정 이론이 사회이론 전반과 조직경영 실무에서 강력한 영향력을 행사해온 것은 부인할 수 없는 사실이다. 그러나 합리적 선택 모형과 밀접한 신자유주의 정치경제가 치명적 위기를 맞았던 2008년 글로벌 금융위기를 전후하여 이 이론 패러다임의 내외부에서 다양한 비판과 회의가 제기되면서 반세기 이상 지속되어온 합리적 선택의 헤게모니는 거의 무너지고 다양한 대안적 관점들이 등장하고 있다.

그런데 합리적 선택의 형성 초기 때부터 비판과 대안을 제시해온 여러 이론들이 조직행동론을 중심으로 이미 등장하여 별도로 발전해 왔다는 사실을 기억하는 것이 중요하다. 지금부터 이런 대안적 의사결정 모형들을 가장 근본적인 제한된 합리성 bounded rationality 모형을 출발점으로 살펴봄으로써 의사결정과 합리성에 대한 폭 좁고 닫힌 사고를 넘어서서 보다 개방적으로 다양한 가능성들을 탐색해보기로 한다.

제한된 합리성과 만족화: 조직행동론이 제시한 대안

의사결정 분야에서 강력한 주류 모형인 합리적 선택에 대한 가장 직접적인 대안일 뿐 아니라 사회이론 전체를 통틀어 가장 중요한 이론 중 하나는 학제적 관점의 행동과학적 의사결정이론을 선도한 허버트 사이몬Herbert A. Simon 등 조직행동론 학자들 주도로 제시된 제한된 합리성bounded rationality 모형이다.

사이몬과 카네기 학파의 제한된 합리성 모형

제한된 합리성은 현대적 조직행동론 분야를 정립했을 뿐 아니라, 경영학, 행정학, 경제학, 회계학, 통계학, 철학, 컴퓨터과학 등 광범위한 분야에 걸쳐 최고의 거장으로 손꼽히는 학제적 연구의 주창자 사이몬이 제시한 중요한 이론적 관점이다(Simon, 1947). 제한된 합리성 모형은 합리적 선택 모형이 확립된 직후인 1940년 중후반에 제시되어 조직행동론에서는 1950년대 이래 거의 모든 이론들의 핵심적 행동 가정으로 당연시되어 왔고, 사회학, 심리학, 정치학, 행정학 등 광범위한 사회이론 분야들에 강력한 영향을 미쳤는데, 21세기에 접어들며 합리적 선택 모형에 고착되어 있던 경제학 연구마저 상당수가 기본 행동 가정으로 채택하고 있다.

그런데 제한된 합리성 모형을 발전시킨 사이몬Herbert A. Simon, 마아치James G. March, 사이어트Richard M. Cyert 등이 1950년대 초부터 60년대 중반까지 미국 펜실바

니아주 피츠버그의 카네기 기술대학Carnegie Institute of Technology의 경영대학에서 함께 연구하고 가르쳤기 때문에 이들을 카네기 학파Carnegie School라고 부르기도 한다.

'영웅적 가정'에서 '우리가 아는 인간 본성'으로

제한된 합리성bounded rationality 모형은 합리적 선택 모형에서 제시하는 의사결정 모형의 비현실성에 대해 정면으로 문제를 제기한다. 즉 제한된 합리성 이론은 개인과 조직을 막론하고 실세계 의사결정이 합리적 선택에서 주장하는 것처럼 효용극대화로 이루어지는 경우는 거의 없다고 주장한다. 사이몬은 합리적 선택 모형의 실세계 의사결정에 대한 설명력이 낮은 가장 핵심적 원인은 비현실적 가정들에 있다고 지적하며 바람직한 의사결정 모형은 반드시 실제 인간의 현실적 본성에 가까운 가정에 기반해야 한다고 주장한다.

사이몬은 합리적 선택이 전제하는 완전 선호체계, 완전 대안, 완전 정보, 완전 계산능력이라는 네 가지 가정이 대다수 실제 인간에게는 불가능할 정도로 비현실적이며 신화에나 나올 법한 영웅적 가정heroic assumptions이기 때문에 이런 비현실적 가정을 기반으로 한 합리적 선택 이론의 주장은 비현실적일 수밖에 없다는 것이다. 이런 측면에서 사이몬은 현실을 정확하게 설명하고 바람직한 선택 방향을 제시할 수 있는 의사결정 모형이 도출되려면 "우리가 실제 알고 있는 인간의 본성human nature as we know of"을 가정으로 이론을 전개해야 한다고 강조한다.

제한된 합리성의 개념

이런 관점에서 사이몬이 대안으로 제시한 제한된 합리성 모형은 대다수 인간의 실제 본성을 구체적으로 "인간은 의도적으로는 합리적이고 싶어하나 실제로는 제한적으로만 합리적이다Man is intendedly rational, but only limitedly so"라고 규정한다. 즉 제한된 합리성은 비합리성과 전혀 다르다. 그리고 의사결정자가 의도적으로 제한적으로만 합리적이기를 원한다는 것도 결코 아니다.

사이몬은 어떤 목적을 의도적으로 추구하는 의사결정 행동에 관한 한 인간은 최대한 합리적이고 싶어 한다는 것이다. 그럼에도 불구하고 다양한 제약조건들 때문에 인간 의사결정의 실제 합리성은 제한될 수밖에 없다는 것이다. 이 주장을 보다 정교하게 구체화시킨 것이 제한된 합리성 모형의 가정들과 만족화satisficing 의사결정이다. 지금부터 카네기학파의 행동과학적 기업이론a behavioral theory of the firm에서 주장하는 제한된 합리성 모형의 구체적 내용을 간략하게 살펴보자(Simon, 1947; Cyert and March, 1963).

제한된 합리성 모형의 가정들

의사결정의 제한된 합리성 모형은 앞에서 살펴본 합리적 선택 모형의 네 가지 가정들과 대비되는 다음 세 가지 가정을 전제한다. 이 세 가지 가정의 구체적 내용은 각각 합리적 선택 모형의 가정들에 대비되는 대안적 관점을 보여준다. 무엇보다 제한된 합리성 모형이 제시한 이 세 가지 가정은 합리적 선택 모형의 네 가정에 비해 훨씬 더 실제 인간들의 본성에 가깝다는 현실성realism이 공통점이다.

모호하고 불안정한 선호: 첫째, 제한된 합리성 모형은 "인간의 선호는 자주 모호하고 불안정하다Preferences are often ambiguous and unstable"고 가정한다. 즉 인간은 자신의 선호를 명확하게 알고 있고 이 선호는 바뀌지 않으며 순서를 정할 수 있다는 합리적 선택 모형의 완전 선호체계complete system of preferences 가정과 반대로, 실세계의 인간은 자신이 무엇을 더 좋아하고 싫어하는지를 명확하게 모를 때가 많을 뿐 아니라 시기나 상황에 따라 바뀌기도 한다는 것이다.

탐색비용: 제한된 합리성 모형의 두 번째 가정은 대안과 정보의 "탐색에는 비용이 발생한다Search is costly"는 것이다. 이 가정은 합리적 선택의 완전 대안과 완전 정보라는 두 가지 가정이 실세계에서는 성립되기 어려운 이유를 보여준다. 즉 의사결정에 필요한 모든 대안과 정보를 찾아서 획득하는 데는 많은 시간과 노력 등의 비용이 발생하기 때문에 실제 인간의 의사결정에서 합리적 선택 모형에서 가정하는 완전 대안이나 완전 정보의 조건은 거의 불가능에 가깝다는 것이다. 따라서 부분적인 대안들과 정보만으로 의사결정을 해야 하기 때문에 합리적 선택에서 주장하는 극대화 의사결정은 현실 세계에서 달성되기 어렵다는 것이다.

인지능력의 한계: 셋째 가정은 제한된 합리성이라는 명칭이 시사하듯이 인간은 설사 모든 대안들과 정보를 제공받더라도 이들을 정확하게 비교하고 분석하여 순서를 정한 다음 그 중에서 최적의 대안을 선택하는 데 필요한 "인지능력이 제한되어 있다Cognitive ability is limited"는 것이다. 즉 인간의 계산능력은 완벽하지 않고 한계가 있

기 때문에 대안과 정보의 양이 조금만 증가해도 모든 대안들과 정보를 비교분석하여 그 중 효용을 극대화하는 최고의 대안을 정확하게 선택하기 어렵다는 것이다. 인지능력의 한계는 의도적으로는 아무리 극대화를 원하더라도 실제로는 달성하기 어려울 수 밖에 없는 인간의 본성적 특징인 것이다.

합리적 선택 모형의 네 가지 가정과 비교해보았을 때 제한된 합리성의 세 가정이 훨씬 더 실제 인간의 특성에 가까운 현실성을 가진다고 보는 것이 타당할 것이다. 만일 이런 세 가지 가정을 받아들인다면 합리적 선택 모형에서 제시하는 효용 극대화를 통한 극대화 의사결정은 불가능하다. 그렇다면 제한된 합리성 모형은 실제 개인이나 조직의 의사결정이 어떻게 진행된다고 설명할까?

'열망수준 기준 만족화'를 통한 의사결정

제한된 합리성 모형은 의사결정 행동의 본질은 극대화maximizing가 아닌 만족화satisficing라고 주장한다. 즉 제한된 합리성 모형의 세 가지 행동 가정들을 고려할 때 모든 대안들을 기대효용 별로 완벽하게 순서를 정해 그 중 최고의 대안을 선택하는 효용 극대화maximizing는 불가능하다. 효용 극대화의 현실적 어려움을 전제할 때 제한된 합리성 모형은 개인이나 조직의 실제 의사결정이 어떻게 진행된다고 설명할까? 제한된 합리성 모형은 열망수준aspiration level을 기준으로 각 대안들의 순차적 평가sequential processing를 통한 만족화satisficing를 대안으로 제시한다. 사이몬이 주장하는 만족화는 "최고는 아닐지라도 이 정도면 만족한다"는 방식의 의사결정을 의미한다.

순차적 대안 평가

제한된 합리성 모형은 모든 대안들을 한꺼번에 동시 비교평가simultaneous processing해서 기대효용 기여도 기준으로 전체 순서를 정한다는 합리적 선택 모형은 시간과 노력, 그리고 계산능력의 한계를 고려할 때 비현실적이라고 비판한다. 동시 비교평가의 대안으로 제한된 합리성 모형은 대안들의 순차적 평가sequential processing를 제안한다. 즉 실제 인간의 의사결정 프로세스는 모든 대안들을 한꺼번에 비교하는 것이 아니라 각 대안을 하나씩 하나씩 평가해서 선택할지 말지를 결정하는 방식이라는 것이다. 즉 순차적 평가는 기존의 경험과 노하우 등에 의존한 추론인 휴리스틱

heuristic을 통해 최적의 대안이 있을 것으로 짐작되는 특정 대안을 시작으로 근처의 대안들로 옮겨가며 각 대안의 채택여부를 하나씩 하나씩 순차적으로 평가해 나가는 방식으로 진행된다. 즉 여러 대안들 간 동시 비교를 통해 가장 우월한 대안을 선택한다는 합리적 선택을 포함한 대다수의 의사결정 모형들과 달리, 제한된 합리성 모형은 각 대안을 하나씩 평가해서 가부 여부를 판단하는 것이 의사결정 프로세스의 본질이라고 주장한다.

열망수준 기준 가부 여부 평가

그런데 제한된 합리성 모형의 주장처럼 순차적 평가에서 각 개별 대안의 채택 여부를 결정하기 위해서는 별도의 가부여부 판단기준이 있어야 하는데 이것을 사이몬 등 카네기학파는 열망수준aspiration level이라고 부른다(Greve, 2003). 열망수준은 대안들의 채택여부를 하나씩 순차적으로 평가할 때 각 대안의 채택과 기각 여부를 판단하는 의사결정자의 주관적 기준을 말한다. 열망수준은 효용을 극대화시키는 최고의 대안은 아니더라도 각 의사결정에서 이 정도면 만족할 만하고 받아들일 수 있다는 만족과 수용의 기대수준으로서 각 개인마다 다르고 또 각 상황마다 다르다. 각 의사결정의 가부 여부 기준이 되는 열망수준은 의사결정자의 과거 의사결정 경험들이 축적된 역사적 열망수준historical aspiration level과 자신과 유사한 타인들과의 비교를 통해 결정되는 사회적 열망수준social aspiration level이 결합되어서 형성된다.

극대화가 아닌 만족화

제한된 합리성 모형의 의사결정자는 각 대안을 하나씩 열망수준과 비교해서 평가한 후 열망수준보다 낮으면 기각하고 다음 대안의 평가로 넘어가고 열망수준보다 높으면 그 대안을 채택하고 의사결정 프로세스를 완료하게 된다. 이때 채택된 대안은 전체 대안들 중 최고의 대안인 극대화 대안이 아닐 가능성이 높으나 자신이 기대한 열망수준보다 높으면 그 정도로 만족하고 채택해서 의사결정을 마무리한다는 것이다. 즉 대안들의 순차적 평가에서 열망수준보다 높은 대안이 미리 나와서 선택이 이루어지면 그 선택된 대안보다 효용이 더 큰 대안이 뒤에 있을 가능성이 있지만 더 이상 추구하지 않고 "그 정도면 됐다"는 식으로 만족하고 의사결정하는 것이 실제 인간의 의사결정 프로세스라고 주장하는 것이다. 이런 면에서 제한된 합리성 모형의 의사결정 행동을 합리적 선택의 극대화maximizing와 대비하여 만족화satisficing라고 부른다.

선호체계의 불명확성과 불안정성, 대안과 정보 탐색의 높은 비용, 그리고 역량의 한계를 고려할 때 이런 만족화가 실세계 인간들의 의사결정이 실제로 진행되는 프로세스라는 것이 제한된 합리성 모형의 주장이다. 이런 측면에서 제한된 합리성 모형은 인간이 의사결정에서 의도적으로는 합리적이고자 하지만 대안과 정보, 탐색비용, 인지능력 등의 한계로 인하여 실제로는 극대화가 아닌 만족화라는 제한적으로만 합리적인 선택을 한다는 새로운 주장을 통해 합리적 선택 모형에 강력한 대안을 제시하였다.

제한된 합리성 모형의 폭넓은 영향력

제한된 합리성 모형의 영향력은 모든 사회이론 분야를 아우를 정도로 폭넓을 뿐 아니라 최근 급발전하고 있는 컴퓨터과학에 이르기까지 매우 광범위하다. 학문적으로 제한된 합리성은 이미 1950년대 초에 전면적으로 채택한 조직행동론을 시작으로 21세기에 들어 최근 뒤늦게 합류한 경제학에 이르기까지 모든 사회이론 분야에서 표준적 행동 가정으로 받아들여지고 있다.

학문적 영향력

제한된 합리성은 1940년대 중후반 사이몬에 의해 제시된 직후 합리적 선택 모형을 종교적으로 믿던 경제학을 제외한 나머지 사회이론 전 분야에 강력한 영향을 미쳤다. 특히 그 본산지인 조직행동론에서는 제한된 합리성이 핵심 행동 가정으로 확고하게 자리잡았고, 심리학, 사회학, 정치학, 행정학 등 사회이론 전 분야와, 그리고 컴퓨터과학에도 강력한 영향을 미쳤다. 특히 최근 급발전하고 있는 인공지능artificial intelligence의 초기 핵심 이론 중 하나는 사이몬이 그 제자인 뉴월Alan Newell과 함께 집필한 제한된 합리성을 가정한 현실성이 높은 인공지능 의사결정자의 모형이었다(Newell and Simon, 1956).

그리고 제한된 합리성 모형의 수용에 가장 주저하던 합리적 선택의 본거지 경제학에서도 이미 1970~80년대에 주류는 아니지만 거래비용경제학transaction cost economics (Williamson, 1975)과 진화경제학evolutionary economics(Nelson and Winter, 1982)과 같은 새로운 혁신적 시도의 기반이 되었다. 21세기에 접어들며 기존 합리적 선택 모형의 한계가 명확하게 드러나면서 행동과학적 관점을 수용하여 대안적 경제학 패러다임으로 급성장한 행동경제학behavioral economics(Thaler, 2016) 등을 통해 이제는 제한된 합리성이 주류 경제학에서도 상당 부분 받아들여지고 있다.

강한 현실성

이와 같은 제한된 합리성 모형의 광범위한 영향력에는 확실한 이유가 있다. 제한된 합리성 모형의 장점은 무엇보다 현실성realism이 강하다는 것이다. 영웅적 가설이라고 비판받을 정도로 비현실적인 합리적 선택 모형의 의사결정 모형과 달리 제한된 합리성 모형에서 제시되는 의사결정자는 누가 들어도 주변에서 흔히 관찰되는 대다수 사람들의 속성에 매우 가깝다. 그리고 일반적 오해와 달리 제한된 합리성은 개인이나 조직의 의사결정이 비합리적irrational이거나 혹은 의사결정자가 제한적으로만 합리적이기를 원한다고 주장하는 것은 결코 아니다. 제한된 합리성 모형은 대부분의 의사결정자는 합리적이기를 원하나 여러 제약조건 때문에 결과적으로는 제한적으로만 합리적이라고 주장하는 것이다. 즉 제한된 합리성은 우리가 현실에서 마주치는 의사결정자들의 본성과 실제 행동 패턴에 매우 가까운 현실성이 강한 의사결정 이론인 것이다.

규범성 논쟁

그러나 제한된 합리성 모형에 대한 어느 정도 타당성이 있는 비판은 앞에서 다룬 합리적 선택 모형이 가진 서술적 현실성descriptive realism의 취약성에 대한 비판과 정반대로 규범적 바람직함normative desirability 여부에 대한 지적이다. 제한된 합리성이 서술적으로 현실 의사결정자들의 행동 패턴을 잘 묘사하는 것은 일반적으로 받아들일 수 있으나, 반대로 제한된 합리성의 만족화satisficing가 과연 규범적으로 바람직한 방향 제시인가에 대한 비판이 충분히 제기될 수 있다. 즉 실세계 의사결정에서 극대화를 추구하지 않고 만족화를 추구하는 행동이 개인이나 조직에게 바람직한 결과를 가져다줄 수 있을 것인가에 대해서는 논란의 여지가 있는 것이다. 이런 비판에 대해 제한된 합리성을 주장하는 입장에서는 만족화가 서술적으로 현실적일 뿐 아니라 규범적으로도 바람직하다는 입장을 제시한다.

그렇다면 합리적 선택의 극대화와 제한된 합리성의 만족화 의사결정은 어느 편이 규범적으로 더 우월한 결과를 창출할 수 있을까? 이 문제는 각자의 실세계 의사결정자들의 속성attributes에 대한 가정에 따라 달라질 것이다. 예를 들면, 실제 의사결정자의 계산능력과 대안, 정보, 선호체계가 합리적 선택에서 가정하듯이 완벽하다면 당연히 효용 극대화가 바람직한 결과를 도출할 것이다. 그러나 만일 제한된 합리성 모형이 주장하듯이 실제 의사결정자의 선호체계, 대안, 정보, 계산능력이 상당 수준 한계가 있다면 만족화가 더 우월한 결과를 도출할 가능성이 높을 것이다. 두 가지 관점 중 객관적 정답은 없다. 각자가 가진 인간의 본성에 대한 지식과 믿음에 따라 달라질 것이다. 독자가 믿는 현실 세계 의사결정자의 실제 속성은 어느 편에 더 가까운지 각자 깊이 생각해보기 바란다.

열망수준의 양면성

제한된 합리성의 만족화satisficing 모형에서 핵심 변수이지만 구체적 후속 논의가 상대적으로 부족한 개념이 열망수준aspiration level이다. 열망수준은 만족화 의사결정에서 각 대안의 채택과 기각의 판단 기준이다. 즉 별도의 기준이 필요 없이 단순히 모든 대안들을 상대평가 방식으로 비교해서 그 중 최대의 만족을 제공하는 대안을 선택하는 합리적 선택의 효용 극대화 프로세스와 달리, 제한된 합리성의 만족화는 최고의 대안이 아니더라도 어떤 대안이거나 열망수준만 넘으면 채택을 하고 의사결정 프로세스를 멈추게 되기 때문에 채택과 기각 여부를 판단할 수 있는 별도의 기준인 열망수준이 필요하다. 이런 면에서 열망수준은 각 대안에 대한 만족과 불만족의 구분 기준이다.

역사적 열망수준과 사회적 열망수준

열망수준은 각 의사결정자마다 다르다. 즉 열망수준은 각 의사결정자가 가지는 일종의 눈높이와 같은 판단기준으로서 동일한 대안에 대해 열망수준이 낮은 의사결정자는 만족하고 채택하는 데 비해 높은 의사결정자는 불만족하고 기각하게 되는 것이다. 그렇다면 각 의사결정자의 열망수준은 어떻게 결정될까? 제한된 합리성 모형은 구체적 열망수준은 각 의사결정자에 따라 다른데, 각자의 과거 경험에서 오는 역사적 열망수준historical aspiration level과 주변 의사결정자들의 열망수준에서 오는 사회적 열망수준social aspiration level이라는 두 가지가 결합되어 형성된다고 주장한다(Greve, 2003). 그런데 이 두 가지 열망수준은 의사결정자마다 다르므로 두 가지가 결합된 최종 열망수준도 의사결정자별로 달라지게 되고 그 결과 동일한 대안에 대한 만족과 불만족, 그리고 채택과 기각이 의사결정자마다 다양하게 달라지는 것이다.

높은 열망수준의 위험

그렇다면 어느 정도 높은 열망수준이 바람직할까? 목표수립goal-setting에 관한 대부분의 경영학 이론과 실무 경영자들, 그리고 MBOmanagement by objective와 같은 경영기법들은 "도전적이지만 달성가능한challenging, but attainable" 정도의 열망수준을 추천한다(Drucker, 1954). 물론 낮은 열망수준을 추천하는 경우는 거의 없지만 그렇다고 지나치게 높은 열망수준을 추천하는 경우도 드물다. 그 이유는 과도하게 높은 열망수준의 경우 실패의 덫failure trap이라는 심각한 위기 상황을 초래할 위험이 있기 때문이다. 즉 만족을 모르는 지나치게 높은 열망수준을 가지는 경우 과욕hubris에 사로잡혀 자신의 역량으로는 달성하기 어려운 무리한 시도overshooting를 남발하다가 실패의 덫에 빠져 심각한 위기를 맞게 될 위험이 높다는 것이다(Levinthal and March, 1993).

적정 열망수준의 한계

그러나 적정 수준의 열망수준에도 한 가지 한계가 있다. 적정 수준의 열망수준은 혁신에 장애 요인이 된다. 혁신은 기존 방식의 개선과 활용으로는 극복되기 어려운 불만족이 발생할 때 근본적으로 다른 새로운 대안을 원거리에서 탐색하는 행동이다. 따라서 기존 모델에서 성과가 높을 때는 위험과 비용이 동반되는 원거리 탐색distant search을 통한 혁신을 시도할 필요성을 느끼지 못하게 된다. 따라서 혁신에 필요한 원거리 탐색은 기존 모델의 성과에 심각한 문제가 있을 때 이를 해결하기 위해 시도하게 되는데 이를 문제해결형 탐색problemistic search이라고 부른다.

즉 기존 성과에 불만족을 느낄수록 문제해결형 탐색을 통한 혁신을 더 적극적으로 시도하게 되는데 성과에 대한 불만족은 높은 열망수준에서 오는 것이다(Cyert and March, 1963). 즉 열망수준 이하의 성과 때문에 불만족을 느끼고 그 문제를 해결하기 위해 근본적 변화를 시도하는 것이 혁신이라는 것이다. 이런 관점에서 "혁신은 불만족에서 온다"고 볼 수 있으며, 열망수준이 높으면 높을수록 불만족을 느낄 가능성이 높아진다. 따라서 획기적 혁신을 창출하는 조직을 보면 대부분 열망수준, 즉 눈높이가 예외적으로 높다는 것을 알 수 있다.

이렇게 볼 때 추구하는 목적이 무엇인가에 따라 바람직한 열망수준의 높이가 달라진다는 것을 알 수 있다. 즉 주관적 기대이익이 높을수록 더 바람직한 의사결정이라고 전제하는 합리적 선택의 효용 극대화와 달리, 제한된 합리성 모형의 만족화satisficing 관점에서 어느 정도 높은 열망수준이 바람직한가는 단순하게 규정하기 어려운 복합적 문제인 것이다. 제한된 합리성 관점에서 보면 적정 열망수준과 높은 열망수준 모두 서로 다른 장단점이 있는 것이다. 다시 한 번 귀하와 귀 조직의 열망수준과 의사결정 방식의 본질에 대해 근본적으로 재고해보기 바란다.

몰입의 상승: 감정적 몰입과 의사결정의 왜곡

의사결정에 대한 토론이 합리적 선택과 제한된 합리성이라는 두 가지 대안적 이론을 중심으로 주로 전개되어온 것은 사실이지만 그 후 이 두 가지 이론간 이분법을 넘어서는 다양한 혁신적 의사결정 이론들이 조직행동론 분야를 중심으로 사회이론 전반에 걸쳐 역동적으로 등장하였다.

감정적 차원

그중 하나가 과거 결정에 대한 감정적 몰입emotional commitment 때문에 합리성이 왜곡되는 현상을 다룬 몰입의 상승escalation of commitment이다. 학문적 배경을 막론하고 의사결정 이론들은 대부분 정보, 예측, 선택, 합리성 등과 같은 인지적cognitive 차원을 중심으로 논의되어 왔다. 즉 합리적 선택 모형이 의사결정자가 극단적 합리성을 추구한다고 전제한 반면, 제한된 합리성 모형은 현실 세계의 의사결정이 다양한 요인들에 의해 합리성이 제한되는 현상에 초점을 맞추었다. 그렇지만 이 두 가지 대표적 의사결정 모형들 모두 합리성이라는 동일한 차원을 중심으로 의사결정을 설명하고 있다는 공통점이 있다. 그런데 사회심리학적 관점에서 조직행동론을 연구하는 학자 중 배리 스토Barry Staw는 인간 특유의 감정적 성향 때문에 의사결정이 이런 합리성−비합리성의 차원에서 벗어나 왜곡되는 현상을 주목한다(Staw, 1981; Gerstel, Kreilkamp, Schmidt, and Wöhrmann, 2025).

몰입의 상승: 장기 의사결정의 감정적 왜곡

몰입의 상승 이론에서 스토는 의사결정에 대해 광범위하게 공유되어온 한 가지 상식적 전제를 완전히 뒤집고 있다. 즉 단기에 서둘러 내려진 의사결정보다 장기간에 걸쳐 신중하게 진행된 의사결정일수록 비합리적으로 왜곡될 위험이 낮다는 보편적 상식에 문제를 제기한 것이다. 그 반대가 사실일 수 있다는 것이다. 오히려 장기 의사결정이 비합리적으로 왜곡될 위험이 더 높을 수도 있다는 주장이 몰입의 상승이다.

의사결정의 장기 프로세스

먼저 대부분의 조직 의사결정이 일회성 이벤트event가 아니라 상당 기간 지속되는 일련의 프로세스process라는 사실이 이론의 출발점이다. 긴 기간에 걸쳐 의사결정 프로세스가 진행될 때 시간 경과에 따른 경험과 정보의 증가와 함께 의사결정이 점점 더 합리적으로 발전할 것이라는 것이 당연한 상식이다. 그런데 몰입의 상승 이론은 이 당연시되는 상식에 도전하면서 장기간에 걸친 의사결정이 실제로는 심각하게 왜곡되는 경우가 많다는 사실에 주목한다.

스토는 시간의 경과로 경험과 정보가 축적됨에 따라 의사결정이 더 합리적이 되는 것이 아니라 오히려 정반대로 비합리적 행동을 할 가능성이 높아진다고 주장한다. 이런 관점에서 그는 현실 세계에서 자주 목격되는 경험과 정보가 풍부한 사람이 이해할 수 없는 비합리적 의사결정을 하는 사례들을 몰입의 상승이라는 장기 의사결정의 독특한 특성으로 설명하고 있다.

몰입의 상승 프로세스

몰입의 상승은 의사결정 프로세스가 진행되면서 새로운 경험과 정보가 축적되어 초기에 내렸던 특정 선택이 오류였던 것이 명확해졌음에도 불구하고 이전의 잘못된 의사결정을 새로운 경험과 정보를 반영하여 수정하지 않고 오히려 정반대로 그 잘못된 과거 결정에 대한 감정적 몰입을 더 상승시키는 이해하기 어려운 행동을 말한다. 의사결정 프로세스를 시간의 흐름에 따라 단계별로 구분해보면 몰입의 상승 개념의 의미와 심각함을 정확하게 이해할 수 있다.

1단계 의사결정: 먼저 1단계에서 의사결정자가 어떤 선택, 즉 의사결정을 한다. 이

때 의사결정은 미래에 대한 선택이므로 불확실성과 제한된 합리성 등 다양한 이유로 잘못된 선택, 즉 오류의 가능성이 높은 것이 당연하다.

2단계 오류 판명: 의사결정 이후 시간이 경과하면서 2단계에서는 처음 1단계에 비해 새로운 경험과 정보의 양과 질이 증가한다. 그런데 이 새로운 경험과 정보를 반영해서 다시 판단해보면 1단계의 의사결정이 오류였을 가능성이 높아지는 경우가 있다. 이 경우 그 다음 3단계에서 의사결정자가 새로운 경험과 정보를 반영하여 1단계의 잘못된 의사결정을 수정하는 것이 합리적일 뿐 아니라 상식적으로도 당연하다.

3단계 몰입의 상승: 그런데 1단계 의사결정의 오류 가능성이 높아진 후 3단계에서 의사결정자가 새로운 경험과 정보를 반영하여 이전의 잘못된 선택을 바꾸지 않고 오히려 그 잘못된 것으로 판명된 과거 선택에 대한 감정적 몰입을 오히려 더 상승시켜 투자를 더 증가시키다 심각한 위기를 초래하는 이해하기 힘든 행동이 몰입의 상승이다. 과거 선택에 대한 감정적 몰입이 미래에 대한 이성적 판단을 왜곡시키는 것이다.

높은 발생 빈도

몰입의 상승은 생각보다 훨씬 자주 빈번하게 발생한다. 몰입상승의 사례는 의사결정 주체와 분야를 막론하고 매우 다양하게 관찰된다. 독자들도 각자의 과거 경험을 생각해보면 개인 수준에서도 몰입의 상승에 자주 빠졌다는 것을 알 수 있을 것이다. 몰입의 상승은 명확하게 비합리적이기 때문에 실세계에서 경영자나 정치인과 같은 냉철한 합리적 의사결정자들은 거의 하지 않을 것 같아 보이는 행동이지만, 실은 기업 의사결정이나 정치 의사결정의 현장을 자세히 들여다보면 예상보다 현장에서 훨씬 더 자주 발생하면서 엄청난 대참사를 초래하곤 한다.

세계적 기업의 최고경영자가 도저히 성공할 수 없는 신사업에 진출했다가 부정적인 정보가 급증했음에도 불구하고 "우리는 해낼 수 있다" 혹은 "우리는 실패하지 않는다"라는 근거 없는 감정적 자신감에 사로잡혀 계속 투자를 늘리다 위기에 빠진 경우는 너무나 많다. 정치적 의사결정의 경우에도 미국 케네디John F. Kennedy행정부의 월남전 개입이 오류였다는 증거가 대규모로 수집되었음에도 불구하고 "미국은 전쟁에서 결코 패전한 적이 없다"는 태도로 계속 확전을 추구하다 15년 만에 비참한 패배를 맛보고 패퇴 당하기도 했다.

몰입 상승의 원인: 감정에 의한 이성의 왜곡

그렇다면 밖에서 보기에는 극도로 합리적일 것 같은 엘리트 출신의 기업이나 정부 지도자들이 몰입의 상승과 같은 어처구니없이 비합리적 행동을 하게 되는 원인은 무엇일까? 이들 리더 계층뿐 아니라 일반인들도 자주 빠지게 되는 몰입의 상승은 왜 발생하는 것일까? 스토는 모든 인간에게서 관찰되는 다음 네 가지의 보편적인 감정적 성향을 몰입 상승의 원인으로 제시하며 특별히 경계할 것을 주장한다.

과거지향적 합리성

의사결정자는 미래에 자신이 원하는 결과를 창출할 것으로 기대되는 대안을 합리적으로 선택할 것이라는 일반적인 합리적 의사결정에 대한 상식적 기대와 달리, 과거에도 자신의 의사결정이 합리적이었다는 것을 내외부에 확인시키고자 하는 감정적 욕구를 가지는 것이 몰입 상승의 원인 중 하나이다. 즉 의사결정자는 합리적 선택모형에서 전제하듯이 미래에 기대되는 효용expected utility을 극대화하려는 미래지향적 합리성prospective rationality의 욕구뿐 아니라 과거에도 자신이 합리적으로 선택했다는 것을 증명하고자 하는 과거지향적 합리성retrospective rationality의 욕구도 가진다는 것이다. 몰입의 상승은 전형적인 과거지향적 합리성의 결과라고 볼 수 있을 것이다. 즉 몰입의 상승은 과거지향적 합리성 추구라는 왜곡된 감정적 욕구 때문에 과거의 합리성을 위해 미래의 합리성을 희생시키는 행동인 것이다.

일관성 규범의 함정

몰입상승의 또 다른 원인은 인류의 보편적 행동기준인 일관성 규범norm of consistency이다. 동서고금을 막론하고 인류에게 가장 광범위하게 공유된 행동기준은 일관성을 지키는 것이다. 우리나라의 "우물을 파도 한 우물을 파라"는 속담이나, 중국의 사자성어 초지일관初志一貫, 그리고 거의 모든 서양의 학교나 직장에서 평가항목에 포함하는 일관성consistency 등은 모두 이 인류사회에 광범위하게 내재화된 강력한 규범을 의미한다. 동서양 어디에도 일관성을 부정적으로 인식하는 문화는 없다.

그러나 막상 미래지향적 합리성의 관점에서 생각해보면 과거에 어떤 선택을 했더라도 이후에 오류였다는 사실이 발견되면 일관성을 포기하고 수정하는 것이 진정한 의미에서 더 합리적이다. 예를 들면, 기업이 어떤 사업에 진입entry했지만 도저히 성공가능성이 없다고 판단되면 중단하고 철수exit하는 것이 당연히 합리적인 선택인 것이다. 그러나 이런 행동을 하는 경우 지속성이나 인내력, 꾸준함이 부족하다는 식으로 일관성의 규범에 근거한 비난을 받게 된다.

합리성을 가장 강조하는 학문인 경영학에는 신사업이나 신시장 진입에 대한 이론들을 다양하게 많으나 기존 사업이나 시장에서 철수하는 선택에 대한 이론은 상대적으로 드물다. 따라서 과거에 어떤 의사결정을 했다가 그 이후 발생한 경험과 정보가 그 결정이 오류였다는 사실을 제시하면 잘못된 것으로 드러난 원래 의사결정을 고수하는 것이 진정한 의미에서는 오히려 비합리적이지만 일관성 관점에는 더 바람직한 선택으로 보일 수 있는 것이다. 따라서 의사결정자는 일관성이 다양한 가치관들 중 단지 하나이지 결코 합리적 의사결정의 절대적 가치판단 기준이 아니라는 사실을 명심해야 할 것이다. 일관성에 대한 집착이 가지는 한계는 뒤에서 새로운 목적의 발견을 위한 의사결정 방식인 바보스러움의 기술technology of foolishness과 행동선행적 사후적 합리성doing first posterior rationality 모형에서 다시 한 번 토론할 것이다(March, 1978).

기대 가치의 왜곡

몰입의 상승이 발생하는 또 다른 원인은 기대하는 결과의 가치에 대한 왜곡distortion of expected outcome value이다. 즉 과거 의사결정에서 기대했던 결과의 성공적 달성 가능성이 시간이 경과하면서 경험과 정보의 증가로 확률적으로 낮아지게 되면 그 의사결정을 수정하는 것이 아니라 원래 의사결정을 고수하면서 전혀 엉뚱하게 그 기대 결과의 가치를 원래 추정했던 가치보다 과도하게 과장하여 왜곡해서 인식하게 된다는 것이다. 즉 자신의 과거 의사결정의 성공 확률은 객관적으로 낮아졌지만 일단 성공만 하면 엄청나게 큰 가치를 창출하게 될 것이라고 자신과 관련자들에게 감정적으로 왜곡시켜 믿도록 만드는 것이다. 따라서 원래의 선택에 대한 투자를 조금 더 늘리면 엄청나게 큰 이익을 얻을 수 있다는 식으로 스스로와 주변을 설득하게 된다. 그러나 실제로는 원래 기대 가치는 변함없이 그대로이면서 성공 확률만 낮아진 것이지만 이를 감정적으로 왜곡시켜 인식하면서 잘못된 과거 선택에 대한 투자를 계속 늘리게 되는 것이다.

기대 확률의 왜곡

마지막으로 몰입의 상승은 기대하는 성공 확률의 왜곡distortion of success probability에 의해서도 발생한다. 즉 기대했던 결과가 계속 창출되지 않으면 의사결정자는 잘못된 원래 결정을 수정하지 않고 오히려 시간경과에 따라 점점 더 성공 확률이 높아지고 있다고 왜곡시켜 인식하며 조금만 더 노력하면 될 것이라는 식의 행동을 하게 된다는 것이다. 당초 선택이 오류였던 경우 성공 확률은 단순히 시간의 경과로 결코 더 높아지지 않는다. 오히려 많은 경우 초기 선택의 오류는 잘못된 방향의 행동을 계속 반복하면서 시간이 경과할수록 바람직한 결과로부터 더 멀리 벗어나게 되는 경로의존성path dependence으로 연결되게 된다. 따라서 원래 선택이 오류였던지 여부를 근본적으로 재검토하는 사고가 필수적이지만, 몰입의 상승은 초기 선택의 오류의 연속선상에서 잘못된 과거 선택에 대한 추가적 노력과 투자를 통해 성공 확률을 높이려는 비합리적 행동을 초래하게 되는 것이다.

몰입의 상승을 넘어서: 합리성의 미래지향성

이런 네 가지 보편적으로 관찰되는 성향을 고려해볼 때 개인이나 조직 등 의사결정자가 몰입의 상승을 완전히 피하는 것은 쉽지 않다. 네 가지 모두 인간 공통의 감정적 본성과 밀접한 관련이 있기 때문이다. 특히 강력한 권한을 가진 리더가 잘못된 당초 의사결정의 책임자인 경우는 몰입의 상승을 피하기가 매우 어렵다. 더구나 "한번 결심한 것은 상황이 바뀌어도 초지일관해야 한다"는 주장이나 "경험과 정보가 증가할수록 더 합리적으로 선택할 수 있으므로 의사결정은 신중한 장고長考가 중요하다"는 것과 같은 동서고금을 막론하고 광범위하게 편재해 있는 수많은 문화적 규범들이 우리도 인식하지 못하는 사이에 몰입의 상승을 부추기는 것이다(Staw, 1981).

따라서 몰입의 상승을 예방할 수 있는 가장 중요한 자세는 진정한 의미의 합리성은 무엇보다 미래지향적prospective이라는 사실을 결코 잊지 않는 것이다. 즉 진정한 합리적 의사결정에서 과거는 아무 의미가 없으며 항상 매 시점 제로베이스에서 미래지향적으로 판단하고 선택하여야 할 것이다. 이론이나 모델을 막론하고 합리성은 본질적으로 미래지향성을 의미한다는 사실을 결코 잊지 말아야 할 것이다.

쓰레기통 조직 의사결정: 조직이 개인보다 합리적일까?

개인 의사결정보다 다수에 의한 조직 의사결정이 더 합리적일까? 상식적으로 생각하면 제한된 합리성에서 제시하는 많은 한계를 지닌 개인보다 훨씬 더 다양하고 풍부한 정보와 역량을 가진 조직에 의한 의사결정이 당연히 더 합리적일 것이라고 생각할 수 있을 것이다. 또 다수의 선택에 의해 작동하는 민주주의 체제에 대한 높은 지지나 "백지장도 맞들면 낫다" 등과 같은 속담들도 개인보다 다양한 개인들이 모인 조직의 의사결정이 더 합리적이고 우월할 것이라고 전제한다. 그러나 다른 한편으로 "사공이 많으면 배가 산으로 간다" 등과 같은 또 다른 속담들은 여러 사람이 참여하는 집단적 의사결정의 합리성에 대해 정반대의 예측을 제시하기도 한다. 물론 두 가지 주장 모두 어느 정도의 논리적 타당성을 가지고 있고 또 현실 세계에서 흔히 관찰된다. 이런 면에서 볼 때 조직 의사결정은 양면성을 가진다고 볼 수 있다.

조직의 두 가지 이미지

허버트 사이몬에 의해 시작된 카네기학파의 행동과학적 의사결정 이론의 전통을 잇는 조직이론가 제임스 마아치는 제자들과 공저한 논문에서 개인 의사결정과 대비되는 조직 의사결정의 독특한 본질과 작동 원리, 그리고 예상 밖의 결과에 대해 쓰레기통 모형garbage can model이라는 통찰력 넘치는 이론을 제시하였다(Cohen, March, and Olsen, 1972; Clark－Stallkamp and Stefaniak, 2023).

마아치는 조직의 본질에 대해 잘 설계된 기계well-designed machine와 조직화된 혼돈상태organized anarchy라는 두 가지 상반된 측면이 공존한다고 주장한다. 그런데 대다수의 의사결정 모형들이 조직을 일종의 기계로 가정하고 그 기계가 얼마나 잘 설계되었는가에 초점을 맞추어 온 데 반해, 마아치는 조직은 다양한 구성요소들이 조직화는 되어 있지만 기계처럼 일사불란하게 작동하는 것이 아니라 서로 다른 다양한 요소들이 공존하면서 제각기 독립적으로 작동하며 일관성 없이 뒤죽박죽 서로 충돌하며 움직이는 일종의 혼돈상태에 더 가깝다고 주장한다.

조직화된 혼돈상태의 쓰레기통

마아치가 묘사하듯이 조직이라는 사회적 개체에는 기계와 혼돈상태의 두 가지 측면이 공존하지만 2장의 역사적 발전에서 설명했듯이 19세기 말 현대적 조직이 등장한 이래 이제까지 대부분의 이론과 실천적 모형들은 조직의 기계적 측면에만 집중해 왔다. 그 결과 기존 모형들은 그 나머지 부분인 조직화된 혼돈상태 측면이 가지는 복잡성과 역동성을 놓쳐온 것이다. 관점을 반대 방향으로 돌려 조직의 혼돈상태 측면에 초점을 맞추면 일반적 인식과 달리 조직들의 실제 의사결정 과정은 기계와 같은 합리적 모형의 이미지에서 크게 벗어나 마아치가 쓰레기통 모형이라고 부르는 전혀 예상 외의 방식으로 이루어진다는 것을 깨닫게 된다.

쓰레기통 모형에서 다양한 의사결정 요소들은 온갖 쓰레기들로 간주되고 조직은 다양한 쓰레기들이 뒤섞이는 쓰레기통으로 인식된다. 다양한 사람들이 오며 가며 온갖 쓰레기들을 쓰레기통에 던져 넣기 때문에 쓰레기통에서 어떤 쓰레기들의 조합이 나오느냐는 언제 쓰레기통을 비우느냐 하는 타이밍에 따라 결정되는 것처럼, 조직 의사결정도 다양한 참여자들이 수시로 던져 넣는 무수한 문제와 해결책들 사이의 무작위 매칭matching에 의해 이루어지기 때문에 언제 의사결정을 하느냐의 타이밍이 결정적 영향을 미친다는 의미에서 이를 쓰레기통 모형이라고 부르는 것이다. 이런 관점에서 볼 때 조직은 기존 의사결정 모형들이 전제했듯이 잘 설계된 기계보다는 쓰레기통에서 다양한 쓰레기들이 무작위적으로 뒤죽박죽 섞이는 조직화된 혼동상태에 가깝다는 것이다.

쓰레기통 조직 의사결정 모형의 가정들

조직 의사결정의 쓰레기통 모형은 합리적 선택이나 제한된 합리성과 같은 개인 의사결정 모형들과 전혀 다른 구조를 가진다. 앞에서 설명했듯이 이론적 모형을 구성하는 가장 기본적 요소는 그 대상의 일반적 본질에 대한 전제인 가정들이다. 쓰레기통 모형은 개인 의사결정과 구분되는 조직 의사결정만의 독특한 본질에 대해 다음 세 가지의 가정들을 전제로 전개된다.

문제 많은 조직 선호체계: 쓰레기통 모형의 첫 번째 가정은 각자가 무엇을 좋아하거나 싫어한다는 개인의 선호체계preferences와 달리 조직 의사결정의 주체인 "조직의 선호체계는 문제가 많은 개념이다Preferences are problematic"라는 것이다. 앞에서 살펴본 제한된 합리성 모형에서 주류인 합리적 선택 모형의 완전 선호체계 가정을 비판하며 현실 속 실제 "개인 의사결정자의 선호체계는 때때로 모호하고 불안정하다"고 가정했다. 그런데 개인이 아닌 조직 의사결정에서 선호는 이와는 비교도 되지 않을 정도로 복잡하고 문제가 많은 개념이다. 각기 다른 선호를 가진 복수의 개인들이 모인 조직의 선호는 그 자체가 과연 존재하는지도 확실하지 않은 그야말로 심각하게 문제가 많은 개념이라는 것이다. 따라서 의사결정에서 조직의 선호를 추구한다고 할 때 도대체 다양한 조직 구성원이나 집단들 중 누구의 선호를 말하는지 애매할 수밖에 없다는 것이다.

불확실한 의사결정 기술: 쓰레기통 모형의 두 번째 가정은 "조직 의사결정의 기술은 불확실하다Technology is unclear"이다. 제한된 합리성을 고려할 때 바람직한 의사결정을 내리는 방법인 의사결정 기술은 개인수준에서도 불확실하다. 그런데 조직수준 의사결정의 기술은 개인과 비교가 되지 않을 정도로 불확실성이 높다. 개인수준 의사결정과 달리 조직 의사결정에는 극도로 다양하고 복잡하며 광범위한 요소들이 관련되어 있고, 의사결정을 해결해야 할 문제들도 많으며, 동원될 수 있는 해결책들도 다양하므로, 이 중 어떤 문제의 해결에 어떤 요소들이 관련되어 있으며 어떤 해결책들이 효과적인지를 명확하게 파악하는 것은 매우 어렵다. 또 첫 번째 가정에서 설명했듯이 조직 의사결정은 대안들을 평가하는 기준인 선호체계마저 문제가 많기 때문에 어떤 방법으로 전체 조직을 위한 최적의 선택을 할지를 판단할 기술은 불확실할 수밖에 없다는 것이다.

유동적 참여: 셋째, 쓰레기통 모형은 "조직 의사결정의 참여는 유동적이다Participation is fluid"라고 가정한다. 이 가정은 개인 의사결정과 다른 조직 의사결정만의 가장 중요한 핵심 특성을 설명한다. 각자 자신의 의사결정에 처음 시작부터 최종 결론까지 참여해야 하는 개인 의사결정과 달리 복수의 구성원들이 관련된 조직 의사결정은 참여자가 수시로 바뀌는 유동성을 가진다. 일반적으로 개인 의사결정보다 장기간에 걸쳐 진행되는 경우가 많은 조직 의사결정의 참여자는 의사결정 과정 중간에 교체되는 경우가 빈번하다. 특정 조직 의사결정의 전체 과정을 보면 어떤 참여자는 처음부터 끝까지 참여하는 반면, 다른 참여자는 처음에는 참여하다가 중간에 전직이나 배치전환 등으

로 빠지기도 한다. 또 다른 참여자는 의사결정 과정의 중간에 갑자기 끼어들기도 하며, 심지어 어떤 참여자는 중간에 끼어들었다가 그 의사결정이 채 마무리되기도 전에 또다시 빠지기도 한다. 따라서 이런 유동성을 고려할 때 조직 의사결정이 합리적 선택에서 주장하듯이 명확한 목적과 기준을 가지고 일사불란하게 진행된다고 보는 것은 비현실적일 수밖에 없는 것이다.

조직 의사결정의 구성 요소: 네 가지 쓰레기통 요소

이런 세 가지 가정들이 조직 의사결정의 일반적 본질이라고 동의한다면 의사결정의 핵심 구성 요소들은 무엇일까? 마아치는 실제 조직 의사결정은 다음 네 가지 쓰레기통 요소들four garbage can factors 사이의 무작위 매칭random matching에 의해 이루어진다고 주장한다. 즉 조직이라는 쓰레기통을 구성하는 네 가지 종류의 쓰레기들이 뒤죽박죽 뒤섞여서 상호작용하다가 특정 타이밍에 무작위적으로 서로 매칭되어 조직 의사결정이 이루어진다는 것이다. 따라서 네 가지 쓰레기통 요소들의 구성과 이들 간 상호작용 방식을 잘 이해하는 것이 중요하다.

복수의 문제들: 마아치가 제시하는 첫 번째 쓰레기통 요소는 해결책들을 찾아다니는 문제들problems looking for solutions이다. 여기서 해결책과 문제가 모두 복수라는 사실이 중요하다. 수시로 변화하는 환경에서 다양한 구성원들과 부서들이 다양한 사업과 과업들을 수행하는 조직에는 한 가지 특정 문제만 존재하는 것이 아니라 항상 복수의 다양한 문제들이 발생해서 함께 존재한다는 것이다. 기존 대다수의 의사결정 모형들이 특정 문제의 해결책을 찾는 데 초점을 맞추었던 데 비해 쓰레기통 모형은 복수의 문제들과 복수의 해결책이라는 조직 의사결정만의 특수한 성격을 부각시키고 있는 것이다. 따라서 조직이라는 쓰레기통 안에서 복수의 문제 쓰레기들이 각기 자신을 처리해줄 해결책 쓰레기들을 찾아 떠돌아다닌다는 것이다.

복수의 해결책들: 두 번째 쓰레기통 요소는 문제들을 찾아다니는 해결책들solutions looking for problems이다. 즉 특정 문제가 발생하면 이를 해결하기 위해 특정 해결책을 찾는 개인 의사결정과 달리, 조직은 당장 해결해야 할 문제의 존재 여부와 상관없이 평소에 미리 다양한 해결책들을 보유하고 있다. 예를 들면, 조직 내부에는 다양한 기

술들, 프로세스들, 솔루션들, 전문가들, 그리고 역량과 정보 등이 특정 문제가 발생하기 전에 이미 축적되어 있는데, 이들이 각각 자신의 존재 이유와 가치를 증명하기 위해 자신이 해결할 수 있는 문제들을 찾아 조직 내부를 떠돌아다닌다는 것이다. 이 주장은 모든 사회이론을 통틀어 가장 창조적 통찰력 중 하나임에 틀림없다. 거의 모든 사회이론이 특정 문제에 초점을 맞추어 그 문제를 풀 해결책을 찾는 프로세스를 당연시하는 데 반해 쓰레기통 이론은 획기적인 발상의 전환으로 다양한 해결책들이 문제보다 먼저 존재하고 있다가 자신이 적용될 수 있는 문제들을 찾아다니는 정반대의 이미지를 제시한 것이다.

유동적 참여자들: 세 번째 쓰레기통 요소는 유동적 참여자들fluid participants이다. 개인 의사결정과 구분되는 조직 의사결정의 가장 큰 차이는 참여자의 숫자와 구성의 변동성이다. 즉 조직 의사결정은 단순히 다양한 복수의 참여자들에 의해 이루어지는 것을 넘어서서 이들의 참여가 시간의 흐름에 따라 매우 유동적이라는 사실이 중요하다. 즉 앞의 조직 의사결정의 세 가지 가정에서 설명하였듯이 조직수준의 의사결정 과정에는 참여하는 사람들이 많고 다양할 뿐 아니라, 특정 문제를 특정 개인들이 처음부터 끝까지 고정적으로 담당하지 않고 수시로 그 구성이 바뀐다. 따라서 다양한 유동적 참여자들이 자신들에게 맡겨진 의사결정 프로세스에서 자신이 참여하는 타이밍에 조직 내 다양한 문제들 중 어느 문제에 초점을 맞춰 어떤 해결책을 적용할지 찾아다닌다는 것이다.

선택기회들: 쓰레기통 의사결정 프로세스의 마지막 요소는 다양한 선택기회들choice opportunities이다. 조직의 경영 프로세스를 연별로 보면 1월 초부터 12월 말까지 한 해에 걸쳐 살펴보면 특정 시점이 되면 무조건 조직수준 의사결정이 내려져야 하는 다양한 선택기회들이 있다. 예를 들면, 분기별이나 연말 결산, 정기 인사, 연초 경영기획 등이 대표적인 선택기회들이다. 또한 비정기적으로도 예상하지 못한 경영환경의 변화나 조직 성과의 등락 등이 발생하면 조직수준 대응책을 선택해야 하는 선택기회들이 발생한다. 그리고 문제가 없더라도 조직이 주도적으로 신사업 진출이나 혁신 등을 시도할 때도 중요한 결정적critical 선택들을 하게 된다. 즉 다양한 복수의 선택기회들이 전체 조직의 경영 프로세스에 수시로 발생하는데 그때마다 어떤 참여자가 어떤 문제를 어떤 해결책으로 처리해야 할지 의사결정해야 한다.

쓰레기통 의사결정의 프로세스: 타이밍 기반 무작위 매칭

쓰레기통 모형은 실제 조직 의사결정의 상당수는 합리적 선택이나 계산과 전혀 거리가 먼 무작위 매칭에 의해 이루어진다는 파격적 주장을 제시한다. 다양한 문제들, 다양한 해결책들, 다양한 참여자들, 그리고 다양한 선택기회들 등으로 구성된 이 네 가지 쓰레기통 요소들 간 거의 무작위적 매칭almost random matching이 실제 조직 의사결정이 이루어지는 원리라는 것이다. 이런 획기적 주장의 기반 논리는 다음과 같다.

쓰레기통 요소들의 독립적 흐름

무엇보다 중요한 주장은 이들 네 가지 쓰레기통 요소들이 생성되고 축적되며 변화해 나가는 프로세스가 서로 밀접하게 연결되어 있을 것이라는 일반적 인식과 달리 실제로는 각기 독립적 흐름independent streams에 따라 진행된다는 것이다. 기존 대부분의 의사결정 모형에서는 특정 문제를 해결하기 위해 대안이 될 수 있는 특정 해결책들이 도출되기 때문에 문제와 해결책의 흐름은 서로 긴밀하게 연결되어 있다. 그리고 특정 문제와 특정 해결책간 연결에 대한 의사결정 권한을 가진 참여자들도 정해져 있다. 즉 기존 의사결정 모형에서는 문제와 해결책, 참여자가 서로 밀접하게 통합된 연결관계를 가지고 있는 것이다.

그런데 쓰레기통 모형에서는 이 네 가지 요소들은 각각 독립적인 흐름으로 변화해 나간다고 주장한다. 그렇기 때문에 어떤 해결책이 어떤 문제에 적용되는가 하는 것은 각 문제 성격에 대한 치밀한 분석에 기반하여 최적의 해결책을 선택할 것이라는 일반적 가정과 전혀 다르게 진행된다. 앞에서 언급한 해결책들이 문제들보다 먼저 존재하면서 자신이 기여할 수 있는 문제들을 찾아다닌다는 주장에서 알 수 있듯이 쓰레기통 모형의 네 가지 구성 요소들은 평소에는 서로 관계없이 별도로 변화해 나가는 독립적 흐름을 가진다는 것이 쓰레기통 모형이 제시하는 조직 의사결정의 구조이다.

동시 존재와 무작위 매칭

그렇다면 서로 독립적으로 변화해 나가는 네 가지 쓰레기통 구성요소들 간 연결을 통한 조직 의사결정은 어떻게 이루어질까? 의사결정 타이밍timing이 단연 가장 중요한 결정적 요소라는 것이 쓰레기통 모형의 핵심 주장이다. 문제, 해결책, 참여자, 선택기회 등 네 가지 쓰레기통 요소들 각각의 구성이 서로 독립적으로 계속 바뀌므로 각 시기마다 어떤 문제가 가장 주목을 받고, 어떤 해결책이 단연 효과적인 것으로 인식되며, 어떤 참여자가 가장 영향력이 있느냐 등은 시간의 흐름에 따라 수시로 변화한다. 따라서 실제 조직에서는 각 의사결정을 내려야 하는 특정 타이밍에 가장 시급히 해결되어야 하는 문제와 가장 주목받는 해결책, 그리고 그 위치에 배정된 의사결정 참여자 등 "네 가지 쓰레기통 요소들이 우연히 동시 존재accidental simultaneous arrival of four garbage factors하면서 이들 간 거의 무작위적 매칭almost random matching을 통해 의사결정이 이루어진다"는 것이다.

타이밍의 결정적 역할

따라서 쓰레기통 모형에 따르면 조직 의사결정의 결과는 언제 의사결정을 하느냐 하는 타이밍timing에 의해 결정적으로 영향을 받는다. 의사결정 타이밍에 따라 그 조직 내에서 가장 시급한 문제, 가장 주목받는 해결책, 그리고 영향력을 가진 참여자가 바뀌기 때문이다. 따라서 언제 어떤 의사결정을 진행할지에 대한 타이밍 선택은 단순히 연간 일정표에 따라 일상적으로 진행되면 안 되며 반드시 치밀한 전략적 관점에서 접근되어야 한다.

물론 모든 조직 의사결정이 동일한 정도로 쓰레기통 프로세스에 의해 영향을 받는 것은 아니다. 어떤 의사결정은 다른 의사결정들에 비해 거의 완전히 쓰레기통 프로세스에 의해 결과가 도출되는 데 비해, 다른 의사결정들은 상대적으로 적게 영향을 받기도 한다. 이에 대해 마아치는 다양한 조직 의사결정들 중에서 의사결정 기간이 장기long-term일수록, 참여자의 다양성과 숫자가 클수록, 그리고 의사결정의 목적과 기준, 과정에 대한 명확한 정의, 즉 구조화structuration 정도가 낮을수록 쓰레기통 프로세스의 영향을 많이 받을 가능성이 커진다고 주장한다.

쓰레기통 모형의 파격적 혁신성과 한계

조직 의사결정의 극단적 우연성radical randomness에 초점을 맞추는 쓰레기통 모형은 사회이론 어느 분야에서도 제시된 적이 없는 파격적이고 획기적이며 혁신적인 의사결정 이론이다. 그러나 동시에 쓰레기통 모형은 실천적 관점에서 중요한 한계도 가진다.

우연성의 발견

쓰레기통 모형 전체의 저변에 깔려 있는 핵심 기반 논리는 우연성randomness이다. 사회이론, 인문학, 자연과학, 공학 등 분야를 막론하고 현대적 학문들의 공통적 관심사는 복잡하고 혼돈스러운 실세계에 내재하는 질서와 필연성의 논리를 찾는 것이었다. 특히 그 중에서도 조직경영에 대한 기존 접근은 이 책 2장의 역사적 발전에서 고전 패러다임과 관련하여 설명하였듯이 우연성을 완전히 제거하여 조직을 기계와 같이 작동하도록 만드는 것이었다.

그런데 쓰레기통 모형은 거꾸로 우연성이 조직현상의 핵심 본질일 수 있다고 주장하는 역발상을 시도한 것이었다. 즉 쓰레기통 모형은 19세기 말 현대적 조직경영이 시작한 이래 실무 현장과 학문세계에서 공통적으로 억압하고 제거해 왔던 우연성을 재발견한 중요한 시도였다. 우연성이 단순한 오류나 불규칙한 예외가 아니라 조직경영의 본질적 특성 중 하나일 수 있다는 새로운 가능성을 제시한 것이었다.

우연성에 초점을 맞추는 유사한 관점은 자연과학에서 관심을 불러일으킨 복잡계 이론complexity theory과 혼돈이론chaos theory 등에서 찾을 수 있을 정도이다(Gleick, 1987). 쓰레기통 모형보다 시대적으로 앞서 이런 무작위성에 초점을 맞춘 거의 유일한 예는 현대예술 분야에서 찾아볼 수 있는데 음악의 케이지John Cage, 미술의 폴락Jackson Pollock, 그리고 무용의 커닝햄Merce Cunningham 등이 1950년대에 뉴욕을 중심으로 치밀한 사전 각본이나 기획이 아닌 우연과 즉흥성에 기반한 예술을 추구했다. 이렇게 볼 때 쓰레기통 모형은 사회이론에서는 전례를 찾을 수 없을 정도로 혁신적인 의사결정 이론임에 틀림없다.

규범적 한계

그런데 쓰레기통 모형은 풍부한 역량과 자원, 효율적 시스템, 뛰어난 인재를 보유한 현대적 조직의 의사결정이 합리적이고 치밀하게 진행될 것이라는 우리의 일반적 고정관념을 완전히 깨뜨리면서 실제 조직 의사결정이 어떻게 진행되는지를 사실적으로 보여주는 서술적descriptive 이론으로는 타의 추종을 불허하게 출중하다. 그러나 쓰레기통 모형이 과연 규범적normative으로는 조직 의사결정자들에게 어떤 제안을 할 수 있을지는 여전히 의문이다. 물론 마아치와 동료들이 쓰레기통 모형을 전략적으로 활용하는 몇 가지 실천적 방안들을 제공하기는 하나 여전히 규범적 행동지침으로는 한계가 많다.

뒤에서 자세히 살펴볼 마아치(1971)의 또 다른 의사결정 이론인 바보스러움의 기술 technology of foolishness도 조직 의사결정에 대해 탁월한 새로운 통찰력을 제공하기는 하나 쓰레기통 프로세스의 가능성에 대해 실천적으로 어떻게 대응해야 하는지에 대한 명확한 대답을 제공하고 있지는 않다. 쓰레기통과 같은 우연과 혼돈의 세상이 현실의 본질이라고 받아들인다면 여기에 어떻게 대응할지를 선택하는 것은 각 독자의 몫이라고 볼 수 있을 것이다.

집단사고의 희생자들: 일사불란한 집단 의사결정의 위험성

쓰레기통 모형과 정반대의 관점에서 집단 의사결정의 또 다른 위험을 생생하게 보여주는 이론이 집단사고groupthink이다(Janis, 1971; Russell, Hawthorne and Buchak, 2015). 쓰레기통 모형이 다양한 복수의 구성원들이 참여하는 집단 의사결정의 위험을 생생하게 보여주고 있지만, 그럼에도 불구하고 대부분의 조직 의사결정이 개인보다는 팀이나 부서, 전체 조직 등 집단에 의해 이루어진다는 사실에 주목할 필요가 있다. 바로 모든 개인이 필연적으로 가질 수밖에 없는 지식과 역량, 정보, 가치관의 한계 때문이다. 개인 의사결정이 가지는 다양한 한계를 극복하기 위한 것이 그 본질적 목적이므로 집단 의사결정 자체가 비합리적인 시도는 아니다. 단지 쓰레기통 모형에서 생생하게 묘사하듯이 집단 의사결정이 조직화된 혼돈상태organized anarchy에 빠질 구조적 취약성이 크기 때문에 왜곡될 위험이 높은 것이다. 그렇다면 조직에서 집단 의사결정을 적극적으로 활용하면서도 쓰레기통 프로세스의 위험을 줄일 수 있는 방법을 찾는 것이 합리적일 것이다.

동질적 집단의 일사불란한 의사결정

개인 의사결정에 비해 역량과 지식, 정보의 양을 대폭 증가시키는 집단 의사결정의 장점을 살리면서 동시에 쓰레기통 모형에서 보여주는 것과 같은 단점과 한계를 극복할 수 있는 직관적인 방안 중 하나는 동질적 구성원들로 이루어진 집단을 활용하는 것이다. 실제 조직경영 현장에서 흔히 핵심 가치 공유 등을 강조하는 것은 바로 이런 시도라고 볼 수 있을 것이다. 쓰레기통 모형이 다양한 의사결정 요소들 간 무작위적 매칭에 의한 조직 합리성의 왜곡 가능성을 강조한다는 점을 고려할 때 쓰레기통을 구성하는 의사결정 요소들 중 가장 중요한 참여자들의 숫자는 늘어나지만 핵심가치 공유 등을 통하여 그 다양성을 대폭 줄이면 집단 의사결정의 장점은 살리면서 부작용은 상당 부분 극복할 수 있을지도 모른다.

특히 불확실하고 복잡하며 수시로 급변하는 상황에 대한 이해와 방대한 정보와 대안들의 분석을 통한 적시timely 선택이 필요한 조직 의사결정의 경우 개인이 필연적으로 가질 수밖에 없는 제한된 합리성 등의 한계를 의사결정 참여자들의 수를 늘려 집단 의사결정으로 극복하려고 시도하는 경우가 많다. 그러나 이런 집단 의사결정은 다양한 요소들 간 충돌에서 초래되는 쓰레기통 프로세스의 덫에 빠질 수 있으므로 이를 막으려면 의사결정 참여자의 수는 늘리고 다양성은 줄이는 대안이 합리적일 수 있다. 즉 동질적 가치관과 의사결정 방식, 행동양식을 가진 복수의 구성원들이 일사불란하게 협업하면 집단 의사결정의 장점은 살리면서 그 한계를 상당 부분 해결할 수 있을지도 모른다.

동질적 집단의 양면성

복수의 구성원들이 공동으로 협업하는 것이 보편적인 실제 조직경영에서는 바로 이런 관점에서 동일한 가치관이나 기준, 행동양식의 공유를 주장해 왔다. 실제 경영현장에서 흔히 강조되는 조직문화와 핵심 가치 공유는 바로 이런 동질적 집단 의사결정의 잠재적 한계를 극복하기 위한 시도라고 볼 수 있을 것이다. "백지장도 맞들면 낫다"는 속담이나 실제 경영현장에서 흔히 사용되는 핵심 가치 공유 등과 같은 표현도 바로 이런 동질적 집단의 장점을 극대화하려는 시도라고 볼 수 있다.

그러나 집단의 동질성은 생각보다 그리 간단한 문제가 아니다. 모든 구성원들이 가치관과 판단기준, 행동 스타일을 철저하게 공유하는 동질적 집단은 언뜻 보기에는 일사불란한 팀워크를 기반으로 탁월한 성과를 도출할 것으로 생각될 수도 있지만, 실제로는 서로 이질적인 다양한 구성원들 간 무작위적 매칭에서 오는 쓰레기통 프로세스보다 오히려 훨씬 더 심각한 위험을 초래할 수도 있다. 동질적 집단 의사결정의 위험은 잘 알려진 케네디John F. Kennedy 행정부의 1961년 쿠바 침공 사례에서 생생하게 나타난다. 즉 동질성은 집단 의사결정에서 양면성을 가지는 것이다.

집단사고 사례: 쿠바 피그스만 침공 사건

집단사고groupthink 개념은 정치심리학자인 재니스Irving Janis가 1971년에 집필한 〈집단사고의 희생자들Victims of Groupthink〉이라는 책에서 처음 제시되어 집단group과 사고think라는 별도의 두 단어가 아닌 하나의 통합된 새로운 단어로 집단사고group think라는 표현을 만들 정도로 중대한 영향을 미쳤다. 재니스는 이 책에서 특히 하나의 구체적인 정치 의사결정 사례에 주목한다. 바로 3차 세계대전 직전까지 갔으며 쿠바 미사일 위기라는 엄청난 후폭풍을 불러일으킨 케네디 행정부의 1961년 피그스만Bay of Pigs 침공 사건이다.

케네디의 의사결정과 쿠바 사태

1961년에 케네디 행정부는 도저히 이해할 수 없는 의사결정을 내리고 비밀리에 단행했다가 엄청난 세계적 위기를 초래했다. 쿠바는 미국의 실질적 식민지였다가 케네디 취임 직전에 카스트로Fidel Castro와 게바라Che Guevara 등에 의한 혁명으로 사회주의 국가가 되었다. 당시 미국이 세계 최강국이기는 했으나 라이벌이던 소련이 사회주의 국가들의 맹주로서 핵개발에 성공하고 쿠바를 지원하고 있었기 때문에 함부로 침공할 수도 없는 눈엣가시 같은 존재가 쿠바였던 것이다.

이 책은 케네디 대통령 취임 직후인 1961년 초 대통령, 부통령, 국무장관, 국방장관 등 안보 관련 최고 실세들이 참여하는 미국 최고 의사결정 기관인 백악관 국가안보회의 장면을 묘사하고 있다. 이때 케네디는 전면전이 불가능한 상황에서 눈엣가시인 카스트로를 암살단을 보내 암살해버리면 어떻겠냐는 어이없는 아이디어를 농담처럼 던졌다. 그런데 미국 최고의 엘리트 실세들인 국가안보회의 구성원들이 이 말도 안 되는 케네디의 아이디어에 전원 이구동성으로 적극 찬성한 것이다.

그 결과 쿠바 망명자들과 미국 정부에서 지원한 전문가들로 암살단을 조직하고 CIA에서 제공한 무기와 독극물 등으로 무장하여 카스트로를 암살하기 위해 1961년 4

월에 쿠바의 피그스만Bay of Pigs으로 침공했다가 발각되어 엄청난 수의 사람들이 희생되었다. 이 사건은 쿠바에게 국방력 강화의 구실을 주어 다음 해 1962년에 쿠바 미사일위기로 걷잡을 수 없이 확대되었다. 일반적으로 알려진 것처럼 케네디 대통령이 소련의 야욕으로 발생한 쿠바 미사일 위기를 해결한 것이 아니라 실은 스스로 초래한 것이었다. 그런데 어떻게 미국 최고의 엘리트 정치인들이 모인 국가안보회의에서 이런 어처구니없는 의사결정을 전원 만장일치로 동의했는지는 그 후에도 계속 큰 논란과 화제가 되었다.

동질적 집단 구성

그렇다면 도대체 왜 미국 최고 엘리트들이 모인 국가안보회의 구성원들이 케네디 대통령의 터무니없는 아이디어에 문제도 제기하지 않고 이구동성으로 찬성하는 등 극단적으로 비합리적인 행동을 한 것일까? 재니스는 이 책에서 국가안보회의 구성원들의 배경에 초점을 맞춘다. 이들 대부분은 케네디 대통령과 절친한 오랜 친구들이었다. 대부분 케네디 일가처럼 하버드대학 출신 선후배들이었고 또 대부분 미국 북동부 뉴잉글랜드 지역 출신 백인들이었으며 심지어 자신의 친동생 로버트 케네디Robert Kennedy도 법무부 장관으로 국가안보회의 참가자 중 한 명이었다.

따라서 이들은 그야말로 비슷한 가치관과 성향을 가진 동지들이었을 뿐 아니라 이심전심 수준으로 표정만 봐도 서로 마음이 통하는 강력한 응집력을 가진 친구 집단이었다. 따라서 개인적으로 생각하면 누가 봐도 비합리적인 케네디 대통령의 제안에 대해 나머지 구성원들이 반대를 하지 않고 일사불란하게 찬성한 것은 반대 의견이 이들 친밀한 친구들 간 소중한 응집력을 훼손할 위험이 있었기 때문이라는 것이다.

동질적 집단구성과 집단사고의 메커니즘

재니스는 동질성이 강한 집단에서는 동료 구성원의 의견에 반대하는 것을 의식적으로 그리고 무의식적으로도 극도로 꺼리게 된다고 주장한다. 그 결과 누군가 비합리적인 의견을 제시하더라도 반대를 꺼리는 동질적 집단 특유의 성향 때문에 나머지 집단구성원들의 동의 혹은 묵과로 그대로 통과해서 실행되는 경우가 많다는 것이다.

집단사고의 개념

동질적 집단의 이런 무조건적 동의 성향은 반대나 이견이 팀워크와 응집력cohesiveness을 훼손할 위험이 있기 때문에 발생한다. 즉 응집력이 강한 집단의 구성원들은 응집력 그 자체가 무엇보다 중시되기 때문에 다른 어떤 희생이 있더라도 팀워크를 깨뜨리는 것을 두려워하는 것이다. 따라서 심지어 혼자서는 절대 내리지 않을 정도로 극단적으로 비합리적인 결정도 응집력이 강한 집단은 구성원 누군가 제안하면 비판 없이 일사불란하게 동의하여 실행하게 된다는 것이 바로 집단사고groupthink이다. 즉 구성원의 다양성으로 인한 쓰레기통 프로세스가 비합리적 집단 의사결정을 내리게 되는 원인 중 하나였다면, 정반대인 구성원의 동질성은 더욱 심각하게 비합리적인 집단 의사결정의 원인이 될 수 있는 것이다.

집단사고의 의사결정 프로세스

집단사고로 인해 대참사급 결과가 발생하는 집단 의사결정 프로세스는 다음과 같다. 구성원들 간 동질성이 높은 집단은 강한 응집력과 공유 규범을 형성하게 된다. 그리고 강한 응집력과 집단 규범은 그 자체를 지키는 것이 무엇보다 우선시되므로 집단 의사결정에서 반대나 논란 없이 전원합의와 만장일치를 추구하려는 압력으로 작용한다. 이런 전원 합의에 대한 강력한 압력은 구성원들이 다른 대안이나 정보에 대한 정확한 평가를 하기 힘들게 만든다. 그 결과 개인으로서는 절대 하지 않을 정도로 극단적으로 비합리적인 의사결정이라도 집단으로서는 만장일치로 내리게 되는 경우가 발생한다. 집단사고에 의한 이런 극단적으로 비합리적인 집단 의사결정은 결국에는 대참사를 초래하게 되는 것이다.

집단사고의 증상과 극복

집단사고는 워낙 광범위하게 관찰되는 현상일 뿐 아니라 대부분의 문화권에서 당연시되는 행동이기 때문에 인식과 극복이 매우 어렵다. 더구나 모든 문화권에서 응집력cohesiveness은 대부분의 경우 긍정적 요소로 존중되고 권장된다. 특히 같은 조직에 속한 동료 구성원들 간 집단 의사결정에서는 지속적인 장기 관계 속에서 의사결정이 진행되기 때문에 사안별로 확실하게 분리해서 동료들의 의견에 반론을 제기하기가 매우 어렵다. 그리고 무엇보다 현실 조직경영에서 집단사고와 긍정적 의미의 응집력을 구분하는 것은 매우 어렵다.

집단사고의 세 가지 증상

그렇다면 자신이 집단사고의 위험이 있는지는 어떻게 알 수 있을까? 집단사고에 빠진 집단은 다음과 같은 증상symptoms of groupthink을 나타낸다.

실패불가 환상: 집단사고에 빠진 집단 구성원들은 실패불가의 환상illusion of invincibility을 가진다. 즉 구체적인 논리적 근거도 없이 결코 실패하지 않는다고 무조건적으로 믿는 것이다. 그 결과 집단사고에 빠진 구성원들은 자신들의 성공 확률을 비현실적으로 과장exaggeration of success probability하게 된다. 특히 집단사고 증상이 있는 구성원들 간 상호작용은 자신들의 성공가능성에 대한 확신을 계속 상승시켜서 "우리는 절대 실패할 리가 없다"는 실제 현실과 동떨어진 착각을 계속 강화해서 공유하게 된다. 그 결과 집단 전체가 실패불가의 환상에 사로잡혀 실제 현실에서의 위험과 성공 확률을 정확하게 평가하지 못하고 극단적으로 비합리적인 집단의사결정을 내리게 된다는 것이다.

자기검열: 집단사고에 빠진 집단은 자기검열self-censorship의 증상을 나타낸다. 집단사고에 사로잡힌 구성원들은 누가 강제적으로 억제하지 않아도 다수 구성원들의 의견에 반대되는 대안적 사고 자체를 자발적으로 억압한다. 심지어 다른 의견을 표현하지 않는 것은 차치하고 아예 생각하지도 않을 때도 있다. 따라서 실제로 다른 이견이 없거나 외부에서 강제적으로 억압하는 것이 아니라 스스로를 검열하듯이 대안적 사고를 억압하여 만장일치에서 어긋나는 의견은 말하지도 생각하지도 않게 된다는 것이 집단사고의 위험한 증상 중 하나이다.

합리화: 집단사고에 빠진 구성원들은 자신들이 공유하는 의견을 적극적으로 합리화rationalization한다. 이를 위해 집단적으로 공유된 의견을 도덕적으로 정당화moral vindication하고 반대로 집단 의견과 다른 대안들에 대해서는 단순히 다른 의견 정도가 아니라 마치 잘못된 가치관이나 악의가 있는 듯이 도덕적으로 비판moral criticism하게 된다. 따라서 다수 의견과 다른 의견은 단순한 대안적 의견이 아니라 도덕적으로 악한 의견으로 인식하고 비판하게 되는 것이다.

이런 세 가지 증상을 기준으로 평가해보면 자신이나 자신이 속한 집단의 집단사고 경향을 판단할 수 있을 것이다. 그러나 집단사고는 진단은 할 수 있을지 몰라도 시대와 문화권, 사회 영역을 막론하고 인류사회에 워낙 광범위하게 확산되어 있기 때문에 근본적 극복은 매우 어렵다.

집단사고의 극복: 만일 개인이라면?

특히 집단사고의 증상은 많은 경우에 팀워크, 협력, 통합, 공유, 일사불란함 등의 긍정적인 단어로 표현되기 때문에 위험과 한계를 인식하기도 어렵다. 더구나 앞의 피그스만 사례에서의 케네디 대통령과 같이 어떤 의견을 처음 제안한 사람이 그 집단의 리더인 경우에는 그 의견이 권위를 기반으로 제시되기 때문에 구성원들이 리더십에 따른다는 착각에 빠져 맹목적으로 동조하고 순응하는 집단사고의 위험이 매우 높으므로 특히 경계해야 한다.

자신이 속한 집단이나 조직이 내린 의사결정이 집단사고의 결과인지 아니면 진정으로 최선의 의사결정이라서 전원 동의하는 것인지 여부를 판단하는 가장 정확한 기준은 "동일한 의사결정을 개인으로도 내릴 것인가?"를 스스로에게 물어보는 것이다. 이런 면에서 집단 의사결정에서는 "동의하지 않는 것이 그 의견을 제안한 사람을 존경하지 않는 것이 아니다Disagreement is not disrespect"라는 격언을 항상 명심해야 집단사고의 위험을 어느 정도 극복할 수 있을 것이다. 즉 누구의 의견이더라도 자신만의 최선의 양심과 지식에 기반하여 거리낌 없이 동의하지 않을 수 있는 자율적이며 솔직하고 투명한 조직문화의 구축이 집단사고 극복의 가장 중요한 기반인 것이다. 집단사고의 극복을 위한 다양성의 중요성에 대해서는 이 책 6장의 집단과 다양성에 대한 논의에서 보다 깊이 있게 다루고 있다.

바보스러움의 기술: 장난스러운 의사결정의 합리성

의사결정은 조직경영과 관련된 행위들 중 치밀한 계산과 분석, 계획이 가장 강조되는 영역이다. 따라서 뛰어난 의사결정자라고 하면 냉철하고 계산적인 이미지를 연상하게 된다. 직관intuition이나 감sense, 장난기playfulness 등은 일반적으로 합리적 의사결정과 정반대의 비합리적 행동방식으로 인식된다. 이런 비합리적으로 보이는 행동을 통한 의사결정의 뜻밖의 합리성을 강조하는 이론이 바로 바보스러움의 기술이다 (March, 1971).

뜻밖의 사례들

그런데 뜻밖에도 장난스럽거나 직관적 느낌을 따르는 방식으로 의사결정을 하지만 창조적이고 혁신적인 결과를 창출해내는 사례가 가끔 있다. 특히 탁월한 예술가나 과학자 중에 특히 이런 유형의 의사결정자가 많다.

예술: 대표적으로 영화 〈아마데우스Amadeus〉에 묘사된 볼프강 아마데우스 모차르트Wolfgang Amadeus Mozart를 보면 전무후무한 창조적 천재지만 행동방식은 심각함이 전혀 없고 장난기 넘치고 감에 따라 즉흥적으로 행동하며 거의 비정상적 사람처럼 바보스럽기까지 하다. 그렇지만 그가 장난스럽게 만들어낸 음악은 전대미문의 완전히 새로운 예술을 만들 정도로 창조적이었다. 오히려 그 라이벌인 안토니오 살리에리Antonio Salieri는 우리에게 익숙한 냉정하고 냉철하며 성실한 모범생 스타일이었지만 그의 음악은 그렇게 혁신적이지 못했고 200여 년이 지난 현재 연주자들과 청중들의 관심에서 사라져버렸다.

과학: 다른 분야도 마찬가지인데 20세기 중후반 물리학 최고의 천재 리차드 파인만Richard Feynman은 봉고를 치며 클럽에서 공연하는 등 학자로서는 전혀 어울리지 않는 엉뚱한 행동을 했지만 노벨물리학상은 물론 우주왕복선 챌린저호 사고의 원인을 찾아내는 등 최고의 창조적 과학자였다. 논란이 없는 창조적 천재 물리학자 아인슈타인Albert Einstein도 헝클어진 헤어스타일과 기괴해 보이는 복장, 잘 알려진 혓바닥을 내미는 사진 등 엉뚱한 행동 스타일로 잘 알려져 있다.

경영: 조직경영에서도 우리에게 익숙한 스티브 잡스의 경우 언뜻 보면 괴팍하고 바보스럽게 보이는 이상한 행동방식과 복장으로 주위 사람들에게 괴짜로 취급되기도 했지만 최고의 창조적 기업가였다. 이를 의식한 결과인지 창조적 혁신을 핵심 경쟁우위로 강조하는 애플Apple이나 구글Google 등의 사옥 공간 디자인은 마치 공상영화 장면처럼 보인다. 이에 비해 우리에게 익숙한 현재 산업사회를 만들어낸 거대 대량생산 기업의 리더들은 하나 같이 잘 차려 입은 말끔한 정장 수트에 엄숙한 표정이었다. 그리고 20

세기를 대표하는 대기업들의 사옥도 대부분 각진 직육면체의 고층빌딩이었고 그 내부 구조도 부서와 직급별로 질서정연하게 구분되어 있어서 공간배치만 보면 거의 조직도표를 그릴 수 있을 정도였다.

치밀한 계산과 직관적 느낌에 의존하는 두 가지 전혀 다른 행동방식 중 어느 편이 더 우월한 것일까? 이 두 가지 중 절대적 우열을 가릴 수는 없지만 서로 다른 원리에 기반하고 있다는 것은 명확하게 알 수 있다. 조직 의사결정의 관점에서 보면 이 두 가지 행동방식은 각각 전혀 다른 두 가지 의사결정 유형에 최적화되어 있는 것이다.

목적발견과 목적추구 의사결정의 차이

장난기, 감, 충동 등 심각한 계산이나 분석이 아닌 직관적 방식에 기반한 의사결정은 비합리적인 것일까? 만일 그렇다면 왜 위에서 언급한 창조적 예술가와 과학자, 경영자들은 이런 언뜻 이상해 보이는 같은 방식으로 의사결정 하는데도 탁월한 성과를 창출해낸 것일까? 이 문제에 대해 제임스 마아치James G. March는 언뜻 바보스러워 보이는 이런 행동이 의사결정의 뛰어난 기술이 될 수 있다며 이를 바보스러움의 기술technology of foolishness이라고 불렀다.

두 가지 의사결정 유형간 차이

그러나 마아치는 이런 장난기나 직관, 감에 기반한 엉뚱한 행동 방식이 항상 바람직한 의사결정 기술이 될 수 있는 것은 아니며 반드시 추구하는 의사결정의 유형에 적합해야 한다고 강조한다. 조직 의사결정에는 본질과 목적, 원리가 전혀 다른 다양한 유형들이 있다. 따라서 다양한 의사결정 유형에 따라 의사결정 방식이 각기 달라져야 하는데도 불구하고 대부분의 이론과 실무에서는 유형간 근본적 차이를 무시하고 특정 의사결정 방식을 모든 유형에 적용하려는 오류를 범한다. 그 결과 의사결정 유형과 의사결정 방법, 즉 기술 사이의 불일치가 발생하게 된다는 것이다.

마아치는 모든 조직 의사결정은 크게 새로운 목적을 찾아내는goal finding 의사결정과 정해진 목적을 추구하는goal pursuing 의사결정의 두 유형으로 구분할 수 있는데 이 두 가지 유형은 근본적으로 다른 본질과 기반 논리를 가진다고 강조한다. 따라서 이 두 가지 유형의 의사결정은 실제로는 전혀 다른 행동이므로 각기 다른 논리가 적용되어야 하는데도 불구하고 대부분의 의사결정 이론과 실무는 주어진 목적을 어떻게 달성할 것에 대한 목적추구 방식을 모든 의사결정에 일반화해서 적용하는 오류를 저지른다고 지적한다.

이런 관점에서 보면 합리적 선택 모형은 물론 제한된 합리성과 쓰레기통 모형도 본질적으로는 주어진 목적을 추구하는 유형의 의사결정에 관한 이론들이었던 것이다. 이에 반해 어떤 목적을 추구할 것인가에 대한 목적발견goal finding 의사결정은 실제로는 훨씬 더 중요한 근본적 선택이지만 이론적으로나 실천적으로 별도로 구분되어 연구되거나 논의된 적이 거의 없었다. 마아치는 목적발견 의사결정은 목적추구 의사결정과 근본적으로 다른 방식으로 진행되어야 하므로 이 두 가지 유형의 철저한 구분이 중요하다고 강조하는데, 특히 목적발견에 적합한 의사결정 방법은 목적추구 관점에서 보면 바보스러워 보일 수도 있다며 이를 바보스러움의 기술technology of foolishness이라고 부른다.

'합리적 바보'와 '의미 있는 바보스러움'

마아치는 목적추구와 목적발견은 전혀 다른 행위이며 그 기능은 물론 의사결정의 프로세스와 방법론, 즉 기술도 완전히 다르다고 주장한다. 이 두 가지가 완전히 대비되는 다른 본질을 가지고 있음에도 불구하고 기존 대부분의 경영 이론과 실무에서는 흔히 이 두 가지를 혼동하거나 동일시하는 오류를 저질러 왔다는 것이다.

'이성'의 영역으로서 목적추구와 합리적 바보의 위험

먼저 우리에게 보편적으로 알려진 의사결정 모형들이 대부분 다루고 있는 것은 주어진 목적을 추구해서 달성하는 목적추구 의사결정이다. 마아치는 목적추구의 의사결정은 이성의 영역the realm of reason이라고 강조한다. 즉 주어진 목적을 추구해서 달성하려면 정보 수집, 분석, 평가, 계산, 예측, 계획 등 이성적 행위들이 효과적이고 효율적으로 수행되어야 한다. 이제까지 앞에서 살펴보았던 거의 모든 의사결정 이론들은 목적추구 의사결정을 다루고 있으며 분야를 막론하고 대부분의 현대 사회이론에서도 목적추구 논리가 압도적 주류를 형성해 왔다.

그런데 문제는 이 목적추구 의사결정의 논리와 기술이 전혀 다른 영역인 어떤 목적을 추구할 것인가 찾는 목적발견 의사결정이나 혹은 그 자체가 중요한 목적인 내재적 동기에 기반한 행동에도 무분별하게 적용되는 현상이다. 예를 들면, 개인의 소명 선택이나 조직의 비전 수립 등과 같이 어떤 목적을 추구할 것인가를 결정할 때도 어떤 대안이 나에게 더 많은 이익, 즉 효용을 가져다 줄 것이며 또 얼마나 효율적으로 성공할 수 있을 것인가라는 목적추구적 논리에 따라 선택을 하는 경우가 많다는 것이다.

분석적이고 계산적이며, 계획적인 이런 행동이 표면적으로는 합리적인 것처럼 보일 수 있으나, 소명이나 비전처럼 근본적인 목적fundamental goals의 발견을 비용-수익 분석이나 이해타산을 따져서 계산적으로 의사결정하는 행위자는 진정한 의미에서는 바보에 지나지 않는다는 것이 바로 철학자로서 노벨경제학상을 받은 아마르챠 센Amartya Sen이 합리적 바보rational fools 이론에서 날카롭게 지적한 폭 좁은 합리성 개념의 한계이다(Sen, 1977).

'놀이'의 영역으로서 목적발견과 의미 있는 바보스러움

이에 반해 목적발견 의사결정은 놀이의 영역the realm of play이라고 마아치는 주장한다. 즉 개인이나 조직이 비전과 같이 미래에 장기간 추구할 새로운 목적을 발견하고자 할 때는 구체적 메커니즘은 잘 모르겠지만 마음에 강렬하게 와닿는 직관intuition, 자칫 비합리적으로 보일 수 있는 미래 가능성들에 대한 엉뚱한 상상, 애정을 가지고 열중하게 만드는 가슴 뛰는 열정passion, 강렬한 사명감calling, 그리고 영어에서 "다양한 아이디어들을 탐구한다"고 할 때의 표현인 "play with ideas"에서와 같은 다양한 미래 가능성들에 대한 장난스러운 놀이playfulness 등이 필요하다는 것이다. 이런 행동들은 주어진 목적의 추구를 위한 치밀한 계산이나 계획과 같은 이성reason의 영역과 대비되는 흥분되고 가슴 뛰는 놀이play의 영역인 것이다.

이런 직관이나 상상, 열정 등의 장난스러움playfulness은 냉철하고 심각하며 계산적이어야 하는 전통적 목적추구 의사결정 관점에서는 그야말로 한심하기 짝이 없는 바보스러운 행동이다. 그러나 이런 바보스럽게 보일 수 있는 행동들이 새로운 목적을 발견할 때는 그야말로 효과적 기술로서 의미있는 바보스러움sensible foolishness이 되는 것이다. 이것이 바로 마아치가 말하는 바보스러움의 기술이다. 이런 측면에서 당장 시장에서 잘 팔릴 수 있는 상품이나 사업을 경쟁자 보다 더 싸거나 더 잘 만들어서 이윤극대화의 목적을 추구하는 수단으로서 경영 의사결정이 아니라, 인류의 삶을 근본적으로 바꿀 수 있는 존재하지 않는 새로운 미래를 창조하고자 한 경영자인 스티브 잡스Steve Jobs가 2005년 스탠포드대학 졸업식에서 강조한 "항상 바보스럽도록 노력하라Stay foolish!"는 선언의 진정한 의미는 바로 바보스러움의 기술이 추구하는 의미있는 바보스러움을 뜻하는 것으로 해석될 수 있을 것이다.

바보스러움의 기술을 실천하는 제안들

그렇다면 새로운 목적을 발견하는 의사결정을 실천하기 위한 행동에는 구체적으로 어떤 것이 있을까? 새로운 목적을 발견하는 의사결정에는 주어진 목적의 추구를 위한 의사결정 관점에서는 언뜻 바보스러워 보일 수 있는 역발상적인 방법이 필요하기 때문에 이를 바보스러움의 기술이라고 부르며 다음 몇 가지 실천 전략을 제안한다.

가설로서 목적: 바보스러움의 기술의 첫 번째 제안은 "목적을 가설로 간주하라Treat goals as hypotheses!"이다. 가설hypothesis은 확정된 사실fact이 아니라 사실인지 아닌지를 검증test해야 하는 대상이다. 즉 새로운 목적을 찾는 의사결정에서는 이제까지 추구해오던 기존 목적들이나 또는 현재 고려되고 있는 목적들은 모두 확정된 것이 아니라 미래 목적으로서 추구해야 할지 여부를 검증해야 하는 가설과 같은 존재라는 것이다. 이런 면에서 모든 기존 목적들과 현재 고려 중인 목적들을 당연히 추구해야 할 것으로 섣불리 받아들이지 말고 마치 가설처럼 원점에서 바람직한 목적으로 미래에 추구해야 할지 여부를 근본적으로 검증해야 한다는 것이다.

사실로서 직관: 두 번째 바보스러움의 기술은 "직관을 사실로 간주하라Treat intuition as real!"이다. 직관intuition은 명확히 증명된 객관적 사실이 아니라 대상의 본질이나 미래에 대한 감각적 느낌을 말한다. 일상 생활에서 흔히 들을 수 있는 "뭔가 감이 좋다"라는 식의 느낌에 기반한 행동은 객관적 사실이 아니기 때문에 구체적 정보와 증거를 활용한 치밀한 합리적 분석을 통해 진행되는 목적추구 의사결정에서는 비합리적 요소로 철저히 배제된다. 그러나 어떤 목적을 추구해야 할지 발견하고자 할 때는 직관적 느낌이 매우 좋은 길잡이가 될 수도 있다는 것이다. 즉 직관적 느낌은 제한된 합리성 때문에 명확한 이유나 인과관계를 논리적으로 파악할 수는 없지만 내재적 동기나 소명의식 등과 같은 다양한 주관적 요소들이 객관적 요소들과 통합적으로 결합되어 형성되기 때문이다.

전환기로서 위선: 세 번째 바보스러움의 기술은 "위선을 전환기로 간주하라Treat hypocrisy as transition!"이다. 위선은 일관성의 결여lack of consistence를 의미한다. 즉 일관성 없이 이랬다저랬다 하며 상황에 따라 과거에 내린 결정을 뒤바꾸는 것을 위선이라고 한다. 그런데 이런 위선은 일단 목적이 발견되고 확정되어 추구되고 있는 과정에서는 절차정당성procedural justice 등의 관점에서 문제가 될 수도 있지만, 아직 어떤 목적을 추구해야 할지 계속 찾고 있는 목적발견의 과정인 전환기transition에서는 당연할 뿐 아니라 바람직한 행동이라는 것이다. 오히려 미래 목적이 아직 확실하게 선택되지 않은 전환기에 일관성을 철저하게 지키는 것은 경직성에 지나지 않는다는 것이다.

적으로서 기억: 바보스러움의 기술의 네 번째 제안은 "기억을 적으로 간주하라Treat memory as an enemy!"이다. 여기에서 기억memory은 의사결정자가 이제까지의 경험들을 통해 축적해온 어떤 선택이 어떤 결과를 낳았다고 하는 과거 인과관계causality에 대한 지식이다. 일반적으로 우리는 이런 인과관계에 대한 기억이 풍부할수록 많은 지식과 정보, 역량이 축적되어 있는 것이므로 당연히 미래 의사결정에서 최대한 활용해야 합리적이라고 믿는다. 그러나 이런 과거 인과관계에 대한 기억은 새로운 목적을 찾는 의사결정에는 가장 심각한 장애요인이다. 왜냐하면 발견해야 할 새로운 목적은 과거의 인과관계가 아닌 새로운 인과관계에 기반하고 있기 때문이다. 따라서 과거 인과관계에 대한 기억은 미래의 새로운 목적을 찾는 의사결정에는 가장 심각한 장애요인, 즉 적enemy일 수밖에 없는 것이다.

이론으로서 경험: 다섯째, 마지막 바보스러움의 기술은 "지금 현재 하고 있는 경험을 이론으로 간주하라Treat experience as a theory!"이다. 즉 바보스러움의 기술은 새로운 목적을 찾는 의사결정이기 때문에 기존 목적을 추구하는 데 도움이 된 과거에 축적된 경험이 아니라 지금 현재 하고 있는 경험들을 통해 새로운 목적에 적합한 새로운 이론을 찾아 나가야 한다는 것이다. 즉 지금 현재 진행되고 있는 순간순간의 경험이 바보스러움의 기술과 같은 발견지향적 의사결정에서는 진정한 이론이라는 것이다.

의사결정 유형에 대한 본질적 통찰력

바보스러움의 기술은 대부분의 기존 모형들이 미처 인식하지 못했던 의사결정 유형들 간 본질적 차이에 초점을 맞추는 통찰력 넘치는 혁신적 이론이다. 즉 기존 목적을 추구하는 의사결정과 새로운 목적을 찾는 의사결정은 근본적으로 다른 행위이며,

이 두 가지 의사결정에 기반이 되는 의사결정 방법, 즉 기술도 전혀 다르다는 것이다. 그리고 새로운 목적을 찾는 데 필요한 행동은 기존 목적을 추구하는 관점에서 보면 바보스러워 보일 수 있다는 것이다.

이런 면에서 무엇이 진정으로 합리적 의사결정이며 무엇이 진정으로 바보스러운지에 대해 근본적 재고찰이 필요한 것이다. 따라서 타인이나 자신의 행동이 합리적인가 여부에 대한 평가와 판단은 일반적 상식보다 훨씬 더 모호하고 복잡한 문제일 수 있다는 것을 항상 기억해야 할 것이다. 그리고 무엇보다 지금 내리고자 하는 의사결정의 본질이 주어진 목적을 추구하는 의사결정인지 아니면 새로운 목적을 발견하는 의사결정인지에 대한 근본적 판단이 먼저 선행되어야 할 것이다.

행동선행적 의사결정: 의사결정 없는 행동의 합리성

합리적 행동에는 반드시 치밀한 사전 의사결정이 필요한가? 사전 의사결정 없이 일단 행동부터 하면 비합리적인 것일까? 앞에서 살펴본 모든 의사결정 모형들은 먼저 의사결정, 즉 대안들 중 선택을 하고 그에 따라 행동을 한다고 전제한다. 즉 의사결정자가 합리적이거나 또는 제한적으로 합리적이거나, 그리고 의사결정 프로세스가 치밀한 계산이거나 또는 무작위적 매칭이거나 여부를 막론하고 의사결정이 먼저 있고 그에 따라 행동을 한다는 것이 모든 의사결정 모형들의 공통점이었다. 상식적으로도 의사결정은 다양한 행동 대안들 중 특정 대안을 선택하는 것이므로 의사결정이 행동보다 먼저 발생하는 것은 당연해 보인다.

의사결정과 행동 순서에 대한 역발상

그런데 사전 선택과 계획이 없는 행동이 반드시 비합리적이지 않을 수도 있다는 상식을 뒤집는 주장을 하는 의사결정 모형이 있다. 행동을 하기 전에 반드시 의사결정을 해야 하나? 즉 의사결정 후에 행동을 하는 순서가 항상 바람직한가라는 일견 엉뚱해 보이는 질문을 제기한 것이다. 거시 조직이론의 단연 가장 창조적인 거장으로 존경받는 칼 와익Karl E. Weick은 사전 계획이나 의사결정 없이 일단 행동부터 하고 보는 것이 비합리적이지 않을 수도 있다고 주장한다(Weick, 1982; 1988; 2009; 2016). 또 사후적 합리성posterior rationality 모형이라고도 불리는 와익의 극도로 독창적이고 파격적인 의사결정 모형은 언뜻 보면 이해하기 어려울 수 있지만 반드시 곰곰이 생각해볼 필요가 있는 깊이 있고 통찰력 넘치는 역발상적 주장이다.

의사결정과 행동의 순서에 대한 재고찰

와익은 매우 독특한 글쓰기 스타일을 가지고 있다. 그의 글들은 명확한 이론을 제시하지 않고 그 대신 무수한 예들을 이야기하듯이 반복적으로 늘어놓는 경우가 대부분이다. 그리고 이론의 명칭을 붙이는 경우도 거의 없다. 사후적 합리성posterior rationality 모형이라는 명칭도 자신이 붙인 것이 아니라 동료 학자인 마아치가 명명한 것이며(March, 1978), 행동선행doing first도 또 다른 학자인 민츠버그Henry Minzberg와 웨스틀리Francis Westley가 부른 명칭이다(Mintzberg and Westley, 2001). 그렇지만 그의 글들은 가장 독창적이고 통찰력이 넘치며 시대를 훨씬 앞서 나가는 획기적 혁신이다. 그의 이론들은 21세기 초중반 현재 진행되고 있는 환경변화와 조직경영의 패러다임 전환을 생생하게 예측하고 있다.

사후적 의미부여

와익은 다양한 행동 대안들 중 선택을 하는 의사결정이 이루어진 이후에 그 선택한 행동을 수행한다는 의사결정–행동 간 상식적으로 당연시되어온 순서에 대해 문제를 제기한다. 즉 의사결정을 통해 행동이 목적하는 의도intention를 선택하고 그 의도에 따라 행동하는 순서로 모든 의사결정과 행동이 진행되는 것이 아니라는 것이다. 개인이나 조직의 실제 의사결정 프로세스를 구체적으로 들여다보면 일반적 상식과 달리 행동의 구체적 목적과 방향 즉 의도intention의 사전 선택 없이 행동부터 일단 하고 오히려 그 행동의 의도는 결과에 따라 사후적으로 의미를 부여sensemaking하는 경우가 많다고 지적한다(Weick, 1982, 1995, 1988, 2009).

의미부여sensemaking는 예상 못한 상황에서의 경험의 본질에 대해 주관적 해석interpretation과 귀인attribution을 통해 이해understanding하고 의미를 구성construction하는 행위이다(Weick, 1995). 즉 객관적인 현실objective reality에 대한 경험적 분석을 강조하는 대부분의 사회과학 이론들과 달리, 현상학적 구성주의phenomenological constructionism 관점에 기반한 개념인 의미부여는 각 행위자가 상황적 경험의 의미sense를 주관적으로 구성하는 데 초점을 맞추는 것이다(Berger and Luckmann, 1967).

이런 의미부여의 관점에서 보면 일반적 조직경영 이론과 실무에서 전제하듯이 사전 분석과 예측, 선택을 통한 행동보다, 거꾸로 행동 이후의 사후적 해석과 귀인, 이해, 의미 구성이 개인과 집단, 조직의 행동의 기반이 되는 경우가 생각보다 많다. 그런데 더욱 흥미로운 것은 이와 같이 행동이 의도의 선택보다 앞서는 행동선행적 의사결정과 사후적 의미부여 프로세스가 반드시 비합리적인 것은 아니고 오히려 바람직할 때가 있다는 상식에 맞서는 역발상적 주장이 제기된 것이다.

생각선행적 의사결정

와익의 파격적 의사결정 모형을 실무 경영자들이 이해하기 쉽게 설명하기 위해 민츠버그Henry Mintzberg와 웨스틀리Francis Westley(2001)는 기존의 "의사결정 후 행동" 모형과 와익이 대안적으로 제시한 "행동 후 의사결정"이라는 대안적 모형을 각각 생각선행thinking first과 행동선행doing first 의사결정으로 부른다. 전통적 의사결정 모형은 대부분 먼저 다양한 대안들의 비교를 통해 자신이 선택해서 추구할 대안, 즉 의도intention를 결정하는 생각의 과정이 먼저 진행되고 그 후 그 선택된 대안을 행동을 통해 실행하는 생각-행동 순서로 의사결정 행동이 진행된다고 전제한다. 즉 대안들의 비교평가와 선택이라는 생각의 과정이 그 선택을 실행하는 행동보다 순서적으로 먼저 발생하기 때문에 이를 생각선행적thinking first 의사결정이라고 부르는 것이다. 기존 대부분의 의사결정 이론들은 행동에 앞서 진행되는 생각 과정에서의 합리성의 정도 등에 초점을 맞추어 의사결정을 이해했다.

행동선행적 의사결정

그러나 와익은 엉뚱하게도 어떤 경우에는 개인이나 조직이 다양한 대안들의 비교평가를 통해 명확한 의도intention를 선택한 후 이를 행동으로 실행하는 순서를 따르지 않고, 정반대로 다양한 이유로 일단 행동을 하고 그 행동의 의도는 발생한 결과에 대한 해석interpretation이나 귀인attribution 등의 사후적 의미부여를 통해 발견discovery of intention through post-action sense-making하기도 한다고 주장한다. 이 경우 행동이 먼저 발생하고 그 이후에 행동의 의도와 생각이 발견되고 의미부여 되므로 행동선행적 doing first 의사결정이라고 부르는 것이다. 즉 행동선행적 의사결정에서는 의도의 선택 등과 같은 일반적인 합리적 의사결정의 단계가 행동이 발생한 이후에 귀인attribution과 해석interpretation 등 의미부여sensemaking를 통해 발생하므로 사후적 합리성posterior rationality 모형이라고 부르기도 하는 것이다.

행동선행적 의사결정의 뜻밖의 합리성: 알프스 탈출 사례

언뜻 생각하면 사전 분석과 이해, 계획 등 철저한 심사숙고 없이 무작정 저지르고 보는 것 같은 행동선행적 의사결정은 극도로 비합리적 행동 방식으로 보인다. 그러나 와익은 누가 봐도 심각하게 비합리적인 행동선행적 의사결정이 뜻밖에 합리적인 결과를 창출할 수도 있다고는 새로운 가능성을 제기한다. 와익의 독특한 글쓰기 스타일이 가장 빛나는 예 중의 하나인 1982년 논문에서 그는 한 가지 매우 특이한 실제 역사적 사례를 툭 던지듯이 제시한다(Weick, 1982).

2차 세계대전 중 헝가리 소대의 알프스 조난

1944년 2차 세계대전 말엽에 헝가리의 한 소대가 알프스산맥 지역을 행군하고 있었다. 그런데 예상 못한 심한 눈폭풍이 닥치며 원래 행군 루트에서 이탈해 조난당하고 말았다. 상세 지도조차 가져오지 않은 알프스의 후미진 지역으로 조난당한 데 더하여 눈보라가 점점 더 심해지고 기온이 급강하하는 절체절명의 위기 상황에 처한 것이다. 그런데 우연히 조난당한 그 지역의 상세 지도를 한 병사가 가져온 것이 발견되어 그 지도를 보고 시행착오를 거쳐가며 무사히 탈출할 수 있었다. 그런데 탈출한 이후 자세히 살펴보니 길을 알려준 것이 알프스산맥의 지도가 아니라 실은 피레네산맥 지도라는 사실을 알게 되며 아연실색했다는 실제 사례이다. 알프스산맥에서 피레네산맥 지도를 보고 탈출했던 것이다.

지도는 행동의 촉발제

이 사례에 대해 와익은 그 지도가 없었다면 헝가리 소대는 탈출하지 못했을 것이라고 주장한다. 그러나 피레네산맥 지도가 알프스산맥에서 탈출할 수 있는 길을 가르쳐준 것은 아닐 것이다. 와익은 피레네산맥 지도의 역할은 길을 가르쳐 준 것이 아니라 행동의 촉발제였을 것이라고 해석한다. 즉 지도에 나와 있는 길을 정확하게 그대로 따라 나와서 알프스를 탈출한 것이 아니라, 지도가 있으므로 길을 안다고 착각하고 행동하는 과정에서 없던 길을 발견해서 빠져나왔을 것이라는 것이다. 즉 착각에 의한 행동이 길 찾기보다 선행한 것이다. 이런 관점에서 볼 때 눈보라가 쳐서 앞이 안 보이는 것처럼 불확실성이 높고 신속하게 빠져나오지 않고 지체하면 동사할 수밖에 없는 긴급한 상황에서는 지도를 통해 길을 정확하게 알고 확인된 길을 따라 행동하는 것이 아니라 신속한 행동을 통해 없던 길을 찾아 나와야 하는 것이다.

불확실하고 급변하는 환경에서 행동선행적 의사결정

알프스탈출 사례는 불확실하고 급변하는 환경에서의 행동선행적 의사결정에는 신속한 행동을 통해 정답을 찾아 나가는 과정에 불가피한 시행착오trial and error가 매우 합리적 행동일 수 있다는 사실을 가르쳐 준다.

시행착오의 합리성

즉 눈보라 때문에 사방이 보이지 않을 정도로 불확실성이 높고, 마냥 기다리면 치명적 위기에 빠질 수밖에 없는 급변하는 환경에서는 명확한 길을 알고 행동하는 것이 아니라 시행착오를 감수한 신속하고 과감한 행동의 시도를 통해 새로운 길을 찾아야 하는 것이다. 바로 이런 관점이 이 책 11장의 조직경영의 최근 변화와 혁신 추세를 다루는 부분에서 설명할 애자일agile 조직들이 극도로 불확실하고 급변하는 환경에서 시행착오를 무릅쓴 과감한 실험과 시도를 강조하는 이유라고 볼 수 있을 것이다.

즉 행동선행적 사후적 합리성doing first posterior rationality 모형은 불확실하고 급변하는 21세기 초중반 현재의 환경에 적합한 새로운 대안적 의사결정 방식인 것이다. 물론 맑고 청명한 날씨에서는 지도에 나와 있는 길을 따라 행동하는 것이 당연히 더 합리적일 것이다. 그러나 지도도 없고 사방이 한치 앞도 보이지 않는 눈보라에 휩싸여 있으며 지체하면 절체절명의 위기에 빠지는 불확실하고 급변하는 환경에서는 행동을 통해 길을 찾는 역순의 의사결정이 더 합리적인 것이다.

'그럭저럭 헤쳐 나가기' 모형

행동선행적 사후적 합리성 모형과 유사한 의사결정 프로세스를 언급한 다른 예는 20세기 중후반 최고의 정치학자인 찰스 린드블롬Charles Lindblom의 글에서 찾을 수 있다. 그는 '그럭저럭 헤쳐 나가기의 과학science of muddling through'이라는 논문에서 수많은 주요 정치 의사결정이 그 실제 과정을 자세히 들여다보면 명확한 목표와 정책 프로세스에 따라 합리적으로 진행된 것이 아니라 온갖 우여곡절을 겪으며 그럭저럭 헤쳐 나가서 겨우 결과를 도출해낸 방식이었다고 강조하며 행동선행적 사후적 합리성 모형과 유사한 의사결정 방식을 묘사하고 있다(Lindblom, 1959). 린드블롬에 따르면 그럭저럭 헤쳐 나가는 방식이 현실 정치에서 예상보다 훨씬 많이 발생할 뿐 아니라 수많은 참여자들 사이에 다양한 이해관계와 가치관이 충돌하는 정치 의사결정의 불확실하고 복잡한 본질을 고려할 때 바람직할 수도 있다고 주장한다.

최근 경영환경의 요구

21세기 중반을 향해 치닫는 최근 환경의 극도로 높은 불확실성과 급변성을 고려할 때 조직 의사결정에서 치밀한 계획을 구체적으로 확립한 후 이를 하나씩 효율적으로 실행하던 기존 20세기 산업사회형 의사결정의 프로세스를 근본적으로 재검토할 필요가 있을 것이다. 현재와 같이 불확실하고 급변하는 환경에서는 큰 방향인 비전vision이 정해지면 구체적 계산이나 계획 없이 일단 신속한 행동을 통해 대응하면서 그 과정에서 최적의 계획을 발견해 나가는 대안적 의사결정 방식을 심각하게 고려해볼 필요성이 높아지고 있는 것이다. 실제로 최근 글로벌 선도 조직들에서 이런 시도들이 강조되고 있는 추세이다. 이 책 11장에서 다룰 민첩성agility(Teece, Peteraf, and Leih, 2016), 발견기반 계획discovery-driven planning(McGrath and MacMillan, 2009), 리얼옵션 전략real option strategy(Adner and Levinthal, 2004) 등은 공통적으로 신속한 행동을 통한 목표와 계획의 발견을 강조하고 있다. 즉 최근 경영환경이 행동선행적 사후적 합리성 모형의 실천을 요구하고 있는 것이다.

의미부여와 즉흥적 행동: 오케스트라에서 재즈의 시대로

행동선행적 사후적 합리성 모형을 효과적으로 실행하기 위해서는 사전 계획이나 준비 없이도 예상 못한 당면한 상황을 해석과 귀인을 통해 이해하는 의미부여 sensemaking와 함께, 시행착오를 무릅쓴 신속하고 과감한 행동을 통해 적시에timely 정답을 발견하는 데 필수적인 즉흥적 행동improvisation을 실행할 수 있어야 한다. 와익은 행동선행적 의사결정의 핵심인 의미부여와 즉흥적 행동의 중요성과 장단점을 설명하기 위해 오케스트라와 재즈라는 두 가지 음악 형식의 사례를 활용한다(Weick, 1998, 2009).

오케스트라형 조직

우리에게 익숙한 사전에 철저한 계획과 목표를 세운 후에 이를 효율적으로 실행하는 생각선행형thinking first 의사결정은 오케스트라 음악에 비유된다. 오케스트라의 구성요소들과 생각선행형 조직경영은 각각 다음과 같은 상응하는 공통점들을 가지고 있다.

지휘자와 리더: 오케스트라는 전체 조직을 상위에서 일사불란하게 이끌어 나가는 권위주의적 리더인 지휘자가 있다. 연주자 구성과 선곡, 그리고 연주의 진행 등 오케스트라 음악의 모든 형식과 내용은 지휘자에 의해 절대적으로 영향을 받는다. 지휘자는 다른 오케스트라 구성원들과 달리 한 단계 높은 지휘대인 포디엄podium 위에서 전체 조직을 내려다보며 음악을 지휘한다. 관료제적 현대 조직들도 마찬가지로 피라미드형의 계층적 권한에 의해 일사불란하게 통제되고 관리된다.

악기 편성과 분업구조: 오케스트라는 전체 구성원들이 각자 연주하는 악기에 따라 엄격하게 나누어져 앉아서 자신이 맡은 파트만 연주한다. 오케스트라의 맨 왼쪽에 제1바이올린들이 모여 앉는 것을 시작으로 제2바이올린, 비올라, 첼로가 앞줄에, 그리고 뒷줄에는 관악기와 타악기 등이 악기별로 모여서 자리잡고 있는데 담당 악기별로 명확한 경계가 있다. 현대적 조직들도 구성원들이 기능이나 사업별 부서별로 명확하게 나누어져 배치되어서 철저한 분업의 원리에 따라 자신들이 맡은 업무만 철저하게 수행한다.

사전 작곡과 계획경영: 오케스트라는 각자 맡은 부분을 미리 인쇄된 악보에 쓰여진 대로 지휘자의 지휘에 따라 정확하게 연주한다. 즉 오케스트라 음악은 전체 음악의 구성은 물론 각 구성원들의 역할이 미리 결정되어 있는 것이다. 마찬가지로 현대적 조직도 계획경영의 원칙이 시사하듯이 각자 수행할 역할이 사전에 치밀하게 규정되어 있어서 모든 구성원이 철저하게 계획에 따라 행동하도록 요구받는다.

이런 세 가지 특성을 가지는 오케스트라는 지휘자의 강력한 리더십에 따라 사전에 작곡된 음악을 구성원 각자가 자신이 맡은 악기를 자신에게 배분된 악보를 따라 일사불란하게 연주하면서 완벽한 화음을 만들어낸다. 즉 오케스트라 음악은 2장에서 살펴보았던 현대적 조직경영의 특성과 동일하게 추구하는 목적과 방법이 미리 구체적으로 결정되어 있고 철저하게 이에 따라 행동하므로 생각선행thinking first 방식의 음악인 것이다.

재즈형 조직

이에 반해 재즈 4중주단과 같은 재즈 음악은 오케스트라 음악과 전혀 다른 방식으로 구성되고 연주된다. 재즈음악이 만들어지고 연주되는 과정은 행동선행적 의미부여doing first sensemaking 방식과 매우 유사하다.

리더 부재: 재즈 악단에는 오케스트라 지휘자와 같은 별도의 상위 계층 리더가 없다. 즉 재즈 악단을 구성하는 멤버들은 모두가 각자가 맡은 음악을 자율적으로 연주하면서 함께 수평적으로 협력하는 동일한 계층의 동료로서 구성원들 사이에 별도의 수직적 계층이 없다.

유기적 협력: 재즈 악단에서는 각 멤버가 자율적으로 자기 음악을 연주하면서 동시에 다른 멤버들과 서로 자발적이고 유기적으로 상호작용하며 함께 음악을 만들어간다. 즉 한치의 빈틈도 없이 미리 정해진 대로 일사불란하게 완벽한 음악을 만들어야 하는 오케스트라와 달리 재즈 악단 멤버들은 자율적으로 상황마다 적절하게 서로의 음악에 유기적으로 맞춰가며 새로운 화음을 만들어 나가는 것이다.

즉흥적 연주: 재즈 악단의 가장 큰 특성은 즉흥연주improvisation이다. 재즈는 느슨하게 정해진 악보를 서로 적절히 맞춰가며 연주하다가 중간에 각 멤버가 자신이 원하는 연주를 즉흥적으로 시도하는 파트가 있는데 이때 솔로 파트를 연주하는 멤버에 맞춰 다른 악기들도 즉흥적으로 뒷받침하는 연주를 함께 하며 자율적으로 서로 맞춰 나간다. 즉흥연주를 통해 재즈 연주는 매번 달라지며 새로운 음악이 만들어져 간다.

상대적 장단점

그런데 오케스트라와 재즈 중 어느 편이 더 우수한 음악인가는 대부분의 예술이 그렇듯이 객관적으로 평가할 수 없다. 장단점이 완전히 다르기 때문에 평가도 듣는 관객의 취향과 연주되는 상황에 따라 달라질 것이다.

미리 치밀하게 작곡된 악보를 강력한 권위를 가진 지휘자의 리드에 따라 일사불란하게 연주하는 오케스트라 음악이 그 결과의 완성도만을 놓고 보면 화성이나 멜로디 등에서 우리 귀에 더 아름답게 들릴 수도 있다. 그러나 오케스트라 음악은 불가피한 사고 등으로 악보가 제때 준비되지 않거나 혹은 지휘자가 없으면 아예 연주 자체를 할 수 없다. 그러나 재즈는 원래 지휘자가 없을 뿐 아니라 악보가 없더라도 즉흥연주로 훌륭한 음악을 만들어 나갈 수 있다. 또한 오케스트라는 미리 정해진 음악을 완벽하게 연주하는 것이 최고의 결과인 데 비해, 재즈는 이전까지 존재하지 않던 새로운 음악을 매번 즉흥적으로 만들어내는 창조적 혁신이 핵심 특성인 것이다.

즉흥성이 필요한 환경의 의미부여

오케스트라와 재즈의 대비를 조직 의사결정에 적용해보면 그 장단점이 명확해진다. 환경의 성격에 따라서 오케스트라형 의사결정과 재즈형 의사결정의 적합성이 완전히 달라진다. 환경이 안정적이고 예측가능성이 높을 때는 미리 계획을 세우고 그대로 일사불란하게 실행하는 오케스트라형 생각선행적 의사결정이 더 좋은 결과를 만들어낼 가능성이 높다. 그러나 불확실성이 높고 급변하는 환경에서는 기존 계획이 적용되기 어렵기 때문에 새로운 환경의 성격을 이해하고 해석하여 의미부여sensemaking를 해야 하고 이에 따라 새로운 행동과 계획을 신속하고 유연하게 찾아내는 방식인 즉흥행동improvisation을 해야 하므로 재즈형의 행동선행적 사후적 합리성 모형이 더 적합할 것이다.

모든 상황에 다 최선인 조직 의사결정 모형은 있을 수 없으며 불확실성과 급변성 등과 같은 수시로 변화하는 환경의 특성에 적합한 의사결정 방식을 유기적으로 선택해야 할 것이다. 이런 측면에서 와익은 조직 의사결정은 수시로 변화하는 환경에서 이루어져야 하기 때문에 모든 상황에서 동일하게 유지되는 조직organization이란 실제로는 존재하지 않으며 오히려 끊임없이 변화하는 환경에 적합하게 행동을 끊임없이 새롭게 바꾸어 나가는 조직화organizing가 있을 뿐이라고 주장한다(Weick, 1979).

의미부여와 즉흥행동의 실패: 맨 걸치 참사 사례

그런데 현실 세계의 의사결정자들은 상황별로 오케스트라식 대응과 재즈식 대응을 적절하게 선택하지 못하고 뒤바꾸어서 행동하다가 심각한 실패를 경험하는 경우가 많다. 특히 관료제형 기계적 조직관과 합리적 선택형 의사결정 모형이 주도해온 현대 산업사회에서는 상황의 유형과 상관없이 무조건 오케스트라형 의사결정이 합리적이라는 일종의 신화myth가 작동하여 재즈형 대응이 필요한 상황에서 오케스트라형으로 대응하다가 심각한 대참사를 초래하는 경우가 많다. 의미부여와 즉흥행동에 실패한 결과 심각한 희생을 초래한 맨 걸치Mann Gulch 참사가 그 대표적 사례 중 하나이다(Weick, 1993).

맨 걸치 참사: 맨 걸치 참사the Mann Gulch disaster는 1949년 8월 4일과 5일에 미국 몬태나Montana주 맨 걸치 협곡의 야생 산림지역에서 발생한 산불로 소방관 13명이 희생된 비극이다. 8월 4일 오후에 맨 걸치 협곡에서 벼락을 동반한 폭풍우에 의해 마른 나무 가지에 작은 불a small fire이 발생했다고 보고됐다. 와그너 닷지Wagner Dodge를 팀장으로 하는 16명의 공수 소방대원이 비행기로 급파됐으나 한 명이 강풍 때문에 심한 멀미가 발생해 비행기에서 내리고 15명이 현장에 낙하했다. 그런데 심한 강풍과 난기류로 낙하하면서 낙하산과 엉킨 무전기가 착륙 시에 완전히 망가지는 등 아슬아슬하게 현장에 도착했다.

미리 도착해서 혼자서 산불에 대처하고 있던 지상요원 짐 해리슨Jim Harrison과 합류해 총 16명이 된 소방대원은 현장을 향해 행군하는 과정에서 산불이 예상 보다 훨씬 더 심한 엄청난 화재라는 사실을 발견하고 당황했다. 그리고 강풍에 산불이 전방위로 예측불가능하게 움직이며 자신들을 둘러싸는 것을 보며 패닉 상태에 빠졌다. 이때 닷지 팀장은 엄청난 화염 하나가 강풍을 타고 협곡을 가로질러 정면에서 자신들의 바로 앞까지 빠른 속도로 덮쳐오는 것을 발견하고 팀원들에게 메고 온 중장비를 즉시 버리라고 소리치며 갑자기 화염이 닥쳐오고 있는 자기 정면 풀에 스스로 불을 붙이고 불탄 재에 급히 엎드리면서 팀원들에게 모두 즉시 재 위에 엎드리라고 명령했다.

그러나 다가오는 산불 방향으로 오히려 몸을 던져 엎드리는 전혀 이해할 수 없는 예상 밖의 행동을 본 나머지 팀원들은 어리둥절하여 더욱 패닉에 빠져 닷지 팀장의 명령을 듣지 않고 메고 온 장비도 버리지 않고 엎드리지도 않았다. 부팀장 윌리엄 헬만Williams Hellman을 포함한 팀원들 전원은 팀장의 명령과 정반대로 즉시 뒤돌아서 산불이 다가오는 반대 방향으로 혼신의 힘을 다해 달리기 시작했다. 그러나 곧 엄청난 속도로 덮친 산불에 이들 중 13명이 사망하고 닷지를 포함한 세 명만 겨우 생존했다. 그 후 맨 걸치 산불은 450여 명의 소방관이 투입되고서야 닷새 후에 겨우 진화되었다. 이후 전문가 조사에서 팀원들이 닷지 팀장의 지시를 들었더라면 생존할 가능성이 높았을 것이라고 보고되었다.

의미부여와 즉흥행동의 실패로 인한 참사: 전문 소방관들이 대거 희생된 원인에 대해 와익은 전혀 예상 못한 급변하는 위기 상황 앞에서 소방관들의 의미부여sensemaking가 실패한 것이 핵심이라고 해석했다. 즉 작은 불이라고 생각하고 갔으나 예상과 전혀 다른 엄청난 규모의 화염에 놀라 새로운 상황에 대한 의미부여를 적시timely에 하지 못했던 것으로 보인다. 이들은 자신들이 대응해야 할 현실의 본질과 자신들의 역할에 대한 해석이나 이해를 하는 것이 불가능할 정도로 패닉panic에 빠져서 의미부여를 할 수 없었던 것이다. 그 결과 리더와 구성원들 간 역할 구조가 붕괴되면서 조직의 일원으로서 리더의 명령을 따르는 팀원이 아니라 개인으로서 각자 알아서 자기 목숨을 구하는 데 몰두하게 되었다. 그 결과 예상 못한 상황에 대한 대응에 필요한 새로운 의미부여와 이에 따른 즉흥행동을 신속하게 실행하지 못한 것이다. 의미부여와 즉흥행동의 실패가 대참사의 원인이었던 것이다.

대안적 가능성: 와익은 예상 못한 위기 상황에 대응하기 위해 소방관들이 했어야 하는 대안적 행동을 다음과 같이 제시한다. 무엇보다 즉흥대응improvisation이다. 즉 예상했던 상황에 근거해서 수립되어 있던 기존 표준 행동 절차가 작동할 수 없는 상황이라고 판단되면 즉시 즉흥적으로 그 상황에 적합한 새로운 행동을 창조적으로 실행해야 한다. 그리고 팀장이나 팀원과 같은 역할구조는 강제력을 가진 공식적 권한이 작동되기 어려운 위기 상황에서도 내면화되어 작동했어야 한다고 주장한다. 예상 못한 위기 상황에서 역할구조가 완전히 붕괴되면서 각자 개인으로서 알아서 살아남으려고 좌충우돌하는 상황이 가장 위험한 것이다. 또한 지식이나 정보 보다 지혜wisdom에 따라 행동해야 한다고 주장한다. 예상 못한 새로운 상황에 처했을 때 과거 상황을 기반으로 형성된 지식이나 정보, 신념을 무조건 따르는 것은 오히려 심각한 위기를 초래

할 수 있으며 기존 지식과 건강한 의심간 균형을 적절하게 유지하는 지혜가 필요한 것이다. 그리고 상호존중에 기반한 구성원간 상호작용이 필수적이다. 모두가 처음 당면하는 예상 못한 위기 상황에서 서로의 관찰과 의견, 지혜를 존중하며 경청하는 고신뢰 소통이 반드시 필요한 것이다. 와익은 예상 못한 급변하는 상황에서 신속한 즉흥행동을 통해 새로운 의미를 발견해 나가며 적시에 대응을 할 수 있는 역량을 가진 조직을 고신뢰 조직high reliability organization이라고 부른다.

고신뢰 조직: 행동선행적 미래형 '조직화'

그렇다면 갈수록 불확실성과 급변성이 높아지는 미래 환경에 적합한 행동선행적 사후적 의사결정을 실행할 수 있는 조직형태organizational form는 무엇일까? 와익은 적극적 의미부여와 즉흥행동 등을 중심으로 한 행동선행적 의사결정에 최적화된 조직의 모형을 고신뢰 조직high reliability organization이라고 부르며 그 특성들을 다음과 같이 제시했다(Weick and Stucliffe, 2007).

고신뢰 조직의 개념과 핵심 특성들

와익은 행동선행적 사후적 합리성 원리에 기반해 의미부여와 즉흥행동 등을 중심으로 작동되는 조직들의 이상형적ideal type 모형을 불확실하고 급변하는 환경에서 믿고 의지할 수 있는 든든한 조직이라는 의미에서 신뢰성reliability이 높은 조직, 즉 고신뢰 조직high reliability organization으로 불렀다. 고신뢰 조직은 언제 어떤 예측 못한 긴급한 상황이 발생하더라도 즉시 적절한 대응을 신속하게 해낼 수 있는 조직형태를 말하는데 병원응급실, 위기대응팀, 조난구조대, 특공대, 항공기 조종실 등이 대표적 예이다.

고신뢰 조직의 의사결정 모형에서 단연 가장 중요한 원칙은 신속하고 유연한 대응을 통한 해결책의 발견이다. 즉 신중하게 고민하고 좌면우고하다가 대응 타이밍을 놓치는 것이 최악의 결과를 초래하므로 틀려도 좋으니 일단 신속하게 대응하는 것이 가장 중요하다는 것이다. 즉 틀린 대응이라도 불확실성 때문에 아무 행동도 못하다가 우물쭈물 하다가 타이밍을 놓쳐서 위기를 초래하는 것보다 훨씬 우월하다는 것이다. 예상 못한 상황에 대한 적극적 의미부여와 신속한 즉흥행동을 강조하는 고신뢰 조직은 행동선행적 사후적 합리성 의사결정 모형의 핵심 특성과 정확히 일치하는 조직 모형이다. 와익은 고신뢰 조직의 핵심 특성들을 다음과 같이 제시하는데 21세기 초중반 현재 글로벌 선도 조직들이 추구하는 방향과 매우 유사하다.

행동편향성: 즉흥행동improvisation 원칙에서 제시하듯이 고신뢰성 조직은 무엇보다 행동편향성action bias을 가진다. 즉 불확실성 때문에 정확한 대응방안이나 해결책을 잘 모를 때에도 신중하게 기다리기보다는 일단 어떤 대응이든 신속하게 행동을 하는 편이 더 바람직하다는 것이다. 불확실성과 함께 급변성이 함께 존재하는 경우가 급증하고 있기 때문이다. 그리고 헝가리 소대의 알프스 탈출 사례에서도 알 수 있듯이, 틀리더라도 일단 뭔가 행동을 하면 그 행동 결과를 보고 대응방향을 조정하고 수정할 수 있기 때문에 계속적 시행착오trial and error를 통해 정답을 찾아 나갈 확률이 높아지는 것이다.

프론트 로딩: 고신뢰 조직은 행동편향성의 실천에서 특히 상황 대응의 초기에 집중적으로 다양한 시도를 할 것을 추천하는데 경영현장에서는 흔히 프론트 로딩front loading이라고 한다. 초기에 최대한 다양한 대응 행동을 할수록 올바른 해법을 빨리 찾을 확률이 높아지기 때문이다. 즉 프론트 로딩은 초기에 광범위하고 다양한 대응을 집중적으로 시도하면서 그 결과를 보며 점점 대응의 폭과 범위를 줄여 나가며 정답을 찾아내는 것이다.

개방적 대응: 당초 기대와 다른 예상 못한 상황의 전개에 대해 열린 자세로 대응하는 개방성openness to unexpected developments이 고신뢰 조직의 또 다른 특징이다. 원래 고신뢰 조직은 극도의 불확실성과 급변성이 공존하는 상황에 대응해야 하기 때문에 상황이 예상 못한 방향으로 전개되는 것이 오히려 당연하다는 사실을 명심해야 한다는 것이다. 따라서 기존 지식과 관점, 그리고 초기 판단에 경직적으로 고착되지 않고 새로운 상황 전개에 맞추어 개방적으로 관점을 바꾸어 가며 대응하는 것이 필수적이다.

실패로부터의 학습: 고신뢰 조직의 가장 중요한 역량 중 하나는 시행착오의 과정에서 실패로부터 끊임없이 배우는 실패로부터의 학습learning from failures이다. 극도로 불확실하고 급변하는 상황에 대한 신속하고 적극적 대응에서는 실패가 어떻게 보면 예외가 아닌 당연한 결과라고 볼 수 있다. 그러나 실패를 단순히 실패로 간주하고 그냥 지나가거나 숨기면 성공의 확률을 높이는 데 기여할 수 없다. 따라서 실패를 바람

직한 해결책을 찾아가기 위한 학습의 과정으로 보고 신속하고 철저하게 인과관계를 분석하여 그 다음 행동의 개선에 반영하는 실패로부터의 학습이 필수적이다.

구성원 간 상호반응성: 고신뢰 조직은 구성원들 간 긴밀한 상호작용, 즉 상호 반응성mutual responsiveness이 필수적이다. 피라미드형 수직적 조직과 달리 고신뢰 조직은 모든 구성원들이 각자 전문가로서 자신의 전문성을 최대한 발휘해서 신속하게 문제를 해결해야 하는데 그 과정에서 전체 조직의 문제 해결력을 극대화하기 위해서는 다른 구성원들의 문제대응 행동에 긴밀하게 상호 반응해야 한다는 것이다. 여기에서 상호 반응성은 특정 구성원의 지시에 따르는 수직적 명령－순응 행동이 아니라 동등한 전문가로서 다른 동료 전문가들에 대한 신뢰와 존중을 기반으로 그들의 판단과 행동에 수평적으로 반응하여 유기적으로 집단 대응력을 극대화하는 것이다. 맨 걸치 참사에서 구성원들이 닷지 팀장의 재 위에 엎드리라는 지시에 불응하고 반대 방향으로 달리다 희생된 것은 바로 예상 못한 위기 상황에 대한 의미부여의 실패로 구성원간 상호 반응성이 사라졌기 때문이었다.

이동 리더십: 전문가들로 구성된 수평적 조직인 고신뢰 조직의 리더십은 수직적 피라미드형 조직과 달리 특정 구성원이 독점할 수 없으며 시시각각 변화하는 상황에 따라 각 상황별로 가장 적합한 역량을 가진 구성원들이 자발적으로 유연하게 리더십 역할을 교차적으로 수행해야 한다. 마치 재즈악단에서 연주의 진행에 따라 주도적 악기가 자율적으로 교체되며 유기적으로 새로운 음악을 만들어 나가는 것과 유사하다. 즉 상황적합적 이동 리더십contingent and moving leadership이 고신뢰 조직의 리더십 모형인 것이다.

시대적 중요성의 급증

이런 행동선행적 사후적 합리성 의사결정과 적극적 의미부여와 즉흥행동 중심의 고신뢰 조직은 와익이 처음 제안했던 1970~80년대에는 현실적 타당성이 거의 없어 보이는 극단적으로 미래지향적인 아이디어로 치부되기도 했으나 21세기 중반으로 다가가고 있는 현 시점에서는 실제로 글로벌 선도 조직들이 앞다투어 시도하고 있는 최첨단 조직경영 방식과 매우 유사하다. 최근 환경의 변화로 시대적 중요성이 급증하고 있는 것이다. 와익Karl E. Weick의 시대를 앞서는 놀라운 창조적 통찰력을 잘 보여주는 예라고 볼 수 있을 것이다.

합리성과 의사결정에 대한 근본적 재검토가 필요하다!

이상에서 조직 의사결정과 합리성에 대한 다양한 관점들을 살펴보았다. 이제까지 살펴본 다양한 조직 의사결정 모델들을 다양한 기준으로 비교해보면 대략 [표 8-1]과 같이 정리될 수 있을 것이다. 특히 이 책에서는 개인과 조직은 각자 자신의 이익 극대화를 추구한다고 믿는 합리적 선택 모형의 헤게모니적 지위를 넘어서서 최근 시대환경의 변화에 따라 상대적 타당성과 중요성이 급변하고 있는 다양한 대안적 관점들의 가능성에 대해 폭넓게 검토해보았다. 독자들도 다시 한 번 스스로의 합리성과 의사결정에 대해 근본적 재검토를 시도해보기를 강하게 추천한다. 앞에서 살펴본 다양한 대안적 관점들을 고려할 때 합리적 의사결정의 개념 자체가 근본적으로 재검토되어야 할 것이다.

표 8-1 조직 의사결정 모형들의 비교

의사결정 모델	합리적 선택	제한된 합리성	몰입의 상승	쓰레기통 모형	집단사고	바보스러움 기술	행동선행 합리성
저자	경제학자 대부분	H. Simon	B. Staw	J.G. March	I. Janis	J.G. March	K.E. Weick
합리성 가정	완전 합리성	제한된 합리성	과거지향 합리성	조직 비합리성	집단 비합리성	합리적 비합리성	사후적 합리성
의사결정 행동	동시 평가 극대화	순차 평가 만족화	당초 선택 집착	무작위 매칭	순응적 동조	놀이 직관적 감	행동 후 목적 발견
서술적 결과	최적화	적정화	비합리적 선택집중	혼동 우연	비합리적 집단결정	새로운 목적 발견	사후적 의미부여
규범적 제안	극대화	만족화	미래 지향성	구조화	개인화	바보스러움 기술	즉흥 행동 고신뢰조직

역사적 환경변화와 조직 의사결정의 새로운 도전 과제

그리고 합리적 의사결정 모형이 20세기 초 현대 산업사회의 도래와 함께 급속히 제도화되어 확산되었듯이, 다양한 합리성과 의사결정 모형들의 서술적 타당성과 규범적 바람직함은 역사적 환경변화에 따라 근본적으로 달라질 수 있다는 사실을 반드시 명심해야 한다.

2020년대 중반 현재 의사결정과 관련하여 분야를 막론하고 가장 큰 관심을 끌고 있는 기술발전은 단연 인공지능, 즉 AI일 것이다. 그런데 최근 급속히 발전하고 있는 생성형 인공지능generative AI은 단순히 방대한 데이터에 기반하여 주어진 질문에 최적화된 대답을 제공하는 것을 넘어서서 스스로 질문과 모형을 만들어서 존재하지 않던 새로운 지식과 미래 방향을 제시한다. 우리가 일반적으로 알고 있는 인간의 의사결정과 매우 유사한 행동을 하고 있는 것이다. 그렇다면 AI는 합리적인가? 또는 AI는 의사결정자인가? 그리고 AI를 중심으로 한 의사결정은 얼마나 바람직한가? 이런 질문은 최근 기술환경의 변화로 새로이 대두된 조직 의사결정과 관련된 이슈들이며 아직 논란만 분분할 뿐 그 누구도 명확한 대답을 내놓지는 못하고 있다(Canals and Heukamp, 2020; Marr, 2021).

지금 현재 우리가 당면한 역사와 사회적 맥락을 전제로 각 독자는 스스로에게 물어보기 바란다. 합리적 의사결정을 하기 위해 현재 가장 중요한 요건은 무엇인가? 과연 합리적 의사결정은 항상 바람직한 것인가? 당신은 얼마나 합리적인가? 그리고 당신이 합리적이라고 생각하는 그 합리성은 구체적으로 어떤 의미인가? 당신의 합리성은 무엇인가?

ORGANIZATIONAL BEHAVIOR

09

사회 네트워크
: 조직행동의 관계구조적 관점

- 사회와 조직에 대한 관계적 접근법
- 사회 네트워크의 주요 개념
- 사회 네트워크의 주요 이론
- 사회 네트워크의 형성과 결과
- 조직 사회 네트워크

CHAPTER 09

사회 네트워크: 조직행동의 관계구조적 관점

사회와 조직에 대한 관계적 접근법

조직에서 중요한 문제를 해결하거나 새로운 아이디어가 필요할 때 우리는 누구에게 조언을 구하는 것이 효과적인지 직관적으로 판단한다. 나에게도, 그리고 상대에게도 큰 위험과 부담이 따를 수 있는 도움은 과연 누구에게 요청해야 할까? 또한 다양한 배경의 사람들이 밀집해 있는 실리콘밸리가 왜 혁신의 중심지가 되었는가에 대한 질문 역시 개인과 조직이 맺고 있는 사회 네트워크에서 그 답을 찾을 수 있다. 우리는 조직 안에서 공식적인 업무 관계뿐 아니라 비공식적인 친분 관계를 맺으며 다른 사람들과 함께 일한다. 팀제와 협업이 일반화된 오늘날 조직에서 성과는 개인의 능력만으로 결정되지 않으며, 회의와 토론, 협력과 갈등이 얽힌 사회적 관계의 구조 속에서 형성된다. 더 나아가 아웃소싱, 네트워크 조직, 플랫폼 조직의 확산은 조직 내부를 넘어 조직 간 네트워크의 중요성을 더욱 부각시키고 있다. 이 장에서는 이러한 문제의식에서 출발하여, 조직행동을 이해하는 데 왜 사회 네트워크 관점이 중요한 이론적 틀인지 살펴보고자 한다.

관계적 접근법과 속성적 접근법

사회 네트워크social network는 개인, 집단, 조직 등 다양한 사회 행위자들 간에 형성된 지속적인 상호작용과 관계의 구조를 의미한다. 사회 네트워크는 단순히 개인들 사이의 연결 관계를 나열하는 개념이 아니라, 사회 행위자가 놓여 있는 구조적 맥락과 그 구조가 만들어내는 제약과 기회의 조건까지 포괄한다. 이러한 점에서 사회 네트워크는 조직과 사회 현상을 이해하기 위한 대표적인 관계적 접근법relational approach이라고 할 수 있다(White, Boorman, and Breiger, 1976; Emirbayer, 1997). 이 접근법은 구조적 접근법structural approach이라고도 불리며, 기존 사회과학 연구에서 주류를 이루어 왔던 속성적 접근법attributive approach과 비교하면 그 특징을 보다 분명히 이해할 수 있다.

속성적 접근은 개인이나 조직, 사회와 같은 연구 대상을 구성하고 있는 다양한 속성들attributes에 초점을 맞추어 그 대상을 이해하고 설명하며 예측한다. 예를 들어 어떤 개인을 설명할 때 그 개인이 가진 심리적 특성, 역량, 경제적 자원, 인구통계학적 특성, 문화적 가치관과 같은 속성들에 초점을 맞추는 것이다. 속성적 접근법은 일종의 환원주의적reductionism 관점이다. 즉, 개체는 그것을 구성하는 속성들의 합이라고 전제하기 때문에 어떤 대상을 이해할 때 그 구성 요소인 속성들로 환원시켜서 이해하는 것이다.

이에 비해 사회 네트워크는 개인이나 집단, 조직과 같은 사회 구성단위들의 속성을 넘어서 이들 사이의 연결 관계 구조에 초점을 맞추는 관계적 접근이다. 네트워크 관점에서는 조직과 같은 사회적 개체는 아무리 많은 속성들로 나누어 분석해도 결코 정확하게 이해할 수 없으므로 구성원이나 부서, 집단과 같은 구체적 구성 단위들 간 관계 구조에 초점을 맞춰야 한다고 주장한다(Mayhew, 1980). 10장의 조직설계에 대한 토론에서 자세히 설명하겠지만 어떤 두 조직이 완벽하게 동일한 구성 요소들로 이루어져 있더라도 이들이 서로 어떤 관계 구조로 연결되어 있느냐에 따라 전체 조직 수준에서 완전히 다른 특성을 가지게 된다. 개인이나 집단, 조직과 같은 사회 구성 단위들 간의 연결 관계에 초점을 맞추는 사회 네트워크는 기존 속성적 접근법으로는 파악할 수 없었던 사회현상에 대한 완전히 새로운 통찰력을 제공한다(Scott, Carrington, and McLevey, 2023).

사회과학과 자연과학을 아우르는 새로운 공통 언어

사회 네트워크에 대한 학문적 탐구는 초기 인류학과 구조주의 사회학의 영향 아래 출발하였으며, 이후 경제사회학을 중심으로 이론적, 실증적 연구가 폭넓게 축적되어 왔다. 이러한 연구 성과는 사회학에 국한되지 않고 경영학, 정치학, 경제학 등 다양한 사회과학 분야로 확산되었으며, 특히 조직행동론 연구에서는 가장 중요한 이론적 패러다임 중 하나로 자리 잡았다. 더 나아가 네트워크 연구는 사회과학의 경계를 넘어 자연과학으로도 전파되어 모든 학문 분야의 가장 중요한 새로운 공통 언어new common language가 되었다. 특히 2000년대 초반 이후 물리학자들이 네트워크 분석이 복잡계 연구에 중요한 기여를 할 수 있다는 가능성을 인식하면서, 네트워크는 21세기 초중반 현재 사회과학과 자연과학, 공학 등에서 공통적으로 가장 중요한 방법론으로 활발하게 연구되고 있다(Barabási, 2002). 이러한 사회 네트워크 연구가 제공하는 통찰을 잘 보여주는 초기의 대표적 연구가 바로 스탠리 밀그램Stanley Milgram의 작은 세상 현상small world phenomenon이다. 이 현상에 대한 논의를 통해 사회 네트워크 관점이 사회 현상을 이해하는 데 어떤 시사점을 제공하는지 살펴보도록 하자.

작은 세상 현상: 6단계 분리의 원칙

밀그램은 세상이 사회 네트워크로 연결되어 있음을 보여주기 위해 작은 세상 실험을 실시했는데, 그가 제시한 다음의 일화는 이 현상의 특성을 직관적으로 잘 보여준다. 미국 일리노이주 피오리아 출신의 프레드 존스는 어느 날 아프리카 튀니지의 수도인 튀니스의 노천 카페에 앉아 있었다. 그는 옆자리에 앉은 낯선 영국인 남성에게 담배에 불을 붙일 성냥을 빌려달라고 요청했고, 이를 계기로 두 사람은 대화를 나누게 되었다. 흥미롭게도 이 영국인은 미국 병뚜껑 공장의 운영 방식을 알아보기 위해 일리노이주에 인접한 미시간주 디트로이트에 몇 달간 머문 적이 있다는 것이었다. “바보 같은 질문인 건 알지만,” 존스가 말했다. “혹시 벤 아카디안이라는 사람을 만난 적 있나요? 제 오랜 친구인데, 디트로이트에서 슈퍼마켓 체인을 운영하고 있어요...” “아카디안, 아카디안,” 영국인이 중얼거렸다. “세상에, 분명히 본 것 같은데요!” “작은 체구에 아주 활기 넘치는 사람이었는데, 불량 병뚜껑 배송 문제로 공장에 와서 큰 소란을 피웠죠.” “정말요?!” 존스가 놀라 외쳤다. “세상이 참 좁네요, 그렇지 않나요It's a small world, isn't it?”(Milgram, 1967: 61).

밀그램의 실험은 미국 남서부에 있는 네브라스카주 오마하에 거주하는 무작위 표본의 실험참여자들에게 북동부에 위치한 보스턴시에 사는 증권업자 존에게 편지를 전달하는 것이었다. 실험 참여자는 수신자인 존을 알지 못했기 때문에 존의 직업과 지역을 참고하여 자신이 알고 있는 사람들 중, 존과 연결될 가능성이 있는 누군가에게 편

그림 9-1 작은 세상 네트워크

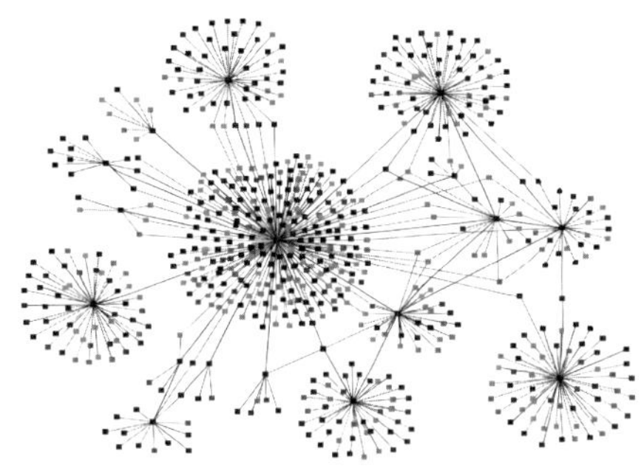

자료: https://www.complexityexplorer.org/explore/glossary/320-small-world-network#gsc.tab=0

지를 먼저 전달하고 그 사람이 다시 적절하다고 판단되는 다른 사람에게 전달하는 방식이었다. 이러한 과정을 통해 평균 몇 단계를 거쳐서 존에게 이 편지가 전달되는지 측정하는 것이었다. 실험 결과, 전체 편지의 약 30%가 수신자에게 도달했으며, 넓은 미국에서 몇십 명이 아닌 평균 6명만 거치면 편지가 전달이 되었던 것이다. 이후 다른 국가에서도 비슷한 실험이 진행되었는데 유사한 결과가 반복적으로 관찰되었다. 이러한 현상을 6단계 분리의 원칙six degrees of separation이라 부른다.

작은 세상 구조

이 실험의 주목할 또 다른 결과는 최종적으로 전달된 편지의 약 절반이 마지막 단계에서 3명을 통해서 존에게 연결되었다는 것이다. 만약 3억 5천만에 달하는 미국 사람들이 무작위로 퍼져 있었다면, 서로 연결이 되지 않아서 편지가 6단계 만에 전달되는 것은 불가능했을 것이다. 흩어져 있는 세상의 모든 사람들이 평균 6단계만 거치면 연결될 수 있는 것이 아니다.

특정한 네트워크 특성, 즉 사람들이 서로 긴밀하게 연결되어 있는 클러스터cluster로 묶여 있으면서, 클러스터들을 연결하는 소수의 행위자를 통해 전체 행위자들이 짧은 경로로 연결되는 구조(Uzzi and Spiro, 2005)가 사람들을 이렇게 빠르게 연결시킬 수 있었다는 것이다. 대부분의 개인은 자신이 속한 클러스터 내에서 밀접하게 연결되어 있고, 소수의 개인들이 이러한 클러스터들을 상호 연결하며, 대부분의 사람들은 이 소수의 사람을 통해 네트워크 전체의 다른 사람들과 연결되는 것이다. 밀그램의 실험에서 각 클러스터의 중심인물인 3명의 사람에게 편지가 집중적으로 전달되었고, 이들을 거쳐 결국 최종 수신자인 존에게 편지가 도달한 것이다. 이러한 구조를 작은 세상 구조라고 하는데, 인간관계에서 가장 보편적으로 나타나는 네트워크 형태이다. 사람들은 각자가 다른 사람들과 사회적 관계를 맺으면서 살아가는데 이런 사회적 관계들이 모여서 큰 사회 네트워크 구조가 된다. 개별 행위자인 우리는 직접적으로 인식할 수 없는 사회 네트워크 구조에 의해 서로 연결되어 있으며, 이런 사회 네트워크를 통해 서로 정보, 자원, 감정을 주고받으며 살아가는 것이다(Gladwell, 2000).

사회 네트워크의 주요 개념

사회 네트워크 연구자들은 실체적 단위node인 사회 행위자social actor가 서로 간에 맺는 사회적 관계tie에 의해 형성된 구조에 대해 연구한다. 사회 행위자는 구체적인 상황과 분석 단위에 따라 개인, 집단, 조직, 그리고 국가일 수 있고, 이들이 맺는 사회적 관계의 예는 개인 간의 친구 관계, 회사 내 팀 간의 업무 협의 관계, 조직 간의 전략적 제휴 관계, 국가 간의 외교 관계 등이다. 사회 네트워크 연구의 초점은 행위자의 개별 속성이 아닌, 그들이 맺고 있는 사회적 관계의 특성properties이므로 기본 분석 단위는 개인, 집단, 조직과 같은 행위자의 특성이 아니라 행위자 간의 관계이다. 사회적 관계가 형성되려면 최소한 두 행위자가 필요하므로 사회 네트워크 연구에서 개인이나 집단 같은 행위자 수준의 분석은 의미가 없고 기본 구성 단위는 양자관계dyadic tie이다. 그러나 사회적 관계를 넘어 네트워크 개념이 성립되기 위해서는 두 행위자 간의 하나의 연결 관계보다 많은 최소한 세 사회 행위자들 간의 연결 관계를 나타내는 3자 관계triad 이상의 구조가 필요하다.

거시적 관점과 미시적 관점을 연결하는 이론적 매개체

사회 네트워크 구조는 일반적으로 전체whole 네트워크와 개인중심egocentric 네트워크로 구분하여 이해할 수 있다. 예를 들어, 행위자 A, B, C, D, E, F가 서로 관계를 맺어 하나의 네트워크를 구성하고 있다고 할 때, [그림 9-2(a)]처럼 6명의 행위자를 연

그림 9-2 전체 네트워크와 개인 중심 네트워크

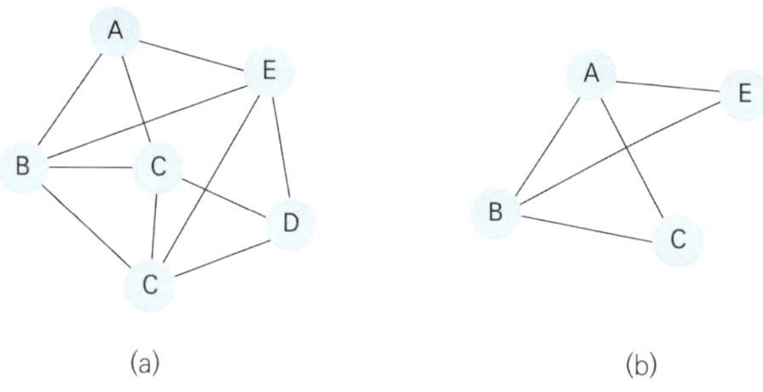

결하는 모든 사회적 관계를 고려함으로써 전체 네트워크의 구조적 특성을 파악할 수 있다. 반면, 특정 행위자가 네트워크 내 다른 행위자들과 갖는 관계에 초점을 두어서 해당 행위자를 중심으로 형성된 개인중심 네트워크를 고려할 수도 있다. 예를 들어 행위자 A가 B, C, E와만 연결되어 있다면, [그림 9-2(b)]처럼 A를 중심으로 A와 B, C, E와의 관계, 그리고 B, C, E들 간의 관계만을 고려한 A의 개인중심 네트워크를 통해 행위자 A가 갖는 네트워크의 구조적 특성을 이해할 수 있다(Scott, 2017).

사회 네트워크 연구는 사회현상을 바라보는 거시적 관점과 미시적 관점 사이의 깊어진 골을 연결하는 이론적 매개체로 주목받아 왔다. 이 연구 전통은 사회 구조가 개별 행위자 간 상호작용과 관계 속에서 형성, 발현된다는 점을 강조한다는 측면에서 행위자의 미시적 수준의 문제와 긴밀하게 연결된다. 동시에 개별 행위자의 고유한 속성보다는 사회적 관계를 통해 구축된 구조가 다시 행위자의 행동을 제약하고 가능하게 하는 거시적 영향에 주목한다는 점에서, 사회 네트워크 연구는 개인의 행위를 사회 구조적 맥락 속에서 이해하는 관점을 제공한다(Brass, 2000).

사회 네트워크 관계 유형

업무 네트워크

업무 네트워크workflow network는 개인이 조직에서 업무를 수행하기 위해 반드시 상호작용해야 하는 다른 구성원과의 관계를 뜻한다. 행위자의 선택이 아닌 규정이나 조직도와 같은 조직의 공식 구조에 의해 결정되는 공식 네트워크 관계이다. 예로는 상급자와 하급자 간의 보고, 지시, 승인, 검증 관계로 이루어진 공식적이고 수직적인 권한 관계가 있다. 또한 행위자들 간에 업무, 정보 또는 지원이 한쪽 방향으로 전달되는 공식적 순차적 업무 관계와, 양방향으로 상호 의존하며 영향을 주고받는 공식적 상호적 업무 관계도 포함된다(McEvily, Soda, and Tortoriello, 2014).

도구적 네트워크

개인이 선택하는 비공식 네트워크지만 조직에서 개인에게 업무와 관련된 도움을 주는 관계가 도구적 네트워크instrumental network이다. 주요한 예는 개인이 업무를 수행하다가 문제가 생겼을 때 다른 구성원에게 조언을 구하는 업무 조언 네트워크task advice network이다. 조언이나 도움을 구하는 쪽과 이를 제공하는 쪽이 다르기 때문에 본질적으로 비대칭 관계이다.

정서적 네트워크

개인이 선택하는 비공식 네트워크이며 개인의 감정적 상호작용과 관련된 관계가 정서적 네트워크expressive network이다. 조직에서 업무와 관련 없는 사교활동(예: 회식을 제외한 점심, 저녁식사, 퇴근 후 음주 등)을 함께 하는 친구 관계 네트워크friendship network가 주요 예이다. 정서적 네트워크를 통해 개인은 사회적 지원social support과 같은 정서적 혜택을 얻을 수 있다. 친구관계는 두 행위자가 서로에 대해 친구라고 인식했을 때만 성립되기 때문에 정서적 네트워크는 본질적으로 대칭 관계이다.

멘토링 네트워크

멘토링mentoring은 지식과 경험이 많은 멘토가 도움을 받는 프로테제protégé 또는 멘티에게 조언과 후원을 제공하여 프로테제의 성장과 발전을 돕는 관계를 의미한다. 프로테제가 멘토로부터 얻는 이득 중 경력 기능career functions은 멘토가 프로테제가 업무 목표를 성공적으로 달성할 수 있도록 코칭을 해주거나 승진이나 경력발전을 도와주는 경력개발 관련 기능을 의미한다. 심리사회 기능psychosocial functions은 프로테제의 내면적인 역량감과 자기 효능감을 향상시켜주기 위해 상담을 해주거나 개인적 경험을 나누는 사회적 지지 관련 기능을 뜻한다. 멘토링 네트워크는 도구적 네트워크 효과인 경력기능과 정서적 네트워크 효과인 심리사회기능을 모두 제공하는 포괄적인 네트워크라고 할 수 있다(Podolny and Baron, 1997).

멘토링 논의는 프로테제가 주로 조직 내에서 자신보다 지위가 높은 한 사람과 갖는 전통적인 멘토링 관계 개념에서 벗어나 프로테제가 복수의 멘토를 가질 수 있고, 멘토의 대상도 조직 내 상급자에 국한되지 않고 동료나 조직 외의 사람들도 될 수 있다는 개발지원 네트워크developmental network 논의로 확장되었다. 행위자는 조직 내부뿐만 아니라 조직 외부에 있는 여러 멘토들로부터 상담이나 친구 관계를 통해 심리사회적 지원을 받거나, 코칭이나 후원 등을 통해 경력을 개발하는데 직접적인 도움을 받게 된다는 것이다(Higgins and Kram, 2001).

사회 네트워크의 특성

한 집단에 있는 행위자 A, B, C, D, E가 서로 사회적 관계를 맺어 형성된 사회 네트워크의 특성은 두 행위자들 간의, 예를 들어 행위자 A와 B의 ① 양자관계의 특성properties of dyadic ties, ② A, B, C, D, E 간에 맺고 있는 모든 관계에 의해 형성되는 전체 네트워크 구조의 특성properties of networks, 그리고 ③ 이런 전체 네트워크 구조에서 개별 행위자인 A의 네트워크 특성properties of nodes으로 나누어 생각할 수 있다(Wasserman and Faust, 1994; Scott, 2017).

양자관계의 특성

관계 강도strength: 두 행위자의 관계가 얼마나 안정적이고 강한가를 나타내며 네트워크 연구에서 가장 많이 쓰이는 개념이다. 관계 강도는 사회적 관계의 빈도frequency, 지속기간duration, 친밀도intimacy에 의해 영향을 받는다. 두 행위자가 서로 자주 만나고, 오랫동안 알아왔고, 서로 친밀감을 느낀다면 강한 관계가 있는 것이다.

관계 중첩성multiplexity: 두 사회 행위자가 둘 이상의 서로 다른 사회적 관계(예: 친구, 친척, 회사동료, 이웃, 동창) 내지는 역할(예: 친구, 조언자, 동업자)에 의해 연결되어 있는 정도를 의미한다. 두 행위자가 대학 동창이면서 또한 회사 동료라면 둘 간의 관계는 중첩되어 있는 것이다. 관계의 중첩성이 높다는 것은 둘 간의 관계가 강하고 배태되어 있어서embedded 구조적 제약을 많이 받으며 따라서 관계가 깨지기 어렵다는 것을 의미한다(Verbrugge, 1979; Ertug, Brennecke, and Tasselli, 2023).

관계 대칭성symmetry: 두 행위자 간에 서로 상호적으로 사회적 관계를 갖는가에 대한 것이다. A가 B를 친구로 거명하고 B도 A를 친구로 생각한다면 둘 간의 친구관계는 서로 대칭적이다. 그러나 A가 B를 친구로 거명했지만 B가 A를 친구라고 생각하지 않는다면 두 행위자 간의 사회적 관계는 비대칭적asymmetric이다.

긍정·부정 관계: 대부분의 경우에 사회 네트워크 관계가 존재한다는 것은 양자 간의 긍정적 관계를 뜻하지만 때로는 서로를 싫어하거나 미워하는 부정적인 관계가 있을 수 있다. 부정적 관계는 그 수는 적을 수 있지만 그 영향은 긍정적 관계보다 더 클 수 있다.

이전 연구는 긍정적인 사회적 관계(예를 들면 서로를 좋아하는 친구 관계)에만 초점을 맞추어 왔으나 이제는 네트워크 연구에서 부정적인 사회적 관계(예를 들면 서로를 싫어하는 관계)의 중요성에 대한 연구도 활발히 이루어지고 있다(Labianca and Brass, 2006).

전체 네트워크 구조 특성

네트워크 밀도density: 네트워크에서 이론적으로 가능한 모든 관계의 수 대비 실제로 형성된 관계의 비율을 의미하며, 실제 관계 수/$[n(n-1)/2]$로 측정된다. 예를 들어, 5명의 개인으로 구성된 네트워크에서 실제 존재하는 사회적 관계의 수가 4개라면, 네트워크 밀도는 $4/[5(5-1)/2]=0.4$가 된다. 네트워크 밀도가 높다는 것은 구성원들 간에 형성된 사회적 관계가 많아, 전체적으로 구성원들이 서로 긴밀하게 연결된 tightly-knit 네트워크 구조를 갖고 있음을 의미한다.

네트워크 크기size: 한 네트워크에 포함된 개별 행위자의 수를 의미한다. 앞의 예에서 네트워크에 속한 개인이 5명이라면, 해당 네트워크의 크기는 5가 된다. 네트워크 크기는 일반적으로 그 네트워크가 얼마나 많은 행위자를 포괄하고 있는지를 보여주는 지표로, 네트워크의 대중성popularity을 나타낸다.

네트워크 집중도centralization: 한 네트워크에서 가장 중심성이 높은 행위자의 중심성 수준과 다른 행위자들의 중심성 수준 간의 차이를 나타내는 지표이다. 네트워크 집중도는 개별 행위자가 아니라 네트워크 전체의 구조적 특성을 반영하는 개념으로, 이 차이가 클수록 사회적 관계와 영향력이 소수의 중심적 행위자에게 집중되어 있다는 것을 나타낸다. 네트워크 집중도가 높다는 것은 소수의 핵심 행위자가 네트워크의 연결과 자원을 통제하는 위계적이고 의존적인 구조를 갖고 있음을 의미한다. 반대로 네트워크 집중도가 낮은 경우에는 구성원 간 중심성의 차이가 크지 않아, 보다 분산적이고 평등한 연결 구조를 가진 네트워크로 이해할 수 있다.

짐멜리안 3자 관계Simmelian triad와 네트워크 전이성transitivity: [그림 9−3(b)]와 같이 행위자 A, B, C간 3자 관계에서 A−B와 A−C가 강한 사회적 관계로 연결되어 있다면 B−C 역시 최소한 약한 관계, 나아가 강한 관계로 연결될 가능성이 매우 높은데, 이러한 관계를 짐멜리안 3자 관계라고 한다. 이 폐쇄된closed 3자 관계에서 개인의 행동은 상대방과의 개별적인 양자관계가 아니라 제3자third party와의 관계를 포함한 전체 구조의 제약과 영향을 크게 받게 된다. 예를 들어, 짐멜리안 3자 관계에서 A가 B에게 기회주의적이거나 비윤리적인 행동을 할 경우, A−B 관계만 훼손되는 것이 아니라 B와 연결된 C와의 A−C관계 역시 동시에 위협받을 수 있다. 즉, 한 관계에서의 문제가 3자 관계 전체의 붕괴로 이어질 가능성이 높기 때문에, 행위자는 상대방에게 잘못된 행동을 하거나 규범을 위반하는 행동을 하기 어렵다.

네트워크 전이성이란 짐멜리안 3자 관계의 집합적 결과이며, 전체 네트워크 차원에서 모든 잠재적 3자 관계 중 짐멜리안 3자 관계, 즉 모든 3자 관계들이 완전하게 연결되어 폐쇄적 구조를 가진 3자 관계가 차지하는 비율을 의미한다. 전체 네트워크의 전이성이 클수록 그 네트워크는 강한 규범과 행동 통제에 기반한 신뢰가 가능한 배태된embedded 구조를 갖게 된다. 배태된 구조의 특성에 대한 보다 상세한 설명은 다음 절의 네트워크 배태성 이론에서 자세히 설명하겠다.

네트워크 클리크화: 클리크clique은 한 네트워크에 있는 결속된 하위 집단subgroup을 의미하며 그 결속 집단 구성원들 간의 내부적 사회적 관계가 많고, 결속 집단 외부에 있는 다른 구성원과는 사회적 관계가 적을수록 그 정도가 커진다. 전체 네트워크가 하위 집단인 클리크로 나누어지고 클리크 내 구성원은 밀접하게 연결되어 있는 반면 클리크 간 사회적 관계는 적을수록 전체 네트워크의 클리크화 정도는 커지고 파편화된 구조를 갖게 된다. 클리크화 정도가 큰 네트워크에서 하위 집단인 클리크 내 구성원 간에 강력한 유대감이 형성되고 클리크 간 갈등 관계가 커질 가능성이 높아진다. 네트워크의 크기가 커질수록 클리크화될 가능성이 높아진다.

행위자의 네트워크 특성

중심성centrality: 행위자의 네트워크 중심성은 네트워크 구조에서 한 행위자가 중심적인 위치를 차지하는 정도를 나타낸다. 중심적인 네트워크 위치를 갖는 행위자는 눈에 더 띄고, 더 많은 권력을 갖게 되며, 정보나 자원에 접근하는 데 이점을 갖게 된다. 여러 유형의 네트워크 중심성과 그 측정 방법이 제시되었다. **연결정도 중심성**degree centrality은 행위자가 얼마나 많은 다른 행위자와 연결되어 있는가를 뜻하며 다른 행위자와 갖는 직접적인 사회적 관계의 수로 측정한다. 비대칭적 관계에서 관심 대상인 행위자로부터 다른 행위자로 향하는 관계의 정도를 **외향 중심성**out-degree centrality이라 하고, 반대로 다른 모든 행위자들로부터 관심 대상인 행위자가 받는 사회적 관계의 수를 **내향 중심성**in-degree centrality이라고 한다. 예를 들어 10명으로 이루어진 집단에서 A라는 행위자가 친구가 5명이라고 답변했는데, 나머지 9명 중 A를 친구라고 지목한 구성원이 2명이었다면 A의 외향 중심성은 5이고, 내향 중심성은 2가 된다.

행위자의 사회 네트워크 특성을 측정할 때, 외향 중심성은 다른 사람과의 관계에 대한 행위자의 주관적 오류일 수 있어서, 다른 사람들이 행위자와의 사회적 관계에 대해 생각하는 내향 중심성이 그 행위자에 대한 더 타당한 중심성 지표로 사용된다. 내향 중심성이 높다는 것은 네트워크에서 눈에 띄고 다른 사람들이 사회적 관계를 형성하고 싶어 하는 대상이 된다는 점에서 내향 중심성 정도는 그 행위자의 **명성**prestige을 나타내기도 한다.

인접 중심성closeness centrality은 행위자가 네트워크에 있는 모든 다른 행위자들과 얼마나 가까이 연결되어 있는가에 대한 개념인데, 행위자가 다른 행위자들과 연결되는 최단거리인 경로거리path의 합이 작을수록 인접 중심성이 커진다.

매개 중심성betweenness centrality은 다른 행위자들이 서로 연결되는데 얼마나 한 행위자를 중간에 거쳐야만 하는가를 뜻하며, 행위자가 두 행위자가 서로 연결되는 최단 경로 사이에 위치해서 다른 두 행위자를 매개할수록 커진다. 매개 중심성은 네트워크 구조에서 행위자가 다른 행위자들을 서로 연결시키는 브로커 역할을 하는 정도를 나타낸다. 뒤에서 설명할 네트워크 특성인 구조 공백 정도를 측정할 때 개인중심 네트워크에서는 네트워크 제약constraint 정도를 사용하지만 전체 네트워크에서는 매개 중심성 값을 사용한다.

위세 중심성eigenvector centrality은 보나시치 중심성Bonacich centrality이라고도 하며, 행위자가 얼마나 많은 다른 행위자들과 연결되어 있는가 뿐만 아니라, 얼마나 중요한 행위자들과 연결되어 있는가를 함께 고려하는 중심성 지표이다. 이는 행위자의 연결정도 중심성에 더해, 연결된 상대 행위자들의 네트워크 중심성을 가중치로 적용하여 중심성을 산출한다. 즉, 네트워크에서 중심적이고 권력을 많이 가진 행위자와의 연결은 해당 개인의 중심성, 권력, 그리고 영향력을 증대시킬 수 있다고 본다.

이러한 특성으로 인해 위세 중심성은 사회 행위자의 지위status를 나타내는 척도로 자주 활용된다. 예를 들어 한 집단에서 어떤 구성원이 직접 연결된 사람의 수는 많지 않더라도, 다수의 구성원과 긴밀하게 연결되어 구조적으로 중심적인 위치를 차지하는 핵심 인물과 친밀한 관계를 맺고 있다면, 그 구성원은 집단 내에서 정보나 자원에 대한 접근성 및 영향력이 상대적으로 클 가능성이 높다.

범위range: 네트워크 범위는 한 개인이, 서로 연결되어 있지 않거나 서로 다른 특성을 지닌 여러 집단에 속한 행위자들과 얼마나 폭넓게 연결되어 있는가에 초점을 두는 개념으로, 개인이 보유한 네트워크의 다양성을 나타낸다. 다시 말해, 네트워크 범위는 개인의 사회적 관계가 특정 집단에 집중되어 있는지, 아니면 다양한 집단에 걸쳐 분산되어 있는지를 보여주는 지표이다. 예를 들어, A의 개인중심 네트워크에서 A가 개별 집단별로 1명 이상의 사람과 사회적 관계를 가져서 얼마나 많은 직업 집단과 연결될 수 있는가는 A의 네트워크 범위를 나타낸다.

구조적 등위성structural equivalence: 네트워크에서 행위자들이 다른 행위자들과 맺는 관계의 패턴이 동일할 때 이들을 구조적으로 동등하다고 한다(Lorrain and White, 1971). 구조적 등위성을 갖는 행위자들은 서로를 교체하더라도 전체 네트워크의 구조적 특성이 변하지 않기 때문에 상호 대체 가능한 위치에 놓여 있다. 예를 들어, [그림 9-3(a)]와 [그림 9-3(b)]에서 B와 C는 모두 A와 동일한 유형의 사회적 관계를 맺고 있으므로 구조적 등위성을 갖는다. 다만 (a)에서는 B와 C가 서로 직접 연결되어 있지 않음에도 불구하고 구조적으로 등위적인 반면, (b)에서는 B와 C가 직접적인 사회적 관계를 가지면서 동시에 구조적 등위성을 갖는다.

이처럼 동일한 구조적 위치를 차지하는 행위자들은 네트워크 내에서 유사한 역할, 기회, 그리고 제약을 경험하며, 서로의 행동에 밀접한 주의를 기울이게 된다. 구조적으로 동등한 행위자들은 네트워크에서 동일한 대상이나 자원에 대한 구조적 역할을 놓고 경쟁하는 관계에 놓이게 되며, 이로 인해 직접적인 연결이 없더라도 상호 간에 구조적 영향을 미친다. 그 결과 구조적 등위성을 지닌 행위자들은 유사한 행동 양식과 결과를 보이게 된다(Burt, 1987).

사회 네트워크의 주요 이론

약한 사회적 관계의 이점

마크 그라노베터Mark Granovetter(1973)는 전문직, 관리직, 기술직 종사자 282명을 대상으로 한 구직 연구를 통해, 연구대상 노동자의 반 이상이 공식적인 채용 공고가 아니라 비공식적인 인간관계를 통해 채용에 대한 정보를 얻었다는 것을 보여주었다. 특히 응답자들의 대부분은 취업과 관련된 주요한 정보를 '자주 만나는' 가족이나 친구와 같은 아주 친한 관계가 아닌 '간혹' 또는 '어쩌다 드물게' 만난 관련 지인 acquaintance을 통해 얻을 수 있었으며 결과적으로 취업할 수 있었다. 그는 강한 관계 strong ties에 의해 연결된 행위자들은 서로 중복되게 알고 있는 사람들이 많고, 그들과 같은 지식이나 정보를 공유하는 경우가 많으므로, 다양하지 못하고 중복되는 정보에 접하게 된다고 주장한다. 반면 자주 만나지는 않지만 다양한 상황에 있는 사람들과 갖는 약한 관계weak ties는 서로 다른 사회적 집단 간의 연결을 가능하게 하며, 다양한 정보원에 접근할 수 있는 구조적 장점을 가진다. 이러한 관점에서 그라노베터는 약한 사회적 관계의 이점strength of weak tie이라는 이론을 제시하였다.

그라노베터의 이 이론은 많은 연구들에 의해 실증적으로 확인되었고 이후 많은 관련 네트워크 연구를 촉발시켰다. 그라노베터는 약한 사회적 관계의 이점은 약한 관계 그 자체보다도, 약한 관계가 강한 관계에 비해서 서로 다른 집단을 매개하는 bridging 역할을 수행할 가능성이 높다는 데 있다고 강조한다.

균형이론과 매개관계

[그림 9-3]과 같이 한 조직에 A, B, C 세 명의 개인이 있다고 생각해보자. 세 명 간에는 강한 사회적 관계(예: 친구)와 약한 사회적 관계(예: 지인)가 있을 수 있고, 사회

그림 9-3 3자 관계 네트워크의 여러 유형

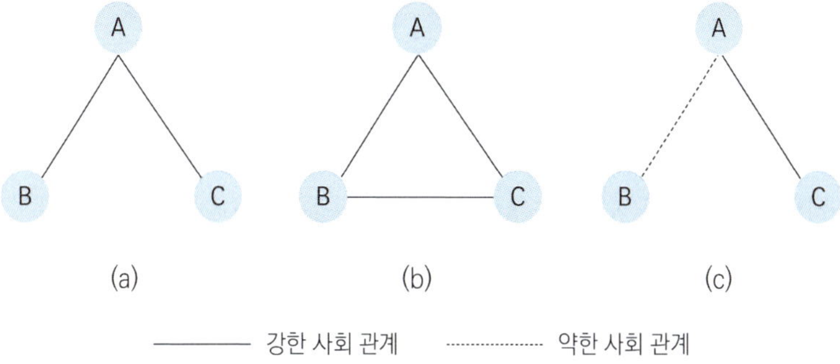

적 관계가 없을 수도 있다. 인지심리학자 프리츠 하이더Fritz Heider의 균형 이론balance theory에 따르면, 행위자 A가 B 및 C와 각각 강한 사회적 관계를 맺고 있는데 B와 C의 관계가 부정적이라면, 이 관계는 심리적으로 불균형 상태에 놓인다(Heider, 1958). A－B와 A－C가 모두 강한 관계로 연결되어 있고 B와 C가 서로를 알고 있는 경우, B는 자신의 감정을 좋은 친구인 A의 감정과 일치시키고자 하며, C 역시 A의 감정과 일치하려는 경향을 보이게 된다. 그 결과 B와 C가 서로 친구가 될 가능성이 높아진다. 이와 같이 A－B 및 A－C 관계가 모두 강한 사회적 관계로 연결되어 있을 때에는, [그림 9－3(a)]와 같이 B－C 관계가 형성되지 않는 금지된 3자 관계forbidden triad는 거의 발생하지 않는다. 따라서 B－C 관계는 강한 관계이든 약한 관계이든 형성될 가능성이 높아진다.

그라노베터의 논의에서 매개 관계bridge란 두 행위자를 연결하는 유일한 경로를 의미한다. 따라서 강한 관계인 A－B는 매개 관계일 수 없다. A－B가 매개 관계라면, A와 B 사이를 잇는 다른 어떤 대체 경로도 존재하지 않아야 하는데, A－B와 A－C가 강한 관계로 연결되어 있다면 [그림 9－3(b)]에서 보듯이 B－C 관계가 연결될 가능성이 높아져서 A와 B는 A－C－B라는 대체 경로를 통해서도 연결된다. 따라서 A-B는 더 이상 A와 B를 잇는 유일한 경로가 아니어서 매개 관계의 정의를 충족하지 못한다.

반면 A－B의 사회적 관계가 약한 경우에는 균형 이론에서 강조하는 심리적 불균형과 일관성 문제가 덜 중요해진다. A－B가 약한 관계인 경우에는 [그림 9－3(c)]에서 보듯이 B와 C가 연결될 가능성이 낮아지게 되고, 약한 관계인 A－B는 행위자 A와

B를 연결하는 유일한 경로이므로 매개 관계일 수 있다. 이 논리에 따르면, 모든 강한 관계는 구조적 특성 때문에 주변에 중복된 연결이 생겨 경로가 다중화되어 일반적으로 매개 관계가 될 수 없다. 반면 모든 약한 관계가 매개 관계인 것은 아니지만, 약한 관계는 매개 관계가 될 수 있다.

약한 사회적 관계의 구조적 이점에 대한 논의와 해리슨 화이트Harrison White의 구조 내 공백vacancy 논의(White, Boorman, and Breiger, 1976)를 더욱 발전시킨 것이 로널드 버트Ronald S. Burt의 구조 공백structural hole 이론이다. 약한 사회적 관계의 이점 이론은 뒤에서 살펴볼 구조 공백 이론의 토대를 제시한 중요한 사회 네트워크 이론이다.

강한 사회적 관계의 이점

그러나 위와 같은 약한 사회적 관계의 이점에 대한 강조가 강한 사회적 관계의 유용성을 모두 부인하는 것은 아니다. 안정적이지 못한 상황에 처한 개인은 자신을 보호하고 불확실성을 줄이기 위해 강한 관계를 발전시키려 한다. 또한 조직 내 친구관계의 형태가 그 조직이 위기상황을 극복하는 능력에 결정적인 요인이 되며, 불확실한 변화나 위기 상황에서는 강한 관계가 더 이점이 있다는 연구 결과도 제시되었다(Krackardt, 1992).

구조 공백 이론

버트는 그라노베터가 약한 사회적 관계의 이점으로 제시한 중개brokerage 기능은 사회적 관계 강도tie strength에 의해 결정되는 것이 아니라 네트워크 구조의 특성에 의해 결정된다고 주장한다. 두 행위자 간의 양자관계의 중요성에 대한 논의를 세 행위자 이상의 사회적 관계에 의해 이루어진 네트워크 특성인 구조 공백 이론structural holes theory으로 발전시킨 것이다(Burt, 1992). 버트는 폐쇄적이고 강한 사회적 관계에 의해 연결되는 배태된 네트워크는 구성원이 비슷한 정보의 원천을 공유하게 되고 중복되는redundant 정보를 제공하게 된다고 지적한다. 그는 서로 다른 집단을 연결시키는 교차적cross-cutting, 매개적bridging 관계의 중요성을 강조한다.

구조 공백의 이점

구조 공백이란 서로 사회적 관계가 없어 연결되지 않은 집단들 사이에 존재하는 구조적 단절과 빈틈을 의미한다. [그림 9-4(a)]에서 A씨가 없다면 네트워크는 네 개의 분리된 집단으로 분절되며, 이들 사이의 연결이 부재한 지점이 곧 구조 공백이 된다. A씨는 이렇게 서로 떨어진 집단들을 연결하는 중개자broker 역할을 수행하며, 네트워크 내에서 구조 공백 정도가 가장 큰 구조적 위치에 있다고 할 수 있다.

그림 9-4 네트워크 배태성과 구조 공백

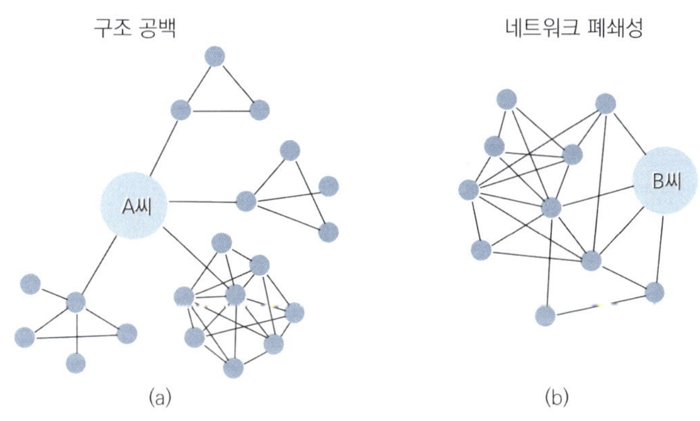

버트에 따르면, 구조 공백을 연결하는 중개자는 네트워크상에서 가장 질적으로 우수하고, 동시에 시의성timeliness이 높은 정보에 접근할 수 있다. 중개자는 서로 연결되어 있지 않아 직접 정보 교환이 불가능한 각 집단과 유일하게 접촉하고 있어, 각 집단 내에서만 유통되는 중복되지 않은non-redundant 정보를 획득할 수 있기 때문이다. 더 나아가 집단 간 정보 교류가 이루어지기 위해서는 반드시 중개자를 경유해야 하므로, 정보 흐름의 통제권 또한 확보하게 된다. 구조 공백 이론은 행위자가 네트워크의 구조적 제약에서 벗어나 자율성을 확보하고, 한 네트워크에 폐쇄적으로 배태되는 것보다, 서로 다른 외부 네트워크로 연결을 확장하는 것의 중요성을 강조한다.

이후의 여러 연구들은 네트워크에서 구조 공백 위치를 차지하는 행위자가 갖는 경제적 혜택에 대한 논의를 뒷받침하였다. 다른 사람들 간의 관계를 중개하는 네트워크 특성을 갖는 개인은 조직에서 더 유리한 개인 성과 평가를 받고, 큰 보상을 얻으며, 더 빨리 승진할 수 있었다(Burt, 1997). 조직들 간의 네트워크에서 중개자 특성을 갖는 조직은 그렇지 않은 조직에 비해 경쟁사와의 차별화에 유리하며, 매출 성장 속도가 빠르고, 수익성이 더 크다. 또한 구조 공백 특성을 가진 개인은 다양한 집단으로부터 중복되지 않은 지식과 정보를 얻어서 좋은 아이디어를 더 많이 내고, 더 큰 창의성을 보이며, 조직 차원에서 중개 역할을 하는 조직은 새로운 정보를 더 빨리 얻어서 더 큰 혁신적 결과를 만들어낼 수 있다(Stovel and Shaw, 2012).

행위자의 구조적 자율성 강조

행위자의 구조적 자율성structural autonomy을 강조하는 버트의 논의에서 중요한 것은 개별 행위자가 다른 사람들과 맺고 있는 사회적 관계에 의해 형성된 구조적 자율성이지 그 구조적 제한을 자의적으로 벗어날 수 있는 개별 행위자의 자율성이 아니다. 사회 네트워크 연구는 개별 행위자의 사회적 관계를 설명한다는 점에서는 미시적인 개인의 문제와 연관되지만, 중요한 것은 개별 행위자의 심리적, 인구통계학적 속성이 아닌 그들이 사회적 관계를 맺음으로써 형성되는 관계적 구조의 특성이다. 버트는 개별 행위자가 구조 공백을 차지하는 것이 그 개인의 의식적이고 계산적인 합리적 선택의 결과라고 주장하는 것이 아니다. 일단 구조적 제한을 덜 받는 사회 네트워크 위치를 차지한 행위자는 의식하든 의식하지 않든 구조 공백이 주는 이점과 혜택을 누릴 수 있다는 것이다.

행위자 A, B, C의 3자 관계에서 [그림 9-3(a)]나 [그림 9-3(c)]와 같이 A가 B, C와 연결되어 있고, B와 C는 연결되어 있지 않을 때 A가 구조 공백 이점을 얻게 된다. 그러나 A가 이러한 구조 공백 위치를 의도적으로 차지하기 위해 먼저 B, C와 친구가 되기를 원하더라도 친구 관계는 상호성에 의해 형성되기 때문에 B나 C가 원하지 않는다면 친구가 될 수 없고, A는 친구 관계 형성을 통제할 수 없다. 더군다나 A가 의도적으로 B와 C가 연결될 수 없도록 하는 것은 더 어렵다. 또 B, C가 지금은 서로 연결되어 있지 않더라도, 서로를 알고 있다면 시간이 지날수록 두 행위자는 연결될 가능성이 높고 이는 구조 공백이 채워진다는 것을 의미한다.

3자 관계가 아닌 더 많은 행위자들이 실제 사회적 관계를 맺어서 형성된 복잡한 네트워크에서는 A가 네트워크에 있는 다른 행위자들이 서로 연결되어 있는지에 대한 정보를 아는 것이 어렵기 때문에 자신이 전체 네트워크에서 구조 공백 위치를 차지하고 있는지 아닌지를 인식하는 것도 실제로는 어렵다. 개별 행위자가 자신이 합리적으로 사고해서 의도한 결과로 사회적 네트워크 구조를 만드는 것도 어렵고, 그 구조의 효과가 자신이 의도한 대로 귀결되기도 힘들다는 것이다.

구조 공백의 문제점

구조 공백을 차지한 행위자에게 이점만 있는 것이 아니라 부정적인 영향도 있을 수 있다. 행위자가 서로 연결되어 있지 않은 두 집단을 중간에서 연결시킨다는 것은 중개자가 두 집단에 동시에 속해 있을 수 있고, 두 집단이 각각 내부에 강한 규범을 형성시킬 수 있다. 규범은 집단의 일원으로 머무르는 대가로 어떻게 행동해야 하는지에 대한 일련의 규칙이다. 두 집단이 서로 연결되어 있지 않다면 두 집단 간에 강한 내집단 외집단 편향이 생길 가능성이 높고, 두 집단은 중개자에게 각자 자신의 집단 규범을 따르도록 요구할 것이다. 구조 공백 위치를 차지한 행위자는 두 집단을 중개하면서 이점을 얻는 것이 아니라 그 사이에서 역할 갈등을 겪게 되고 오히려 양 집단으로부터 모두 부정적인 평가를 받을 수도 있다(Krackhardt, 1999; Xiao and Tsui, 2007).

네트워크 배태성 이론

그라노베터는 경제 행위가 사회적 관계의 구조 속에 배태되어 있다고 주장한다. 이는 사회 맥락과 유리되어 파편화되고, 합리적이고, 자기 이해관계에 충실한 개별 행위자가 자신의 이익을 극대화하기 위해 시장에서 다른 행위자와 맺는 거래관계market transaction에 초점을 맞추는 신고전주의 경제학의 경제행위에 대한 시각과 상반되는 것이다. 그는 구조의 제한 없이 자신의 이익을 극대화하기 위해 합리적 선택을 하게 되고 그 결과를 향유할 수 있다는 경제적 인간economic man을 상정하는 신고전주의 경제학 관점을 과소사회화 접근undersocialized approach이라고 비판한다. 또한 시스템이나 깊은 구조deep structure에 의해 행위자들이 전적으로 영향을 받게 된다는 구조결정론적 입장을 과잉사회화 접근oversocialized approach이라고 비판하면서 사회적으로 형성되는socially constructed 발현적 속성emergent property으로서 개인의 행위에 영향을 주는 구조적 속성인 배태성embeddedness 개념을 제시한다(Granovetter, 1985).

네트워크 폐쇄성

배태성 논의는 개별 행위자의 경제행위에 영향을 미치는 사회적 요인을 강조한다. 개별행위자는 다른 행위자와 개인적인 사회적 관계를 맺으며, 그러한 관계의 구조인 네트워크는 개인 간의 관계에서 신뢰를 낳고 위반행위를 제지시키는 효과를 미친다. 합리적 개인의 전략적 행위를 강조하는 합리적 선택 이론가인 제임스 콜먼James S. Coleman은 논의를 더욱 발전시켜, 이러한 사회 구조가 외부로부터 분리되어 폐쇄되었을 때만 네트워크 구조가 규범을 형성시키고 신뢰성을 정립시킬 수 있다는 논의를 추가하였다. 폐쇄적인 구조하에서 개인은 규범을 위반했을 때 자신이 받게 될 제재를 피하기 위해 합리적으로 공동체의 규범을 따르게 되며, 개별행위자의 이해관계 추구도 다른 사람과의 사회적 관계에 의해 영향을 받게 된다는 점을 강조한다(Coleman, 1988). 이러한 연구흐름을 따르는 연구자들은 혈연관계, 지역적, 직업적 공동체 등의 네트워크에 배태된 사회적 관계로부터 나오는 경제적 혜택을 강조한다.

배태성과 강제력이 있는 신뢰

배태성 논의의 주요 논지는 강한 사회적 관계로 연결되어 있는 개별 구성원이, 폐쇄된 공동체 네트워크에 내재되어 있는 제한된 연대bounded solidarity, 호혜 규범norms of reciprocity, 신뢰trust, 그리고 위반자에 대해 제재sanction를 가하는 사회 통제기제social control system에 의해 혜택을 받는다는 것이다. [그림 9-4(b)]와 같이 외부와 단절되어 폐쇄된 구조 내에서 구성원들은 공동체 내부에 국한된 제한된 연대감을 갖게 된다. 이 제한된 연대감이 충분히 강하게 되면, 공동체 내 타인이 자신에게 어떤 자원이나 혜택을 제공했을 때 그에 상응하는 도움으로 보답해야 한다는 호혜 규범을 형성시키고 구성원 간의 상호 지원을 가져오게 된다. 이 단계에서 공동체 네트워크 내의 제한된 연대와 호혜 규범은 강제력이 있는 신뢰enforceable trust와 공유된 가치체계를 형성시킨다. 강제력이 있는 신뢰는 호혜 규범을 위반하는 구성원을 제재하는 공동체의 내부적인 사회통제 기제에 기반한다. 높은 단계의 신뢰를 제공하는 배태된 네트워크는 기회주의opportunism의 가능성을 약화시키고, 많은 비용을 들여야 하는 감시monitoring의 필요성을 줄이며, 시장거래transaction의 비용을 줄여서 네트워크 구조 내에 있는 사회 행위자들에게 경제적 혜택을 제공한다(Portes and Sensenbrenner, 1993).

네트워크 배태성의 예

뉴욕의 다이아몬드 도매시장은 배태된 사회적 관계가 경제 행위에 미치는 영향을 보여주는 대표적인 사례로 많이 인용된다(Coleman, 1988). 이 시장에서 상인들은 거래 협상과정에서 어떤 공식적인 절차 없이 물건을 받아서 개인적으로 자유롭게 보석을 검토할 수 있다. 신고전주의 경제학의 관점에서는 이런 식의 경제적 거래는 매우 비합리적이고 불가능한 것이다. 시장 거래를 하는 경제 행위자들이 각자 자신의 이익을 극대화하려는 기회주의적 성향을 가진다고 가정했을 때, 그 상인이 수천만 원에서 수억 원의 가치를 갖는 다이아몬드를 값싼 보석으로 바꿔치기하거나 기타 다른 사기 행위를 할 가능성이 크기 때문이다.

주류 경제학 관점에서는 이러한 위험을 방지하기 위해 여러 방법을 동원해 보석 검토 과정을 직접 감시하거나, 보석에 흠집이 나거나 문제가 생길 가능성에 대비해 검토 과정 전반에 대한 상세한 내용을 담은 계약서를 작성해서 책임과 처벌을 명확하게 규정하는 것이 필요하다고 본다. 이렇게 시장 거래를 하는 행위자들의 기회주의적 성향과 거래를 둘러싼 불확실성에서 오는 위험을 방지하기 위한 여러 감시와 조치는 여러 측면에서 비용을 발생시키게 된다. 그러나 뉴욕의 다이아몬드 도매 시장에서는 이러한 공식적인 계약이나 감시 절차 없이도 고가의 다이아몬드 거래가 원활하게 이루어진다. 이유는 상인들이 배태된 사회적 관계로 밀접히 연결되어 있기 때문이다.

이 시장 상인들은 대부분 유대인이어서 같은 유대교 회당에 다니며, 친족관계나 혼인관계로 서로 엮여 있고, 뉴욕의 브루클린이라는 같은 지역에 살면서 서로 교류가 많은 폐쇄적 공동체에 속해 있다. 이러한 폐쇄적 공동체 구조에서 만약 어떤 상인이 거래 상대방을 속이거나 배신 행위를 한다면, 그는 이 친족, 민족, 종교, 지역 공동체에 있는 다른 구성원과의 모든 신뢰와 유대 관계를 잃게 될 것이다. 이 시장에서 상인들 간의 원활한 거래는 배태된 사회적 관계에 기초한 사회적 제재와 신뢰에 의해 보증된다. 사회적 배태성은 그렇지 않았다면 불가능했을 수 있는 경제적 거래를 가능하게 하고, 번거롭고 비효율적인 감시비용monitoring cost을 줄여서 배태된 네트워크에 속한 행위자 모두에게 경제적 혜택을 줄 수 있다.

이후 여러 연구들이 이러한 배태성에 기반한 공동체 네트워크의 경제적 혜택에 대한 논의를 뒷받침하였다. 한 연구는 뉴욕 패션 산업의 성공은 사회 네트워크에 배태되어 있는 조직들이 구체적으로 신뢰trust, 세밀하고 구체적인 정보 이전 및 공유fine-grained information transfer, 공동 문제해결joint problem-solving arrangement을 통해 서로 경제적 혜택을 누릴 수 있었기 때문에 가능했다는 것을 보여주었다. 단기 계약 관계가 아니고 장기적으로 거래를 해와서 배태된 사회적 관계가 형성된 단골 조직인 경우에 우리가 흔히 '호의'라고 부르는 혜택을 서로 제공한다. 차례로 주문을 받아서 작업을 하지만 신뢰 관계가 있는 거래업체의 사정이 급하면 일을 먼저 해주거나, 막판에 급하면 초과 근무를 해서라도 납기일을 맞춰 주고, 파트너 조직의 업무 일정이나 상황에 따라 주문을 늦추거나, 필요하기 전에 미리 주문을 해준다. 이러한 호의는 시장 거래 관계에서 일반적인 계약, 벌금, 명백한 제재 등 보상을 강제하기 위한 공식적인 장치에 의해서 이루어지는 것이 아니다. 배태된 네트워크 관계에서 오는 신뢰에 기반한 상호작용은 서로에게 특권적이고 가격을 책정하기 어려운 자원difficult-to-price resources을 제공하고 조직의 경쟁력을 높이게 된다(Uzzi, 1997).

네트워크 배태성의 문제점

긴밀하게 연결된tightly-knit 사회 네트워크는 긍정적 기능을 수행하지만, 동시에 부정적 효과를 초래할 수도 있다. 미국 내 소수민족 공동체를 대상으로 한 연구는 공동체 내부의 결속이 지나치게 높을 경우, 외부 구성원과 연결하려는 구성원이 비난이나 배제와 같은 제재를 경험할 수 있음을 보여준다. 이처럼 관계가 과도하게 배태된overembedded 네트워크에서는 외부와의 접촉이 제한되어 새롭고 다양한 정보나 자원에 대한 접근성이 낮아지며, 구성원들 사이에서 이미 공유된 중복된 정보만 순환하는 경향이 강해진다. 그 결과 혁신이 저해되고, 공동체 내부의 강한 사회적 규범과 의무가 개인의 경제적 행위에 과도한 제약으로 작용하게 된다(Portes and Sensenbrenner, 1993).

사회 네트워크의 형성과 결과

사회 네트워크의 형성: 관계가 만들어지는 구조적·행위적 메커니즘

사회 네트워크의 형성과 변화에 대한 이론적 논의는 세 가지 관점으로 나누어 생각해볼 수 있다(Rivera, Soderstrom, and Uzzi, 2010). 분류적assortative 관점은 사회적 관계의 형성, 지속, 해체가 행위자 속성 간의 유사성 또는 비유사성에 의해 영향을 받는다는 것이다. 사람들은 나이, 성별, 종교, 인종, 가치관 등의 측면에서 서로 유사할수록 사회적 관계를 맺을 가능성이 높아지는 동종 선호homophily 경향을 보인다(McPherson, Smith–Lovin, and Cook, 2001). 또한 여러 사회 속성 측면에서 비슷한 행위자들 간의 관계가 서로 다른 행위자들 간의 관계보다 더 지속되고 끊어질 가능성이 줄어든다.

관계적relational 관점은 행위자들 간의 이전 관계가 새로운 사회 네트워크를 형성시키는 데 중요한 역할을 한다는 점을 강조한다. 한 사람이 상대방을 친구라고 생각하고 호의를 베풀면 그 상대방도 그 사람을 친구라고 생각해서 서로 친구가 될 가능성이 높다. 이러한 상호성이 발생하는 이유는 사람들이 자신에게 호감을 보이는 상대방을 좋아하는 경향이 있기 때문이다(Newcomb, 1956). 행위자들 간의 반복적인 상호작용도 네트워크 형성에 영향을 줄 수 있다. 이전부터 시장거래나 전략적 제휴를 해왔던 조직들 간에 새로운 전략적 제휴관계를 가질 가능성이 높아지게 된다(Gulati and Gargiulo, 1999). 반복되는 사회적 관계는 행위자들 간의 사회적 관계가 갖는 배태성과 신뢰를 나타내기 때문이다.

근접성proximity 관점은 지리적·물리적 근접성에 따라 상호작용이 증가한다는 것이다. 행위자들이 가까운 곳에 산다면 서로 간의 상호작용 기회를 촉진하여 사회적 관계를 형성하고 유지할 가능성이 커진다. 사회적 초점social foci 개념은 물리적 근접성이 아닌 사회적 상호작용 측면에서의 근접성에 대한 것이다. 사회적 초점 개념에 따르면 조직, 단체, 협회 등의 집단에 소속되어 활동을 공유하는 행위자들 간에 사회 네트워크가 형성될 가능성이 높다. 자신들이 갖는 여러 특성의 차이보다 함께하는 활동에 대한 공동의 관심사가 더 중요해지고 또한 서로에게 상호 이익이 되는 상황이 되며 서로 긍정적 감정을 느끼게 되기 때문이다(Feld, 1981).

사회 자본: 사회 네트워크의 결과

1990년대 이후 학계에서는 경제 자본economic capital, 인적 자본human capital, 문화 자본cultural capital과 구별되는 개념으로서 사회 자본social capital에 대한 논의가 활발히 전개되어 왔다. 사회 자본은 행위자가 자신의 사회 네트워크를 통해 동원할 수 있는 실질적·잠재적 자원의 총합을 의미한다. 이는 사회 네트워크를 통해 행위자가 획득하게 되는 결과이자 동시에 자원으로서, 이러한 점에서 사회 네트워크는 사회 자본을 창출하는 원천source으로 이해될 수 있다. 사회 자본 개념의 중요한 의의는 개인과 집단의 성과를 설명하는 데 있어 사회적 관계가 지니는 긍정적 효과, 특히 경제적, 도구적 혜택에 주목하도록 학문적 관심을 확장시켰다는 데 있다(Kwon, and Adler, 2014).

자본의 유형

사회 자본의 원리를 이해하려면 자본의 개념을 알아야 한다. 자본capital의 개념은 잘 알려진 대로 사회이론 최대의 거장인 칼 맑스Karl Marx에 의해 제시되었다(Marx, 1977/1867). 그러나 일반적 인식과 달리 자본의 정확한 개념은 명확하게 이해하기 쉽지 않은데, 맑스가 원전에서 사용하는 의미에 초점을 맞추면 계속적 자기 증식과 타인에 대한 우위 기반이라는 두 가지 요건이 핵심이다. 자본의 유형에는 아래에서 자세히 다룰 사회 자본을 비롯하여 경제 자본, 인적 자본, 그리고 문화 자본 등 네 가지가 있는데 모두 이 두 가지 요건을 충족한다. 사회 자본에 대해 토론하기 전에 먼저 나머지 세 가지 자본에 대해 간략하게 알아본다.

경제 자본: 자본의 개념을 처음으로 제시한 맑스가 집중적으로 분석했던 경제 자본인 화폐의 예를 생각해보면 자본의 두 가지 요건을 이해할 수 있다. 화폐, 즉 돈은 이자나 투자 등을 통해 계속 증식한다. 이런 관점에서 동일한 화폐라도 자기 증식의 기반일 때는 자본이지만 단순히 대금 지불에 사용될 때는 자본이 아닌 거래 수단에 지나지 않는다. 또한 화폐는 고용이나 채무관계 등을 통해 타인에 대한 우위advantage의 기반이 되어 타인을 통제하거나 지배할 수 있게 한다. 이 두 번째 요건이 바로 맑스가 자본의 유무에 따라 계급class을 지배계급과 피지배계급으로 나누는 기반이다. 바로 이런 경제 자본의 두 가지 원리에 의해 작동되는 정치경제 시스템이 자본주의capitalism이다.

인적 자본: 맑스가 경제 자본에 초점을 맞추어 자본주의 사회를 설명한 지 100년 후 또 다른 유형의 자본 개념이 가족에 대한 연구로 유명한 현대 미시경제학의 거장 베커Gary Becker에 의해 제시되었다(Becker, 1962). 화폐 자본의 보유와 마찬가지로 인간이 가진 지식이나 역량도 계속 자기 증식하며 타인에 대한 우위의 기반이 된다는 것

이다. 이를 인적 자본human capital이라고 부른다. 따라서 베커는 경제 자본에서 불리한 위치에 처한 사람이라도 인적 자본에 대한 적극적 투자를 통해 이를 극복할 수 있다고 주장한다. 기존 지식이나 역량은 새로운 지식과 역량이 계속 흡수되고 축적되는 자기 증식의 기반이 될 뿐 아니라 지식사회 등의 논의에서 시사하듯이 타인에 대한 중요한 우위의 기반이 된다. 그리고 인적 자본에 대한 투자의 핵심 수단이 바로 교육이므로 경제 자본의 차이에서 오는 계급 간 불평등 문제를 해결하기 위해 교육에 적극 투자해야 한다는 주장이 여기에서 제기된다. 우리가 드라마 등에서 자주 보는 경제 자본이 열악한 가난한 집안에서 태어났지만 공부에 혼신의 힘을 다해 결국 출세하는 스토리는 바로 인적 자본이 경제 자본의 불평등을 상당 부분 보완할 수 있다는 가능성을 보여준다.

문화 자본: 네 가지 유형의 자본 중에서 가장 이해하기 어렵고 실천적으로 구축하기도 어렵지만, 일단 형성되면 우위의 지속성이 가장 강한 것이 문화 자본cultural capital이다. 문화 자본은 20세기 후반을 대표하는 탁월한 사회이론가로 평가되는 프랑스의 인류학자이자 사회학자인 피에르 부르디외Pierre Bourdieu에 의해 제시된 개념이다(Bourdieu, 1990). 개인이 가진 문화예술적 취향tastes이 중요한 우위의 기반이 된다는 것이다. 즉 각자가 가진 고상한 취향이나 교양, 예술 향유력, 말투, 행동 스타일 등 객관적 경제력이나 학력으로 측정할 수 없는 또 다른 우위의 기반이 바로 문화 자본인 것이다.

경제 자본이나 인적 자본과 달리 문화 자본은 객관적 속성이 아니라 각자의 전의식preconscious 수준에서 오랜 기간의 사회화를 통해 내재화되고 체화된 습관으로 당연시되어 있기 때문에 이를 습관의 불어 표현인 아비투스habitus라고 부른다. 문화 자본으로서 아비투스는 의식적 선택이 아니라 상황에 따라 자연스럽게 발현되므로 모방이 불가능하다. 따라서 부르디외는 이 내재적으로 체화되어 당연시된 아비투스가 네 가지 자본 중 모방 불가능성이 가장 높기 때문에 다른 자본들을 아무리 많이 축적하더라도 도저히 넘어설 수 없는 구분짓기distinction의 궁극적 기반이라고 주장한다(Bourdieu, 1984).

이 네 가지 유형의 자본들은 각기 다른 원천과 기반 원리를 가지지만 서로 긴밀하게 상호작용하면서 조직과 같은 인간 사회를 우위를 가지는 집단과 그렇지 못한 집단으로 계층적으로 구분짓게 된다(Bourdieu, 1986). 그 중에서 사회 자본은 자본의 관계

구조적relational and structural 측면에 초점을 맞춘다.

사회 자본의 유형

사회 자본을 개별 행위자가 보유한 사회 네트워크로부터 발생하는 자원의 총합으로 이해하는 관점은, '개인이 가진 네트워크가 그 행위자의 이해관계 실현에 얼마나 기여할 수 있는가'라는 **사적 유용성 측면**the private-good facet에 초점을 둔다. 반면 사회 자본을 공동체, 조직, 사회와 같은 집합체가 보유한 자원의 총합으로 이해하는 관점도 존재한다. 이 관점은 집합체가 보유한 사회 네트워크, 상호성의 규범, 그리고 신뢰를 통해 집합체 자체가 어떠한 혜택을 얻을 수 있는지, 나아가 개인이 집합체의 사회 자본을 통해 어떤 혜택을 누릴 수 있는지에 주목하며, 이를 사회 자본의 **공적 유용성 측면**the collective-good facet으로 설명한다(Borgatti, Jones, and Everett, 1998). 예를 들어 퍼트넘Putnam은 미국 사회에서 가족, 시민단체, 취미 모임 등에 대한 시민적 참여가 1960년대 이후 감소해 왔으며, 이러한 변화가 사회 전체 차원의 사회 자본 약화와 공동체 결속의 붕괴를 초래하고, 궁극적으로 민주주의의 위기를 심화시킬 수 있다고 주장하였다(Putnam, 2000).

사회 자본은 단일한 내용적 특성을 지닌 개념이 아니라, 서로 다른 과정과 메커니즘을 통해 효과가 나타나는 다차원적 개념으로 이해된다. 이에 따라 사회 자본은 구조적, 문화적, 인지적 측면의 세 가지 유형으로 구분될 수 있다. 먼저 **구조적 측면**의 사회 자본은 사회 네트워크 구조 속에서 행위자들 간에 형성된 사회적 관계의 전반적인 특성이나 관계 양식pattern에서 비롯된다. 이 측면의 사회 자본은 명망, 네트워크 크기, 중첩성 등 네트워크 구조의 특성으로 표현된다. 한편 경제적 행위는 사회 구조에만 배태되어 있는 것이 아니라 문화적 맥락에도 배태되어 있다. 이러한 관점에서 **문화적 측면**의 사회 자본은 구성원들 사이에 공유된 집합적 이해와 관계의 역사에서 비롯되는 자원을 의미하며, 신뢰, 호혜성 규범, 의무와 기대, 그리고 공유된 가치체계 등을 포함한다. 마지막으로 **인지적 측면**의 사회 자본은 행위자들이 사회적 관계를 해석하고 의미를 부여하는 방식과 관련되며, 해석, 동일시, 평판reputation과 같은 특성과 연결되어 있다(Nahapiet and Ghoshal, 1998).

사회 자본 개념에 대한 비판

사회 자본 개념은 폭넓게 활용되어 왔고 사회적 관계의 중요성을 부각시켰다는 점에서 의의가 있으나, 개념 정의가 지나치게 포괄적이고 모호하여 정의가 일관되지 않다는 비판을 받아왔다. 또한 사회 구조나 집단이 가진 자원과 결과를 동시에 사회 자본으로 포괄함으로써 원인과 결과를 구분하기 어려워서 이론적 명확성이 약화되고 실증적 검증이 어려워진다는 지적이 제기되었다. 또한 사회 자본의 긍정적 효과에 주로 초점을 맞춤으로써, 배타성 강화나 불평등 재생산과 같은 부정적 측면이 충분히 조명되지 못했다는 비판도 존재한다(Portes, 1998).

조직 사회 네트워크

1990년대 초부터 사회 네트워크 연구가 사회 자본이라는 은유를 사용하여 사회과학 전반에 크게 영향을 미치기 시작하면서 경영학에서도 이론적, 방법론적으로 사회 네트워크 연구를 적용하여 조직 경영의 여러 현상에 대해 설명하기 시작했다. 경영학 내에서도 특히 조직연구는 사회 행위자와 구조를 잇는 관계적 요소의 중요성이라는 새로운 시각에서, 조직과 사람에 관한 여러 현상을 보다 폭넓게 설명할 수 있게 되었다. 이러한 연구 흐름을 **조직 사회 네트워크**organizational social network라고 한다(Kilduff and Brass, 2010; Brass, Labianca, Mehra, Halgin, and Borgatti, 2014).

조직 간 관계 네트워크: 경쟁과 협력의 관계적 기반

자본주의 사회에서 조직의 경제행위를 시장 거래와 경쟁 원리만으로 설명하는 신고전주의 경제학 관점과 달리, 실제 조직의 경제행위와 성과는 기업 간에 형성된 네트워크 관계에 의해 크게 영향을 받는다(Lumineau, and Oliveira, 2018). 개별 조직은 자신과 유사한 업종에 속한 다른 조직들 사이에서 널리 쓰이는 경영 제도나 관행을 채택함으로써 제도적 정당성을 확보하려는 경향을 보인다. 이러한 과정에서 조직 간 네트워크 관계는 새로운 제도나 기술 혁신이 개별 조직 수준에서 채택되는 데 영향을 미칠 뿐만 아니라, 궁극적으로 유사한 조직들로 구성된 조직군 차원으로 확산diffusion되고 제도화institutionalization되는 데 중요한 역할을 한다.

예를 들어 신주인수선택권poison pill 제도는 적대적 기업 인수·합병(M&A)이 시도될 경우 기존 주주에게 신주를 매입할 수 있는 권리를 부여함으로써 경영권 방어를 가능하게 하는 제도이다. 미국 기업을 대상으로 한 연구에 따르면, 이 제도의 확산 과정에는 기업 이사들이 여러 기업의 이사회에 동시에 소속되는 이사 겸직 네트워크 interlock network가 중요한 영향을 미쳤다. 즉, 조직의 이사들이 다른 조직에서도 이사직을 겸직함으로써 조직 간 연결 정도가 높아질수록, 해당 조직이 신주인수선택권 제도를 채택할 가능성은 유의미하게 증가하였다(Davis, 1991).

조직의 혁신과 성과에 대한 네트워크 연구

사회 네트워크는 행위자의 혁신과 성과에도 중요한 영향을 미친다(Perry-Smith, and Mannucci, 2017). 조직이 합작투자joint venture, 전략적 제휴, 공동연구, 기술공유협약 등 다양한 협업 관계를 통해 산업 내 다른 조직들과 더 많은 네트워크 연결을 가질수록 혁신 성과가 향상되었다(Ahuja, 2000). 미국 생명공학산업을 대상으로 한 연구에서도 조직이 산업 내 조직 간 네트워크에서 중심적인 위치를 차지할수록, 즉 더 많은 조직들과 연결될수록 후속 연구개발 협력건수가 증가하고 조직의 성장 속도 또한 더 빨라지는 것으로 나타났다(Powell, Koput, and Smith-Doerr, 1996). 또한 사회 네트워크에서 구조 공백을 차지하는 행위자는 다양한 동료들과 논의하고 다양한 정보와 자원에 접근하는 것이 가능해서 더 창의적인 아이디어를 제시할 가능성이 높다(Burt, 2004).

지위에 대한 네트워크 관점

불확실성이 높은 상황에서 사회 네트워크는 행위자의 사회 지위를 보여주는 역할을 한다. 신생 벤처기업의 경우, 과거 실적이 없기 때문에 향후 성과 가능성을 평가하는 것은 투자자에게 매우 어려운 과제이다. 연구 결과는 저명한 전략적 제휴 파트너를 보유한 비상장 벤처기업은 그런 연결이 없는 벤처에 비해 기업공개Initial Public Offering(IPO) 시점이 더 빠르고, 공개 시 기업가치 또한 더 높게 평가받는 것으로 나타났다. 불확실한 상황에 직면한 투자자는 벤처 기업 자체의 역량을 직접 평가하기보다는, 해당 벤처와 연결된 제휴 파트너의 지위를 신호로 해석하여 벤처 조직의 성장가능성을 평가한다는 것을 의미한다. 지위가 높은 파트너로부터 '보증'을 받은 벤처일수록 더 우수한 성과를 낼 것이라는 기대가 형성되는 것이다(Stuart, Hoang, and Hybels, 1999).

5장의 지위에 대한 논의에서 살펴보았듯이, 행위자의 역량은 외부에서 쉽게 알기 어렵기 때문에 지위가 그 행위자의 능력에 대한 대리적 신호proxy signal로 기능하며, 청중은 지위를 토대로 행위자의 역량과 잠재력을 평가하는 경향이 있다. 이런 맥락에서 사회 네트워크는 행위자 간에 실제로 자원과 정보를 전달하는 통로pipe로서 기능할 뿐 아니라, 청중에게 행위자의 지위에 관한 신호를 보내는 프리즘으로서prism 기능하는 두 가지 역할을 수행하는 것이다(Podolny, 2001).

조직 내 네트워크: 공식구조를 넘어 작동하는 관계적 기반

미시적인 조직 내 현상에 대한 연구는 주로 심리학 이론들에 기반을 두었기 때문에 구조적 특성을 강조하는 네트워크 관점 연구는 상대적으로 많지 않았다. 그러나 지난 20여 년 동안 미시 조직행동 분야는 갈수록 상황요인contextual factor과 다층적multi-level 요인의 중요성을 강조하고 있고, 사회 네트워크 관점에서 조직 내 사람과 집단에 대한 여러 현상에 대해 활발한 연구를 진행해 왔다. 사회 네트워크가 어떻게 조직이 구성원을 채용하고, 신입사원이 들어와 적응하는 사회화 과정을 거치고, 성과를 내고, 승진하고, 자신이 하는 일과 조직에 대해 만족하고 몰입도를 보이고, 동료를 돕는 행동을 하고, 조직을 떠나 다른 곳으로 이직하며, 리더가 구성원과 상호작용하고, 집단 특성이 집단 성과에 영향을 주는가에 대한 많은 연구가 있었다(Brass, 2012).

리더십에 대한 네트워크 관점

조직현상을 사회 네트워크 관점으로 살펴보면 기존에 주로 심리학 관점으로만 설명해온 조직 내 여러 현상들에 대해 새로운 이해와 통찰력을 가질 수 있다. 앞장에서 살펴보았듯이 지금까지 개인 특성, 행동, 인지, 정서라는 전통적인 미시 조직행동 관점에서 리더십을 바라보는 여러 연구들이 있었다. 리더십에 대한 특성적 접근은 위대한 리더는 타고나는 것이라는 특성 이론이다. 행동적 접근은 리더십 효과성에 영향을 주는 것은 리더가 추종자에게 보이는 구체적인 행동양식이라고 주장하는 행위 이론이다. 인지적 관점의 대표적인 예는 리더십 귀인 이론이다. 추종자가 조직 성과의 원인을 쉽게 찾을 수 없을 때 그 원인을 리더십 때문이라고 쉽게 귀인하는 경향이 있으며, 리더십 효과란 리더의 실제 행동에 의해 나타나는 것이 아니라 추종자가 자신의 리더에 대해 어떻게 지각하는가 하는 귀인에 불과하다는 것이다. 정서적 관점은 카리스마 리더십과 변혁적 리더십 이론에서 리더와 구성원 간의 감정적 애착과 몰입, 감정적 고양, 리더에 대한 자발적 복종, 숭배 등의 감정적 요인을 강조하는 것이 대표적인 예이다.

리더십에 대한 관계적 접근은 카리스마 리더십이나 변혁적 리더십 이론에서도 부분적으로 나타나지만, 이러한 관점을 본격적으로 이론화한 것은 리더－구성원 교환이론(LMX)부터이다. LMX 이론에 따르면 리더와 개별 구성원 간의 양자관계의 질이 좋을수록 상호작용의 빈도와 신뢰 수준이 증가하며, 이러한 관계적 특성은 리더가 이끄는 집단 효과성에 긍정적인 영향을 미친다.

최근 연구들은 이러한 양자관계를 넘어, 사회 집단 내 구성원 전체의 네트워크 구조와 관계적 특성이 리더십 과정과 성과에 어떠한 영향을 미치는지에 주목하고 있다. 이 관점에 따르면 네트워크에서 다수의 구성원과 사회적 관계를 맺고 중심적인 위치를 차지한 행위자는 해당 집단에서 비공식 리더informal leader로 기능하게 된다. 비공식 리더는 공식적 직위가 없더라도 구성원과의 직접적인 사회적 관계를 통해 그들의 요구와 필요를 잘 이해하고, 정보와 자원에 대한 접근성이 높으며, 구성원에게 실질적인 영향력을 행사할 수 있는 권력을 갖는다. 나아가 공식적 직위를 가진 리더가 네트워크에서도 중심적인 위치를 차지하여 비공식 리더의 지위를 동시에 확보할 경우, 그 리더는 보다 효과적인 변혁적 리더십을 발휘하고 전반적인 리더십 효과성도 높아진다(Carter, DeChurch, Braun, and Contractor, 2015).

집단 사회 자본

조직 내 집단을 둘러싼 여러 이슈는 개인들 간의 상호작용을 통해 형성되면서도, 동시에 조직 내 다른 구성원들이나 조직 자체의 특성에 의해 규정되는 다층적 성격을 지닌다. 이러한 집단의 본질적 특성으로 인해 최근 조직행동 분야에서는 집단을 분석단위로 한 네트워크 연구가 활발히 이루어지고 있다. 네트워크 배태성 이론과 구조 공백 이론을 토대로, 팀 수준의 사회 자본이 어떻게 형성되며 이것이 팀 성과에 어떠한 영향을 미치는지를 알아보겠다. 팀 구성원들은 팀 동료들과 수평적인 관계를 맺을 수도 있고, 팀장과는 수직적인 관계를 형성하기도 한다. 또한 다른 팀의 팀원과 친구 관계나 업무 협조 관계와 같은 외부 관계를 맺을 수 있으며, 타 팀의 공식적 리더인 팀장이나 비공식적 영향력을 지닌 인물과 인간관계를 형성하기도 한다. 이러한 팀 구성원들의 사회적 관계 양상에 따라, 그들이 속한 팀의 성과는 달라질 수 있다.

집단 수준의 사회 자본은 집단 구성원들 간에 형성된 내부 네트워크의 특성과, 집단 구성원들이 집단 외부의 다른 구성원들과 맺고 있는 외부 네트워크의 특성에 의해 영향을 받는다(Oh, Labianca, and Chung, 2006). 집단 내부에서 구성원들 간의 친밀한 관계가 형성되어 강한 사회적 유대가 존재하는 팀은, 협력과 정보 공유를 촉진하는 강한 규범을 바탕으로 배태성에 기초한 사회 자본을 형성할 수 있다. 그러나 팀원들 간의 관계가 과도하게 밀접해질 경우, 집단사고에 빠져 다른 구성원들의 의견에 대해 비판 없이 동조하거나, 유사하거나 중복된 정보만을 공유하게 될 위험이 커진다. 또한 외부 집단에 대해 부정적인 편향을 갖게 되어, 새로운 정보나 혁신적인 아이디어가 팀 외부로부터 유입되기 어려워질 수 있으며, 이는 결국 팀 성과에 부정적인 영향을 미칠 수 있다.

한편 팀 구성원들은 타 팀의 입사 동기, 상사, 혹은 비공식적 리더와도 일상적인 사회적 관계를 형성한다. 이때 단순히 얼마나 많은 외부 사람을 알고 있느냐보다, 얼마나 다양한 집단과 연결되어 있는가가 더 중요하다. 구조 공백 이론에 따르면, 팀 구성원들이 소수의 특정 팀과만 집중적으로 교류하는 경우보다, 조직 내 여러 팀의 구성원들과 폭넓게 연결되어 있을 경우 다른 팀이 보유한 정보와 자원을 간접적으로 활용할 수 있다. 이러한 네트워크 구조는 더 많은 사회 자본을 형성하게 하며, 그 결과 팀 성과 역시 향상된다.

또한 팀 구성원들이 누구와 연결되어 있는가 역시 중요한 요인이다. 팀 구성원이 조직 내에서 영향력을 행사할 수 있는 인물, 다른 팀의 팀장, 혹은 비공식적 리더와 관계를 맺고 있을 경우, 이러한 연결을 통해 외부의 정치적 압력이나 위협으로부터 팀을 보호받을 수 있으며, 조직 내 조정과 협상 과정에서도 유리한 위치를 점할 수 있다. 종합하면, 팀 성과를 극대화할 수 있는 집단 내·외 사회적 관계의 최적 조합은 내부적으로는 팀원 간에 중간 수준의 사회적 유대를 유지하면서, 동시에 외부적으로는 다양한 연결 관계를 확보한 네트워크 구조라고 할 수 있다(Oh, Chung, and Labianca, 2004).

조직 사회 자본과 성과주의

이처럼 집단 수준의 사회 자본은 집단 내부 및 외부의 사회 네트워크 구조에 의해 형성되며, 팀 성과에 중요한 영향을 미친다. 이러한 논의는 사회 자본이 개인이나 집단 수준에만 국한된 개념이 아니라, 조직 전체 차원에서도 핵심적인 자원으로 작동할 수 있음을 시사한다. 이러한 문제의식에서 출발한 연구들은 집단을 넘어 조직 수준의 사회 자본organizational social capital 개념을 제시하고 있다. 조직 수준의 사회 자본 논의에 따르면, 조직 구성원들이 자신이 속한 집단 내부뿐 아니라 조직 내 다른 집단의 구성원들과도 사회 네트워크를 통해 긴밀하게 연결되어 있고, 이러한 관계 속에서 집단의 경계를 넘어서는 조직 전체 차원의 신뢰가 형성되어 있을 때, 해당 조직은 높은 수준의 조직 사회 자본을 보유하고 있다고 본다. 이 관점에 따르면 조직 구성원들 간의 신뢰와 상호 존중에 기반한 사회 자본은 지식 공유와 협력을 촉진하고, 이를 통해 조직학습을 가능하게 하며 혁신 역량을 강화함으로써 장기적으로 조직 성과를 향상시킬 수 있다(Leana and Van Buren, 1999).

조직 사회 자본 논의는 지난 30여 년 동안 고용의 유연화와 개인 성과에 기초한 성과주의 인사관리 시스템으로 변화해 온 한국 조직의 전형적인 모습과는 대조적인 관점을 제시한다. 상대평가에 기반한 성과주의는 개인 간 경쟁을 촉진시키는 동시에, 조직 내 개인 및 집단 간 사회적 관계와 신뢰 형성을 저해한다. 이러한 효과는 조직 수준의 사회 자본을 약화시키고, 결과적으로 구성원 간 협업에도 부정적인 영향을 미칠 수 있다. 따라서 조직 사회 자본 논의는 현재 한국 기업의 인사·조직 관리에서 지배적으로 나타나는 성과주의 시스템이 지니는 장점뿐 아니라 그 한계와 부작용을 비판적으로 성찰할 수 있는 중요한 이론적 틀을 제공한다.

ORGANIZATIONAL BEHAVIOR

10

조직설계
: 환경-전략-조직 간 적합성

- 조직의 설계: 구성요소들 간 목적지향적 연결
- 펀더멘털 중심 조직설계를 위한 질문들
- 조직설계의 실행: 설계 차원과 대안들
- 바람직한 조직설계의 원칙: 상황적합성 접근법
- 조직설계의 출발점 '환경': 환경 파악의 어려움
- 조직설계의 실행 I: 부서구조와 기업전략
- 조직설계의 실행 II: 지배구조와 거래전략

CHAPTER 10

조직설계: 환경-전략-조직 간 적합성

조직의 설계: 구성요소들 간 목적지향적 연결

조직설계organization design는 "조직이라는 사회적 개체의 형태form를 설계하는 행위"이다. 구조나 프로세스, 시스템 등 조직형태organizational form를 구성하는 핵심 요소들은 특정한 목적goals을 추구하기 위해 특정한 논리logics에 따라 의도적으로 설계되고 변화된다(Galbraith, 2014; Daft and Armstrong 2022). 이 책에서는 조직생태학organizational ecology이나 신제도이론neoinstitutional theory 등 최근 조직이론의 발전 추세를 따라 조직설계의 대상을 전통적으로 사용하던 조직구조organizational structure가 아니라 보다 포괄적 개념인 조직형태organizational form로 주로 표현할 것이다(Hannan and Freeman, 1977; DiMaggio and Powell, 1983). 일반적으로 사용되는 표현인 조직구조는 조직형태의 가장 중요한 구성요소이다. 그러나 조직설계의 대상은 구성요소들간 정태적static 관계를 의미하는 구조뿐 아니라, 구성요소들 간 자원이나 정보 등의 동적dynamic 흐름인 프로세스, 그리고 구성요소들 간 수직적 포함vertical inclusion 관계인 시스템도 있기 때문에 보다 포괄적인 개념인 조직형태가 최근에는 자주 사용된다. 따라서 이 책에서는 주로 조직형태라는 표현을 사용하지만 간혹 기존 관행을 따라 조직구조라는 표현을 자유롭게 혼용하기도 할 것이다.

조직형태의 의도적 설계

조직의 핵심적 형태는 자연발생적으로 형성된 것이 아니라 의도적으로deliberately 설계된 것이다. 따라서 조직을 설계하는 사람과 상황에 따라 목적과 기반 논리 등이 다르기 때문에 다양한 조직형태들이 존재하게 된다. 진화론적으로 조직을 연구하는 조직생태학organizational ecology은 다양한 조직형태들의 등장과 사멸 과정을 역사적으로 추적하는데 그 미시적 기반이 되는 행위가 바로 조직설계이다. 조직설계의 본질을 정확하게 알기 위해서는 조직이라는 사회적 개체와 설계라는 특수한 행위의 개념을 이해해야 한다. 조직의 개념은 이 책 1장에서 자세히 설명하였으므로 여기에서는 설계design의 개념과 본질에 초점을 맞춘다.

'설계' 행위로서 조직설계

물론 조직의 모든 측면이 의도적으로 설계되는 것은 아니며 2장의 조직 패러다임의 역사적 발전에서 인간관계론을 토론할 때 언급한 바와 같이 자생적으로 발현emerge해서 변화하는 비공식 측면도 상당 부분 존재한다. 그렇지만 조직의 구조, 프로세스, 시스템 등 핵심적 형태는 목적지향적 행위를 통해 의도적으로 공식 설계된다. 그리고 설계된 조직형태는 조직생태학에서 명확히 보여주듯이 조직의 생존과 성과에 결정적 영향을 미친다. 조직은 일단 설계된 후에도 다양한 이유와 방식으로 끊임없이 변화한다. 이 책의 첫 두 장에서 자세히 토론하였듯이 우리가 현재 보고 있는 형태의 영리기업이나 비영리단체, 공공기관 등 현대적 조직은 19세기 말에 본격적으로 역사에 등장했다. 현대적 조직이 등장한 역사적 배경과 핵심 특성, 그리고 변화 과정은 2장에서 자세히 소개했다. 10장의 목적은 실제 조직형태의 설계가 구체적으로 어떻게 진행되는지를 이해하는 것이다.

조직설계는 말 그대로 조직의 형태를 구성하는 구조, 프로세스, 시스템을 미리 결정하는 행위이다. 특정 목적을 추구하기 위해 설립된 사회적 개체인 조직의 가장 중요한 특성들이 조직설계라는 구체적 행위를 통해 결정되는 것이다. 그렇다면 설계는 구체적으로 무엇을 결정하는 행위인가? 설계design의 개념을 정확히 이해하기 위해서는 이 개념이 사용되는 다양한 대상들을 생각해보는 것이 도움이 된다. 우리는 설계라는 개념을 조직설계를 비롯한 다양한 영역에서 사용한다. 건물설계, 상품설계, 기계설계,

컴퓨터 소프트웨어 설계, 그리고 패션디자인 등은 모두 설계라는 본질적으로 동일한 행위를 다른 대상에 적용한 예이다. 설계의 대상이 다양하게 바뀔 뿐이다.

설계 행위의 본질과 원리를 이해하기 위해 좀 더 가시적이고 구체적인 대상인 기계설계의 경우를 생각해보자. 조직의 역사적 발전과정에서 자세히 소개했듯이 20세기 초에 등장한 현대적 조직경영의 첫 번째 모형인 과학적 관리법과 대량생산, 관료제 등의 고전적 패러다임classical paradigm은 조직을 일종의 큰 기계로 보고 그 형태를 설계했다. 따라서 기계를 설계할 때 구체적으로 어떤 단계를 거치는지 생각해보면 조직설계의 이해에 도움이 된다. 기계설계는 크게 그 기계가 무슨 일을 수행하는 도구인가를 결정하는 목적이나 기능의 선택으로 시작하고, 선택된 목적을 잘 수행할 수 있도록 기계의 구성요소들인 다양한 부품들 간 관계relation와 상호작용interaction의 구조와 프로세스, 시스템을 특정한 설계논리design logic에 따라 미리 결정함으로써 완성된다. 그 설계에 따라 부품을 조립하면 기계가 탄생한다.

미리 결정

조직설계를 비롯한 모든 설계는 시간적으로 그 대상의 실제 조립과 제작, 사용보다 앞선 시점에서 미리 결정pre-determine 된다. 즉 설계는 선택된 목적을 수행하도록 구성요소들 간 관계와 상호작용을 특정한 설계논리에 따라 미리 결정하는 행위인 것이다. 이 정의는 조직설계는 물론, 기계설계나 건물설계 등 모든 종류의 설계에 공통적으로 적용된다.

여기에서 한 가지 강조해야 할 것은 조직설계의 대상은 오직 공식적 요소라는 사실이다. 조직형태는 의도적으로 설계되는 공식적 형태와 자연적으로 발생하는 비공식 형태로 구성되는데 조직설계는 이 중에서 공식 조직에만 해당된다. 공식적 요소에 대한 행위라는 사실은 모든 설계에 공통적으로 적용되는 개념 정의이다. 자연발생적인 비공식적 요소를 미리 설계한다는 것은 개념적 모순oxymoron이다. 따라서 조직설계는 공식 구조, 프로세스, 시스템에만 적용된다.

조직설계의 대상: 업무, 자원, 행위자

조직설계는 목적 추구를 위해 조직의 구성요소들을 연결시키는 행위이므로 먼저 연결시킬 대상인 조직 구성요소들organizational components을 파악해야 한다. 조직의 구성요소들을 분류하는 분석틀은 다양하지만 '어떤 일을 무엇을 사용하여 누가 수행하느냐'라는 자연스러운 논리적 흐름에 따라 조직행동의 목적-수단-주체에 초점을 맞추어 조직의 업무works, 자원resources, 그리고 행위자actors로 분류하는 것이 조직설계를 이해하는데 가장 직관적으로 도움이 된다(Galbraith, 2014).

업무works: 동작요소, 과업, 직책, 직무, 부서

조직이 수행해야 할 '일' 즉 조직의 업무organizational works는 조직의 구성원들과 구성단위들, 그리고 전체 조직이 목적을 추구하기 위해 각각 구체적으로 "무엇을 할 것인가what to do?"를 결정하는 것을 말한다. 업무는 "선택된 목적을 추구하기 위한 행동", 즉 수단적 행위이므로, 조직이 수행해야 할 업무는 조직의 목적에 의해 결정된다. 모든 업무, 즉 일의 본질은 목적지향적 행위이다. 그런데 조직의 업무는 수순별로 다양한 하위 단위들로 구성되어 있어서 이들을 명확히 구분하는 것이 매우 중요한데 유사한 개념들이므로 흔히 혼동되어 잘못 사용되곤 한다.

동작요소: 조직 업무의 가장 미시적 수준 구성 요소는 동작요소motion element이다. 각 동작요소는 목적지향적 행위이지만 그 자체로는 가치 발생이 아직 없다. 일련의 복수의 동작요소들이 모여서 상위 단위인 과업task이 형성되어야 가치가 발생한다. 예를 들면, 부품을 조립하기 위해 ① 부품 방향으로 손을 뻗고 ② 부품을 들어 올려서 ③ 부품을 몸체에 부착하는 세 가지의 동작요소 각각은 목적을 추구하기 위한 행위이지만 그 자체로서 가치 창출은 없다. 예를 들면, 손을 뻗는 행위만으로는 아무런 가치가 창출되지 않는다. 그런데 이 세 가지가 연결되어 부품조립이라는 과업이 구성되면 가치가 발생한다.

과업: 따라서 조직 업무의 다음 수준 단위는 과업task이다. 과업은 복수의 동작요소들이 모여서 구성되는 최소의 가치발생 단위이다. 과업은 분업의 최소 단위이다. 이 책 2장의 역사발전에서 자세히 살펴보았듯이 과학적 관리법과 포디즘 스타일 대량생산의 단순반복 작업에서 가장 극단적 형태는 한 사람이 한 가지 과업만 반복 수행하게 설

계하는 것이다. 과업 단위 이하로는 분업을 할 수 없는데 그것은 각자 동작요소만 수행해서는 가치창출이 불가능하기 때문이다. 특정 과업을 구성하는 복수의 동작요소들은 반드시 한 사람이 수행해야 하는 것이다.

직책: 조직 업무의 그 다음 단위가 직책position이다. 극단적 포디즘의 경우를 제외하면 대부분의 조직 구성원은 각각 복수의 과업들을 수행한다. 예를 들면, 현대적 대기업의 전형적 중간관리자는 자신이 담당하는 업무의 기획과 실행, 보고뿐 아니라 하급자들의 업무 배정과 감독, 평가, 개발 등 다양한 과업들을 수행한다. 따라서 각 조직 구성원들은 복수의 과업들로 구성된 직책을 수행하는 것이다. 물론 포디즘식 극단적 대량생산 조직설계와 같이 한 직책에 한 가지 과업만 포함된 단순반복형 설계도 가능하지만 대부분의 직책에는 복수의 과업들이 포함된다. 그리고 포디즘의 직책 구조와 정반대로 장인생산의 경우 수많은 과업들이 한 직책을 구성하기도 한다.

직무: 조직 업무의 그 다음 수준 단위는 직무job이다. 조직 내에 동일한 직책을 수행하는 사람이 한 명만 존재하는 경우는 드물며 대부분 다수로 존재한다. 즉 동일한 직책이 여러 개 조직 내에 공존하는 것이다. 이 동일한 직책들의 집합적 범주category를 직무라고 한다. 예를 들면, 대학 조직 내에는 동일한 교수 직책이 적게는 수백 개 존재한다. 이들 수백 명 교수들의 직책을 구성하는 과업들은 동일하다. 따라서 조직설계에서 동일한 직책을 모두 별도로 설계할 필요는 없으므로 교수의 직무를 한 번 설계하면 된다. 따라서 가장 대표적 조직설계가 앞의 동기부여에 대한 토론에서 살펴본 단순반복작업과 직무충실화job enrichment와 같은 직무설계job design인 것이다(Taylor, 1911; Hackman and Oldham, 1975; Daft and Armstrong, 2022).

부서: 직무보다 더 상위 단위가 부서department이다. 이 장chapter의 뒤에서 설명하겠지만, 각 직무들이 조직에서 독립적으로 수행될 수도 있으나 대부분의 경우 다양한 직무들이 더 큰 단위인 부서로 통합되어 수행되는 경우가 일반적이다. 즉 부서는 다양한 직무들의 집합이다. 예를 들면, 대부분의 조직에서는 다양한 직무들이 기능부서나 팀, 사업부 등 하위 부서별로 통합되어 관리된다. 다양한 직무들을 통합하는 대안적 접근법들과 기반 논리는 뒤의 부서구조 설계에서 자세히 토론될 것이다.

조직: 그리고 최종적으로 조직 업무의 가장 거시적 단위는 다양한 부서들이 모인 조직 그 자체이다. 전체 조직이 수행해야 하는 일, 즉 조직의 업무를 부서, 직무, 직책, 과업, 동작요소로 단계별로 미리 설계해놓는 행위가 조직설계의 첫 번째 단계인 것이다.

자원resources

일단 조직이 수행해야 할 업무가 설계되면 그 다음으로 설계해야 할 대상은 자원resources이다. 위에서 설명한 단계별 조직 업무의 수행에는 다양한 수단과 재료가 필요하다. 각 구성원이나 부서가 맡겨진 조직 업무를 수행할 때는 반드시 필요한 수단인 자원이 함께 제공되어야 한다. 즉 조직설계에서 자원은 "무엇을 사용해서with what" 업무를 수행할 것인가의 문제이다. 따라서 조직설계의 두 번째 단계는 어떤 조직 업무의 수행에 어떤 자원이 필요한지를 파악해 제공하는 것이다.

투입물inputs로 지칭하기도 하는 자원의 유형은 다양하며 자원의 양과 질, 그리고 적절한 배치 여부에 따라 조직 전체의 경쟁력이 근본적으로 달라진다는 논리에서 전략경영분야에서는 핵심 이론 중 하나인 자원기반관점resource-based view이 제시되기도 했다(Wernerfelt, 1984; Ferreira and Ferreira, 2025). 특히 자원이 대체불가능하고 희소한 경우에는 그 자원의 보유 자체가 경쟁우위의 원천이 되기도 한다. 자원에는 우리에게 익숙한 재무적 자원과 비재무적 자원들 외에도 정보, 지식, 노하우, 역량capabilities, 그리고 인적자원human resources 등 다양한 유형들이 있다.

행위자actors

조직설계의 마지막 구성요소가 바로 다양한 수준의 행위자들actors이다. 위에서 제시한 다양한 수준의 조직 업무를 구체적으로 "누가by whom 수행할 것인가?"에 대한 행위자별 책임과 권한을 결정하는 것이 조직설계의 가장 중요한 단계 중 하나인 것이다. 조직설계의 구성요소로서 행위자의 유형에는 개별 구성원individual members, 부서 등과 같은 하위 구성단위subunits, 그리고 전체 조직이 있다. 조직을 어떤 행위자들로 어떻게 구성할 것인가는 매우 중요한 선택의 대상으로서 조직설계의 핵심 영역 중 하나이다.

예를 들면, 동일한 자동차산업의 경우에도 포디즘에 기반한 대량생산 기업들처럼 대다수의 행위자들을 단순반복 작업만 수행하는 탈숙련화deskilling된 노동자들로 설계할 수도 있고, 반대로 직무충실화job enrichment에 기반한 장인생산 기업들처럼 전체 행위자들을 고도의 책임과 권한을 가진 임파워먼트empowerment된 구성원으로 설계할 수도 있는 것이다. 즉 조직설계란 조직의 목적 추구를 위해 어떤 업무를 어떤 자원을 사용해서 누가 수행할 것인가를 미리 결정해 놓는 행위인 것이다.

조직설계의 세 가지 영역: 구조, 프로세스, 시스템

조직설계에서는 구조, 프로세스, 시스템이라는 세 가지의 영역들domains에 대해 앞에서 설명한 업무, 자원, 행위자라는 조직 구성요소들을 특정한 논리에 기반하여 연결시킨다. 이 세 가지 영역은 조직설계뿐 아니라 일상적으로 흔히 사용되는 개념이지만 정확한 이해 없이 혼용되는 경우가 많기 때문에 특히 주의가 필요하다.

구조structure

조직설계의 첫 번째 영역은 구조structure이다. 사회이론과 자연과학, 공학을 막론하고 구조는 공통적으로 구성요소들 간 정태적 관계static relations among components를 의미한다. 구조는 기계나 건물, 조직 등 다양한 개체entity의 정태적static 측면이다. 마치 X－레이 사진을 찍으면 인체를 구성하는 다양한 구성 요소인 장기들이 어떻게 연결되어 있는지가 나타나듯이, 사회나 조직을 막론하고 모든 구조는 구성 요소들이 서로 연결된 정태적 단면을 보여준다. 예를 들면, 이 책 9장에서 살펴본 사회 네트워크 분석은 구조 분석의 한 가지 방법론이다. 와익의 조직화organizing 관점이 조직의 역동적 프로세스dynamic process에 초점을 맞춘다면, 구조는 조직의 쉽게 변하지 않는 정태적 패턴static pattern에 초점을 맞춘다(Weick, 1979).

특히 구조설계는 조직 구성요소들 중 부서와 같은 하위 구성단위subunits들 간 관계에 주로 초점을 맞추는데 그 이유는 구성단위들의 설계는 상대적으로 자주 변화하지 않기 때문이다. 물론 부서구조도 장기간에 걸쳐 변화하기는 하나 다른 영역들에 비해 훨씬 간헐적이다. 부서구조의 설계와 변화에 대한 접근법은 뒤에서 자세하게 다룰 것이다. 조직설계에서 구조는 기본적인 뼈대와 같은 역할을 하므로 가장 먼저 설계되어야 하며 조직도표organizational chart 등을 통해 시각적으로 표현되기도 한다.

프로세스process

두 번째 조직설계 영역인 프로세스process는 정태적 관계패턴을 다루는 구조와 반대로 조직 구성단위들 간 자원이나 정보의 동태적 흐름dynamic flow에 초점을 맞춘다. 프로세스 설계는 구성원이나 부서 등 조직의 하위 구성단위들subunits 간 상호작용 내용물의 흐름을 결정한다. 즉 다양한 프로세스를 통해 자원이나 정보 등 유무형 내용물contents이 구조설계로 파악된 구성단위들 사이를 흐르며 상호작용이 진행되면서 하나의 조직으로 행동하게 되는 것이다. 조직이라는 표현이 정태적 구조와 연상되는 일반적 이미지와 달리, 실제 조직은 여러 장기들이 혈액과 신경물질 등 다양한 내용물들의 흐름을 통해 긴밀하게 상호작용하며 서로 연결되어 통합된 전체로서 살아가는 생명체와 같이 작동한다. 즉 조직의 구성단위들은 서로 분리되어 정태적으로 자기가 맡은 일만 독립적으로 수행하는 것이 아니라 다양한 프로세스들로 연결되어 역동적으로 상호작용하는 것이다. 따라서 프로세스 설계는 조직을 마치 생명체처럼 다양한 구성요소들이 역동적으로 상호작용하며 전체로서 움직이게 만드는 과정인 것이다.

예를 들면, 어떤 상품을 제조하는 조직의 하위 부서들 사이에 각 부서가 제조한 부품이 그 다음 부서로 인계되는 조립 프로세스나, 또는 부서 구성원들 간 정보의 흐름인 커뮤니케이션 프로세스 등은 모두 하위 구성단위들 간 내용물의 동태적 흐름인 프로세스이다. 따라서 조직설계에서 먼저 구조의 설계를 통해 조직 구성단위들을 파악identification하고 이들간 정태적 관계 패턴static relational patterns이 결정되면, 프로세스 설계를 통해 이들 구성단위들 간 다양한 콘텐츠의 동태적 흐름dynamic flow을 결정하게 된다. 그런데 여기에서 중요한 사실은 구조적으로 설계된 하위 단위들이 한 가지 특정한 프로세스에 의해서만 서로 연결되는 것이 아니라 복수의 다양한 프로세스들에 의해 중첩적으로 연결된다는 것이다(White, Boorman, and Breiger, 1976; Daft and Armstrong, 2022). 즉 앞의 제조업의 예에서 부품들의 조립 프로세스로 연결된 부서들은 이 업무를 효율적으로 수행하기 위해 부품들과 원자재들의 흐름에 더하여 수많은 정보와 피드백, 평가, 보상 등 다른 다양한 프로세스들로 중첩적으로 상호작용하게 된다.

시스템system

조직설계의 세 번째 영역은 상하위 수준들 간 다양한 조직 구성요소들의 수직적 집단화grouping 형태인 시스템system을 설계하는 것이다. 시스템의 설계는 하위 시스템subsystems, 시스템systems, 상위 시스템supra-systems 등의 다양한 상하위 수준별로 구성요소들을 어디에 어떻게 모아서 집단화하여 포함시킬 것인가를 결정하는 행위이다. 시스템 관점은 1950년대에 본격적으로 발전된 이래 1970년대에 네트워크network 관점이 등장하기 전까지 사회과학과 자연과학 모든 분야에서 가장 보편적인 구조분석의 프레임워크framework였다(Boulding, 1956).

예를 들면, 조직 구성단위의 설계를 시스템 관점에서 보면 가장 미시적 단위인 개인 수준 업무와 자원들이 집단화되어 직책들의 시스템이 되고, 개인 수준 직책들이 집단화되어 더 큰 구성 단위들인 부서들의 시스템이 되며, 다양한 부서 시스템들이 모여 상위 시스템인 전체 조직을 구성하고, 또 조직들이 모여 더 큰 상위 시스템인 산업이나 환경을 구성하게 된다는 것이다. 뒤에서 자세히 살펴볼 어떤 직책들을 어떤 기준에 의해 하위 부서로 집단화할 것인가를 결정하는 부문화는 바로 조직설계의 시스템적 측면을 다루는 것이다. 조직을 하위 시스템과 시스템, 상위 시스템으로 집단화해 설계하는 기준은 매우 다양한데 그 기준의 선택에 따라 조직형태가 달라지는 것이다.

펀더멘털 중심 조직설계를 위한 질문들

지금까지 조직설계의 기본 개념과 대상, 그리고 영역 등에 대해 살펴보았다. 조직설계의 실행을 위한 구체적 선택과 대안, 그리고 기대효과를 토론하기 전에 먼저 조직설계라는 특수한 경영 행위 자체의 의미를 둘러싼 몇 가지 근본적 질문에 대해 생각해보자.

사전 조직설계는 반드시 바람직한가?

조직설계는 왜 하는 것일까? 왜 조직 구성요소들 간 관계를 미리 결정해 놓아야 할까? 불확실성이 높고 수시로 급변하는 환경에서는 미리 조직을 설계해놓지 않고 각 상황에 최적화하여 조직화organizing하도록 하는 편이 유연한 환경적응에 훨씬 더 적합하지 않을까? 이 책 11장의 변화와 혁신에서 애자일agile 조직을 설명할 때 자세히 토론하겠지만 극도의 유연성이 필요할 때는 사전 조직설계가 바람직하지 않을 수 있다고 보는 입장도 있다. 그러나 애자일 조직의 정확한 원리는 높은 유연성을 가지도록 조직을 설계하는 것이지 조직설계를 하지 않는 것은 아니다. 조직설계의 핵심 역할은 다음 세 가지이다(Galbraith, 2014; Daft and Armstrong, 2022).

가능화enabling

조직설계의 첫 번째 역할은 행동의 가능화enabling이다. 조직 내에 수행되어야 할 다양한 업무들과 그 수행에 필요한 다양한 자원들, 그리고 다양한 구성원들이 있지만 이들 간 관계를 미리 구체적으로 규정해놓지 않으면 단순한 구성요소들의 나열에 지나지 않는다. 그런 경우 매일 다양한 구성요소들 간 최적화된 연결을 찾기 위해 엄청난 비효율성과 혼돈상태chaos만 발생할 것이다. 조직목적 달성을 위한 행동이 아예 시작되지 않을 위험이 높다. 8장의 쓰레기통 모형garbage can model에서 살펴본 조직화된 무정부 상태organized anarchy처럼 아무런 행동도 하지 못하고 우왕좌왕하다가 마감 시한이 되면 무작위적으로 아무 행동이나 하게 될 가능성이 크다(Cohen, March, and Olsen, 1972).

따라서 구체적으로 누가 어떤 자원을 활용하여 어떤 업무를 수행할지를 조직설계를 통해 미리 결정해 놓아야 행동이 실제로 시작되는 것이다. 조직설계는 구조와 프로세스, 시스템의 설계를 통해 조직 전체 일의 분업과 협업, 각 구성원과 부서들에 대한 업무 분배, 권한과 책임, 투입 자원 등을 미리 결정해 놓음으로써 조직의 목적을 추구하기 위한 행동을 가능화하는 역할을 수행하는 것이다.

통제control

둘째, 조직설계는 구성원 행동의 통제control을 위해서도 반드시 필요하다. 일반적으로 부정적 어감을 가지는 통제는 실은 조직뿐 아니라 모든 사회 시스템에 반드시 필요한 요소이다. 물론 극단적 시장화를 추구하는 신자유주의neoliberalism 관점에서 주장하듯이 각 개인이 아무런 통제 없이 자신의 이익 극대화를 향해 자유롭게 행동하는 시장 모형은 장점도 있지만 시장실패market failure의 위험도 크다. 특히 복수의 구성원들이 공통의 목적을 추구해야 하는 조직에서 각 구성원이 자신의 목적과 이익만 추구하면 조직이 실제로 와해되는 심각한 혼란이 발생할 수밖에 없기 때문에 아무런 통제 없이 각자의 자율성을 일방적으로 극대화하는 것은 조직실패로 귀결되게 된다.

따라서 구성원들의 사적 욕구 추구를 강제적으로 제재coercive sanctioning하는 통제가 필요한 것이다(Williamson, 1985). 개별 구성원들의 행동을 조직의 목적 추구에서 벗어나지 않도록 제재하는 적절한 통제는 아무리 자율성을 강조하는 조직이라도 반드시 필요하다. 조직설계는 바로 이 통제의 구조적 기반이다. 즉 모든 행동의 책임과 권한, 허용 범위와 절차를 미리 규정함으로써 구성원 행동이 조직 목적의 추구에서 벗어나지 않도록 통제하는 것이 조직설계의 핵심 역할 중 하나인 것이다.

효율성efficiency

셋째, 조직설계는 조직 내 행동과 상호작용의 효율성efficiency을 위해 반드시 필요하다. 누가 어떤 상황에서 어떤 업무를 어떤 자원을 활용하여 어떻게 수행하며, 또 누가 누구와 어떻게 상호작용을 할 것인가를 미리 결정해놓지 않으면 매일 각자가 최선의 행동과 상호작용 방법을 찾느라 시행착오를 반복하며 시간과 노력을 낭비할 수밖에 없다. 따라서 미리 각 구성원들에게 기대되는 행동과 상호작용을 구체적으로 결정해놓는 조직설계는 조직 내 행동의 안정성stability과 예측가능성predictability, 속도speed를 획기적으로 높이며 시행착오를 줄여서 효율적으로 조직목적을 추구할 수 있는 구조적 기반이 된다.

즉 8장의 쓰레기통 모형garbage can model에서 예시하였듯이 다양한 구성원들이 다양한 자원들을 활용하여 다양한 행동과 상호작용을 해야 하는 복잡한 조직에서 조직의 구조와 프로세스, 시스템이 명확하게 미리 설계되어 있지 않으면 극도의 비효율성과 혼란이 불가피한 것이다. 이런 측면에서 조직설계는 구성원의 조직 내 행동과 상호작용의 효율성을 획기적으로 높여서 조직의 생존과 성과에 결정적으로 기여하는 것이다.

불확실하고 급변하는 환경에서 사전 조직설계

21세기 중반으로 접어들면서 조직 환경이 갈수록 급변하고 불확실해지고 있다. 따라서 어떤 조직 모형으로 설계를 하더라도 얼마 지나지 않아 또다시 바꾸어야 하는 경우가 허다하다. 이런 환경에서도 조직 구성요소들 간 관계를 미리 결정해놓는 조직설계가 반드시 필요한가? 최근 환경의 불확실성과 급변성이 높아지면서 단연 가장 중요한 조직 특성으로 손꼽히는 것은 유연성flexibility이다. 상식적으로 생각할 때 유연성을 극대화할 수 있는 가장 좋은 방법은 아예 조직설계를 미리 해놓지 않고 상황이 발생할 때마다 그때그때 즉각적으로 현장에서 자율적으로 대응하게 하는 것이라고 볼 수도 있다. 그러나 이것은 매우 위험한 단견이다(Galbraith, 2014; Daft and Armstrong, 2022).

민첩성의 문제

최근 환경이 갈수록 불확실성과 급변성이 높아지면서 환경대응의 민첩성agility에 초점을 맞추어 큰 원칙만 정하고 세부 조직설계를 하지 말고 현장에 맡기자는 움직임이 있다. 그러나 구체적 세부 설계를 하지 않고 큰 원칙만 미리 결정한 다음 구체적 행동 방식은 현장에 자율적으로 분권화하는 결정도 실은 설계를 하지 않는 것이 아니라 조직설계의 한 가지 선택이다. 최근에는 이런 조직설계를 애자일 조직agile organization이라고 부르기도 하는데 엄연한 조직설계의 선택 대안 중 하나로서 11장의 변화와 혁신에 대한 부분에서 자세히 토론할 것이다(Teece, Peterf, and Heaton, 2016).

즉 애자일 조직과 같이 극도의 유연성이 요구되는 상황에 대한 대응은 유연성을 극대화할 수 있는 방식의 조직설계를 하는 것이지 설계를 하지 않는 무설계의 혼돈상태chaos는 결코 아니다. 바람직한 조직설계는 어떤 상황에서도 필요하다. 그러나 구체적으로 어떤 설계 옵션을 채택하느냐는 당연히 환경의 성격에 따라 달라져야 하며 애자일 조직도 마찬가지로 최근 환경의 민첩성 요구에 대응하기 위한 시도이다. 따라서 상황에 적합한 효과적 조직설계를 선택하는 것은 너무나 중요하다.

성과 상한선 규정

무엇보다 조직설계는 조직 성과의 상한선을 규정한다. 물론 조직설계 자체가 조직 성과를 완전히 결정하는 것은 물론 아니며 앞에서 다룬 다양한 요소들이 복합적으로 성과에 영향을 미친다. 그러나 동기부여, 의사결정, 리더십, 네트워크 등 조직경영의 다른 요소들이 아무리 완벽하더라도 특정 조직설계가 규정하는 한계를 넘어설 수는 없다. 예를 들면, 이 장chapter 뒤에서 자세히 설명되는 부서구조 설계에서 기능별 구조와 사업부구조는 각각 상황별로 성과의 상한성이 전혀 다르기 때문에 예를 들면 사업부구조가 적합한 환경에서는 기능별 구조를 아무리 완벽하게 실행해도 사업부구조와 경쟁하는 것이 아예 원천적으로 불가능하다. 따라서 조직설계는 조직의 생존과 성과에 결정적 영향을 미치는 가장 중요한 선택 중 하나이다.

수단-목적 전도 경계

그러나 이와 관련하여 반드시 주의해야 할 한 가지 사실이 있다. 그것은 아무리 탁월한 선택이라도 모든 조직설계는 수단이지 그 자체가 목적은 아니라는 것이다. 따라서 특정 조직설계 옵션 자체에 폭 좁게 몰입하는 것은 위험하며 반드시 그 설계를 통해 추구하고자 하는 구체적 목적에 적합한가 여부를 먼저 철저히 검토해야 한다. 유행하는 최첨단 조직설계 옵션 자체의 장점과 가능성에만 몰두하다 보면 어느새 수단-목적 전도means-end displacement에 빠져서 영원히 실패하는 조직permanently failing organization으로 몰락할 위험이 크다(Meyer and Zucker, 1987). 다시 한 번 조직설계는 경영행위의 하나이며 경영은 목적이 중심이고 조직과 같은 수단은 그 목적에 적합해야 한다는 펀더멘털을 기억하는 것이 중요하다.

베스트 프랙티스와 조직설계의 펀더멘털

그렇다면 실제 조직들은 구체적으로 어떻게 조직형태를 설계하고 바꿀까? 실제 경영 현장에서 흔히 관찰되는 접근법 중 하나는 최고의 성과를 창출하고 있는 최첨단 조직형태에 대한 모방, 즉 베스트 프랙티스 벤치마킹best practice benchmarking이다.

베스트 프랙티스 벤치마킹

우리에게 잘 알려진 첨단 경영 혁신 사례의 주된 조직설계 접근법이 바로 각 시점에서 성과가 가장 높은 조직들의 최신 구조와 프로세스, 시스템을 모방하는 것이다. 이런 베스트 프랙티스 벤치마킹은 맥킨지McKinsey 컨설팅의 피터스Tom Peters와 워터만Robert Waterman이 1980년대 초 당시 초우량 기업들의 공통점을 정리해서 세계적 베스트셀러가 된 〈초우량 기업의 조건In Search of Excellence〉의 출간을 계기로 폭발적으로 확산되었다(Peters and Waterman, 1982). 그러나 베스트 프랙티스 벤치마킹 열풍은 기업들이 앞다투어 모방하던 대상으로 극찬 받던 초우량기업 중 일부가 위기에 빠지며 한풀 꺾이기는 했으나(Business Week, 1984) 여전히 큰 영향력을 발휘하고 있다.

가시성이 높은 초우량 기업의 최신 조직형태인 베스트 프랙티스를 벤치마킹, 즉 모방하는 것은 자기 조직을 설계하는 방법을 성과가 높은 다른 조직들로부터 배우는 행위이다. 바람직한 조직형태가 무엇인지 불확실한 상황에서 모방적 학습은 나름대로의 합리성을 가질 수도 있다. 문화진화론cultural evolutionary theory에서는 모방은 인간뿐 아니라 동물들 사이에서도 광범위하게 관찰되는 행동 유형으로서 불확실성이 높은 상황에서 실제로 생존에 기여하기도 한다고 주장한다(Boyd and Richerson, 1985). 그런데 모방적 학습은 몇 가지 중요한 한계가 있다. 모방적 동형화 이론은 경쟁우위 추구에서 벤치마킹이 가지는 한계를 지적한다.

모방적 동형화

디마지오Paul J. DiMaggio 등이 발전시킨 조직이론의 신제도이론neoinstitutional theory은 불확실성이 높은 상황에서 조직들의 모방적 행동의 결과 모방적 동형화mimetic isomorphism라는 특수한 결과가 초래된다고 주장한다(DiMaggio and Powell, 1983). 벤치마킹을 통한 모방의 결과 유사한 조직형태가 대다수 조직들에 확산되면서 모방대상이 되는 특정 조직형태가 결과적으로 당연시taken for granted되게 된다. 따라서 유행하는 조직형태를 가지지 않으면 뭔가 문제가 있는 듯이 인식되어 일종의 정당성legitimacy 시그널 같은 역할을 하게 되면서 실제로 그 특정 조직형태가 성과에 기여하는지 여부에 상관없이 대다수 조직들이 앞다투어 채택하게 된다. 그 결과 새로운 베스트 프랙티스가 등장할 때 마다 각 조직마다의 특성이나 적합성과 상관없이 대다수 조직들이 혁신이라는 명목으로 앞다투어 맹목적으로 채택하면서 성과에 대한 기여는 없이 엄청난 혼란과 변화비용만 발생시키게 된다.

그리고 모방적 동형화가 가속화되면서 조직들간 차별성이 소멸되어 조직형태가 경쟁우위의 기반으로서 가지는 효용을 상실하게 되는 의도치 않은 결과unanticipated consequences를 초래하게 된다(Merton, 1936). 이에 더하여 베스트 프랙티스 벤치마킹의 또 다른 한계는 모방 대상이 되는 조직과 모방하는 조직간 표면적으로 나타나지 않는 근본적 차이가 존재할 때는 모방하는 조직에 내적 불일치misalignment를 초래하여 오히려 심각한 위기의 원인으로 작용할 수도 있다는 것이다.

한국 조직들의 벤치마킹 경향

1990년대말이래 우리나라 조직들은 특히 강한 베스트 프랙티스 벤치마킹 성향을 보여왔다. IMF사태라는 전대미문의 위기를 맞은 1990년대 말 이래 대다수의 우리나라 조직들은 산업이나 규모, 연령, 심지어 영리－비영리 여부도 상관없이 베스트 프랙티스 벤치마킹 열풍에 휩쓸려 앞다투어 서구형 시장주의 조직형태를 채택하였다. 예를 들면, 비영리조직인 대학에서도 연구의 장기 질적 수준이 아닌 매년 출간되는 논문 수의 양적 점수화가 교수 평가의 기준이 되는 어이없는 현상이 벌어졌다. 특히 서구에 대한 모방을 통해 채택한 연봉제적 성과급과 같은 개인별 단기 양적 성과주의에 기반한 조직형태는 의도치 않은 양면적 결과를 초래하였다.

당시 첨단 경영방식으로 인식되었던 양적 성과주의 중심의 서구형 모형은 기존 우리나라 조직들의 가부장적 조직형태의 비효율성으로 인해 발생했던 위기를 극복하는데 일정 부분 기여하였다. 그렇지만 의도치 않게 우리 사회 전반에 걸쳐 공동체가 와해되는 심각한 사회적 위기를 초래했을 뿐 아니라 단기 양적 성과주의가 미래 환경이 요구하는 상시 창조적 혁신 중심 패러다임 전환의 발목을 잡는 족쇄가 되고 있다. 이런 측면에서 IMF 위기 극복 과정에서 서구형 베스트 프랙티스에 대한 벤치마킹을 통해 우리나라 조직들 사이에 광범위하게 확산된 개인별 단기 양적 성과주의로의 대전환은 단순한 글로벌화를 넘어 조직설계에 매우 복합적인 시사점을 가진다.

펀더멘털 중심 조직설계를 향하여

조직의 설계는 반드시 펀더멘털에 충실해야 한다. 이 책은 유행하는 베스트 프랙티스 벤치마킹을 넘어서 펀더멘털에 충실한 조직행동에 대한 이해를 목적으로 한다. 이 책에서 펀더멘털은 명확한 개념과 인과관계 논리의 이해와 반증가능성에 기반한 선택을 의미한다. 첫째, 펀더멘털은 무엇보다 개념의 이해와 정의, 그리고 공유가 최대한 명확하고 구체적이어야 한다. 선택하고자 하는 조직설계 옵션과 기대되는 결과가 구체적으로 무엇인지 모두에게 명확하게 이해되고 소통될 수 있어야 한다. 예를 들면, 경쟁력 향상 같은 일반론적 표현이 조직설계의 기대 결과로 사용되어서는 안 된다. 둘째, 선택하고자 하는 조직설계 옵션과 기대되는 결과 간 인과관계 논리가 최대한 구체적이고 명확하며 합리적이어야 한다. 선택하고자 하는 구조나 프로세스의 옵션이 어떤 인과관계 과정을 통해 어떤 결과를 창출할 것으로 기대하는지 그 기반 논리가 최대한 구체적이고 명확하며 합리적이어야 하는 것이다. 셋째, 기대했던 인과논리의 타당성에 대한 반증가능성falsifiability이 확보되어야 한다(Popper, 1934). 진정한 지식은 오류인 경우에 틀렸음을 반증할 수 있어야 한다. 조직경영이나 사회과학에서 흔히 관찰되는 반증가능성이 없는 지식은 진정한 지식이 아니라 공허한 선언이나 신념일 뿐이다. 따라서 조직설계 옵션의 선택이 잘못되었을 경우 그 선택이 오류였다는 사실을 최대한 신속하고 명확하게 증명할 수 있는 반증가능성이 확보되어야 한다.

이런 진정한 펀더멘털 중심 지식의 세 가지 요건을 갖추지 못한 유사 지식에 기반한 조직 설계와 변화가 바로 시대마다 일시적으로 반짝 유행하다 사라지는 베스트 프랙티스 패드fad인 것이다. 따라서 맹목적 베스트 프랙티스 추종을 넘어서 펀더멘털에 초점을 맞춘 조직설계를 위해서는 무엇보다 먼저 선택의 대상이 되는 개념들에 대해 최대한 깊이 있고 명확한 이해를 확보해야 한다.

조직설계에서 사람은 자원인가 행위자인가?

조직설계에서 조직 구성요소들을 업무works, 자원resources, 행위자actors라는 세 가지 유형으로 분류하는 과정에서 한 가지 중요한 문제에 대한 심사숙고가 필요하다. 바로 인간human의 문제이다. 위의 구분에 따르면 인간은 자원resources과 행위자actors로 두 번 등장한다. 이것은 단순한 분류의 문제가 아니라 매우 중요한 실천적이며 철학적인 시사점을 가진다.

인적자원관리 관점과 사람경영 관점

우리가 흔히 사용하는 인적자원관리human resource management라는 표현에서 알 수 있듯이 자원으로서 인간은 효과적이고 효율적인 관리의 대상이다. 20세기 초중반 이래 현대적 조직 설계와 경영에서 인간은 주로 다른 종류의 자원들과 함께 관리의 대상으로 인식되어 왔다. 즉 자원으로서 인간은 재무자원이나 원자재, 정보 등과 같은 다른 종류의 자원들과 동일하게 취급되어야 할 합리적 관리의 대상, 즉 객체이다. 반면 행위자로서 인간의 개념은 전혀 다른 세계관을 반영한다. 행위자로서 인간에 주목한다는 것은 인간이 다른 자원들과 동일한 관리의 대상이 아니라 오히려 다른 다양한 자원들을 활용하여 조직의 목적을 추구해 나가는 주체라는 의미이다. 인간을 관리의 대상으로 볼 것인가 조직경영의 주체로 볼 것인가는 절대적 정답이 없으며 각자의 선택의 문제이다.

20세기 초 대량생산 사회가 도래한 이래 인간을 다양한 자원 중 하나로 인식하는 관점이 주도적이었으나, 최근 창조와 혁신을 강조하는 21세기 환경으로의 전환과 함께 인간을 주체로 인식하는 조직들이 증가하기 시작했고 또 예외적으로 높은 성과를 창출하기도 했다(Pfeffer, 1998). 21세기 중반으로 접근하면서 상대적으로는 여전히 소수지만 인간을 주체적 행위자로 인식하는 조직들의 수가 빠르게 늘어가고 있다. 이제는 인적자원관리HRM라는 표현 대신 사람경영people management 등의 대안적 표현을 실무에서 사용하는 조직들도 증가하고 있다.

이 두 가지 접근법은 어느 쪽이 일방적으로 우월한 것이 아니라 서로 다른 장단점이 있다. 20세기 초 현대적 조직경영이 시작된 이래 지금까지는 사람을 자원으로 보는 관점이 우세했지만 앞으로는 근본적 전환이 발생할지도 모른다. 그리고 어느 한 쪽을 선택하면 사람과 직접 관련된 인사부서뿐 아니라 조직설계의 모든 측면이 완전히 바뀔 수도 있다. 그렇다면 당신의 선택은 어느 쪽인가? 당신은 인간을 관리대상으로서 객체인 자원으로 보는가, 아니면 조직경영의 주체로 보는가? 이 선택에 따라 당신의 조직설계는 완전히 바뀔 수 있다.

조직설계의 실행: 설계 차원과 대안들

조직설계는 직접 설계하는 1차적 차원과 다양한 1차적 차원의 설계들이 모여 결과적으로 형성되는 2차적 차원의 설계로 구분해서 설명하면 좀 더 명확하게 이해할 수 있다(Mintzberg, 1979; Galbraith, 2014; Daft and Armstrong, 2022). 분권화decentralization나 공식화formalization 등과 같이 조직형태를 규정하는 다양한 설계 차원design dimensions마다 자신이 선호하는 선택을 하는 것이 1차적 차원의 설계이다. 그리고 1차적 차원의 여러 선택들이 모여서 유연성flexibility이나 복잡성complexity 등과 같은 특정 조직형태의 성격을 결정하는 2차적 차원의 설계가 형성된다. 예를 들면, 흔히 거론되는 유연성 등은 직접 설계할 수는 없고 다양한 1차적 설계들이 모인 결과인 2차적 차원의 설계인 것이다.

조직설계의 1차적 차원들: 수직적 차원들

조직설계의 1차적 차원에는 조직형태의 수직적 특성을 결정하는 차원들과 수평적 특성을 결정하는 차원들이 있다. 이 두 가지 차원의 조직설계 선택들이 통합되어 조직형태가 결정된다. 먼저 수직적 차원은 조직 구성단위들 간 상하관계를 설계하는 것이다.

분권화-집권화: 의사결정권 분포

1차적 조직설계1st order dimension design의 수직적 차원들 중 가장 대표적인 것이 분권화-집권화decentralization-centralization의 결정일 것이다. 분권화-집권화는 조직 내 의사결정 권한의 수직적 분포를 선택하는 것이다. 예를 들면, 이 책의 2장에서 살펴본 테일러리즘과 포디즘처럼 모든 의사결정 권한은 상위 계층 경영진이 독점적으로 가지고 대다수 하위 계층 구성원들은 경영진이 결정한 업무를 정해진 방식대로 단순히 수행하는 단순반복 작업을 하는 것은 집권화centralization의 극단적 예이다. 모든 의사결정 권한이 상위 계층에 집중되어 있기 때문이다. 이와 반대로 분권화decentralization는 최근 임파워먼트empowerment 등에서 주장하듯이 의사결정 권한이 조직 전체에 분산되어 있어서 현장 구성원들도 자신의 업무 수행에 관련된 의사결정을 직접 내리는 조직설계 방식을 의미한다(Bowen and Lawler, III, 1992).

그렇다면 분권화와 집권화 중 어느 편이 더 바람직한 조직설계 방식일까? 학계와 실무 경영계에서는 대부분 분권화를 규범적으로 선호하는 경향이 강한 편이다. 그러나 분권화와 집권화는 각각 서로 다른 장단점을 가지므로 어느 한쪽을 무조건 선호하는 것은 위험하다. 동기부여, 통합조정, 속도 등 평가 기준에 따라 분권화와 집권화는 서로 다른 장단점을 가진다. 예를 들면, 동기부여 측면에서 자신의 일을 자신이 결정해서 수행하는 분권화가 집권화에 비해 더 효과적일 것이겠지만(Hackman and Oldham, 1975), 전사 통합조정에서는 당연히 집권화가 더 효율적이다(Lawrence and Lorsch, 1967; Daft and Armstrong, 2022). 행동의 속도에서도 현장 수준 행동의 속도는 당연히 분권화가 더 빠르겠지만, 전사 수준 행동은 집권화가 더 빠를 것이다. 따라서 분권화와 집권화 중 어느 한쪽을 무조건 선호하는 관점은 한계가 있다.

통제범위: 수직적 계층

1차적 조직설계의 또 다른 수직적 차원은 통제범위span of control이다. 통제범위는 각 계층의 관리자가 직접 통제하는 바로 아래 계층 부하직원의 수를 의미한다. 동일한 규모의 조직도 통제범위가 넓게 설계되면 계층의 수가 줄어들기 때문에 형태가 평평한 수평적 구조flat structure를 가지게 된다. 반대로 통제범위가 좁으면 계층의 수가 늘어날 수밖에 없기 때문에 피라미드형의 수직적 구조tall structure를 가지게 된다.

통제범위의 선택은 조직마다 매우 다양하다. 예를 들면, 전통적으로 최고경영자는 대략 10명 이내의 차상급 경영자들과 직접 명령–보고하는 통제범위를 가지는 경우가 대부분이었는데, 최근 극단적으로 속도와 혁신을 강조하는 실리콘밸리 대기업 중에는 엔비디아NVIDIA처럼 최고경영자가 60명 내외의 차상급자와 직접 상호작용하는 조직도 있다(Witt, 2025). 통제범위도 마찬가지로 장단점이 있다. 커뮤니케이션의 예를 들면, 통제범위가 넓으면 계층 단계가 줄어들고 경영진이 현장과 가까워지므로 전사 커뮤니케이션의 속도와 효율성이 높아진다. 그러나 많은 부하직원들을 직접 관리해야 하므로 커뮤니케이션의 질적 정확성과 풍부함은 낮아질 수밖에 없을 것이다.

공식화: 규칙과 절차

이 책 2장에서 관료제bureaucracy 조직과 관련하여 설명하였던 공식화formalization도 1차적 조직설계의 수직적 차원이다. 공식화는 조직 내 행동과 상호작용이 미리 명문화된 규칙과 절차pre-written rules and procedures에 따라 진행되도록 결정해놓는 정도이다. 공식화가 높게 조직을 설계하면 구성원들의 임의적 행동으로부터 초래될 수 있는 불확실성과 갈등 가능성이 낮아지므로 효율성이 높아지게 된다(Weber, 1921). 그러나 동시에 행동이 미리 정해진 공식 규칙과 절차에 따라야 하므로 환경변화 등으로 조직설계 당시에 예상하지 못해서 정해진 규칙과 절차가 없는 새로운 상황이 발생하면 효과적으로 대응하기 어렵게 된다(Merton, 1940).

이런 측면에서 공식화도 일방적으로 조직성과에 바람직하거나 혹은 부정적이지 않으며 양면성을 가진다. 공식화와 관련하여 제한된 합리성에서 초래되는 완전한 규칙과 절차를 미리 설계할 수 있는 능력의 한계와 미래의 불확실성을 고려할 때 완벽한 공식화는 원천적으로 불가능하다는 관점이 있다. 따라서 과도한 공식화를 자제하여 구성원이 수용할 수 있는 명령의 적정 범위만 미리 결정하고 각 명령별로 이 적정 범위 안에 포함되는지 여부는 구성원의 자율적 판단에 맡겨두어야 한다는 것이다. 이 범위를 허버트 사이몬Herbert A. Simon은 수용가능한 영역zone of acceptance이라고 부르고(Simon, 1954), 또 체스터 바나드Chester I. Barnard는 무관한 영역zone of indifference이라고 불렀다(Barnard, 1938). 즉 이들에 따르면 미래에 필요한 모든 구체적 행동을 완벽하게 미리 예측해서 문서화할 수 없기 때문에 공식화를 위한 모든 문서상의 계약은 조직과 구성원 간 수용가능하고 받아들여도 무관한 영역의 범위에 대한 합의라는 것이다.

조직설계의 1차적 차원들: 수평적 차원들

설계 시에 직접 선택해서 결정해야 하는 조직설계의 1차적 차원에는 조직 구성단위들 간 관계의 다양한 수평적 차원들horizontal dimensions도 있다.

전문화: 분업

가장 대표적인 1차적 조직설계1st order dimension design의 수평적 차원은 전문화specialization일 것이다. 간단하게 설명하면 조직설계에서 전문화는 수평적 분업horizontal division of labor의 정도를 의미한다. 전문화의 장단점은 20세기 초 이래 현대적 조직설계의 역사에서 단연 가장 큰 관심과 논란의 대상이었다. 이 책 2장의 역사적 발전에서 이미 자세히 설명했듯이 고전적 패러다임이라는 현대적 조직경영을 탄생시킨 테일러리즘과 포디즘, 그리고 관료제의 조직설계는 높은 수준의 수평적 분업을 통해 각 개인 구성원의 학습learning과 대체가능성substitutability을 극대화하였다(Taylor, 1911; Weber, 1920). 이와 반대로 수평적 분업을 최소화하여 구성원 만족과 전문성, 질적 경쟁력을 추구하려는 시도는 내재적 동기부여의 예로 제시하였던 직무충실화job enrichment 등이 대표적이다(Hackman and Oldham, 1975). 즉 전문화 역시 일방적으로 바람직하거나 부정적이지 않으며 장점과 단점을 모두 가지고 있으므로 각 조직설계 상황마다의 요구에 적합하게 선택하는 것이 중요하다.

표준화: 통합과 조정

1차적 조직설계의 또 다른 수평적 차원은 표준화standardization이다. 표준화는 각 조직 구성단위들의 작동 원칙과 행동 방식을 동일하게 획일화하는 조직설계이다. 표준화는 흔히 수직적 차원의 공식화와 혼동되는 경우가 있는데 전혀 다른 개념이다. 공식화는 미리 명문화해서 결정해놓는 것이 핵심 목적이므로 각 구성단위들의 행동을 서로 다르게 미리 명문화하면 공식화는 높고 표준화는 낮게 설계하는 것이다.

표준화는 구성단위들이 획일적이므로 전문화와 마찬가지로 대체가능성이 높아지는 장점이 있다. 이에 더하여 표준화가 높으면 각 구성단위마다 별도로 설계할 필요 없이 동일한 설계를 모든 조직 구성단위들에 획일적으로 적용할 수 있으므로 조직설계에 투자되는 시간과 노력이 획기적으로 줄어들어 설계효율성이 높아진다. 표준화의 가장 큰 장점은 통합조정이다. 모든 구성단위들이 동일한 방식으로 행동하므로 전사가 마치 한 몸처럼 일사불란하게 움직일 수 있다. 반면 표준화는 다양성을 필연적으로 저하시키므로 환경이 다양하게 분화될 때 효과적으로 대응하기 어렵다는 한계가 있다.

분화: 환경 동형화

1차적 조직설계의 수평적 차원 중 하나인 분화differentiation는 전체 조직이 하위 구성단위들subunits로 나누어지는 정도를 말한다. 예를 들면, 동일한 규모의 조직에서 수평적 기능부서들을 크게 생산–판매의 두 부서로만 간단하게 분화할 수도 있고, 반대로 기획–조달–설계–생산–마케팅–영업 등의 다양한 부서들로 더 세밀하게 분화할 수도 있는 것이다. 분화는 장단점이 명확하다. 분화의 정도가 높을수록 각 하위 환경의 요구에 더 정밀하게 최적화할 수 있는 반면, 분화가 심해지면 이들간 통합조정의 비용이 높아질 수밖에 없다.

조직생태학은 환경의 형태와 조직의 형태는 닮아가게 된다고 주장하며 조직과 환경간 동형화isomorphism의 개념을 제시했다(Hannan and Freeman, 1977). 즉 바람직한 조직의 분화 정도는 환경의 요구가 다양하게 분화되는 정도에 따라 달라진다는 것이다. 이런 면에서 로스 애쉬비W. Ross Ashby는 조직과 같은 시스템이 환경에 적응하기 위해서는 최소한 환경이 다양하게 분화되는 만큼 자신도 다양하게 분화되어야 한다며 이런 최소한의 분화 정도를 필수 다양성requisite variety으로 불렀다(Ashby, 1991). 조직 형태의 분화는 표준화와 정반대의 장단점을 가진다. 조직의 분화 정도가 높을수록 다양하게 분화된 환경의 요구에 최적화하여 대응할 수 있는 반면에 전체 조직이 하나로 통합조정되기는 어려워진다.

통합조정: 분화의 보완

분화와 흔히 함께 거론되는 1차적 조직설계의 수평적 차원이 통합조정integration and coordination이다. 통합조정은 분화된 하위 구성단위들을 다시 서로 연결시키는 설계행위이다. 통합조정과 분화는 분권화-집권화처럼 반대말이기 때문에 별도 구분 없이 동일한 차원의 양극단으로 이해하면 된다고 생각하기 쉬우나 매우 잘못된 이해이다. 통합조정과 분화는 완전히 별개의 조직설계 차원이다(Lawrence and Lorsch, 1967). 즉 법률회사나 컨설팅회사처럼 프로젝트팀 단위로 업무가 수행되는 조직은 각 팀이 거의 별도의 조직처럼 독립적으로 작동하므로 분화는 매우 높은데 통합조정은 낮다. 반대로 초기 대량생산 기업처럼 일사불란하게 움직여야 하는 조직은 통합조정의 정도는 높은데 분화 정도는 상대적으로 낮다. 이에 반해 뒤에서 살펴볼 매트릭스 조직matrix organization처럼 분화와 통합조정이 둘 다 높은 조직설계도 존재한다.

조직설계의 2차적 차원들: 유연성, 복잡성, 커플링

이상에서 살펴본 조직설계의 여러 1차적 차원들은 서로 복합적으로 상호작용하며 선택된 조직설계의 상위 수준 방향인 2차적 차원2nd order dimension을 형성한다. 즉 1차적 조직설계는 그 자체로 어떤 조직형태를 결정하는 것이 아니라 다양한 1차적 차원들이 연결되어 2차적 차원2nd order dimension에서 우리가 실제로 경험하고 조직경영에서 추구하는 조직형태를 결정하게 된다. 자주 언급되는 대표적인 조직설계의 2차적 차원은 유연성과 복잡성일 것이다. 그리고 아직까지는 상대적으로 낯선 개념이지만 앞으로 매우 중요해질 가능성이 높은 2차적 차원으로 커플링coupling이 있다.

유연성: 변화가능성

우리가 직접 경험하는 조직설계의 2차적 차원들 중 가장 대표적인 유연성flexibility은 조직의 변화가능성changeability을 의미한다(Galbraith, 2014; Daft and Armstrong, 2022). 유연성을 직접 설계할 수는 없으며 앞에서 살펴본 여러 1차적 차원들의 설계가 모여서 조직의 유연성 여부를 결정한다. 1차적 설계 차원들 중 일반적으로 분권화가 높고, 수평적이며, 공식화가 낮고, 표준화가 낮을수록 유연성이 높아질 것이라는 인식이 많으나 전혀 사실이 아니다. 유연성을 높이는 구체적 조직설계 접근법은 추구하고자 하는 조직변화의 유형에 따라 완전히 달라진다.

예를 들면, 전체 조직의 구조나 프로세스, 시스템을 단기간에 완전히 바꿀 때는 일반적 인식과 달리 집권화된 조직이 훨씬 더 효과적이다. 이에 반해 각 현장 구성단위들이 자율적으로 변화해야 할 필요가 있는 경우에는 당연히 분권화된 조직설계가 유연성에 더 효과적이다. 더구나 유연성이 높다고 항상 바람직한 것은 아니다. 유연성이 높으면 환경에 대한 적응적 변화adaptive change에는 효과적이지만 신뢰성reliability과 효율성efficiency에는 부정적 영향을 미친다. 즉 유연한 조직설계는 긍정적 결과뿐 아니라 비용과 위험이 동반되는 과정이라는 사실을 명심해야 한다(Hannan and Freeman, 1984). 최근 전 세계적으로 조직의 유연성이 강조되는 이유는 그 자체가 항상 바람직하기 때문이 아니라 최근 환경이 빈번한 조직변화를 요구하기 때문이라고 이해하는 것이 정확할 것이다.

복잡성: 다양성의 양면성

또 다른 조직설계의 2차적 차원은 복잡성complexity이다. 복잡성은 조직 구성단위의 수와 다양성, 그리고 이들 간 관계의 수와 다양성에 의해 결정된다. 따라서 조직설계의 복잡성은 구성단위들의 수와 다양성을 높이는 분화differentiation와 또 이들 분화된 단위들 간 관계의 수와 다양성을 결정하는 통합조정coordination and integration에 의해 복합적으로 결정된다. 즉 분화와 통합조정이 둘 다 높을 때 조직의 복잡성이 가장 높아지는 것이다.

조직형태의 복잡성이 높다는 것은 모든 예측가능한 다양한 상황에 조직이 최적화하여 대응할 수 있도록 미리 설계해 놓았다는 의미이다. 즉 복잡한 형태를 가진 조직은 어떤 환경변화에도 각 세분화된 환경별로 고도로 맞춤화된customized 대응을 할 수 있는 것이다. 그러나 뒤에서 자세히 설명하게 되듯이 모든 상황에 대응할 수 있도록 극도로 복잡성이 높게 설계된 1960년대의 매트릭스 조직이 예상치 못한 한계에 부딪혔듯이 과도하게 높은 복잡성은 고도의 역량을 가진 예외적 조직 외에는 복잡성 자체에 아예 대응하지 못하고 행동불능증에 빠질 위험도 있다. 그리고 무엇보다도 높은 복잡성은 뒤에서 자세히 설명할 당연한 참사normal accident라는 엄청난 위험을 초래할 수도 있다(Perrow, 1984).

커플링과 느슨함의 순기능

또 다른 2차적 조직설계 차원은 커플링coupling으로, 생소하지만 매우 중요한 개념이다. 커플링은 21세기 중반으로 접어드는 최근에 그 중요성을 인식하기 시작했는데 실은 커플링의 관점과 개념은 이미 1970년대 중반에 칼 와익Karl E. Weick에 의해 체계화되었다(Weick, 1976; Orton and Weick, 1990).

구분성과 반응성: 연계로 대략 번역될 수 있는 커플링은 조직의 하위 시스템들subsystems 간의 관계 패턴을 규정하는 새로운 조직설계 차원이다. 커플링 관점에서는 하위 구성단위와 같은 전체 조직의 하위 시스템들 간 관계를 분권화–집권화와 같이 동일 차원으로 인식하지 않고 구분성distinctiveness과 반응성responsiveness이라는 두 가지 독립적 차원들 간 상호작용 관점에서 입체적으로 분석한다. 즉 커플링을 조직설계의 2차적 차원으로 본다면 커플링 유형을 결정하는 1차적 조직설계 차원은 구분성과 반응성이라고 볼 수 있을 것이다. 구분성은 두 하위 시스템들이 서로 별도로 분리되어 독립적으로 움직이는 정도를 말하는 반면, 반응성은 이 하위 시스템들이 연계되어 서로에게 반응하고 상호작용하는 정도를 말한다. 예를 들면, 한 부서의 변화가 다른 한 부서에 아무런 영향을 미치지 않으면 구분성이 높다고 볼 수 있으며, 반대로 한 부서에 변화가 발생할 때마다 다른 한 부서가 항상 영향을 받으면 반응성이 높은 것이다. 그런데 일반적으로 구분성과 반응성은 동일한 차원의 반대 방향 특성으로 인식되나, 와익은 이 두 가지를 상호 독립적으로, 즉 2차원적으로 인식해야 한다고 주장한다.

세 가지 커플링: 이런 관점에서 와익은 구분성은 높고 반응성이 낮은 하위 시스템들 간 관계를 탈커플링decoupling으로, 반대로 구분성은 낮으나 반응성 높은 관계를 긴밀한 커플링tight coupling으로, 그리고 구분성과 반응성이 둘 다 높은 관계를 느슨한 커플링loose coupling으로 규정한다. 두 가지가 모두 낮은 경우는 시스템으로 볼 수 없으므로 조직설계의 관심대상이 아니다. 예를 들면, 탈커플링은 동일한 조직의 내부 구성단위이기는 하나 각 사업부가 별개 조직처럼 작동하는 사업부제 구조multidivisional structure에서 명확히 관찰된다. 이에 반해 긴밀한 커플링은 전체 부서들이 하나의 조직처럼 긴밀하게 함께 움직이는 기능 구조functional structure에서 잘 나타난다.

느슨한 커플링: 커플링의 세 가지 대안들 중에서 가장 흥미로운 것이 바로 느슨한 커플링loose coupling 구조이다. 느슨한 커플링은 각 구성단위들이 구분되어 독립적으

그림 10-1 조직 커플링의 유형들

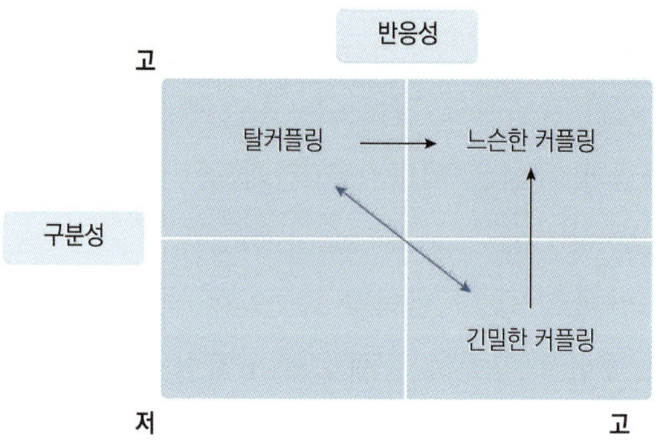

자료: Orton and Weick(1990)

로 별도로 움직이다가 협력 등의 상호작용이 필요할 때는 긴밀하게 상호작용하기도 하는 독특한 형태이다. 조직의 하위 부서들이 평소에는 서로 독립적으로 자신의 역할에만 선택과 집중하다가 시너지가 필요할 때는 긴밀하게 협력도 하는 형태인데 21세기 초 글로벌 선도 기업들에서 강조되는 네트워크형 조직network- form organization이 그 예가 될 수 있을 것이다(Powell, 1990; Podolny and Page, 1998). 느슨한 커플링 관점은 경계파괴 등으로 현지화와 글로벌 통합의 동시 추구나 가격경쟁력과 품질경쟁력의 동시 추구 등과 같이 상호모순적 대응을 동시에 요구하는 경우가 갈수록 빈번해지는 최근 환경에서 중요성이 급증하고 있는 시대를 앞선 통찰력이라고 볼 수 있다.

당연한 참사: 복잡성과 긴밀한 커플링의 결합

조직설계의 2차적 차원 중 위에서 토론한 복잡성complexity과 긴밀한 커플링tight coupling과 관련하여 반드시 명심해야 할 사실이 있다. 조직이론가 찰스 퍼로우Charles Perrow가 '당연한 참사normal accident'라고 부른 긴밀하게 커플링된 복잡한 조직설계의 예상 못한 위험성이다. 당연한 참사 이론은 퍼로우에 의해 1980년대 중반 제시된 이래 다양한 전공분야들의 경계를 넘어서는 광범위한 영향을 미쳐 사고학accident studies이라는 새로운 학제적 학문분야를 탄생시켰다(Perrow, 1984).

그림 10-2 당연한 참사

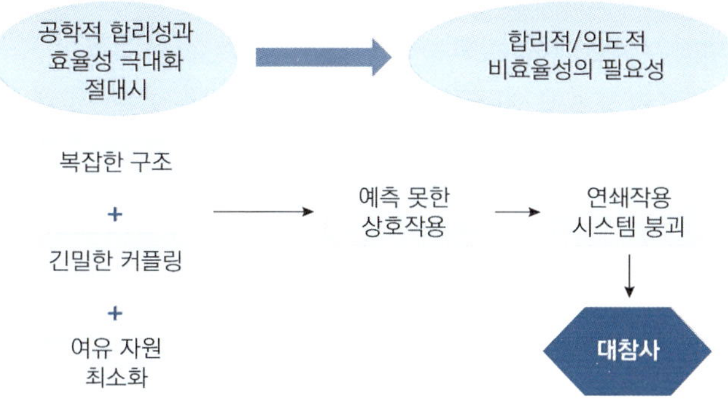

자료: Perrow(1984)

대참사의 조직설계적 원인

퍼로우의 당연한 참사 이론은 심각한 대참사급 사고들의 원인을 조직설계 관점에서 설명한다. 대부분의 대참사는 2차적 조직설계 차원의 복잡성이 긴밀한 커플링과 연결될 때 발생하는 예상치 못한 부정적 결과라는 것이다. 즉 긴밀하게 커플링된 복잡한 시스템 설계는 의도치 않은 사고의 발생 가능성을 급증시키기 때문에 이런 설계에서는 어떻게 보면 참사가 발생하는 것이 당연normal하다는 의미이다.

당연한 참사 이론의 출발은 높은 복잡성이 초래하는 예측가능성과 통제가능성의 급격한 저하에 초점을 맞춘다. 즉 제한된 합리성을 고려할 때 복잡성이 극도로 높아지면 조직설계시에 다수의 구성 요소들과 이들 간 상호작용으로 인한 계획하지 않은 사고의 발생을 예측할 수 있는 가능성이 급격히 낮아지며 또한 사고가 발생했을 때 초기에 통제해서 전체 시스템의 붕괴로 연결되지 않도록 막는 통제가능성도 급감한다는 것이다. 그런데 더 심각한 문제는 복잡한 시스템을 긴밀한 커플링으로 설계하면 하위 시스템들 간 상호작용의 효율성은 높아지지만 동시에 이들 간 여유 완충지대slack가 없어지므로 어느 한 하위 시스템에서 발생한 문제는 경계 없이 순식간에 전체 시스템으로 확산되어 시스템 붕괴system breakdown의 대참사로 연결된다는 것이다. 따라서 언뜻 보면 극도로 합리적인 복잡성과 긴밀한 커플링이 결합된 치밀한 시스템 설계에서는 예상 못한 작은 사건도 전체 시스템을 붕괴시키는 대참사급 사고accidents로 발전하는 것이 어떻게 보면 당연normal하다고 볼 수 있다는 것이다.

대참사의 예방을 위한 의도적 비효율성

이 역사적 명저의 2판에서 퍼로우는 당연한 참사 관점에서 우주왕복선 챌린저호 폭발사고, 인도 보팔 화학공장 참사, 구 소련의 체르노빌 원전 사고 등을 명쾌하게 설명하고 있다(Perrow, 1999). 그런데도 이런 대참사급 사고가 여전히 자주 발생하는 이유는 조금의 여유 완충지대slack도 비효율성으로 보고 완전히 제거하여 완벽한 효율성을 달성하는 것이 합리적 설계라고 믿는 종교적 수준의 공학적 합리성engineering rationality의 한계 때문이라고 한다.

당연한 참사 관점에서 보면 엄청난 대재앙을 초래한 2011년 동일본 대지진 당시 후쿠시마 원전 사고의 원인도 퍼로우가 제시한 동일한 분석틀로 설명할 수 있다. 후쿠시마 원전의 방파제 높이는 발생 가능성이 극히 낮은 진도 9 이상의 지진을 제외하고는 안전하도록 설계되었다. 그러나 진도 9.1의 대지진이 발생하면서 통제 불능의 재난으로 확대되었다.

이런 측면에서 복잡성이 높은 조직설계에서는 대다수의 관점에서는 불필요한 비효율성으로 보이겠지만 일반적인 기준에서의 합리적 수준을 훨씬 넘어서는 정도의 과도한 여유 완충영역slack을 설치하는 **의도적 비효율성**intended inefficiency을 감수하는 것이 진정한 의미에서 합리성이라고 볼 수 있을 것이다.

바람직한 조직설계의 원칙: 상황적합성 접근법

바람직한 조직설계란 무엇일까? 좋은 조직 구조와 프로세스, 시스템은 어떤 특성을 가지는 것일까? 19세기 말 현대적 조직경영이 시작된 이래 테일러의 과학적 관리법을 필두로 다양한 경영자와 학자들이 끊임없이 더 나은 조직설계 모형들을 탐구해 왔다. 조직설계에는 무수한 대안들이 존재해 왔으며 지금도 끊임없이 새로운 모형들이 등장하고 있다. 모든 조직설계의 대안들은 각기 장단점이 있으며 그 자체로는 중립적이다. 즉 특정 조직 구조나 프로세스, 시스템의 모형 자체를 소위 베스트 프랙티스로 부르며 이상적 형태로 취급하고 무분별하게 모방하는 것은 앞에서 설명했듯이 매우 위험하다.

바람직한 조직설계의 기준과 과정을 이해하는 데 건물설계building design와 같은 다른 분야의 설계에 대해 생각해보는 것이 도움이 된다. 당신이 건물을 설계한다고 가정할 때 어떤 요소들을 어떤 순서로 고려하고 결정할 것인가? 대부분 무엇보다 먼저 그 건물의 목적purpose을 고려할 것이다. 그 건물이 주거용인지 사무용인지 등에 따라 내외부 공간배치와 외형 등 건물의 설계는 완전히 달라질 것이다. 그 다음으로 건물이 건설될 주변 환경environment을 고려할 것이다. 주변 환경이 도심인지 아니면 자연 속인지, 열대지역인지 한대지역인지 등에 따라 건물의 모양이나 자재 등이 달라져야 한다. 또 사용할 수 있는 가용 예산과 자원에 따라서도 건물의 규모와 원자재 등이 바뀌어야 할 것이다. 물론 외관의 스타일도 설계자의 선호하는 취향에 따라 달라질 것이다.

이런 관점에서 볼 때 모든 건물에 절대적으로 바람직한 설계 모형은 있을 수 없으며 각 건물마다 목적, 환경, 자원, 취향 등에 적합하게 다양한 대안들 중 선택해야 하는 것이다. 조직설계도 마찬가지이다. 모든 상황에서 절대적으로 바람직한 베스트 프랙티스 조직설계 모형은 있을 수 없다. 그러나 기반 원리 수준에서는 모든 조직설계는 최소한 다음 네 가지의 공통적 기본 요건은 반드시 충족시켜야 한다.

모든 조직설계의 네 가지 공통 기본 요건

구체적 조직형태는 목적과 환경, 그리고 설계자의 취향에 따라 광범위하게 다양하지만 모든 조직설계는 최소한 다음 네 가지 기본 요건은 공통적으로 반드시 지켜야 한다. 즉 바람직한 조직설계의 요건은 다음과 같다(Mintzberg, 1979; Galbraith, 2014; Daft and Armstrong, 2022).

일관성과 상호보완성

무엇보다 조직설계의 모든 다양한 선택들 간 일관성coherence과 상호보완성complementarity이 확보되어야 전체로서as a whole 바람직한 조직형태가 설계된다. 앞의 조직설계의 1차적, 2차적 차원들을 소개하면서 토론했듯이 조직설계의 과정은 분권화–집권화, 공식화, 분화, 통합 등과 같은 무수한 선택들choices로 이루어진다. 그런데 이런 복수의 선택들은 최소한 서로 일관성이 있고 더 나아가서는 서로의 약점을 보완해줄 수 있어야 한다. 예를 들면, 분화의 장점을 살리기 위해서는 그 약점을 보완해줄 수 있는 통합조정이 설계에 반영되어야 한다. 그런데 앞의 다양한 조직설계 차원에서 설명했듯이 일관성과 상호보완성이 획일성homogeneity과 혼동되지 않도록 주의해야 한다.

양면성과 균형

조직설계는 양면성ambivalence의 관점에서 균형balance을 추구해야 한다. 모든 조직설계의 선택은 양면적 효과를 가진다. 즉 분권화, 표준화, 공식화 등 모든 설계의 선택은 각각 장점이 있지만 동시에 나름대로의 약점과 한계를 가진다. 베스트 프랙티스라는 표현 자체의 잘못된 시사점은 마치 장점만 가지는 최고의 조직설계 옵션이 존재한다고 착각하게 만들 수 있다는 것인데 그런 옵션은 현실에는 존재하지 않는다. 조직설계 과정에서 특정 선택의 장점을 추구하다가 의도치 않은 부작용 때문에 심각한 문제가 발생하는 경우는 허다하다. 예를 들면, 혁신을 최적화하는 조직설계를 추구하다 효율성에서 문제가 발생하거나, 자율성을 극대화하려다 통합조정이 실패하기도 하며, 또 글로벌화를 추진하다 현지화를 놓치기도 한다. 따라서 조직설계의 모든 선택에서는 의도한 순기능적 목적과 함께 의도치 않은 결과로서 부작용의 위험이라는 양면성을 동시에 고려하여 이들 간 균형balancing을 추구하는 것이 반드시 필요하다.

변화가능성과 환경의 성격

모든 상황에 항상 최적화된 완벽한 조직형태는 존재하지 않으며 처한 상황의 변화에 따라 조직설계를 바꾸어야 한다. 즉 모든 조직의 내외부 환경이 수시로 변화한다는 사실을 고려하면 조직설계는 변화가 필요할 때 적절한 타이밍에 변화할 수 있는 가능성changeability과 재구성 가능성reconfigurability이 높을수록 좋다. 물론 이 변화가능성의 중요성은 각 조직이 처한 상황의 성격에 따라 달라진다. 특히 환경이 불확실하고 역동적이며 복잡할 때는 조직설계에서 변화가능성을 확보하는 것이 더욱 중요해진다. 예를 들면, 2장에서 살펴본 관료제적 조직설계는 공식적으로 명문화된 규칙과 절차에 따라 모든 행동이 진행되므로 변화가능성이 낮은 설계라고 볼 수 있을 것이다. 그러나 환경변화의 빈도와 강도가 높아지면 관료적 경직성이라는 표현이 시사하듯이 변화가능성의 한계가 중요한 약점으로 비판받게 되는 것이다.

이런 관점에서 조직설계라는 행위의 본질은 특정 시점에 실행되어 완결되는 이벤트events가 아니라 다양한 규모와 범위, 정도로 항상 진행되는 과정process이라고 볼 수 있다. 앞에서 설명했듯이 와익이 조직organization이 아닌 조직화organizing를 강조하는 것도 과정으로서 조직설계에서 역동적 변화가능성을 강조하는 것이다. 즉 다양한 규모와 범위, 방향으로 끊임없이 발생하는 조직설계의 역동적 변화를 고려한다면 어제의 조직과 오늘의 조직은 동일한 존재가 아니라는 것이다.

전략적 조직설계

목적지향적 존재로서 조직의 근본적 본질을 고려할 때 모든 조직설계는 전략적strategic이어야 한다. 즉 특정 목적을 추구하기 위해 선택한 방향성to where과 방법론how to인 전략의 실행 기반이 조직이라는 사실을 고려할 때 조직설계의 모든 선택은 반드시 각 조직이 추구하는 전략적 목적에 일치되어야 한다. 이것이 바로 뒤에서 다시 한 번 강조하게 될 챈들러의 유명한 명제인 "구조는 전략을 따른다Structure follows strategy"의 의미이다(Chandler, 1962). 물론 어떤 목적을 어떻게 추구할지에 대한 선택인 전략은 환경의 성격에 따라 달라지게 된다.

경쟁우위를 위한 전략적 조직설계: 적응, 정렬, 차별화의 3원칙

이상의 네 가지 요건들이 조직설계가 반드시 지켜야 할 최소한의 기본 요건인 데 비해 다른 조직들에 비해 차별적 경쟁우위를 창출할 수 있는 전략적 조직설계는 다음 세 가지의 원칙을 지켜야 한다. 즉 조직설계가 다음 세 가지 원칙을 충족시키는지 여부를 검토해보면 경쟁우위의 조직적 기반을 판단할 수 있다.

외부 적응

경쟁우위를 위한 전략적 조직설계는 무엇보다 외부 적응external adaptation 원칙을 지켜야 한다. 모든 조직은 시장, 기술, 사회문화, 규제 등 다양한 환경 속에 존재하고 또 각 조직의 환경은 서로 다르다. 따라서 조직설계는 각 조직이 처한 특정한 외부 환경의 성격에 적합해야 하는 것이다. 이런 관점에서 모든 상황에서 최고의 성과를 창출할 수 있는 베스트 프랙티스를 추구하는 사고는 자칫 각 조직의 특수한 환경에 대한 부적응mal-adaptation을 초래할 위험이 있는 것이다. 전략적 조직설계에서 무엇보다 중요한 요건은 각 조직이 처한 외부 환경에 적응하는 것이다.

내부 정렬

앞에서 설명했듯이 조직설계는 한 가지 선택의 이벤트가 아니라 다양한 선택들로 이루어진 일련의 과정이다. 따라서 이 다양한 조직설계 선택들이 서로 충돌하면 심각한 문제를 발생시키게 된다. 설사 각 선택들 자체는 합리적이고 우수하더라도 여러 가지의 뛰어난 선택들이 서로 일관성이 없으면 전체 조직 수준에서는 갈등과 비효율성만 유발하게 된다. 이런 측면에서 전략적 조직설계를 통해 경쟁우위를 창출하기 위해서는 내부적으로 구조와 프로세스, 시스템의 설계에 관한 다양한 선택들이 서로 일관성consistency과 상호보완성complementarity을 가지도록 정렬internal alignment되어야 한다. 개별적으로 아무리 좋은 베스트 프랙티스 조직설계 옵션들이라도 다른 선택들과 충돌하거나 정렬되지 않으면 전체 조직 수준에서 가치를 창출하지 못하고 갈등과 혼란을 야기하게 된다.

차별화

환경에 대한 외부 적응과 조직 내부의 정렬이라는 두 조건이 충족되면 일단 그 조직은 생존할 가능성이 높다. 그러나 적응과 정렬을 완벽하게 달성한다고 해서 경쟁자들에 대비한 경쟁우위competitive advantage가 저절로 창출되는 것은 아니다. 특히 영리와 비영리 조직을 막론하고 자원의 제약이 있는 환경에서는 경쟁이 존재할 수밖에 없으며 그 경쟁에서 우위를 가져야 생존과 성장에 성공할 수 있다. 그런데 경쟁우위는 완벽히 동일한 조직형태에서 창출되기 어려우며 반드시 경쟁자들과 다른 점이 있어야 한다. 따라서 차별화differentiation가 전략적 조직설계의 마지막 요건이다. 차별화는 다른 조직들이 가지지 않은 독특함uniqueness이며 이 독특함이 성과창출과 연결될 때 경쟁우위가 발생하는 것이다. 그러나 신제도이론 관점에서 디마지오P. DiMaggio가 지적했듯이 바람직한 조직형태가 무엇인지에 대한 불확실성uncertainty이 높은 상황에서 대부분의 조직들은 다른 조직들을 벤치마킹하다가 모방적 동형화에 빠져 차별성을 잃어버리는 경우가 많으므로 반드시 경계해야 한다(DiMaggio Pewell, 1983).

전략적 조직설계의 상황적합성 접근: 환경-전략-조직 적합성

위의 세 가지 요건에 초점을 맞춘 전략적 조직설계를 통한 차별적 경쟁우위 추구의 원리와 방법론을 정리한 것이 바로 2장에서 살펴본 상황적합성 이론contingency theory이며 이를 규범적normative 실천 방향과 방법론 중심으로 확장하고 체계화한 분야가 바로 전략경영strategic management이다. 1950년대 중반부터 1970년대 초까지 조직설계에 관한 이론과 실무를 주도한 상황적합성 이론은 조직과 환경 간 적합성environmental fit 추구가 핵심이며 이 두 변수를 연결시켜주는 매개 변수가 전략이다.

상황적합성 관점과 전략적 조직설계

즉 상황적합성 이론은 특정 조직형태 자체가 성과의 원천이 되는 것이 아니라, 각 조직형태와 주어진 환경과의 적합성fit 여부가 성과를 결정한다는 것이다. 상황적합성 이론은 환경의 다양성environmental diversity을 전제로 한다. 즉 각 조직이 속한 환경은 다양하고 또 각 환경에 적합한 조직형태도 모두 다르기 때문에 모든 환경에서 항상 최고의 성과를 창출하는 절대적인 최고의 모형the one best way은 있을 수 없다는 것이다. 즉 20세기 초 테일러와 포드에 의해 대량생산 중심의 현대적 조직경영이 탄생한 이래 100여 년이 지난 21세기 초 현재까지도 많은 경영자들이 찾고 있는 모든 환경에서 최고의 성과를 창출하는 최고의 조직설계 방식인 베스트 프랙티스는 없다는 것이 상황적합성 이론의 출발점이다. 실무 경영현장에서 베스트 프랙티스 벤치마킹으

그림 10-3 환경-조직 적합성과 상황적합성 관점

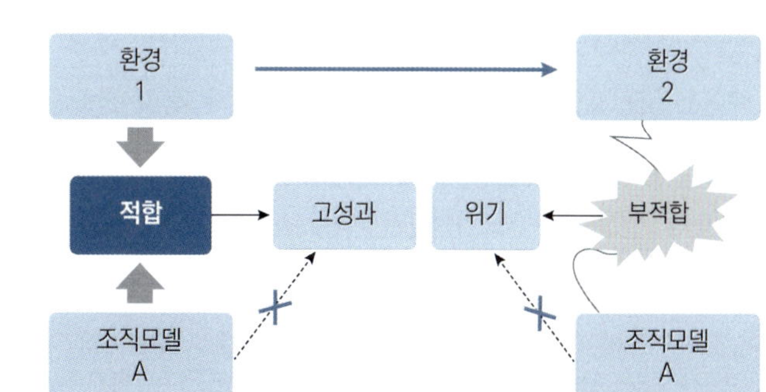

로 불리는 유행하는 첨단 조직설계 모형들을 모방하는 접근법의 논리적 출발점 자체가 틀렸다는 것이다.

전략은 환경적응의 방향성과 방법론의 선택이므로 상황적합성 이론contingency theory에 기반한 전략적 조직설계는 환경과 조직간 적합성fit을 추구한다. 조직 내부의 구조와 프로세스, 시스템 자체의 장단점에 초점을 맞추었던 그 이전 조직경영 연구나 실무와 달리 상황적합성 이론은 조직과 외부 환경 간 관계가 주관심사이다. 모든 조직은 주어진 외부 환경에 속하여 환경으로부터 자원 등의 투입물을 받아들이고 이를 변화시켜 다시 외부 환경에 산출물로 내보낸다. 그런데 각 조직이 속한 환경의 특성은 모두 다르므로 각 조직의 형태는 주어진 환경에 적합하게 달라져야 하는데 이것이 바로 환경적응이다. 이런 관점에서 전략적 조직 설계와 변화는 주어진 환경의 요구에 조직의 구조와 시스템, 프로세스 등을 적합하게 만드는 환경적합성environmental fit의 추구가 핵심이다.

기계적 구조와 유기적 구조: 베스트 프랙티스는 없다!

따라서 상황적합성 관점의 전략적 조직설계는 모든 환경에서 늘 높은 성과를 창출하는 유일무이한 최선의 대안the one best way, 즉 베스트 프랙티스는 없다고 선언하며 각 환경마다 적합한 조직형태를 찾는다. 가장 잘 알려진 상황적합성 이론의 연구 중 하나는 번즈Tom Burns와 스토커George M. Stalker(1961)의 기계적 구조와 유기적 구조에 대한 분석이다. 일사불란하게 움직이는 관료적이고 수직적이며 경직된 기계적 구조mechanistic structure와 변화가 용이한 유연한 유기적 구조organic structure 중 어느 쪽이 우월한 성과를 창출할 것인가를 물으면 대부분 유기적 구조의 우위를 예측할 것이다. 그런데 실제로 많은 조직들을 대상으로 실증 연구를 해본 결과 두 조직형태들 간 유의미한 성과 차이를 발견할 수 없었다. 그런데 각 조직이 속한 환경의 성격에 따라 구분해서 분석해본 결과 놀라운 결과가 발견되었다. 변화의 강도와 빈도가 낮은 안정적stable 환경에서는 오히려 경직적이라고 봤던 기계적 구조가 성과가 더 높았던 것이다. 반면 환경 변화의 빈도와 속도가 높은 역동적dynamic 환경에서는 유기적 구조의 성과가 더 높았다. 즉 모든 환경에서 항상 최고의 성과를 창출하는 조직형태는 없으며 반드시 각 조직이 속한 환경과의 적합성을 추구해야 한다는 것이다.

챈들러 명제: 구조는 전략을 따른다!

조직설계에서 전략의 역할을 명시적으로 강조한 단연 가장 중요한 연구는 챈들러의 획기적인 경영사business history 논문과 저서들이다(Chandler, 1962). 챈들러는 사업부구조multidivisional structure의 확산에 대한 경영사 연구에서 20세기 초중반에 광범위하게 확산된 이 조직구조가 다각화전략diversification strategy의 실행을 위한 혁신이었다고 주장했다. 이런 관점에서 챈들러는 "구조는 전략을 따른다Structure follows strategy"는 중요한 명제를 주장했다. 여기에서 구조structure라는 표현은 조직형태organizational form의 의미로 사용된다. 전략은 각 조직이 처한 환경에 적응하기 위한 방향성과 방법론의 선택이므로 따라서 조직구조는 선택된 전략의 실행에 적합해야 한다는 것이다. 이를 통합하면 환경에서 전략이 나오고 전략에서 조직이 나온다는 것이 바로 챈들러 명제의 단순하지만 놀라운 통찰력이다.

그림 10-4 환경-전략-조직 적합성

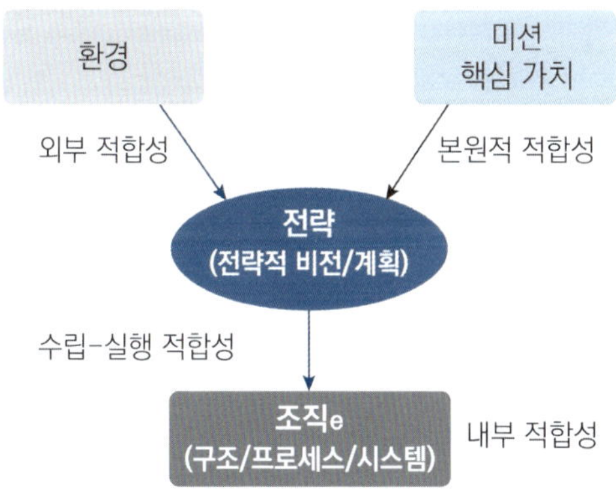

전략적 조직설계와 전략경영의 지속적 발전

챈들러를 비롯한 조직설계의 상황적합성 이론에서 처음 언급되기 시작한 전략strategy의 개념은 1970년대 말에 산업의 구조적 환경에 초점을 맞추는 산업조직경제학industrial and organizational economics의 산업구조 분석industry structure analysis 등 다양한 관련 이론들과 통합되어 전략경영이라는 새로운 경영학 분야를 탄생시켰다(Porter, 1980). 그 이후 1980년대 중반 이래 각 조직이 보유한 차별적 자원과 역량에 초점을 맞추는 **자원기반관점**resource-based view이 출현하였다(Wernerfelt, 1984). 그 후 뒤에서 설명하게 될 효율적 조직경계efficient firm boundary 설계를 설명하는 조직이론의 **거래비용경제학**transaction cost economics 이론(Williamson, 1975, 1985)과 **네트워크 지배구조**network governance 이론(Powell, 1990) 등과 결합되면서 현재의 전략경영 분야를 구성하게 되었다.

이와 같이 다양한 새로운 이론들이 끊임없이 전략경영 분야에 추가되었지만 그 출발과 핵심 기반은 환경에 대한 적응을 강조하는 조직설계의 상황적합성 이론이었다는 것은 명확한 사실이다. 따라서 21세기 초중반인 현재까지도 조직과 환경 간 관계가 주 관심사인 거시 조직이론과 전략경영은 밀접하게 상호협력하며 공진화해오고 있다. 두 분야는 학자의 구성과 기반 이론 등에서 명확히 구분하기 어려운데 굳이 차이를 찾는다면 거시 조직이론이 현상의 정확한 서술적descriptive 이해에 초점을 맞춘 반면, 전략경영은 상대적으로 성과와 경쟁력 관점에서 규범적normative 방향 제시가 주 관심사이다.

조직설계의 출발점 '환경': 환경 파악의 어려움

상황적합성 이론과 전략경영의 관점에서 볼 때 조직설계는 각 조직이 처한 환경의 본질과 특성을 파악configure하고 이해understand하는 것에서 출발한다. 그러나 조직의 환경을 정확하게 파악하고 이해하는 것은 생각보다 단순하지 않고 매우 어려운 과제이다. 현장 조직들의 환경적응 실패에 가장 중요한 원인은 환경에 대한 잘못된 이해라고 볼 수 있다. 일단 환경의 개념 자체부터 높은 모호성을 가진다.

조직 환경의 본질: 환경의 정의와 구성

조직의 설계와 변화, 그리고 전략경영 전반에 걸쳐 단연 가장 자주 거론되는 개념은 환경environment일 것이다. 모든 조직은 고립되어 존재하지 않고 환경에 속해서 환경과 상호작용하며 존재한다. 환경과 조직간 관계는 1950년대 중반 상황적합성 관점이 등장한 이래 21세기 초중반인 현재까지 조직과 전략에 대한 대부분의 연구에서 단연 가장 중요한 관심사였다. 그러나 환경은 일반적으로 생각하는 것보다 훨씬 더 복잡하고 모호한 개념이며, 각 조직이 정확하게 자신이 처한 환경의 본질을 파악해서 이해하는 것은 매우 어렵고 도전적인 과제이다. 실제로 많은 조직들이 환경의 파악configuration과 이해understanding의 오류로 인해 심각한 위기를 겪는다. 조직의 환경이란 무엇인가?

외부 요소

무엇보다 모든 환경은 조직 밖의 외부external 요소이다. 즉 구성원이나 자원, 시스템 등의 조직 내부 요소들과 조직경계organizational boundary를 기준으로 구분되는 외부의 행위자나 개체, 현상들이 환경이다. 예를 들면, 환경은 외부의 경쟁자, 공급자, 소비자, 협력 파트너, 시장, 자원, 정책, 사회문화 등이다. 외부 요소라는 환경의 개념 정의의 핵심 의미는 내부에서 통제하기 어렵다는 사실이다. 즉 환경은 내부에서 통제하기 어려운 외부 요소들이므로 조직이 적응해야 하는 것이다.

실제와 잠재 영향

그러나 모든 외부 요소가 다 조직의 환경은 아니다. 조직에 전혀 상관이 없는 외부 요소들은 환경으로 정의되지 않는다. 각 조직에 실제로actually 혹은 잠재적으로potentially 영향을 미치는 외부 요소의 조합이 환경이다. 동일한 산업이나 지역에 속해 있더라도 엄밀하게 말하면 환경이 완벽하게 동일한 조직들은 없다. 각 조직마다 실제로 혹은 잠재적으로 영향을 미치는 외부 요소들의 조합이 모두 다르기 때문이다. 그리고 반드시 명심해야 할 사실은 외부 요소들이라도 자신에게 영향을 미칠 가능성이 없으면 환경이 아니다. 예를 들면, 외부 조직들 중 경쟁자나 협력 파트너는 자기 조직에 영향을 미치므로 중요한 환경이지만 현재는 물론 미래에도 영향을 미칠 가능성이 전혀 없는 외부 조직들은 환경으로 보지 않는다.

대응 필요성

따라서 환경은 외부 요소들 중 각 조직이 생존하고 성과를 창출하기 위해서 현재나 혹은 미래에 반드시 대응해야 하는 것들의 총합이다. 즉 내부에서 통제하기 어려운 외부 요소이면서 실제로나 잠재적으로 영향을 미칠 가능성이 높으므로 언젠가는 반드시 대응해야 하는 요소들의 합이 환경인 것이다. 이렇게 볼 때 전략적 조직설계를 위한 환경분석에서 가장 먼저 수행해야 하는 과업은 자신이 현재나 잠재적으로 대응해야 할 필요가 있는 외부 환경을 정확하게 파악configure하는 것이다. 그러나 자신이 대응해야 하는 외부 요소들을 정확하게 파악하는 것은 결코 쉽지 않으며 그 결과 많은 조직들이 환경인식의 오류를 저지르게 된다.

환경 인식의 주관성: '규정된 환경'의 오류 위험

상황적합성 관점이 등장한 이래 조직에 대한 모든 이론들은 환경의 본질과 유형, 영향력을 이해하는 데 초점을 맞추어 왔다. 즉 20세기 초에 과학적 관리법과 관료제조직 등의 고전 패러다임이 등장한 이래 20세기 중반까지의 조직경영에 대한 접근법들의 결정적 한계는 대부분 환경의 영향력을 간과하고 특정 조직형태나 모형 자체의 특성과 장단점에 초점을 맞추어 왔다는 것이다. 1950년대 중반에 상황적합성 이론과 함께 환경의 중요성에 대한 인식이 확산되면서 조직경영의 단연 가장 중요한 활동은 외부 환경에 대한 적응이었는데 이를 위해 전략경영 등을 중심으로 환경분석environmental analysis이 지속적으로 발전해 왔다.

환경의 주관성

그러나 외부 환경을 정확하게 파악하고 이해하는 것은 결코 쉽지 않은데 가장 중요한 원인 중 하나가 환경의 주관성subjectivity이다. 조직설계의 가장 결정적인 한계는 바로 환경의 주관성으로 인한 파악과 이해의 오류에서 발생한다. 자연환경과 달리 각 조직의 환경은 모든 사람이 동의할 수 있게 객관적으로 주어지는 것이 아니라 각 조직에 의해 주관적으로 파악되고 이해되어야 한다. 예를 들면, 자기 조직의 현재와 잠재 경쟁자는 누구이며, 미래 기술 발전 추세는 어디로 향하고 있고, 또 소비자의 선호도는 어떻게 변화할 것인가 등과 같은 환경의 특성에 대한 질문은 객관적으로 대답하는 것이 불가능하며 각 조직이 주관적으로 선택해서 규정할 수 있을 뿐이다.

따라서 각 조직은 구조와 프로세스, 시스템의 설계에서 객관적 환경이 아니라 자신이 주관적으로 이해하는 환경에 적합한 대안을 선택하는데 문제는 이 주관적으로 이해된 환경이 객관적 환경과 일치하지 않는 경우가 많다는 것이다. 기후나 날씨 등과 같이 객관적으로 외부에 존재하는 자연환경과 달리, 조직의 환경은 조직에 의해 파악되고 이해되며 구성되는 것이다.

환경의 사회적 구성과 규정된 환경

현상학phenomenology적 관점에서 제시된 사회학의 "현실의 사회적 구성the social construction of reality" 이론 관점에서 보면 조직의 환경은 각 조직 내외부의 주요 행위자들 사이의 상호작용에 의해 사회적으로 구성construct된다(Berger and Luckmann, 1966). 이런 측면에서 현상학적 관점에서 독창적 조직이론을 제시해온 와익에 따르면 모든 조직은 객관적 환경에 적응하는 것이 아니라 자신이 자기 환경이라고 주관적으로 구성한 규정된 환경enacted environment에 적응한다(Weick, 1979). 자연환경과 달리 조직의 환경은 제한된 합리성을 가진 행위자가 정확하게 이해할 수 없을 뿐 아니라 그 내용 자체가 객관화될 수 없는 경쟁, 협력, 규제, 정치, 문화 등과 같은 사회 현상들로 구성된다. 따라서 각 조직이 주관적으로 스스로 규정한 환경에 적응할 수밖에 없는 것이다.

그림 10-5 규정된 환경과 환경 파악 오류

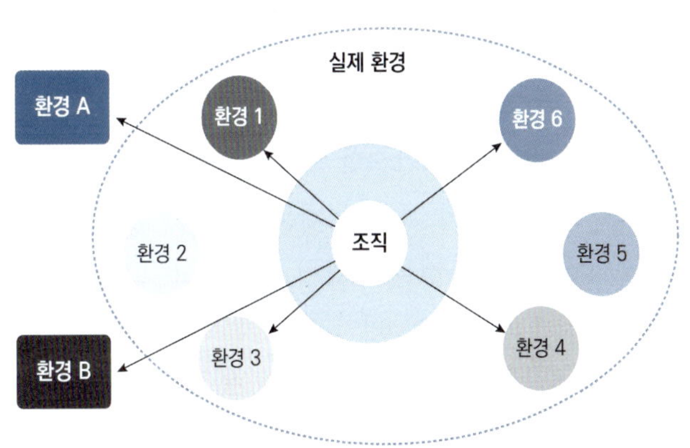

자료: Weick(1979)

규정된 환경의 오류 가능성

그런데 여기에서 심각한 문제는 각 조직이 주관적으로 규정한 환경과 객관적인 실제 환경과의 괴리 가능성이다. 즉 조직 행위자들의 제한된 합리성과 조직 환경의 복잡성과 불확실성, 급변성 등을 고려할 때 각 조직은 신기술이나 새로운 경쟁자 등 실제로 중요한 영향을 미칠 가능성이 높은 환경요소를 규정된 환경에서 누락하고 아예 대응하지 않거나, 반대로 전혀 상관없는 요소들을 중요한 환경요소로 착각하여 귀중한 시간과 노력, 자원을 허비하면서 대응할 위험이 항상 존재하는 것이다.

이런 환경 규정의 오류 가능성 때문에 대부분의 조직들은 환경 분석과 이해에 많은 노력을 기울이지만 항상 한계가 존재할 수밖에 없는데, 그 상대적 효과성에 따라 경쟁우위가 중요한 영향을 받게 된다. 예를 들면, 환경의 정확한 이해를 통해 특정 담당자 개인을 넘어서서 다양한 복수의 구성원들이 함께 참여해서 환경을 파악하는 워크샵이나 태스크포스taskforce 등을 활용하기도 하나, 이 책 8장에서 다루었던 집단 의사결정이 가지는 쓰레기통garbage can 프로세스(Cohen, March, and Olsen, 1972)나 집단사고groupthink(Janis, 1971) 등의 위험을 고려할 때 심각한 한계가 존재할 수밖에 없다. 따라서 환경의 정확한 파악과 이해, 예측은 21세기 중반으로 치닫고 있는 현재 상황에서 단연 가장 중요하면서도 도전적인 조직설계 과제이다.

21세기 환경과 조직설계의 새로운 과제: 상호모순적 목적의 동시 극대화

그렇다면 21세기 중반을 향해 치닫고 있는 현재 전 세계 조직들의 조직설계와 관련된 핵심 관심사는 무엇일까? 현재 당면한 환경은 지난 100여 년의 현대 산업사회 환경에서의 조직설계의 기반 원리인 단순한 환경-조직 간 적합성fit 논리를 근본적으로 교란시키고 있다. 현재 환경의 역사적 특수성 때문이다. 즉 현재 진행되고 있는 역사적 대변동 때문에 특정한 환경에서 특정한 전략이 적합하고, 그 전략의 실행에는 특정한 조직형태가 적합하다는 기존의 기본 논리가 흔들리고 있는 것이다. 그 결과, 현재 전 세계 모든 조직들은 완전히 새로운 조직설계의 도전 과제에 대응하기 위해 고심하고 있다. 그렇다면 현재 전 세계 조직들이 당면하고 있는 환경의 가장 중요한 특성은 무엇인가? 다양한 최근 환경변화가 복합적으로 영향을 미쳤지만 1990년대 신자유주의적 정치경제 이념의 확산과 함께 시작된 무경계boundaryless 환경과 인공지능AI을 비롯한 4차 산업혁명 기술의 급발전이 단연 가장 중요한 두 가지 요소이다(Campbell and Pedrson, 2001; Canals and Heukamp, 2020; Marr, 2021; Taylor and Perkins, 2026).

신자유주의적 무경계 환경

무엇보다 1990년을 전후하여 본격적으로 진행된 신자유주의적 세계화에 따라 국가 간, 시장 간, 산업 간, 기술분야 간 모든 경계들이 끊임없이 붕괴되면서 교과서에나 나오던 경계 없는 완전경쟁에 가까운 정치경제 체제로의 이행이 실제로 진행된 것이다(Campbell and Pedersen, 2001). 신자유주의는 강대국들을 중심으로 추진된 극단적 시장주의 이념으로서 무경계 완전경쟁시장을 우리가 살아가는 실세계 환경에 실현하기 위해 극단적 경계파괴와 탈규제화를 공격적으로 실행하였다. 물론 이런 추세에 대한 반대 움직임도 간헐적으로 시도되었지만 경계파괴와 세계화 추세를 완전히 중단시키고 과거의 국가별 정치경제 체제로 돌아갈 수는 없게 되었다.

디지털 전환과 4차 산업혁명

유사한 시기에 급속히 진행된 환경변화가 바로 4차 산업혁명이라고도 불리는 디지털 전환digital transformation이었다. 그동안 개별적으로 발전되어오던 AI, 빅데이터, 클라우드, 사물인터넷, 블록체인 등 다양한 디지털 기술들이 2010년경 이래 급속하게 융복합화되면서 모든 분야의 발전 속도를 획기적으로 증대시켰다. 특히 2020년대 들어 급발전한 AI를 중심으로 디지털 기술은 100여 년 전 19세기 말에 교통과 통신 기술의 가능화enabling 효과에 의해 촉발된 대량생산 중심의 현대 산업사회로의 역사적 대전환 이래 전대미문의 대격변의 새로운 환경이 도래했다.

상호모순적 목적들의 동시 추구 요구

경계파괴와 디지털 전환은 서로 긴밀하게 상호작용하면서 21세기 환경을 극도로 불안정하고 불확실하며 복잡하고 모호하게 만들었다. 즉 시장, 기술, 정치경제, 문화 등 모든 종류의 환경들이 경계 없이 수시로 분화되고 또 동시에 융복합화convergence되면서 예측 못한 방향으로 상시 급변하게 된 것이다. 그 결과 환경변화를 예측하여 대응 전략을 선택하고 그 전략의 실행에 적합한 조직을 설계하는 기존 조직경영 방식은 더 이상 통용되기 어렵게 되었다. 무엇보다 모든 경계가 파괴되고 계속 새로운 변화가 발생하면서 이제는 특정 사업분야나 역량, 경영모델에 지속적으로 선택과 집중하는 것이 불가능하게 되었다.

이제는 모든 경계를 초월하여 수시로 변화하는 환경에 대응하기 위해 과거의 양자택일 대상들을 동시 극대화해야 하게 되었다. 예를 들면, 글로벌 전략에서 과거에는 현지적응local adaptation 전략과 글로벌 통합global integration 전략 중 하나를 선택하여 글로벌 조직의 구조와 프로세스, 시스템을 설계했으나, 이제는 이 두 가지를 동시에 극대화하는 소위 초국가 전략transnational strategy이 필요하게 된 것이다(Bartlett and Ghoshal, 2002). 경쟁전략에서도 과거에는 포터Michael E. Porter의 경쟁전략 모형에서 제시하듯이 원가 리더십을 통한 가격경쟁 전략과 품질 차별화를 통한 품질경쟁 전략 중 하나에 선택과 집중하여 모든 조직을 설계했다(Porter, 1980). 그러나 이제는 하이엔드high-end와 로우엔드low-end 시장 간 경계가 없어지면서 기존 경쟁전략이 더 이상 통하지 않고 이제는 가격경쟁력과 품질경쟁력을 동시에 극대화할 수 있는 조직들이 필요하게 된 것이다.

조직설계의 새로운 도전 과제

상호모순적 전략적 목적의 동시 추구는 논리적으로는 이해가 가능하나 이를 실행하기 위한 하부구조적 기반인 조직설계에서는 극도로 어려운 도전 과제를 던진다. 예를 들면, 글로벌 전략에서 동일한 조직의 구조와 프로세스, 시스템이 동시에 다양한 현지 시장의 요구에 대응하면서 전체 글로벌 시장에서도 규모의 경제를 달성하는 것이 어떻게 실행될 수 있을까? 또 효율성과 혁신성을 동시에 추구할 수 있는 조직설계는 무엇일까? 즉 상호모순적 전략적 목적의 동시 극대화는 21세기 중반의 가장 중요한 조직설계의 도전 과제인 것이다.

상호모순적 목적의 동시 추구 시도가 왜곡되면 두 가지 상반된 목적의 중간 지점에서 어중간한 타협에 그칠 수도 있는데 이것이 가장 위험하다. 예를 들면, 현지적응과 글로벌 통합을 동시에 추구하기 위해 조직설계를 이 두 가지 순수형 모형의 중간 지점으로 타협하면 오히려 두 가지 목적 모두를 실패하는 어중간함stuck in the middle의 위험에 빠질 수 있는 것이다. 따라서 상호모순적 목적들을 동시에 극대화할 수 있는 제3의 조직설계를 찾아내기 위한 혁신이 반드시 필요한 것이다.

조직설계의 실행 I: 부서구조와 기업전략

이런 관점에서 "구조는 전략을 따른다Structure follows strategy"는 챈들러 명제의 논리에 기반하여 실제 조직구조의 설계를 이해해보기로 하자(Chandler, 1962). 여기에서 조직구조organizational structure라는 표현은 현대적 개념으로는 구조와 프로세스, 시스템을 포함하는 조직형태organizational form의 의미이다. 조직설계의 대상인 조직구조는 크게 나누어서 가장 미시적인 직무구조job structure, 중간 수준의 부서구조departmental structure, 그리고 가장 거시적인 지배구조governance structure로 분류할 수 있다. 이 중에서 직무구조 설계의 대안들은 앞의 동기부여 부분에서 직무충실화job enrichment와 관련하여 토론되었으므로 여기에서는 부서구조와 지배구조에 대해 주로 토론하기로 한다(Mintzberg, 1979; Galbraith, 2014; Daft and Armstrong, 2022).

먼저 살펴볼 부서구조의 설계는 조직이 하위 부서들로 나누어져서 부문화되는 방식의 선택인데 조직이 얼마나 다양한 사업들을 영위하느냐 하는 다각화전략, 즉 기업전략corporate strategy을 따른다. 부서구조의 설계는 다각화 전략으로도 불리는 기업전략에 적합fit해야 하는 것이다.

특화전략과 기능구조

부서구조의 가장 단순한 형태는 조직 목적을 추구하기 위해 수행해야 할 직책들positions을 동일한 기능을 기준으로 하위 조직단위인 기능부서별로 모으고, 이들 기능별 부서들 간 연결관계를 자연적인 기술적 흐름natural technological flow에 따라 배치하는 기능구조functional structure이다. 예를 들면, 생산 기능을 담당하는 직책들은 모두 생산부서에 모으고, 판매 기능을 담당하는 모든 직책들은 판매부서에 소속시키는 것이다. 기능구조는 가장 직관적인 논리에 기반하고 있기 때문에 누구나 쉽게 이해할 수 있다. 단순화시켜서 예를 들면, 먼저 어떤 상품을 개발한 후, 이 개발된 상품을 생산하고, 또 생산된 상품을 판매하는 것이 당연한 순서인데, 기능구조는 바로 이런 기능별로 모든 직책들을 각 부서로 모으고 이 자연적인 기술적 흐름의 순서로 기능부서들을 배치하여 연결시키는 것이다.

단순성과 효율성

기능구조는 다양한 장점을 가진다. 무엇보다 구조가 단순하다. 꼭 필요한 기능 이외에 불필요한 간접 부서가 없기 때문이다. 따라서 기능구조에서는 계층의 수도 이들 기능분야 간 접점interface에서 문제가 발생할 때 간헐적으로 조정해줄 본부 조직만 있으면 되므로 본부수준과 기능부서들 수준의 2단계 계층만 있으면 된다. 그리고 각 기능부서 내부는 서로 동일한 직무를 수행하는 구성원들끼리만 모여 있으므로 통합조정이 자연발생적이며 효율적이다. 따라서 기능구조는 대부분의 조직에서 초기 단계에 채택하는 구조이다.

다양성 수용의 한계

그런데 기능구조는 그 조직에서 기획, 생산, 판매하는 상품의 종류가 다양해지고 서로 이질적이 되면 한계를 가지게 된다. 서로 다른 다양한 상품들을 동일한 부서에서 기획, 생산, 판매해야 하기 때문이다. 예를 들면, 자동차를 완성하기 위해서는 엔진과 차체 등 자동차 본체와 함께 그 내부의 라디오 등 전기제품도 필요하며, 또 시트 등 가구도 필요하다. 그런데 자동차 회사가 단일 상품인 자동차만 생산하고 전기제품이나 가구는 외부 전문업체에서 납품 받을 때는 기능부서가 단연 가장 효율적인 부서구조이다. 그런데 자동차 본체에 더하여 전기제품도 자체 생산하고, 또 더 나아가 가구도 생산하고자 할 때는 기능구조는 심각한 한계에 봉착하게 된다. 동일한 부서에서 자동차를 생산하다가 전기제품을 생산하고 또 가구를 생산하여야 하기 때문에 시간과 노력이 분산되어 역량과 노하우 축적이 어렵고 이질적 업무들 간 통합조정도 어려워서 전체 조직의 효율성이 심각하게 낮아지게 된다.

기능구조는 특화전략을 따른다!

이런 관점에서 기능부서는 유사한 종류의 상품의 기획, 생산, 판매에만 특화하는 전략에 적합하다. 즉 구조는 전략을 따른다는 챈들러의 명제에 따르면 "기능구조는 특화전략Functional structure follows specialization strategy"을 따른다고 볼 수 있을 것이다. 즉 소수의 유사한 상품의 기획, 생산, 판매에만 특화하는 전략을 실행할 때는 기능구조가 가장 적합성이 높은 것이다.

그림 10-6 조직설계의 기능구조

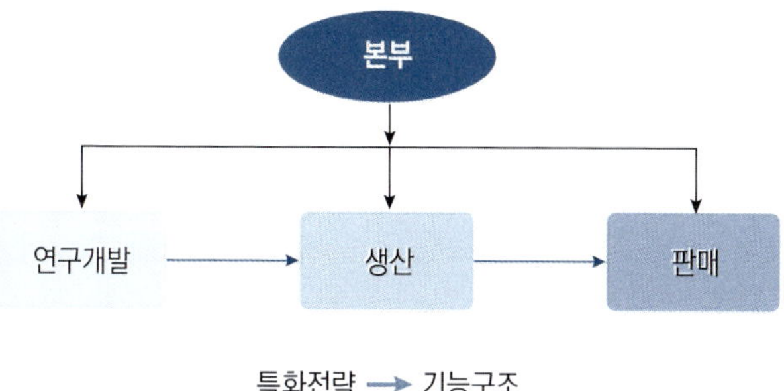

다각화 전략과 사업부구조

그렇다면 대부분의 현대적 대기업들의 기업전략과 같이 다양한 이질적 상품과 사업들을 동시에 생산 판매하는 다각화전략diversification strategy을 추구할 때는 어떤 조직구조가 적합할까? 예를 들면, 동일한 조직 내에서 자동차와 전기제품, 가구를 동시에 기획, 생산, 판매하고자 할 때는 어떤 구조를 채택해야 할까? 이때 적합한 것이 바로 사업부제 구조multidivisional structure이다. 국내외를 막론하고 현대적 대기업들은 대부분 사업부제 구조를 채택하고 있다. 그러나 사업부구조가 일종의 유행fad처럼 당연시되어서 대기업은 무조건 사업부제를 채택해야 한다고 오해하고 기능부서를 사업부로 부르는 경우도 많으므로 주의가 필요하다. 즉 부서구조의 설계는 각 대안적 형태들의 핵심 본질에 대한 정확한 이해에 기반하여 선택해야 한다.

사업부제 구조는 동일 조직 내에 각기 서로 다른 사업에 특화하는 다양한 독립적 하위 조직단위인 사업부들divisions이 여러 개 함께 공존하는 구조이다. 각 사업부는 독립적으로 내부에 다양한 기능부서들을 가지며 마치 조직 속의 작은 조직처럼 작동된다. 예를 들면, 사업부구조를 채택하면 동일한 조직 내부에 자동차 사업부와 전자제품 사업부, 그리고 가구 사업부가 공존하는데 이들 사업부들은 각각 독립적이어서 서로 분리되어 독자 조직처럼 경영된다. 그리고 각 사업부 내부에는 마치 작은 기능구조처럼 기획, 생산, 판매 부서가 별도로 존재한다. 서로 다른 다양한 사업마다 각 담당 사업부가 전담하여 경영하므로 여러 사업으로 다각화된 조직의 경우 사업부가 당연히 여러 개 공존한다. 따라서 사업부구조divisional structure는 여러 개의 사업들이 공존한다는 의미에서 다多사업부제 구조multi-divisional structure라고 부르기도 한다.

다각화된 사업별로 특화된 독립적 경영

이제는 각 사업부가 자신이 담당하는 상품의 기획, 생산, 판매에만 특화하여 선택과 집중하면 되므로 기능구조가 다각화된 다양한 사업들의 경영에서 가지는 한계를 극복할 수 있다. 그리고 각 사업부는 다른 사업부들과는 수평적 상호작용을 거의 하지 않고 전사 관점에서 여러 사업부들을 총괄적으로 관리 조정하는 상위 계층의 본부 headquarter 조직과 목표설정과 성과평가 등에 대해 주기적인 수직적 상호작용만 하면 된다. 그리고 각 사업부 내부는 마치 개별 조직처럼 자신이 맡은 사업에만 최적화하여 선택과 집중하면서 독립적으로 경영할 수 있다는 장점을 가진다.

그림 10-7 조직설계의 사업부구조

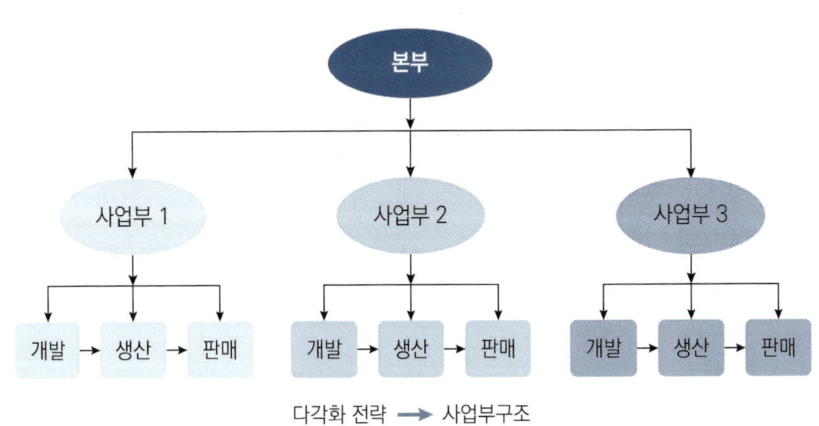

복잡성과 관료화, 비효율성

그러나 다양한 독립적 사업부들로 구성된 사업부구조는 예상외로 많은 한계를 가지고 있다. 무엇보다 조직 안에 사업부라고 불리는 작은 독립 조직들이 여러 개 공존하는 복잡한 구조이므로 이들 간 전사 수준 협력조정이 당연히 어려울 수밖에 없다. 사업부제 구조를 가지고 있는 대기업들이 시너지synergy를 강조하는 이유는 역설적으로 서로 독립적인 사업부들끼리 시너지 창출을 위한 협력조정이 자연적으로 이루어지기 어렵기 때문이다. 이에 비해 기능구조는 업무 프로세스가 진행되려면 시너지가 자연적으로 창출되기 때문에 부서 간 연결부분의 통합조정은 어느 정도 필요하지만 특별히 시너지를 별도로 강조할 필요는 없다.

사업부구조의 또 다른 한계는 수평적 구조인 기능구조와 달리 계층의 수가 많아질 수밖에 없으며 이 수직적 계층 구조에서 발생하는 권위주의적 부작용과 복잡성의 문제들이 빈번하게 발생한다는 것이다. 사업부구조에서는 다양한 독립적 사업부들을 관리하기 위해 강력한 본부와 강제적 규정의 역할이 중요할 수밖에 없으나, 동시에 이런 강력한 수직적 질서는 권위주의적 경직성을 초래하기 쉽다. 또한 직관적으로 쉽게 이해할 수 있는 기능구조와 달리 구조적 복잡성이 높아서 조직 프로세스가 전반적으로 느리고 관료화되는 경향이 있다. 무엇보다 사업부구조는 각 사업부마다 기획, 생산, 판매 부서를 별도로 가지고 있기 때문에 중복과 복잡성에서 오는 조직의 비효율성이 심각한 문제를 초래한다.

사업부구조는 다각화전략을 따른다!

따라서 사업부구조를 기능구조보다 우월한 현대적 조직설계 모형으로 보는 일반적 관점은 오류이며 단지 다각화전략을 추구하는 경우에 적합한 조직구조 옵션일 뿐이다. 이런 관점에서 "구조는 전략을 따른다"는 챈들러의 명제에 따르면 "사업부구조는 다각화전략을 따른다Multi-divisional structure follows diversification strategy"고 주장할 수 있을 것이다. 즉 다양한 이질적 상품들을 기획, 생산, 판매하는 다각화전략을 실행할 때는 각 상품별로 특화된 복수의 독립적 하위 조직단위를 가진 사업부구조가 적합성이 높은 것이다.

자동차산업 역사에서 기능구조와 사업부구조

20세기 초 대량생산 사회를 창출한 핵심 산업이었던 글로벌 자동차산업의 초기 역사를 살펴보면 조직설계 패러다임의 전환에 따른 기업 경쟁력의 변화를 잘 이해할 수 있다. 1880년대 중반에 벤츠Karl Benz와 다이믈러Gottlieb Daimler가 거의 동시에 자동차를 발명한 이래 초기에는 자동차가 부유한 특권층을 위한 일종의 사치품으로 여겨졌다. 자동차를 누구나 사용하는 대중 교통수단으로 만든 계기는 1908년에 헨리 포드Henry Ford가 하이랜드파크Highland Park 공장에서 테일러리즘을 기계화하여 컨베이어벨트식 조립라인을 통해 대량생산을 시작한 것이었다. 포드는 규모의 경제를 통한 대량생산으로 불과 10여 년 만에 자동차의 생산량을 수십 배 이상 획기적으로 증가시키고 가격을 1/10로 충격적으로 인하해 대량생산 시대의 문을 열었다.

포드의 특화전략과 기능구조

이때 비용효율성이 대량생산의 성패 관건이었기 때문에 포드는 규모의 경제를 극대화하기 위해 T형 자동차라는 단일 차종만 생산하고 심지어 색상도 검정색만 생산하는 극단적 특화전략을 추구하였다. 포드가 말했다는 "우리 자동차 구매자는 무슨 색이든 자신이 원하는 색상을 선택할 수 있다. 단 검정색에 한해서이다"라는 발언은 규모의 경제를 통한 극단적 특화전략을 잘 보여준다. 당연히 조직설계에서도 포드는 가장 효율성이 높은 기능구조를 채택했다. 포드의 조직은 별도의 사업부로 분화되지 않고 전체 조직이 연구개발, 조달, 생산, 판매 등의 기능부서들로 나누어져서 가치사슬의 자연스러운 흐름에 따라 연결되는 매우 단순한 구조였다. 이런 극도로 효율적인 기능별 조직설계를 중심으로 한 포드의 조직경영 모델은 자동차산업뿐 아니라 전 세계 모든 산업들로 급속히 확산되어 20세기 초 대량생산 사회의 기반이 되었다. 그 결과 1920년대 초 Ford는 T형 자동차 단일 차종으로 전 세계 자동차시장의 90%가 넘는 전무후무한 점유율을 달성하였다.

그림 10-8 헨리 포드와 T형 자동차

GM의 다각화전략과 사업부구조

누구도 이길 수 없을 것 같던 포드의 T형 자동차 중심 특화전략과 기능구조를 중심으로 한 대량생산적 시장지배력은 20년이 채 지나지 않아 예상보다 쉽게 추월당하는데 바로 GM에 의해서이다. 1923년에 GM의 최고경영자가 된 알프레드 슬로운 Alfred Sloan은 포드의 T형 자동차가 자동차시장 전체를 보면 평균적으로 단연 최고의 경쟁력을 가지는 것이 맞지만 각 하위 시장, 즉 시장 세그먼트market segment 단위에서는 각기 다른 다양한 불만이 있다는 점을 파악했다. 따라서 전체 시장을 대상으로는 이미 규모의 경제를 달성한 T형과의 경쟁에서 이기기 어렵지만, 각 하위 시장별로 서로 다른 시장 수요를 차별적으로 극대화해서 충족하는 모델들을 출시하면 세그먼트 단위 경쟁에서는 충분히 이길 수 있다고 판단했다. 따라서 GM 내부에 캐딜락Cadillac, 쉐볼레Chevrolet, 올스모빌Oldsmobile, 뷰익Buick, 폰티악Pontiac 등 다양한 브랜드들을 개설하고 이들이 각각 서로 다른 시장 세그먼트에서 Ford의 T형과 경쟁하도록 했다. 그 결과 거의 모든 시장 세그먼트에서 GM의 브랜드들이 포드를 이기면서 GM이 전체 글로벌 자동차시장을 선도하게 되었다.

이때 GM은 각 브랜드들이 포드처럼 전사가 일사불란하게 경영되지 않고 각 브랜드별로 할당된 시장 세그먼트에만 최적화된 방식으로 자율적으로 경영되도록 하기 위해 사업부구조를 채택했다. 즉 각 브랜드 사업부가 마치 독립 기업들처럼 자신의 맡은 시장 세그먼트의 독특한 수요에 최적화하여 상품의 개발과 생산, 판매를 수행하였기 때문에 모든 시장 세그먼트에서 전체 시장을 대상으로 획일화된 상품을 제공하던 포드를 이길 수 있었다. GM이 1930년을 전후하여 세계 자동차시장의 패권을 잡으면서 사업부구조는 전 세계로 빠르게 확산되어 대부분의 산업에서 다각화된 대기업의 표준적 조직구조로 자리잡게 되었고 포드도 결국 기능구조를 포기하고 1940년대 중반에 사업부구조로 전환할 수밖에 없었다.

그러나 사업부구조는 앞에서 설명한 중복과 비효율성, 복잡성, 경직성 등의 문제가 심각하기 때문에 다양한 상품을 효율적으로 생산할 수 있는 새로운 조직설계 대안이 등장하면 한계에 봉착할 수밖에 없다. 바로 그런 새로운 경쟁자가 등장했는데 다양성과 효율성을 동시에 추구하는 독특한 조직설계 방식인 유연생산flexible production 모형에 기반한 일본의 토요타Toyota와 독일의 폭스바겐Volkswagen 등이 미국 시장에

그림 10-9 GM의 사업부구조

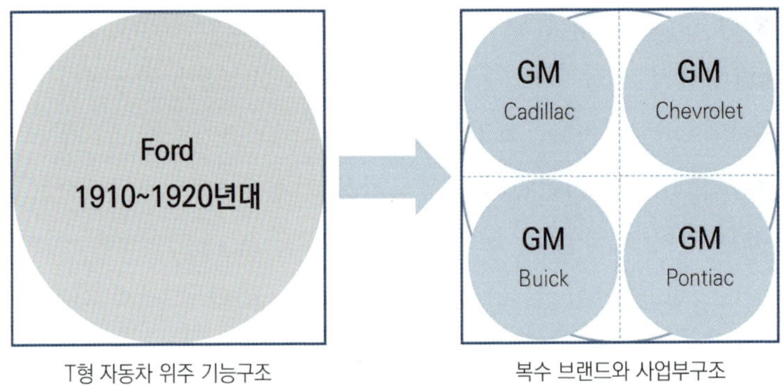

진출하면서 GM 등 미국의 사업부조직에 기반한 다각화된 대기업들을 **효율성 위기**에 빠뜨렸고 그 결과 2009년에 GM이 파산보호 신청을 하게 되었다.

이런 관점에서 볼 때 기능구조와 사업부구조는 각기 다른 기업전략을 추구한 포드와 GM이 번갈아 가며 시장주도적 지위를 차지하는 기반이 되었다. 그리고 이 두 가지 부서구조의 대안은 동시에 이 두 세계적 기업이 이후에 위기에 빠지는 원인이 되었다. 즉 특정 조직형태는 그 자체가 모든 상황에서 항상 바람직한 베스트 프랙티스가 될 수 없으며 단지 대안적 수단일 뿐이다. 즉 기능구조와 사업부구조는 각각 선택된 기업전략과의 적합성에 의해 성과의 기반이 되기도 하고 위기의 원인이 되기도 하는 것이다. 그리고 어떤 전략이 바람직한지 여부는 수시로 변화하는 환경에 의해 결정되는 것이다. 이런 면에서 글로벌 자동차산업의 역사는 환경－전략－조직 간 적합성의 관점을 생생하게 보여주고 있다.

제3의 대안으로서 매트릭스 구조

부서구조 설계의 기준을 기능으로 할 것인가 아니면 사업분야로 할 것인가의 선택은 위에서 살펴보았듯이 두 가지 대안 모두 서로 다른 장단점을 가지고 있기 때문에 어느 편이 객관적으로 우월한지 평가할 수 없으며 채택된 기업전략과의 적합성에 의해서만 판단할 수 있다. 그렇다면 기능구조와 사업부구조 두 가지의 장점을 동시에 극대화하는 조직설계가 가능하다면 논리적으로는 가장 이상적일 것이다. 이런 시도가 조직의 부서구조 설계에 1960년대 중반에 등장했는데 바로 매트릭스 구조matrix structure이다.

NASA의 혁신적 시도

매트릭스 구조는 기능과 사업 등과 같이 두 가지의 서로 다른 조직설계 기준을 동시에 극대화하기 위한 시도이다. 매트릭스 구조를 처음 본격적으로 시도한 것은 1960년대 초반 NASA였다. 당시 아폴로 프로젝트를 진행 중이던 NASA는 아폴로 1호에서 11호에 이르는 각 프로젝트마다 달성하고자 하는 목표들이 달랐으나, 동시에 로켓과학, 통신, 신체공학 등 다양한 과학분야들이 모든 프로젝트들에 공통적으로 포함되어 있어서 조직설계의 기준을 고민하게 되었다. 그 결과 과학분야들과 우주선 호별 프로젝트의 이중 구조를 채택했는데 격자, 즉 매트릭스matrix 모양 조직도표로 표현되어서 매트릭스 구조로 불리게 되었다.

그림 10-10 매트릭스 구조

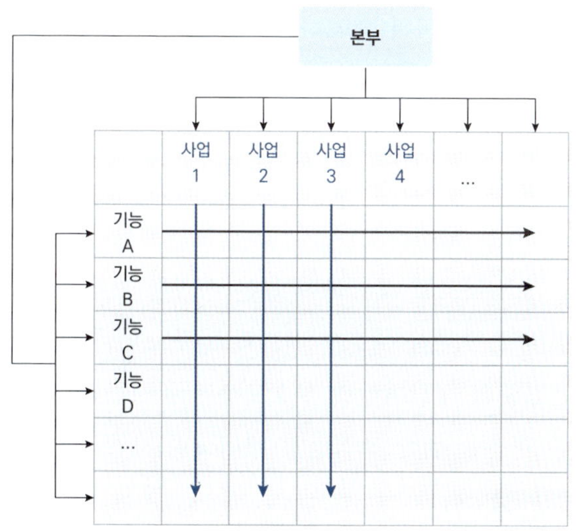

복수 설계 기준의 동시 극대화 시도와 한계

매트릭스 구조가 처음 등장했을 당시에는 기능구조와 사업부구조의 장점을 동시에 달성할 수 있는 미래의 조직형태로 평가받아 큰 호응을 얻었다. 따라서 많은 조직들이 매트릭스 구조를 채택하였으나 결과는 기대와 달리 여러 가지 한계에 봉착하게 되었다. 무엇보다 매트릭스 구조에서 모든 구성원들은 기능과 사업 등과 같이 이중의 소속을 가지게 되는데, 이런 이중 소속이 두 가지 상호모순적 기준을 동시에 충족시키는 조직통합의 기반이 될 가능성은 있으나 실제 현장에서는 모든 구성원들에게 이중의 부담을 부가하는 결과를 낳는 경우가 많았다. 특히 두 가지의 기준이 서로 충돌할 때 각 구성원은 심각한 갈등과 혼란에 빠지게 되었다. 따라서 NASA와 같이 개별 구성원들이 고도의 역량과 전문성을 가진 경우에는 이런 이중의 부담이 큰 부작용을 발생시키지 않지만 일반 거대 조직의 대다수 구성원들에게는 심각한 혼란을 초래한 것이다. 따라서 매트릭스 구조는 일부 전문가 조직의 특수한 조직형태로 남게 되고 대다수 조직들과는 멀어지게 되었다.

최근 환경과 매트릭스 원리의 재고찰

그런데 21세기로 접어들며 경계파괴 세계화와 4차 산업혁명의 가속화 등으로 환경이 극도로 불확실하고 복잡하며 수시로 급변하게 되면서 조직들이 다양한 상호모순적인 환경의 요구에 동시에 적응해야 하는 압력을 받게 되자 그 구조적 대안으로 매트릭스 구조가 일부 선도 조직들에 대해 수정된 형태로 다시 부활하였다. 예를 들면, 전동분야 세계 선두 기업 ABB는 21세기 초에 프로젝트와 지역이라는 두 가지 기준을 중심으로 한 매트릭스 구조를 채택하여 높은 성과를 거두기도 했다. 그러나 이런 최근의 관심은 조직형태의 구체적 예로서 매트릭스 구조의 확산이라기보다는 기존에는 양자택일적 선택과 집중의 대상이었던 상호모순적 목적들의 동시 극대화를 요구하는 새로운 환경에 대한 대응을 위한 조직경영 패러다임 자체의 역사적 전환을 시사하는 것이라고 볼 수 있을 것이다.

조직설계의 실행 II: 지배구조와 거래전략

조직설계의 대상들 중 가장 거시적 영역이 조직 자체의 경계를 결정하는 지배구조이다. 조직의 경계organizational boundary는 어떻게 설계될까? 조직경계를 기준으로 조직 내부와 외부가 분리되는데 그 내외부에서의 경제행위의 원리는 서로 어떻게 다를까? 조직이론의 거래비용경제학transaction cost economics에서는 조직경계의 내부와 외부의 경제행위는 그 기반 지배구조governance structure가 완전히 다르다고 주장한다. 지배구조는 경제행위가 진행되는 기반 원리를 지칭한다(Williamson, 1985). 예를 들면 경제적 거래행위가 조직경계 외부에서 각자 자신의 이익극대화를 추구하는 공급자와 수요자 간 가격을 매개로 진행되면 이를 시장market 지배구조라고 부르며, 반대로 조직경계 내부에서 자신이 아닌 전체 조직의 이익을 극대화하기 위해 수직적 권한과 명령, 순응에 의하여 진행되면 위계hierarchy 지배구조라고 부른다. 즉 조직설계의 가장 거시적 대상으로 조직경계의 설계는 어떤 경제 거래 행위를 어디에서 수행할 것인가를 선택하는 행위이다.

시장, 위계, 네트워크 간 거래 위치의 선택: 효율적 조직경계 설계

그렇다면 거래transaction로 지칭되는 경제행위를 시장과 위계 중 어떤 지배구조에 의해 진행하는 것이 바람직할까? 각 경제 행위의 위치결정에서 외부 시장과 내부 위계적 조직 중 선택에 따라 조직경계가 설계된다.

대안적 지배구조로서 시장과 위계

이 책 8장의 의사결정 이론에서 살펴본 카네기학파를 만든 사이몬Herbert A. Simon의 제자로 경제학적 조직이론의 거장인 올리버 윌리암슨Oliver E. Williamson이 제시한 거래비용경제학에서는 거래transaction를 "분리가능한 단위들 간 경제적 가치의 이전transfer of economic value between separable units"으로 정의한다. 상품의 생산과 판매 등 모든 경제행위는 무수한 거래들로 이루어져 있다. 그런데 어떤 거래는 조직 내부에서 수행하고 어떤 거래는 외부 경제행위자와의 교환을 통해 시장에서 진행된다. 무엇보다 중요한 사실은 동일한 거래가 조직 내부에서도 수행될 수 있고 외부 시장에서 수행될 수도 있다는 것이다. 즉 시장과 위계는 서로를 대체할 수 있는 대안적 지배구조들alternative governance structures인 것이다.

효율적 조직경계의 설계

윌리암슨은 1975년에 출간한 〈시장과 위계Markets and Hierarchies〉라는 책에서 각 거래를 수행하는 지배구조의 선택에 따라 효율적 조직경계가 설계되는 모형을 제시했는데 이를 거래비용경제학transaction cost economics이라고 불렀다. 많은 거래를 외부와의 교환을 통해 시장 지배구조에 따라 진행할수록 조직의 법적 공식 경계는 좁아지고, 반대로 조직 내부에서 위계 지배구조로 진행할수록 조직경계는 넓어지게 된다. 예를 들면, 조직이 어떤 부품을 조달하는 경제행위를 외부의 납품업체에서 공급받는 방식으로 진행하면 조직과 그 납품업체 간 관계는 시장 지배구조의 원리에 따라 진행되는데 조직 내부에는 그 부품의 기획과 생산을 위한 인원이나 부서를 보유할 필요가 없으므로 조직의 경계는 좁아지게 된다. 반대로 모든 부품을 모두 조직 내부에서 위계적으로 직접 기획, 생산, 판매하면 필요한 기능과 역량을 모두 내부에 보유해야 하므로 조직의 경계는 넓어지게 되는 것이다.

네트워크 지배구조

그런데 시장과 위계로 상반된 대안들로 양분되어 다루어지던 지배구조 설계는 20세기 말경에 시장도 아니고 위계도 아닌neither market nor hierarchy 새로운 제3의 대안이 급속하게 확산하면서 획기적 전기를 맞게 된다. 21세기 환경으로의 역사적 전환을 즈음하여 확산된 시장도 위계도 아닌 제3의 지배구조가 바로 월터 파월Walter W. Powell이 주장한 네트워크 지배구조network governance이다(Powell, 1990; Podolny and Page, 1998). 네트워크 지배구조는 독립적 경제행위자들 간 장기적 협력관계를 지칭하는 제3의 지배구조 대안이다.

여기에서 네트워크 지배구조는 이 책 9장에서 살펴본 구조분석의 방법론으로서 사회네트워크 분석social network analysis과 명칭은 유사하지만 전혀 다른 별개의 주제이다. 물론 네트워크 지배구조는 조직들간 연결과 협력관계에 기반하므로 사회네트워크 분석에서 토론한 개별 구성 단위인 노드들nodes로서의 조직들과 이들 간 연결관계ties로서의 제휴를 기술적으로 분석할 수는 있으나 관심사 자체는 전혀 다르다. 여기에서 다루는 네트워크 지배구조는 시장과 위계에 대한 제3의 대안으로서 경제적 거래의 지배구조 유형을 의미한다는 점을 명심해야 한다.

세 가지 대안적 지배구조의 기반 원리와 장단점 비교

그렇다면 이 세 가지 대안적 지배구조 중에서 언제 어떤 대안을 선택해야 할까? 그리고 그 선택 기준은 무엇일까? 즉 효율적 조직경계를 설계하는 지배구조의 선택을 위해서는 세 가지 지배구조들의 기반 원리와 장단점을 알아야 한다(Williamson, 1985; Powell, 1990).

시장 지배구조의 유연성

먼저 시장 지배구조market governance에서 수요자와 공급자 간 거래를 통한 상호작용의 매개체는 가격price이다. 즉 시장은 독립적 공급자와 수요자간 수평적이고 자발적인 거래관계로서 그 거래의 성립 여부는 양측이 동일한 가격에 동의하느냐 여부에 의해 결정된다. 그리고 시장 지배구조에서 각 거래 참여자가 추구하는 것이 각자의 개별 이익individual interest 극대화이다. 시장 지배구조의 장점은 무엇보다 높은 유연성flexibility이다. 시장 지배구조는 그 거래의 성립과 중단이 모두 독립적 경제행위자들 간 가격에 대한 자발적 동의에 기반하므로 양측이 가격에 동의하면 거래를 하다가, 개별 이익 관점에서 한쪽이라도 거래가 더 이상 필요 없어지면 즉시 중단하면 되는 높은 유연성을 가진다. 예를 들면, 어떤 부품을 외부 납품업체에서 시장 지배구조에 따라 구매하다가 그 부품이 필요 없어지면 거래를 중단하면 그만인 것이다.

시장 지배구조의 거래비용

그런데 시장 지배구조는 각자 자신의 이기적 이익을 극대화하는 거래 참여자들의 기회주의적 행동opportunism의 가능성과 또 제한된 합리성으로 인한 기회주의적 시도에 대한 사전 방지의 어려움을 고려할 때 거래 관계에서 치밀한 사전 계약contracting과 이행의 감시monitoring, 그리고 사후적 제재sanctioning 등에 많은 시간과 노력이 소요되는데 이를 거래비용이라고 부른다. 특히 특정 거래 파트너와의 거래 빈도frequency가 높아지면서 그 파트너와의 거래만을 효율적으로 수행하기 위해 전담 인력이나 시스템 등을 투자하는 자산특화성asset specificity이 높아지면 설사 상대방이 기회주의적으로 행동하더라도 쉽게 거래를 중단할 수 없고 발목이 잡히는 고착lock-in 상태에 빠질 위험이 높다.

위계 지배구조의 안정성과 신뢰성

시장의 대안이 바로 조직 내부에서 위계적 권한authority에 기반하여 거래를 관리하는 위계hierarchy 지배구조이다. 시장 지배구조에서 자산특화성 등으로 인해 거래비용이 높아지면 그 거래를 인수합병 등을 통해 조직 내부로 가져와 버리면 거래비용의 문제가 해결될 수 있다. 윌리암슨이나 챈들러 등은 20세기 초 대규모 조직들이 대거 등장한 것은 바로 시장에서 위계로의 지배구조의 역사적 전환 때문이라고 해석한다.

위계 지배구조는 다양한 장점을 가진다. 위계 지배구조에서 거래 참여자들은 각자의 이익을 추구하는 것이 아니라 소속된 전체 조직의 이익을 집단적으로 추구한다. 그리고 수요-공급 간 가격price의 매개에 의한 수평적 거래관계가 아니라 상하 간 강제력을 가진 수직적 권한authority에 의해 행동이 매개된다. 즉 조직 내부에서는 권한을 가진 상위 위계의 강제력에 기반한 수직적 명령에 복종하는 방식으로 행동을 하기 때문에 시장의 문제였던 계약비용, 감시비용, 제재비용 등 다양한 거래비용들을 제거할 수 있고, 시장이 가질 수 없는 예측가능성과 안정성, 신뢰성을 누릴 수 있다.

위계 지배구조의 관료적 비용

그러나 위계 지배구조는 그 나름대로의 다양한 한계를 가진다. 이 책 2장에서 다룬 관료제구조의 경직성, 권위주의, 비효율성, 복잡성, 속도한계 등 다양한 부작용들이 모두 위계 지배구조의 비용이다. 이런 측면에서 시장 지배구조의 거래비용에 대비해 위계 지배구조는 관료적 비용bureaucratic costs의 문제를 가진다고 한다. 즉 위계 지배구조는 권위에 기반하여 시장 지배구조의 거래비용 문제를 극복할 수 있지만 그 반대 급부로 그 자체의 관료적 비용 문제로 시장 못지않은 심각한 한계를 가지게 된다.

네트워크 지배구조의 유연성과 안정성 동시 추구

20세기 말경 제3의 대안으로 등장해 시장과 위계의 한계를 동시에 극복할 수 있을 것으로 기대되며 급속하게 확산된 지배구조가 바로 네트워크network이다(Powell,

1990). 네트워크 지배구조는 독립적 경제행위자들 간 장기적 협력관계에 기반한 경제적 거래의 관리를 의미한다. 조직 내에 소속되어 엄격한 위계질서의 지배를 받는 위계 지배구조와 달리 네트워크 지배구조의 거래 참여자는 외부의 독립적 행위자이다. 그러나 매 거래에서 자신의 이익극대화를 추구하기 위해 더 나은 거래 상대를 찾는 시장 지배구조와 달리 동일한 거래 상대와 장기적으로 협력관계를 유지한다. 시장 지배구조의 가격과 위계 지배구조의 권한과 같이 네트워크 지배구조에서 거래 참여자 간 관계를 연결해주는 매개체는 신뢰trust이다. 즉 신뢰관계를 기반으로 시장과 같이 독립적 경제행위자로서 유연성을 가지지만 마치 동일한 조직의 구성원들처럼 안정적으로 협력관계를 장기적으로 유지하는 것이다. 즉 네트워크 지배구조는 시장과 위계의 장점을 동시에 달성할 수 있는 가장 이상적 지배구조 대안으로 큰 관심을 끌며 1990년대를 전후하여 제휴 혁명the alliance revolution이라고 불릴 정도로 빠르고 광범위하게 확산되었다(Gomes-Casseres, 1998).

네트워크 지배구조의 관계비용

네트워크 지배구조는 시장과 위계의 장점을 동시에 추구할 수 있다고 생각되어 20세기 말부터 전 세계적으로 급증했으나, 반대로 생각하면 제휴와 같은 네트워크 지배구조는 시장과 위계의 단점과 한계를 모두 가질 수도 있다. 더구나 시장의 가격이나 위계의 권한 등은 명확한 법적 근거를 가지는데 비해 네트워크 지배구조의 핵심 매개변수인 신뢰는 사회관계적 개념으로서 모호성과 불확실성이 매우 높고 강제력은 약하다. 따라서 네트워크 지배구조를 가진 제휴는 혁신과 속도, 유연성 등을 요구하는 최근 환경의 성격 때문에 급증했지만 동시에 높은 불안정성을 가지는 것으로 알려져 있다. 무엇보다 네트워크 지배구조의 가장 큰 한계는 근본적으로는 경제행위자인 파트너들 간 호혜적reciprocal이며 생산적인 장기 신뢰관계를 구축하고 유지하는 관계비용relational cost이 높다는 것이다.

대안적 지배구조 사이의 선택과 조직경계의 전략적 설계

이 세 가지 지배구조는 어느 한 옵션이 다른 것들보다 우월한 것이 아니고 서로 대체가능한 대안들alternatives이다. 즉 동일한 경제행위를 다른 대안적 지배구조로도 관리할 수 있는 것이다. 그러나 현실 조직들의 지배구조 선택에서는 흔히 듣는 철저한 시장원리나 인수합병 열풍, 제휴혁명 등과 같은 표현이 시사하듯이 특정 지배구조를 최신 베스트 프랙티스로 맹신하여 무조건 추종하는 경향이 강하므로 특히 경계해야 한다.

표 10-1 세 가지 대안적 지배구조

지배구조	시장	위계	네트워크
거래 파트너	독립적 경제행위자	조직 소속 구성원	독립적 경제행위자 간 장기 협력관계
관계 기반	가격	권한	신뢰
추구 이익	개별 이익	집단 이익	연결 공동 이익
장점	유연성	안정성	두 가지 동시
비용	거래비용	관료적 비용	관계비용

지배구조 선택과 조직경계 결정

지배구조의 선택은 결과적으로 조직경계를 결정하게 된다는 사실에 주목해야 한다. 즉 시장, 위계, 네트워크 간 지배구조의 선택은 조직형태 결정요인들 중 가장 거시적인 조직경계organizational boundary의 설계인 것이다. 조직경계는 조직의 규모, 사업분야, 활동영역, 보유 역량과 자원 등에 대한 전략적 선택에 중대한 영향을 미치므로, 세 가지 지배구조 대안들 중 어느 것을 선택할 것인가를 결정할 때는 다양한 기준들을 종합적으로 고려하는 전략적 접근이 반드시 필요하다. 무엇보다 상황적합성 관점에서 주어진 환경과 추구하는 목적에 가장 적합한 지배구조를 전략적으로 선택해야 한다.

지배구조 선택의 다양한 기준들

각 지배구조 대안별 거래비용, 관료적 비용, 그리고 관계비용을 비교해야 하는 것은 당연한 기본적 고려 사항이고, 이에 더하여 추가로 다양한 기준들을 복합적으로 고려하여 선택해야 할 것이다. 예를 들면, 선택 대상인 거래의 전략적 역할을 고려하는 것이 중요할 것이다. 만일 대상이 그 조직의 현재나 미래 핵심역량이라면 내부에서 위계 지배구조로 관리해야 한다. 조직의 핵심을 외부에 의존할 수는 없기 때문이다. 실제로 제휴와 아웃소싱 붐이 유행처럼 확산될 때 핵심역량에 해당되는 기술을 외부에 의존했다가 위기에 빠진 사례가 많다. 또 선택 대상 거래가 필요한 빈도와 지속기간도 고려 대상이 되어야 한다. 몇 년에 한 번쯤 간헐적으로 필요한 역량을 내부에서 생산할 필요는 없을 것이므로 당연히 시장 지배구조로 조달하는 것이 합리적일 것이다. 반대로 미래에 지속적이고 빈번하게 필요한 역량이라면 내부에서 위계 지배구조로 조달하거나 네트워크 지배구조를 활용해야 할 것이다. 그리고 긴급성도 지배구조 선택에 중요한 고려 사항이다. 시장에 기회가 일시적으로만 존재해서 신속하게 진입해야 할 때 필요한 역량을 내부에서 위계로 조달하려 하면 타이밍을 실기하여 기회를 놓칠 위험이 높을 것이다. 즉 지배구조는 특정 한 가지 기준만 맹목적으로 준수하는 것이 아니라 다양한 전략적 기준들을 종합적으로 고려하여 선택해야 하는 것이다.

펀더멘털 중심의 조직설계

그러나 언론에서 흔히 접하는 인수합병 붐이나 제휴혁명 등의 표현이 시사하듯이 실제 조직들의 지배구조 의사결정은 유행하는 추세를 따르는 경우가 특히 많다. "구조는 전략을 따른다"는 챈들러의 명제가 시사하듯이 지배구조와 조직경계의 선택은 반드시 펀더멘털에 충실하게 전략적 관점에서 접근해야 한다. 환경－전략－조직 간 적합성에 기반한 전략적 조직설계는 지배구조뿐 아니라 모든 조직설계에 공통적으로 적용되어야 하는 펀더멘털인 것이다.

11

조직의 변화와 혁신 : 미래를 향한 선택

- 조직변화는 환경변화를 따른다!
- 두 가지 조직변화: 개선과 혁신
- 혁신과 개선의 동시 극대화를 향하여: 미래형 조직 설계와 변화 전략
- 100년 만의 패러다임 전환: 상시 창조적 혁신의 미래를 향한 도전

CHAPTER 11

조직의 변화와 혁신: 미래를 향한 선택

조직변화는 환경변화를 따른다!

조직은 다양한 방식으로 수시로 변화한다. 따라서 조직의 변화와 혁신에 대한 정확한 이해는 조직행동론의 모든 주제들을 학습하는 데 공통적으로 요구되는 필수 기반이다(Galbraith, 2014; Daft and Armstrong, 2022). 혁신은 조직변화의 특수한 유형으로서 빈도는 낮으나 불연속성이 높다. 그러나 어떤 환경은 혁신을 더 빈번하게 요구하기도 한다. 즉 환경이 조직변화의 핵심 원천인 것이다. 10장에서 살펴봤듯이 조직형태 organizational form는 환경의 요구에 적응하기 위해 선택한 방향성과 방법론인 전략의 실행 기반으로 설계된다(Chandler, 1962). 따라서 내부에서 통제할 수 없는 외부 조건인 환경이 변화하면 조직도 환경과의 적합성을 유지하기 위해 변화해야 한다. 그런데 환경은 다양한 강도와 빈도, 속도로 끊임없이 변화하기 때문에 조직변화도 다양할 수밖에 없다. 이렇게 볼 때 안정적 개체로 묘사되는 조직의 일반적 이미지와 달리 실제 조직은 끊임없이 변화하는 존재인 것이다(Weick, 1979).

환경변화와 조직변화: 적합성의 교란과 회복

조직변화의 핵심 원천은 외부 환경의 변화이다. 내부 경영진의 결단 등에 의해 조직변화가 시작되는 경우도 있기는 하나 그런 경우도 실은 환경변화에 대한 예측에서 출발하는 것이 대부분이다. 특히 조직형태의 핵심 차원을 바꾸는 중요한 조직변화는 거의 대부분 환경변화에 의해 초래되는 것이다. 7장의 리더십에 대한 토론에서 소개했듯이 근본적 조직변화를 시도하는 변혁적 리더십transformational leadership의 경우에도 리더의 미래 환경변화에 대한 예측이 그 출발점이다(Bass and Riggio, 2006). 따라서 조직변화를 설명하려면 환경변화와 조직 간 관계를 이해해야 한다.

환경 적합성 교란과 회복으로서 조직변화

10장에서 설명했듯이 환경은 조직에 실제 혹은 잠재적으로 영향을 미칠 가능성이 있으나 조직이 통제할 수 없는 외부의 개체나 현상들이다(Lawrence and Lorsch, 1967). 따라서 주어진 환경과의 적합성fit은 조직의 성과와 생존에 결정적 요건이다. 그런데 환경은 정태적static 조건이 아니라 다양한 강도와 빈도, 속도로 역동적dynamic으로 변화하기 때문에 조직과 환경 간 적합성이 수시로 교란되게 된다. 따라서 조직변화는 환경의 변화에 따라 조직－환경 적합성이 무너질 때 조직의 구조와 프로세스, 시스템을 새로운 환경의 요구에 따라 변화시켜 적합성을 회복하는 행위인 것이다.

그러므로 성공적 조직변화의 요건은 미래 환경변화의 시기와 방향, 성격을 정확하게 예측하여 그 환경변화가 요구하는 특정한 조직변화를 최적의 타이밍에 실행하는 것이다. 즉 외부 환경변화로 인한 적합성의 교란을 내부 조직변화를 통해 적시timely에 회복하는 것이 조직의 생존과 성과에 단연 가장 중요한 요건인 것이다. 그런데 미래 환경변화는 조직이 통제할 수 없는 외부 요소일 뿐 아니라 불확실성과 복잡성, 속도, 범위 등이 워낙 다양하기 때문에 정확한 타이밍에 적절한 조직변화를 시행하는 것은 매우 어렵다. 따라서 조직들이 생존 위기에 빠지는 가장 중요한 원인은 환경변화에 대한 적응실패이다. 이런 관점에서 조직의 장기 생존과 성과에 가장 중요한 요건은 각

그림 11-1 환경변화와 조직변화

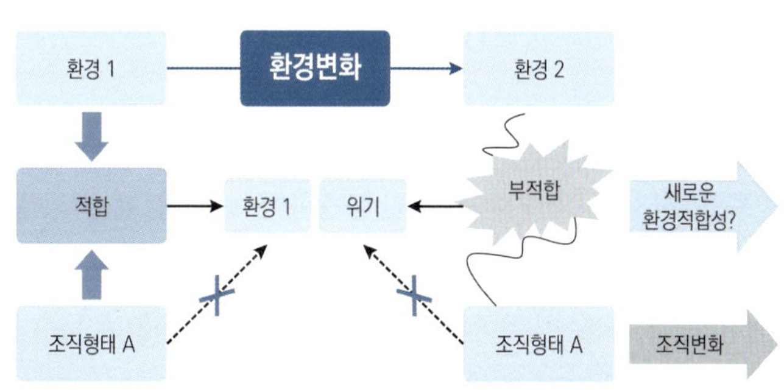

조직이 처한 외부 환경의 변화에 대한 정확한 예측과 이해에 기반하여 적절한 타이밍에 새로운 환경의 요구에 적합하게 조직을 변화시키는 것이다.

역량파괴적 환경변화와 핵심경직성

환경변화의 유형과 성격은 매우 다양하다. 그 중에서도 특히 조직들이 총력을 다해 적절한 타이밍에 대응하지 않으면 갑작스러운 생존위기를 맞게 되는 매우 특수한 환경변화가 있다. 환경변화의 불연속성으로 인한 역량파괴적 변화competence-destroying change이다(Tushman and Anderson, 1986).

불연속성과 핵심역량의 가치 파괴

역량파괴적 환경변화는 기존 조직들의 생존과 경쟁력의 기반이 되는 핵심역량의 가치를 파괴해버리는 무서운 환경변화이다. 기존 핵심역량으로는 아무리 최선을 다해 노력해도 결코 대응할 수 없는 극도로 위험한 환경변화이다. 따라서 시장을 주도하던 선도 조직들도 역량파괴적 환경변화가 발생하면 기존 핵심역량 자체를 근본적으로 바꾸지 않는 한 급속한 몰락을 피할 수가 없다.

대체 기술이나 대체 상품의 출현, 새로운 사업 모델의 등장, 규제변화, 새로운 시장의 탄생이나 기존 시장의 소멸, 시장경계의 파괴 등 역량파괴적 환경변화의 원인은 다양하다. 역량파괴적 환경변화는 기존 시장이 없어지거나 새로운 시장이 탄생하는 것과 같이 과거-현재와 현재-미래간 환경의 불연속성discontinuity으로 인해 발생한다. 따라서 기존 핵심역량으로는 불연속적으로 변화해버린 새로운 환경과 적합성을 유지할 수 없기 때문에 기존 강자들이 대거 위기에 빠지고 새로운 강자들이 등장하면서 산업구조를 근본적으로 변화시키는 계기가 된다.

'핵심역량'에서 '핵심경직성'으로

그런데 흥미로운 사실은 역량파괴적 환경변화가 발생할 때 기존 핵심역량이 강한 조직이 약한 조직보다 새로운 역량으로의 근본적 변화에 더 큰 어려움을 겪는다는 것이다. 역량파괴적 환경변화는 기존 핵심역량의 개선과 보완으로는 대응할 수 없으며 역량 자체를 새로운 환경에 적합하게 완전히 새로운 유형으로 교체해야만 대응할 수

그림 11-2 역량파괴적 환경변화와 핵심경직성

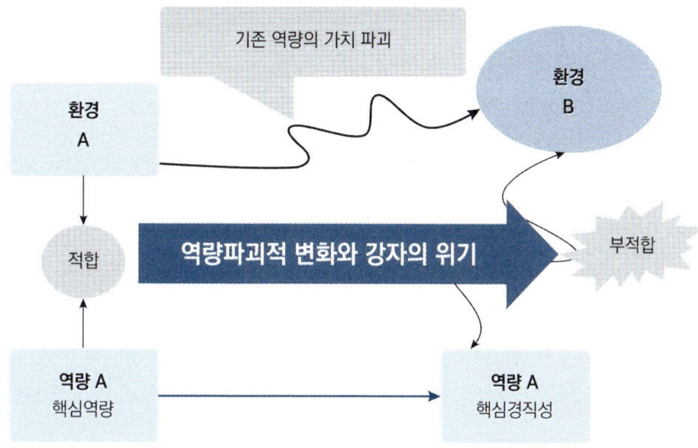

자료: Tushman and Anderson(1986)

있다. 그런데 흥미로운 사실은 기존 핵심역량이 약한 기업은 절실한 위기감 때문에 신속하게 새로운 역량으로 근본 전환하는 데 반해, 기존 핵심역량이 강한 기업은 이제까지 성과의 기반이었던 강점을 버리지 못하고 발목이 잡혀서 기존 역량을 계속 유지하면서 부분적 수정보완과 개선을 통해 불연속적 환경변화에 대응하려다 갑자기 몰락하게 된다는 것이다.

이런 현상을 핵심경직성core rigidity이라고 부른다(Leonard－Barton, 1992). 즉 강한 핵심역량core competence은 평소에는 경쟁력의 중요한 기반이 되지만 역량파괴적 환경변화가 발생할 때는 역량 자체의 근본적 변화를 가로막는 핵심경직성이 되는 것이다. 조직을 나무에 비유한다면 핵심역량은 가지인 다양한 사업과 상품들의 공통적 기반이 되는 뿌리이다. 따라서 뿌리인 핵심역량이 강할수록 다양한 사업과 상품들로 계속 가지를 뻗으며 성장할 수 있다. 그러나 뿌리를 내린 지역이 급격한 기후변화 등으로 더 이상 생존이 어려울 때는 뿌리를 뽑아 완전히 다른 지역으로 옮겨 심어야 하는데 이럴 때는 뿌리가 깊은 나무가 얕은 나무보다 훨씬 더 옮겨 심기 어려운 것이다(Prahalad and Hamel, 1990). 즉 강한 핵심역량은 평소에는 경쟁우위의 기반이지만 역량파괴적 환경변화로 그 자체를 바꿔야 할 때는 핵심경직성이 되는 것이다.

글로벌 필름산업의 사례

필름산업의 역사를 살펴보면 강한 핵심역량이 역량파괴적 환경변화 때 핵심경직성으로 바뀌는 사례를 생생히 관찰할 수 있다. 21세기 초에 디지털 카메라가 확산되자 19세기 말부터 글로벌 필름산업을 100년 이상 지배해온 절대적 강자 코닥Kodak은 자신의 기존 강점에 선택과 집중하여 필름과 인화지 관련 사업을 더 강화하고 확장해서 대응하려다 파산하게 된 데 비해, 만년 2위에서 벗어나지 못하던 약자 후지Fuji는 즉시 기존 필름과 인화지 사업에서 완전히 철수해 표면처리 기술분야로 근본적 전환을 시도하여 세계적 강자로 살아남았다. 그렇지만 코닥이 19세기 말부터 100년 이상 세계시장을 지배해온 기반은 기존 필름과 인화지 역량을 끊임없이 발전시키고 확장해온 개선적 변화 덕분이었다는 사실을 고려하면 무조건적으로 근본적 전환을 시도하는 것이 항상 바람직하다고 볼 수도 없는 복잡한 문제이다.

이렇게 볼 때, 조직변화에는 기존 조직형태나 역량의 신뢰성과 효율성을 끊임없이 향상시키는 계속적 변화continuous change와 간헐적으로 역량파괴적 변화가 발생할 때 조직형태나 역량의 유형 자체를 아예 새롭게 교체하는 불연속적 변화discontinuous change의 전혀 다른 두 가지가 있다. 이 두 가지가 바로 개선improvement과 혁신innovation이다.

두 가지 조직변화: 개선과 혁신

예측불가능하게 수시로 급변하는 21세기 환경으로 접어들면서 변화와 혁신은 산업과 분야, 부문을 막론하고 모든 조직의 핵심 화두가 되었다. 그런데 다양한 조직변화들에 대해 단순히 강도나 속도, 범위의 차이만 있지 변화의 기반 원리 자체는 동일하다고 전제하는 경우가 많다. 그 결과 각 조직변화의 성격을 둘러싼 혼동으로 인해 위기를 초래하기도 한다.

변화의 두 유형: 탐험적 혁신과 활용적 개선

조직변화를 기존 조직 모델과의 불연속성discontinuity 정도에 초점을 맞추어 분류해보면 완전히 새로운 영역에 대한 탐험exploration을 통해 추구하는 혁신innovation과 익숙한 기존 영역에 대한 지식의 활용exploitation을 통해 추구하는 개선improvement으로 구분할 수 있다. 이런 관점에서 조직이론가 제임스 마아치James G. March(1991)는 조직변화는 탐험과 활용exploration and exploitation이라는 두 가지 전혀 다른 유형의 행동을 통해 진행된다고 주장한다. 그런데 여기에서 반드시 강조되어야 할 사실은 이 두 가지는 모두 조직변화이지만 그 기반 원리와 필요한 상황, 그리고 기대 이익과 잠재적 위험 등이 서로 완전히 다르다는 것이다.

활용적 개선

활용적 개선은 기존 조직형태organizational form의 유형 내부within-type에서 효율성과 신뢰성을 계속적으로 증가continuous increase시켜 나가는 조직변화이다. 즉 개선은 조직의 구조와 프로세스, 시스템을 완전히 새로운 모델로 전환하는 것이 아니라 기존 모델을 조금씩 계속 확장하고 향상시켜 나가는 시도이다.

따라서 활용을 통한 개선적 조직변화는 기존 조직형태 모델에서 완전히 벗어나는 혁신과 달리 기존 모델의 연속선상에 새로운 개선점들을 계속 축적시켜 나가는 누적적incremental 변화이다. 따라서 개선을 위한 새로운 변화 가능성의 탐색 대상 영역은 기존 모델 주변으로 유기적으로 확산해 나가는 주변 탐색local search이다. 그리고 언제 조직변화를 시행하느냐의 변화 타이밍 측면에서 활용적 개선은 특정 변화 타이밍이 있는 것이 아니라 일상 조직경영 과정에서 항상 시도되어야 하는 상시적 과정ongoing process이다.

따라서 개선은 간헐적 이벤트인 혁신과 명확하게 구분되어야 한다. 6시그마의 사례는 개선과 혁신에 대한 혼동을 잘 보여준다. 21세기 초에 전 세계 많은 기업들이 최신 혁신 기법이라고 믿고 적극적으로 채택했던 불량률을 백만분의 일 이하로 낮추려는 6시그마는 실은 혁신이 아니라 전형적인 활용적 개선이다. 마찬가지로 토요타식 생산방식Toyota Production System의 혁신 기법으로 착각되었던 카이젠Kaizen도 그 영어번역 표현인 계속적 개선continuous improvement이 의미하듯이 개선의 대표적 예이다.

탐험적 혁신

이에 반해 탐험적 혁신은 조직형태의 유형 자체를 바꾸는shift of types 근본적 조직 변화이다. 예를 들면, 전략 모델의 선택에서 가격경쟁 전략에서 품질경쟁 전략으로 전략 유형 자체를 전환하거나, 부서구조 설계에서 기능구조에서 사업부구조로 조직구조의 유형을 바꾸는 것 등이 바로 탐험적 혁신이다.

따라서 혁신은 유형 자체가 바뀌므로 기존 조직형태와 불연속적discontinuous이다. 그리고 혁신을 위한 새로운 대안은 기존 영역과 멀리 떨어진 영역에서 원거리 탐색distant search을 통해 찾는다. 무엇보다 혁신은 지속적 프로세스가 아니라 간헐적 이벤트occasional event이다. 예를 들면, 조직형태의 유형을 기능구조에서 사업부구조로 바꾸는 조직 혁신을 매년 반복할 수는 없는 것이다. 이런 면에서 뒤에서 자세히 토론할 혁신을 상시화해야 한다는 최근의 글로벌 기업들의 추세는 그 이유와 기반 논리에 대한 정확한 이해가 반드시 필요하다.

조직변화 유형의 상황적합적 선택

그렇다면 혁신과 개선 중 어느 쪽이 더 중요한 조직변화일까? 이 두 가지는 전혀 다른 목적과 원리를 가진 대안적 조직변화 유형이므로 어느 쪽이 일방적으로 더 중요하지 않고 필요한 시기와 상황이 다를 뿐이다. 그러나 이 두 가지 유형의 조직변화는 각각의 역할과 기반 원리, 기대효과, 비용과 위험 등이 완전히 다르므로 각 조직이 처한 구체적 환경의 요구에 대응하는 전략적 상황적합성 관점에서 선택해야 할 것이다. 그런데 최근 모든 산업과 부문에서 혁신이 핵심 화두가 되고 있는 사실에서 알 수 있듯이 탐험적 혁신이 필요한 상황의 빈도가 과거에 비해 높아지고 있는 것은 사실이다. 21세기 환경의 도래와 함께 경계파괴와 4차 산업혁명의 가속화 등으로 인해 미래를 향한 근본적 변화의 필요성이 급증했기 때문일 것이다.

변화 유형별 역량의 덫: 실패의 덫과 성공의 덫

그렇다면 탐험적 혁신과 활용적 개선이라는 두 가지 조직변화 유형 중 실제 조직들은 어느 쪽을 상대적으로 더 중시할까? 만일 이 두 가지 유형 중 한쪽에 편중되게 집중한다면 어떤 결과가 초래될까? 즉 개선편중exploitation bias의 결과는 무엇이며, 반대로 혁신편중exploration bias의 결과는 무엇일까? 이 두 가지 유형의 조직변화를 동시에 다 잘 할 수는 없을까? 조직변화의 탐험적 혁신과 활용적 개선exploration and exploitation에 대한 논의는 마아치에 의해 제시된 이래 많은 통찰력 넘치는 연구와 실천의 기반이 되었다(March, 1991).

역량의 덫

혁신과 개선간 상충관계tradeoff적 선택을 넘어서서 이 두 가지를 동시에 다 잘 할 수 있으면 가장 바람직하지만 대부분의 조직에서는 동시 극대화가 불가능하다. 바로 역량의 덫competency trap 때문이다. 시간과 노력의 투자 비율에서 대부분의 조직은 혁신과 개선 중 어느 한쪽을 상대적으로 조금이라도 더 많이 수행한다. 그리고 상대적으로 선호하는 변화 유형을 반복적으로 수행하다 보면 결과적으로 그 선택된 유형을 점점 더 잘하게 된다. 조직은 자연스럽게 자신이 더 잘하는 유형의 변화를 계속 더 자주 시도하게 되는데 그 과정에서 그 유형의 변화를 수행하는 기반이 되는 역량이 계속해서 더 많이 축적되게 된다. 그 결과 추가적으로 축적된 역량 덕분에 그 유형의 변화를 계속 더 잘 수행하게 되는 선순환 구조를 통해 특정 유형의 변화를 편중되게 선호하게 되는 것이다.

그런데 혁신과 개선 중 어느 한쪽에 편중되어 축적된 강한 역량은 다른 유형으로

그림 11-3 '역량의 덫'에 대한 언론 보도

2018년 1월 31일 뉴욕타임즈
Xerox 몰락에 대한 기사에서 언급된 '역량의 덫'

"An Americanion that fell victim
to the competency trap"

이행하지 못하게 발목을 잡는 일종의 덫과 같은 역할을 하게 된다. 즉 혁신을 잘 하는 조직은 계속 혁신만 집중적으로 시도하고 반대로 개선을 잘하는 조직은 계속 개선에 편중되게 되는 것이다. 따라서 의도치 않게 다른 유형의 변화는 결과적으로 등한시하거나 취약해질 수밖에 없다. 혁신과 개선 중 한쪽에 편중되게 축적된 역량이 다른 유형의 변화를 시도하기 어렵게 만드는 덫이 되는 것이다. 이것을 역량의 덫competency trap이라고 부른다. 역량의 덫에는 혁신 편중의 덫과 개선 편중의 덫이 있다. 즉 혁신과 개선이라는 두 가지 유형의 조직변화에는 각기 서로 다른 위험이 있는 것이다.

혁신 편중과 실패의 덫

먼저 탐험적 혁신에 치중하는 혁신편중exploration bias은 실패의 덫failure trap이라는 위험을 초래하게 된다. 익숙하지 않은 새로운 영역에 대한 원거리 탐색distant search을 통해 추구되는 혁신은 당연히 실패 확률이 높을 수밖에 없다. 그런데 일단 실패를 하면 그 실패로부터 발생한 손실을 회복하기 위하여 그 다음 시도에서는 더 큰 수확을 기대할 수 있는 더 과감한 혁신을 시도하게 되고 그 결과 실패의 확률은 더 높아지게 된다. 즉 혁신편중은 이전 실패가 다음 실패의 확률을 계속 증가시킨 결과 실패의 악순환에서 벗어나지 못하고 심각한 위험에 빠지게 되는 실패의 덫failure trap을 초래하는 것이다.

실패의 덫은 특히 최근 무경계 경쟁환경에서 흔히 강조되는 실패의 위험을 무릅쓴 상시 혁신 추세에 대한 정확한 이해와 신중한 접근을 요구한다. 탐험적 혁신은 그 자체가 목적이 아니라 기존 모델과 획기적으로 다른 가치를 창조하기 위한 수단이다. 따라서 실패와 위험, 비용 등은 혁신 자체를 방해하지 않는 한 최소한으로 줄이는 것이 당연히 바람직하다. 그런데 마치 실패에 대해 관대한 문화 자체가 바람직한 것으로 착각하고 과감하게 비현실적 시도를 남발하는 것을 혁신적인 것으로 착각하는 추세가 최근에 자주 관찰되는데 이는 탐험적 혁신의 본질에 완전히 잘못된 이해이다.

제록스Xerox의 몰락은 실패의 덫의 대표적 예이다. 1906년에 창업하여 100여 년간 복사기를 비롯하여 개인용 컴퓨터, 마우스 클릭을 통해 컴퓨터를 사용하는 그래픽-사용자 인터페이스graphic user interface 등 무수한 혁신을 창출하여 전 세계의 디지털 전환에 획기적으로 기여하였으나 정작 자신은 복사기 이외에는 어느 것도 효과적으로 사업화하지 못하고 과감한 혁신만 시도하다 결국 생존 위기에 빠진 제록스는 실패의 덫의 전형적인 사례라고 볼 수 있을 것이다.

개선 편중과 성공의 덫

반면 활용적 개선에만 집중하는 개선편중exploitation bias은 익숙한 영역에서 성공경험을 반복한 결과 근본적 혁신이 필요한 상황에 대응하지 못하는 성공의 덫success trap이라는 정반대의 위험을 초래하게 된다. 개선은 자신이 익숙한 기존 영역 주변에 대한 근거리 탐색local search을 중심으로 진행되므로 당연히 원거리 탐색에 비해 높은 성공 확률을 가진다. 그런데 성공경험을 반복하다 보면 그 영역에 대한 역량이 계속 축적되므로 다음 시도에서는 성공확률이 더 높아지게 된다. 즉 기존 영역에 대한 자기만의 성공방정식success formula이 구축되고 계속 강화하면서 높은 성과를 계속 달성하게 되는 것이다. 자신의 강점에 선택과 집중하면 성과가 높다는 상식적 주장은 바로 이런 개선편중의 장점을 의미한다.

그런데 개선에 편중된 조직이 심각한 위험에 빠질 때가 있는데 바로 역량파괴적 효과를 가지는 불연속적 환경변화가 간헐적으로 발생할 때이다. 역량파괴적 환경변화에 대응하기 위해서는 기존 역량을 전혀 다른 새로운 유형의 역량으로 근본적으로 전환해야 하는데 이 경우 기존 영역에 대한 축적된 성공방정식이 강한 조직은 이를 버리지 못하고 계속 개선해서 활용하려다 기존 역량의 가치가 파괴되면서 갑자기 몰락하게 되는 것이다. 즉 강한 성공방정식success formula이 역량파괴적 환경변화 때 근본적 혁신을 가로막아 치명적 위기를 불러 일으키는 성공의 덫success trap이 되는 것이다.

2009년의 GM과 2012년의 코닥Kodak과 노키아Nokia의 갑작스러운 몰락을 비롯하여 시어즈 로벅Sears Roebuck, 마츠시타Matsushita, 인텔Intel 등 20세기 산업사회를 주도하던 초우량 기업들의 갑작스러운 위기가 최근 급증하고 있다. 그 이유는 이들 기존 초우량 기업들이 최근 경계파괴와 4차 산업혁명 등으로 경쟁환경이 근본적으로 바뀌고 있는데도 자신들이 세계 최고의 기업으로 성장하는 기반이 됐던 과거의 강력한 성공방정식을 버리지 못하고 활용적 개선에 집착하는 성공의 덫에 빠졌기 때문이라고 해석할 수 있을 것이다.

학습의 근시안

혁신편중과 개선편중에는 두 가지 모두 나름대로의 심각한 위험이 존재하는 것이

그림 11-4 조직 변화와 무변화의 위험

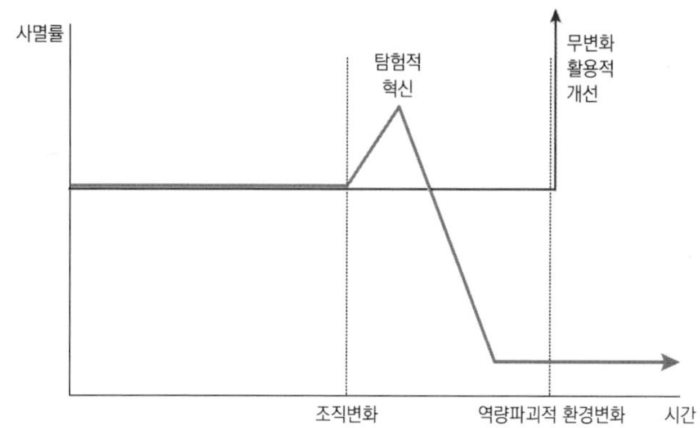

다. 혁신만 하는 조직도 위험이 있지만 반대로 개선만 하는 조직도 또 다른 위험이 있는 것이다. 즉 변화도 위험하지만 무변화도 위험한 것이다. 그렇지만 두 가지 모두를 다 잘하는 것은 앞에서 설명했듯이 역량의 덫 때문에 실행이 어렵다. 그렇다면 성공의 덫과 실패의 덫 중 실제 조직들에서는 어느 쪽이 더 빈번하게 발생할까?

개선편중으로 인한 성공의 덫이 훨씬 더 많은 조직에서 관찰된다. 왜냐하면 낯선 영역에서 원거리 탐색distant search을 해야 하는 탐험적 혁신에 비해 활용적 개선은 익숙한 근거리 영역에서 탐색local search하기 때문에 성공확률이 높고 불확실성과 위험도가 낮으며, 또 성과도 단기간에 창출할 수 있기 때문이다. 그러나 개선편중에 빠진 조직은 장기적으로는 결국 역량파괴적 환경변화 때 성공의 덫이라는 치명적 위기에 빠지는 것이다. 이렇게 볼 때 대부분의 조직은 먼 미래나 완전히 새로운 가능성을 보지 못하고 바로 눈앞의 유불리에 집착하는 근시안적 한계를 가진다고 볼 수 있다. 이와 같이 대다수 조직이 미래지향적 원거리 탐색보다는 바로 인접한 근거리 탐색을 통한 개선적 활용에 치중하게 되는 현상을 학습의 근시안learning myopia이라고 부른다(Levinthal and March, 1993).

일회용 조직과 조직군 수준 균형 시도와 한계

가장 이상적인 조직변화 전략은 혁신과 개선이라는 두 가지 유형간 균형을 달성하는 것인데 앞에서 토론한 바와 같이 역량의 덫 때문에 동일한 조직 내에서는 달성하기 어렵다. 그렇다면 혁신과 개선의 균형을 거시적 수준에서 여러 조직들의 집합인 조직군organizational population의 구성 관점에서 생각해볼 수도 있을 것이다. 조직군 수준에서의 혁신–개선 간 균형 시도를 개념화한 것이 일회용 조직이다.

일회용 조직과 조직 영속성의 재고찰

일회용 조직disposable organizations은 특정 조직 자체를 개선하거나 혁신하는 것이 아니라, 각 조직을 한 가지 영역에서 최대한 **활용**하다가 완전히 새로운 혁신이 필요할 때는 기존 조직을 **폐업**disband하고 새로운 영역에 최적화된 새로운 조직을 **창업**found하는 것이다(March, 1995). 즉 일회용 조직은 원거리 영역에 대한 탐험적 혁신이 필요한 환경변화가 발생할 때는 기존 조직을 근본적으로 혁신하려다 성공의 덫이나 실패의 덫에 빠지지 않고 아예 일회용으로 간주하고 청산해버리고 새로 창업한 조직을 통해 혁신을 실행하는 것이다. 즉 일회용 조직의 관점은 이 책 1장에서 소개한 조직의 영속성permanence 가정을 근본적으로 재고찰하는 새로운 시도이다.

신생 조직의 불리함

그런데 조직들의 진화론적 생존과 사멸을 연구하는 조직생태학organizational ecology은 수많은 창업과 폐업에 대한 실증 연구를 통해 일회용 조직의 실행에 핵심 과정인 새로운 조직의 창업이 높은 생존 위험을 발생시킨다고 주장하는데 이를 신생 조직의 불리함liability of newness이라고 부른다(Hannan and Freeman, 1977). 신생 조직의 불리함에 대한 연구에 따르면 새로 창업한 신생 조직은 역량과 시스템, 평판, 대내외 관계 등이 아직 정착되지 않아서 기존 조직들에 비해 훨씬 **높은 사멸률**mortality rate을 가진다. 다른 조건이 동일하다면 신생 조직일수록 사멸 위기에 빠질 확률이 훨씬 더 높다는 것이다. 따라서 빈번한 신생 조직의 창업을 요구하는 일회용 조직 접근법은 그 자체의 위험과 한계를 가지는 것이다.

두 가지 조직생태학적 위험

이렇게 볼 때 일회용 조직 접근법은 새로운 조직의 창업founding과 기존 조직의 폐업disbanding이 가지는 위험을 충분히 고려하지 못한 한계가 있기 때문에 기존 조직의 근본적 혁신이라는 위험한 선택에 대한 안정적 대안으로 보기는 어렵다. 즉 기존 조직을 근본적으로 변화시키는 혁신과 새로운 조직을 만드는 창업은 두 가지 모두 높은 위험을 가지는 것이다. 기존 조직의 탐험적 혁신과 일회용 조직 접근법은 두 가지 모두 높은 위험성을 가지기 때문에 역량파괴적인 효과를 가지는 불연속적 환경변화에 대한 대응책으로는 한계가 있는 것이다. 조직생태학도 두 가지 대안 모두의 위험성을 동시에 강조하고 있는데 기존 조직의 폐업과 새로운 조직의 창업이 어려운 이유는 방금 설명한 신생 조직의 불리함 때문이다. 이에 반해 기존 조직을 근본적으로 바꾸는 탐험적 혁신이 실행하기 어렵고 위험한 생태학적 이유는 구조적 관성structural inertia 때문이다.

해넌Michael Hannan을 중심으로 한 조직생태학적 연구 결과에 따르면 기존 조직을 근본적으로 바꾸는 원거리 탐험과 혁신적 조직변화는 조직 사멸률을 급속하게 증가시키기 때문에 역설적으로 살아남는 조직들은 혁신하는 조직들이 아니라 기존 모델을 그대로 유지하는 관성을 가지는 조직들인데 이런 의외의 현상을 구조적 관성이라고 부른다(Hannan and Freeman, 1984). 혁신이라는 개념이 일반적으로 가지는 긍정적 이미지와 달리 혁신은 실제로는 조직 사멸률을 급증시키는 위험한 선택인 것이다. 그러나 반대로 구조적 관성에 빠져서 기존 조직을 그대로 유지하고 활용적 개선만 계속하는 조직은 역량파괴적 환경변화가 발생하면 새로운 환경과의 부적합성으로 인해 일시에 대거 사멸하게 된다. 두 가지 조직변화의 대안 모두 생태학적으로 위험한 선택인 것이다.

혁신과 개선의 동시 극대화 요구

두 가지 유형의 조직변화가 모두 각각의 위험이 있지만 역설적으로 경계파괴적 융복합화와 4차 산업혁명 등으로 대표되는 21세기 초중반 현재의 환경은 모든 조직에 혁신과 개선을 동시에 극대화할 수 있는 변화 역량을 요구하고 있다. 즉 미래는 혁신과 개선 사이의 선택과 집중을 넘어서서 두 가지 상호모순적 유형의 조직변화를 동시에 추구해야 생존할 수 있는 전대미문의 환경인 것이다. 이런 시대적 요구에 대한 개념적 이해는 선도 조직들 사이에서 어느 정도 공유되어 있지만 관건은 이를 실제 조직경영 현장에서 실천할 수 있는 특수한 조직변화의 새로운 실행 방안을 찾아내는 것이다. 이런 극도로 도전적인 조직변화 과제의 성공 여부에 따라 대다수 조직들의 미래 생존과 성과가 결정될 것이다.

혁신과 개선의 동시 극대화를 향하여: 미래형 조직 설계와 변화 전략

21세기 중반을 향해 치닫고 있는 현재 환경에서 조직변화의 연구와 실천 모두에서 단연 가장 중요한 관심사는 혁신과 개선의 동시 극대화이다. 최근의 환경변화가 모든 조직들에게 혁신과 개선을 항상 동시에 추구할 것을 요구하고 있는 것이다. 그 결과 혁신과 개선의 동시 극대화는 현재 선도적 학자들과 실무 경영자들의 주 관심사가 되고 있다(Teece, Pisano, and Shuen, 1997; Daft and Armstrong, 2022). 그 결과 탐험적 혁신과 활용적 개선간 동시 극대화를 추구할 수 있는 미래형 조직 설계와 변화 전략이 다양하게 제시되고 있는데 다음 다섯 가지가 가장 대표적일 것이다.

혁신과 개선의 동시 극대화 전략 1: 양손잡이 조직

조직변화에 대한 대부분의 기존 접근법은 혁신과 개선을 상충관계tradeoff로 보았다. 앞에서 살펴본 역량의 덫competency trap 관점도 혁신과 개선을 동시에 추구하기는 어렵다고 전제하였다. 그런데 이와 같이 당연시되어온 기존의 양자택일 관점을 벗어나서 탐험적 혁신과 활용적 개선의 동시 극대화를 추구할 수 있는 새로운 조직의 모델을 찾으려는 시도로 등장한 것이 양손잡이 조직ambidextrous organization이다(Tushman and O'Reilly III, 1996).

양자택일적 선택과 집중을 넘어서

양손잡이 조직은 그동안 양자택일해서 하나에 선택과 집중해야 한다고 생각하던 복수의 상충관계tradeoff 목적들을 동시에 극대화하려는 시도이다. 즉 한 가지 유형에 대한 편중에서 발생하는 위험을 근본적으로 극복하여 두 가지 모두를 극대화하려는 것이다. 예를 들면, 앞에서 탐험적 혁신exploration에만 편중되면 실패의 덫failure trap에 빠지고 반대로 활용적 개선exploitation에만 편중되면 성공의 덫success trap의 위험이 있다고 설명하였다. 이와 달리 혁신과 개선을 양자택일의 상충관계로 보지 않고 두 가

그림 11-5 양손잡이 조직

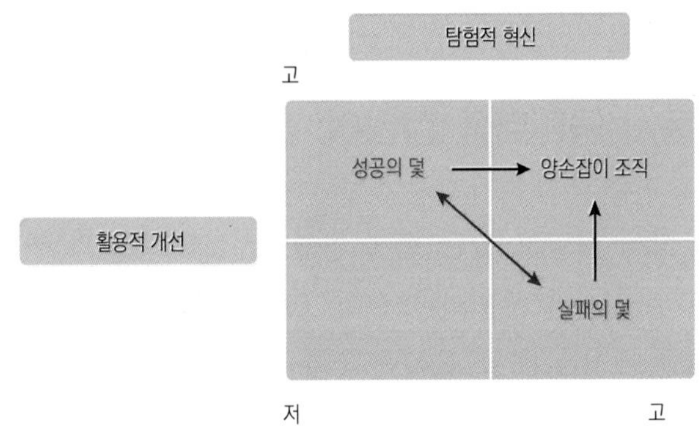

자료: Tushman and O'Reilly Ⅲ(1996)

지의 동시 극대화를 추구하려는 것이 바로 양손잡이 조직의 조직변화 전략이다.

즉 대다수 조직들이 혁신이나 개선 중 한 가지에만 집중적으로 역량을 축적하게 되어 결국은 덫에 빠진다고 주장하였던 역량의 덫competency trap 자체를 당연시하지 않고 창조적으로 극복해보고자 하는 새로운 시도인 것이다. 양손잡이 조직의 관점은 탐험적 혁신과 활용적 개선간 관계뿐 아니라 그동안 조직경영에서 양자택일의 선택과 집중 대상으로 인식되었던 경쟁전략에서 가격경쟁과 품질경쟁 간 관계, 글로벌 전략에서 현지화와 글로벌 통합간 관계 등 다양한 영역에 확장 적용될 수 있을 것이다.

양손잡이 조직의 세 가지 실행 전략

조직경영 현장에서 양손잡이 조직을 실행할 수 있는 실천 전략으로는 다음 세 가지가 대표적이다.

주기적 양손잡이: 주기적 양손잡이cyclic ambidexterity는 시기별로 혁신과 개선에 번갈아 가며 선택과 집중하는 전략이다. 즉 특정 시기에는 전체 조직이 탐험에만 선택과 집중하여 혁신 창출에 전념하고, 기대하던 혁신이 창출된 후에는 전체 조직을 활용에 선택과 집중하여 개선에 주력하는 방식이다. 물론 기존 혁신의 활용 가치가 개선만으로는 더 이상 유지되기 어려울 정도가 감소하면 또다시 새로운 혁신 창출을 위한 탐험으로 돌아가는 방식을 주기적으로 반복하는 전략이 주기적 양손잡이다.

구조적 양손잡이: 구조적 양손잡이structural ambidexterity는 전체 조직을 탐험적 혁신에만 선택과 집중하는 부분들과 개선적 활용에만 선택과 집중하는 부분들로 나누어 분업한 후 전사 수준에서 통합하는 전략이다. 구조적 양손잡이 전략에서는 분업구조에 기반하여 항상 혁신과 개선이 조직 내에서 동시에 진행된다. 기존 조직들이 가장 보편적으로 많이 시도하는 양손잡이 전략이 바로 이 유형일 것이다. 예를 들면, 기업조직에서 연구개발이나 전략, 신상품 기획 등은 항상 혁신만 추구하고 오퍼레이션이나 재무회계 등은 항상 개선에만 선택과 집중하게 하는 방식이 이런 시도로 볼 수 있을 것이다.

맥락적 양손잡이: 맥락적 양손잡이contextual ambidexterity는 전체 조직의 모든 구성단위와 구성원들이 항상 혁신과 개선을 동시에 추구하도록 조직의 맥락context을 재설계하는 전략이다. 이 접근법은 혁신과 개선은 양자택일해야 한다는 당연시되어온 전제를 버리고 누구나 두 가지를 동시에 극대화해야 한다는 정반대의 전제를 새로운 맥락적 기반으로 전체 조직에 당연시되도록 만드는 것이다.

예를 들면, 글로벌 자동차산업의 경쟁전략에서 포드Ford 등 대량생산 기업들의 가격경쟁 전략과 벤츠Benz 등 장인생산 기업들의 품질경쟁 전략이 시장을 양분하고 있을 때 토요타Toyota가 품질과 가격 경쟁력을 동시에 추구하는 유연생산flexible production 방식을 시도하여 전체 시장을 재편한 사례는 맥락적 양손잡이 전략의 시도로 볼 수 있을 것이다.

혁신과 개선의 동시 극대화 전략 2: 여유자원 기반 혁신 타이밍

카네기학파의 조직학습 이론을 적용하면 비용과 위험이 큰 탐험적 혁신을 위한 원거리 탐색distant search을 시도하는 타이밍의 선택에 따라 혁신과 개선을 동시에 극대화하는 전략을 실행할 수 있다. 탐험적 혁신의 가능성을 탐색search하는 타이밍은 크게 문제해결형 탐색problemistic search 타이밍과 여유자원 기반 탐색slack search 타이밍의 두 가지가 있을 수 있다(Cyert and March, 1963; Greve, 2003). 그런데 이 두 가지 중 여유자원 기반 타이밍에 혁신을 실행하면 혁신과 개선을 동시에 극대화할 수 있다.

문제해결형 혁신 타이밍의 위험

혁신을 위한 두 가지 탐색 타이밍 중 위기 발생 후 문제해결을 위해 사후적으로 다양한 원거리 탐색을 통해 탐험적 혁신을 시도하는 타이밍을 문제해결형 탐색 problemistic search이라고 부른다. 그런데 문제해결형 탐색을 통한 혁신 시도는 실패의 위험이 큰데 그 이유는 광범위한 새로운 대안들에 대한 시행착오를 감수한 원거리 탐색에 기반하는 탐험적 혁신의 실행이 많은 비용과 위험을 발생시키지만 이를 감당해 줄 내부 여유자원slack이 부족하기 때문이다.

혁신을 성공적으로 실행하려면 시행착오를 통한 탐색의 비용과 위험을 감당해줄 수 있는 완충buffer 역할을 하는 여유자원slack을 조직이 보유하고 있어야 하는데 위기나 문제가 발생했다는 사실은 조직 내 여유자원의 양이 적다는 것을 의미한다. 여유자원이 풍부하면 웬만한 문제는 위기로 표면화되지 않기 때문이다. 더구나 발생한 위기를 해결하기 위해 부족한 조직 내 여유자원을 탐험적 혁신에 집중적으로 투자하면서 기존 영역의 활용적 개선이 여유자원 고갈로 추가적 타격을 받아 전체 조직이 갑자기 붕괴될 위험이 크다. 즉 문제해결형 타이밍의 혁신은 혁신 시도 과정에서 변화 비용과 위험을 감당할 여유자원이 부족하기 때문에 실패위험이 높은 것이다.

여유자원 기반 혁신 타이밍의 장점

이와 달리 조직 내 위기나 문제가 아직 발생하지 않아서 충분한 여유자원slack을 보유하고 있는 평상시 타이밍에 그 여유자원을 활용하여 선제적으로 탐험적 혁신을 시도할 수도 있는데 이를 여유자원 기반 탐색slack search이라고 부른다. 여유자원 기반 혁신도 변화의 비용과 위험은 동일하다. 그러나 여유자원 기반 혁신은 위기나 문제가 발생하기 전에 선제적proactive으로 탐험적 혁신을 시도하므로 원거리 탐색의 과정에서 발생하는 변화 비용과 위험을 감당할 여유자원을 조직이 충분히 보유하고 있다.

따라서 이 여유자원의 완충역할에 기반하여 혁신의 비용과 위험을 감당할 수 있어서 심각한 위기를 초래하지 않고 혁신을 성공시킬 가능성이 훨씬 높다. 더구나 이 타이밍의 탐색적 혁신은 여유자원을 사용해서 시도되기 때문에 기존 영역의 활용적 개선에 투자되는 자원에는 영향을 미치지 않으므로 혁신과 개선을 동시에 추구할 수 있다. 즉 여유자원에 기반하여 탐험적 혁신을 실행하는 전략은 위험한 혁신 과정을 안전하게 버틸 수 있기 때문에 시도된 혁신이 정착되어 성과를 발휘하면서 위기를 사전에 예방할 수 있는 것이다.

선제적 혁신 리더십

그런데 여유자원 기반 선제적 혁신 타이밍은 성공적 혁신으로 연결될 가능성이 높기는 하나 문제는 여유자원이 충분할 때는 구성원들이 탐험적 혁신의 필요성을 느끼지 못한다는 것이다. 반대로 문제해결형 타이밍에서는 이미 발생한 위기로 인해 혁신 필요성에 대한 구성원들의 공감은 쉽게 확보할 수 있으나 여유자원의 부족 때문에 실패의 위험이 높다.

즉 혁신을 성공적으로 실행할 자원과 혁신 필요성의 인식 사이에 비대칭성asymmetry이 존재하는 것이다. 따라서 탐험적 혁신의 성공을 위한 가장 중요한 요건은 충분한 여유자원을 보유하고 있는 고성과 타이밍에 근본적 혁신의 필요성을 인식하고 이를 구성원들과 공유하여 선제적으로 실행해내는 리더십일 것이다. 이것이 바로 7장 리더십에서 토론하였던 변혁적 리더십transformational leadership의 가장 중요한 역할인 것이다(Bass, 1993).

혁신과 개선의 동시 극대화 전략 3: 핫 스토브 효과와 느린 학습

조직의 변화와 혁신에 대한 의사결정에서 단연 가장 중요한 요소는 환경변화이다. 즉 환경변화의 성격에 대한 이해가 정확해야 적절한 조직변화 유형과 전략, 타이밍을 선택할 수 있는 것이다. 21세기 환경으로의 전환 이래 대부분의 학술 연구와 언론 기사들은 조직 환경이 갈수록 더 불확실해지고 빠르고 빈번하게 변화하기 때문에 조직변화도 환경변화의 이러한 특성에 적합하게 최대한 민감하고 신속하게 시도하는 것이 바람직하다고 전제해 왔다.

핫 스토브와 고양이

그런데 오히려 조직이 환경변화에 어느 정도 둔감한 것이 더 바람직할 수도 있다는 정반대의 가능성을 제시하는 주장도 있다(Denrell and March, 2001). 핫 스토브 효과hot stove effect라고 불리는 통찰력 넘치는 이론은 소설가 마크 트웨인Mark Twain이 쓴 오래전 수필에서 다룬 고양이 이야기에서 시작한다. 사람들로 붐비는 건물에 사는 고양이가 지나가는 사람들의 발에 차이는 것을 피하기 위해 옆에 보이는 높은 철제 설비 위로 뛰어올랐다가 그것이 뜨거운 철제 난로, 즉 핫 스토브hot stove여서 화상을 입고 얼른 뛰어내려 왔다고 한다. 그때 그 철제 설비가 뜨겁고 위험한 물건이라고 학습한 고양이는 여름이 되어 난로 위가 시원하고 안전할 때도 그 근처는 절대 가지 않게 되었다는 것이다.

빠른 학습의 오류 가능성

핫 스토브 효과의 고양이는 한 번의 경험으로부터 너무 빠른 학습fast learning을 해서 성급하게 잘못된 일반화generalization를 한 것이다. 핫 스토브 효과는 모든 환경변화에 일일이 적응하려는 지나치게 민감하고 빠른 변화와 혁신은 역설적으로 환경적응에 바람직하지 않을 수도 있다고 주장한다. 상당수의 환경변화는 일회성이고 미래에는 반복되지 않을 수도 있으며 심지어 새로운 환경변화가 반대 방향의 대응을 요구할 수도 있기 때문이다. 특히 변화의 비용과 위험이 큰 혁신의 경우 모든 환경변화에 너무 신속하고 민감하게 일일이 적응하려고 하면 변화비용만 지불하고 기대되는 이익은 실현하지 못하는 오류를 저지를 수 있는 것이다.

근시안적 환경선택과 느린 학습

핫 스토브 효과를 확장한 근시안적 환경선택myopia of environmental selection 관점은 단기적 환경변화에 적합한 조직모델과 장기적 환경변화에 적합한 모델은 전혀 다를 수가 있다고 지적한다(Levinthal and Posen, 2007). 따라서 환경선택이 단기 중심으로 근시안적으로 진행될 때 조직도 덩달아 근시안적 조직변화로 일일이 민감하게 대응하는 것은 오히려 위험할 수도 있다는 것이다. 이런 관점에서 웬만한 환경변화는 일일이 조직변화로 대응하지 않고 견디며 지나가는 느린 학습slow learning이 장기적으로는 더 우월한 결과를 창출할 수 있다고 주장한다.

이런 관점에서 21세기 초중반 현재 환경의 핵심 특징으로 강조되는 수시 급변성과 높은 불확실성에 대응하는 한 가지 대안은 일반적 상식과 정반대로 혁신을 오히려 자제하고 지엽적 개선과 조정을 통해 단기 환경변화에 대응하며 핵심 모델을 유지하는 것일 수도 있는 것이다. 이런 관점이 바로 경영현장에서 흔히 듣는 표현인 위기일수록 기본에 충실하라는 주장의 논리적 기반일 수도 있다. 즉 환경선택이 근시안적일 때는 일반적 인식과 달리 조직이 환경변화에 너무 민감하고 신속하게 적응하지 않고 일견 둔하고 느리게 보이는 대응이 역설적으로 더 바람직할 수도 있는 것이다.

혁신과 개선의 동시 극대화 전략 4: 애자일 조직

조직변화와 관련하여 최근 현장의 실무 경영자들과 실천지향적 경영학자들을 중심으로 큰 관심을 끌고 있는 관점이 환경대응 행동의 속도, 즉 민첩성 극대화를 조직의 설계와 경영에서 최우선시하는 애자일 조직agile organization이다. 애자일 조직은 이론적으로는 아직 체계화되지 않았으나 경계파괴와 4차 산업혁명 등으로 수시로 예측불가능하게 급변하는 최근 환경에 대응하기 위해 분명히 중요한 조직변화 전략이므로 현장 중심으로 급속하게 발전하고 확산되고 있는 것이다. 애자일 관점은 원래 21세기 초 컴퓨터 소프트웨어 개발 분야에서 프로젝트 관리 방법론으로 등장해서 최근 조직변화와 경영 프로세스 전반에 걸쳐 급속하게 확산되고 있다. 특히 전략적 조직변화(Teece, Petraf, and Heaton, 2016)와 전략적 인적자원관리(Cappelli and Tavis, 2019) 등의 분야에서는 애자일을 가장 중요한 미래 조직의 특성 중 하나로 강조하고 있다.

불확실성과 급변성의 상시 공존

애자일 조직은 예측 못한 빠른 환경변화에 대응하여 사전 계획 없이도 신속하게 탐험적 혁신과 활용적 개선을 추구할 수 있는 역동적 변화 역량을 가진 조직을 의미한다. 애자일 조직은 21세기 환경의 특성인 고도의 불확실성과 급변성 때문에 전통적 조직 설계와 변화 방식이 한계에 부딪히면서 등장한 관점이다.

전통적 조직 설계와 변화는 앞에서 토론한 상황적합성 관점에서 "조직은 전략을 따르고, 전략은 환경을 따른다"는 챈들러의 논리에 따라 진행되었다(Chandler, 1962). 그러나 챈들러 모델을 실행하기 위해서는 먼저 미래 환경을 예측하고, 그 환경의 요구에 적합한 대응 전략을 수립하며, 그 전략의 실행에 적합한 조직을 설계해야 한다. 즉 전략적 조직설계는 미래 환경의 예측에서 시작하는 것이다. 그러나 이런 전통적 조직 설계와 변화 방법은 극단적 불확실성과 상시 급변성이라는 21세기 초 최근 환경의 특수성 때문에 실행이 거의 불가능하게 되었다.

그림 11-6 20세기형 환경변화와 조직변화

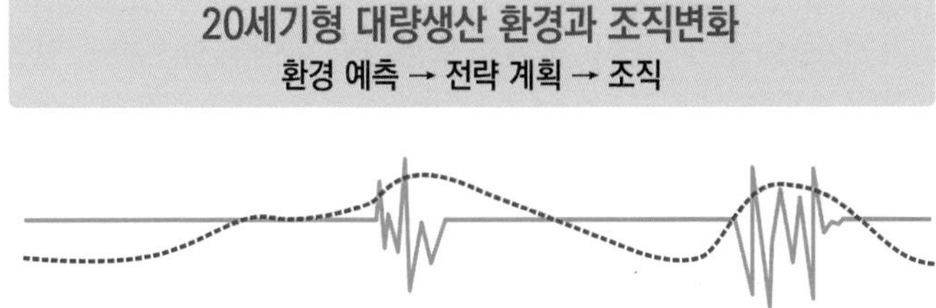

물론 20세기 환경도 역동적으로 변화하였으나 그 변화의 방향과 범위, 강도 등은 완벽하지는 않지만 어느 정도는 예측할 수 있었기 때문에 환경변화에 대응하는 전략의 수립과 조직의 설계와 변화가 가능했다. 그러나 최근 환경변화는 시장과 경쟁의 경계와 규칙이 상시 격변하고, 또 AI 혁명에서 볼 수 있듯이 수시로 급변하는 4차 산업혁명 중심의 혁신으로 인해 예측이 아예 불가능하게 되었다. 따라서 미래 환경의 예측과 대응 전략 수립에 기반한 전통적 조직 설계와 변화 방법이 이제는 적용되기 어렵게 되었다.

그림 11-7 21세기형 환경변화와 조직변화의 한계

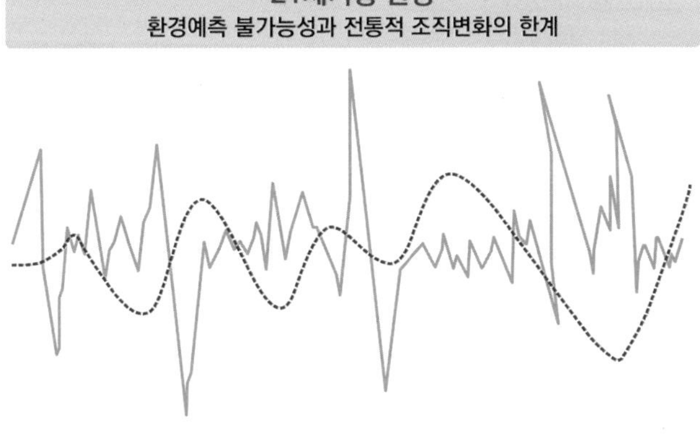

애자일 조직의 시대적 필요성

예측불가능하게 수시 급변하는 21세기 환경에 대응하기 위한 조직 설계와 변화 모델로 최근 등장한 것이 바로 애자일 조직agile organization이다. 애자일 조직은 행동

의 속도와 유연성 극대화에 집중한다. 이런 면에서 애자일 조직은 환경이 예측 못한 타이밍과 방향으로 변화할 때마다 필요한 혁신과 개선을 즉시 신속하게 실행할 수 있는 동적 역량dynamic capabilities을 극대화하는 조직경영 모델이다(Teece, 2018). 즉 애자일 조직은 21세기 초중반 현재와 같이 예측 못한 위기나 기회가 갑자기 발생하여 대응할 시간이 극도로 짧은 환경에 반드시 필요하다. 애자일 조직의 구체적 실행 모델들은 다양하게 제시되고 있으나 다음 몇 가지 핵심 특성을 가지고 있다.

비전 공유와 극단적 분권화의 결합

애자일 조직은 명확한 비전만 모든 구성원들과 철저하게 공유하고 나머지는 극단적으로 분권화를 강조한다. 애자일 조직에서는 구성원 각자가 최대한 신속하게 예상 못한 환경변화에 대응해야 하므로 당연히 현장의 자율성과 분권화를 극대화해야 한다. 즉 현장에서 발생한 환경변화를 여러 단계의 위계질서를 따라 조직의 상부 계층에 보고하고 또다시 단계를 따라 하달된 명령을 현장에서 실행하는 전통적인 피라미드 조직으로는 예측 못하게 수시 급변하는 21세기 환경에 효과적으로 신속하게 대응할 수 없다. 따라서 현장 구성원의 자율성을 극대화하는 것은 빈첩한 환경대응을 강조하는 애자일 조직의 당연한 필수 요건이다.

그러나 극단적 분권화의 한계는 각자 서로 다른 현장 상황에 최적화된 대응만 하다 보면 전체 조직 수준에서의 상위 목적 추구가 어렵고 상호모순적 행동들이 양산되어 조직화된 무정부상태organized anarchy로 악화될 위험이 크다는 것이다(Cohen, March, and Olsen, 1972). 이를 막기 위한 장치가 바로 명확한 전사 비전의 공유이다. 비전은 "어떻게how to"라는 행동의 방법론에 초점을 맞추는 전략과 달리, 어느 쪽으로 나갈 것인가의 "어디로to where"의 방향성을 제시하는 등대나 북극성north star과 같은 존재이다. 따라서 명확히 공유된 전사 비전의 방향 내에서 각 구성원이 자율적으로 최대한 신속하게 행동하는 것이 애자일 조직의 첫 번째 요건이다.

속도 최우선

그 명칭이 의미하듯이 애자일 조직은 각 구성원의 행동에서 정확한 행동act correctly보다 신속한 행동act quickly을 강조한다. 즉 상황이 예측 못한 방향으로 수시 급변하는 상황에서는 극도로 짧은 시간 내에 한치의 오차도 없이 완벽하게 정확한 행동만 하는 것은 불가능하다. 따라서 빠르고 과감한 행동을 통해 최대한 신속하게 다양한 대안들을 시도하여 시행착오를 통해 정확한 답을 찾아내는 것이 필요하다.

즉 정확성accuracy보다 주어진 시간 내에 신속하게 행동하는 타이밍timing이 중요하므로 애자일 조직에서 시행착오trial and error는 오류나 실패가 아니라 불확실하고 급변하는 환경에 최적화된 효과적 행동전략으로 봐야 한다. 따라서 다양한 시행착오를 통해 정답을 배워 나가는 실패로부터의 학습learning from failures이 필수적이며, 특히 문제해결 과정의 앞 단계에서 개방적으로 최대한 다양한 시도를 해보는 프론트 로딩front loading이 정답의 신속한 발견에 효과적이다. 이런 측면에서 8장의 의사결정 이론에서 와익Karl E. Weick이 제시한 행동선행적 사후적 합리성thinking first posterior rationality 의사결정과 즉흥적 대응improvisation을 통해 새로운 답을 발견해 나가는 고신뢰 조직high reliability organization의 특성이 바로 애자일 조직에 필요한 것이다(Weick, 1998, 2009).

임파워먼트와 자문형 리더십

애자일 조직은 리더십 유형과 권한관계에서 현장 구성원들에게 최대한의 자율적 권한과 역량, 자원, 정보를 제공하여 마치 각자가 CEO처럼 행동할 수 있는 극단적 임파워먼트empowerment를 추구한다. 현장 구성원들에게 최대한의 자율적 권한을 주고 또 그 권한을 실행하는 데 필요한 역량과 자원을 제공하여야 신속하고 유연하게 행동할 수 있기 때문이다. 따라서 전사 비전을 제외한 나머지 모든 분야에서 위임과 분권화의 극대화는 애자일 조직의 절대적 원칙이다. 따라서 애자일 조직은 피라미드형 수직적 위계질서보다는 임파워먼트된 팀들의 수평적 네트워크에 가깝다.

그렇다면 애자일 조직에서 경영진의 리더십 역할은 무엇일까? 무엇보다 명확한 비전의 제시와 철저한 공유가 가장 중요하다. 나머지는 모두 임파워먼트 하더라도 추구하는 미래의 방향은 반드시 명확하게 공유되어야 한다. 그리고 일상 조직경영 과정에서 애자일 조직의 경영진은 현장 구성원들의 자문과 의논상대 역할을 해야 하고, 또 불확실하고 급변하는 환경에 대응하여 과감하게 미래지향적 혁신을 시도하도록 용기를 북돋우는 동기부여 리더십이 필수적이다(Teece, Peteraf, and Heaton, 2016; Cappelli and Tavis, 2019).

혁신과 개선의 동시 극대화 전략 5: 레드퀸 경쟁과 상시 창조적 혁신 레이스

조직변화의 혁신과 개선을 동시 극대화하는 가장 극단적 형태는 최근 글로벌 선도 기업들 사이에서 실제로 진행되고 있는 상시 창조적 혁신 레이스race for constant creative innovations일 것이다. 기존 경쟁우위를 최대한 장기적으로 유지하고 확장시키는 것이 목적이었던 20세기형 경쟁과 달리, 21세기형 경쟁은 끊임없이 존재하지 않던 새로운 경쟁우위를 경계 없이 남보다 먼저 만들어내는 일종의 경주, 즉 레이스race이다. 이런 상시 창조적 혁신의 레이스에서 일시적으로 선두에 나서더라도 계속적으로 창조적 혁신을 시도하지 않으면 조만간 위기에 빠지게 되는 메커니즘을 설명하는 모형이 윌리엄 바넷William P. Barnett의 레드퀸 경쟁red queen competition이다(Barnett, 2008)

창조적 혁신 경쟁의 상시화

21세기형 경쟁의 상시 창조적 혁신 레이스에서는 개선은 말할 것도 없고 혁신도 간헐적이 아니고 상시 시도되어야 한다. 전통적 관점에서는 개선은 상시 시도되는 프로세스인 데 비해 혁신은 간헐적으로만 시도되는 이벤트로 이해되었다. 그러나 21세기 환경은 창조적 혁신을 과거의 개선처럼 상시 시도하도록 요구한다. 경쟁의 경계가 없어지고 기술과 지식 발전의 가속화로 끊임없이 새로운 가치 창출이 가능해진 환경에서는 혁신 자체가 경쟁의 핵심 대상이 되기 때문이다.

모든 조직들이 혁신을 둘러싸고 끊임없이 경쟁하는 21세기형 경쟁환경에서는 포괄적으로 불연속적인 긍정적 변화를 뜻하는 일반적 혁신이 아니라 다른 누구보다 먼저 최초로 시도되는 혁신에만 적용되는 개념인 창조적 혁신creative innovation이 필요하게 된 것이다. 그런데 환경이 끊임없이 변화하고 모든 조직들이 누가 더 빨리 더 자주 혁신하느냐 여부를 둘러싸고 경쟁하기 때문에 모든 창조적 혁신은 2등이 추격해올 때까지 일시적으로만 가치를 가진다. 따라서 존재하지 않던 새로운 가치를 남보다 먼저 최초로 만들어내는 창조적 혁신에 성공한 조직이 그 다음 혁신이 등장할 때까지 일시적으로 경계없는 시장을 독식하고 다른 경쟁자들은 이 선두 자리를 빼앗기 위해 더욱 새로운 창조적 혁신을 계속 시도하게 되는 것이다. 선두 지위를 둘러싼 이런 숨가쁜 경쟁이 새로운 게임의 규칙인 21세기형 상시 창조적 혁신 레이스의 다이내믹스를 가장 잘 보여주는 모델이 바로 레드퀸 경쟁red queen competition이다.

레드퀸 경쟁

레드퀸 경쟁은 많은 사람이 어릴 때 읽었던 판타지 동화 〈거울나라의 앨리스 Through the Looking-Glass and What Alice Found There, 1871〉에 나오는 장면이다(Carroll, 1871). 빨간 옷을 입은 지하세계 여왕인 레드퀸이 앨리스를 해치려고 하자 도망가는 장면이 있다. 앨리스가 레드퀸을 따돌리기 위해 혼신의 힘을 다해 더 빨리 앞으로 달렸는데 한참 달리다 뒤돌아보니 여왕이 자기 바로 옆에 서있는 것이었다. 앨리스가 깜짝 놀라서 "나는 당신에게서 멀어지기 위해 매우 빠른 속도로 앞으로 달렸는데 어떻게 한치도 멀어지지 않았느냐"고 묻는다.

이때 레드퀸은 "너는 느린 세상에 살고 있군! 여기서는 네가 봤듯이 그 자리를 지키고만 싶어도 네가 할 수 있는 최대한 빨리 뛰어야 하고, 만일 어디론가 나가고 싶으면 그보다 최소 두 배는 빨리 뛰어야 해!"라고 대답한다. 즉 앨리스는 빠른 속도로 앞으로 뛴 것이 맞지만 문제는 앨리스가 뛰고 있는 길이 앨리스보다 더 빠른 속도로 뒤로 움직이고 있는 것이다. 따라서 그 자리를 지키고만 싶어도 최소한 길만큼 빨리 뛰어야 하고 한 걸음이라도 앞으로 나가고 싶으면 길보다 빨리 뛰어야 한다는 대답이었다. 이렇게 볼 때 레드퀸의 사례는 앞으로 나갈 수 있느냐의 여부는 단순히 자신이 달리는 속도에 의해 결정되는 것이 아니라 길이나 추격자 보다 상대적으로 더 빨리 달릴 수 있느냐 여부에 따라 결정된다는 것을 보여주는 것이다.

승자독식 경제에서 선두 경쟁

레드퀸 경쟁은 바로 이 장면과 같이 끊임없이 상시 급변하는 환경에서 조직들 간 선두경쟁이 벌어질 때는 창조적 혁신의 상시화가 필요하다는 사실을 강조한다. 모든 조직들이 경계 없이 경쟁하고, 4차 산업혁명 등으로 끊임없이 새로운 가치가 창조되는 21세기 환경에서는 한 걸음이라도 앞선 창조적 선두가 압도적 경쟁우위를 누리지만 그 선두도 계속해서 창조적 혁신을 하지 않으면 단숨에 추월 당할 수 있는 것이다. 레드퀸 경쟁 모델은 창조적 선두가 전체 시장을 일시적으로만 독식하는 승자독식 경제 The winner takes it all economy에서는 모든 조직들 간 치열한 선두 경쟁이 벌어지기 때문에 창조적 혁신이 상시화되어야 한다는 것을 보여준다.

그림 11-8 레드퀸 경쟁과 게으른 선두의 위험

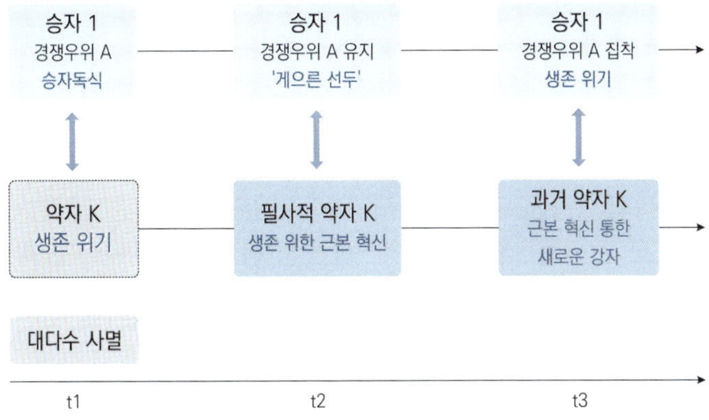

상시 창조적 혁신 경쟁과 게으른 선두

레드퀸 경쟁 모델에서 조직들 간 상시 창조적 혁신 경쟁 레이스를 라운드별로 나누어서 살펴보자.

1라운드에서는 무경계 경쟁환경에서 존재하지 않던 새로운 혁신을 최초로 창출한 창조적 선두creative first mover가 전체 시장을 일시적으로 독식하는 승자독식 경제가 작동한다. 즉 경계가 없으므로 창조적 혁신을 시도한 선두가 2등이 따라오기 전까지는 전체 시장의 대부분을 독식하는 것이다. 따라서 창조적 선두를 제외한 나머지 대다수는 1라운드에서 사멸하고 극소수만 겨우 생존한다.

그런데 1라운드를 겨우 생존한 소수의 약자들의 2라운드 대응이 중요하다. 이들은 기존 상태 그대로 다음 라운드로 넘어가서 경쟁하면 자신들도 결국 사멸할 위험이 극도로 높으므로 필사적으로 근본적 혁신을 시도하게 된다. 그러나 1라운드에서 승자독식을 달성한 선두는 자신의 강점을 버릴 필요성을 못 느끼기 때문에 2라운드에서 기존 강점을 보완·개선하는 것만 시도하고 새로운 강점을 찾는 혁신에는 무관심한 게으른 선두lazy monopolist가 된다.

이제 3라운드에서는 경쟁의 양상이 전혀 달라진다. 1라운드의 강점을 그대로 유지한 게으른 선두와 필사적인 혁신을 통해 완전히 업그레이드되어 새로운 강자가 된 1라운드의 약자들이 경쟁하는 것이다. 그 결과 게으른 기존 강자가 몰락하고 새로운 강자가 된 기존 약자로 승자독식의 패권이 넘어가게 되는 것이다.

창조적 혁신의 상시화 필요성

레드퀸 경쟁은 경계파괴와 기술혁신의 가속화로 경쟁자들 간 상시 창조적 혁신의 레이스가 벌어지는 21세기 환경에서는 먼저 창조적 혁신을 통해 전체 시장을 승자독식한 강자라도 기존 강점에 선택과 집중만 해서는 결코 경쟁우위를 지킬 수 없다는 사실을 명확한 논리로 보여준다. 즉 21세기형 경쟁환경은 모든 조직에게 상시 창조적 혁신이 생존의 필수 요건인 완전히 다른 새로운 환경인 것이다. 따라서 언제 탐험적 혁신을 하고 언제 활용적 개선을 할 것인가를 고민하던 20세기 산업사회 환경과 달리 21세기는 모든 조직이 상시 창조적 혁신을 끊임없이 시도해야 생존할 수 있는 완전히 새로운 환경인 것이다.

100년 만의 패러다임 전환: 상시 창조적 혁신의 미래를 향한 도전

앞에서 조직경영 패러다임의 역사적 변화를 살펴볼 때 19세기 말에 시작되어 20세기 중반에 완성된 대량생산 중심의 현대적 조직경영 패러다임이 21세기 초중반 현재 상시 창조적 혁신을 추구하는 완전히 새로운 패러다임으로 급속히 전환 중이라고 설명했다. 1990년대 말에 본격화된 경계파괴적 세계화와 2010년대 이래 가속화된 인공지능artificial intelligence 등을 중심으로 한 4차 산업혁명이 결합되면서 경쟁환경이 근본적으로 바뀌고 있는 것이다(Campbell and Pedersen, 2001; Canals and Heukamp, 2020; Marr, 2021; Taylor and Perkins, 2026).

경쟁규칙 자체의 역사적 대전환이 지금 진행되고 있다!

지금 전세계 조직들은 자신의 기존 강점에 선택과 집중하며 경쟁하던 20세기 대량생산형 경쟁 패러다임을 탈피하여, 경계 없이 존재하지 않던 새로운 경쟁우위를 끊임없이 남보다 먼저 만들어내야 하는 무경계 상시 창조적 혁신 경쟁으로 급속히 전환하고 있다. 그 결과 조직경영의 모든 측면과 차원, 원칙들이 이 새로운 경쟁환경에 적합하게 근본적으로 변화하고 있다.

근본적 패러다임 전환의 역사적 필요성

그러나 많은 기존 조직들은 여전히 근본적 패러다임 전환이라는 불확실성과 위험성이 큰 선택보다는 기존 패러다임의 효율성이나 신뢰성 향상이라는 활용적 개선에 집중하고 있다. 앞에서 토론한 핵심경직성core rigidity과 성공의 덫success trap에 사로잡혀 있는 것이다(Leonard – Barton, 1997; March, 1991). 지금 진행되고 있는 환경변화가 역량파괴적competence-destroying 결과를 초래하는 100년 만의 역사적인 불연속적 변화라면 반드시 조직경영의 모든 차원들을 제로베이스에서 재검토하는 근본적 패러다임 전환이 절실히 필요하다. 실제로 많은 선도 조직들이 이런 시대적 과제에 대응하여 근본적 패러다임 전환을 시도하고 있다.

무경계 상시 창조적 혁신 시대의 환경-전략-조직간 공진화 과제

그런데 역사적 패러다임 전환의 과정에서 가장 심각한 도전 과제가 바로 새로운 환경이 요구하는 무경계 상시 창조적 혁신 경쟁 전략에 적합한 새로운 조직경영 모델의 발견이다. 조직은 반드시 전략과 공진화co-evolution해야 한다. 전략은 환경을 따르고, 조직은 전략을 따른다는 전략적 조직설계의 기본 원칙을 고려할 때 환경 – 전략 – 조직 간 적합성과 공진화는 특히 역사적 전환기에 반드시 지켜야 할 펀더멘털이다.

미래 환경의 요구와 이에 대응하는 전략적 변화 방향은 글로벌 선도 조직들 사이

그림 11-9 100년 만의 역사적 패러다임 전환

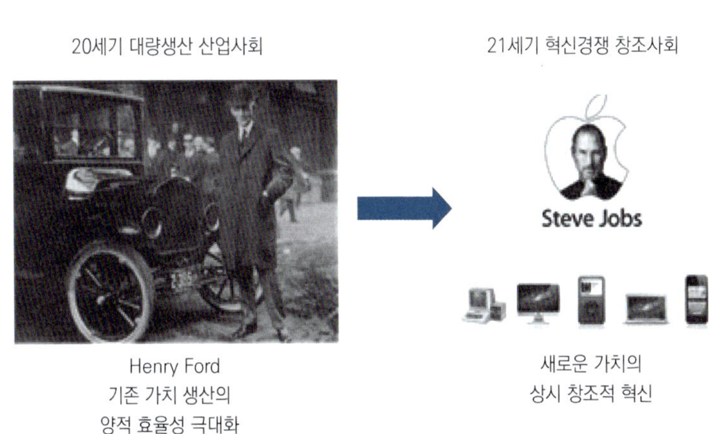

에서는 무경계 상시 창조적 혁신으로 어느 정도 공감대가 형성되었다. 그런데 가장 큰 도전과제가 바로 이런 새로운 환경과 전략에 적합한 새로운 조직 모델을 찾아내는 전대미문의 공진화 과제이다. 바로 이런 이유 때문에 21세기 초중반인 현재 전 세계 선도 조직들을 중심으로 다양한 새로운 조직경영 모델들이 경쟁적으로 시도되고 있는 것이다. 그야말로 100년 만의 대전환기가 도래한 것이다.

100년 만의 패러다임 전환을 위한 당신의 조직경영 모델은 무엇인가?

19세기 말 인류역사상 최대의 변화인 대량생산 중심의 현대 산업사회로의 패러다임 전환이 발생한 이래 100여 년 만에 또다시 진행되고 있는 무경계 상시 창조적 혁신 중심의 새로운 패러다임으로의 역사적 전환에서 단연 가장 중요한 관심사는 현대 산업사회의 도래와 함께 등장해 핵심 구성단위로 광범위하게 확산된 현대적 조직이 미래에 어떻게 바뀔지에 대한 전망이다.

현대적 조직경영의 미래는?

2장의 역사적 발전에서 자세히 살펴보았듯이 조직들의 사회society of organizations로 불릴 정도로 현대 산업사회의 성격을 결정적으로 규정했던 탈개인화된 관료제형 대량생산 조직이 21세기 무경계 상시 창조적 혁신의 사회에서도 그대로 유지될 것인가? 아니면 새로운 환경이 요구하는 완전히 새로운 형태의 조직으로 근본적으로 전환될 것인가? 아니면 한 걸음 더 나가서 새로운 조직형태new organizational forms의 탐색을 넘어 아예 조직이 아닌 새로운 형태의 조직화new forms of organizing로 완전히 대체되면서 조직들의 사회가 종식될 것인가? 현재 우리가 마주하고 있는 역사적 전환기는 이런 다양한 선택지와 가능성들을 가지고 있으며 이 중 어느 방향으로 패러다임 전환이 진행될지는 현재 가장 중요한 당면 역사적 관심사 중 하나이다.

시대정신과 펀더멘털의 추구

이제까지 이 책에서 필자들은 경영분야에 만연한 유행하는 첨단 기법과 담론에 대한 무분별한 추종을 넘어서 지난 100여 년간 진행되어온 정통 학문적 연구들을 중심으로 최대한 깊이 있게 조직행동에 대한 토론들을 펀더멘털 중심으로 소개하려고 노력했다. 필자들은 학문적 근거가 명확히 있는 한 최근 연구결과들을 포함하여 다양한 대안적 관점들을 아무런 편견 없이 최대한 객관적으로 소개하려고 최선을 다했다. 그 이유는 이 책이 연구자들의 주관적 관심사에서 출발하는 학술연구 논문이 아니라 조직행동론이라는 너무나 중요한 분야의 최근 발전 상황과 미래 전망을 시대정신에 투철하게 학문적 관점에서 객관적으로 소개하는 교과서이기 때문이다.

자신만의 조직경영 모델을 찾아서

그러나 이 책을 읽는 각 독자는 교과서적 포괄성과 객관성을 넘어서서 반드시 자신만의 조직경영 모델이 있어야 한다. 즉 이 책을 읽는 모든 독자는 각자 이 책의 다양한 내용들을 모두 똑같은 정도로 객관화하여 받아들이지 말고 자신의 주관적 판단과 호불호에 따라 조직경영에 대한 자신만의 모델을 구축해야 한다.

이제까지 무의식적이라도 드러내지 않으려고 최선을 다했지만 우리 필자들도 앞에서 다룬 조직경영의 여러 주제들에 대해 나름대로의 선호도를 가지고 있다. 필자들이 아래에서 간략히 설명할 나름대로의 학문적 관점과 실천적 지향성을 가지게 된 이유는 그것이 미래의 역사적 환경이 요구하는 무경계 상시 창조적 혁신에 상대적으로 더 적합할 뿐 아니라, 필자들 개인 수준에서 중시하는 인간에 대한 존중과 선하고 의로우며 진취적인 사회를 만드는 데 도움이 될 것이라고 믿기 때문이다.

필자들의 현재 자리매김

지금부터 간략하게 설명할 필자들의 관점에 독자들은 동의할 필요도 없고 동의해서도 안 된다. 이것은 필자들의 주관적 조직경영 모델이다. 예를 들면 필자들은 다음 주제들에 대한 다양한 대안적 입장들 중 특정한 입장을 더 선호하는 편이다.

필자들은 인간 행동의 동기부여 원천으로서 외부 보상에 의존하는 외재적 동기extrinsic motivation보다 그 행동 자체에 대한 순수한 관심에 초점을 맞추는 내재적 동기intrinsic motivation가 더 바람직하다고 생각한다. 리더십 모델에서는 원하는 행동과 상벌을 거래하여 기존 질서를 잘 유지하고 관리하는 거래적 리더십transactional leadership보다 꿈꾸는 비전을 중심으로 바람직한 미래를 향한 근본적 변화에 구성원의 자발적 참여를 유도하는 변혁적 리더십transformational leadership에 더 마음이 끌린다. 또 타인과 구성원들에게 영향을 미치는 방식에서도 관료적 위계조직의 무기인 권한authority과 명령command, 통제control보다는 임파워먼트empowerment를 통한 자발적 몰입voluntary commitment을 중시한다.

의사결정에서 추구하는 목표의 눈높이 선택에서 필자들은 MBOmanagement by objective에서 말하는 달성가능한attainable 목표보다 잡스Steve Jobs가 "광적일 정도로 높고insanely great" 또 "바보스러울 정도stay foolish"라고 불렀던 극단적으로 높은 열망수준aspiration level을 선호한다. 그리고 의사결정 유형에서 주어진 목표를 추구하는 goal pursuing 의사결정보다 새로운 목표를 찾는goal finding 의사결정인 바보스러움의 기술technology of foolishness에 관심이 크다. 그리고 목표를 추구하는 과정에서도 치밀한 분석과 예측을 통해 철저한 계획을 세운 다음 행동하는 생각선행적thinking first 프로세스보다 불확실하고 급변하는 환경에서 과감한 시도와 행동을 통해 목표와 계획을 찾아 나가는 행동선행적doing first 프로세스에 더 공감한다. 네트워킹 전략에서는 신뢰에 기반하여 일사불란하게 움직이도록 만드는 강한 타이strong tie는 물론, 자유롭게 경계를 넘어서서 다양한 다른 집단들과 상호작용할 수 있는 구조적 기반인 약한 타이weak tie 두 가지 모두 일방적 장점이 아니라 양면성이 있다고 생각한다. 조직설계에서도 한 가지 목적에만 선택과 집중하는 전통적 조직설계보다 상호모순적인 복수의 목적들을 동시에 극대화할 수 있는 양손잡이 조직ambidextrous organization의 구축에 관심이 많다.

또한 필자들은 혁신적이면서 지속가능한 조직이 되기 위해서는 다음과 같은 특성을 갖는 것이 중요하다고 생각한다. 구성원이 조직의 문제에 대해 의견을 제기하는 발언행동voice behavior을 자유롭게 할 수 있고, 모든 것을 당연하게 생각하지 않고 다르게differently, 그리고 비판적으로critically 생각할 수 있어야 하며, 리더를 포함한 구성원들이 함께 협업해 혁신을 창출해내는 집단 창의성collective creativity과 관계 리더십 relational leadership이 중시되며, 개인적으로나 팀으로도 자율적인autonomous 의사결정을 할 수 있어야 하고, 구성원들 간의 다양한 차이differences와 건강한 갈등productive conflict의 가치가 인정되는 조직이다. 이러한 특성을 가진 조직은 한 마디로 민주적인 조직democratic organization이라고 할 수 있다. 그리고 무경계 상시 창조적 혁신을 추구해야 하는 21세기 초중반 시대 환경은 바로 이런 민주적 조직을 요구하고 있는 것이다.

당신의 조직경영 모델은 무엇인가?

이상이 필자들이 현재 관심을 가지고 있는 조직행동 모델의 예이다. 물론 앞으로 역사적 환경변화와 그리고 필자들의 계속적 공부에 따라 선호하는 모델이 바뀔 수도 있을 것이다. 그러나 필자들의 현재 모델은 대략 이런 관점들로 구성되어 있다.

100여 년만의 역사적 대전환기인 현재 전 세계를 선도하는 엔비디아NVIDIA, 아마존Amazon, 테슬라Tesla, 애플Apple, 구글Google 등은 각기 다른 자신만의 명확한 조직경영 모델을 가지고 있다. 이런 모델들이 미래에는 한계를 가진 것으로 판명될 수도 있지만 명확한 자신만의 모델을 바로 지금 가지고 있는 것이 너무나 중요하다. 모델이 맞는지 틀렸는지를 명확하게 판단할 수 있기 때문이다. 철학자 포퍼Karl R. Popper가 과학적 지식으로 인정받기 위해서는 반증의 가능성falsifiability이 가장 중요하다고 강조하였듯이, 특정 입장에 대한 확실한 호불호 없이 중간 정도에서 적당히 타협하는 방식은 틀렸는지 맞는지를 명확하게 판단할 수 없기 때문에 바꿀 수 없으며 따라서 발전할 수도 없다(Popper, 1934).

다시 한 번 묻는다. 당신의 조직경영 모델은 무엇인가? 당신의 조직행동론은 무엇인가? 이 책이 독자가 이 질문에 대한 답을 찾는 데 작은 도움이라도 되었으면 하는 소망을 가져본다.

참고문헌

Adams, J. S. 1965. Inequity in social exchange. *Advances in Experimental Social Psychology*, 2: 2676–299.

Adler, P. S., and Heckscher, C. 2006. Towards collaborative community. In C. Heckscher and P. S. Adler (Eds.), *The Firm as a Collaborative Community*: 11–105. Oxford University Press.

Adner, R., and Levinthal, D. A. 2004. What is not a real option: Considering boundaries for the application of real options to business strategy. *Academy of Management Review*, 29(1): 74–85.

Althauser, R. P. 1989. Internal labor markets. *Annual Review of Sociology*, 15: 143–161.

Amabile, T. M. 1988. A model of creativity and innovation in organizations. *Research in Organizational Behavior*, 10(1): 123–167.

Amabile, T. M., Barsade, S. G., Mueller, J. S., and Staw, B. M. 2005. Affect and creativity at work. *Administrative Science Quarterly*, 50(3): 367–403.

Amabile, T. M., and Pratt, M. G. 2016. The dynamic componential model of creativity and innovation in organizations: Making progress, making meaning. *Research in Organizational Behavior*, 36: 157–183.

Ambrose, M. L., and Arnaud, A. 2013. Are procedural justice and distributive justice conceptually distinct? In J. Greenberg and J. A. Colquitt (Eds.), *Handbook of Organizational Justice*: 59–84. Psychology Press.

Ancona, D. G. 1993. The classics and the contemporary: A new blend of small group theory. In J. K. Murnighan (Ed.), *Social Psychology in Organizations: Advances in Theory and Research*: 225–243. Prentice Hall.

Ancona, D. G., and Caldwell, D. F. 1992. Bridging the boundary: External activity and performance in organizational teams. *Administrative Science Quarterly*, 37(4): 634–665.

Ancona, Kochan, Sculley, Van Maanen, and Westney, 2004. *Managing for the Future: Organizational Behavior and Processes*. Cengage Learning.

Anderson, C., and Brion, S. 2014. Perspectives on power in organizations. *Annual Review of Organizational Psychology and Organizational Behavior*, 1: 6–97.

Andersson, L. M., and Pearson, C. M. 1999. Tit for tat? The spiraling effect of incivility in the workplace. *Academy of Management Review*, 24(3): 452–471.

Aoki, M. 1988. *Information, Incentives, and Bargaining in the Japanese Economy*. Cambridge University Press.

Arvey, R. D., Bouchard, T. J., Segal, N. L., and Abraham, L. M. 1989. Job satisfaction: Environmental and genetic components. *Journal of Applied Psychology*, 74(2): 187–192.

Arvey, R. D., Li, W. D., and Wang, N. 2016. Genetics and organizational behavior. *Annual Review of Organizational Psychology and Organizational Behavior*, 3: 167–190.

Aryal, V. 2023. Paradigm shift in social science research: A general perspective. *Journal of Political Science*: 111–123.

Ashby, W. R. 1991. *Requisite Variety and Its Implications for the Control of Complex Systems.* Springer.

Ashforth, B. E., and Mael, F. 1989. Social identity theory and the organization. *Academy of Management Review*, 14(1): 20–39.

Asch, S. E. 1951. Effects of group pressure upon the modification and distortion of judgments. In H. Guetzkow (Ed.), *Groups, Leadership and Men*: 177–190. Carnegie Press.

Ashkanasy, N. M., and Dorris, A. D. 2017. Emotions in the workplace. *Annual Review of Organizational Psychology and Organizational Behavior*, 4(1): 67–90.

Ashton MC, and Lee K. 2007. Empirical, theoretical, and practical advantages of the HEXACO model of personality structure. *Personality and Social Psychological Review*, 11:150–166.

Austin, J. R. 2003. Transactive memory in organizational groups: The effects of content, consensus, specialization, and accuracy on group performance. *Journal of Applied Psychology*, 88(5): 866–878.

Avolio, B. J., Reichard, R. J., Hannah, S. T., Walumbwa, F. O., and Chan, A. 2009. A meta–analytic review of leadership impact research: Experimental and quasi–experimental studies. *Leadership Quarterly*, 20(5): 764–784.

Avolio, B. J., Walumbwa, F. O., and Weber, T. J. 2009. Leadership: Current theories, research, and future directions. *Annual Review of Psychology*, 60: 421–449.

Axelrod, R. 1984. *The Evolution of Cooperation*. Basic Books.

Bandura, A. 1986. *Social Foundations of Thought and Action*. Prentice Hall.

Bandura A. 1997. *Self–Efficacy: The Exercise of Control*. Freeman.

Bandura, A. 2001. Social cognitive theory: An agentic perspective. *Annual Review of Psychology*, 52: 1–26.

Barnard, C. I. 1938. *The Functions of the Executive*. Harvard University Press.

Barnett, W. P. 2008. *The Red Queen among Organizations: How Competitiveness Evolves*. Princeton University Press.

Barrick, M. R., and Mount, M. K. 1991. The Big Five personality dimensions and job performance: A meta–analysis. *Personnel Psychology*, 44(1): 1–6.

Barsade, S. G. 2002. The ripple effect: Emotional contagion and its influence on group behavior. *Administrative Science Quarterly*, 47(4): 644–675.

Barsade, S. G., and Knight, A. P. 2015. Group affect. *Annual Review of Organizational Psychology and Organizational Behavior*, 2(1): 21－46.

Bartlett, C. A., and Ghoshal, S. 1989. *Managing Across Borders: The Transnational Solution*. Harvard Business Press.

Bass, B. M. 1985. *Leadership and Performance beyond Expectations*. Free Press.

Bass, B. M., and Avolio, B. J. 1993. Transformational leadership and organizational culture. *Public Administration Quarterly*, 17(1): 112－121.

Bass, B. M., and Avolio, B. J. 1994. *Improving Organizational Effectiveness through Transformational Leadership*. Sage.

Bass, B. M., and Riggio, R. E. 2006. *Transformational Leadership*. 2nd Ed. Psychology Press.

Bass, B. M., and Steidlmeier, P. 1999. Ethics, character, and authentic transformational leadership behavior. *Leadership Quarterly*, 10(2): 181－217.

Bass, B. M., and Xiao, Z., and Tsui, A. S. 2007. When brokers may not work: The cultural contingency of social capital in Chinese high－tech firms. *Administrative Science Quarterly*, 52(1): 1－31.

Bazerman, M. H. 1986. *Judgment in Managerial Decision Making*. Wiley.

Becker, G. S. 1981. *A Treatise on the Family*. Harvard University Press.

Beckert, S. 2025. *Capitalism: A Global History*. Penguin Press.

Bell, D. 1956. The end of ideology? *Encounte*r, 6(5): 52－58.

Bendersky, C., and Pai, J. 2018. Status dynamics. *Annual Review of Organizational Psychology and Organizational Behavior*, 5(1): 183－199.

Berger, J., Cohen, B. P., and Zelditch, M. 1972. Status characteristics and social interaction. *American Sociological Review*, 37(3): 241－255.

Berger, J., Rosenholtz, S. J., and Zelditch M. 1980. Status organizing processes. *Annual Review of Sociology*, 6: 479－508.

Berger, P. L., and Luckmann, T. 1966. *The Social Construction of Reality: A Treatise in the Sociology of Knowledge*. Penguin Books.

Bergeron, D. M. 2007. The potential paradox of organizational citizenship behavior: Good citizens at what cost?. *Academy of Management Review*, 32(4): 1078－1095.

Biddle, B. J. 1986. Recent developments in role theory. *Annual Review of Sociology*, 12: 67–92.

Blake, R. R., and Mouton, J. S. 1964. *The Managerial Grid*. Gulf.

Blau, P. M. 1964. *Exchange and Power in Social Life*. Wiley.

Bligh, M. C., Kohles, J. C., and Pillai, R. 2011. Romancing leadership: Past, present, and future. *The Leadership Quarterly*, 22: 1058－1077.

Bolino, M. C. 1999. Citizenship and impression management: Good soldiers or good actors? *Academy of Management Review*, 24(1): 82－98.

Bolino, M. C., and Grant, A. M. 2016. The bright side of being prosocial at work, and the dark side, too: A review and agenda for research on other-oriented motives, behavior, and impact in organizations. *Academy of Management Annals*, 10(1): 599-670.

Bonachich, P. 1987. Power and centrality: A family of measures. *American Journal of Sociology*, 92: 1170-1182.

Borgatti, S. P., Jones, C., and Everett, M. G. 1998. Network measures of social capital. *Connections*, 21(2): 27-36.

Borman, W. C., and Motowidlo, S. J. 1993. Expanding the criterion domain to include elements of contextual performance. *Personnel Selection in Organizations*: 71-98.

Boulding, K. E. 1956. General systems theory: the skeleton of science. *Management Science*, 2(3): 197-208.

Bourdieu, P. 1984. *Distinction: A Social Critique of the Judgement of Taste*. Harvard University Press.

Bourdieu, P. 1986. The forms of capital. In J. Richardson (Ed.), *Handbook of Theory and Research for the Sociology of Education*: 241-258. Greenwood.

Bourdieu, P. 1990. *The Logic of Practice*. Stanford University Press.

Bowen, D. E., and Lawler, E. E., III. 1992. The empowerment of service workers: What, why, how, and when. *Sloan Management Review*, 33(3): 31-39.

Bowers, D. G., and Seashore, S. E. 1966. Predicting organizational effectiveness with a four-factor theory of leadership. *Administrative Science Quarterly*, 11(2): 238-263.

Boyd, R., and Richerson, P. J. 1985. *Culture and the Evolutionary Process*. University of Chicago Press.

Brass, D.J. 2012. A social network perspective on organizational psychology. *The Oxford Handbook of Organizational Psychology*, Vol.1: 667-695.

Brass, D. J. 2000. Networks and frog ponds: Trends in multilevel research. In K. J. Klein and Kozlowski (Eds.), *Multilevel Theory, Research and Methods in Organizations: Foundations, Extensions, and New Directions*: 557-571. Jossey Bass.

Brass, D.J., Labianca, G., Mehra, A., Halgin, D.S., and Borgatti, S.P. (Eds.) 2014. *Contemporary Perspectives on Organizational Social Networks* (*Research in the Sociology of Organizations*, Volume 40). Emerald.

Braverman, H. 1974. *Labor and Monopoly Capital: The Degradation of Work in the Twentieth Century*. Monthly Review Press.

Breen, W. J. 2002. Social science and state policy in World War II: Human relations, pedagogy, and industrial training, 1940-1945. *Business History Review*, 76(2): 233-266.

Breiger, R. L. 1974. The duality of persons and groups. *Social Forces*, 53(2): 181-190.

Brinsfield, C. T. 2013. Employee silence motives: Investigation of dimensionality and development of measures. *Journal of Organizational Behavior*, 34(5): 671–697.

Brown, M. E., Treviño, L. K., and Harrison, D. A. 2005. Ethical leadership: A social learning perspective for construct development and testing. *Organizational Behavior and Human Decision Processes*, 97(2): 117–134.

Burns, J. M. 1978. *Leadership*. Harper and Row.

Burns, T., and Stalker, G. M. 1961. *The Management of Innovation*. Oxford University Press.

Burrell, G. 2022. *Organization Theory: A Research Overview*. Routledge.

Burris, E. R. 2012. The risks and rewards of speaking up: Managerial responses to employee voice. *Academy of Management Journal*, 55(4): 851–875.

Burt, R. S. 1987. Social contagion and innovation: Cohesion versus structural equivalence. *American Journal of Sociology*, 92(6): 1287–1335.

Burt, R.S. 1992. *Structural Holes: The Social Structure of Competition*. Harvard University Press.

Burt, R. S. 1997. The contingent value of social capital. *Administrative Science Quarterly*, 42(2): 339–365.

Burt, R. S. 2004. Structural holes and good ideas. *American Journal of Sociology*, 110(2): 349–399.

Byrne, D. 1971. *The Attraction Paradigm*. Academic Press.

Campbell, J. L., and Pedersen, O. K. 2001. *The Rise of Neoliberalism and Institutional Analysis*. Princeton University Press.

Campbell, J. P., and Wiernik, B. M. 2015. The modeling and assessment of work performance. *Annual Review of Organizational Psychology and Organizational Behavior*, 2: 47–74.

Canals, J., and Heukamp, F. 2020. *The Future of Management in an AI World: Redefining Purpose and Strategy in the Fourth Industrial Revolution* (*IESE Business Collection*). Palgrave Macmillan.

Cannon–Bowers, J. A., and Salas, E. 1990. Shared mental models in expert team decision making. In N. J. Castellan, Jr. (Ed.), *Individual and Group Decision Making*: 221–246. Lawrence Erlbaum.

Cappelli, P. 2008. *Talent on Demand: Managing Talent in an Age of Uncertainty*. Harvard Business School Press.

Cappelli, P., and Tavis, A. 2019. HR goes agile. *On Reinventing HR*. Harvard Business School Press: 31–46.

Carroll, L. 1871. *Through the Looking–Glass and What Alice Found There*. Macmillan.

Carson, J. B., Tesluk, P. E., and Marrone, J. A. 2007. Shared leadership in teams: An investigation of antecedent conditions and performance. *Academy of Management Journal*, 50(5): 1217–1234.

Carter, D. R., DeChurch, L. A., Braun, M. T., and Contractor, N. S. 2015. Social network approaches to leadership: An integrative conceptual review. *Journal of Applied Psychology*, 100(3): 597–622.

Chandler, A. D. 1962. *Strategy and Structure: Chapters in the History of the Industrial Enterprise*.

MIT Press.

Chandler, A. D. 1977. *The Visible Hand: The Managerial Revolution in American Business.* Harvard University Press.

Chang, C.－H., Ferris, D. L., Johnson, R. E., Rosen, C. C., and Tan, J. A. 2012. Core self－evaluations: A review and evaluation of the literature. *Journal of Management,* 38(1): 81－128.

Chatman, J. A. 1991. Matching people and organizations: Selection and socialization in public accounting firms. *Administrative Science Quarterly,* 36(3): 459－484.

Clark-Stallkamp, R. and Stefaniak, J. 2023. Inside the garbage can: theory of organizational anarchy and considerations for instructional designers. *TechTrends,* 67: 752－760.

Cohen, M. D., March, J. G., and Olsen, J. P. 1972. A garbage can model of organizational choice. *Administrative Science Quarterly,* 17(1): 1－25.

Coleman, J. S. 1988. Social capital in the creation of human capital. *American Journal of Sociology,* 94(Supplement): S95－S120.

Coleman, J. S. 1990. *Foundations of Social Theory.* Harvard University Press.

Collins, J and Lazier, B. 2020. *BE 2.0 (Beyond Entrepreneurship 2.0): Turning Your Business into an Enduring Great Company.* Penguin.

Colquitt, J. A., and Zipay, K. P. 2015. Justice, fairness, and employee reactions. *Annual Review of Organizational Psychology and Organizational Behavior,* 2: 75－99.

Conger, J.A., and Kanungo, R.N. 1987. Towards a behavioral theory of charismatic leadership in organizational settings. *Academy of Management Review,* 12(4), 637－647.

Cook, K. S., Cheshire, C., Rice, E. R. W., and Nakagawa, S. 2013. Social exchange theory. In J. DeLamater and A. Ward (Eds.), *Handbook of Social Psychology*: 61-88. Springer.

Côté, S. 2014. Emotional intelligence in organizations. *Annual Review of Organizational Psychology and Organizational Behavior,* 1(1): 459－488.

Coyle－Shapiro, J. A. M., Costa, S. P., Doden, W., and Chang, C. 2019. Psychological contracts: Past, present, and future. *Annual Review of Organizational Psychology and Organizational Behavior,* 6(1): 145－169.

Cropanzano, R., Anthony, E. L., Daniels, S. R., and Hall, A. V. 2017. Social exchange theory: A critical review with theoretical remedies. *Academy of Management Annals,* 11(1): 479－516.

Cropanzano, R., and Mitchell, M. S. 2005. Social exchange theory: An interdisciplinary review. *Journal of Management,* 31(6): 874－900.

Cyert, R. M., and March, J. G. 1963. *A Behavioral Theory of the Firm.* Prentice－Hall.

Daft, R. L. and Armstrong, A. 2022. *Organization Theory and Design.* Cengage.

Davis, G. F. 1991. Agents without principles? The spread of the poison pill through the intercorporate network. *Administrative Science Quarterly,* 36(4): 583－613.

Davis-Blake, A., and Pfeffer, J. 1989. Just a mirage: The search for dispositional effects in organizational research. *Academy of Management Review*, 14(3): 385-400.

Day, D. V. 2012. Leadership. In S. W. J. Kozlowski (Ed.), *The Oxford Handbook of Organizational Psychology*, Vol. 1: 696-729. Oxford University Press.

Deci, E. L., Koestner, R., and Ryan, R. M. 1999. A meta-analytic review of experiments examining the effects of extrinsic rewards on intrinsic motivation. *Psychological Bulletin*, 125(6): 627-668.

Deci, E. L., Olafsen, A. H., and Ryan, R. M. 2017. Self-determination theory in work organizations: The state of a science. *Annual Review of Organizational Psychology and Organizational Behavior*, 4: 19-43.

Deci, E. L., and Ryan, R. M. 1985. *Intrinsic Motivation and Self-Determination in Human Behavior*. Plenum Press.

Denrell, J., and March, J. G. 2001. Adaptation as information restriction: The hot stove effect. *Organization Science*, 12(5): 523-538.

Detert, J. R., Burris, E. R., Harrison, D. A., and Martin, S. R. 2013. Voice flows to and around leaders: Understanding when units are helped or hurt by employee voice. *Administrative Science Quarterly*, 58(4): 624-668.

Dhanani, L. Y., and Bogart, L. M. 2025. Mapping the mistreatment landscape: An integrative review and reconciliation of workplace mistreatment constructs. *Journal of Organizational Behavior*, March 12: 1-24.

Dhanani, L. Y., LaPalme, M. L., and Joseph, D. L. 2021. How prevalent is workplace mistreatment? A meta-analytic investigation. *Journal of Organizational Behavior*, 42(8): 1082-1098.

Digman, J. M. 1990. Personality structure: Emergence of the five-factor model. *Annual Review of Psychology*, 41(1): 417-440.

DiMaggio, P. J., and Powell, W. W. 1983. The iron cage revisited: Institutional isomorphism and collective rationality in organizational fields. *American Sociological Review*, 48(2): 147-160.

Doeringer, P. B., and Piore, M. J. 1985. *Internal Labor Markets and Manpower Analysis*. Routledge.

Drucker, P. F. 1954. *The Practice of Management*. Harper & Brothers.

Druskat, V. U., and Wheeler, J. V. 2004. How to lead a self-managing team. *MIT Sloan Management Review*, 45(4): 65-71.

Duffy, M. K., Ganster, D. C., and Pagon, M. 2002. Social undermining in the workplace. *Academy of Management Journal*, 45(2): 331-351.

Duffy, M. K., Scott, K. L., Shaw, J. D., Tepper, B. J., and Aquino, K. 2012. A social context model of envy and social undermining. *Academy of Management Journal*, 55(3): 643-666.

Durkheim, E. 1951. *Suicide: A Study in Sociology*. Free Press. (Original work published 1897)

Edmondson, A. 1999. Psychological safety and learning behavior in work teams. *Administrative*

Science Quarterly, 44(2): 350–383.

Edmondson, A., Dillon, J. R., and Roloff, K. S. 2009. Three perspectives on team learning: outcome improvement, task Mastery, and group process. *Academy of Management Annals*, 1: 269–314.

Edmondson, A., and Lei, Z. 2014. Psychological safety: The history, renaissance, and future of an interpersonal construct. *Annual Review of Organizational Psychology and Organizational Behavior*, 1: 23–43.

Edwards, J. R. 2008. 4 person-environment fit in organizations: An assessment of theoretical progress. *Academy of Management Annals*, 2(1): 167–230.

Einarsen, S. 2000. Harassment and bullying at work: A review of the Scandinavian approach. *Aggression and Violent Behavior*, 5(4): 379–401.

Eisenberger, R. 1992. Learned industriousness. *Psychological Review*, 99(2): 248-267.

Eisenberger, R., and Cameron, J. 1996. Detrimental effects of reward: Reality or myth? *American Psychologist*, 51(11): 1153–1166.

Ely, R. J., and Thomas, D. A. 2001. Cultural diversity at work: The effects of diversity perspectives on work group processes and outcomes. *Administrative Science Quarterly*, 46(2): 229-273.

Emerson, R. M. 1962. Power–dependence relations. *American Sociological Review*, 27(1): 31–41.

Emerson, R. M. 1976. Social exchange theory. *Annual Review of Sociology*, 2: 335-362.

Emirbayer, M. 1997. Manifesto for a relational sociology. *American Journal of Sociology*, 103(2): 281–317.

Emirbayer, M., and Mische, A. 1998. What is agency? *American Journal of Sociology*, 103(4): 962–1023.

Epstein, S. 1979. The stability of behavior: I. On predicting most of the people much of the time. *Journal of Personality and Social Psychology*, 37(7): 1097–1126.

Ertug, G., Brennecke, J., and Tasselli, S. 2023. Theorizing about the implications of multiplexity: An integrative typology. *Academy of Management Annals*, 17(2): 626–654.

Feld, S. L. 1981. The focused organization of social ties. *American Journal of Sociology*, 86(5): 1015–1035.

Feldman, M. S., Pentland, B. T., D'Adderio, L., and Lazaric, N. 2016. Beyond routines as things: Introduction to the special issue on routine dynamics. *Organization Science*, 27(3): 505–513.

Ferreira, N. C. and Ferreira, J. J. M. 2025. The field of resource–based view research: mapping past, present and future trends. *Management Decision*, 63 (4): 1124–1153.

Ferris, D. L., Brown, D. J., Berry, J. W., and Lian, H. 2008. The development and validation of the Workplace Ostracism Scale. *Journal of Applied Psychology*, 93(6): 1348–1366.

Festinger, L., Schachter, S., and Back, K. 1950. *Social Pressures in Informal Groups: A Study of Human Factors in Housing*. Stanford University Press.

Fiedler, F. E. 1967. *A Theory of Leadership Effectiveness*. McGraw－Hill.

Fiol, C. M. 2002. Intraorganizational cognition and interpretation. In J.A.C.Baum (Ed.), *The Blackwell Companion to Organizations*: 119－137. Blackwell.

Fischer, T., and Sitkin, S.B. 2023. Leadership styles: A comprehensive assessment and way forward. *Academy of Management Annals*, 17(1): 331－372.

Fiske, S. T., Cuddy, A. J. C., and Glick, P. 2007. Universal dimensions of social cognition: Warmth and competence. *Trends in Cognitive Sciences*, 11(2): 77－83.

Fiske, S. T., Cuddy, A. J. C., Glick, P., and Xu, J. 2002. A model of stereotype content: Competence and Warmth Respectively Follow from Status and Competition. *Journal of Personality and Social Psychology*, 82(6): 878－902.

Flynn, F. J. 2003. How much should I give and how often? The effects of generosity and frequency of favor exchange on social status and productivity. *Academy of Management Journal*, 46(5): 539－553.

Fox, S., and Spector, P. E. 1999. A model of work frustration–aggression. *Journal of Organizational Behavior*, 20(6): 915－931.

French, J. R. P., and Raven, B. 1959. The bases of social power. In D. Cartwright (Ed.), *Studies in Social Power*: 150－167. University of Michigan.

Frodeman, R., Klein, J. T., and Pacheco, R. C. S. 2017. *The Oxford Handbook of Interdisciplinarity*. Oxford University Press.

Furnham, A., Richards, S. C., and Paulhus, D. L. 2013. The Dark Triad of personality: A 10－year review. *Social and Personality Psychology Compass*, 7(3): 199－216.

Galbraith, J. R. 2014. *Designing Organizations: Strategy, Structure, and Process at the Business Unit and Enterprise Levels*. Wiley.

Gagné, M., and Deci, E. L. 2005. Self－determination theory and work motivation. *Journal of Organizational Behavior*, 26(4): 331－362.

Gangestad, S. W., and Snyder, M. 2000. Self－monitoring: Appraisal and reappraisal. *Psychological Bulletin*, 126(4): 530－555.

Gardner, W. L., Cogliser, C. C., Davis, K. M., and Dickens, M. P. 2011. Authentic leadership: A review of the literature and research agenda. *Leadership Quarterly*, 22(6): 1120－1145.

Gerhart, B., and Fang, M. 2015. Pay, intrinsic motivation, extrinsic motivation, performance, and creativity in the workplace: Revisiting long－held beliefs. *Annual Review of Organizational Psychology and Organizational Behavior*, 2(1): 489－521.

Gerstel, H., Kreilkamp, N., Schmidt, M., and Wöhrmann, A. 2025. Mitigating escalation of commitment through error management climate and the devil's advocate approach. *Journal of Business Economics*, 95: 975－1004.

Gladwell, M. 2000. *The Tipping Point: How Little Things Can Make a Big Difference*. Little, Brown

and Company. 말콤 글래드웰. 2004. *티핑 포인트: 작은 차이가 만드는 큰 변화*. 김태훈 옮김. 김영사.
Gleick, J. 1987. *Chaos: Making a New Science*. Viking.
Goleman, D. P. 1995. Emotional intelligence: Why it can matter more than IQ. Bantam Books.
Gonzalez, J. A., and DeNisi, A. S. 2009. Cross-level effects of demography and diversity climate on organizational attachment and firm effectiveness. *Journal of Organizational Behavior*, 30(1): 21－40.
Gomes－Casseres, B. 1998. *The Alliance Revolution: The New Shape of Business Rivalry*. Harvard University Press.
Gouldner, A. W. 1955. Metaphysical pathos and the theory of bureaucracy. *American Political Science Review*, 49(2): 496－507.
Graen, G. B., and Uhl－Bien, M. 1995. Relationship－based approach to leadership: Development of leader－member exchange (LMX) theory of leadership over 25 years: Applying a multi－level multi－domain perspective. *Leadership Quarterly*, 6(2): 219－247.
Grandey, A. A. 2000. Emotion regulation in the workplace: A new way to conceptualize emotional labor. *Journal of Occupational Health Psychology*, 5(1): 95－110.
Grandey, A. A., and Gabriel, A. S. 2015. Emotional labor at a crossroads: Where do we go from here? *Annual Review of Organizational Psychology and Organizational Behavior*, 2(1): 323－349.
Granovetter, M. S. 1973. The strength of weak ties. *American Journal of Sociology*, 78(6): 1360－1380.
Granovetter, M. S. 1985. Economic action and social structure: The problem of embeddedness. *American Journal of Sociology*, 91: 481－510.
Grant, A. M. 2007. Relational job design and the motivation to make a prosocial difference. *Academy of Management Review*, 32(2): 393－417.
Grant, A. M., and Ashford, S. J. 2008. The dynamics of proactivity at work. *Research in Organizational Behavior*, 28: 3－34.
Grant, A. M., Campbell, E. M., Chen, G., Cottone, K., Lapedis, D., and Lee, K. 2007. Impact and the art of motivation maintenance: The effects of contact with beneficiaries on persistence behavior. *Organizational Behavior and Human Decision Processes*, 103(1): 53－67.
Grant, A. M., and Mayer, D. M. 2009. Good soldiers and good actors: prosocial and impression management motives as interactive predictors of affiliative citizenship behaviors. *Journal of Applied Psychology*, 94(4): 900－912.
Grant, A. M., and Parker, S.K. 2009. Redesigning work design theories: The rise of relational and proactive perspectives. *Academy of Management Annals*, 3: 317－375.
Greenberg, J. 1987. A taxonomy of organizational justice theories. *Academy of Management Review*, 12(1): 9－22.

Greenleaf, R. K. 1977. *Servant Leadership: A Journey into the Nature of Legitimate Power and Greatness*. Paulist Press.

Greve, H. R. 2003. *Organizational Learning from Performance Feedback: A Behavioral Perspective on Innovation and Change*. Cambridge University Press.

Guillaume, Y. R., Brodbeck, F. C., and Riketta, M. 2012. Surface-and deep-level dissimilarity effects on social integration and individual effectiveness related outcomes in work groups: A meta-analytic integration. *Journal of Occupational and Organizational Psychology*, 85(1), 80−115.

Gulati, R., and Gargiulo, M. 1999. Where do interorganizational networks come from? *American Journal of Sociology*, 104(5): 1439−1493.

Gupta, A., Briscoe, F., and Hambrick, D. C. 2017. Red, blue, and purple firms: Organizational political ideology and corporate social responsibility. *Strategic Management Journal*, 38(5): 1018−1040.

Hackman, J. R. 1987. The design of work teams. In J. W. Lorsch (Ed.), *Handbook of Organizational Behavior*, Prentice Hall: 315−342.

Hackman, J. R., and Oldham, G. R. 1975. Development of the job diagnostic survey. *Journal of Applied Psychology*, 60(2): 159−170.

Hackman, J. R., and Oldham, G. R. 1976. Motivation through the design of work: Test of a theory. *Organizational Behavior and Human Performance*, 16(2): 250−279.

Hackman, J. R., and Oldham, G. R. 1980. *Work Redesign*. Addison−Wesley.

Haney, C., Banks, C., and Zimbardo, P. 1973. Interpersonal dynamics in a simulated prison. *International Journal of Criminology & Penology*, 1(1): 69−97.

Hannan, M. T., and Freeman, J. 1977. The population ecology of organizations. *American Journal of Sociology*, 82(5): 929−964.

Hannan, M. T., and Freeman, J. 1984. Structural inertia and organizational change. *American Sociological Review*, 49(2): 149−164.

Hardin, G. 1968. The tragedy of the commons. *Science*, 162(3859): 1243−1248.

Harrison, D. A., and Klein, K. J. 2007. What's the difference? Diversity constructs as separation, variety, or disparity in organizations. *Academy of Management Review*, 32(4): 1199−1228.

Harrison, D. A., Price, K. H., Gavin, J. H., and Florey, A. T. 2002. Time, teams, and task performance: Changing effects of surface−and deep−level diversity on group functioning. *Academy of Management Journal*, 45(5): 1029−1045.

Hass, J. K. 2020. *Economic Sociology: An Introduction*. Routledge.

Heider, F. 1958. *The Psychology of Interpersonal Relations*. Wiley.

Hershcovis, M. S. 2011. "Incivility, social undermining, bullying… oh my!": A call to reconcile constructs within workplace aggression research. *Journal of Organizational Behavior*, 32(3): 499−519.

Herzberg, F. 1964. The motivation–hygiene concept and problems of manpower. *Personnel Administration*, 27(1): 3–7.

Herzberg, F. 1993. The Motivation to Work, New Ed. Routledge.

Hirschman, A. O. 1970. *Exit, Voice, and Loyalty: Responses to Decline in Firms, Organizations, and States*. Harvard University Press.

Hersey, P., and Blanchard, K. H. 1969. *Management of Organizational Behavior: Utilizing Human Resources*. Prentice–Hall.

Higgins, M. C., and Kram, K. E. 2001. Reconceptualizing mentoring at work: A developmental network perspective. *Academy of Management Review*, 26(2): 264–288.

Hochschild, A. R. 1983. *The Managed Heart: Commercialization of Human Feeling*. University of California Press. 앨리 러셀 혹실드. 2009. *감정노동 – 노동은 우리의 감정을 어떻게 상품으로 만드는가*. 이가람 옮김. 이매진.

Hodgkinson, G. P., and Healey, M. P. 2008. Cognition in organizations. *Annual Review of Psychology*, 59: 387–417.

Hofstede, G. 2001. *Culture's Consequences: Comparing Values, Behaviors, Institutions, and Organizations Across Nations*, 2nd Ed. Sage.

Homans, G. C. 1958. Social behavior as exchange. *American Journal of Sociology*, 63(6): 597–606.

Hough, L. M., Oswald, F. L., and Ock, J. 2015. Beyond the Big Five: New directions for personality research and practice in organizations. *Annual Review of Organizational Psychology and Organizational Behavior*, 2(1): 183–209.

House, R. J. 1977. A 1976 theory of charismatic leadership. In J. G. Hunt and L. L. Larson (Eds.), *Leadership: The Cutting Edge*: 189–207. Southern Illinois University Press.

House, R. J., Shane, S. A., and Herold, D. M. 1996. Rumors of the death of dispositional research are vastly exaggerated. *Academy of Management Review*, 21(1): 203–224.

Howell, J. M., and Shamir, B. 2005. The role of followers in the charismatic leadership process: Relationships and their consequences. *Academy of Management Review*, 30(1): 96–112.

Humphrey, S. E., Nahrgang, J. D., and Morgeson, F. P. 2007. Integrating motivational, social, and contextual work design features: A meta–analytic summary and theoretical extension of the work design literature. *Journal of Applied Psychology*, 92(5): 1332–1356.

Iansiti, M., and Lakhani, K. R. 2020. *Competing in the Age of AI: Strategy and Leadership When Algorithms and Networks Run the World*. Harvard Business School Press.

Ilgen, D. R., Hollenbeck, J. R., Johnson, M., and Jundt, D. 2005. Teams in organizations: From input–process–output models to IMOI models. *Annual Review of Psychology*, 56: 517–543.

Jackson, S. E., and Joshi, A. 2011. Work team diversity. In S. Zedeck (Ed.), *APA Handbook of Industrial and Organizational Psychology*, Vol. 1: 651–686. American Psychological Association.

Janis, I. L. 1972. *Victims of Groupthink: A Psychological Study of Foreign–Policy Decisions and*

Fiascoes. Houghton Mifflin.

Jehn, K. A. 1995. A multimethod examination of the benefits and detriments of intragroup conflict. *Administrative Science Quarterly*, 40(2): 256－282.

Jiang, K., Lepak, D.P., Hu, J., and Baer, J. C. 2012. How does human resource management influence organizational outcomes? A meta－analytic investigation of mediating mechanisms. *Academy of Management Journal*, 55(6): 1264－1294.

Johns, G. 2018. Advances in the treatment of context in organizational research. *Annual Review of Organizational Psychology and Organizational Behavior*, 5(1), 21－46.

Jones, G., and Friedman. 2012. *The Rise of the Modern Firm*. Edward Elgar Publishing.

Jones, G., and Zeitlin, J. 2008. Introduction. In G. Jones and J. Zeitlin (Eds.), *The Oxford Handbook of Business History*: 1－11. Oxford University Press.

Joshi, A., and Neely, B.H. 2018. A structural－emergence model of diversity in teams. *Annual Review of Organizational Psychology and Organizational Behavior*, 5: 361－385.

Jost, J. T., Federico, C. M., and Napier, J. L. 2009. Political ideology: Its structure, functions, and elective affinities. *Annual Review of Psychology*, 60(1): 307－337.

Judge, T.A., Locke, E.A., and Durham, C.C. 1997. The dispositional causes of job satisfaction: A core evaluations approach. *Research in Organizational Behavior*, 19: 151－188.

Judge, T. A., Piccolo, R. F., and Ilies, R. 2004. The forgotten ones? The validity of consideration and initiating structure in leadership research. *Journal of Applied Psychology*, 89: 36－51.

Judge, T. A., Weiss, H. M., Kammeyer－Mueller, J. D., and Hulin, C. L. 2017. Job attitudes, job satisfaction, and job affect: A century of continuity and of change. *Journal of Applied Psychology*, 102(3): 356－374.

Kahn, W. A. 1990. Psychological conditions of personal engagement and disengagement at work. *Academy of Management Journal*, 33(4): 692－724.

Kahneman, D. 2011. *Thinking, Fast and Slow*. Farrar, Straus and Giroux. 대니얼 카너먼. 2018. *생각에 관한 생각 － 우리의 행동을 지배하는 생각의 반란*. 이창신 옮김. 김영사.

Kahneman, D., Sibony, O., and Sunstein, C. R. 2021. *Noise: A Flaw in Human Judgment*. Little Brown and Company.

Kahneman, D., and Tversky, A. 1979. Prospect theory: An analysis of decision under risk. *Econometrica*, 47(2): 263－291.

Kanfer, R., Frese, M., and Johnson, R. E. 2017. Motivation related to work: A century of progress. *Journal of Applied Psychology*, 102(3): 338－355.

Kark, R., Shamir, B., and Chen, G. 2003. The two faces of transformational leadership: empowerment and dependency. *Journal of Applied Psychology*, 88(2): 246－255.

Katz, D., and Kahn, R. L. 1966. *The Social Psychology of Organizations*. Wiley.

Kelley, H. H. 1973. The processes of causal attribution. *American Psychologist*, 28(2): 107－128.

Kelly, J. R., and Barsade, S. G. 2001. Mood and emotions in small groups and work teams. *Organizational Behavior and Human Decision Processes*, 86(1): 99－130.

Kerr, N. L., and Tindale, R. S. 2004. Group performance and decision making. *Annual Review of Psychology*, 55(1): 623－655.

Kerr, S., and Jermier, J. M. 1978. Substitutes for leadership: Their meaning and measurement. *Organizational Behavior and Human Performance*, 22(3): 375－403.

Khurana, R. 2007. *From Higher Aims to Hired Hands: The Social Transformation of Business Schools and the Unfulfilled Promise of Management as a Profession*. Princeton University Press.

Kilduff, M., and Brass, D. J. 2010. Organizational social network research: Core ideas and key debates. *Academy of Management Annals*, 4(1): 317－357.

King, B. G. 2015. Organizational actors, character, and Selznick's theory of organizations. *Research in the Sociology of Organizations*, 44: 149－175.

Kirkman, B. L., Lowe, K. B., and Gibson, C. B. 2006. A quarter century of culture's consequences: A review of empirical research incorporating Hofstede's cultural values framework. *Journal of International Business Studies*, 37(3): 285－320.

Klein, K. J., and House, R. J. 1995. On fire: Charismatic leadership and levels of analysis. *Leadership Quarterly*, 6(2): 183－198.

Klimoski, R., and Mohammed, S. 1994. Team mental model: Construct or metaphor? *Journal of Management*, 20(2): 403－437.

Knoll, M., and Van Dick, R. 2013. Do I hear the whistle…? A first attempt to measure four forms of employee silence and their correlates. *Journal of Business Ethics*, 113(2): 349－362.

Kozlowski, S. W. J., and Ilgen, D. R. 2006. Enhancing the effectiveness of work groups and teams. *Psychological Science in the Public Interest*, 7(3): 77－124.

Kozlowski, S. W. J., Mak, S., and Chao, G. T. 2016. Team－centric leadership: An integrative review. *Annual Review of Organizational Psychology and Organizational Behavior*, 3: 21－54.

Krackhardt, D. 1992. The strength of strong ties: The importance of philos in organizations. In N. Nohria and R. Eccles (Eds.), *Networks and Organizations: Structure, Form, and Action*: 216－239. Harvard Business School Press.

Krackhardt, D. 1999. The ties that torture: Simmelian tie analysis in organizations. *Research in the Sociology of Organizations*, 16(1): 183－210.

Kramer, R. M. 1999. Trust and distrust in organizations: Emerging perspectives, enduring questions. *Annual Review of Psychology*, 50(1): 569－598.

Kuhn, T. S. 1962. *The Structure of Scientific Revolutions*. University of Chicago Press.

Kwon, S., and Adler, P. S. 2014. Social capital: Maturation of a field of research. *Academy of Management Review*, 39: 412－422.

Labianca, G., and Brass, D. J. 2006. Exploring the social ledger: Negative relationships and negative asymmetry in social networks in organizations. *Academy of Management Review*, 31(3): 596–614.

Latham, G. P., Erez, M., and Locke, E. A. 1988. Resolving scientific disputes by the joint design of crucial experiments by the antagonists: Application to the Erez–Latham dispute regarding participation in goal setting. *Journal of Applied Psychology*, 73(4): 753–772.

Lau, D. C., and Murnighan, J. K. 1998. Demographic diversity and faultlines: The compositional dynamics of organizational groups. *Academy of Management Review*, 23(2): 325–340.

Lawrence, P. R., and Lorsch, J. W. 1967. *Organization and Environment: Managing Differentiation and Integration*. Harvard Business School Press.

Leana, C. R., and Van Buren, H. J. 1999. Organizational social capital and employment practices. *Academy of Management Review*, 24(3): 538–555.

LeBreton, J. M., Shiverdecker, L. K., and Grimaldi, E. M. 2018. The Dark Triad and workplace behavior. *Annual Review of Organizational Psychology and Organizational Behavior*, 5(1): 387–414.

Lenin, V. I. 1954. *What Is to Be Done?* Progress Publishers.

Leonard–Barton, D. 1992. Core capabilities and core rigidities: A paradox in managing new product development. *Strategic Management Journal*, 13(S1): 111–125.

Leonard–Barton, D. 1995. *Wellsprings of Knowledge: Building and Sustaining the Sources of Innovation*. Harvard Business School Press.

Levinthal, D. A., and March, J. G. 1993. The myopia of learning. *Strategic Management Journal*, 14(S2): 9–112.

Levinthal, D. A., and Posen, H. E. 2007. Myopia of selection: Does organizational adaptation limit the efficacy of population selection? *Administrative Science Quarterly*, 52(4): 586–620.

Levitt, B., and March, J. G. 1988. Organizational learning. *Annual Review of Sociology*, 14(1): 319–340.

Li, J., and Hambrick, D. C. 2005. Factional groups: A new vantage on demographic faultlines, conflict, and disintegration in work teams. *Academy of Management Journal*, 48(5): 794–813.

Li, N., Barrick, M. R., Zimmerman, R. D., and Chiaburu, D. 2014. Retaining the productive employee: The role of personality. *Academy of Management Annals*, 8: 347–395.

Liang, J., Farh, C. I. C., and Farh, J. L. 2012. Psychological antecedents of promotive and prohibitive voice: A two–wave examination. *Academy of Management Journal*, 55(1): 71–92.

Liden, R. C., Wayne, S. J., Jaworski, R. A., and Bennett, N. 2004. Social loafing: A field investigation. *Journal of Management*, 30(2): 285–304.

Liden, R. C., Wayne, S. J., Zhao, H., and Henderson, D. 2008. Servant leadership: Development of a multidimensional measure and multi–level assessment. *Leadership Quarterly*, 19(2): 161–177.

Lieberson, S., and O'Connor, J. F. 1972. Leadership and organizational performance: A study of large corporations. *American Sociological Review*, 37(2): 117−130.

Lievens, F., Ones, D. S., and Dilchert, S. 2009. Personality scale validities increase throughout medical school. *Journal of Applied Psychology*, 94(6): 1514−1535.

Lind, E. A., and Tyler, T. R. 1988. *The Social Psychology of Procedural Justice*. Plenum Press.

Lindblom, C. E. 1959. The science of "muddling through." *Public Administration Review*, 19(2): 79−88.

Littler, C. R. 1978. Understanding Taylorism. *The British Journal of Sociology*, 29(2): 185−202.

Llorente−Alonso, M., García−Ael, C., and Topa, G. 2024. A meta−analysis of psychological empowerment: Antecedents, organizational outcomes, and moderating variables. *Current Psychology*, 43(2): 1759−1784.

Locke, E. A., and Latham, G. P. 1990. *A Theory of Goal Setting and Task Performance*. Prentice Hall.

Locke, E. A., and Latham, G. P. 2002. Building a practically useful theory of goal setting and task performance. *American Psychologist*, 57: 705−717.

Locke, E. A., and Latham, G. P. 2019. The development of goal setting theory: A half century retrospective. *Motivation Science*, 5(2): 93−105.

Lord, R. G., Day, D. V., Zaccaro, S. J., and Avolio, B. J. 2017. Leadership in applied psychology: Three waves of theory and research. *Journal of Applied Psychology*, 102(3): 434−451.

Lorrain, F., and White, H. C. 1971. Structural equivalence of individuals in social networks. *Journal of Mathematical Sociology*, 1(1): 49−80.

Lumineau, F., and Oliveira, N. 2018. A pluralistic perspective to overcome major blind spots in research on interorganizational relationships. *Academy of Management Annals*, 12(1): 440−465.

Magee, J. C., and Galinsky, A. D. 2008. Social hierarchy: The self-reinforcing nature of power and status. *Academy of Management Annals*, 2(1): 351−398.

Maines, D. R. 2024. *Social Organization and Social Process*. Taylor & Francis.

Maitlis, S., and Christianson, M. 2014. Sensemaking in Organizations: Taking stock and moving forward. *Academy of Management Annals*, 8(1): 57−125.

Manson, P. 1993. What is a group? A multilevel analysis. *Advances in Group Processes*, 10: 253-281.

Manz, C. C., and Sims, H. P. 1987. Leading workers to lead themselves: The external leadership of self−managing work teams. *Administrative Science Quarterly*, 32(1): 106−128.

Manz, C. C., and Sims, H. P. 1993. *Business Without Bosses: How Self−Managing Teams Are Building High− Performing Companies*. Wiley.

March, J. G. 1971. The technology of foolishness. In J. G. March (Ed.), *Decisions and Organizations*: 69−81. Basil Blackwell.

March, J. G. 1978. Bounded rationality, ambiguity, and the engineering of choice. *The Bell Journal of Economics*, 9(2): 587–608.

March, J. G. 1991. Exploration and exploitation in organizational learning. *Organization Science*, 2(1): 71–87.

March, J. G. 1994. *A Primer on Decision Making: How Decisions Happen*. Free Press.

March, J. G. 1995. The Future Disposable Organizations and Rigidities of Imagination. *Organization*, 2(3): 427–440.

Marks, M. A., Mathieu, J. E., and Zaccaro, S. J. 2001. A temporally based framework and taxonomy of team processes. *Academy of Management Review*, 26(3): 356–376.

Marr, B. 2021. *Extended Reality in Practice: 100+ Amazing Ways Virtual, Augmented and Mixed Reality Are Changing Business and Society*. Wiley.

Marrone, J. A., Tesluk, P. E., and Carson, J. B. 2007. A multilevel investigation of antecedents and consequences of team member boundary spanning behavior. *Academy of Management Journal*, 50(6): 1423–1439.

Marshall, A. 1890. *Principles of Economics*. Macmillan.

Martin, R., Guillaume, Y., Thomas, G., Lee, A., and Epitropaki, O. 2016. Leader– member exchange (LMX) and performance: a meta–analytic review. *Personnel Psychology*. 69: 67–121.

Marx K. 1977. *Capital: A Critique of Political Economy*. Vol. 1. Translated by Fowkes B. Vintage Books. (Original work published 1867).

Maslow, A. H. 1943. A theory of human motivation. *Psychological Review*, 50(4): 370–396.

Maslow, A. H. 1987. *Motivation and Personality*, 3rd Ed. Longman. 에이브러햄 매슬로. 2021. *동기와 성격 - 인간 본성에 대한 탁월한 통찰*. 오혜경 옮김. 연암서가.

Mathieu, J. E., Hollenbeck, J. R., van Knippenberg, D., and Ilgen, D. R. 2017. A century of work teams in the Journal of Applied Psychology. *Journal of Applied Psychology*, 102(3): 452–467.

Mayer, R. C., Davis, J. H., and Schoorman, F. D. 1995. An integrative model of organizational trust. *Academy of Management Review*, 20(3): 709–734.

Mayhew, B. H. 1980. Structuralism versus individualism: Part 1, shadowboxing in the dark. *Social Forces*, 59(2): 335–375.

Maynard, M. T., Gilson, L. L., and Mathieu, J. E. 2012. Empowerment–fad or fab? A multilevel review of the past two decades of research. *Journal of Management*, 38(4): 1231–1281.

Mayo, E. 1933. *The Human Problems of an Industrial Civilization*. Macmillan.

McAllister, D. J. 1995. Affect–and cognition–based trust as foundations for interpersonal cooperation in organizations. *Academy of Management Journal*, 38(1): 24–59.

McCrae, R. R., and John, O. P. 2012. An introduction to the five–factor model and its applications. *Journal of Personality*, 60(2): 175–215.

McEvily, B., Soda, G., and Tortoriello, M. 2014. More formally: Rediscovering the missing link between formal organization and informal social structure. *Academy of Management Annals*, 8:

299−345.

McGrath, J. E. 1964. *Social Psychology: A Brief Introduction*. Holt, Rinehart and Winston.

McGrath, R. G., and MacMillan, I. C. 2009. *Discovery−Driven Growth: A Breakthrough Process to Reduce Risk and Seize Opportunity*. Harvard Business Press.

McPherson, M., Smith−Lovin, L., and Cook, J. M. 2001. Birds of a feather: Homophily in social networks. *Annual Review of Sociology*, 27(1): 415−444.

Meindl, J. R., Ehrlich, S. B., and Dukerich, J. M. 1985. The romance of leadership. *Administrative Science Quarterly*, 30(1): 78−102.

Merkle, J. A. 2023. *Management and Ideology: The Legacy of the International Scientific Management Movement*. University of California Press.

Merton, R. K. 1936. The unanticipated consequences of purposive social action. *American Sociological Review*, 1(6): 894−904.

Merton, R. K. 1940. Bureaucratic structure and personality. *Social Forces*, 18(4): 560−568.

Merton, R. K. 1948. The self−fulfilling prophecy. *The Antioch Review*, 8(2): 193−210.

Merton, R. K. 1968. The Matthew effect in science. *Science*, 159(3810): 56−63.

Meyer, J. P., Becker, T. E., and Vandenberghe, C. 2004. Employee commitment and motivation: A conceptual analysis and integrative model. *Journal of Applied Psychology*, 89(6): 991−1007.

Meyer, M. W., and Rowan, B. 1977. Institutionalized organizations: Formal structure as myth and ceremony. *American Journal of Sociology*, 83(2): 340−363.

Meyer, M. W., and Zucker, L. G. 1989. *Permanently Failing Organizations*. Sage.

Milgram, S. 1967. The small world problem. *Psychology Today*, 2(1): 60−67.

Mintzberg, H. 1979. *The Structuring of Organizations: A Synthesis of the Research*. Prentice−Hall.

Mintzberg, H., and Westley, F. 2001. Decision making: It's not what you think. *MIT Sloan Management Review*, 42(3): 89−93.

Mischel, W. 1968. *Personality and Assessment*. Wiley.

Mohammed, S., Ferzandi, L., and Hamilton, K. 2010. Metaphor no more: A 15−year review of the team mental model construct. *Journal of Management*, 36(4): 876−910.

Mohrman, S. A., Cohen, S. G., and Mohrman, A. M., Jr. 1995. *Designing Team−Based Organizations: New Forms for Knowledge Work*. Jossey−Bass.

Monteiro, P., and Adler, P. S. 2022. Bureaucracy for the 21st century: Clarifying and expanding our view of bureaucratic organization. *Academy of Management Annals*, 16(2): 427−475.

Morrison, E. W. 2011. Employee voice behavior: Integration and directions for future research. *Academy of Management Annals*, 5(1): 373−412.

Morrison, E. W. 2014. Employee voice and silence. *Annual Review of Organizational Psychology and Organizational Behavior*, 1(1): 173−197.

Morrison, E. W. 2023. Employee voice and silence: Taking stock a decade later. *Annual Review of*

Organizational Psychology and Organizational Behavior, 10(1): 79−107.

Morrison, E. W., and Robinson, S. L. 1997. When employees feel betrayed: A model of how psychological contract violation develops. *Academy of Management Review*, 22(1): 226−256.

Morrison, E. W., See, K. E., and Pan, C. 2015. An approach-inhibition model of employee silence: The joint effects of personal sense of power and target openness. *Personnel Psychology*, 68(3): 547−580.

Muldoon, 2017. The Hawthorne studies: an analysis of critical perspectives, 1936−1958. *Journal of Management History*, 23(1): 74−94.

Mullen, B., and Copper, C. 1994. The relation between group cohesiveness and performance: An integration. *Psychological Bulletin*, 115(2): 210−227.

Nahapiet, J., and Ghoshal, S. 1998. Social capital, intellectual capital, and the organizational advantage. *Academy of Management Review*, 23(2): 242−266.

Nelson, R. R., and Winter, S. G. 1982. *An Evolutionary Theory of Economic Change*. Belknap Press of Harvard University Press.

Neuman, J. H., and Baron, R. A. 1998. Workplace violence and aggression: Evidence concerning specific forms, potential causes, and preferred targets. *Journal of Management*, 24(3): 391−419.

Newcomb, T. M. 1956. The prediction of interpersonal attraction. *American psychologist*, 11(11): 575.

Newell, A., and Simon, H. A. 1956. The logic theory machine−A complex information processing system. *IRE Transactions on Information Theory*, 2(3): 61−79.

Nixon, W. A., and Burns, J. 2005. Management control in the 21st century. *Management Accounting Research*, 16(3): 260−268.

Noble, D., and Kauffman C. 2023. *Real−Time Leadership: Find Your Winning Moves When the Stakes Are High*. Harvard Business School Press.

Oh, H., Chung, M.−H., and Labianca, G. 2004. Group social capital and group effectiveness: The role of informal socializing ties. *Academy of Management Journal*, 47(6): 860−875.

Oh, H., Labianca, G., and Chung, M.−H. 2006. A multilevel model of group social capital. *Academy of Management Review*, 31(3): 569−582.

Oldham, G. R., and Cummings, A. 1996. Employee creativity: Personal and contextual factors at work. *Academy of Management Journal*, 39(3): 607−634.

Olson, M. 1965. *The Logic of Collective Action*. Harvard University Press.

Organ, D. W. 1988. *Organizational Citizenship Behavior: The Good Soldier Syndrome*. Lexington Books.

Organ, D.W. 2018. Organizational citizenship behavior: Recent trends and developments. *Annual Review of Organizational Psychology and Organizational Behavior*, 5: 295−306.

Orton, J. D., and Weick, K. E. 1990. Loosely coupled systems: A reconceptualization. *Academy of*

Management Review, 15(2): 203–223.

Orwell, G. 1949. *1984*. Secker & Warburg.

Ostrom, E. 1990. *Governing the Commons: The Evolution of Institutions for Collective Action*. Cambridge University Press.

Parsons, T. 1947. Introduction. In M. Weber, *The Theory of Social and Economic Organization*. Oxford University Press.

Pearce, C. L., and Locke, E. A. 2023. *Principles of Organizational Behavior: The Handbook of Evidence–Based Management*. Wiley.

Penner, L. A., Dovidio, J. F., Piliavin, J. A., and Schroeder, D. A. 2005. Prosocial behavior: Multilevel perspectives. *Annual Review of Psychology*, 56: 365–392.

Perrow, C. 1963. The analysis of goals in complex organizations. *American Sociological Review*, 28(6): 854–866.

Perrow, C. 1984. *Normal Accidents: Living with High–Risk Technologies*. Basic Books.

Perrow, C. 1991. A society of organizations. *Theory and Society*, 20(6): 725–762.

Perrow, C. 1999. *Normal Accidents: Living with High–Risk Technologies*, 2nd Ed.. Princeton University Press.

Perry–Smith, J. E. and Mannucci, P. V. 2017. From creativity to innovation: The social network drivers of the four phases of idea journey, *Academy of Management Review*, 42(1): 53–79.

Peters, T. J., and Waterman, R. H. 1982. *In Search of Excellence: Lessons from America's Best–Run Companies*. Harper & Row.

Pfeffer, J. 1998. *The Human Equation: Building Profits by Putting People First*. Harvard Business School Press. 제프리 페퍼. 2001. *휴먼 이퀘이션 – 신자유주의적 경영관리 방식에 대한 반론과 대안 검색*. 윤세준과 박상언 옮김. 지샘.

Phillips, D. J., and Zuckerman, E. W. 2001. Middle–status conformity: Theoretical restatement and empirical demonstration in two markets. *American Journal of Sociology*, 107(2): 379–429.

Piliavin, J. A., and Charng, H. W. 1990. Altruism: A review of recent theory and research. *Annual Review of Sociology*, 16(1): 27–65.

Pinder, C. C., and Harlos, K. P. 2001. Employee silence: Quiescence and acquiescence as responses to perceived injustice. *Research in Personnel and Human Resources Management*, 20: 331–369.

Piore, M. J., and Sabel, C. F. 1984. *The Second Industrial Divide: Possibilities for Prosperity*. Basic Books.

Podolny, J. M. 1993. A status–based model of market competition. *American Journal of Sociology*, 98(4): 829–872.

Podolny, J. M. 2001. Networks as the pipes and prisms of the market. *American Journal of Sociology*, 107(1): 33–60.

Podolny, J. M. 2005. *Status Signals: A Sociological Study of Market Competition*. Princeton University Press.

Podolny, J. M., and Baron, J. N. 1997. Resources and relationships: Social networks and mobility in the workplace. *American Sociological Review*, 62(5): 673–693.

Podolny, J. M., and Page, K. L. 1998. Network forms of organization. *Annual Review of Sociology*, 24(1): 57–76.

Podsakoff, N. P., Whiting, S. W., Podsakoff, P. M., and Blume, B. D. 2009. Individual–and organizational–level consequences of organizational citizenship behaviors: A meta–analysis. *Journal of Applied Psychology*, 94(1): 122–141.

Popper, K. R. 1934. *The Logic of Scientific Discovery*. Springer.

Porter, L.W. 1996. Forty years of organization studies: Reflections from a micro perspective. *Administrative Science Quarterly*, 41(2): 262–269.

Porter, M. E. 1980. *Competitive Strategy: Techniques for Analyzing Industries and Competitors*. Free Press.

Portes, A., and Sensenbrenner, J. 1993. Embeddedness and immigration: notes on the social determination of embeddedness. *American Journal of Sociology*, 98(6): 1320–1350.

Powell, W. W. 1990. Neither market nor hierarchy: Network forms of organization. *Research in Organizational Behavior*, 12: 295–336.

Powell, W. W., Koput, K. W., and Smith–Doerr, L. 1996. Interorganizational collaboration and the locus of innovation: Networks of learning in biotechnology. *Administrative Science Quarterly*, 41(1): 116–145.

Prahalad, C.K. and Hamel, G. 1990. The Core Competence of the Corporation. *Harvard Business Review*, May–June: 79–91.

Putnam, R. D. 2000. *Bowling Alone: The Collapse and Revival of American Community*. Simon and Schuster.

Puyt, R. W., Lie, F. B., and Wilderom, C. P. 2023. The Origins of SWOT Analysis. *Long range planning*, 56(3): 1–24.

Rapoport, A. 1974. *Game Theory as a Theory of Conflict Resolution*. Springer.

Rapoport, A. 1974. *Prisoner's Dilemma: A Study in Conflict and Cooperation*. University of Michigan Press.

Ren, Y., and Argote, L. 2011. Transactive memory systems 1985–2010: An integrative framework of key dimensions, antecedents, and consequences. *Academy of Management Annals*, 5: 189–229.

Renz, D. O., Brown, W. A., and Andersson, F. O. 2024. *The Jossey–Bass Handbook of Nonprofit Leadership and Management*. Wiley.

Rhoades, L., and Eisenberger, R. 2002. Perceived organizational support: a review of the literature. *Journal of Applied Psychology*, 87(4): 698–714.

Richter, A. W., West, M. A., Van Dick, R., and Dawson, J. F. 2006. Boundary spanners' identification, intergroup contact, and effective intergroup relations. *Academy of Management Journal*, 49(6): 1252–1269.

Ridgeway, C. L. 2014. Why status matters for inequality. *American Sociological Review*, 79(1): 1-16.

Ridgeway, C. L., and Walker, H. A. 1995. Status structures. *Sociological Perspectives on Social Psychology*, 281(1): 310–311.

Riordan, C.M. 2000. Relational demography within groups: Past developments, contradictions, and new directions. *Research in Personnel and Human Resources Management*, 19: 131–173.

Rivera, M. T., Soderstrom, S. B., and Uzzi, B. 2010. Dynamics of dyads in social networks: Assortative, relational, and proximity mechanisms. *Annual Review of Sociology*, 36(1): 91–115.

Roberson, Q. M. 2019. Diversity in the workplace: A review, synthesis, and future research agenda. *Annual Review of Organizational Psychology and Organizational Behavior*, 6: 69–88.

Robinson, S. L., and Bennett, R. J. 1995. A typology of deviant workplace behaviors: A multidimensional scaling study. *Academy of Management Journal*, 38(2): 555–572.

Robinson, S. L., Wang, W., and Kiewitz, C. 2014. Coworkers behaving badly: The Impact of Coworker Deviant Behavior Upon Individual Employees. *Annual Review of Organizational Psychology and Organizational Behavior*, 1(1): 123–143.

Rogers, C. R., and Skinner, B. F. 1956. Some issues concerning the control of human behavior: A symposium. *Science*, 124(3231): 1057–1066.

Rokeach, M. 1973. *The Nature of Human Values*. Free Press.

Rousseau, D. M. 1995. *Psychological Contracts in Organizations: Understanding Written and Unwritten Agreements*. Sage.

Rousseau, D. M. 2011. Reinforcing the micro/macro bridge: Organizational thinking and pluralistic vehicles. *Journal of Management*, 37(2): 429–442.

Rousseau, D. M., and McLean Parks, J. 1993. The contracts of individuals and organizations. *Research in Organizational Behavior*, 15: 1–43.

Rusbult, C. E., Farrell, D., Rogers, G., and Mainous, A. G. 1988. Impact of exchange variables on exit, voice, loyalty, neglect: An integrative model of responses to declining job satisfaction. *Academy of Management Journal*, 31(3): 599–627.

Russell, J. A. 1980. A circumplex model of affect. *Journal of Personality and Social Psychology*, 39(6): 1161–1178.

Russell, J. S., Hawthorne, J., and Buchak, L. 2015. Groupthink. *Philosophical Studies*, 172: 1287–1309.

Sackett, P. R., Lievens, F., Iddekinge, C. H., and Kuncel, N. R. 2017. Individual differences and their measurement: A review of 100 years of research. *Journal of Applied Psychology*, 102(3): 254–273.

Salovey, P., and Mayer, J. D. 1990. Emotional intelligence. *Imagination, Cognition and Personality*, 9(3): 185–211.

Sauder, M., Lynn, F., and Podolny, J. M. 2012. Status: Insights from organizational sociology. *Annual Review of Sociology*, 38(1): 267–283.

Schaufeli, W. B., Salanova, M., González–Romá, V., and Bakker, A. B. 2002. The measurement of engagement and burnout: A two sample confirmatory factor analytic approach. *Journal of Happiness Studies*, 3(1): 71–92.

Schilke, O., Reimann, M., and Cook, K. S. 2021. Trust in social relations. *Annual Review of Psychology*, 47: 239–259.

Schmidt, A. M., Beck, J. W., and Gillespie, J. Z. 2012. Motivation. In I. B. Weiner (Ed.), *Handbook of Psychology: Industrial and Organizational Psychology*, Vol. 12, 2nd Ed.: 311–340. Wiley.

Schneider, B. 1987. The people make the place. *Personnel Psychology*, 40(3): 437–453.

Schoemaker, P. J. 2008. The future challenges of business: Rethinking management education. *California Management Review*, 50(3): 119–139.

Scott, J. 2017. *Social Network Analysis: Methods and Applications*, 4th Ed. Sage.

Scott, J., Carrington, P.J., and McLevey, J. 2023. *The Sage Handbook of Social Network Analysis*. 2nd Revised Ed. Sage.

Scott, W. R., and Davis, G. F. 2017. *Organizations and Organizing: Rational, Natural and Open Systems Perspectives*. Routledge.

Seibert, S. E., Crant, J. M., and Kraimer, M. L. 1999. Proactive personality and career success. *Journal of Applied Psychology*, 84(3): 416–427.

Seibert, S. E., Wang, G., and Courtright, S. H. 2011. Antecedents and consequences of psychological and team empowerment in organizations: a meta–analytic review. *Journal of Applied Psychology*, 96(5): 981–1003.

Selznick, P. 1949. *TVA and the Grass Roots*. University of California Press.

Selznick, P. 1957. *Leadership in Administration: A Sociological Interpretation*. Harper & Row.

Sen, A. K. 1977. Rational fools: A critique of the behavioral foundations of economic theory. *Philosophy & Public Affairs*, 6(4): 317–344.

Shamir, B., House, R., and Arthur, M.B. 1993. The motivational effects of charismatic leadership: A self–concept based theory. *Organization Science*, 4(4), 577–594.

Shapira, Z. 2002. *Organizational Decision Making*. Cambridge University Press.

Shapiro, D., Sheppard, B. H., and Cheraskin, L. 1992. Business on a handshake. *Negotiation Journal*, 8(4): 365–377.

Shepsle, K. A. 1989. Studying institutions: Some lessons from the rational choice approach. *Journal of Theoretical Politics*, 1(2): 131–147.

Simon, H. A. 1947. *Administrative Behavior*. Free Press.

Simon, H. A. 1955. A behavioral model of rational choice. *Quarterly Journal of Economics*, 69(1): 99–118.

Simmel, G. 1950. *The Sociology of Georg Simmel*. Wolff, K. H. (Ed. & Trans.). Free Press.

Smelser, N. J., and Swedberg, R. 2010. *The Handbook of Economic Sociology*. Princeton University Press.

Smith, A. 1776. *An Inquiry into the Nature and Causes of the Wealth of Nations*. W. Strahan and T. Cadell.

Snyder, M. 1974. Self–monitoring of expressive behavior. *Journal of Personality and Social Psychology*, 30(4): 526–537.

Skinner, B. F. 1948. *Walden Two*. Macmillan.

Skinner, B. F. 1953. *Science and Human Behavior*. Macmillan.

Skinner, B. F. 1969. *Contingencies of Reinforcement: A Theoretical Analysis*. Appleton–Century–Crofts.

Skinner, B. F. 1971. *Beyond Freedom and Dignity*. Alfred A. Knopf.

Spreitzer, G. M. 1995. Psychological empowerment in the workplace: Dimensions, measurement, and validation. *Academy of Management Journal*, 38(5): 1442–1465.

Spreitzer, G. M. 1996. Social structural characteristics of psychological empowerment. *Academy of Management Journal*, 39(2): 483–504.

Staw, B. M. 1981. The escalation of commitment to a course of action. *Academy of Management Review*, 6(4): 577–587.

Staw, B. M., and Barsade, S. G. 1993. Affect and managerial performance: A test of the sadder–but–wiser vs. happier–and–smarter hypotheses. *Administrative Science Quarterly*, 38(2): 304–331.

Steers, R. M., Mowday, R. T., and Shapiro, D. L. 2004. The future of work motivation theory. *Academy of Management Review*, 29(3): 379–387.

Stewart, G. L., and Barrick, M. R. 2004. Four lessons learned from the person–situation debate: A review and research agenda. In B. Schneider and D.B. Smith (Eds.), *Personality and Organizations*: 61–85. Erlbaum.

Stewart, G. L., Courtright, S. H., and Manz, C. C. 2019. Self–leadership: A paradoxical core of organizational behavior. *Annual Review of Organizational Psychology and Organizational Behavior*, 6: 47–67.

Stillman, E. O. 2015. *The Roaring Twenties*. New Word City.

Stinchcombe, A. L. 1965. Social structure and organizations. In J. G. March (Ed.), *Handbook of Organizations*: 142–193. Rand McNally.

Stogdill, R. M. 1948. Personal factors associated with leadership: A survey of the literature. *Journal of Psychology*, 25: 35–71.

Stovel, K., and Shaw, L. 2012. Brokerage. *Annual Review of Sociology*, 38: 139–158.

Stuart, T. E., Hoang, H., and Hybels, R. C. 1999. Interorganizational endorsements and the performance of entrepreneurial ventures. *Administrative Science Quarterly*, 44(2): 315–349.

Süskind, P. 1986. *Perfume: The story of a murderer*. Alfred A. Knopf.

Swigart, K. L., Anantharaman, D., Williamson, I. O., and Grandey, A. A. 2020. Working while liberal/conservative: A review of political ideology in organizations. *Journal of Management*, 46(6): 1063–1091.

Tajfel, H. 1978. *Differentiation between Social Groups*. Academic Press.

Tajfel, H. 1982. Social psychology of intergroup relations. *Annual Review of Psychology*, 33: 1–39.

Tajfel, H., and Turner, J. C. 1979. An integrative theory of intergroup conflict. In W. G. Austin and S. Worchel (Eds.), *The Social Psychology of Intergroup Relations*: 33–47. Brooks/Cole.

Taylor, F. W. 1911. *The Principles of Scientific Management*. Harper & Brothers.

Taylor, S., and Perkins, G. 2026. *Work and Employment in a Changing Business Environment*. Kogan Page.

Teece, D. J. 2018. Business models and dynamic capabilities. *Long Range Planning*, 51(1): 40–49.

Teece, D. J., Peteraf, M. A., and Heaton, S. 2016. Dynamic capabilities and organizational agility: Risk, uncertainty, and strategy in the innovation economy. *California Management Review*, 58(4): 13–35.

Teece, D. J., Pisano, G., and Shuen, A. 1997. Dynamic capabilities and strategic management. *Strategic Management Journal*, 18(7): 509–533.

Tepper, B. J. 2000. Consequences of abusive supervision. *Academy of Management Journal*, 43(2): 178–190.

Tepper, B. J., Simon, L., and Park, H. M. 2017. Abusive supervision. *Annual Review of Organizational Psychology and Organizational Behavior*, 4: 123–152.

Tett, R. P., Toich, M. J., and Ozkum, S. B. 2021. Trait activation theory: A review of the literature and applications to five lines of personality dynamics research. *Annual Review of Organizational Psychology and Organizational Behavior*, 8(1): 199–233.

Thaler, R. H. 2016. Behavioral economics: Past, present, and future. *American Economic Review*, 106(7): 1577–1600.

Thaler, R. H. 2016. *Misbehaving: The Making of Behavioral Economics*. W. W. Norton & Company.

Thatcher, S. M., and Patel, P. C. 2012. Group faultlines: A review, integration, and guide to future research. *Journal of Management*, 38(4): 969–1009.

Thibaut, J., and Walker, L. 1975. *Procedural Justice: A Psychological Analysis*. Lawrence Erlbaum.

Thomas, A. B. 1988. Does leadership make a difference to organizational performance? *Administrative Science Quarterly*, 33(3): 388–400.

Thomas, D. A. 2004. Diversity as strategy. *Harvard Business Review*, Sep: 98–108.

Thomas, K. W., and Velthouse, B. A. 1990. Cognitive elements of empowerment: An "interpretive" model of intrinsic task motivation. *Academy of Management Review*, 15(4): 666–681.

Thoreau, H. D. 1854. *Walden; or, Life in the Woods*. Ticknor and Fields.

Tjosvold, D., Wong, A.S.H., and Chen, N.Y.F. 2014. Constructively managing conflicts in organizations. *Annual Review of Organizational Psychology and Organizational Behavior*, 1: 545–568.

Trist, E. L., and Bamforth, K. W. 1951. Some social and psychological consequences of the longwall method of coal–getting. *Human Relations*, 4(1): 3–38.

Tsui, A. S., Egan, T. D., and O'Reilly, C. A., III. 1992. Being different: Relational demography and organizational attachment. *Administrative Science Quarterly*, 37(4): 549–579.

Turner, J. C. 1982. Towards a cognitive redefinition of the social group. In H. Tajfel (ed.), *Social Identity and Intergroup Relations*: 15–40. Cambridge University Press.

Tushman, M. L. 1977. Special boundary roles in the innovation process. *Administrative Science Quarterly*, 22(4): 587–605.

Tushman, M. L., and Anderson, P. 1986. Technological discontinuities and organizational environments. *Administrative Science Quarterly*, 31(3): 439–465.

Tushman, M. L., and O'Reilly III, C. A. 1996. Ambidextrous organizations: Managing evolutionary and revolutionary change. *California Management Review*, 38(4): 8–30.

Uzzi, B. 1997. Social structure and competition in interfirm networks. *Administrative Science Quarterly*, 42(1): 35–67.

Uzzi, B., and Spiro, J. 2005. Collaboration and creativity: The small world problem. *American Journal of Sociology*, 111(2): 447–504.

Van Dyne, L., Ang, S., and Botero, I. C. 2003. Conceptualizing employee silence and voice as multidimensional constructs. *Journal of Management Studies*, 40(6): 1359–1392.

Van Dyne, L., Cummings, L. L., and Parks, J. M. 1995. Extra–role behaviors: In pursuit of construct and definitional clarity. *Research in Organizational Behavior*, 17: 215–285.

van Knippenberg, D., Dahlander, L., Haas, M. R., and George, G. 2015. Information, attention, and decision making. *Academy of Management Journal*, 58(3): 649–657.

van Knippenberg, D., and Sitkin, S. B. 2013. A critical assessment of charismatic–transformational leadership research: back to the drawing board? *Academy of Management Annals*, 7: 1–60.

van Vianen, A. E. M. 2018. Person–environment fit: A review of its basic tenets. *Annual Review of Organizational Psychology and Organizational Behavior*, 5: 75–101.

Verbrugge, L. M. 1979. Multiplexity in adult friendships. *Social Forces*, 57(4): 1286–1309

Vroom, V. H. 1964. *Work and Motivation*. Wiley.

Walsh, J. P. 1995. Managerial and Organizational Cognition: Notes from a trip down memory lane. *Organization Science*, 6(3): 280–321.

Wasserman, S., and Faust, K. 1994. *Social Network Analysis: Methods and Applications*. Cambridge University Press.

Weber, M. 1952. *The Protestant Ethic and the Spirit of Capitalism*. Scribner. (Original work published 1904)

Weber, M. 1968. *Economy and Society: An Outline of Interpretive Sociology*. University of California Press. (Original work published 1921)

Wegner, D. M. 1987. Transactive memory: A contemporary analysis of the group mind. In B. Mullen and G. R. Goethals (Eds.), *Theories of group behavior*: 185－208. Springer.

Weick, K. E. 1976. Educational organizations as loosely coupled systems. *Administrative Science Quarterly*, 21(1): 1-19.

Weick, K. E. 1979. *The Social Psychology of Organizing*. McGraw－Hill.

Weick, K. E. 1982. Management of organizational change among loosely coupled elements. In P. S. Goodman and Associates (Eds.), *Change in Organizations: New Perspectives on Theory, Research, and Practice*: 375-408. Jossey－Bass.

Weick, K. E. 1993. The collapse of sensemaking in organizations: The Mann Gulch disaster. *Administrative Science Quarterly*, 38(4): 628－652.

Weick, K. E. 1995. *Sensemaking in Organizations*. Sage.

Weick, K. E. 1998. Introductory essay—Improvisation as a mindset for organizational analysis. *Organization Science*, 9(5): 543－555.

Weick, K. E. 2009. *Making Sense of the Organization, Volume 2: The Impermanent Organization*. Wiley.

Weick, K. E. 2016. 60th anniversary essay: Constrained comprehending: The experience of organizational inquiry. *Administrative Science Quarterly*, 61(3): 333－346.

Weick, K. E., and Sutcliffe, K. M. 2007. *Managing the Unexpected: Resilient Performance in an Age of Uncertainty*. John Wiley & Sons.

Weick, K.E., Sutcliffe, K.M., and Obstfeld, D. 2005. Organizing and the process of sensemaking. *Organization Science*, 16: 409－421.

Weiss, H. M., and Cropanzano, R. 1996. Affective events theory. *Research in Organizational Behavior*, 18(1): 1－74.

Wernerfelt, B. 1984. A resource－based view of the firm. *Strategic Management Journal*, 5(2): 171－180.

White, H. C., Boorman, S. A., and Breiger, R. L. 1976. Social structure from multiple networks. I. Blockmodels of roles and positions. *American Journal of Sociology*, 81(4): 730－780.

Williamson, O. E. 1975. *Markets and Hierarchies: Analysis and Antitrust Implications*. Free Press.

Williamson, O. E. 1985. *The Economic Institutions of Capitalism: Firms, Markets, Relational Contracting*. Free Press.

Witt, S. 2025. *The Thinking Machine: Jensen Huang, Nvidia, and the World's Most Coveted Microchip*. Viking.

Wittek, R., Snijders, T. A. B., and Nee, V. 2013. Rational choice and social capital. In R. Wittek, T. A. B. Snijders, and V. Nee (Eds.), *The Handbook of rational choice social research*: 1－26. Stanford University Press.

Woodman, R. W., Sawyer, J. E., and Griffin, R. W. 1993. Toward a theory of organizational creativity. *Academy of Management Review*, 18(2): 293－321.

Woodward, J. 1965. *Industrial Organization: Theory and Practice*. Oxford University Press.

Wrege, C. D., and Greenwood, R. G. 1991. *Frederick W. Taylor: The Father of Scientific Management: Myth and Reality*. Business One Irwin.

Wright, S. L., and Ritter, B. A. 2023. *Human Relations Theory*. Sage.

Xiao, Z., and Tsui, A. S. 2007. When brokers may not work: The cultural contingency of social capital in Chinese high－tech firms. *Administrative Science Quarterly*, 52(1): 1－31.

Zapf, D., Kern, M., Tschan, F., Holman, D., and Semmer, N. K. 2021. Emotion work: A work psychology perspective. *Annual Review of Organizational Psychology and Organizational Behavior*, 8: 139－172.

Zhu, J., Liao, Z., Yam, K. C., and Johnson, R. E. 2018. Shared leadership: A state-of-the-art review and future research agenda. *Journal of Organizational Behavior*, 39(7): 834－852.

Zucker, L. G. 1986. Production of trust: Institutional sources of economic structure, 1840-1920. *Research in Organizational Behavior*, 8: 53－111.

김선우. DBR Case Study: 현대카드의 고객만족(CS) 혁신 － 진상고객 전화 끊으니 개념고객 만족도 높아졌다. *동아비즈니스리뷰*, 130호(2013년 6월).

그랜트, 아담. 2013. *기브 앤 테이크: 주는 사람이 성공한다*. 윤태준 옮김. 생각연구소.

나델라, 사티아. 2017. *히트 리프레시: 마이크로소프트를 다시 일으켜 세운 성장의 문화*. 이진원 옮김. 흐름출판.

노스하우스, 피터. 2023. 리더십 이론과 실제, 제9판. 김남현 옮김. 한빛아카데미.

박지성·장태수·전상길. 2022. 생물학과의 통섭을 통한 MZ세대에 대한 이해와 MZ세대 인력운영방안 모색. *인사조직연구*, 30(3): 53-78.

아이작슨, 월터. 2011. *스티브 잡스*. 안진환 옮김. 민음사.

양경욱. 2024. 감정노동: 최근 연구 동향과 과제. *경영학연구*, 53(4): 863－899.

양혁승. 2022. *대전환 시대의 사람경영 － 혁신의 시대, 사람경영의 통념 넘어서기*. 클라우드나인.

에드먼슨, 에이미. 2019. *두려움 없는 조직: 심리적 안정감은 어떻게 조직의 학습, 혁신, 성장을 일으키는가*. 최윤영 옮김. 다산북스.

엘리, 로빈·토머스, 데이비드 A. 2020. 진지하게 다양성을 논하기. *Harvard Business Review Korea*, Nov－Dec: 115－123.

윤세준. 2015. 과학, 인문학 그리고 경영학: 미국의 경영대학 발전사에서 얻는 교훈. *인사조직연구*, 23(2): 61－92.

장은미 · 진현. 2021. *동기: 현상과 이해*. 박영사.

정명호. 2019. 관계적 직무설계와 직무관계 이론의 비판적 검토. *인사조직연구*, 27(1): 73－106.

정명호. 2024. *경영 고전과 열린 미래*. 한울 아카데미.

지노, 프란체스카 2017. 반기를 들도록 허하라. *Harvard Business Review Korea*, April: 27－53.

최용득 · 이동섭. 2017. 발언행동의 개념적 검토와 분석. *인사조직연구*, 25(2): 129－157.

칼레브, 알렉산드라 · 도빈, 프랭크. 2022. 워라밸 지원의 놀라운 효과. *Harvard Business Review Korea*, Sep－Oct: 125－134.

캣멀, 에드 · 월러스, 에이미. 2014. *창의성을 지휘하라: 지속 가능한 창조와 혁신을 이끄는 힘*. 윤태경 옮김. 와이즈베리.

프라이스, 데이비드 A. 2010. *픽사 이야기 － 시대를 뒤흔든 창조산업의 산실, 픽사의 끝없는 도전과 성공*. 이경식 옮김. 흐름출판.

헤이스팅스, 리드 · 메이어, 에린. 2020. *규칙 없음 － 넷플릭스, 지구상 가장 빠르고 유연한 기업의 비밀*. 이경남 옮김. 알에이치코리아(RHK).

Business Week. 1984. Managing corporate excellence: The lessons of failure. August 27.

The Economist. 2025. Sweden surpasses Iceland as the best place to be a working woman, according to The Economist's 2025 glass－ceiling index. March 6. https://www.economistgroup.com/press－centre/the－economist/sweden－surpasses－iceland－as－the－best－place－to－be－a－working－woman－according

Fortune. 2015. Why powerful women Love Google—And Why They Leave It. Sep 10. https://fortune.com/2015/09/10/women－of－google/

New York Times Magazine. 2016. What Google learned from its quest to build the perfect team. Feb 25. https://www.nytimes.com/2016/02/28/magazine/what－google－learned－from－its－quest－to－build－the－perfect－team.html

Vanity Fair. 2012. Microsoft's lost decade. July 24. https://www.vanityfair.com/news/business/2012/08/microsoft－lost－mojo－steve－ballmer?srsltid＝AfmBOorMYmrpBuwTAKXoZ59lB9－Yz20rSFSU0－kXiGjYQykb5－ZtF34Y

연합뉴스. 2025. 국내 기업 여성 근로자 비율 28.5%…여성 이사는 8.8% 불과. 3월 7일. https://www.yna.co.kr/view/AKR20250307075800008

연합뉴스. 2025. 줄어든 '경력단절'…30～34세 고용률, 10년 전보다 15%p↑. 1월 16일. https://www.yna.co.kr/view/AKR20250116089300530

한국경제신문. 2022. '다양성 존중'에 진심인 3M엔 '최고 평등 책임자(CEO)'가 있다. 10월 19일. https://www.hankyung.com/article/202210136045i

찾아보기(인명)

찾아보기(사항)

ㅂ

ㅇ

ㅈ

ㅊ

ㅋ

ㅌ

ㅍ

ㅎ

기타

저자소개

신동엽 교수

연세대학교 경영학과 학부와 석사과정을 졸업하고 미국 예일대학교(Yale University)에서 조직이론으로 박사학위를 취득하였다. 1997년에 연세대학교에 부임하여 현재까지 재직 중이다. 한국인사조직학회장과 *인사조직연구* 편집위원장, 서울스프링 국제실내악축제 조직위원장, 다수 기업들의 사외이사 등을 역임하며 학문과 경영, 문화예술 발전에 힘쓰고 있다. 조직행동, 조직이론, 변화와 혁신, 미래 경영패러다임, 기업가정신, 비전과 성장, 4차 산업혁명 등을 강의하고 연구하였으며, 연세벤처창업프로그램 위원장과 연세문화예술경영연구센터장을 역임하였다. 세계적 학술지 *Administrative Science Quarterly*와 *Organization Science*, *Poetics*를 비롯한 국내외 저명 학술지에 연구논문을 다수 게재하였고, 〈21세기 매니지먼트이론의 뉴 패러다임〉, 〈초연결 패러독스: 팬데믹 이후의 새로운 질서와 전략〉, 〈창조성의 원천: 예술가는 어떻게 사고하는가〉, 〈4차 산업혁명, 일과 경영을 바꾸다〉 등의 저서를 저술하였다. 이와 같은 학술적 공헌에 따라 미국사회학회(ASA)의 Thompson 최우수 논문상, Mellon Fellowship, J.D. Rockefeller Fellowship, 인사조직연구 최우수논문상, 한국인사조직학회 최우수 저술상 등을 수상하였다.

오홍석 교수

연세대학교 경영학과 학부와 석사과정(인사조직 전공)을 졸업하고 미국 펜실베이니아 주립대학교(Pennsylvania State University)에서 경영학 박사학위(조직이론/조직행동 전공)를 받았다. 홍콩 과학기술대(HKUST) 경영대학 교수를 지냈고, 2004년부터 연세대 경영대학 매니지먼트 분야 교수로 재직하고 있다. *인사조직연구* 편집위원장, *Academy of Management Review*, *British Journal of Management* 편집위원, Academy of Management Organization and Management Theory(OMT) Division Research Committee 위원 등을 역임했다. 개인, 집단 및 조직 간 네트워크, 다양성과 차별, 발언행동과 침묵, 한국영화산업의 조직론적 특성, 사회적 지위, 비판조직이론 등이 주 연구 관심사이다. *Administrative Science Quarterly*, *Academy of Management Review*, *Academy of Management Journal*, *Journal of Applied Psychology*, *Poetics*, *Small Group Research*, *인사조직연구*, *경영학연구* 등의 국내외 저명 학술지에 논문을 게재하였고, 〈휴먼네트워크와 기업경영〉 등의 책을 썼다. 학술적 공헌을 인정받아 한국인사조직학회 김인수학술상과 국제학술상, 한국경영학회 중견경영학자상, 연세대학교 상경경영대학 동창회 연구우수업적 교수상(초헌 학술상) 등을 수상하였다.

조직행동 미래와 도전

초판발행 2026년 2월 28일

지은이 신동엽·오홍석
펴낸이 안종만·안상준

편 집 전채린
기획/마케팅 장규식
표지디자인 이수빈
제 작 고철민·김원표

펴낸곳 (주) 박영사
서울특별시 금천구 가산디지털2로 53, 210호(가산동, 한라시그마밸리)
등록 1959. 3. 11. 제300-1959-1호(倫)
전 화 02)733-6771
f a x 02)736-4818
e-mail pys@pybook.co.kr
homepage www.pybook.co.kr
ISBN 979-11-303-9812-9 93320

정 가 30,000원